中国社会科学年鉴

中国哲学年鉴 2018

CHINESE PHILOSOPHICAL ALMANAC

中国社会科学院哲学研究所

哲学研究杂志社

《中国哲学年鉴》2018 年卷编辑人员名单

中国哲学年鉴

2018

主　　管：中国社会科学院

主　　办：中国社会科学院哲学研究所

编　　者：中国社会科学院哲学研究所《中国哲学年鉴》编辑部

出　　版：哲学研究杂志社

监印发行：中国社会科学出版社

地　　址：北京市建国门内大街 5 号

邮政编码：100732

电　　话：（010）85195541　（010）84029453（发行）

E - mail：zhexuenianjian@ 126. com

印刷装订：三河市东方印刷有限公司

开　　本：787 × 1092 毫米　1/16 开　印张：30. 75　字数：784 千字

出版时间：2018 年 12 月

国际标准刊号：ISSN 1004 – 3462

国内统一刊号：CN 11 – 2935/B

国外代号：AN1560

定价：198. 00 元

←第 13 届全国马克思主义哲学创新论坛

→黑龙江省国学学会成立大会暨“国学的研究现状与未来发展”学术研讨会

←2017 年全国数学哲学学术研讨会

→纪念《资本论》第 1 卷出版 150 周年研讨暨全国经济哲学研究会 2017 年年会

→“《资本论》与人类文明新形态”学术研讨会

←当代中国马克思主义研究创新论坛（第 **3** 届）——中国道路：政党、人民与法治

→上海大学哲学系（专业）成立 **15** 周年暨当代哲学发展论坛

←道德认同与伦理规范建构：第 **2** 届中国社会科学伦理学专家高端论坛

←“发展 21 世纪马克思主义哲学”理论研讨会暨中国马克思主义哲学史学会 2017 年年会

→“习近平治国理政新理念新思想新战略与马克思主义哲学创新”理论研讨会

←第 24 届世界哲学大会启动仪式暨“学以成人”国际学术研讨会

→第 17 届全国马克思哲学论坛

→“中国哲学的原创、诠释与转型”学术研讨会暨中国哲学史学会 **2017** 年年会

←第 **19** 届中国价值哲学大会：“人类命运共同体”与人类共同价值

→“作为政治哲学与政治美学的历史唯物主义”学术研讨会

←“中华美学的传承与创新”国际学术研讨会

←中国自然辩证法研究会第 8 次会员代表大会

→哲学在当代中国的创新性发展：第 5 届中哲、西哲、马哲专家论坛

←中国历史唯物主义学会 2017 年年会

→“西方马克思主义与当代中国”学术研讨会暨第 12 届全国“国外马克思主义论坛”

→中国青年哲学论坛（2017）暨首届贺麟青年哲学奖评审会议

←“当代视野中的《资本论》哲学”研讨会暨第14届马克思主义哲学创新论坛

→2017 中国伦理学大会

《中国哲学年鉴》2018 年卷编委会委员

（按姓氏笔画排序）

《中国哲学年鉴》2018 年卷特约编辑

（按姓氏笔画排序）

丁三东（四川大学公共管理学院哲学系）
丁四新（武汉大学哲学学院）
文　晗（湖南大学岳麓书院）
马寅卯（中国社会科学院哲学研究所）
王　齐（中国社会科学院哲学研究所）
王　莹（中国社会科学院哲学研究所）
王凯宁（山西大学科学技术哲学研究中心）
王国富（辽宁大学哲学与公共管理学院）
王福生（吉林大学哲学社会学院）
古　荒（中共中央党校哲学教研部）
石永泽（上海社会科学院哲学研究所）
卢　兴（南开大学哲学院）
卢春红（中国社会科学院哲学研究所）
叶晓璐（复旦大学哲学学院）
许国荣（中国社会科学院哲学研究所）
邢雅杰（中国人民大学哲学院）
刘　飞（中共广东省委党校）
刘　伟（中山大学哲学系）
刘新文（中国社会科学院哲学研究所）
朱松峰（中南财经政法大学哲学院）
任　丑（西南大学政治与公共管理学院哲学系）
任蜜林（中国社会科学院哲学研究所）
邬舒娴（中国社会科学院研究生院哲学系）
毕芙蓉（中国社会科学院哲学研究所）
李海涛（山东大学哲学与社会发展学院）
杨洪源（中国社会科学院哲学研究所）
杜国平（中国社会科学院哲学研究所）
吴　震（复旦大学哲学学院）
吴国林（华南理工大学哲学与科技高等研究所）
吴昕炜（武汉大学哲学学院）
张　伟（中共辽宁省委党校哲学教研部）
张　亮（苏州大学政治与公共管理学院哲学系）
张松良（中国社会科学院哲学研究所）
张燕京（河北大学政法学院哲学系）
陈　玮（浙江大学人文学院哲学系）
陈德中（中国社会科学院哲学研究所）
武　云（上海交通大学人文学院哲学系）
林　丹（大连理工大学人文与社会科学学部）
罗跃军（黑龙江大学哲学学院）
易显飞（长沙理工大学哲学系）
庞俊来（东南大学哲学与科学系）
周　丹（中国社会科学院哲学研究所）
赵炎峰（河南大学哲学与公共管理学院）
赵金刚（中国社会科学院哲学研究所）
赵建永（天津社会科学院哲学研究所）
荆　雨（东北师范大学马克思主义学院哲学系）
段伟文（中国社会科学院哲学研究所）
姜明泽（深圳大学人文学院哲学系）
莫伟民（复旦大学哲学学院）
贾　青（中国社会科学院哲学研究所）
贾沛涛（山东大学政治学与公共管理学院）
夏　莹（清华大学人文学院哲学系）
倪　霞（湖北大学哲学学院）
徐　榕（中山大学哲学系）
徐碧辉（中国社会科学院哲学研究所）
殷曼楟（南京大学哲学系）
唐　瑭（厦门大学人文学院哲学系）
唐少杰（清华大学人文学院哲学系）
曹立群（南京大学哲学系）
梅剑华（首都师范大学政法学院哲学系）
龚　耘（海军工程大学政治理论系）
程　晓（上海财经大学人文学院）
谢红梅（北京大学哲学系）
蓝　江（南京大学哲学系）
黄益民（中国社会科学院哲学研究所）
詹文杰（中国社会科学院哲学研究所）

编 辑 说 明

《中国哲学年鉴》创刊于1982年，是由中国社会科学院哲学研究所主办的大型研究型、文献型学术年刊，至今已连续出版了35卷，本卷是第36卷。秉承学术性、前沿性、客观性的办刊宗旨，《中国哲学年鉴》2018年卷力求真实、全面、深刻地反映中国哲学界2017年度的研究成果和最新进展，全方位呈现中国哲学研究与教学的主要内容和重大事件，客观记录中国哲学发展与繁荣的历史进程。

《中国哲学年鉴》2018年卷坚持正确的政治导向，在栏目设计和选题方面着重组织了以下内容。第一，加强“专文”“学术前沿”“研究报告”栏目的选题策划工作，增加原创精品，以期推进当代中国哲学学科体系、学术体系、话语体系的建构。2018年适逢改革开放40周年，“专文”栏目从马中西等角度，对改革开放40年来中国马克思主义哲学、中国哲学、西方哲学的学术研究进行检视和反思；“学术前沿”栏目主要围绕近年来学界讨论比较热烈的前沿问题进行分析和探讨，重要选题有：《资本论》哲学、规范性哲学、当代欧洲对象理论、心灵哲学、分析技术哲学等；“研究报告”栏目对马克思主义哲学、中国哲学、外国哲学、伦理学、美学、逻辑学等哲学二级学科进行了梳理和评述，尤其关注“宋明理学史研究”“儒家工夫论研究”“中国现象学研究”“中国后人文主义语境下的美学问题研究”“中国乡村伦理研究”“哲学逻辑与非经典逻辑研究”等专题。第二，新增“当代中国哲学家思想研究”栏目，以纪念对当代中国哲学发展作出重大贡献的著名哲学家，传承思想，弘扬精神，推进哲学学科的创新与发展。第三，调整“论文荟萃”“新书选介”“译著举要”栏目为“年度优秀成果”栏目，邀请专家学者参与优秀论文、专著、译著的推选工作，全面展示中国哲学界的优秀成果。总之，我们希望每一年的《中国哲学年鉴》都能给广大读者提供新的信息，并对哲学研究事业的进一步发展有所助益。

《中国哲学年鉴》2018年卷的编辑出版得到了全国哲学界有关科研机构、高校及党校的鼎力支持。对此我们表示衷心感谢！在编辑过程中，我们本着高度负责的精神，对所有内容和信息进行了反复核实和确认，但由于这是一项繁复浩大的工程，其中肯定会有疏漏和缺憾，我们恳请专家、学者和广大读者批评指正。另外，文稿中的学术观点仅代表作者本人的见解，对此，我们在每一内容后面都标注供稿者或出处，以明责任并示郑重。

需要说明的是，鉴于本刊特点，本卷对所转载、摘登以及被数字出版物收录的相关文献均不再另付稿酬。

《中国哲学年鉴》编辑部

2018年12月

目　　录

专　　文

学术前沿

研究报告

当代中国哲学家思想研究

热点聚焦

年度优秀成果

哲学界概况

哲学界动态

Chinese Philosophical Almanac

(2018)

Main Contents

Monograph

Academic Frontiers

Research Report

Contemporary Chinese Philosophers

Focus

Annual Achievements

Philosophical Circles in China

Philosophical Activities

专　　文

40年来中国马克思主义哲学研究回眸与前瞻

何中华

改革开放40年来，中国的马克思主义哲学研究取得了长足进展，带给我们一次清理和反省的历史机遇。检视马克思主义哲学研究的历程，有许多耐人寻味的问题需要正视和剖判。

回眸改革开放40年来，特别是进入21世纪后的中国马克思主义哲学研究，我们不难发现，这是新中国有史以来相关领域最为活跃、取得成果最为丰硕、研究进展最为显著的时期。任何一个不怀偏见的人都不能否认，这一新的历史时期的国内马克思主义哲学研究，其视野之开阔、主题之繁多、内容之丰富、方法之多样、领域之广泛、成果之厚重、观点之新颖、思维之活跃，都是空前的。可以说，这短暂而又悠长的40年，是中国马克思主义哲学研究的繁荣期，是马克思主义传入中国后相关研究在中国历史上的最好时期。从最直观的角度说，这种繁荣的标志在于：研究成果的数量和质量取得了前所未有的突破；出版物数量激增，发表的论文可谓汗牛充栋；研究者人数众多，一大批建制性机构纷纷成立；各类科研课题立项频繁且数量庞大；国外马克思主义及其哲学论著译介大幅增长；研究梯队成员的知识结构、年龄结构、学缘结构明显改善；如此等等。整个马克思主义哲学研究，可谓外部环境宽松，内部氛围适宜。当然，繁荣更需要反思。为了更好地前行，我们必须正视马克思主义哲学研究领域存在的某些重大问题。

马克思主义哲学研究40年的历程和积淀，无疑是一个内涵极其丰富的巨大的多面体。对其作出的任何一种可能的概括，都将是有限的，它必然以牺牲其他的视野为代价；但我们为了反思又不得不作出某种概括，只是在这样做的同时，需要清醒地意识到它的局限性。笔者不揣浅陋，尝试作出一种极其有限、非常粗疏的刻画，难免挂一漏万，而且难以根绝偏见，敬请学界批评。

一　“真理标准问题”大讨论引发对马克思主义哲学的“再认识”

哲学是历史之镜。作为深刻影响并改变了中国当代历史进程的重大事件，1978年展开的那场波及全国各界各领域的“真理标准问题”大讨论，其意义必然是丰富的和多维度的。今天，当我们回顾这场大讨论的时候，至少可以从中解读出它的三重基本意蕴。

一是政治层面。从一定意义上说，“真理标准问题”大讨论是政治与学术之间一次成功的“联姻”。在当时特定的历史语境中，它既是一个马克思主义哲学本身的问题，同时又是一个关系到整个中国社会全局和未来的重大现实政治问题。可以说，这场讨论为改革开放时代的来临提供了合法性。它一方面在理论上打破了教条主义对人们思想的禁锢，从而促成了思想解放运动的勃兴；另一方面在实践上为改革开放找到了学理依据，从而开辟了一个新的时代。这个时代的来临也为马克思主义哲学研究本身带来了宽松的政治氛围。

二是文化层面。“真理标准问题”大讨论标志着人的主体精神的觉醒，具有重要的文化启蒙意义。从“真理标准问题”讨论（1978 年开始），到异化和人道主义问题讨论（大致从 1982 年开始），再到实践唯物主义问题讨论（大致从 1988 年开始），构成新时期马克思主义哲学嬗变的“三部曲”，贯穿其中的主旋律就是人的主体性的逐步确立。真理的实践标准的重新确认，为人的自我发现提供了理性尺度。异化和人道主义问题的讨论，意味着人的重新发现和大写的“人”的揭橥，人的利益、人的尊严、人的权利、人的个性等诉求日益得到正视和尊重。实践唯物主义问题的讨论，则为大写的“人”的形而上学奠基提供了哲学理由。这一过程既是时间上的递嬗，也是逻辑上的深化。它无疑是时代精神变迁的反映，同时又是哲学对时代精神的能动建构。

三是哲学层面。“真理标准问题”大讨论开启了对马克思主义哲学“再认识”的历程，引发了对马克思主义哲学实质的重新贞定。“回到马克思”“重读马克思”“走近马克思”等口号的提出，意味着我们开始自觉地提出矫正以往存在的某种“误读”的要求。“实践”和“真理”这两个关键词，逐渐突破了原有的狭隘的认识论含义，被引向存在论（Ontology，下文有的地方亦称“本体论”）含义的阐释。在旧的前苏联式的马克思主义哲学教科书体系中，实践范畴一般只是在认识论部分才被提及；而现在它的本体论意义越来越凸显出来，以至于被放在了哲学的原初基础的地位予以指认。在旧教科书体系中，“真理”一词往往被诠释为反映论意义上的概念，作为符合论真理观的规定；但现在已开始被纳入存在论语境，更多是在人的存在的“祛蔽”的意义上成立。对人的“此在（Dasein）”性的高度重视，使整个马克思主义哲学回到了作为感性活动的实践这一原初基础上来，从而恢复了人的“在场性”维度；更为重要的是，它为马克思主义哲学实质的澄明奠定了可靠的学理基础。因此，“真理标准问题”大讨论对于马克思主义哲学研究所具有的“解放”作用不可低估：一方面，它打破了哲学研究中的教条主义禁锢，它所促成的思想解放运动也为马克思主义哲学研究造就了必要而适宜的氛围。“坚冰已经打破，航道已经开通。”另一方面，它对于实践之权威地位的重新奠定，也为恢复实践在马克思主义哲学中的存在论意义作了必要的准备和铺垫。“真理标准问题”大讨论本身固然主要是限于认识论范畴，但它的深化和延伸却诱发了向存在论“溢出”的可能性。

当然，同历史上的任何一场思想解放运动一样，“真理标准问题”大讨论也存在着某些局限性。譬如，实践检验与逻辑检验的关系未能得到进一步澄清，“实践标准”同“实用主义效果论”的本质区别也有待于深入辨析，“实践优先”与“理论范导”的关系尚需仔细地甄别。这些问题若不能从学理上予以厘定，那么我们在剪除理论上的教条主义的同时，就难免陷入实践上的机会主义之误区。这一厘定的工作本身，就构成马克思主义哲学研究进一步深化的重要契机和内容。

二　马克思主义哲学研究在回应时代挑战中逐步走向繁荣

40 年前，改革开放被提上议事日程，意味着一个新的时代的开启和来临。40 年来中国马克思主义哲学的研究，正是在不断地应对新的时代质询和挑战的过程中，逐步走向自身繁荣和发展的。它构成了中国马克思主义哲学研究的深邃的时代背景和历史坐标。

那么，马克思主义哲学研究面临的时代挑战主要表现在哪些方面呢？大致包括：

第一，时代主题的转换提出了新的要求。

在国内，随着党和国家工作重心的转移，即由“以阶级斗争为纲”转变为“以经济建设为中心”，时代主题也从“革命”转向了“建设”。就国际来说，随着以东西方冷战和对峙为轴心的国际关系旧格局，转变为以“和平与发展”为主题的新格局，“对话”和“缓和”成为国际关系的新特征。与此相应，马克思主义哲学也需要作出适当的自我调整，实现由“革命”哲学向“建设”哲学的转变。如果说革命主要表现为“解构”，那么建设则主要表现为“建构”。这对马克思主义哲学而言无疑是一种新的考验，亦即新的时代主题要求它必须具备足够的筹划未来的能力。仅仅解释过去并不是马克思主义的独特优势，直面并能动地建构现实，进而有效地筹划未来，也就是马克思所谓的“改变世界”，这才是其真正的价值和生命力之所在。对于马克思主义哲学来说，时代主题的转换，内在地要求它必须实现一场“格式塔”转变，即由以“革命”为主题的叙事和修辞，转变为以“建设”为主题的叙事和修辞。

第二，世界范围内的新科技革命浪潮的冲击。

众所周知，20 世纪发生了一场广泛而深刻的科学革命和技术革命。这也正是 20 世纪之所以不同于其他任何一个世纪的独特标志之一。以相对论、量子力学、老“三论”（系统论、信息论、控制论）和新“三论”（突变论、协同论、耗散结构论）的建立为标志的科学革命，实现了由经典科学到现代科学的转变。它的后果并不是在某些细节上完善整个世界图景，而是从根本上改变了人们看待世界的方式本身。以微电子技术、航天技术和遗传基因工程技术等为代表的新技术革命，也深刻地改变并重建了人类的存在方式，包括生产方式、生活方式和思维方式。

科学革命使经典科学赖以成立的两个基本假设，即认识的纯粹客观性和世界的绝对确定性发生危机。科学哲学原有的“科学始于观察”的信念受到了“测不准关系”的挑战，被修正为“科学始于问题”。“观察渗透理论”这一新命题的确立，意味着开始正视主观因素在认知活动及其结果中的本质意义和积极价值。在经典科学那里，偶然性被认为只是由于认识的不充分和实验的误差而暂时使用的一个措辞，因而并不真实。但现代科学的发展却日益表明，偶然性在更深刻的意义上决定着世界的演化轨迹，它事实上并非因为认识的局限和实验的误差造成的。如此一来，就向马克思主义哲学的传统解释提出了诘难：如何正确地看待认识的主观性因素？我们对原来所坚持的反映论的认识论是否需要作出新的解释？既然未来充满着不确定性，那么是否应该对以决定论为内核的历史规律观作出某种修正？马克思主义哲学对于未来是否还具有足够的预期能力？正是在这些方面，马克思主义哲学研究进行了多方面的探索，例如围绕认识的本质问题、认识的主体性问题、认识的主体选择性问题、真理的检验标准问题、“测不准关系”的认识论意义问题等，展开了一系列的讨论，取得了不少进展。另外，对于规律的本质问题、决定论与非决定论及反决定论问题、历史的合规律性和合目的性及其关系问题、历史的规律性及其可能性空间问题，也展开了广泛而深入的考察。

新技术革命带来的社会后果也是深刻而广泛的，它直接规定并塑造了当代人类的生活样态。对于马克思主义哲学来说，它引发的挑战是生产自动化导致了阶级结构的改变，在一定程度上弱化了阶级矛盾，那么怎么看待作为革命学说的马克思主义及其哲学？随着信息时代的来临，信息成为现代社会的主要资源类型。信息所固有的新颖性要求创造性，它是一种向未来敞开着的可能性。因此，与信息时代相匹配的思维方式，必然是着眼于未来的。在这样一个时代，马克思主义哲学面临的考验是有没有足够的筹划未来的能力。

第三，中国特色社会主义的创造性的历史实践。

诚如黑格尔所说："密纳发的猫头鹰要等到黄昏到来，才会起飞。"[①] 作为反思，哲学必须"从后思索"。就此而言，哲学的确需要等待历史本身的成熟。但是，哲学还必须扮演"高卢的雄鸡"这一角色，在黎明到来之前就引吭高歌。中国特色社会主义的历史实践的逐步积累和成熟，有待于作出马克思主义哲学的反思。从一定意义上说，实践走到了理论的前面。毛泽东同志当年曾感慨："中国的斗争如此伟大丰富，却不出理论家！"[②] 他还说："确实，我们的理论水平是比过去高了一些。但是按照中国革命运动的丰富内容来说，理论战线就非常之不相称，二者比较起来，理论方面就显得非常之落后。"[③] 他坦率地承认，理论相对地滞后于实践。作为研究者，我们必须反省，就马克思主义哲学的学术研究来说，我们今天是否也存在着类似的问题。

苏东剧变使得国际共产主义运动陷入低潮。对于马克思主义哲学研究来说，社会主义实践的这一历史性挫折，无疑也是一把"双刃剑"：它既给马克思主义哲学研究带来了严峻的挑战，同时也为这一研究提供了难得的机遇，因为它为此准备了沉重的历史遗产，为我们更深刻地把握马克思主义哲学的实质和精髓提供了反思的新的参照。正像恩格斯指出的那样，"伟大的阶级，正如伟大的民族一样，无论从哪方面学习都不如从自己所犯错误的后果中学习来得快"[④]。社会主义事业的正反两方面的历史经验教训，构成马克思主义哲学反思的重要前提和对象；它向马克思主义哲学提出了种种难题，也正因此而成为马克思主义哲学研究走向成熟的重要动力。

第四，新一轮的"西学东渐"和"文化热"的兴起。

40 年来，随着对外开放提上日程并逐步深化，新一波"西学东渐"在中国大地上兴起；伴随东西方文化的碰撞和交往，继而兴起了新一轮的"文化热"。这种文化的自觉也在马克思主义哲学研究领域引发了一系列的积极效应。哲学与文化之间存在着难以剥离的关系：哲学构成文化的内核和基因，文化则充当哲学的载体和表征。对于文化问题的关注，使马克思主义哲学研究突破了过去那种仅仅把哲学置于科学语境中去理解的狭隘思路，把自身放在广义的文化背景下去审视和理解，从而引发了其多维度意涵（真、善、美）的全方位阐发。反过来，从马克思主义哲学角度出发去反思人类文化现象，又形成了马克思主义意义上的文化哲学。

改革开放 40 年来，西方哲学包括国外马克思主义在国内的广泛传播，也为深化我们的马克思主义哲学研究提供了更加深邃的背景和有益的借鉴。

就西方哲学而言，西方哲学自近代以来出现的"存在论转向"，构成马克思主义哲学回归人的在场性立场的重要机缘。笛卡尔的"我思故我在"、海德格尔的"语言是存在的

---

① 黑格尔：《法哲学原理》，范扬、张企泰译，1979，"序言"第 14 页。

② 中共中央文献研究室编：《毛泽东哲学批注集》，中央文献出版社，1988，第 445 页。

③ 《毛泽东选集》第 3 卷，人民出版社，1991，第 813 页。

④ 《马克思恩格斯选集》第 4 卷，人民出版社，1995，第 432 页。

家”、哲学解释学的“理解是人的存在方式”，都昭示出“回到人的存在”的诉求，但它们事实上均未能兑现其初衷。真正完成“存在论转向”使命的是马克思主义哲学，它通过回到“实践”这一总体性范畴而回到了人的存在本身，可谓是“我实践故我在”。

就国外马克思主义而言，作为一种不同于东方马克思主义的解释传统，它基于所面对的晚期资本主义这一特定语境下的人的异化命运的当代形式，着重从“人”的线索去阐释马克思，而不是像东方马克思主义那样主要是沿着“物”的线索予以发挥，所以为发现并弥补以往被我们忽视了的人的主体性提供了深刻启示。

第五，以后现代主义为标志的新的时代维度的确立。

马克思认为，任何真正的哲学都是自己时代精神的精华。如果不能准确地把握马克思主义哲学的时代维度，就必然妨碍我们对于其实质和内涵的恰当阐释。就此而言，时代定位无疑带有前提性。后现代主义思潮的来临，为我们重新定位马克思主义哲学的时代维度提供了重要启示。

作为“现代社会”的批判者，马克思在思想上具有强烈的“后现代”意味，但他又不同于后现代主义者。因为马克思主义哲学是以辩证地扬弃现代性为其基本取向的，也就是说它是在解构一个旧世界的同时建构一个新世界，而决不是像后现代主义那样走向了历史和文化的虚无。可是，马克思主义及其哲学传入中国的历史语境是“五四”新文化运动，这一运动是以启蒙现代性为根本标志的。这样一种启蒙语境使得我们总是倾向于在现代性的维度上去阐释马克思，从而遗忘了其思想的后现代维度。所以，马克思与现代性的关系也随之成为近些年来马克思主义哲学研究中一个无法回避的重要课题。

马克思主义哲学研究如何在现代性语境中自我定位？马克思主义哲学的后现代性质，使得它对现代性（如资本权力的支配、理性尺度的独断等）具有足够的解构能力。但当我们宣布“商品经济是人类社会发展的一个不可逾越的历史阶段”这一命题，并将其作为改革开放合法性依据之后，马克思主义哲学又何去何从呢？就像中国的历史步伐绕不开“启蒙现代性”这个路标一样，中国的马克思主义哲学研究同样也无法回避时代坐标上的这个维度。人为地拒绝现代性，同无原则地推崇现代性一样，都是偏颇的。马克思主义哲学对现代性持辩证扬弃态度，既看到其巨大的历史进步意义，同时又看到它的历史暂时性。

我们虽然从马克思对现代性的批判着眼，把马克思主义哲学判定为一种后现代学说，但有一个问题无法回避，即后现代是以对“元叙事”的不信任为基本特征的，这似乎同作为“宏大叙事”的马克思主义哲学存在着某种不相侔。马克思主义哲学不仅要面对沉重的历史遗产，还要直面所谓的“后革命”时代和“意识形态终结”的挑战。不应忘记，恩格斯在《在马克思墓前的讲话》中称“马克思首先是一个革命家”。当然，这里所说的“革命”是实践的唯物主义意义上的，即“实际地反对和批判现存的一切”，而不是指那种对“革命”所作的庸俗化的理解。这些难题既是马克思主义哲学自身的研究内容，同时也规定了它进一步发展的问题域。

第六，“全球性问题”的出现和生态文明的建构。

以生态危机和环境恶化为标志的“全球性问题”在20世纪60年代的集中爆发，不啻宣告了以工业文明为代表的旧的发展理念和模式的失效。当代人类如何摆脱这一生存困境，乃是我们无法回避的时代课题。正是在这个方面，马克思主义哲学能够提供丰富的思想资源，帮助我们对当代发展面临的紧迫问题作出深刻反思。

从马克思主义哲学角度探讨现代化和社会发展问题，既有实践上的原因，也有理论上的原因。从实践层面说，主要是由实际的社会发展和现代化进程所遇到的深刻的生态和环境危机决定的，在某种意义上可谓是对实践挑战作出回应的结果。当然，仅仅有实践上的需要尚不够，还必须有理论上的准备，其理论资源主要来自唯物史观特别是马克思恩格斯关于人与自然、人与人的矛盾及其解决的学说，此外还借鉴了西方社会发展理论、未来学中的悲观主义和乐观主义等不同思潮、西方马克思主义的社会批判理论、生态学马克思主义等。在此基础上，中国马克思主义哲学研究开始关注在全球化背景下出现的全球性问题，考察工业文明模式下发展的不可持续性危机及其深层原因、内在机制和未来可能的出路，重点讨论可持续发展是否可能、如何可能，其理念和模式的哲学含义、约束条件和可能的前景，以及在此基础上建立起来的生态文明新形态取代旧有的工业文明的内在必然性和路径等问题。

三 40年来马克思主义哲学研究诸领域取得的突破性进展

改革开放40年来，中国的马克思主义哲学研究所取得的成果，无论是论文还是著作，可谓是浩如烟海，令人叹为观止，颇有“忽如一夜春风来，千树万树梨花开”之感。这些成果已经从总体上突破了以往我们对于马克思主义哲学及其思想史的简单化理解，突破了马克思主义哲学研究的宏大叙事的范式，能够深入到哲学思想的微观环节加以细腻的处理和研判，在有些方面甚至可以说做到了极致，无论在广度还是深度上都取得了空前的突破。可以说，从具体结论到研究范式、从研究方法到研究视野、从研究内容到研究形式，都有了一种深刻而明显的历史性转变。从总体看，中国马克思主义哲学研究经过40年的发展和积累，实现了“点→线→面→体”的逐步突破，从而形成了总体上的强烈“立体感”，也就是马克思意义上的“思维的具体”，即所谓“诸规定的综合和多样性的统一”。

从研究主体看，老一辈学者在马克思主义哲学研究的恢复和发展过程中起到了奠基性的作用；中年一代学者作为时代的“中间物”，扮演着承上启下的角色，发挥了中坚的作用和影响力；新生代学者作为一个群体正在崛起，开始发出自己的声音，代表着中国马克思主义哲学研究事业的希望和未来。随着新生代逐步走向学术舞台的中心，马克思主义哲学研究的话语权在老、中、青代际之间的转移速度加快，使得整个研究梯队的知识背景、外语能力、国际视野、思想活力在总体上都有明显的改观，马克思主义哲学研究出现了新气象、新突破、新趋势。当然，也必须承认，现代化进程的日益深化及其带来的世俗化趋势的影响，也造成了马克思主义哲学研究的某些浮躁现象。

从研究客体看，自改革开放以来，中国特色社会主义建设和现代化事业的成功实践，为马克思主义哲学研究提供了空前丰富的现实内容。作为马克思主义哲学的创造性应用，中国特色社会主义的历史实践为马克思主义哲学在当代“从理论上思考中国实际”（毛泽东语）准备了丰富内容。以反思的方式把握时代脉搏，原本就是马克思主义哲学的题中应有之义。同时，国际上《马克思恩格斯全集》历史考证版（$MEGA^2$）的逐步整理问世，为国内马克思主义哲学研究提供了比以往更为准确可靠的依据，中共中央编译局主持翻译的《马克思恩格斯全集》中文第2版（从1995年开始由人民出版社陆续分卷出版，迄今已出版大约28卷次）主要就是依据$MEGA^2$和德文版重新编辑和译校的。这一工作直接促进了马克思主义哲学的文献学研究，间接推动了马克思主义哲学史论的义理阐释研究，进而优化并提升了马克思主义哲学对于实践和现实生活的反思能力。

从研究环境看，无论是软环境还是硬环境都得到了优化。思想解放运动和“双百方针”的重新贯彻，为良好的学术研究氛围的营造提供了必要的外部条件。随着对外开放的不断扩大和深化，特别是新一轮“西学东渐”的来临，西方思想资源不断传入，尤其是国外马克思主义哲学和“马克思学”的研究成果的引进，对于国内马克思主义哲学研究产生了积极的促进作用。可以说，没有这个条件，中国马克思主义哲学研究不可能呈现出今天这种繁荣局面。我们党把马克思主义及其哲学看作自己的“看家本领”，在国家层面设立马克思主义理论研究和建设工程，投入大量的人力、物力和财力，使得马克思主义哲学研究成建制、成规模地开展。这也为相关研究的繁荣和发展提供了有利的基础保障。

大致地说，40 年来中国马克思主义哲学研究诸领域取得的突破性进展，主要表现在如下几个方面：

第一，探究马克思主义哲学“元问题”，摆脱传统教科书体系的桎梏。

近 40 年来的马克思主义哲学研究始终伴随着自我反思。对于马克思主义哲学所作的“元（meta）”研究，就是这种反思姿态的表征和体现。它意味着不仅对马克思主义哲学的内容本身予以考察，而且进一步上升到哲学观的层面加以“反刍”。这就不再局限于直接性的内容，而是把马克思主义哲学本身主题化，使其作为反思的对象，即是一种对反思的反思。“元问题”的自觉提出和清算，是改革开放以来马克思主义哲学研究的一个非常突出的主题，它直接涉及马克思主义哲学观的合理重建。这种研究的大致谱系是：最初讨论马克思主义哲学研究对象和内容，然后又涉及马克思主义哲学的本性和功能，这标志着“元”研究的开始；继而又转向马克思主义哲学有无本体论的讨论，提出了物质本体论、实践本体论、物质 - 实践本体论、超越本体论等不同的主张或方案，进一步深化了对马克思主义哲学实质的认识；在此基础上，又触及马克思主义究竟有没有“哲学”，马克思究竟是重建了哲学还是消解了哲学等问题，其中包括马克思恩格斯所建立的究竟是“哲学”还是“世界观”、是“哲学”还是“真正的实证科学”；更进一步的问题是，马克思恩格斯所谓的“哲学的终结”究竟所指为何，它又是在什么意义上才得以成立，在此问题上两者的观点又有着怎样的差别；等等。

这方面的研究，无疑为重建马克思主义哲学体系作了必要的准备，确立了新体系的建构基础、建构原则、建构方法、建构模式等，从而在某种程度上凸显了马克思主义哲学变革的真实意蕴。改革开放以来，马克思主义哲学研究取得的突破性进展，很大程度上就积淀并浓缩在哲学体系的重建方面。它使我们突破了原来的物质本体论框架，转向了实践唯物主义立场，如此才能真正体现出马克思在哲学上实现的革命性变革及其真正内涵。不然，我们就难免在“前马克思”的意义上去阐释马克思，从而把马克思主义哲学解释成 18 世纪法国唯物主义者也能够接受的东西，抹杀马克思哲学变革的里程碑意义，最后不能不陷入对于马克思主义哲学予以“抽象地肯定，具体地否定”之类的尴尬。

第二，恢复并强化马克思主义及其哲学的有机整体性。

改革开放以来，马克思主义及其哲学实现了由抽象到具体的转变，其有机整体性日益得到强化。其实，对于马克思的任何一本著作，我们都无法把它归结为纯粹的哲学、纯粹的经济学，或纯粹的科学社会主义；相反，它们都是高度综合的。对于马克思主义及其哲学的有机整体性的重新认识和恢复，有助于使其达到思维的具体性之规定，进而超越知性的逻辑及其理解方式。马克思主义及其哲学的有机整体性的恢复，其表现是多方面的。

首先，学术界开始对“历史唯物主义”作一种广义的理解，并把它看作与“实践的唯物主义”同等重要的概念。这无疑有助于恢复马克思主义哲学的“历史地思”的性质，从而使它的“巨大的历史感”获得真实的内涵。这种历史感归根到底取决于实践这一原初范畴的自觉奠基。应该承认，“历史唯物主义”的广义化，为在实践这一原初范畴基础上实现马克思主义及其哲学各个部分的有效整合，从而克服原来的那种“板块式”结构及其缺陷，开辟了某种学理上的可能性。

其次，在马克思主义哲学的基本叙事模式中，逻辑的东西与历史的东西相统一的建构原则，也重新得到贯彻和体现。它的一个最直观的表现，就是马克思主义哲学的“史”与“论”的截然二分格局逐步被破除，从而避免了以往那种割裂化的研究。另外，马克思主义哲学同马克思主义之间的关系也得到了重新梳理，以前那种把两者视为整体与部分的加和关系的观点越来越受到质疑。这也有助于使整个马克思主义变成一种以马克思意义上的“新哲学”为学科归属的有机整体。马克思主义与马克思主义哲学的关系，不再被简单地理解为整体与部分的关系（这种正统的理解带有明显的机械地加和之弱点），而是被理解为学科归属和性质的关系，即变成内在的有机的关系。在此意义上可以说，马克思主义不过是广义的马克思主义哲学；反过来，马克思主义哲学不过是狭义的马克思主义。两者之间的关系因此变成了有机的内在的关系，从而突破了原有的限阈，克服了传统理解的机械性缺陷。如此一来，马克思主义及其哲学体系，就不再是“堆（heap）”而是“系统（system）”。对这种性质及其特点的正视和确认，必将有助于我们避免把马克思主义哲学看成“一袋马铃薯”或“各种知识的杂拌”，进而避免陷入它所隐含的“肢解马克思”的危险。我们可喜地看到，40 年来的马克思主义哲学研究成果，越来越难以按照旧有的框架加以“归类”了。

最后，在对马克思主义哲学所作的解读和诠释中，近 40 年来我们开始更为注重不同经典文本之间的“互文性（inter – textuality）”关系，强调特定语境意义上的语义还原，并重视语用学意义上的语义的生成性，从而为真切地领会马克思主义经典作家的哲学思想内涵，特别是他们的哲学思想所体现出来的特有的运思方式提供了某种可能。这种在解读经典文本时所采取的“内证”方法，无疑也强化了马克思主义哲学语境的有机整体性。

第三，对马克思主义哲学“世界历史”理论的关注和阐发。

从 20 世纪八九十年代以来，国内哲学界开始注重对马克思提出的“历史向世界历史的转变”思想加以研究，丰富并深化了我们对于唯物史观内涵的理解，超越了以往那种对它的历史逻辑所作的线性的、单向度的、朴素进化论的解释，进而引发学术界对于马克思“普遍交往”思想、东方社会理论、“亚细亚生产方式”思想，以及跨越资本主义“卡夫丁峡谷”设想等方面展开了广泛而深入的研究。

马克思主义哲学的“世界历史”观，为我们今天所面临的全球化时代提供了学理上的说明。在一定意义上，全球化不过是深度的现代化，或曰现代化的当代形式。要深刻地理解并把握全球化这一当代人类生存处境的实质，就不能不借鉴马克思主义哲学基于人类普遍交往而形成的“世界历史”思想，以便从中获得深刻的启示和反思的能力。

这方面的进展，是伴随着对于中国社会主义历史实践的反省、国外学术界对马克思早期和晚期思想的高度关注而兴起的。其学理价值主要在于重新理解马克思的历史规律观，超越以往那种线性的思路，历史规律本身也因为人类普遍交往和“世界历史”的崛起而变成“历史的”了；同时也加深了对于唯物史观审视历史所特有的视野的理解，即把历史看作理性和价值双重视角反思的对象，并把这种双重视角及其关系本身看作历史的产物。这就使得此类研究的意义远远超出了局部的限囿，从而获得了哲学观层面上的含义。另外，从实践意义看，这类研究还为我们积极而有效地应对作为深度现代化或曰现代化当代形式的全球化进程提供启示，为中国历史地选择社会主义道路提供了某种学理上的辩护。关于跨越资本主义“卡夫丁峡谷”问题的争论，除了纯粹的学理意义之外，还有一种现实的关切。从学理层面看，这个争论直接关乎如何重新估价和诠释马克思主义哲学的历史观及其实质，涉及对马克思的历史规律观在“世界历史”背景下的重新理解。从现实层面看，它又直接关系到中国选择社会主义道路的合法性问题。就此而言，这场争论不过是中国的马克思主义哲学研究者所特有的文化焦虑和历史纠结在反思层面上的折射罢了。

第四，重新认识并梳理马克思主义哲学的思想史来源。

按照原先的正统观点，整个马克思主义主要有三大来源，即德国古典哲学、英国古典政治经济学和法国空想社会主义。就马克思主义哲学来说，其来源则主要被局限在费尔巴哈的唯物主义和黑格尔的辩证法。这在一定意义上是对的，但不足以充分地了解马克思主义哲学的丰富思想史背景，因为它化约并舍弃了许多不可忽略不计的方面和成分。近 40 年来，在对马克思主义哲学的思想史来源研究方面，主要表现为“拓展”和“深化”两个趋势，它进一步丰富了我们对于马克思主义哲学实质的理解。

我们开始关注古希腊哲学、犹太－基督教传统、浪漫主义思想与马克思主义哲学的思想史联系。青年马克思的“博士论文”研究的主题，就是古希腊的德谟克利特和伊壁鸠鲁两者思想的比较，所以古希腊哲学对于马克思思想的酝酿和定型期的影响不可低估。离开了马克思对于伊壁鸠鲁原子偏斜说的推崇，我们就难以理解马克思自由思想的源头。同样地，没有马克思“竭力在伊壁鸠鲁的物理学说的不合理中去探求哲学上的合理”①，也就无从理解他的哲学视野的确立这样一个思想史事实。马克思当然是以宗教批判为其思想发轫的，但他所谓的“宗教是人民的鸦片”，其深刻的隐喻意义在于表明马克思试图把基督教所带给人们的虚拟的满足变成真实的满足。正是在此意义上，恩格斯所作的这个类比才能够成立：“基督教和工人的社会主义都宣传将来会从奴役和贫困中得救；基督教是在死后的彼岸生活中，在天国里寻求这种得救，而社会主义则是在现世里，在社会改造中寻求。”② 马克思主义哲学同浪漫主义的关系，也成为近些年来国内研究的一个热点问题，譬如马克思与卢梭的关系、与德国狂飙突进时期思想家歌德和席勒的关系、与德国浪漫派特别是弗里德里希·施莱格尔的思想史联系，等等。

近 40 年来的马克思主义哲学研究，逐步肯定马克思主义哲学的实践取向，甚至把其源头追溯至古希腊哲学家亚里士多德对于“实践”所作的阐释及其相关思想。马克思主义哲学同青年黑格尔派之间的思想史联系，也被一一加以仔细讨论，揭示出许多以往被我们所忽视的思想维度，如马克思与布鲁诺·鲍威尔、马克思与卢格、马克思与赫斯、马克思与施蒂纳、马克思与费尔巴哈，等等。马克思主义哲学同德国古典哲学的关系也得到重新审视，马克思与康德的思想史联系作为问题被提了出来，马克思同黑格尔的关系也超越了以往那种简单化的理解，除了黑格尔的辩证法之外，他的精神现象学也被纳入马克思的思想史背景来考量。另外，马克思与费希特和谢林的思想史关联，日益成为学界关注的方面，马克思的哲学根源通过黑格尔甚至被追究到了斯宾诺莎的有关思想，如此等等。

---

① 梅林：《马克思传》上，樊集译，人民出版社，1973，第 41 页。

② 《马克思恩格斯选集》第 4 卷，第 457 页。

第五，不同研究范式及中、西、马之间多重对话关系的磨合与确立。

目前国内马克思主义哲学最主要的研究范式有学理阐释、文献考证、实践反思等不同的形式，它们之间既相互竞争，又开始确立起互补相济、建设性互动的格局。不同研究路数的多元格局的逐步建构，使整个马克思主义哲学研究呈现出越来越强烈的“立体感”，这无疑有助于马克思主义哲学研究的健全发展。

学理阐释范式主要是立足于文本和实践，着重从义理角度对马克思主义哲学作出新的可能的深度诠释，试图发掘出它的微言大义。这一范式对于深化马克思主义哲学的原创性解读具有不可替代的重要意义。文献考证范式则是改革开放以来兴起的一种新的研究路数，有的学者甚至提出要建立中国的“马克思学”。这一范式的出现，主要得益于国外学界对马克思恩格斯文献的整理出版，以及“马克思学”的影响。它对于弥补过去那种大而无当的宏大叙事、缺乏切实的文本考证工夫的局限，无疑是一种积极的、建设性的进步。因为它能够使马克思主义哲学研究建立在更加扎实可靠的基础之上。近 40 年来国内学术界对马克思主义哲学经典著作所作的文本阐释，已经达到了空前深刻和细腻的程度。追求对马克思主义哲学文献的“深度理解”，不仅要超越教科书水平，还必须通过经典作家已经说出的话读出其未说出的深邃意涵，藉其言而得其意，需要“力透纸背”。在这类解读方面，近几十年来也取得了长足的进步和突破性进展。这是一个有目共睹的事实。中国马克思主义哲学的文献学方法和文本研究方兴未艾。实践反思范式则使马克思主义哲学研究逐步摆脱以往那种贴标签式的做法，真正走向对实践经验的深刻反思并从中揭示出理论蕴含。马克思恩格斯当年曾批评德国的意识形态家们因遗忘了哲学同现实生活的联系而跌入思辨的陷阱：“这些哲学家没有一个想到要提出关于德国哲学和德国现实之间的联系问题，关于他们所作的批判和他们自身的物质环境之间的联系问题。”① 马克思主义哲学正是批判地克服了旧哲学的这一致命缺陷才得以产生的。实践反思范式对于矫正和克服这一思辨的缺陷，无疑具有免疫作用。“武器的批判”与“批判的武器”及其纠缠，其实在今天依然是一个绕不过去的问题。不锻造“批判的武器”，不对“武器”本身进行“批判”地清算，我们拿什么去联系实际？问题在于，倘若脱离了实践，难道“批判的武器”能够在空中楼阁中或书房里的写字台上被锻造出来吗？应该说，实践反思范式最本真、最典型地体现着马克思主义哲学的特质和诉求，表征着马克思“武器的批判”和“批判的武器”及其内在的统一。它赖以确立的契机，主要在于苏东剧变及社会主义历史教训的挑战和中国特色社会主义事业的成功实践，以及当代人类社会的发展和全球化趋势所遭遇的难题和困境。这一范式的积极意义是双重的：一方面可以进一步丰富和发展理论本身，另一方面又用发展着的理论“反哺”实践，指导发展着的实践。

马克思主义哲学研究领域的不断分化，也是近 40 年出现的一个引人注目的现象。马克思主义的元哲学、人学、实践哲学、生存哲学、价值哲学、文化哲学、社会哲学、发展哲学、经济哲学、政治哲学、生态哲学、空间哲学等领域得以开拓，极大地扩展了马克思主义哲学研究的论域和范围。这意味着马克思主义哲学的研究逐步形成了不同的流派，竖起了不同的旗帜。这些不同的分支领域的出现，逐步形成合理的学术研究生态群落，将极大地助推马克思主义哲学研究的深化和健全。它们彼此之间也需要形成积极的互动关系，并在相互促进中实现“双赢”或“多赢”。

---

① 《马克思恩格斯选集》第 1 卷，人民出版社，1995，第 66 页。

改革开放以来，中国哲学、西方哲学、马克思主义哲学之间对话关系的初步建构和逐渐成熟，也是一个有目共睹的事实。在这一格局中，马克思主义哲学有可能在一个更宏阔的语境和视野中被发掘出新的含义，并找到与他者相互比较的新参照系：一方面相互发明，以便激活隐含的潜在意蕴；另一方面又以更加显在的方式彰显马克思主义哲学自身的特质。马克思主义哲学同西方哲学和中国哲学展开的会通对话、相互诠释、相互引发，使得马克思主义哲学研究越来越具有开放性。马克思主义哲学与儒学的关系，成为学界关注的一个重点领域。继历史上曾经出现过的“西学中源”说，有的学者甚至提出了马克思主义“中源说”。在马克思主义哲学与西方哲学的相互诠释关系方面，相对突出的是马克思同海德格尔在思想上的比较和会通研究。

第六，马克思与恩格斯的思想关系问题和比较研究。

改革开放之前，中国马克思主义哲学界对于马克思和恩格斯的思想关系问题几乎没有触及，一般认为他们在思想上像“一整块钢”，并不存在任何不能忽略不计的差别。但是，随着对于马克思和恩格斯思想本来面目的日益正视，以及对于他们著作文本的细腻解读，特别是受到国外马克思主义以及西方“马克思学”的启发和影响，这个问题逐步被学术界自觉地提了出来，并成为中国马克思主义哲学研究领域的一个热点问题。这个问题的恰当解决，对于准确地理解马克思和恩格斯各自的思想无疑有其重要的前提意义；更深刻的意涵在于，它的解决还直接关乎对马克思主义哲学实质的重新理解和正确把握。

马克思和恩格斯之间存在着思想差别，这似乎是一个不争的事实，关键在于怎样评估这种差别的性质。一种观点认为，马克思和恩格斯之间的思想差别是非本质的、次要的，甚至是可以忽略不计的。持此类观点的学者，一般是把这种差别要么解释为马克思和恩格斯在思想上的分工造成的，马克思主要关注的是历史观领域，恩格斯则主要关注的是自然观领域；要么解释为马克思和恩格斯在不同情境下作出不同反应的结果，马克思针对的主要是旧唯物主义，所以强调“新哲学”与旧唯物主义的本质不同，需要特别突出实践的地位，恩格斯则主要针对的是唯心主义，所以仅仅重申“唯物主义的一般基础”就足够了。但另有观点认为，这类解释虽然能够说明马克思和恩格斯之间在思想上的某些非实质性差别，但并不能解释他们的所有差别。因为无论是分工还是不同情境造成的差异，都不能也不应妨碍“由同一立场出发”这一绝对前提，否则就既谈不上“分工”，也谈不上“情境”。问题的实质在于马克思和恩格斯之间存在着更具有前提性的差别，亦即所谓异质性差别。持这种观点的学者倾向于认为，这种异质性差别主要体现在诸如哲学建构的视野、哲学的原初范畴，以至于实践观、真理观、自由观等诸多方面。在这些学者看来，把马克思恩格斯化或者把恩格斯马克思化，都是对他们各自思想的不尊重，也有碍于我们准确地领会并把握他们各自思想的真谛。

第七，人的在场性的凸显与马克思主义哲学的存在论维度的恢复。

存在主义哲学家萨特曾经对马克思主义哲学持保留态度，一个重要原因就在于他认为马克思学说存在着一个所谓的“人学的空场”。按照我们对于马克思主义哲学所作的传统解释，也就是物质本体论立场，的确有“见物不见人”的偏颇，但问题在于这并不是马克思主义哲学的本来面目。众所周知，马克思早在《1844 年经济学哲学手稿》中就明确强调：“被抽象地理解的，自为的，被确定为与人分隔开来的自然界，对人来说也是无。”① 马克思

① 马克思：《1844 年经济学哲学手稿》，人民出版社，2000，第 116 页。

在这里固然是针对并批评黑格尔思辨哲学而言的，但马克思的这一立场对于克服旧唯物主义的缺陷同样有效。因为建立在实践这一原初基础上的基本立场，构成了同时扬弃并超越唯心主义和旧唯物主义及其对立的前提。马克思从来未曾偏袒旧唯物主义。唯物史观的基本原理就是"存在决定意识"，而马克思在此所谓的"存在"并非一般意义上的抽象规定，而是特指人的社会存在，即人的实际生活过程。在马克思看来，社会生活本质上是实践的。这就意味着，社会存在正是人的实践及其建构的表征和产物。所以，在马克思主义哲学那里，内在地具有人的在场性规定，这归根到底是由它的人的存在的本体论预设决定的。

人的在场性的凸显，在马克思主义哲学的阐释中有着多种多样的表现，其中的一个重要方面，就是价值问题和价值论域在马克思主义哲学研究中成为被重点关注的领域。传统的教科书体系几乎未曾触及价值维度，但近几十年来的研究越来越重视价值维度在马克思主义哲学中的不可替代的地位和意义。从更深刻的意义上说，对价值问题的重视和探讨，凸显了人的存在的维度。从某种意义上说，它既是马克思主义哲学实现人的存在论转向的一个结果，同时也是这一转向的一个表征。

第八，把马克思主义哲学置于更广义的文化背景下加以审视。

按照传统观点，哲学作为自然科学和社会科学的概括和总结，它仅仅同科学内在相关。所以，我们在研究哲学的时候，往往只是把它同科学联系起来考虑。这种狭隘性，极大地限制了哲学的内在丰富性。改革开放以来，马克思主义哲学研究逐步突破了以往那种仅仅把哲学同科学联系起来理解的思路，而是将其置于广义的文化背景下加以定位，从而更多地引申出马克思主义哲学的丰富内涵。

马克思在《〈政治经济学批判〉导言》中，把人同世界打交道的方式区分为思维的、宗教的和艺术的三种类型，它们分别对应于真、善、美。这三种掌握世界的方式，构成人类文化的基本要素。从一定意义上说，哲学就是在反思层面上为真、善、美提供文化原型和最高范式。因此，对于哲学的理解就不能不在真、善、美这样一个广义的文化背景下进行。马克思主义哲学对人类历史的理性审视，揭示了历史发展的必然逻辑，这是其"真"的层面；而它对人类历史所作的价值审视，并因此确立起应然的未来目标，从而获得了一种对于现存的一切加以批判地反思的能力，这是其"善"的层面。不仅如此，马克思还提出了自然科学（真）与人的科学（善）的统一及其历史条件问题，例如他说："自然科学往后将包括关于人的科学，正像关于人的科学包括自然科学一样：这将是一门科学。"① 在马克思看来，人的存在本然地蕴含着审美的维度，因为"动物只是按照它所属的那个种的尺度和需要来构造，而人懂得按照任何一个种的尺度来进行生产，并且懂得处处都把内在的尺度运用于对象；因此，人也按照美的规律来构造"②。另外，马克思还从人的解放的意义上揭示了审美的含义，认为随着共产主义的来临，艺术也从狭隘的旧式分工的部门中解放出来，变成人的存在方式本身的性质。因此，从哲学意义上说，共产主义不过是真、善、美相统一得以最后实现的历史形式；而"已经生成的社会，创造着具有人的本质的这种全部丰富性的人"③。改革开放40年来，哲学的这些广义文化内涵，在马克思主义哲学研究中不断得到阐发，从而在更大程度上丰富了人们的理解。

①②③ 马克思：《1844年经济学哲学手稿》，第90页；第58页；第88页。

四 目前中国马克思主义哲学研究存在的问题及出路

在谈到欧洲文艺复兴时，恩格斯曾说过："这是人类以往从来没有经历过的一次最伟大的、进步的变革，是一个需要巨人而且产生了巨人——在思维能力、激情和性格方面，在多才多艺和学识渊博方面的巨人的时代。"① 在某种意义上，对于中华民族来说，改革开放的历史意义丝毫不亚于欧洲的文艺复兴。所以我们有理由认为，这同样是"一个需要巨人的时代"。新时代的中国马克思主义哲学研究应不辜负时代的召唤，产生出我们自己时代的"巨人"。这归根到底需要强大而不竭的学术原创力，需要划时代的、里程碑式的丰厚学术成果。要达到这个目的，取决于理论的深邃透彻和对鲜活实践的深刻的反思性把握；其中又首先有赖于我们勇于正视并解决马克思主义哲学研究本身存在的问题和症结。

第一，不同的研究范式如何避免走向独断化？

彼此尊重、相互宽容，是马克思主义哲学研究不同范式之间关系走向健全的前提。它们之间可谓是合则两利、离则两伤。不同研究范式之间应该是建设性的对话关系，而不是彼此的诋毁和轻蔑。因此，必须注意防止各种研究范式的独断化，避免强烈的排他性。其实，在绝对的意义上，马克思主义哲学研究的任何一种可能的范式都没有独立的价值，只有在它们彼此的互补和整合中，有关研究才能走向逼真性。一种范式一旦陷入独断化的误区，就必然沦为一种遮蔽的力量而不再是一种敞开的力量，这正是其走向危机从而丧失自身合法性的开始。

我们需要警惕，研究范式始终存在着走向自我异化的可能性。（1）学理阐释范式的优势在于能够充分发掘马克思主义哲学的丰富而深刻的意蕴，这是理论的彻底性所内在要求的。按照马克思的观点，理论只有彻底才能说服群众，从而才能变成物质力量。这是得到"实践能力的明证"的必要条件。学理阐释范式能够为达到理论的彻底性提供学理上的保障。马克思主义哲学当年所拥有的那种强大的逻辑力量，就源自这种学理上的彻底性。但是，这种范式也有自身的某种局限性。若离开了实践反思范式的滋润，它就难以避免教条主义的陷阱，难以同思辨哲学划清原则界限。若离开了文献考证范式的支持，理论本身也将缺乏可靠的依据，从而容易出现大而无当的空疏之弊病。（2）实践反思范式使我们的研究能够做到感应时代脉搏、回应实践质询、立足于研究者的"此在"性。哲学脱离生活乃是哲学的最大异化。一旦割裂哲学同现实生活之间的内在联系，就会不可避免地重蹈思辨哲学的覆辙，从而背离马克思主义哲学的优秀传统。实践反思范式虽然具有这一优点，但如果抛弃了学理阐释和文献考证范式所提供的"支援"，也难免会陷入实用主义的泥淖，从而有可能屈从于实践的机会主义。马克思固然"首先是一个革命家"，但决不是一个盲目的革命家，他还是一位终其一生从事艰苦思想劳作的哲学家。因为在马克思看来，"共产主义者"同时也必须是"实践的唯物主义者"。他认为，共产主义固然是"现实的产生活动——它的经验存在的诞生活动"，但"对它的思维着的意识来说，又是它的被理解和被认识到的生成运动"②。马克思意义上的共产主义显然内在地蕴含着一个自觉反思的层面。（3）文献考证范式的引入，为国内马克思主义哲学研究带来了一场革

① 《马克思恩格斯选集》第4卷，第261—262页。

② 马克思：《1844年经济学哲学手稿》，第81页。

命性变化和一股清新气息，其积极意义在于为马克思主义哲学研究提供了更为可靠的基础和诠释的前提，培养了一种严谨扎实的研究态度和探究精神。就此而言，这一新范式的积极价值怎么估量都不过分。但也应看到，它同既有范式之间并不是一种替代关系，而是一种补充关系。在某种意义上，文献考证不过是为学理阐释进而为实践反思所作的一种准备，因而并不具有独立的意义和价值。把它强调到不适当的地步，甚至认为可以取代其他范式，无疑是一种虚妄和僭越。还原真相并非研究的唯一目的和根本目的，文本的独立意义仅仅在于作为诱发新的意义生成的“触媒”。这正是哲学解释学所说的“‘文本’的意义并非完成于作者的写作，而是完成于读者的阅读”的原因所在。就马克思主义哲学品格来说，它的“文本”意义更是完成于实践的应用。词源学还原、文本学还原、语义学还原、语用学还原等，可能在某种程度上能够再现思想家的运思过程，甚至弄清其潜在的理论动机，以及影响思想建构的各种思想变量包括思想来源。但最后的文本的存在本身，其目的和作用不正是为了在肯定的意义上隐去这一切吗？词源学之类的还原的合理性边界在哪里？甄别合法的还原与非法的还原的标准又是什么？这些无疑是我们进一步深化马克思主义哲学研究所必须面对的问题。文献考证范式提出的尖锐问题是，通过后来发现、整理、出版的马克思的佚著（手稿、札记、摘录等），我们究竟能否发现“另一个马克思”？倘若这个问题成立，那么就意味着以往对于马克思的基本认知面临被解构甚至颠覆的危险。马克思文本语义的客观性还原，究竟在何种意义上是必要的，其合法性限度又在哪里？中国的“马克思学”之建立，能否取代其他研究路径的必要性和合法性？在这个问题上，我们需要谨防“矫枉过正”，以免陷入新的独断论误区。

第二，“论坛哲学”与“讲坛哲学”如何有效地衔接？

马克思主义哲学教科书体系的创新虽然讨论了几十年，但鲜见能够按照新的编纂理念和原则写出一部真正体现马克思新哲学观的作品。新出现的马克思主义哲学教科书往往只是局限于“宣布”新的原则，在正文的展开中却又重蹈旧体系的覆辙，即“抽象地肯定，具体地否定”。编写出从内容到形式、从导言到正文都具有实质性突破的马克思主义哲学教科书，依然任重而道远。

相对于“论坛哲学”的活跃和取得的突破性进展，“讲坛哲学”明显滞后。之所以出现这种脱节，原因固然是多方面的，但不能否认其中的一个重要原因，就在于我们的研究仍然不充分、不成熟，尚未达到足以用实际的叙事来内在地“显现”而不是外在地“谈论”新体系的程度。在哲学创新问题上，值得重视的是“思维经济原则”，即新假说的解释力倘若不能覆盖进而超越已有的假说，那么新假说的提出就是非法的。所以，当务之急应该是“立字当头，破在其中”，而不是相反。

从道理上讲，“论坛哲学”与“讲坛哲学”之间理应是建设性的互动关系。“论坛哲学”取得的新进展和新成果，应当不断地被积淀并浓缩到教科书体系亦即“讲坛哲学”之中，使教学内容能够尽快反映学术界的最新进展；反过来，教学领域遇到的难题，也应及时地反馈到学术研究领域，成为反思的对象和新的理论生长点，亦即“讲坛哲学”提出的尖锐问题，需要转化为“论坛哲学”所处理的对象，成为促进研究深化的动力。但就马克思主义哲学研究的现状看，两者的脱节依然未从根本上得到改观，“两张皮”的现象未能有效地解决。有鉴于此，马克思主义哲学的学术研究同马克思主义哲学教科书体系之间的联系亟待加强。换言之，“论坛哲学”与“讲坛哲学”如何进一步接榫，是一个迫切需要正视和解决的问题。

第三，如何实现由“照着讲”到“接着讲”的过渡和转变？

从总体上说，我们今天的马克思主义哲学研究在主导方面并未摆脱“照着讲”模式的束缚，尚未真正进入“接着讲”的模式。要实现这一转变，以保持马克思主义哲学的自我追问和自我建构的能力，主要取决于两个条件：一是创造性诠释工夫的养成，这决定着理论的原创能力；二是社会生活实践的不断深化和成熟，因为“接着讲”必须基于对活生生的实践作出深刻反思。当然，反思的武器本身来自马克思主义哲学的“武库”。在这种反思过程中，一方面实践获得了理论的范导，另一方面理论本身也获得了丰富和发展。理论与实践之间建设性关系的辩证性质，由此得以典型地体现。

“接着讲”是马克思主义哲学批判本性的内在要求和逻辑彻底性的体现，也是捍卫并保持马克思主义哲学及其研究的开放性的条件。这种开放性至少包括向他者开放、向时代开放、向生活开放、向实践开放、向未来开放。对于马克思主义哲学来说，这种开放性的内在逻辑基础，就在于它把实践作为终极的原初范畴加以自觉确认。因为作为人所特有的存在方式，实践内在地蕴含着向未来敞开的可能性，从而是一种积极的、能动的建构活动。作为实践的唯物主义，马克思主义哲学固有其内在的开放性，它必然要求对于它所作的任何研究，都不能仅仅满足于“照着讲”，而必须能够“接着讲”。

今天的学者似乎更在意人们尤其是主流学术圈是否把自己看成一个地道的“学者”，而不太在意自己所关心的“问题”同现实生活之间的联系。弗兰茨·梅林当年曾指出：“他们（指马克思和恩格斯——引者注）不像费尔巴哈那样只懂得德国哲学，而且也懂得法国革命和英国工业。”[①] 马克思主义创始人的优势恰在于此。这一点，不仅可以通过马克思与费尔巴哈的对比看得很清楚；通过列宁与普列汉诺夫的对比，通过东方马克思主义与西方马克思主义的对比，同样可以看得很清楚。法国学者阿隆曾讽刺并批评过阿尔都塞对于马克思思想的“重建”方式，他写道：“这种重建是哲学家或神学家的工作，而不是经济学家或社会学家的工作。虽然这种重建需要‘经验的’调查（我对年轻一代的轻视不屑一顾），也就是认识在工业化社会中各种经济或政治制度的本质，然而（在阿尔都塞那里）它却是阅读或重新阅读马克思著作的结果。”[②] 在马克思终结了思辨哲学传统之后，马克思的某些后继者们却又复活了这一传统，这是非常具有讽刺意味的。一个客观的原因就在于，马克思是一个实际的运思者，而在马克思之后却留下了一个把他的学说加以对象化的任务。但马克思的后继者们忽视了这里存在的一个危险，即在这样做的时候遗忘了其合理性限度。

第四，如何避免马克思主义哲学研究走向“经院化”的陷阱？

毋庸讳言，学术性与现实性之间关系的重新调适，为马克思主义哲学研究的繁荣提供了必要的空间和适宜的氛围。20世纪90年代以来，学术研究的重心由“思想”向“学术”的转移其实是一把“双刃剑”，它既使得马克思主义哲学研究越来越严谨，越来越符合所谓的“学科规训（discipline）”，同时也潜含着使这一研究陷入“经院化”的危险，从而使其失去马克思主义哲学的特质和优点。这是非常具有讽刺意味的。我们不难发现，有关研究日益变成了海德格尔所讽刺指出的“学院之事”，一味地追求所谓的细腻化、精致化、技巧化，强调“精雕细琢”的工夫。这对于弥补以往的那种大而无当的粗陋风格固然有其积极的矫正

---

① 梅林：《保卫马克思主义》，吉洪译，人民出版社，1982，第9页。

② 雷蒙·阿隆：《想象的马克思主义》，姜志辉译，上海译文出版社，2007，第103页。

作用，但也不得不承认，这一趋势使得马克思主义哲学研究面临着陷入经院化的危险。重视细节无疑是对的，但又不能因此而迷失于细节；微观基础诚然重要，但整体语境毕竟带有“非加和”性质。吊诡的是，细节越精确，整体的性质往往反而越失真。这一悖论是经常发生的。整体性质及其判断，只有通过宏观的洞察力才有可能被捕捉并把握到。受到后现代主义对所谓“元叙事”的不信任和对宏大叙事的解构等的影响，马克思主义哲学研究也一度转向“微叙事”研究模式。而“解释学循环”呈现出来的悖论性质，充分凸显了整体与部分、普遍与特殊之间的不可剥离性及其所要求的互为中介的关系。“我们越是探求特殊性当中有无穷无尽的意义，特殊性当中的一切就越是显得毫无意义。”[①] 这是富有讽刺意味的。它表明，特殊性一旦离开了普遍性的规范，我们就无从获得其确切的含义。这正是“语境（context）”本身之所以先行地具有前提性和重要意义的原因所在。

在马克思主义哲学研究中，“经院化”倾向主要来自考据学的偏好。考据方法和考证成果究竟有无独立价值，又在多大程度和何种意义上具有独立价值，值得进一步讨论。文献考据范式支配下的研究，应该格外注意避免意义的过度还原，谨防“经院化”的误区。任何“文本”一旦进入学术史或思想史，就都有其独立价值和不可褫夺的意义。文本建构本身的初衷就是留下凭据，以它来弥补一切文本之外的东西的易逝性、非证据性等的局限。然而，在现有研究中出现的一个极端情形是，在“索隐式”研究中，“文本”却沦为不再值得信赖的东西。这是不是一种本末倒置呢？

第五，如何建构马克思主义哲学的“中国版本”？

马克思主义哲学中国化的实际历史进程本身日益成为反思的对象，它开始实现由自在向自为的转变。这一过程是伴随着强调“学术本土化诉求”和“文化自信”这个大的历史背景而发生的。借助于时代之机缘，有关研究更是蔚为大观。中国革命道路和中国特色社会主义建设实践的独特性，决定了“中国经验”的某种个案性特征，它已经并将继续孕育出中国版本的马克思主义哲学样态。因为这种独特的实践本身，既是马克思主义哲学指导实践的产物，又是中国国情及在此基础上的创造性探索的结果。在文化自信和构建中国特色哲学社会科学被提上议事日程的今天，这一任务尤显紧迫。

中国现象、中国道路、中国经验、中国“故事”，为马克思主义哲学的反思提供了极为丰富的素材。这才是马克思所曾开辟的一种最为本真的研究方式。毛泽东当年提出，任务就是如何“在理论上来思考中国的革命实践”[②]。我们今天面临的任务，则是如何在理论上来思考中国的建设实践，亦即深刻地反思中国特色社会主义实践过程和经验。这种研究的不断深入和完善，无疑将会为构建中国语言、中国气派和中国风格的马克思主义哲学提供最坚实的基础。同实践的丰富性相比，理论相对滞后。从某种意义上说，实践走在了理论的前面。用马克思主义哲学去反思并处理新时代中国特色社会主义的丰富实践经验，依然是当代马克思主义哲学研究所面临的迫切任务。

从未来发展的趋势看，马克思主义哲学研究应当在“回到马克思”与马克思主义的“本土化”之间保持一种均衡。也就是说，既要从学理上澄清对马克思的某些“误读”，这是总结并汲取实践经验和历史教训的需要；同时也要充分尊重马克思主义哲学的“中国叙事”，这是由我们作为“中国人”的“此在”性所决定的研究立场的正当诉求。马克

---

① 巴拉克拉夫：《当代史学主要趋势》，杨豫译，上海译文出版社，1987，第 333 页。

② 《毛泽东选集》第 3 卷，第 814 页。

思主义中国化在实践上的日益成熟，要求我们的研究进入反思状态。在这一背景下，马克思主义哲学与中国固有的传统文化特别是儒家文化的关系，以及两者融合会通的可能性，就成为无法回避的问题。它们究竟是在何种意义上融会贯通，又是在何种程度上融会贯通，这也成为马克思主义哲学研究的一个重点领域。在学术的本土化诉求日益自觉、中华民族文化自信心逐步确立、中国优秀传统文化不断弘扬的今天，我们需要贡献出一个成熟而完备的马克思主义哲学“中国版本”。

第六，马克思主义哲学思想史来源的追溯和还原的合理性及其限度何在？

如果试图把马克思思想的所有元素都寻找出它的来源的话，那么马克思的原创性贡献也就被彻底遮蔽了。把马克思看成一种思想上的“横空出世”现象，是有违思想史事实的，这看似在推崇马克思，实则在贬低马克思，因为它剥夺了马克思作为人类优秀思想成果的“集大成者”的角色。但过犹不及，在这个问题上，矫枉过正是不恰当的。也就是说，不追溯这种来源，我们就不能深刻地理解马克思；但若追溯过度，就势必抹杀马克思独特的原创性贡献。思想史的还原和追溯倘若被推向极端和绝对化，以为马克思的所有思想都可以找到一一对应的思想史来源和出处，似乎它不过是对以往思想的简单“复制”，那么马克思也就不成其为马克思了。歌德在谈到思想来源的不可穷尽性时，曾以自己为例说：“我有许多东西要归功于古希腊人和法国人，莎士比亚、斯泰恩和哥尔斯密给我的好处更是说不尽的。但是这番话并没有说完我的教养来源，这是说不完的，也没有必要。”①过度追溯和还原的做法，其症结在于完全忽视了马克思作为“集大成者”的独特贡献。马克思的思想贡献在于，他对所有被吸收的因子进行了一番扬弃的工作，并因而实现了一种“格式塔”转换，从而超越了一切要素及其“加和性”的关系。马克思亦曾明确反对把他的学说看成“各种知识的杂拌”。当我们把马克思“文本”中的所有理论线索都找出其一一对应的来源，追求所谓的“字字有来历，句句有出处”，以至于使马克思沦为拾人牙慧的思想裨贩之辈，那么马克思在人类思想史上所实现的根本性重建和革命性变革又从何谈起呢？如此一来，马克思还是一位引爆了一场哲学革命的极富原创性的思想家吗？因此，在探究马克思主义哲学思想史来源中，首先要解答的前提性问题是，文本还原、语境还原、语义还原等的合理性和边界究竟何在？企图离开旧有文献及其解释而去“发现另一个马克思”，是不是一种过分的想象和僭越呢？如何在两极之间保持必要的张力，恰当地维系一种基本的均衡，乃是马克思思想发生和发展史研究所必须正视的问题。

第七，我们今天应该如何为马克思主义哲学作出有效的辩护？

“为马克思辩护”“保卫马克思”在今天何以会成为问题，为什么它们作为口号会一再地被提出来？马克思主义哲学的合法性问题原本是自明的，从而无需追问。改革开放以来，哲学依靠以往政治上层建筑维系的地位受到挑战，马克思主义哲学研究从而遭受种种质疑，甚至面临某种危机。它主要是缘于这样几个方面：一是由革命到建设所造成的时代主题的转移，意味着“以阶级斗争为纲”转变为“以经济建设为中心”，国际上则是由“战争与革命”向“和平与发展”的转换。在这一时代背景下，以“革命”为主题的马克思主义哲学是否还合乎时宜？二是由思想启蒙到学术规范的转变，使以往的政治话语和意识形态修辞式的“研究”面临挑战，马克思主义哲学则首当其冲，受到了来自其他学科特别是西方哲学的质疑。三是马克思主义哲学面对层出不穷、日新月异的时代变迁的解

---

① 爱克曼辑录：《歌德谈话录》，朱光潜译，人民文学出版社，1978，第178页。

释力遇到困难，在对千变万化的现实生活作出有效解释，特别是对向未来敞开的现实生活作出能动筹划方面，马克思主义哲学能否依旧像马克思当年那样扮演积极角色？四是各种反马克思主义思潮企图从根本预设的层面上解构马克思主义哲学，贬低以致否定其积极价值和生命力……所有这些，都使我们不得不承认，马克思主义哲学研究的确在表面看来遇到了合法性危机。

事实上，这既是挑战同时又是机遇。它促使马克思主义哲学研究本身不断地进行自我反思。除了要“练好内功”之外，还必须作出有效的自我辩护。马克思主义哲学归根到底还是要回到自身。对马克思主义哲学的知识论期待和想象是非分的和虚妄的。因为这种看待方式必然要求马克思主义哲学能够为未来开出具体的“药方”和确切的“时间表”，这显然有违马克思对于哲学所作的自我定位。马克思主义哲学遇到的很多所谓的“危机”，其实是由加诸其上的种种误解造成的。马克思说过：“新思潮的优点就恰在于我们不想教条式地预料未来”；“我们的任务不是推断未来和宣布一些适合将来任何时候的一劳永逸的决定”，“所以我不主张我们竖起任何教条主义的旗帜”①。恩格斯也说过：“我所在的党并没有任何一劳永逸的现成方案。”② 既然如此，我们又有什么理由苛求马克思主义哲学必须为未来的一切开出详尽的“药方”和“时间表”呢？

对于马克思主义哲学研究来说，离开了学术性的探求和努力，就不可能获得反思的彻底性和强大的逻辑力量，从而不会有马克思当年所期待并达到的“理论的彻底性”，最后也无从得到“实践能力的明证”。这种学术性诉求，也是提高马克思主义哲学自我辩护水准的需要。一方面，马克思主义哲学所遭遇的质疑，已不再仅仅局限于在当代历史条件下“是否过时”的问题，西方新自由主义思想家出于反马克思主义的需要，他们进一步质疑马克思学说当时的正确性，譬如哈耶克等人就认为马克思为了制造革命的理由而故意妖魔化资本主义。这就为我们的辩护提出了更高的要求。另一方面，马克思主义哲学所面临的质疑，也不再仅仅局限于个别结论，而是触及了使一切可能的结论得以成立的基本预设本身。因此，如果我们不进一步提高自己的辩护水准，而是满足于重申已有的个别结论，是难以完成“保卫马克思”的使命的。对于马克思主义哲学研究来说，学术规训可谓是一把“双刃剑”：它既有助于我们的研究回归当年马克思所进行的艰苦思想劳作的科学性，又潜隐着遮蔽马克思主义哲学特质的危险。它考验今天的研究者如何在保持学术品位的同时又不失却马克思主义哲学的优势。这一任务能否完成，将在很大程度上决定着我们能否对马克思主义哲学作出有效辩护。

第八，如何有效地避免马克思主义哲学研究本身的异己化？

改革开放40年来，中国学术界对于马克思主义哲学所作的研究，日益表现出知识论建构的性质和特征。从研究内容看，我们越来越把马克思主义哲学本身当作研究对象来处理。例如，虽然马克思哲学观的研究得到空前的重视，却忽视了马克思哲学观的独特性。马克思的哲学观是隐匿性的，这取决于马克思对哲学所作的特有的理解。因为对于马克思而言，哲学作为一种运思方式，它仅仅显现于实际的运思之中，因而并不存在一种作为叙述对象的哲学。换言之，马克思不是“说（saying）”哲学，而是“做（doing）”哲学。在他那里，“哲学”是通过实际的运思“显现”出来的，而不是把哲学当作一个被旁观者

---

① 《马克思恩格斯全集》第1卷，人民出版社，1956，第416页。

② 《马克思恩格斯选集》第4卷，第676页。

“谈论”出来的，因此哲学不能作为研究的对象而被建构。从研究方法看，近40年来特别是进入21世纪以来，对于马克思主义哲学的探颐索隐的工夫开始逐渐得到重视，并且取得了长足的进步。如果说在20世纪80年代基于文献学的研究，还是零星的、偶然的、不成规模的，还仅限于个别研究者的个人兴趣和偏好；那么从90年代开始尤其是进入新世纪以来，这方面的研究则日益受到越来越多学者的高度关注，以至于有人提出建立中国的“马克思学”。此类研究一时间成为“显学”。总之，无论是研究内容还是研究方法，马克思主义哲学研究都呈现出知识论化的趋势。

问题在于，对马克思主义哲学所作的研究一旦沦为一种知识论建构活动，就必然会偏离马克思的真精神，从而遮蔽马克思主义哲学的特质和优点。马克思主义哲学如果变成研究的对象，也就有了一个角色的重新定位问题。马克思当年所从事的思想劳作当然是一种“研究”，但我们现在的工作却变成了“研究的研究”。这是马克思之后的马克思主义不得不面对的一个问题：当马克思主义哲学变成一种供讨论和研究的对象之后，选择怎样的研究方式才恰当？并非所有的研究方式都是正当的，问题在于，判断研究方式恰当与否的标准究竟何在？或者说，马克思本人所采取的研究方式究竟在何种意义上、又在多大程度上应该为我们所效法和借鉴？他作为思想巨人留给我们的遗产仅仅是一堆供作为后来研究者的我们去处理的对象，还是应该为我们所“习得”的运思方式，以至于成为研究方法和范式本身？更进一步的问题是，马克思主义哲学所特有的方法是否自我适用？

在马克思主义本身的前提中，“最为重要的”无疑是“‘理论与实践相统一’的思想”①。一般地这样说是毫无疑问的，但需要辨析“理论与实践相统一”的确切内涵。这种统一并非意味着可以轻视理论及其规范价值或者剥夺理论的相对独立性。马克思当年在大不列颠博物馆所从事的艰苦的研究和沉思，在那些所谓重视实践的人们眼里可能一文不值。这种误解完全无视理论的自主性，势必妨碍理论的范导作用和纠错能力。与此相反，过分地推崇理论，切断它同实践之间的那种始源性和本然性的关系，从而陷入理论的“自闭症”，同样是极其有害的。我们以往的历史经验和教训早已反复地证明了这一点。几乎“所有马克思主义的运动都遭受两种灾难，一种是教条式地死守原来的理论（事实上对它本身也有不同的解释），另一种是极端的修正主义，从最初的伯恩施坦的意义上说，就是使马克思主义（或至少使马克思主义运动）去适应现存的资本主义秩序。很难说哪一种倾向更有害”②。的确，我们总是难以完全摆脱理论的教条主义和实践的机会主义这两种极端倾向的纠缠和烦扰。但是，倘若过分地迎合现实需要，使理论屈从现实，就将丧失我们对于生活的批判性地反思的能力，从而陷入实践的机会主义误区。与此相反，倘若过分地迎合所谓的学术标准，而无视理论同现实生活之间的那种原罪般的关系，又难免在一定程度上减弱当年马克思所实现的深刻的哲学变革的意义和价值，以至于陷入使马克思主义哲学研究退回到“前马克思”水平上去的危险。只有自觉地克服和防止这两个极端，才能有效地避免马克思主义哲学研究的异己化。

（作者单位：山东大学哲学与社会发展学院）

责任编辑　贾红莲

①② 莫里斯·迈斯纳：《重新思考马克思主义对资本主义的批判》，参见俞可平主编《全球化时代的“马克思主义”》，中央编译出版社，1998，第194页；第195页。

中国哲学研究40年

李存山

在改革开放的40年中，中国哲学研究伴随着时代前进的脚步，不仅在学术上取得了巨大的进展，而且它作为中国文化研究的一个重要组成部分，也为实现中华民族和中国文化的伟大复兴而承担着时代的使命。当然，这其中也存在着一些需要继续研究和讨论的问题。

以下从五个方面对中国哲学研究40年作一简要的述评。

一 人的解放与思想解放

在改革开放以前的历次政治运动中，研究中国哲学的许多学者都受到不同程度的伤害和束缚。比较典型的如张岱年先生，他在1957年就被打成"右派"，以致在此后的20年间不能从事教学与科研。在"文革"结束以后，张先生在政治上得到解放，虽已七十高龄仍焕发了学术青春。他不仅重新走上讲台，培养了多名优秀的中国哲学专业硕士和博士，而且出版、发表了《中国哲学史史料学》《中国哲学史方法论发凡》《中国伦理思想研究》《中国古典哲学概念范畴要论》等新著和学术论文，他在20世纪三四十年代著成的《中国哲学大纲》《天人五论》等也得以出版问世。在全国性的"中国哲学史学会"成立后，张先生连任多届会长，为引领和推动中国哲学研究作出了重要贡献。不仅张先生如此，其他中国哲学研究领域的许多名家，他们的学术生涯虽然始于20世纪五六十年代，但他们都认为自己真正"独立思考""实事求是"地从事中国哲学研究是从改革开放以后开始的。

1977年国家恢复高考后，开始有历届哲学系的本科生、硕士生和博士生学成毕业。最初几届的学生大都是经"文革"时期的十年辍学，从农村、工厂而幸运地通过高考进入大学的。恢复高考改变了他们的命运，而其中的许多学生已经是当前中国哲学研究的学科带头人和中坚力量。

人的解放必然带来思想的解放。"文革"结束以后的拨乱反正、思想解放，使中国哲学研究挣脱了以前被作为政治斗争工具的枷锁，这首先开始于对中国哲学史上的一些代表性人物和重要思想进行重新评价。如重新评价孔子思想和儒家学说，庞朴先生在1978年发表《孔子思想再评价》，1980年又发表《"中庸"平议》，李泽厚先生在1980年也发表《孔子再评价》，等等。这些"再评价"从学术的立场，终止了给中国哲学史上的一些思想家随意扣上"政治反动"帽子的做法，学者们的一些新视角、新观点、新话语也为以后的中国哲学研究开启了新的广阔道路。

二　突破“两个对子”，注重研究中国哲学的特色

自20世纪50年代以来，受苏联日丹诺夫对哲学史定义的影响，所谓“两个对子”，即唯物主义与唯心主义的斗争、辩证法与形而上学的斗争，成为中国哲学研究中一个最具权威性和普遍性的教条。凡对一位思想家和一个哲学流派的研究，都要被打上或唯物主义或唯心主义、或辩证法或形而上学的标签。而且这种标签又与“哲学的定性”相联系，所以还要对历史上的哲学家和哲学流派作阶级分析，打上或进步或保守或反动的标签。改革开放以后，中国哲学研究逐渐突破了“两个对子”以及对历史上的哲学家和哲学流派进行阶级分析的教条。如对老子哲学思想是属于唯物主义还是唯心主义的评判，对老子、孔子是否属于奴隶主阶级思想家的评判，一些研究者曾反复作出不同的评判，使人莫得其衷，而这种标签式的研究在改革开放以后逐渐被新的研究范式所取代了。

新的研究范式注重对哲学思想的理论分析，特别是注重对中国哲学特色的研究，从而使中国哲学史研究从简单地服务于政治、只是为了论证马克思主义哲学的正确性回归到自身的思想理论特色和民族风格。

学者们在20世纪80年代较多地注重对中国哲学概念范畴的研究，这是因为黑格尔在《哲学史讲演录》中曾指出：“既然文化上的区别一般地基于思想范畴的区别，则哲学上的区别更是基于思想范畴的区别。”① 在这方面相继发表和出版了多篇重要论文和多部重要著作，如汤一介先生在1981年发表《论中国传统哲学范畴体系的诸问题》，张岱年先生在1989年出版《中国古典哲学概念范畴要论》，张立文先生主编的“中国哲学范畴精粹丛书”在1989年以后相继出版《道》《理》《气》《心》《知》等。在对中国哲学的断代史研究中，也有蒙培元先生在1989年出版的《理学范畴系统》等。

受张岱年先生《中国哲学大纲》的影响，学界也重视对中国哲学固有问题的研究。在这方面较系统性的成果，如方立天先生在1990年出版了《中国古代哲学问题发展史》。而对中国哲学某一专题的研究则成果众多，如赵馥洁先生在1991年出版《中国传统哲学价值论》，方克立先生在1997年出版《中国哲学史上的知行观》，刘文英先生在2000年出版《中国古代的时空观念》，冯达文先生在2001年出版《中国哲学的本源—本体论》。这种专题性的研究蔚然成风，乃至相继有对中国哲学的认识论、性情论、工夫论、境界论和历史观等研究的成果问世。

随着对中国哲学概念范畴研究的深入，一些从事中西哲学比较研究的学者认识到中国哲学的主要特点并不在特殊的概念范畴，而是更表现在具有原创性的意象思维，从而在中国哲学研究中引入了意象性和现象学方法等。如王树人先生在1997年出版《传统智慧再发现》，继而在2005年出版《回归原创之思——“象思维”视野下的中国智慧》；张祥龙先生也在2001年出版《从现象学到孔夫子》，继而在2008年又出版《中华古学与现象学》，等等。

自近代以来的中国哲学研究，本来就深受西方哲学研究的影响。随着西方哲学的发展，它也不断为中国哲学研究提供了新的观照视角和方法论启示。在20世纪30—40年代，中国哲学研究较多受到西方哲学逻辑分析方法的影响；而在80年代以后，则逐渐增

---

① 黑格尔：《哲学史讲演录》第1卷，贺麟译，商务印书馆，1983，第47页。

加了存在主义、现象学、诠释学乃至后现代主义身体观等的影响。这种影响为中国哲学研究提供了一种从"他者"的镜像来反观自身的借鉴比较，一方面反映了中西哲学的相通性，另一方面也使中国哲学研究逐渐加深了对自身特点的认识。如关于中国传统哲学中概念范畴与意象思维的研究，后者显然更加贴近于中国文化的象形文字、卦象数术、诗意表达和"书不尽言，言不尽意"的特点。对意象思维的重视，弥补了概念范畴研究的不足。当然，如果只有意象而没有概念范畴，那也称不上是中国哲学。如何恰当地处理概念范畴与意象思维的关系，在不同的研究者那里会有不同的侧重，可以各自发挥所长。而在中国哲学研究中如何认识概念范畴与意象思维乃至直觉体证的互补，也将是一个长期讨论的问题。

三　中西哲学比较与中国哲学"合法性"问题

中国古无"哲学"之名，也就没有"哲学"这样一个与其他学科界限分明的学科。"哲学"译名出自日本启蒙学者西周，他在1874年出版的《百一新论》中说："将论明天道人道，兼立教法的philosophy译名为哲学。"① 自"哲学"译名的成立，"philosophy"或"哲学"就已有了东西方文化交融互鉴的性质。

"哲学"译名在1895年出现在中文著作黄遵宪的《日本国志》和郑观应的《盛世危言》（十四卷修订本）中，它在当时的直接意义是要学习西方以及日本的近现代教育学科体制，而深层意义则是提供了一种不同于经学的思维方式，并为当时的教育制度和政治制度的改革提供合法性依据。自"哲学"译名传入后，中国学人就开始了对"哲学"和"中国哲学"的研究，有识者如王国维指出，"哲学为中国固有之学"（《哲学辨惑》），而此后对中国固有哲学的研究也一直是在与西方哲学的参照比较中进行的。胡适在新文化运动时期出版的《中国哲学史大纲》（上册），冯友兰先生在20世纪30年代前期出版的《中国哲学史》（上、下册），都不同程度地参照了西方哲学。而金岳霖先生在对冯著的"审查报告"中，就提出了"中国哲学史"这一名称的困难，即它是"中国哲学的史"还是"在中国的哲学史"。金先生所提出的问题，实际上突出了如何写出中国哲学特色的问题，所谓"中国哲学的史"就是有中国哲学特色的史，所谓"在中国的哲学史"就是把西方哲学视为"普遍哲学"，所写的是这个"普遍哲学"在中国的史。

为了解决"中国哲学史"名称的困难，张岱年先生在20世纪30年代中期写成《中国哲学大纲》（又名《中国哲学问题史》），其"序论"首列"哲学与中国哲学"一节，指出"对于哲学一词的看法"可分为两种，第一种是以西方哲学为"唯一的哲学范型"，凡与西方哲学不同者"即是另一种学问而非哲学"；第二种是"将哲学看作一个类称"，西方哲学只是此类的一个"特例"，而中国古代关于宇宙、人生的思想即使"在根本态度上"与西方不同，也仍可"名为哲学"。② 张先生对哲学的"类称"与"特例"的说法，也就是哲学的普遍性与特殊性的关系问题。张先生认为他所讲的"中国哲学问题"，不是"把欧洲的哲学问题当作普通的哲学问题"，而是讲中国哲学固有的问题，他由此强调了中国哲学有"一天人""同真善""合知行"等主要特色。金岳霖先生在20世纪40年代

---

① 参见卞崇道、王青主编：《明治哲学与文化》，中国社会科学出版社，2005，第23页。

② 参见张岱年：《中国哲学大纲》，中国社会科学出版社，1982，"序论"第2页。

用英文发表了《中国哲学》一文，指出中国哲学有“逻辑和认识论的意识不发达”“天人合一”“哲学与伦理、政治合一”“哲学家与他的哲学合一”等特点，金先生实已不再认为“中国哲学史”有名称的困难。

在改革开放以后，中西哲学的比较研究受到重视，在西方哲学史上一些与中国哲学有较密切关系的哲学家，如莱布尼茨、罗素等，他们论述中国哲学的一些史料文献也引起学界的兴趣，并有较深入的研究。然而，伴随着对中国哲学自身特点的强调，以及对“中国哲学”研究范式在文化研究中带有局限性的认识，使中国学界在进入21世纪时发生了一场关于“中国哲学合法性”的讨论，参与这场讨论的既有“中国哲学”学科之外的学者（如一些研究中国思想史和文化史的学者），也有“中国哲学”学科之内的学者。当然，也有相当一部分学者对此不屑一顾，认为这是一个“伪问题”，因为“中国哲学”早已是个事实的存在，其“合法性”是不容质疑的。

对中国哲学之“合法性”的批评，主要是针对中国哲学研究是以西方哲学之“规矩”来套中国哲学之“方圆”，也就是针对“以西释中”或所谓“汉话胡说”的问题。这些学者主张“自己讲”“讲自己”，实际上是拒绝了西方哲学的参照，而要回归中国文化自身的“学术”。然而，近代以来的中国“学术史”或“思想史”研究，并不是土生土长的，而是也不同程度地受到西方文化的影响。尽管以往的“中国哲学”研究范式有种种局限或缺陷，但如果认为以往的中国哲学研究都是“以西释中”或“汉话胡说”，都是“照着”或“接着”西方哲学讲，那也显然不符合事实，存在着对以往的研究成果不熟悉或不够尊重的问题。

在对中国哲学“合法性”的批评中，有一种观点是反对西方话语的“霸权”。然而，如果认为只有西方文化才有“哲学”，那则恰恰是屈服于西方的“哲学”话语“霸权”。其实，“哲学”在西方文化中也是多意的，它曾经历了从重视本体论到重视认识论，再到重视价值观、伦理学的转向，而不存在以哪个阶段、哪一种哲学为“唯一哲学范型”的问题。当西方后现代主义思想家德里达2001年访问中国时，他说中国没有“哲学”只有“思想”，这似乎为“中国哲学合法性”的讨论添了一把火：但细检其说，他实际上认为只有古希腊的“逻各斯”学说才是“哲学”，其余的只是“思想”而不是“哲学”。以此为判据，说中国只有“思想”而没有“哲学”，也不足怪。但这又回到张岱年先生所说的对“哲学”一词的两种不同看法问题：如果你把西方的某一种哲学视为“唯一的哲学范型”，那么中国当然就没有“哲学”；如果你把“哲学”作为一个“类称”，那么中、西哲学就都是其中的“特例”。

如前所述，“哲学”是对“philosophy”的翻译，西周说“将论明天道人道，兼立教法的philosophy译名为哲学”。这里的“哲”字源出《尚书·皋陶谟》的“知人则哲”，是“智”或“大智”的意思。孔子在临终时慨叹而歌：“泰山坏乎！梁柱摧乎！哲人萎乎！”（《史记·孔子世家》）这里的“哲”和“哲人”有与西方哲学相通处，当然也有中国文化的特点。中国哲学所讲的“天道人道”，即关于宇宙、人生的根本道理，既与西方哲学有相通处，当然也有中国文化的特点。如果否认了“哲学”是一个东西方文化相通的“类名”，亦即否认了哲学的普遍性，那么极而言之，世界上也就只有“philosophy”而没有“哲学”这个译名。

当“中国哲学”学科之外的学者批评中国哲学的“合法性”时，他们可以更多地发挥本学科的长处。而当“中国哲学”学科之内的学者否认中国哲学的“合法性”时，他们的主要意图是拒绝西方哲学的参照，但这带来的一个问题是：他们如何避免使用西学东渐以来引入的一些新词汇、新概念？而且，他们又应如何评价宋明理学也曾吸取容纳了一些来自佛教的新词汇、新概念？如果固守只是“自己讲”“讲自己”，那么是否要回到宋代以前的“经学史”或“子学史”？实际上，这是不可能的。

对“中国哲学合法性”问题的解决，最终还是要正确认识哲学的普遍性与特殊性的关系。如果否认了“哲学”的普遍性，那也就没有了“哲学”这个类称，甚至“哲学”这个译名也难以成立。而这场讨论的积极意义在于，推动了研究者更加深入地探讨中国哲学的特色及其与西方哲学的异同关系，正确认识和处理中国哲学研究与其他人文学科研究的互补问题，以及中国哲学研究与中国传统的经学研究、子学研究乃至广义的中国文化研究或国学研究的关系问题。

四　中国哲学研究与文化热、国学热、儒学热、经学热

改革开放以后，在 80 年代兴起“文化热”，90 年代以后又有“国学热”“儒学热”“经学热”等。中国哲学研究的进展是与这几种“热”密切相关的，而且它在其中也发挥了重要的推动和引导作用。

20 世纪 80 年代兴起的“文化热”，其背景是对“文革”时期文化专制的反思，其主旨是探讨中国传统文化与中国现代化的关系问题。而在这种反思中出现了两种倾向：一种是反思“文革”时期把传统文化都打入了“四旧”或“封资修”的一部分，全部予以否定，只是在“文革”后期才把“法家”学说作为“批林批孔”政治斗争的一种工具，因此，若要实现对“文革”时期的拨乱反正，就要实事求是地重新认识和评价传统文化的价值，肯定传统文化与中国的现代化是可以协调并进的。另一种倾向是反思“文革”时期的文化专制是复活了中国传统的“封建主义”，因此，中国若要实现现代化，就必须要有文化的启蒙，以批判“封建主义”。这两种反思本来并不矛盾，但在与社会现实相联系的实际操作中则大致形成了对传统文化基本肯定和基本否定两种不同观点。从社会思潮来说，似乎后一种观点占了上风；而从学术研究来说，前一种观点则在学界占了主流地位。从学风上说，后一种观点更带有康梁学派的“以经术求致用”的特点，而前一种观点则力求把乾嘉学派的“实事求是”与康梁学派的“学以致用”结合起来。中国哲学研究在 80 年代的“文化热”中基本倾向于前一种观点，而其注重对文献史料和思想观念的分析论证，使其避免了走向对传统文化“全盘肯定”和“全盘否定”的两个极端。80 年代中期作为一个标志性事件的“中国文化书院”之创办，其大部分导师是研究中国哲学的大家，其组织者和学员也是以中国哲学专业的为主，这代表了中国哲学研究在当时的“文化热”中所起的重要作用。

20 世纪 90 年代以后兴起的“国学热”“儒学热”“经学热”等，都是 80 年代“文化热”的延续和发展。当“文化热”的激荡在 90 年代消沉之后，对社会现实的关注遂转向了“学术”的沉潜，而对“中国学术”的研究进而转为“国学”的研究。当“文化热”兴起时，它曾得到社会和学界的普遍关注；而当“国学热”兴起时，则对“国学”概念本身就产生了争论。对“国学”概念的批评，主要集中在两点：一是认为“国学”作为一个学科有些不伦不类，二是认为“国学”是文化保守的观念。其实，近现代意义的“国学”（不同于中国古代相对于“乡学”而言的“国学”），与“哲学”译名一样，都是

在甲午战争之后从日本传入中国的。此后，它即指与“西学”（或外来学术）相对而言的“中国固有之学”。国学研究与中国文化研究一样，在现代学科体制中应属于跨学科研究。从梁启超和国粹派较早使用“国学”概念看，他们一方面肯定“国学”的价值，另一方面主张东西方两大文明“结婚”，以产生一个新的“宁馨儿”，所以“国学”并不是完全保守的概念。自90年代以来围绕“国学”概念的争论，实际上还是学人对中国传统文化有不同认识和评价的反映。“国学”的性质不仅是学术性的，而且是学术普及性的，于是在一些高校中成立了“国学院”等研究机构，在民间社会也出现了书院、会讲、读经班等教学形式，适应了社会大众对国学知识和养德修身的需求。在各高校成立的国学研究机构中，研究中国哲学的学者占了较大的成分。中国哲学研究与国学研究的结合已是一个明显的趋势，而如何处理好两者的关系，在不同的研究者中会有不同的侧重。国学研究可以弥补中国哲学研究在本学科领域的局限性，而国学的普及性也为中国哲学研究增加了活力和社会责任感。

在国学的儒、释、道三教格局中，儒学处于主流地位；在国学的“四部”分类中，经学处于统率地位。因此，在“国学热”中必然会出现“儒学热”“经学热”。对儒家哲学的研究一直是中国哲学研究中的重点，“儒学热”毫无疑问也为儒家哲学的研究增加了热度，提高了层次。而“经学”自新文化运动以来一直受到批判，即便是比较温和的看法也认为“‘经学’退出了历史舞台，但‘经学史’的研究却急待开展”[①]。研究“经学史”起初是要“由了解‘经学’而否定‘经学’”[②]，后来则又有“要批判和继承经学的文化遗产”[③] 之说。改革开放以后，学界对“经学”进行了重新评价，认为“六经”作为“先王之政典”，实际上是孔子“祖述尧舜，宪章文武”，以继承和发展中国上古文化优秀传统的文献集成，因此，“六经”又被视为中国文化的“根”与“魂”。汉代以后，由于汉武帝的“罢黜百家，表章六经”，遂使经学占据了中国文化的统率地位。就像中国古代的子学、史学和文学等是在经学的统率之下一样，汉代以后的中国哲学史也是在经学的统率之下发展的，冯友兰先生在其《中国哲学史》中把汉代以后的哲学史称为“经学时代”，并非虚说。

将中国哲学研究与经学研究密切结合起来的一个典范，是朱伯崑先生的《易学哲学史》（四册）。此书研究了《周易》之经、传的起源、传承和历代易学哲学的发展，充分展示了易学哲学在中国历代哲学发展中所占有的主导地位。汤一介先生、余敦康先生等则从诠释学的角度研究易学思想的发展，由此扩展为对经学、玄学和宋明理学的诠释学研究，遂使诠释学结合经学的考据训诂，成为内在于中国哲学研究的一个重要方法。姜广辉先生主编的《中国经学思想史》，既是经学史的研究，又注重对历代经学思想的研究，实是将经学研究与思想史或哲学史研究结合起来的又一种形态。在对宋明理学的研究中，以往只研究其“理、气、心、性”的哲学体系是有局限性的，而纳入了对宋明时期“四书学”的研究，即将宋明理学与经学统一起来的研究，则更为符合思想文化发展的实际。

在“文化热”“国学热”“儒学热”“经学热”中，都内在地包含着中西文化、中西哲学的比较研究，以及中国文化、中国哲学的近现代转型问题。在“儒学热”“经学热”中还内在地包含着儒学、经学与子学、史学、佛教、道教等的关系问题，当然更重要的还有与当代中国马克思主义的关系问题。然而，在近些年的“儒学热”“经学热”中也出现

①②③ 《周予同经学史论著选集》，上海人民出版社，1995，第661页；第644页；第661页。

了企图恢复儒学的“独尊”地位的偏颇观点，主张“以儒学解释中国，以儒学解释世界”“以儒教立国”“回到经学去”等。这种观点把儒学绝对化，夸大了儒学在当代的地位和作用，对中国社会的“古今之变”，对中国文化的“变与常”“异与同”等都弃之不顾，这必然受到一些学者的批评。“回到经学去”的主张与对中国哲学“合法性”的质疑和否定联系在一起，无视“哲学为中国固有之学”，也无视“哲学”这个学科在中国近现代以其“独立之精神，自由之思想”，对于破除经学的“权威真理”思维方式所起的思想解放作用。而这也从反面突出了哲学在“文化热”“国学热”“儒学热”“经学热”中所能起到的注重理论分析、兼综东西文化之优长的引导作用。

五　中国哲学的“照着讲”与“接着讲”

冯友兰先生在《新理学》一书的“绪论”中提出哲学研究有两种形式，即哲学史研究主要是“照着讲”，而哲学理论创新主要是“接着讲”。在1949年之前，几位研究中国哲学的大家，既有中国哲学史的著作，也有哲学理论创新的著作，如冯友兰先生既有《中国哲学史》，也有《贞元六书》；张岱年先生既有《中国哲学大纲》，也有《天人五论》，他们因此被称为“哲学家和哲学史家”。但是在1949年之后，中国哲学研究在学科命名上就已只是中国哲学“史”的研究，而哲学理论或“哲学原理”只是指马克思主义哲学。在改革开放的数年之后，“中国哲学史”和“西方哲学史”在学科命名上去掉了“史”字，这意味着中国哲学研究和西方哲学研究已经不仅是哲学史的研究，而且也可以是中、西哲学的理论创新研究了。

较早作出表率的是，冯契先生在20世纪80年代提出，“哲学是哲学史的总结，而哲学史是哲学的展开”①。他陆续出版了《中国古代哲学的逻辑发展》和《中国近代哲学的革命进程》两部哲学史著作，但他在给友人的信中坦陈，自己不满足于只作个哲学史家，而是想把“论真善美”一书写出来。此后，冯契先生写成了哲学理论的“智慧说三篇”（即《认识世界和认识自己》《逻辑思维的辩证法》《人的自由和真善美》），使他名副其实地不仅是哲学史家而且是哲学家。

改革开放以后，对现代新儒学的研究也蔚然成风。梁漱溟、熊十力、冯友兰、贺麟等第一代新儒家的理论成果受到重视，身居港台和海外的牟宗三、唐君毅、徐复观、杜维明、刘述先等第二和第三代新儒家的思想也对大陆学界产生了深远影响。这些现代新儒家的著作大多具有“哲学史”和“哲学理论”紧密结合的特点，他们的这种学风也推动了大陆的中国哲学研究把“照着讲”与“接着讲”结合起来。

在进入21世纪以后，尤其是近十年来的中国哲学研究已愈来愈多地呈现出“史”的研究和“论”的研究两种形式，“史”的研究是“照着讲”的基础性研究，而“论”的研究则是“接着讲”的哲学理论创新。

在“照着讲”方面，中国哲学研究延续了对中国传统哲学史的研究，这方面的研究成果也最为丰硕，其中包括了对中国哲学发展的各个历史阶段、各个学派、各个代表人物及其后学、中国哲学的问题分支研究等。先秦哲学，两汉经学，魏晋玄学，南北朝以后的儒、释、道三教的哲学，宋代以后的理学和心学等，都已有丰赡的新研究成果问世，其研

① 冯契：《认识世界与认识自己》，华东师范大学出版社，1996，第21页。

究的深度、广度、新颖和厚重都已超迈前贤。近年来，对孔子、孟子、荀子、老子、庄子、董仲舒、朱熹、王阳明等中国重要思想家的研究一直在升温，并不断产生新成果。对中国哲学的本体—宇宙论、天人观、人性论、价值观、工夫论、历史观和政治哲学等，也有深化的、开拓性的研究进展。在对中国哲学的断代史研究、学派研究、代表人物研究和问题分支研究的基础上，对中国哲学的通史研究也有多部新著问世，这些新著各有自己的特点，反映了中国哲学史研究在宏观整体上的新境界和在学科教材建设上的新成就。

在1993年湖北荆门郭店楚墓竹简出土之后，由于这批出土文献的特殊性，研究中国哲学的学者空前地参与到对出土简帛的研究中。继之又有上海博物馆藏战国竹简以及清华简、北大简等的整理出版，更使对出土简帛的研究持续成为热点。王国维曾说："古来新学问起，大都由于新发见。"① 近年来出土的竹简以及此前在马王堆出土的帛书，的确是中国哲学文献史料的重大发现，将这些出土文献的新材料与传世文献相互参证，即王国维所推崇的"二重证据法"，由此进行研究则必然会产生新学问。对"孔孟之间"儒学发展的研究，对《老子》早期版本以及《太一生水》和《恒先》的研究，的确使先秦时期儒、道两家哲学的研究换了新颜。一些学者把对出土文献的研究与以前的中国哲学史研究结合起来，使对儒、道两家哲学的思想内容和发展脉络的研究都产生了新的成果，若谓之"重写"哲学史似也不为太过。

在"接着讲"方面，中国哲学研究的理论创新在近年来已经进入了一个空前活跃的阶段。有学者提出"该中国哲学登场了"，牟钟鉴先生的《新仁学构想》、陈来先生的《仁学本体论》，以及"新道家""和合学""和生学""情感儒学""生活儒学""民主儒学""自由儒学""社会儒学""乡村儒学""企业儒学"等，与港台新儒家"心性儒学"相对而言的"政治儒学""新康有为主义"等，已经纷纷登场，虽然理论面向的形态不一，社会评价的褒贬各异，有的也引起一些争议，但中国哲学的理论创新和思想体系建构方兴未艾。"旧学商量加邃密，新知培养转深沉"，冯友兰先生临终所说的"中国哲学将来一定会大放光彩"正在逐步成为现实。

伴随着改革开放的进程，中国综合国力的增长，中国哲学的魅力和光彩也正在向世界展开。今年又值第24届世界哲学大会在中国北京召开，中外哲学的交流互鉴也将进入一个新的阶段。中国哲学会继续"走出去"与"请进来"，不忘本来，吸收外来，开创未来，中国哲学的综合创新将日益展现光辉灿烂的前景。

（作者单位：中国社会科学院哲学研究所）

责任编辑　王　正

① 《王国维文集》第4卷，中国文史出版社，1997，第33页。

西方哲学处境化的历史考察和现实反思*

赵敦华

19 世纪末至今的一百多年，中国哲学发生了从传统形态向现代形态的转变。在中国学术史上，这是一个可与先秦诸子百家争鸣相媲美的黄金时代，同时也是中国历史上动荡和苦难的时期。在这一时期，在中学和西学、传统和现代性的激烈碰撞和相互融合的过程中，不但在文史和哲学领域，而且在科学领域，产生了辉煌夺目的思想和群星灿烂的思想家。在哲学的舞台上，发生了一幕幕至今仍在震撼着中国人心灵的场景：马克思主义的讲授与传播；“中国哲学史”这门世界性学科的创建；东方哲学与西方哲学的冲突和较量；外国哲学的传播译介；新儒家的复兴；佛教精义的阐发。由于这一系列的思想变革，中国哲学才具备了名副其实的现代形态。我们今天回顾这一个个历史场景，可以清晰地辨识出一条思想脉络，这是一条马克思主义哲学中国化、传统中国哲学现代化和西方哲学处境化的道路。

现在，研究者对“马克思主义哲学中国化”的说法虽有不同侧重点，但都认可这是最近一个世纪的历史造就的事实。“传统中国哲学现代化”的说法虽有歧义，褒贬不一，但是，那些倡导“古话古学”的“夫子”不得不用现代汉语说话，没有人能用文言文写得出像《新唯实论》那样被学界认可的原汁原味的“汉化思想”；试图否定“中国哲学合法性”的人们，则不得不在哲学界的圈子里申辩自己的理由；即使从事“国学”研究的学者们，也不能把“经史子集”的谕书编目变成现代大学的学科，大抵在西方传来的思想史（history of ideas）、历史编撰学（historiography）、西域学、语文学（philology）的“新瓶”里灌点中国古文献的“旧酒”而已。这些事实足以说明，“传统中国哲学现代化”是不可抗拒的思想潮流。

在上述“三化”中，唯有“西方哲学处境化”易遭诟病：外行往往望文生义，分不清楚“西方哲学”与“西学”“洋教”和“西化”等概念的区分；有些业内人士把研究对象与研究主体混为一谈，以为西方哲学在中国必须与原产地的西方哲学一模一样，否则就不是“正宗”。总之，两者都不承认西方哲学在中国处境中具有了某些本土化的特征。每遇风吹草动，中国的西方哲学从业者的处境可谓内外交困、左右为难。

不过，本文的目的不是替中国的西方哲学“正名”，或为其“合法性”辩护。西方哲学在中国处境中的作用已是无可争辩的事实，只是人们还不理解这样的既成事实是如何造成的，因而不愿接受“西方哲学处境化”这样的不刊之论。为此，本文拟用历史事实和

---

* 本文系国家社会科学基金重大招标项目“20 世纪中国传统哲学与马克思主义哲学、西方哲学关系研究”（13&ZD056）的研究成果。

趋向，阐述西方哲学处境化的历程和经验。

一　关于“西方哲学处境化”的概念

现在对“西方哲学处境化”的说法有不少诟病。首先需要把“西方哲学处境化”作为概念，予以分析澄清。

（一）“西方哲学处境化”的历史背景

“处境化（contextualization）”“本土化（indigenization）”和“本色化（inculturalization）”是描述不同文化交流现象的术语，人们常常把这三个术语混用。比如，在宗教学研究中，基督教处境化往往被等同于本土化和本色化。哲学研究者应该注意词义辨析和概念分析，严格使用这三个概念。马克思主义中国化可以说既是处境化，也是本土化，同时也没有失去马克思主义的本色。传统中国哲学没有中国化和本土化问题，却有适应中国现代处境的问题，也有如何保持传统本色的问题，因此，传统中国哲学现代化主要是处境化和本色化的结合。西方哲学处境化主要指研究主体和表现方式的处境化；研究对象和内容与原产地一样，依然是西方哲学文本，西方文本的对象性规定了话语和解释的界限不能被本土化或本色化。

“化”者，彻头彻尾、表里如一之谓也。与马克思主义哲学中国化相比，传统中国哲学现代化和西方哲学处境“化”的程度似乎没有那么高。如果我们把“中国化”解析为本土化、本色化和处境化三个要素，那么就可以用不同的“化”的标准来衡量。马克思主义哲学中国化具备了本土化、本色化和处境化三要素，传统中国哲学没有本土化的问题，只需处境化和本色化两要素，而西方哲学在中国只有处境化。如果有人问，传统中国哲学和中国的西方哲学为什么不能向马克思主义哲学看齐呢？除了前述“化”的适用标准不同外，还有学科性质的不同。马克思主义哲学是史论结合的学科，以论带史，与现实的融合度高；而中国哲学和西方哲学属于哲学史范畴，几千年历史文献的整理、翻译和研究的现实意义不是那么直接和明显。

在看到马克思主义哲学中国化、传统中国哲学现代化和西方哲学处境化的区别之后，也应该看到三者的密切联系。在中国现代的处境中，“三化”不是彼此独立或平行的三条路线，而是彼此交织、相互促进的同一历程。“三化”是“一荣皆荣、一损俱损”的关系，如果没有西方哲学的处境化，马克思主义哲学中国化和传统中国哲学现代化不可能开启，开启后也难以推进。在“三化”大背景下展开论述，西方哲学的处境化的程度和特点可以得到充分彰显。

（二）“西方哲学处境化”的学理依据

如前所述，西方哲学处境化的含义是：以中国学者为主体，以中文为媒介。主体的语言、思维和研究对象，好比眼睛、视网膜与视野的关系。这个比喻不是说民族的思维方式是先天的，也不是说思维方式等于民族文化传统，而是强调与社会生活方式相适应的意识及其思维形式的作用是潜移默化的，只有通过语言表达才能被实现。2004 年在北京大学举办的纪念康德逝世两百周年的国际学术研讨会上，有位德国哲学家困惑地问，中国学者讲的康德和他们讲的康德怎么有点不同？笔者回答说有点不同是正常的，如果完全一样反倒不正常了；因为我们中国人读康德有自己的角度，不少人选择从康德哲学与中国文化和中国现实关系的角度撰写论文，以期与外国同行交流；再说，大部分的会议论文虽然用英文或德文发表，但是中国学者的论文可能一开始是用中文写作的，然后再把中文翻译为英文或德文，不可避免地带有中文表达的思维方式，相比那些完全用英文或者德文来思考和写作的论文，读起来的语感往往不一样。

不少专治西方哲学和专治中国哲学的学者一样，对“原汁原味”情有独钟。用中文思维和表达的西方哲学是“表象”，而用西方语言思维和表述的西方哲学才是“原型”。他们承认差别，但要求中国的西方哲学研究者向西方同专业学者的“高标准”看齐。也许，前述那些要回到“高保真”“中华古学”的人遇到的现代困境，同样适用于他们的西方哲学对手。不过，追求“原汁原味”的西方哲学专家遇到的主要不是现代汉语带来的困境，而是现代西方哲学对柏拉图主义区分“原型”和“表象”解释模式的挑战。按照现代解释学，文本自被写出之后，作者就失去了对其意义的垄断。文本的意义在其传播接受的效果史中不断被更新和创造，不同时代和语境的解释者和读者都是文本意义更新和创造的参与者。按照弗雷格开创的语言分析哲学，即使指称同一对象的词语也可以有不同的概念含义，表述同一事实的句子也可以有不同的命题意义。奎因把这个道理运用于跨语言的意义比较，得出了“翻译不确定原理”。

笔者虽然不赞同“翻译不确定原理”的极端结论，但至少可以指出这样的事实：即使在印欧语系中，不同语言共同体对同一哲学文本的解释也各有特色。当希腊文本被译成拉丁文，当希腊文和拉丁文被译成现代西语加以表述和研究，当西方近现代哲学分化为“三国演义”，英国哲学、法国哲学和德国哲学都各具特色。从费希特到海德格尔等德国哲学家臆想的只有希腊文和德文才是地道的哲学语言的观念，早已被“二战”后法语哲学和英语哲学兴起的事实所颠覆。同一语系的西方国家对西方哲学的研究尚且各有特色，西方哲学在中国有中国的特色，岂不是很正常吗？西方哲学在中国的处境化不是为了赶时髦、凑热闹而新编出来的标签，而是情理所致，事出必然。

（三）“西方哲学处境化”的实践目标

一般来说，在西方哲学领域，西语研究成果确实比汉语研究成果的水平技高一筹。分析这种差距的原因，主要有历史和语言两方面。西方人对同根同源的哲学所作的世世代代研究，积累了海量的资料，西语各国交流基本没有障碍，讨论的热点问题频发，问题意识和文本解释引导研究向专业化和深入细致的方向不断推进。无疑，中国人研究西方哲学必须虚心学习西方学者的研究成果。需要进一步追问的是，学习的目的是什么？胸怀雄心大志的人会说，学习是为了赶超，在西方人占优势的领域里占据世界的前沿；热心国际交往的人会说，学习是为了交流，在西方人感兴趣的问题上与他们展开平等对话；扎根在中国现实的人的回答是，学习是为了弥补自身的不足，改造和建设中国哲学的现代形态。在笔者看来，第三个答案指出了回应西方哲学的正道，而其余两个是这条正道可能产生的“副产品”。

文化思想交流不像国际体坛一样是展示个人才能、为国争光的竞技场，而是取长补短的相互学习过程。各民族的有识之士是善于学习的人，他们把其他民族的文化思想当作本民族的一面镜子，善于从中看到自身的优缺点。我们常说“只有民族的才是世界的”，但这句话是有条件的，民族性中只有那些对有助于其他民族认识自己的成分才有世界意义；

而那些失去了可供借鉴的成分，则是摆设在历史博物馆的古董，或是丢进历史垃圾桶里的废料。哲学的永恒价值在于，各民族人民的最美好、最珍贵、最隐蔽的精髓都汇集在哲学思想里。人民不仅在本民族的哲学中提炼出时代精神和民族精神的精华，而且在与其他民族的哲学的交流中，从他者身上折射出对自身的认识和评价。

中国古代哲学因其特色曾经引起西方启蒙思想家的赞赏或反对，西方哲学因其特色唤起了中国启蒙思想家的注意力。在文化交流的意义上，现代中国各种思潮可被解读为对西学东渐趋势的不同反应，各种思潮相互激荡，在中国所熔铸的西方哲学必然带有中国特色。中国特色的西方哲学与西方国家的西方哲学不是对立的，也不是殊相与共相的关系；中国特色的西方哲学是中西思想文化交流求同存异的产物。中国学者在国际哲学界只有充分展示思考和解决西方哲学问题的特殊视角，才能赢得真正平等的话语权，才能被视为优秀的成果。

现在，西方哲学领域有世界声誉的中国学者寥寥无几（研究马克思主义哲学和中国传统哲学的中国学者的处境也差不多）。如果把中国学者研究西方哲学的根本目的定位于建设中国哲学的现代形态，我们就不会为此而耿耿于怀了，正如中国科技界不必为没有获得诺贝尔奖而焦虑急躁。任何一个学术共同体的发展都遵循这样一条规律：舍本求末则事倍功半，举本统末则事半功倍。随着中国哲学的现代形态越来越成熟，西方哲学中国特色的学术成就越来越得到公认，中国研究西方哲学学者在国际的声誉和地位自然也会逐步提高。

二　西方哲学处境化的四个阶段

处境化的主要推力是时代思潮和历史趋势，中国处境的西方哲学研究者或主动适应趋势，或潜移默化地受影响。我们首先要清楚西方哲学在中国传播和研究的历史背景，这方面已有不少专著专文的论述。其中，郭湛波的《近五十年中国思想史》（1935）、贺麟的《当代中国哲学》（1945）及其新版《近五十年来的中国哲学》（1989）、黄见德的《20世纪西方哲学东渐史导论》（2002）等书，史料丰富，梳理精当，笔者从中受益良多。笔者把西方哲学处境化的历史进程分为四个阶段，前三个阶段主要依据现有研究著作中的史料，概括各阶段的进展及特点；对第四个阶段特点的概述，主要依据笔者自己的经历和体会。

（一）西方哲学处境化肇端（1900—1930）

1900年不只是一个世纪的开始，它标志着一个新时代的开端。贺麟说，严复翻译引进西学“曾尽了他对时代的使命。然而现在我们不能不说严译的时代已经过去了”①。黄见德依据文献统计得出结论：“具有自觉意识和全面意义上的西方哲学东渐，是发生在20世纪最初几年的事情。”②

与19世纪翻译引进西学的目的不同，20世纪初，有识之士为了改造中国文化而虚心学习西学，把文化作为立国之本。他们引进西学的“自觉意识”有这样的逻辑：文化决定人格和国民性，而有什么样的国民就有什么样的制度；因此，为了改造中国社会，必须

① 贺麟：《当代中国哲学》，南京胜利出版公司，1945，第26页。

② 黄见德：《20世纪西方哲学东渐史导论》，首都师范大学出版社，2002，第63页。

引进先进的西学，而中国人迫切需要的西学是近代西方政治哲学的自由观念和认识论的科学思维方式。沿着这条思路，20 世纪初移植的西方哲学“萌芽”长成新文化运动的“大树”，旋即通过“五四”运动在全国“开花结果”。

“五四”前后思想界分化为自由派、保守派和马克思主义革命派。各派分歧的焦点不在于是否要向外国学习，而在于（1）学习的方向：向西去还是向东去、向东方的俄国还是立足中国本土；（2）学习的内容：欧美文明、心性德行还是俄国革命；（3）学习的主体：时代的新人、儒佛风骨的君子还是劳动阶级。围绕这些问题，各派各家在东西方文化之争、科玄之争、问题与主义之争中，纷纷登台亮相。

概而言之，自由派主张学习欧美的民主、科学和个性自由，认为中西差距是古代文明与现代文明的差别，为了让中国跟上现代化的世界潮流，必须彻底摆脱中国古代传统的束缚。“他们通过中西哲学的比较，认为中国的封建文化及其哲学，经过几千年统治阶级的加工与锤炼，已经成为一种具有巨大惰性的传统……由此，陈独秀以与它势不两立的态度表示，为了使中华民族的现在和未来不致落后于世界历史潮流，宁可使封建的文化传统灭亡。”①

保守派认为，西方文化与中国文化各有特点，应该取长补短，以中国人心识为主体，保守国学精粹，才符合世界“朝东走”而不是“朝西走”的潮流。梁启超在 20 世纪头几年，借助培根、笛卡尔、卢梭、康德、边沁等人的思想以图“新民”。贺麟说：“他还用他不十分懂得的佛学去解释他更不甚懂得的康德。他自己也承认免不了‘稗贩破碎、笼统、肤浅、错误诸弊’。”② 及至“一战”后，斯宾格勒的欧洲文化衰落论盛行，梁启超在《欧游心影录》中告诫中国人说：“大海对岸那边有好几万万人愁着物质文化。哀哀欲绝地喊救命，等着你来超拔他哩！我们在天的祖宗，三大圣，和许多前辈，眼巴巴盼望你完成他的事业。”郭湛波认为，“由此更足证明梁氏思想是中国宗法封建社会之反映”③。

革命派主张以俄为师，认为中西差距是封建主义和资本主义的差别，而欧美和俄国是资本主义和社会主义的差别，只有社会主义才是人类社会发展的方向；为了抛弃封建主义的传统，引进欧美文化是必要的，但如果没有社会革命，欧美文化也难以在中国社会扎下根。杨东莼说：“没有社会的转变，便没有思想的转变。任凭康德哲学这样伟大，任凭罗素哲学这样精深，然而移植到中国来，都得不到回声。这并非由于中国人对于思想不关怀、不接受，而是伟大的康德哲学、精深的罗素哲学在中国之社会的存在中并没有这些哲学存在的根据。”④

“五四”时期这三派的主张，基本代表了马克思主义哲学中国化、传统中国哲学现代化和西方哲学处境化的未来发展方向。三派在冲突和激荡中逐步走向会通，才能共同发展。就自由派而言，只有回应保守派和革命派，与他们和解，才能使西方哲学在中国扎下根。

（二）西方哲学处境化的彰显（1931—1949）

郭湛波和黄见得都把 1927 年国民党上台作为一个新阶段的开始。笔者为什么要从

①④ 黄见德：《20 世纪西方哲学东渐史导论》，第 82 页；第 112 页。
② 贺麟：《当代中国哲学》，第 26 页。
③ 郭湛波：《近五十年中国思想史》，北平人文书店，1935，第 53 页。

1931 年开始呢？正如贺麟所敏锐地看到的："九一八事变后几年内，辩证唯物论盛行于国内，影响青年思想很大，蔚为一种社会思潮。"① 现在我们知道，1931 年思潮转折的政治原因是中国共产党在 1927 年以后开展"两条战线"的革命：武装革命和文化革命。"九一八"事变之后，青年学生和各界人士抗议国民党不抵抗政策，冲破了严格的思想控制，为"左倾"思想文化运动打开了缺口；马克思和苏联哲学家著作的翻译出版，与"五四"时期传播的西方哲学相衔接。何干之在 1937 年总结说："在全世界革命日益紧张，中国革命的巨浪正在高涨之际，革命理论的研究和发挥，遂成为中国每一个进步思想家的切身任务"；为此，需要继续扩大"五四"精神，"西方哲人，不论是启蒙运动的先驱者培根、霍布斯、笛卡尔、斯宾诺莎，不论是法兰西唯物论者狄德罗、拉美特里，或是德意志古典哲学家康德、黑格尔，乃至近代哲人马克思、恩格斯、伊里奇，他们各人的思想体系及其学说的演变，更需要我们全国各派的思想家的专门研究和学习"②。此外，把 1931 年作为一个新阶段的开端还有学术原因，一批学有专攻的留学生回国报效祖国，改变了中国哲学界学术队伍的结构，这是这一阶段"三化"取得重要进展的一个重要原因。贺麟说："1905 年此后十余年间，国人对于西洋哲学之研究与译述，实异常消沉，我几无法举出一个代表人名或代表著作。梁任公谓'晚清之新思想运动西洋留学生殆全体未尝参加，运动之原动力及其中坚乃至不通西洋语言文字之人'。因此他责备'畴昔之西洋留学生，深有负于国家'。其实在当时'中学为体西学为用的文化'的文化方针下，政府派遣留学生只是去学习船坚炮利的'用'……这应该怪当时主持教育文化的人无识见，梁任公未免错怪了西洋留学生。"③20 世纪 30 年代后，一批在欧美和日本学习西方哲学的留学生回国，"如贺麟、朱谦之、金岳霖、汤用彤、黄子通、韦卓民、朱光潜、冯文潜、洪谦、熊伟、陈铨、郑昕、严群、陈康、任华、全增嘏、徐怀启、谢幼伟等"④。这些人与先期回国的张颐，以及"不曾到过欧美，然而他读过的西洋典籍，却比任何一个留学生都多"的张东荪⑤，成为各大学传授和研究西方哲学的中坚，他们的研究成果和培养的学生，使得西方哲学在中国扎下根。

这些留学生有中国文化的厚重功底，在国外受西方哲学"爱智求真"传统熏陶，回国后满怀报国情怀，自觉与中国哲学相结合。由此，前一阶段中西文化冲突，通过中国传统哲学和西方哲学的学术交流，转变为和谐共存。这一阶段的代表性著作，如冯友兰的"贞元六书"、金岳霖的《论道》、贺麟的《近代唯心论简释》和张东荪的《认识论》，都是贯通中西的典范。这一阶段的代表性西方哲学译述，如陈康的柏拉图《巴门尼德斯篇》、郑昕的《康德学述》、洪谦的《维也纳学派》、王造时的黑格尔《历史哲学》、梵澄的尼采《苏鲁支语录》，都是传世之作。

西方哲学研究者与马克思主义哲学研究者的会通，在继续高扬"五四"精神的基础之上推进启蒙。前一阶段没有打出启蒙的旗号，胡适用"中国的文艺复兴"标榜新文化运动，而革命派强调"五四"是反帝反封建的政治运动。1927 年之后，国民党把复兴"中国文化固有的道德价值"作为执政纲领，被受"五四"精神熏陶的青年一代视作背叛。1936 年，针对伪满洲国遗老推行"尊皇王道"的奴才教育，也针对蒋介石营造封建

①③ 贺麟：《当代中国哲学》，第 30 页；第 29 页。

②④ 黄见德：《20 世纪西方哲学东渐史导论》，第 114、115 页；第 119 页。

⑤ 郭湛波：《近五十年中国思想史》，第 184 页。

氛围的“新生活运动”，共产党人和进步知识分子发起“新启蒙运动”[①]，旗帜鲜明地把思想上的理性主义、个人生活的自由解放、政治上的民主主义与挽救民族危亡的爱国主义相结合，作为中国启蒙的任务。这场运动时间虽短，但意义重大。领导者中的中国共产党党员到延安积极筹谋马克思主义中国化和新民主主义纲领，而党外进步知识分子在新启蒙运动旗帜的感召下，认同中国共产党的新民主主义。

西方哲学与马克思主义哲学会通的另一渠道是辩证法。熟知德国古典哲学的学者把辩证法作为研究哲学和历史的科学方法，而马克思主义哲学家乘势翻译传播马克思和列宁的著作，以及苏联当时辩证法学派首领德波林的唯物辩证法。虽然引起了辩证唯物论问题的争论，但唯物辩证法的崛起成为大势所趋。郭湛波总结说，这一阶段“是辩证唯物论的潮流，代表世界的思想的潮流”[②]。贺麟作了客观的描述：“辩证法唯物论盛行于九一八前后十年左右，当时有希望的青年几乎都曾受此思潮的影响。那时的中国学术界既没有重要的典籍出版又没有伟大的哲学家领导，但青年求知的饥渴，不因此而稍衰，于是从日本传译过来的辩证唯物论的书籍遂充斥坊间，占据着一般青年的思想了。这种情况不但中国如此，即欧美先进国家亦如此。”[③]

虽然“五四”时期形成的自由派、革命派和保守派力量此长彼消，但三派为了启蒙和救亡的大目标而趋近。1927 年《哲学评论》创刊，1936 年成立中国哲学会，1941 年成立西洋哲学名著编译会，为不同倾向的哲学家提供了共同交流对话的平台。“西南联大”更是哲学家群贤毕至的思想库，为马克思主义中国化、中国传统哲学现代化和西方哲学处境化的会通营造了良好环境。据汪子嵩回忆，“西南联大”的教授“观点有左的，也有右的，较多的是被称为‘中间路线’的。有些讲得激烈些，有的温和些，尽管各自论点不同，可一旦自由受到威胁，态度就很快一致了”[④]。这可以说明，思想自由、兼容并包是“三化”会通的必要条件。

（三）西方哲学处境化曲折潜行（1950—1970 年代）

1945 年，苏共中央主管意识形态的书记日丹诺夫在西方哲学史座谈会上，提出了关于哲学史的定义：“科学的哲学史，是科学的唯物主义世界观及其规律底胚胎、发生与发展的历史。唯物主义既然是从与唯心主义派别斗争中生长和发展起来的，那么哲学史也就是唯物主义与唯心主义斗争的历史。”[⑤] 根据这一定义，“所有的哲学派别分成了两大阵营——唯物主义和唯心主义阵营。唯物主义和唯心主义之间的斗争，进步的唯物主义路线在这一斗争中的形成和发展，是哲学在许多世纪以来全部发展的规律。在唯物主义反对唯心主义的斗争中，表现出社会的进步阶级反对反动阶级的斗争。”[⑥] 日丹诺夫的定义在中国影响极大，它与《联共党史》第三章第四节“辩证唯物主义和历史唯物主义”一道，被奉为哲学研究的圭臬。这一阶段马克思主义哲学和中西哲学史研究的教条化，取代了前

---

① 参见陈亚杰：《“马克思主义中国化”的起源语境》，中共中央党校博士论文，2005，第 17—18 页。

② 郭湛波：《近五十年中国思想史》，第 240—242 页。

③ 贺麟：《当代中国哲学》，第 72 页。

④ 汪子嵩：《往事旧友，欲说还休》，生活·读书·新知三联书店，2015，第 52 页。

⑤ 《日丹诺夫同志关于西方哲学史的发言》，东北书店，1948，第 4 页。

⑥ 罗森塔尔、尤金主编：《简明哲学辞典》，生活·读书·新知三联书店，1975，第 373—374 页。

一阶段在学术自由条件下“三化”会通的趋向。

“处境化”是个中性概念，“处境”不但指顺境，也指逆境。逆境中的西方哲学遭受挫折，但也能锤炼队伍，保留火种，蓄势待发，所谓“艰难困苦，玉汝于成”是也。西方哲学处境化即使在逆境中也能曲折潜行，乃是处境的客观原因和主观原因使然。

从主观上说，第二阶段成长起来的哲学家熟悉辩证唯物论，不难接受马克思主义的思想改造，而且他们有文本解读的工夫，能够揭露教条化马克思主义有违马克思主义经典作家论述之处，如他们在 1957 年初“中国哲学史方法论讨论会”上批驳日丹诺夫定义。他们通晓马克思主义哲学的西方哲学来源，能够巧妙地运用马克思主义术语表达西方哲学的精粹，这一阶段发表和出版的西方哲学论文、著作和教科书，虽然充斥教条和套话，但字里行间仍然比较真实地呈现了西方哲学的基本观点和结构。

从客观上说，思想改造虽然罗网密织，但非铁板一块；马克思主义一统天下，但离不开西方哲学史翼辅。因此，“中国哲学史方法论讨论会”上不符合当时主旋律的文章，尚可公开刊发。洪谦 1957 年 6 月 7 日在《人民日报》发表《应该重视西方哲学史的研究》一文，提出队伍建设、资料配备、提高研究质量、向世界进军等方面的建议①，在一定程度上被采纳。1965 年按照毛泽东同志指示，筹建北京大学外国哲学研究所，为开辟现代西方哲学的新学科作组织和资料准备。即使要把西方哲学史变成马克思主义哲学的脚注，翻译《马克思恩格斯全集》时也不得不忠实西方哲学概念的原意，规范哲学的中译术语，同时要平实介绍西方哲学家主要著作和思想，不得不同时翻译被当作马克思主义哲学来源的黑格尔著作。

由于主观和客观原因，中国的西方哲学在逆境中不乏可圈可点的成就。比如，在重点高校和中国科学院哲学研究所保留了西方哲学的学科队伍，为西方哲学在中国后来的发展储备了精良力量；再如，在洪谦主持下，北京大学外国哲学教研室出版了一套四本的《西方哲学原著选辑》，包括古希腊罗马哲学、16 至 18 世纪西欧哲学、18 世纪法国哲学和德国古典哲学，提供了学习和研究西方哲学史的基本资料；在这些资料基础上编写的西方哲学史教材，向全国学界普及了西方哲学知识；还如，贺麟与同事和学生开展黑格尔著作的翻译工作，从 1956 年开始，到 20 世纪 80 年代初，黑格尔主要著作有了中译本。考虑当时的艰难处境，我们现在不能忽视这一阶段西方哲学处境化的历史贡献。

（四）西方哲学处境化发扬踔厉（1978 年至今）

1978 年，中华外国哲学史学会在芜湖召开年会，以批判日丹诺夫哲学史定义为突破口拨乱反正，借解放思想、改革开放的春风，前一阶段保存的“火种”已成燎原之势。本阶段 40 年来西方哲学接续百年处境化的趋势，脚踏中国大地稳健前行。迄今为止的阶段成就不可胜数，“百花齐放，百家争鸣”八个字不足以形容其繁荣盛况，我们且用“百花齐放，全面开花；百家争鸣，论题众多”两句话来概括其广阔和深湛。

本阶段西方哲学研究和翻译领域扩展之快，覆盖范围之全，学术著述数量之多，规模之大，任何综述都难免挂一漏万之嫌。笔者只能选择自己认为有代表性的十个问题加以讨论。这些问题有些是处境化的语境中特有的，有些是西方学术界热点问题的追踪。即使后者，在中国处境中的讨论也有特殊意义。笔者对这些问题的综述不可能面面俱到，也不敢

---

① 韩林合编：《洪谦选集》，吉林人民出版社，2005，第 298—303 页。

自诩客观公允，只能通过一些有代表性的主要观点和倾向的评述，彰显当代中国西方哲学处境化的一些重要特征。

1. 西方哲学研究方法论问题

西方哲学史属于历史科学，现代西方哲学是对过去和当前流派的回顾和追踪。中国传统中经史关系的见解不可避免地嵌入西方哲学研究中。一方面，“哲学就是哲学史”或“哲学是认识史”等主张，犹如古人说“六经皆史”；另一方面，“哲学史家不是哲学家”“思想胜于学问”等主张，犹如古人说“先立乎其大”“六经皆我注脚”。

在处境化背景中，西方哲学方法论中始终有史与论、述与评关系的讨论。绝大多数主张史论结合、评述搭配的中允之论，实际上是对大批判的专断的否定，以及对“带帽穿靴”式点缀的不满。但是，在用马克思主义理论取代哲学史和用黑格尔辩证法带动哲学史的处境中，形成了一种惯性，不采取以论代史或以论带史的方法，人们不知道史论结合的途径，西方哲学研究的“集体下意识”是据史论史，以史料的堆砌或编撰为详实，或把编译和转述当创见。

史论结合的创新方法在于论从史出，把社会和思想的“外史”和哲学史自身发展的“内史”相结合，把依据某一学说设计的主题和逻辑线索与有选择的文本材料融为一体，用哲学历时性的纵切面表现或证明学说的共时性横切面。论从史出的方法要以据史论史的丰富材料为选择范围，也要有以论带史的学派训练。在尚未具备这些条件的情况下，据史论史、以论带史和论从史出的各种尝试和互动是必要的、有益的。

不过，论从史出并不是西方哲学创新的唯一方法。西方哲学以哲学文本为主要研究对象，限制了引领时代新问题的视角，历史只是观察和理解现在和未来的一个视角，哲学文本只是影响现实的一类思想材料。中国的哲学学科门类范围广大，为西方哲学跨学科和新兴学科的探索创造了条件。可以预见，哲学跨学科和新兴学科的方法将为西方哲学的创新提供更多途径。

2. 西方哲学术语中译问题

西方哲学的中译术语大多是20世纪初从日本引进的，不过日本人在翻译时借助了不少中国古代已有的词汇，如“形而上学”“本体”“宇宙”；或把中国单音词合成为多音词，如“哲学”“存有”。这些借词“出口转内销”，是东西交流的产物，对西方哲学处境化的历史贡献怎么评价也不为过。在翻译《马克思恩格斯全集》中文一版和黑格尔著作的过程中，西方哲学的学者对已经流行的西方哲学术语精雕细琢，体味在不同语境中的含义。随着马克思主义哲学中国化的推行，原本源自西方哲学的概念成为中国哲学界的“普通话”。

在深入理解的基础上，中国学者对西方哲学概念进行重译。重译的要求首先发生于希腊哲学领域。王太庆、汪子嵩等人首先提出，希腊文系词 einai 及其名词形式的概念不能译作“有”或“存在”，应按其本意译为“是”，希腊文 eidos 或 idea 不应译作“理念”，而译作“相”。这一主张被很多人接受。继而，研究现象学的学者把康德严格区分的“先验”和“超验”都译作“超越”或“超绝”，“先验论”译作“超越论”。另外，有感于过去对“唯心论”的负面评价，一些人用“观念论”取而代之，“唯物论”则译作“物质论”或“质料论”，以淡化“唯物”与“唯心”的对立。

在不同语境中，西方哲学概念意义有所不同，中译术语随之改变无可厚非。有争议的问题是：是具体文本具体对待，还是术语一律、意义统一。比如，马克思主义哲学中的

“存在”也要译作“是”，“德国唯心论”译作“德国观念论”，康德的“先验论”译作“超越论”，那就不合理了。不过，中译术语只要标注外文原文，只要在上下文中自圆其说，使用不同术语也无碍大局。关于中译术语问题的持续争议，可以深化对西方哲学概念的理解。

3. 中西哲学会通问题

黑格尔关于“中国古代有宗教而无哲学”的论断，在20世纪初中国哲学史成为世界性学科的情况下，似乎已经难以成立了。但是，2001年，德里达访华时褒奖“中国古代无哲学而有思想”的一句话，引起了“中国哲学合法性”的讨论。德里达的话之所以有如此影响，在于迎合了复古思潮。当今复古派不是“五四”时期的保守派：当时的保守派和自由派从不同的方向推进中西会通；而当今复古派则釜底抽薪，如果中国古代没有哲学，中西哲学会通岂不是根本就不存在？而如果“中国思想”与哲学在本质上完全不同，也就否定了中西思想会通的可能。

不那么极端的复古派和保守派可以承认中国哲学的存在，主要通过“比较哲学”表明立场。但比较哲学现在不是成熟的学问，没有明确的界定和方法。从事中西哲学比较可以没有原则和立场，不论时空差距，从古今中外文本中摘取貌似相近的观点或命题加以比较，牵强附会，其主观随意性造成庄子所说的同异悖论。

抱有明确原则和立场的人大多强调中西哲学的差异，但他们的价值判断可以相反。复古派从中西差异中看到中国优于西方，而自由派则相反。两者似乎在重演“五四”时期“向东走”还是“向西走”的争论。跨文化比较的目的应是以对方为镜子照看自己的缺点，本应保持“多讲自己的缺点”和“自己的优点留给对方讲”的谦虚态度。比较哲学如果靠贬低对方来抬高自己，难免背离比较的初衷，而陷入“那喀索斯式自恋”。

4. 西方哲学与西方马克思主义哲学的关系问题

马克思主义哲学的来源是西方哲学史，现代西方哲学的流派各有自己的马克思主义解释。由于马克思主义哲学和西方哲学分属不同的“二级学科”，不少西方哲学专家对马克思主义哲学退避三舍；而马克思主义哲学专家对西方马克思主义的研究往往被同行讥为“西马非马”，对马克思哲学与康德、黑格尔关系的研究被当作“以西解马”。在西方，马克思主义哲学与西方哲学同根同源，不可分割；在中国处境中，西方哲学与马克思主义哲学相辅相成，难解难分。这个道理好懂，但实行起来就不那么容易了，这里用得上“知易行难”这句话。现在迫切需要在马克思主义哲学与西方哲学专家之间开展专题性的讨论和争鸣，推动马克思主义哲学中国化与西方哲学处境化共同发展。

5. 中世纪哲学性质问题

哲学和宗教的关系是哲学和宗教学共同研究的问题，围绕中世纪哲学性质和地位问题的讨论，代表了宗教哲学研究不同的视角和观点。比如，中世纪哲学只是西方哲学史中的一个断代史，还是宗教哲学的典范？如果强调前者，则中世纪哲学的主要问题就是逻辑与语言、唯名论与唯实论、存在与本质、意志与理智等西方哲学史一直讨论的共同问题；如果强调后者，中世纪哲学的主要问题则是信仰与理性、神学与哲学的关系问题。可以说，哲学问题、范畴和方法在信仰和神学的框架中获得了特殊意义。再如，中世纪哲学的性质是基督教哲学，还是一般意义上的宗教哲学？如果是前者，便是突出了基督教在西方文明中整合希腊哲学、希伯来宗教和罗马法制的作用；如果是后者，则是突出了基督教、伊斯兰教和犹太教的宗教哲学的平等对待，强调了中世纪文化的多元性。还如，中世纪哲学的起始如何划分？是按世界史划分的公元5—14世纪的哲学，还是按思想史划分的从早期教父到15—16世纪的哲学？较短的中世纪哲学基本上是天主教哲学，与近代哲学有断裂；而较长的中世纪哲学包括新教继承的使徒统绪和社会思想，可与近代哲学相衔接。显然，这些问题的讨论对西方宗教哲学的研究具有示范作用。

6. 康德与黑格尔的重要性和相互关系问题

作为马克思主义的重要来源，黑格尔在第三阶段的西方哲学研究中独领风骚。1981年，李泽厚提出要康德还是要黑格尔的问题。现在看来，那些主张康德比黑格尔更重要的理由不能成立；但正如现代解释学所说，偏见和误解是思想传播和接受的常态，回到康德的呼声唤醒了第一阶段对康德的兴趣，康德哲学的翻译和研究是本阶段的显学。与此同时，由于增加了来自西方马克思主义和现代西方哲学译介研究的助力，黑格尔哲学研究势头不减。哲学界普遍认为康德和黑格尔同等重要，但更重要的问题是如何更全面地理解两者的关系。黑格尔的评论或与马克思主义哲学相接近的程度，未必是看待康德与黑格尔关系的唯一标准或最佳视角。在更宽阔的视野中，看待康德开启的现代性哲学变革和黑格尔按照理性思辨的辩证思维的拓展推进，以及他们在包括马克思主义哲学之内的现代思想的各自影响，对哲学各领域具有全局的重要意义。

7. 启蒙与现代性的是非功过

从笛卡尔、培根到康德、黑格尔的哲学，用不同的理论形式表现科学、平等、自由、共和的启蒙时代精神，这是西方哲学史上社会影响罕有其匹的时期。即使马克思主义哲学将之局限在资产阶级革命视野里进行分析批判，也充分评估了其积极作用。在中国境遇中，这些哲学家因启蒙精神而受到重视和积极评价。近来随着民族复古主义和文化保守主义盛行，反对启蒙声浪高涨，新文化运动和“五四”时期被当作“全盘西化”“割裂传统”的祸端，甚至与“文化大革命”捆绑在一起批判。

且不说反启蒙的责难如何违背历史事实，从方法论上说，据史论史的严肃文本研究，也不支持启蒙与传统对立、民族性与时代性割裂的学理。反启蒙的学术只能以古学为标准重估现代性，颠倒进步和倒退的价值，通过古经解读和近现代文本批判，恢复人心和社会正道，挽救现代衰落的危机，纠正文化变动的偏差。这种“论从史出”断章取义，裁剪历史，失去了应有的“大历史”见识。严肃的西方哲学史研究应以此为戒，继续发力，深入研究近代和德国古典哲学文本，在启蒙时代的背景和视野中，作出史论结合的新解释，以及推陈出新、实事求是的评价。

8. 后现代主义的哲学评价问题

西方反现代性、批判启蒙的生力军是后现代主义。启蒙思想中科学、平等与自由的张力已包含现代性与后现代分歧的萌芽，尼采以自由否定平等，用意欲取代理性，以艺术的浪漫反对制度的规范，成为后现代的“祖师爷”。尼采以个性解放的启蒙形象在中国流行。即使在“五四”时期，个性自由与民主科学的追求也有张力。20世纪80年代，个人诗化创造与社会改革实践在价值观上有不同取向，只不过当时启蒙的氛围掩盖了这种分歧。

后现代主义被引入中国以后，具有多重面相，既迎合了反科学实用、推崇艺术和美的浪漫文人习气，又迎合了热衷于激进左翼知识分子的无政府主义思潮，还与反对权利平等的高贵精英的复古保守心态相呼应。由此不难理解，它在中国被当作时髦新潮受到热捧，甚至在西方哲学领域也受到礼遇，被当作纠正理性主义弊病的划时代转折。

但是，在承袭启蒙理性的学者看来，后现代主义在哲学上没有超越时代，非但不能纠现代性之偏，相反，它执现代性内部张力之偏，从一个极端走向另一个极端，偏执于艺术和审美的个性，否定科学的普遍有效性和公共道德。“后学”的解构不过是无本质、无结构、无真相的否定，建构性的“后学”在实践上是无能的。在政治上，“后学”对资本主义激进的文化批判和心理批判不伤及社会制度的“皮毛”，不触及社会不公正、不合理的实质，只是通过宣泄不满来安慰民众，迂回换取对现实的承认和接受。他们貌似激进，实际上是新生的保守派。

9. **政治哲学中的“左”“右”之争**

前几个阶段的一个教训是各派势力借助外国学说张目，“五四”时期自由派借助英美自由主义，保守派借助欧陆保守主义，抗战时期爱国主义借助德意志民族主义，第三阶段照搬苏联的马克思主义，而不顾中国国情和目标。本阶段政治哲学的译介和研究繁荣，但研究者仍没有摆脱挟洋自重的心态，借助西方左派与右派的名声造势。在中国处境中的“左”和“右”与西方的价值观大不相同，甚至相反，因此要打引号。

比如，文化保守主义和政治自由主义都守护自由主义基本价值，两者没有泾渭分明的界限。而在中国境遇中，两者被引申为保守传统的“左派”与鼓吹西方价值的“右派”的怒怼。再如，当代自由主义与经济利益、公共政策直接挂钩，主张国家调节、福利社会属于自由主义左派，主张自由竞争的不干预主义属于自由主义右派，而兼顾左右的主张属于中间派或温和派；而在国际事务中，左派和中间派倾向于“人权高于主权”的人道主义干预，而右派则倾向于国家利益第一的孤立主义；左、中、右的区分只是相对的、暂时的，因时事和局势变化随时转化。具体到中国境遇中，“新左派”维护国家主权和权威，而主张自由市场经济、社会公正和公民尊严权利则被视为“右派”。还如，利奥·施特劳斯和卡尔·施密特的政治哲学在美国被用于强化传统宗教价值和国家权威，属于右派，但“转口”中国后，与批判现代性和反对启蒙主张相结合，成为“新左派”重要的西学资源。

“左”“右”对立有其敏感性，一些学者讳莫如深，因此缺乏公议辩理的学术争论。不过，学界人士心知肚明，即使一些看似纯学术问题的讨论，也有同声相应、同气相求的不同原则和立场。只有了解中国国情，才能悟得个中三昧，兹不赘叙。

10. **海德格尔与纳粹关系问题**

在此问题上，西方舆论界和学术界多次兴起轩然大波。海德格尔这个 20 世纪最有影响力的哲学家之一与人类历史上臭名昭著的纳粹有瓜葛牵连，在西方是一个爆炸性新闻，从 1945 年至今一直是政治与学术关系的典型案例，材料越挖越多，看法趋于一致。中国学者与舆论对这个问题比较淡定，看法比较平和。大多数专家认为这样或那样的牵连无损于海德格尔哲学极为深奥的原创性和划时代的影响，学者只在牵连的程度与性质问题上有所分歧。有的认为海德格尔与纳粹只是偶然邂逅，并无过错；有的认为海德格尔只是短暂介入纳粹运动，没有罪责；有的认为海德格尔只是犯了普通德国人当时都犯的过错，无需专门道歉；有的认为海德格尔过错严重，哲学家比普通人负有更大的社会责任，但这些都是政治问题，应与哲学分开。

中国处境中“政治正确性”的标准与西方不同。在西方，只要触犯了反犹主义的底线，就要受到道德和政治上的审判，如果有学者身份，更要深挖思想根源。在中国境遇中，德语哲学专家多少有些德意志情结，一些人对纳粹和反犹主义无切肤之痛。海德格尔对现代技术的彻底否定，对现代性的全面批判，对诗化语言的偏好，引起众多文学、艺术和哲学爱好者的共鸣和青睐；而他在现象学运动中的显赫名声和地位，似乎是难以挑战的哲学权威。不过，透露海德格尔反犹思想的“黑皮书”公开出版之后，情况最近有点改变。比如，倪梁康不但清理了海德格尔在人格和思想上对胡塞尔的背叛，而且论及海德格尔“反犹主义的哲学论证”①。这可算是行业内的大胆言论了。

三　西方哲学处境化的四条经验

1990 年代，不少西方哲学研究者有风声鹤唳之感，吾师陈修斋教授指出：“既然今天仍旧甚至更加需要引进西方哲学，那么对于以往三百年或者至少一个半世纪以来引进西方哲学的历程进行一番回顾，总结其经验教训，探索其规律性，以作当前和今后引进工作的借鉴，就是很有必要，也是很有意义的事。这工作本来早就应该做了，可惜的是以往虽也有人在这方面尝试过，做过一些初步的或局部的工作，但在此以前还始终没有人来对西方哲学传入中国的过程做过全面、系统的考察，因而留下了社会主义文化建设中一块亟待填补的空白。”② 笔者秉承师嘱，不惮对百年中国西方哲学处境化的经验教训作点总结，谈不上全面系统，更谈不上探索规律性，只是个人感悟，对一百多年“三化”过程反复出现的四种关系进行一番梳理和反思。

（一）中国处境中政治与文化的关系

学习西方哲学不可能面面俱到，西方哲学的译介和传播不是不加选择的“拿来主义”。沉浸于“经世致用”中国学术传统的西方哲学研究者，总是根据中国政治文化的需要有选择地引进西方哲学，这是西方哲学处境化的一般倾向。从政治与文化的变化和两者复杂关系的观点看，处境化的不同阶段呈现出不同热点、重点和特点。

在第一阶段，文化建设需要有不同含义，自由派要以世界现代文化改造中国传统文化；保守派要保持中国文化根底，进而走向世界挽救危难；革命派要以马列主义全面改造中国政治经济，彻底解决文化问题。虽然目标和取向不同，但三派都以爱国救亡为最大政治，因此在激烈的论战中从不同方面推动中国现代文化的转型。第二阶段是中华民族生死存亡的紧急关头，抗日救亡的共同目标把“中西马”三个领域的哲学家团结在一起，成为马克思主义哲学中国化、中国传统哲学现代化、西方哲学处境化的“三化”并行、相反相成的保障。第三阶段的政治统摄学术，学术服务政治。马克思主义哲学既是指导思想，也要服务于改造社会和继续革命的政治需要。这种交叉关系为中西哲学史研究带来幸运，政治既需要马克思主义哲学的直接的全局服务，也需要中西哲学史间接的辅助，中西哲学史学科因而得以曲折潜行。在第四阶段，中国特色社会主义道路需要借鉴世界马克思主义与时俱进之新，也需要中国传统文化的滋养，改革开放政策需要西方哲学的现代知识。在国家大力扶植下，哲学全面繁荣发展。

回顾“三化”的时代背景，可以看到政治需要对哲学的存在方式、发展方向和内容起决定性作用。这不仅因为政治统摄学术、学术服务政治的传统和现实，而且由于现代哲

---

① 倪梁康：《胡塞尔与海德格尔》，商务印书馆，2016，第 55—103、140—156 页。

② 陈修斋：《西方哲学东渐史（1840—1949）》，武汉出版社，1991，“序”第 2—3 页。

学的意识形态本性，占有精神生产资料的统治者决定了意识形态生产的过程、产品、分配和消费。

鉴于政治决定学术在第三阶段造成的损害，以及在现阶段存在的学术产品质量不高、社会影响不大等弊病，现在对政治与哲学关系有两种主张：一是政治与哲学相分，二是以哲学指导政治。对这两种主张要作可行性和合理性论证。

政治与哲学相分意味着不能用行政命令解决哲学争论，但不意味着哲学不讨论政治问题，也不意味国家退出对哲学研究的资助。正确理解和处理政治与哲学的关系，需要执政者和学者相向而行。一方面，在精神生产领域，改善执政方式和提高执政能力，尊重精神生产自身规律，尊重学术自由、自主表达的权利，充分发挥学者自主研究和在研究项目制定和管理工作中的作用。另一方面，学者调整心态，关注思想的政治背景和取向，深入研究政治问题。即使在有着"为智慧而智慧"思辨传统的西方哲学史中，政治始终是社会背景和研究主题的重要方面，现代西方哲学的政治意识和功能更加明显。关心和研究政治不仅满足实践需要，而且出自理论自身发展的必要性。

以哲学指导政治不等于哲学家指导政治家，"哲学家王"和"国师"在现代国家中是一个神话和幻想。即使政治哲学，即使自觉的意识形态，没有可能、也没有必要把哲学家的任务限定为指导政治。但这不意味哲学对政治没有影响力，而是说哲学以多种方式影响社会习俗、思维方式、决策过程。哲学是自由的学问，无论是理论型还是实践型，无论是非功利还是功利的，哲学都直接或间接地影响政治。学术乃天下公器，哲学更是公开对话的社会活动，根本不靠宗派的"秘传"影响政治。

（二）独立人格与文化自觉的关系

"文化"是一个意义极其宽泛的概念，而且各国文字含义不同。按马克思主义，文化属于上层建筑范畴，包括政治、法律、哲学、宗教等意识形态，也有科学技术、语言逻辑等非意识形态。从日本传入的借词"文化"综合了古汉语中"人文""人道""教化""文明""礼俗"等意思，而西文（以德文为例）Kultur（文化）、Bildung（教化）、Zivilisation（文明）意义殊异。现代汉语"文化"吸收了马克思主义上层建筑的概念，意义更加广泛。但无论"中西马"，都尊哲学为文化之首。马克思肯定当代世界哲学是"文化的活的灵魂"①，《中庸》所说"尊德性而道问学，致广大而尽精微，极高明而道中庸"可谓中国哲学"天人合一"之道，而西方传统则把哲学尊为科学之科学。

如果说"中西马"哲学的"三化"都以改造和建设中国文化为己任，囿于政治与文化关系总结哲学发展的经验教训显然不够，还要讨论哲学改造和建设中国文化的目的、途径和方向。自20世纪初，中西文化讨论是各阶段热门话题，但"中西马"对文化意义有不同理解，难以达成共识，"文化热"无果而终。鉴于此，必需在"中西马"的文化观中求解"最大公约数"，以此融汇中西古今优秀因素，共建当今优秀文化。

"中西马"哲学中诸多耳熟能详的学说和原则，都指向独立人格之张扬。无须细致分析和论证，不难看出：中国的心性之学、天人之学和体用不二、知行合一的仁学，西方的"自我意识""自由意志"和通达的情感、超越的精神，以及马克思主义的自由解放学说、人自身和环境改变相一致的实践哲学，都立足于自立、自尊和自由的人格，通晓社会和自

① 《马克思恩格斯全集》第1卷，人民出版社，1995，第220页。

然界中人的自由之翕合。

历史表明，西方哲学和马克思主义哲学在中国的传播的动因正是寻求独立人格。梁启超在1905年用笛卡尔的“我思故我在”解释“格物致知”，他说：“我有耳目，我物我格，我有心思，我理我穷”；引入近代西方哲学意在“破世界之奴性，摧毁千古之迷梦”，要使中国富强和繁荣，就必须像培根和笛卡尔那样反对奴性，既不做中国旧学的奴隶，也不做西方新学的奴隶。① 马克思主义则以反帝反封建的自由解放学说影响一代新青年。新儒家开展所围绕的中心也是人的自立和自由。熊十力在1940年代说：“古代封建社会之言礼也，以别尊卑、定上下为其中心思想。卑而下者，以安分为志，绝对服从其尊上者。虽其思想、行动等方面受无理之抑制，亦以为分所当然，安之若素，而无所谓自由与独立。及人类进化，脱去封建之余习，则其制礼也一本诸独立、自由、平等诸原则。人人各尽其知能、才力，各得分愿。”②

当然，不能把人格独立当作个人私利的诉求。在中国通天人、群己、知行的传统和处境中，人格培养不能脱离社会实践，个人自由不能没有权利和义务的行使，人性解放不能没有民族国家自由解放的前提，新文化建设不能没有中国文化的自觉。作为“中西马”哲学“三化”最大公约数的人格独立，要求通过国民性的塑造，弘扬中华民族自立于世界之林的国格。自立、自尊、自强的健全人格是每个国民身上体现的国格。如果国民的人格不健全，何谈独立尊严的国格和中国文化的自觉和自信。

（三）“中西马”哲学发展的辩证关系

“三化”的教训是不能把马克思主义哲学同中西哲学对立起来，也不能把中国哲学同西方哲学对立起来。然而，经验却不能只用两个“不能”的否定判断来概括。“中西马”究竟有什么样的肯定关系呢？有各种说法，如“一体两翼”或“三足鼎立”，或借“中体西用”还“马魂”，或把中国古经、希腊古学和当代马学“参同契”。这些主张虽然能自圆其说，但不能有效促进“中西马”对话和沟通，它们的有效性不能通过实践检验。难怪有人讥讽说，“打通中西马”只是吹牛皮，或者说，只是打不出来水的“打井学”。这些有益的教训告诉我们，如果不想重复劳而无功的“嘴皮仗”，现在需要的是符合逻辑和历史的新概括。

逻辑和历史相一致是辩证法的原则，因此需要把“中西马”的“三化”历史看作辩证发展的过程。黑格尔说，认为“有一种直接知识，但又没有中介性，与他物没有联系”是错误的。同样，“宣称思想只是通过其他中介性的（有限的、有条件的）范畴而进展，这也不是真实的事实”，因为“当思想以他物为中介时，它又能扬弃这种中介”③。

在“三化”过程中，马克思主义哲学和传统中国哲学都不是直接知识，而要通过一种中介，来沟通这两个在历史上从来没有发生联系的哲学形态。这个中介就是西方哲学。西方哲学与马克思主义哲学有天然的渊源，以西方哲学为来源的马克思主义哲学在现代反哺西方哲学；而西方哲学与中国哲学自17世纪始就发生双向互补的交流，西方和中国思想家都从对方那里找到了自身哲学缺少而又需要的成分，用以发展自己。20世纪中国人

① 黄见德：《20世纪西方哲学东渐史导论》，第69页。
② 黄克剑、王欣、万承厚编：《熊十力集》，群言出版社，1993，第313页。
③ 黑格尔：《小逻辑》，贺麟译，商务印书馆，1980，第168页。

主动引进和接受的西方新学，在同时引进的马克思主义哲学与传统中国哲学之间搭建了一座桥梁，既使马克思主义哲学中国化，又使中国传统哲学现代化。在中国，作为中介的西方哲学并不是保持原模原样，而是“扬弃”了原产地的西方哲学，发展成为处境化的西方哲学。

按照“中介”概念理解的“三化”逻辑发展不是思辨的过程，而是发生在历史和现实中的活生生经验。郭湛波总结说：“中国思想史上，向来不重思想的方法”，“一直到近代，中国受了西洋的影响，始注意到思想的方法——论理学”。[①] 论理学并不是现在狭义的逻辑学，而是做哲学的思维方式。中国哲学家选择不同的思维方式。比如，冯友兰的《新理学》吸收了新实在论的形式构造方法，《新知言》广泛吸收了西方形上学的方法，从柏拉图、斯宾诺莎、康德到维也纳学派。牟宗三把康德的“现象与物自身之分别”当作自己的道德形上学的基本架构，甚至说：“西方哲学与东方哲学之相会通，只有通过康德的这个间架才可能，其他都是不相干的。”[②]

如前所述，从20世纪30年代开始，唯物辩证法已经广泛流行。张申府、张岱年兄弟用唯物辩证法促进“中西马”哲学的文化创新。冯友兰以“信古”“疑古”“释古”为“正反合”，他“对中国近年史学趋势的见解，实则是冯先生唯物辩证法研究学术的引用”[③]。贺麟评价说，冯友兰“《中国哲学之精神》一书，多少采取了辩证发展的方法”[④]。冯友兰在新中国成立后用马克思主义哲学指导重写中国哲学史不是突然的转变，而是出自持久的学术积淀。因为研究中国传统思想的代表人物都有西学的功底，因此成为“三化”的自觉实践者。

（四）处境化与全球化的关系

中国哲学的现代形态离不开世界学术的潮流。从胡适、冯友兰开始，中国哲学史这门学科的发展受西方哲学的方法和理论的影响，这种影响属于中西哲学的良性互动，不能算作现在复古派鄙薄的“西化”。中国哲学史作为一门世界性的学科，其建立和发展又反过来为西方哲学提供了一个中国参照系。有没有这个参照系，西方人对西方哲学的研究和理解大不一样；同样，西方哲学的处境化为中国人提供了一个西方参照系，有没有这个参照系，中国人对传统哲学和马克思主义哲学的研究和理解也大不一样。早在1948年，冯友兰提出“世界哲学”的观念，他认为，未来哲学是世界哲学，西方哲学里有的，东方哲学也有；反之亦然。[⑤] 这个愿景与马克思在此前一个世纪预言的“面对世界的一般哲学”[⑥] 不谋而合。

合理的预言和愿望要成为现实，必须始于足下，积土成山。当下全球化是历史潮流，西方哲学在中国的处境化必须顺应全球化的潮流。问题是，全球化有众多支流和方向，宗教、文化传统、价值观和政治制度的冲突愈演愈烈，不能指望东西哲学的比较和对话能够解决这些冲突，甚至调和也难。然而，经济全球化的趋同的潮流势不可挡。现在的问题

---

①③ 郭湛波：《近五十年中国思想史》，第243页；第224页。

② 牟宗三：《中西哲学之会通十四讲》，上海古籍出版社，1997，第217页。

④ 贺麟：《当代中国哲学》，第24页。

⑤ 冯友兰：《三松堂全集》第11卷，河南人民出版社，2002，第593页。

⑥ 《马克思恩格斯全集》第1卷，第220页。

是，哲学面对经济全球化有何作为呢？

面对这个问题，回顾西方哲学史的经验是有益的。17 世纪科学革命之际，同时代的西方哲学家不但参与科学革命的发明创造，而且创立了与新科学结盟的哲学体系，这些体系以科学为榜样，用新的形而上学、认识论、道德政治学说改变人的思维方式和价值判断，不但改变了西方世界的面貌，而且强势地影响东方世界的思潮。当代经济全球化与 17 世纪科学革命有相似之处：科学技术已经成为第一生产力，科技创新日新月异，智能革命正在改变世界和人的存在方式。但有一个重要不同之处：由于学科高度分化，哲学家不能参与科技创新活动，甚至不了解新的科技知识和前沿问题，哲学没有和科学结盟，而是处于与之分离甚至矛盾状态。哲学家按照自己专长的哲学史片段，以传统的人文知识或近代机械论为标准，对科技创新指手画脚，先验地裁判这也不可能，那也有危害；而科技专家则对哲学家的批评不屑一顾，认为是痴人说梦。现在世界各国哲学都有危机感，其源盖出于此。

面对哲学危机，是墨守成规，满足于哲学的专业历史知识和现有认识水平，还是以科技创新、智能工业革命的新问题为导向，开拓哲学与其他学科的跨学科、交叉科学和新学科的探索？这对哲学家是一个“生存还是毁灭（to be or not to be）”的生死抉择。跨学科、交叉学科的哲学研究和教学已在不少领域方兴未艾，如实验哲学、神经科学与意识具身化、生命医学伦理学、机器人和人工智能伦理、逻辑－自然语言－计算机跨学科研究、科技美学和工业设计、科技－工程－人文－数学教育，等等。哲学的新的研究方向并不意味形而上学必定消亡，而需要在新旧学科研究的基础上，针对新的问题和对象，破旧立新，推陈出新，改造形而上学体系。形而上学的改造实为哲学与科学结盟的终极问题。在此问题上，西方哲学和中国哲学都没有先验的优势，没有捷径可走，只有经过中外哲学家世世代代的努力，才能取得进展和成功。鉴此，我们只能用踏踏实实的工作迎接新哲学的诞生。

（作者单位：北京大学哲学系暨外国哲学研究所）

责任编辑　贾红莲

改革开放40年来中国对于西方马克思主义的接受、传播与反思

夏　莹

马克思思想自“五四”时期传入中国以来，就立刻被纳入中国化的思想轨道上来。它的传入根本上来说是针对中国社会转型期的一次思想回应。它之所以能够成为影响当代中国思想的重要一脉，其根本原因在于它面对当时中国问题所具有的巨大解释力。这种解释力在革命时代被直接转化为实践行动，这是任何哲学思想都不曾拥有的一种理论力量。时至1978年，关于马克思思想的研究进入一个新的阶段，学者们显然已经不再满足于仅仅研读依据苏共中央所编辑的《马克思恩格斯全集》而翻译出版的马克思恩格斯经典著作。新的时代契机呼唤着新的研究路径，改革开放显然为这一新的研究视角的合法性吹响了冲锋的号角。从这一意义上说，当代中国有关西方马克思主义的研究与时代发展之间的密切关联，本是其题中应有之义。

一　接受：何为西方马克思主义？

1978年，徐崇温在《国外社会科学》第5期发表了《关于西方的“马克思主义研究”》一文，为中国马克思哲学研究界引入了第一场有关“西方马克思主义”的思想争论。而当时英国学者佩里·安德森于1976年刚刚出版了一部《西方马克思主义探讨》的著作，并在此书中正式提出存在着一个所谓的“西方马克思主义”的传统与思想范型，卢卡奇、柯尔施、葛兰西、本雅明、霍克海默、德拉-沃尔佩、阿多诺、阿尔都塞、萨特等成为了首批被界定为西方马克思主义的代表人物。就时间节点而言，可以说，当代中国西方马克思主义研究的开启从一开始就与世界处于同步状态。这一研究的同步性，在某种意义上或可视为中国西方马克思主义研究的内在基因，并延续至今。徐崇温随后撰写了多篇与此相关的介绍性论文，并于1982年由天津人民出版社出版了中国第一部近50万字的相关西方马克思主义的著作《“西方马克思主义”》。这部著作主要以讲课稿为主，系统而全面地介绍了当时刚刚发展成型的西方马克思主义的各个流派。

随着徐崇温一系列相关文章的发表，中国马克思主义哲学界掀起了一股研究西方马克思主义的热潮。作为一种新兴的研究路径，对这一路径的探寻首先需要明确这一路径的特质与走向，因此在这股研究热潮刚刚兴起之时，其焦点问题自然集中于究竟该如何来界定西方马克思主义的理论性质。这一话题显然与当时刚刚改革开放的时代背景有着密切关联。处于改革开放的初期，西方马克思主义成为中国学界敞开大门看世界的一个有效出

口。由于这一思潮的原发语境本身就基于对第二国际所主导的教条主义马克思主义的反叛，因此它的传入迅速引发当时国内青年学者的关注，因为他们正在经历与苏联教科书体系的精神游离。

虽然得到青年学者的追捧，但一个不争的事实是，当时占据主导的马克思主义理论界在引介西方马克思主义的时候无一例外地将其视为一种“非马克思主义”。在这一主流的评价当中，其观点间的区别是对于这种“非马克思主义思潮”是否真实存在持有不同看法。徐崇温认为这个被安德森所提出的思潮的存在“是一个不依人们的赞成与否为转移的客观事实”①。而与之针锋相对的张本则认为，被纳入西方马克思主义中加以讨论的人物虽然客观存在着，但他们都以各种方式根本背离了马克思的基本精神，特别是作为西方马克思主义的主导者法兰克福学派，“基本上可以说是自由资产阶级激进派或资产阶级自由派的思想代表之一”，因为他们从根本上否定工人阶级的领导地位。而同时，东欧的一批马克思主义者们，同样持有一种不同于斯大林主义和列宁主义的基本主张，却未能被列入所谓的西方马克思主义的行列之中。因此，张本从根本上质疑西方马克思主义的存在。②

但张本所代表的这种对西方马克思主义的否定态度并不彻底，他在多篇文章中不断拓展着被徐崇温所圈定的西方马克思主义的范围。换言之，他同样承认诸如卢卡奇、葛兰西以及整个法兰克福学派的存在和意义，但同时希望将这一思潮拓展为涵盖广泛的观点的总和，使其具有广泛性、开放性和复杂性。③ 因此，他所否认的只是包含着固定代表人物所构筑的一个理论学派的说法，实则认为的确存在着一系列对资本主义持有批判态度的各种思潮。

由此，西方马克思主义在最初的这一轮争论当中，观点看似有些许冲突，却具有根本的一致性，即西方马克思主义是一种偏离马克思的非马克思主义思潮。正如同改革开放的社会变革给人们的观念所带来的各种冲击一样，西方马克思主义并没有真正地被学界所接受。它至多不过是作为他山之石、作为马克思主义在当代西方的存在样态而得到了当时中国学界的关注。由于现实社会发展还未进入同步的全球化语境，此刻被西方马克思主义所触及的社会现实和主题都还未呈现在当代中国社会之中，因此在这一时期，西方马克思主义的传入仅仅成为了当代中国的“外部反思”，未能让此刻之中国学界产生共鸣。

1990 年代，冷战结束，苏东裂变，巨大的政治变革对于国内马克思哲学界而言也同样产生了相当大的思想震动，西方马克思主义研究界由此产生了一种较之此前更趋保守的立场与态度。同样是围绕着“何为西方马克思主义”的问题，却产生了更为彻底的“拒斥”态度，提出了所谓作为“反马克思主义”的西方马克思主义。西方马克思主义被视为本质上与马克思主义相对立，他们泯灭了马克思的革命锋芒，已经陷入到一种所谓的“资产阶级社会思潮”的藩篱当中。④

由此可见，改革开放初期，面对西方马克思主义，我们曾经在相当一段时间内停留于

---

① 徐崇温：《关于“西方马克思主义”研究的若干问题》，《国外社会科学》1978 年第 5 期。

② 张本：《关于当代西方马克思主义的研究对象》，《现代哲学》1988 年第 2 期。

③ 张本：《“西方马克思主义”与当代西方马克思主义思潮》，《武汉大学学报（社会科学版）》1985 年第 3 期。

④ 参见刘兴：《“西方马克思主义”研究三题》，《学术界》1991 年第 6 期；庄义春：《评“西方马克思主义”思潮》，《求是》1992 年第 17 期。

争论它们的属性，徘徊于“马”与“非马”之间的争论。尽管其所波及的思想面对于前者而言相对狭窄，但其对于西方马克思主义理论所具有的开创性意义是不容置疑的。

二 西方马克思主义经典人物与经典范式的传入

对于哲学的研究，也就是基于某种视角所展开的哲学史的研究；而任何一种哲学史的研究都与所有贯穿在这些哲学史中的各色人物有着密不可分的关联。在西方马克思主义被中国学界接纳的过程中，以问题为主线的研究方式与以人物为主线的研究方式构成了切入西方马克思主义研究的两条路径。在最初的引介阶段，两者之间往往相辅相成，勾勒出西方马克思主义发展的全景图。而随后，随着对于每个人物更为深入和系统的研究，人物研究与问题研究逐渐分化开来。

对于最早一代诸如徐崇温、张本、杜章智、李忠尚、俞吾金、陈学明等西方马克思主义研究学者而言，最先进入他们视野当中的西方马克思主义思想家包括卢卡奇、葛兰西、柯尔施、整个法兰克福学派、意大利的德拉－沃尔佩学派以及法国的萨特和阿尔都塞。这些思想人物大体活跃于20世纪20至60年代之间，它们是西方马克思主义思潮时间与逻辑的双重起点。当代中国学者对于这些人物的介绍基本囿于经典马克思主义理论的研究框架，因此较多地关注这些人物在哲学观和历史观上的理论建树。重庆出版社于1989年至1995年间曾陆续出版了40余卷国外马克思主义与社会主义研究丛书，较为全面地译介了当时进入学界视野当中的重要人物的代表作品，其中包括卢卡奇的《历史与阶级意识》、霍克海默与阿多诺的《启蒙辩证法》、阿多诺的《否定辩证法》、德拉－沃尔佩的《卢梭与马克思》、柯尔施的《卡尔·马克思》《马克思主义与哲学》、葛兰西的《实践哲学》等。从丛书的选择当中，可以清楚地发现：辩证法以及马克思与黑格尔的关系问题成为这一时期人物研究的重点所在，而这两个问题实际上又有着密切的相关性。

卢卡奇作为西方马克思主义的鼻祖，对他的研究意义在中国首先得到了确认，而在阐释卢卡奇何以能够具有这一奠基性的地位时，徐崇温曾这样概括：“一个极其重要的原因，是因为他在这本书里，按照黑格尔主义的精神去解释马克思主义，提出了一系列同辩证法和历史唯物主义相异的原理。”① 因此，用黑格尔的总体性原则来重新阐发马克思的辩证法，重新让主客体的统一性成为马克思革命理论探寻的诉求，成为了卢卡奇重要的理论贡献。当然同时，此刻的中国学者并没有忽视其他可能与这一黑格尔化相对抗的声音：比如德拉－沃尔佩与阿尔都塞，他们成为了反对这种将马克思黑格尔化的对抗性思潮。他们在对矛盾问题的阐释之中、在对认识论的重新关注当中，实际上让马克思更趋向于康德。这一倾向在这一时期被归结为马克思的新实证主义、结构主义的倾向。②

葛兰西的实践哲学在这一阶段所充当的角色是独特的。一方面，他因其个人的身份以及其理论的实践性维度，使他成为独特的西方马克思主义一员，得到了比较肯定而正面的评价。但另一方面，同时引发了有关他在何种意义上可以被归入西方马克思主义的讨论。虽然葛兰西作为一个地域上的“西方”思想家，但由于西方马克思主义从其在中国学界的引入之日起就从未仅仅是一个地理概念，因此对于葛兰西是否应归入西方马克思主义的争论所折射的是对西方马克思主义性质与问题域的判定。此刻西方马克思主义作为一种思

---

①② 徐崇温：《关于“西方马克思主义”研究中的若干问题》。

潮，在中国学者的眼中包含着如下特质：在政治方面，他们同样基于对现代资本主义的分析和对社会主义的展望，但提出了不同于列宁主义见解的无产阶级理论；在哲学方面，由于大多执着于辩证法与形而上学的研究，并依赖于某一种西方唯心主义流派去解释、发挥、补充和结合马克思主义，因此其自身的马克思主义理论属性逐渐淡化。[①] 而葛兰西的实践哲学则基本上算是源于意大利的独特斗争形势而构造的一种富有革命策略性的马克思主义理论，在其理论属性上更偏重实践而非抽象的哲学理论，因此在早期中国的西方马克思主义研究界，葛兰西获得了一个“非西方马克思主义”的理论界定。

法兰克福学派对于中国马克思哲学界的影响主要源发于其对大众文化的批判和分析当中。这一学派的代表人物霍克海默、阿多诺虽然与卢卡奇、柯尔施和葛兰西同步进入中国，但他们真正成为中国的西方马克思主义研究热点是在1990年代中期以后。近乎被全盘否定的西方马克思主义在中国市场经济的发展过程中逐渐找到了新的研究路径。它伴随着一种更为深刻的思想解放：学界逐渐淡化了对于西方马克思主义属性问题的热衷，转而借鉴其思想内部可能与中国社会现实巨变息息相关的理论诉求；而伴随着市场经济的勃发萌生的大众文化，成为了此刻中国学界与西方马克思主义产生理论共鸣的关节点。

阿多诺在《启蒙辩证法》中对文化工业的批判，实际上为法兰克福学派的大众文化研究提供了一整套理论范式。其中对于大众文化的通俗化、复制性、消费性的批判，以及由此所引发的市场经济下人的单向度发展趋向的分析，都成为了1990年代中国社会转型期马克思学界研究的热点话题。这些话题不得不借助于西方马克思主义固有的理论资源。马尔库塞的《单向度的人》受到追捧，对霍克海默与阿多诺的《启蒙辩证法》的研究重心不再是“启蒙”与“辩证法”的哲学内涵，而是其中对文化工业的界定以及文化商品化所可能带来的理论后果。陈学明在这一时期以文献节选的形式出版的一系列评介类著作，引领并构筑了中国大众文化研究的话语体系。其中最富影响力的是由云南人民出版社于1998年同时推出的《让日常生活成为艺术品——列菲伏尔、赫勒论日常生活》《社会水泥——阿多诺、本杰明论大众文化》《痛苦中的安乐——马尔库塞、弗洛姆论消费主义》《爱是一门艺术——弗洛姆、马尔库塞论爱情》等著作。自此引发中国学界借助于法兰克福学派思想而勃发的大众文化研究成果之丰厚，可谓汗牛充栋。

在世纪之交，西方马克思主义在中国获得了较为清晰的界限轮廓，它最富代表性的思想人物不再是早期的卢卡奇、柯尔施与葛兰西，转而是那些西方马克思主义中的文化批判者。除了霍克海默与阿多诺之外，马尔库塞、弗洛姆、本雅明与哈贝马斯等人都成为这一时期的时髦人物。学界对于西方马克思主义的问题域的概括也不再执着于其纯粹哲学的贡献抑或其革命理论的再造，而是关注于其所勾勒的资本主义当代形态，以及隐藏于这一新形态背后的人的异化存在。这一主题所应和的恰是中国正在普遍推广的市场经济的步伐，它在带来物质生活的迅猛发展的同时，正在萌生现代性社会的各色通病，当社会一旦全面而彻底地进入物质极大丰富社会之后，这些曾经作为旁观者而谈论的异化现象，将极为真实地存在于中国的当代社会之中。世纪之交的中国马克思哲学界，正是因直面这种社会转型，并体会到即将产生的新的社会问题，而转向了对于法兰克福一派思想的研究。因此这类研究蕴含着某种富有前瞻性的理论视角。

---

① 参见余文烈：《我国对西方马克思主义的研究》，《马克思主义研究》1995年第1期。

三　后 - 经典时代的反叛之一：从“西方”到“国外”

西方马克思思想的发展经历与中国学界对于西方马克思主义的研究是同一个过程，研究者与被研究者之间出现了共时性的效果。这一情况对于中国学界的诸位学人而言是一个全新的体验。进入 21 世纪以后，改革开放为中国带来了经济崛起，同时也为中国哲学界与当代西方马克思主义构筑了越来越趋同的问题域。相同的时代问题，自然会产生更多的共鸣。而出版与译介的加速繁荣首先为这种共鸣的产生提供了可能性。

自 2000 年以来，张一兵带领南京大学出版社为西方马克思主义的广泛传播作出了重要贡献，先后出版的“学术棱镜译丛”以及“当代激进思想家译丛”等，以极为宽广的视野引介了当代西方马克思主义的各种流派，极大地拓展了中国学界对于“西方马克思主义”的研究范围，以至于以“西方”马克思主义来笼统地称呼这一思潮已经不足以涵盖这一时期的人物，学界逐渐开始用“国外马克思主义”来替代“西方马克思主义”。2005 年，由南京大学、黑龙江大学和复旦大学共同组织召开了第 1 届全国国外马克思主义论坛，并在随后不久成立了隶属于中国马克思主义哲学史学会之下的二级学会——全国当代国外马克思主义研究会。在近 13 年的发展历程中，这一论坛的规模已经从最初的二三十人拓展为近三百人，研究会会员也超过五百人，从某个侧面说明了西方马克思主义研究在中国学界的繁荣。

当然，繁荣的原因是多种多样的，其中最为重要的是与中国社会发展的前进步伐无法分割。随着中国加入世贸组织，全球化浪潮已经不可避免地席卷了中国大地，中国经济的发展与世界经济的血脉相连必然带来思想文化上的重大变革。北京、上海与广州等最早一批进入现代化的城市利用后发优势迅速赶超了西方发达国家的大都市。消费主义的勃兴、都市文化的雏形、媒体化的泛滥与城市空间的趋同性等现代性问题，共同构成新世纪马克思主义学者共同面对的社会现实。而对于热衷于西方马克思主义研究的中国学者而言，如何回应全球化浪潮所带来的巨变，则表现为以极为开放的心态接纳和阐释着各色与之相关的新理论。这一阐释工作以地域划分，大约包含了以下三个不同的区域性研究成果。

第一，以欧陆哲学为核心的传统“西方”马克思主义。

经典的卢卡奇与葛兰西以及法兰克福学派的研究已成为学者们进入西方马克思主义领域的基本功，更多的年轻学者将后期的研究工作转移到了对一些更为新锐人物的研究。例如对鲍德里亚的研究从 2000 年以来曾经一度成为学界追捧的热点，他的《物体系》《消费社会》《符号政治经济学批判》《生产之镜》《象征性交换与死亡》等一系列重要著作陆续出版，激发了学界对于鲍德里亚思想“井喷式”的研究，产生了一系列相关的研究专著，如仰海峰的《走向后马克思：从生产之镜到符号之镜》(2004)、戴阿宝的《终结的力量：鲍德里亚前期思想研究》(2006)、高亚春的《符号与象征——鲍德里亚消费社会批判理论研究》(2007)、夏莹的《消费社会理论及其方法论导论》(2007)、张一兵的《反鲍德里亚——一个后现代学术神话的祛序》(2009)、孔明安的《物·象征·仿真》(2010)、刘翔的《采取物的立场》(2012) 等。这些著作从不同的角度展开了对同一思想人物的研究，系统引介了由鲍德里亚及其同代人所构筑的符号学体系下的消费理论，揭示了在中国蔓延的消费主义可能带来的异化。同时，鲍德里亚在学理上对于马克思以生产逻辑为轴心所构筑的历史欧几里得几何学的系统批判，也引发了中国学界极大的理论兴趣，如何直面西方马克思主义者对于马克思哲学自身的批判和挑战，成为了一个不得不回应的严肃的理论问题。更为重要的是，鲍德里亚作为马克思主义者的非正统性更是激发了当代学界对于西方马克思主义界限的再判定，为其后产生的所谓“后马克思主义”讨论埋下了伏笔。

伴随鲍德里亚研究的火爆，整个法国马克思主义研究得到了有效的激活。在这一次激活当中，曾经在改革开放初期风靡中国文化界的萨特研究并没有得到应有的复兴，相反，与之对立的阿尔都塞的思想却获得越来越强大的生命力。特别是阿尔都塞的晚期思想，给中国西方马克思主义研究界，甚至中国马克思哲学界带来了新的研究范式。陈越编辑翻译出版了多部晚期阿尔都塞的著作：《哲学与政治：阿尔都塞读本》（2003）、《来日方长》（2013）、《马基雅维利的孤独》（2006）、《政治与历史：从马基雅维利到马克思》（2018）等。在这些著作的引介中，阿尔都塞所提出的偶然相遇的唯物主义、意识形态的驯唤以及革命主体性的形成等一系列重大理论问题，引发了中国马克思哲学界的思考。

对阿尔都塞的研究实际引发了两个后果：其一，激发了马克思与一系列非经典性人物的对比性研究，例如马克思与马基雅维利关系的研究、马克思与伊壁鸠鲁关系的研究，以及马克思与斯宾诺莎关系的研究，甚至马克思与拉康等这种从未进入中国马克思主义研究视域的关系性研究，目前正在成为最富有生命力的理论增长点，其重要的理论资源则几乎全部来源于阿尔都塞。其二，晚期阿尔都塞的思想启发了一批当代西方左翼思想家，这其中包括他的学生阿兰·巴迪欧、朗西埃、巴里巴尔等，同时还包括受其本人抑或其学生影响而产生的新锐哲学家，例如齐泽克、阿甘本以及弗兰克·鲁达等人。他们大多继承了晚期阿尔都塞的唯物主义观点，立足于对于社会“情境”化的讨论，以对“革命”契机的寻找及革命主体性（而非固定的、富有肉身化的革命主体）为核心问题域展开了其独特的马克思主义研究范式。

为什么是阿尔都塞及其后继者而非萨特成为新时期中国的西方马克思主义研究的焦点？这一问题值得我们深入思考。思想与时代的密切关联使得我们不可能忽视时代变迁对于思想的要求。如果说当初萨特的人道主义马克思主义成为“文革”后的一次思想启蒙，重新唤起了中国民众个体意识的自我觉醒，那么今天阿尔都塞的反人道主义马克思主义则更加凸显了由于强大的资本逻辑所带来的一种客观的结构性压抑，这种特定的社会结构正在直接左右或者说扭曲着人的意识，人的异化因此不再表现为无法觉知的压抑，而是人的意识自身与资本逻辑的同构性关系无法破除。因此被资本逻辑所统治的社会发展正在呈现出完美的逻辑链条，而阿尔都塞所提出的症候阅读以及其后的偶然相遇的唯物主义，都在某种意义上成为对这种完美逻辑链条的打破，并在被偶然性断裂所打开的可能性中实现对于现代资本主义社会的批判抑或颠覆。这种思想倾向包含着一种不可为而为之的理论困境，而这是今天在晚期资本主义社会中全球马克思主义者共同的理论处境。中国一旦进入全球化的发展轨道上，在经济运行逻辑中难免也会遇到类似的情景。今天持有马克思主义立场的学者热衷于阿尔都塞的研究，恰因与之拥有了类似的困难处境。马克思主义遭到现实蓬勃发展的资本逻辑的质疑，它存在的合法性需要新一代学人重新开始“保卫马克思”。

第二，东欧马克思主义的稳步推进。

在相当一段时间内，苏联的马克思主义教科书体系影响着中国马克思主义教科书的编写方式，并实际左右着新中国成立初期的马克思主义研究框架。某种意义上说，中国的马克思主义在其早期的发展中几乎就是苏联学者眼中的马克思主义，以至于我们的《马克思恩格斯全集》第 1 版都是从俄文版的《马克思恩格斯全集》翻译而来的。

正是因为拥有这种直接的传承关系，对于中国老一辈学者而言，苏联与东欧的马克思主义并没有被视为一种“西方”马克思主义思潮。这反而让中国学人对于苏联与东欧的马克思主义处于一种“不识庐山真面目，只缘身在此山中”的混沌当中。改革开放初期，在决定着思想解放的“人道主义和异化问题”的大讨论中，东欧马克思主义所特有的对于人道主义的关注实际上有效地呼应了这一思想运动。许多东欧经典的马克思主义著作的译介工作也是在这一时期展开的。比如贾泽林的《南斯拉夫哲学简介》（上、下）[①]，介绍了南斯拉夫实践派和辩证唯物派的基本思想，引入了相应流派的代表人物。如实践派的代表人物有弗兰尼茨基、彼得洛维奇、马尔科维奇、斯托扬诺维奇等，辩证唯物派的代表人物有涅节里科维奇、斯坦科维奇、斯托伊科维奇等。张伯霖在20世纪80年代初翻译了波兰沙夫的《马克思主义的人道主义》《异化是社会问题和哲学问题》、南斯拉夫实践派马尔科维奇的《南斯拉夫的马克思主义哲学——“实践派”》[②] 等。1986年社会科学文献出版社出版的杜章智编写的《卢卡奇自传》，以及1992年由商务印书馆出版的卢卡奇的《历史与阶级意识》，都应视为对于东欧马克思主义研究的卓越成果。特别是卢卡奇的研究对于中国马克思主义以及西方马克思主义研究范式的转变抑或新范式的开启，都发挥着不可估量的作用。

但正如我们已经指出的那样，最早引介东欧马克思主义的学者并没有完全自觉于这一思潮在西方马克思主义诸思潮中的独特性。直至以黑龙江大学衣俊卿为主导的东欧马克思主义研究团队形成之后，东欧马克思主义才逐渐成为了西方马克思主义研究中可独树一帜的一派。

进入21世纪以来，伴随着西方马克思主义思潮研究的繁荣，东欧马克思主义的研究也获得了系统的推进。但由于苏联解体之后，整个东欧社会发生的动荡，使其思想的创造力也处于低迷状态。同时由于这一区域内的思想学派观点较为繁杂，思考方向多样，不仅涉及对经典马克思主义的研读，还包括对于社会主义建设和革命的方略的探索，甚至还夹杂着对现代性的反思和批判。西欧当代哲学对于东欧也产生了相同的影响力。在诸多后现代学说涌入之后，如齐泽克一类的学者已经逐渐脱离了东欧马克思主义研究思潮的藩篱，完全融入了西方左翼思潮的讨论范式当中，其地域性特质已经逐渐淡化。

正因如此，东欧马克思主义在中国的推进也略显缓慢，但相对稳健。衣俊卿发表了一系列文章持续推动着对东欧马克思主义的关注，不仅以高度概括的方式勾勒出这一分散的思潮的基本特质[③]，同时实践着一种被当代的西方马克思主义思想者所践行的日常生活批判的路径，在文化哲学以及微观政治学的建构当中都颇有建树。2015年由黑龙江大学出版社推出的《东欧新马克思主义精神史研究》则抛弃了人物式的研究方式，深入东欧所特有的地理、文化以及其特有的社会主义实践的历史现实中挖掘影响东欧思想的内在精神主线，将东欧马克思主义对于人的独特关注以及对于革命和人类共同体的独特理解作了系统而全面的阐发。

---

① 贾泽林：《南斯拉夫哲学简介》（上、下），《国内哲学动态》1979年第1—2期。

② 沙夫：《马克思主义的人道主义》，张伯霖译，《哲学译丛》1980年第1期；《异化是社会问题和哲学问题》，张伯霖译，《哲学译丛》1981年第4期；马尔科维奇：《南斯拉夫的马克思主义哲学——“实践派”》，张伯霖译，《哲学译丛》1981年第1期。

③ 参见衣俊卿：《论东欧新马克思主义理论定位》，《求是学刊》2010年第1期。

与此同时，中国学界的一批年轻学者也陆续开始关注东欧马克思主义的特色人物与观点。例如，黑龙江大学出版社出版了东欧新马克思主义研究系列丛书，包括孙芳的《个体生存的现代观照——沙夫人道主义思想研究》（2015）、宋铁毅的《人、历史与自我实现——马尔科维奇人道主义辩证法研究》（2016）、员俊雅的《现代性危机的反思与人道主义马克思主义诉求——斯维塔克文化批判理论研究》（2016）、姜海波的《人道主义的视野与批判的内省——南斯拉夫实践派的实践哲学》（2016）等，同时颜岩等学者对于赫勒等思想家的研究近年来也取得了很大的进展。

值得一提的是，由唐少杰等人历时十年所翻译的科拉科夫斯基的《马克思主义的主要流派》三卷本于2016年由黑龙江大学出版社出版。作为东欧马克思主义研究最为宏大而系统的著作，自其在西方世界出版以来，一直都是欧洲学者抑或英美学者进入马克思思想史的必读书目。对西方学者而言，科拉科夫斯基对于马克思经典著作的研读及对马克思主义诸流派的判定，成为他们看待马克思及其后继者的思维范式。这一著作在中国的出版，不仅有效推进了东欧马克思主义研究界对于科拉科夫斯基的研究，同时还为我们深入理解西方人眼中的马克思提供了理论指引。

第三，东亚地区，主要是日本的马克思主义文献研究方法开辟了中国学界马克思主义研究的新路径。

2002年以来，由张一兵所发起的广松涉思想研讨会，开启了中国学界了解日本马克思主义研究的大门。对于广松涉的关切与当时中国马克思主义文献学研究的兴起，特别是有关马克思《德意志意识形态》的文献学研究密不可分。广松涉所编辑的新版《德意志意识形态》在一定程度上恢复了马克思思想形成的原貌，激发了有关《德意志意识形态》中某些理论问题的新的研究增长点。伴随着广松涉诸多著作的翻译出版，日本马克思主义独特的话语体系渐次呈现出来，诸如围绕物象化理论所敞开的《资本论》及其手稿的研究，成为了中国马克思哲学研究思想的他山之石。自2002年至2017年，南京大学马克思主义社会理论研究中心和日本社会思想史研究会联合举办了六届广松涉国际学术研讨会，不仅持续推进了广松涉思想的相关研究，而且让中国学界对于日本马克思主义的思想产生了浓厚的兴趣。

从2010年以来，韩立新及其学术团队逐渐完成了日本马克思主义研究方式的理论廓清，将“日本马克思主义”阐发为中国的西方马克思主义研究的又一重要流派。[①] 在这一阐发当中，韩立新指出了对于日本马克思主义研究的两大领域，即“文献学研究和文本解读”以及“针对社会现实的实践性研究”，理清了日本马克思主义发展的历史，介绍了其中重要的学派，诸如“宇野经济学”“大冢史学”“望月史学”“《现代的理论》学派”“市民社会派”，等等。如果说广松涉思想所代表的是日本文献学研究的路径，那么由韩立新所译介的望月清司的《马克思历史理论的研究》则侧重于对社会现实的实践性研究，通过阐发马克思的历史理论所揭示出的社会形态演进历程，说明亚细亚社会无法通过自身来触及市民社会。这一结论对于中国独特的现代化道路探索具有重要的理论意义和实践意义，在中国学界掀起了一次有关市民社会与中国道路的理论争论。

由于中国学界所引介的日本马克思主义者大多与中国学人处于同一时代，加之长久以来亚洲文化的同源性，因此中国学界对于日本马克思主义的研究形成了一种重要的理论特

---

① 参见韩立新：《日本马克思主义：一个新的学术范畴》，《学术月刊》2009年第9期。

质，他们已经作为我们思想的同代人，成为与中国马克思主义研究者的平等对话者，对他们思想的研究，同时包含着研究者对于中国社会现实以及中国马克思主义研究问题的关切。这一特点对于中国的西方马克思主义研究而言，不失为一个新的研究方式。例如，近年来对日本左翼思想家柄谷行人的引介与研究，从其开端处就不仅仅将其作为一个研究对象，而是将其作为一个引发问题与争议的对话者。自2006年柄谷行人的《马克思，其可能性的中心》由中央编译出版社出版以来，他的多部哲学研究著作被陆续引入中国学界，其中最具影响力的是他的《跨越性批判——康德与马克思》① 一书，其所引发的“以康解马”话题本身直接成为了近年来中国马克思哲学界讨论的热点问题。

四　后-经典时代的反叛之二：从“人物”到“问题”

进入21世纪以来，中国的西方马克思主义研究从自发进入到了自觉状态。这一自觉状态表现为开始有意识地将研究的重心从单个思想家抑或思想学派主要观点的介绍转向围绕社会现实，特别是中国的社会现实而展开的“问题式”研究。在这一问题导向的引领下，国外学界近年来新兴的马克思主义研究思潮亦成为国内关注的热点。其中最具代表性的是分析的马克思主义与生态学马克思主义两种思潮。

兴起于20世纪70年代以来的分析的马克思主义，是英美学者借助于当代最新的哲学思潮，比如语言与逻辑分析、数理分析和模式建构等工具来反观马克思而带来的一系列相关研究。中国学者大约从1990年代就已开始对其相关问题展开讨论，段忠桥与余文烈是其中较有代表性的研究者，他们对于分析的马克思主义是否一个真正的统一的学派存在着意见分歧。段忠桥认为，分析的马克思主义学派之间并没有共同的研究主题，它们只是具有方法论的一致性，段忠桥将其概括为两大特征：第一，拒绝辩证法，推崇分析方法。分析的马克思主义将辩证法视为一种含糊不清的研究方式。第二，推崇方法论的个人主义，反对方法论的整体主义。分析的马克思主义侧重于从个人即微观的、而非整体即宏观的意义上展开对于马克思思想的重构。② 而在余文烈看来，分析的马克思主义作为一个学派是毫无疑义的，它不仅拥有较为稳定的人员，而且还拥有着共同的政治主张，即诉诸于一种优越于现行资本主义的社会主义，痛恨现行资本主义的不公正。③ 但不管分析的马克思主义是否是一个学派，其所涉及的基本问题与相关人物的思想，例如科亨对历史唯物主义的讨论、罗默的剥削理论以及赖特的当代资本主义阶级结构理论④等，借助于这一争论逐步进入了中国学界，并在数十年的发展过程当中逐渐为中国学者所熟知。

近五年来，对于分析的马克思主义的研究正在逐渐被拓展为对马克思政治哲学的相关研究，特别是马克思哲学中有关正义问题的讨论，包括是否存在马克思主义的正义理论，以及以何种方式在马克思的思想框架中来实现正义理论，等等。由段忠桥、李佃来等开启

---

① 柄谷行人：《跨越性批判——康德与马克思》，赵京华译，中央编译出版社，2011。

② 参见段忠桥：《当代国外社会思潮》，中国人民大学出版社，2001。

③ 参见余文烈：《什么是分析的马克思主义的本质特征——兼答段忠桥同志》，《马克思主义研究》1997年第5期。

④ 参见董兴杰、张红兵：《近年国内“分析的马克思主义”学派研究综述》，《燕山大学学报（哲学社会科学版）》2006年第2期。

了一条以英美思想为理论背景，以规范性为特征的马克思政治哲学的研究路径，其侧重点在于讨论社会正义与公平的可能性与合理性。借助于科亨对罗尔斯《正义论》的批评，中国学者实际上批判了西方思想界有关“正义”的界定，以及正义与国家之间的关系①，尤以有关如何回应“伍德”问题（即马克思并不认为资本主义是不正义的）富有代表性。②“伍德”问题的讨论将中国学者引回到马克思的原著当中，通过这一批判视角的折射，反观出马克思在《资本论》中所包含的独特的“正义观”，在对文本的重新解读中彰显了马克思对于资本主义生产和分配的非正义性的批判。

对分析的马克思主义思潮所进行的这一延展性研究，彰显了目前中国的西方马克思主义研究的一种新路径。科亨等人的理论成为我们思考当代西方哲学问题的一个理论资源。对西方马克思主义代表人物本身的研究不再是研究的重心，相反，关于人物的哲学所包含的理论问题以及这一理论问题所意指的现实，成为中国学者更为关心的要点。由此，对于分析的马克思主义的理论资源的借鉴就带有强烈的选择性和批判性。他们不再是理论研究的目的，而成为一种手段。这一研究方式，对于今天中国的西方马克思主义研究来说是一个弥足珍贵的方法论转向。

与此相似，由于当代中国社会迅猛发展所带来的生态问题正在成为当今中国理论界无法回避的现实问题，生态学马克思主义也因此备受中国的西方马克思主义研究学界的关注。这一思潮肇始于20世纪六七十年代，将生态危机的根源与资本主义属性相关联，在多学科交叉语境中重构了马克思主义研究的新方向。国内学界以王雨辰、曾文婷、郭剑仁、康瑞华等人为代表翻译并介绍了生态学马克思主义的相关理论，并通过多年研究使得这一话语体系形成了以下问题域。第一，生态学马克思主义思潮对于马克思主义的继承和发展。其中涉及诸如如何理解资本主义危机所折射出的社会基本矛盾，社会所有权问题是否是社会发展的核心问题，以及关于未来社会主义经济模式的规划和设计。在这些问题中，生态学马克思主义与马克思的经典理论都存在着理论上的分歧。③ 第二，对于生态学马克思主义是否仍属于西方马克思主义的一个流派也有不同的看法。俞吾金、陈学明以及王雨辰都将其视为西方马克思主义在当代演进中的一个新的流派④，但张一兵等则认为，生态学马克思主义不过是后马克思主义的一支而已，因为这一派的马克思主义也如后马克思主义者一样，对于经典的马克思主义的基本概念，如生产力、生产关系等采取了彻底的拒斥态度，因此后马克思主义是否还是一种西方马克思主义就成为了一个问题。⑤

纵观21世纪以来中国学者有关分析的马克思主义与生态学马克思主义的研究，我们

---

① 参见段忠桥：《正义是社会制度的首要价值吗?》，《哲学动态》2015年第9期；李佃来：《马克思与“正义”：一个再思考》，《学术研究》2011年第12期。

② 参见段忠桥：《对“伍德命题”文本依据的辨析与回应》，《中国社会科学》2017年第9期；刘鹏、陈玉照：《正义之争与马克思的“非道德论”问题》，《社会主义研究》2010年第4期；李惠斌、李义天编著：《马克思与正义理论》，中国人民大学出版社，2010；等等。

③ 以上论述参见王雨辰：《哲学批判与解放的乌托邦》，黑龙江大学出版社，2007；曾文婷：《“生态学马克思主义”与马克思主义》，《学术论坛》2005年第10期；张笑扬：《近十年生态学马克思主义研究述论》，《教学与研究》2014年第4期。

④ 参见俞吾金、陈学明：《国外马克思主义哲学流派新编》，复旦大学出版社，2002；王雨辰：《生态批判与绿色乌托邦——生态学马克思主义理论研究》，人民出版社，2009。

⑤ 参见张一兵、胡大平：《西方马克思主义哲学的历史逻辑》，南京大学出版社，2003。

可以深切感受到一种国内学者研究的自我意识的觉醒。由对西方马克思主义研究大师之思想的引介与转述，转变为与之对话，进而反思，西方马克思主义思潮已经不再是一个活在故纸堆中的研究对象，它们已成为中国学者言说自身学术立场的一种载体，成为中国学人直面中国问题的一个切入点。由此，那些曾经给我们以思想启蒙的西方马克思主义诸流派，成为了我们可以公正、公平地予以对待和批判的对象。而我们的批判也不再仅仅囿于将他们视为资产阶级意识形态的产物，同时还包括对其思想逻辑和理路的剖析。同时更为重要的是，在这种理路的剖析中，西方马克思主义思想中固有的批判性维度也正在被我们有所取舍地运用，作为解决当代中国社会现实问题的参照，这一点正在成为新一代西方马克思主义研究者的历史使命。

五 终结论的背后：后马克思主义的勃兴

纵观中国的西方马克思主义研究历程，我们实际上经历了批判性的引入、学术化的研究与反思性的运用三个阶段。老一辈西方马克思主义研究者为中国学界所引入的西方马克思主义充满着理论的张力，开辟了一块块理论的飞地，让后辈学者的学术研究有了广阔的用武之地。可以说，改革开放 40 年来，在马克思主义学术化的发展历程中，西方马克思主义一开始便以先锋思想的姿态出现在学术界，吸引着新生代青年学者的目光。可以毫不夸张地说，对于任何一个在 21 世纪以来研究马克思主义的青年学者而言，无一例外地会在学术生涯中经历一段对西方马克思主义的关注期。它们总是作为一种经典之外的“另类”声音，与马克思的经典著作一起奏响了马克思思想的“协奏曲”，“多声部”的协调一致让马克思思想的“变奏”更加生动、有趣而富有感染力。

西方马克思主义的研究由于紧跟时代潮流，其思想所面对的现实正在成为今天中国社会的现实，而阐发这些思想的学者也正在成为今天国内马克思主义研究的同代人，因此中国学者碰到了前辈学人从未有过的研究体验：与自己的研究对象直接对话。在这一对话当中，被研究的对象走下神坛，他们的思想之间产生了必要的交互性。今天的中国马克思主义研究者正在通过与西方的马克思主义者进行对话的方式，将中国学人对于世界的理解和阐释加入到整个世界哲学的创造过程当中。

2006 年《学术月刊》刊发的一组有关“西方马克思主义是否已经终结”的讨论，实际上产生了两个效用：第一，经过了三十多年的西方马克思主义研究，中国学者重新反思这一概念的理论界限。这不是一种简单的思想反复，而是意味着中国学人以自己的方式介入世界哲学构造版图的一种方式。第二，将西方马克思主义进行划界，实际上为“后-马克思主义”思潮的合法性留下了地盘。

参与讨论的一方为张一兵所带领的南京大学的学术团队，其中胡大平、张亮与周嘉欣在此前和此后均就后马克思主义理论的相关问题给予了更为详尽的学理化表达。后马克思主义作为形成于 20 世纪 80 年代以后的新的马克思主义思潮，与经典的马克思主义基本理论存在着逻辑的断裂，因此其“后”并非是一个时间意义上的“after”，而是逻辑断裂意义上的“post”。胡大平指认了该思潮的核心要点：“他们假设了马克思与现代性的一致性，而同时肯定了工业文明的逻辑崩溃，因此当他们在理论上提出了对工业文明的彻底拒斥之际，同时也宣告了马克思的非法性，这便产生了拒斥马克思的生产力逻辑和否定人的解放可能性的理论立场。”[①] 这一思潮的明确界定源于拉克劳与墨菲在1980年代出版的《文化霸权与社会主义策略》一书。在其中，两者强调了后马克思主义的重心在于“马克思主义”而非“后”。虽然在理论旨归上，后马克思主义并不是后现代主义的马克思主义，但由于它实际上运用了诸多后现代的理论资源，因此与前者有着难解难分的思想渊源。但较之后现代理论，后马克思主义思潮表现出了更为纠结的理论姿态：一方面试图破除经典马克思主义以生产为轴心的发展逻辑，因为前者昭示着某种主体性与形而上学的哲学趋向；但另一方面，又并没有完全放弃革命话语与个体解放。在这一话语语境与理论指向当中，诸如女性主义、生态学、精神分析以及激进政治与经济学等都成为了后马克思主义理论的一支，由此所带来的多样化的后马克思主义发展样态与马克思自身的理论样态之间存在着巨大的差异。

正是在这一情景下，张一兵等学者提出了有关西方马克思主义终结论的说法。在宣告西方马克思主义终结的同时，西方马克思主义的发展脉络和问题意识得到了更为深入的讨论。

对于持有终结论的学者而言，西方马克思主义有其特定的理论内涵。它虽然并不是一个地域性概念，却是一个包含着特定政治文化内涵的概念，同时还涵盖着西方发达国家、资本主义生产方式以及基督教文化等三层含义。在这一基础之上，他们提出了与意识形态化的马克思学说并不相同的马克思主义的阐释框架，在一定的时间内呈现出了异端性和多元化的倾向。其中对于辩证法总体性、统一性的揭示，对于经济决定论的反对，对于对抗异化和资本主义社会的分裂逻辑的澄清等，成为其理论的本质。[②]

但张一兵等学者指出，1968年以后，西方马克思主义出现了重要的理论转向，即“从人本主义哲学思辨深化为一种对现代资本主义的全面社会批判”[③]。在理论的展开过程中，自阿多诺开始，发现辩证法的总体性原则正在成为资本主义自身发展的同谋，由此不得不逼迫新一代的西方马克思主义者开始对于原初与这一逻辑相关联的经典马克思理论的话语体系进行彻底的批判，于是出现了我们所谈到的后马克思主义者们，他们几乎绝口不谈马克思的各种概念，诸如生产力、生产关系、经济基础与上层建筑等，甚至对马克思的诸多核心观念进行强烈的批判，但都仍被贴上抑或主动贴上马克思主义的标签。对张一兵等终结论的持有者而言，这些后马克思主义者都已经不再是真正的西方马克思主义者。

与之针锋相对，汪行福则指出阿多诺所推崇的“否定辩证法”并非“反对同一性和总体性本身，而是反对同一性思维中的概念暴政以及总体性中隐含着等级制和专制成分”[④]，并实际上进一步拓展了西方马克思主义的基本内涵，将后马克思主义视为西方马克思主义基本理论的实际操练，其多样化的视域与富有实践性的操作正是西方马克思主义在当代的存活样态。由此汪行福在更为宽泛的意义上梳理了西方马克思主义的共同特征，包括非教条化、多元化以及其对于现代资本主义持有的批判性和质疑的态度，以及他们对

① 胡大平：《马克思主义之后——后马克思主义的论题和理论逻辑》，《南京大学学报（哲学·人文科学·社会科学）》2003年第2期。

②③ 参见张一兵、周嘉昕：《如何理解“西方马克思主义的逻辑终结”？——兼答汪行福教授的质疑》，《学术月刊》2006年第10期。

④ 汪行福：《“西方马克思主义”已经终结了吗?》，《学术月刊》2006年第10期。

于现实的社会主义的关怀从未消失的理论旨归。

从这一理论争论我们或可发现，当代中国学界对于西方马克思主义的研究具有更为宽容或平和的心态。张一兵与汪行福所展开的关于终结论的讨论，在观点上似乎针锋相对，但实际上都以不同的角度确认了西方马克思主义新形态的到来。这一形态或者可以被笼统地称为后马克思主义，或者可以被条分缕析地视为女性主义马克思主义、生态学马克思主义、分析的马克思主义以及激进左翼思潮等，这些被不同名称所冠名的思想流派目前正以百花齐放的姿态占据着国内西方马克思主义研究的平台。其中，激进左翼思潮近年来成为这多个思潮中最富有争议也最富有影响力的西方马克思主义思潮之一。

激进左翼思潮的代表人物大约包括四位国外马克思主义学者：斯拉沃热·齐泽克、阿兰·巴迪欧、雅克·朗西埃、乔治·阿甘本。他们各自从不同的理论脉络发展而来，最终却构筑了相似的问题域，即在后－革命时代对于革命的坚持以及对于革命主体的不懈探求。在这种探求当中，他们在理论上所完成的对哲学与形而上学的拯救，要大于其在实践层面上的践行。因此，其所引发的哲学理论上的探讨也远远多于对其践行策论的分析。由于他们理论的新奇性以及其在某些现实的历史事件的相应解释力，使得这一思潮吸引了一大批年轻学者的关注。诸如胡大平、蓝江、吴冠军、夏莹、孙亮等人不仅翻译了多部巴迪欧、阿甘本、齐泽克的著作，而且撰写了大量的相关文章。由于激进左翼的代表人物大多到过中国，因此中国学者有了很多机会与他们进行面对面的讨论。在这一过程当中，中国学者不仅理解了激进左翼思想家，而且开始沿着其理论的思路展开自身的研究，由此产生了系列的研究论著，例如吴冠军的《现时代的群学——从精神分析到政治哲学》以及《第十一论纲——介入日常生活的学术》[①] 等著作，已经将激进左翼思潮固有的审视社会的视角，带入对当代中国社会政治、经济与文化的分析和批判当中。

结　语

时至今日，中国已经建立了相对完备的西方马克思主义研究体制与体系。自 2007 年以来，复旦大学教育部基地“国外马克思主义与国外思潮研究国家哲学社会科学创新基地”陆续出版了年度《国外马克思主义研究报告》，将每一年全球范围内各国马克思主义研究的最新成果及时翻译和整理成册，并选取国内富有代表性的研究热点进行更为深入的讨论，以点带面地梳理出国外马克思主义发展的各个方面。这一研究报告已成为目前国内西方马克思主义研究的重要资料。同时，“国外马克思主义论坛”迄今已经举办了 12 届，论坛的论题也正在由对人物和流派的研究转向对当代中国问题的切入，如 2017 年第 12 届全国国外马克思主义论坛的总题目正是“西方马克思主义与当代中国”。另外，由南京大学哲学系为主导，陆续为中国学界邀请到了当代著名的国际马克思主义研究者，为中国学界打开了“走出去”与“走进来”的双向通道：齐泽克、朗西埃、奈格里、哈特、贝尔纳·斯蒂格勒等著名的马克思主义者来到中国，围绕这些思想家所举行的一系列小型的学术研讨会，给他们提供了与中国的马克思主义者直接对话和交流的机会。

---

① 吴冠军：《现时代的群学——从精神分析到政治哲学》，中国法制出版社，2011；《第十一论纲——介入日常生活的学术》，商务印书馆，2015。

中国当代西方马克思主义研究日趋成熟，同时带来的是在中国马克思主义研究界与西方马克思主义研究界之间界限的日益模糊。今天在中国，无论是马克思主义研究者抑或西方马克思主义研究者，甚至包括那些被我们称为西方马克思主义者的西方学者都获得了如下共识：当今中国社会现实的发展已经成为现代社会发展的最新范本，成为国内外马克思主义者们共同关注的理论研究对象。由北京大学马克思主义学院所举办的两次“世界马克思主义大会”（2015 年 10 月 10 日和 2018 年 5 月 5 日）已经为这种共同交流搭建起了一个更大的平台，而围绕共同关注的问题所召开的一系列专题研讨会也早已打破国界的限定，将所有对此有相关研究的研究者聚集了起来。

由于中国信息技术对日常生活的渗透已经走到了世界的前列，从而激发了国内外学者基于中国的社会现实语境展开了一系列有关数字资本的相关研究。目前这一研究在全球同步展开，已成为国内外马克思主义学者共同关注的话题，并产生了很多富有成效的研究成果，而这一研究的进一步发展注定需要国内外学者共同的努力。

纵观改革开放以来中国学界对于西方马克思主义研究的演进道路，我们看到了思想与时代的呼应关系。西方马克思主义作为世界马克思主义研究中的重要流派之一，正是伴随着改革开放的时代步伐进入中国，时至今日，经过了几代学人的不懈努力，其在青年一代学者中已经产生了巨大的影响，极大地拓展了新一代学人对马克思思想的研究视野。西方马克思主义研究路径也发生了巨大的转变：从亦步亦趋地“跟随”西方思想家的步伐，转变为“与”他们的对话、对他们的反思。当代中国的西方马克思主义研究已经逐渐脱离了简单的“传播与介绍”，转而更关注西方马克思主义者面对时代问题所作出的理论诊断及其解决问题的基本方案。于是，目前对于西方马克思主义的研究出现了两种研究路径的并行：其一，学术化研究路径，侧重于对西方马克思主义经典文献进行更为深入的学理化阐释，包括对于影响西方马克思主义发展历程的诸多思想脉络的梳理和讨论；其二，思想建构性的路径，侧重于结合中国当代社会现实的发展，回应时代问题，彰显一种理论的内在解释力。相对于前者而言，后者更富有实践意义和现实价值，同时，在某种意义上也更切近西方马克思主义的原发语境，毕竟这一思潮在发生、发展的整个过程当中，始终侧重于“改变世界”，而非简单地“解释世界”。但就目前中国的西方马克思主义发展态势而言，大多学者仍侧重于第一条学术化路径，而非思想建构性的研究路径，相较于中国当下迅速发展的社会经济、技术与文化而言，后一研究路径仍然处于相对滞后的状态，因此对这一路径的探索，注定将成为中国学者的未来使命。

马克思思想作为源发于西方的一种思想流派在不同的国家曾形成了不同的思想倾向，由此构筑了各色各样的马克思主义的发展流派。马克思进入中国，时至今日已有近乎一个世纪。百年风雨中，马克思早已经历了中国现实的洗礼而融入中国思想自身发展脉络当中。改革开放以来的西方马克思主义思潮的传入，在本质上是新时期马克思思想中国化的新一轮尝试，如果以此为审视视角，那么目前活跃于西方马克思主义研究界的两条道路，无论是学术化的道路抑或是思想建构性的道路，不过是殊途共归，最终，它们都在为形成一种影响世界的中国化的马克思主义而不懈努力。

（作者单位：清华大学人文学院哲学系）

责任编辑　贾红莲

学术前沿

《资本论》与时代问题的哲学表达*

——基于对新世纪以来《资本论》研究的学术史梳理

王海锋

哲学是时代精神的精华，问题是时代的标识。哲学理论能否实现自身的创新，关键在于能否在哲学意义上对时代问题作出科学的解答，这也是衡量哲学是否在场的重要标志。改革开放40年来，当代中国马克思主义哲学之所以能够在基础理论、部门哲学、哲学范式、研究方法等方面取得卓越的成就，关键就在于实现了时代问题的哲学表达，具体言之，就是将时代中的问题提升为哲学研究的问题，在历史与逻辑、现实与理论的双向互动中，推动社会历史变迁和理论变革。改革开放以来，尤其是进入21世纪以来，学术界结合时代问题，在哲学（抑或政治经济学批判）视域中对《资本论》所展开的研究以及形成的《资本论》解读范式，就是将哲学中的问题与问题中的哲学①结合起来，在时代问题的哲学表达中推动了当代中国马克思主义哲学的创新。在一定意义上，我们可将其称为"《资本论》现象"。在社会变革的现实与学术史的视野的结合中探索这一现象，进而对《资本论》研究的未来趋势乃至当代中国马克思主义哲学的创新问题予以揭示，无疑具有重要的理论和现实意义。

需要指出的是，本文所指的《资本论》范围更为广泛一些，主要是指以"《资本论》及其手稿"为代表的系列论著，例如《1844年经济学哲学手稿》《神圣家族。或对批判的批判所做的批判》《哲学的贫困》《雇佣劳动与资本》《1857—1858年经济学手稿》《1861—1863年经济学手稿》等以"政治经济学批判"为主题的系列论著。

一　哲学阐释：开启《资本论》研究的新问题域

《资本论》揭示了马克思所生活时代的资本主义的基本特质，对主导现代社会发展的"资本逻辑"作了深入剖析，乃至于我们至今依旧生活其中并受其影响。对于今天的中国乃至世界来说，我们依然生活在马克思所预判的时代——资本逻辑统治人类世界并深刻影响人类现实生活的时代。改革开放以来，学术界对《资本论》的研究无疑就是基于上述判断所作出的哲学观照。这个节点很重要，它是通过梳理1978—2017年发表的相关学术

* 本文系国家社会科学基金一般项目"书写当代中国马克思主义哲学研究的学术史（1978—2018）"（18BZX012）的阶段性成果。

① 参见陈先达：《哲学中的问题与问题中的哲学》，《中国社会科学》2006年第2期。

成果得出的结论。我们把这一时间定格在1999年，以张一兵教授的《回到马克思——经济学语境中的哲学话语》为代表，它标志着中国马克思主义哲学研究者在理论自觉中实现了视域和范式的转换——从哲学的（抑或政治经济学批判的）视域审视《资本论》，并对当代中国马克思主义哲学的创新问题作出了反思。

梳理、反思改革开放40年来的当代中国马克思主义哲学研究的学术史，我们会看到，中国马克思主义哲学界以《资本论》研究为切入点，极大地开掘了其思想资源，并由此丰富和拓展了马克思主义哲学的理论内涵和思想空间，即在视域的转换中推动了《资本论》的研究。具体言之，就是从马克思主义政治经济学原理的视域转向马克思主义哲学（抑或政治经济学批判）的视域，可将其简称为从“政治经济学阐释”转向“哲学阐释”，从“政治经济学原理”转向“政治经济学批判”，其所形成的成果是，确立了“资本逻辑”的解释原则在整个马克思主义哲学中的地位。从根本上讲，这一阐释视域的转换不仅仅是视野和路径的转换，而且是范式的转换。

笔者在中国知网输入“《资本论》”关键词，查询相关论题和题目的论文，时间段为1978—2017年，共计包括4748篇研究成果（包括学术论文、硕士博士论文），并对之作了初步分析，发现其理论贡献主要体现为三个方面：

一是科学定位：从马克思哲学出发，反思《资本论》与马克思哲学的内在关联。

对马克思主义哲学作出富有自主性的、原创性的“中国意义”上的阐释，创立中国化的马克思主义哲学，是改革开放以来中国马克思主义哲学研究者的贡献之一。说其是“自主性”的，指这一阐释是伴随着中国学者的理论自觉而发生发展的；说其是“原创性”的，指这一阐释是结合中国乃至人类的重大理论和重大现实问题所作出的哲学表达。就《资本论》研究而言，这一表达更富有代表意义和价值。客观地讲，推进学界在哲学（抑或政治经济学批判）视域中展开《资本论》的研究，有着多重因素：基于传统教科书的反思所引发的思想解放；社会主义市场经济的兴起和发展；新世纪以来中国现代化建设中“现代性”问题的凸显，等等。但从理论上讲，其根本则在于学界将基础理论探索与时代问题相结合的学术导向。

“回到马克思”就是上述学术导向的代表。张一兵教授在《回到马克思——经济学语境中的哲学话语》一书中，鲜明地倡导“从马克思经济学研究的深层语境中去重新探索他哲学话语的转换”①。按照他的理解，“马克思在批判资产阶级政治经济学，建构和实现自己的政治经济学变革的同时，他不得不寻求一种重要的哲学出路，即超越资产阶级古典经济学的物化意识，在科学批判的起点上形成不断透视物化现象、揭露颠倒的假象而接近社会历史本质批判的历史现象学”②。由此，在中国学界掀起一股“回到马克思”“走进马克思”“走近马克思”“与马克思同行”等的学术研究热潮。但遗憾的是，当时学术界只是将关注点聚焦于如何真实理解马克思的哲学问题，而对张一兵教授倡导的“在政治经济学批判视域中理解马克思哲学的问题”缺少关注。2008年，《哲学动态》第11期发表了一组“重读经典”的专题文章：《〈资本论〉的哲学意义》（王东）、《〈资本论〉及其手稿的哲学地位》（孙承叔）、《马克思〈资本论〉的历史性解读》（何萍），这三篇文章一致认为，人们长期以来把《资本论》看作经济学而非哲学著作，这势必妨碍对《资

①② 张一兵：《回到马克思——经济学语境中的哲学话语》，江苏人民出版社，1999，“序”第5页；第601页。

本论》哲学意义及其当代价值的开掘。总体上讲，《资本论》是一部哲学著作。[①] 此一判断意义非凡，因为它直接引发了学界对于《资本论》哲学的关注。2010 年，孙正聿先生的《现实的历史：〈资本论〉的存在论》一文发表，表征着《资本论》哲学的研究步入快车道。他认为，毫无疑问，《资本论》是由经济范畴构成的理论体系。正因如此，人们往往只是把《资本论》视为关于“资本”的经济学巨著，或者仅仅认为《资本论》包含某些哲学思想，而不是把《资本论》视为关于“存在”的哲学巨著。然而，正是这个由经济范畴构成的宏伟的理论体系“对现实的描述”，在人类思想史上史无前例地揭示了“物与物的关系”掩盖下的“人与人的关系”，从而揭示了“现实的历史”即“存在”的秘密。[②] 应该说，以这篇文章为代表的相关成果的发表，意味着学术界正式确立了《资本论》哲学的地位，即将之视为马克思的哲学专著，而不单单是政治经济学的专著。其后，随着以国家社会科学基金重大项目“《资本论》哲学思想的当代阐释”、重点项目“《资本论》哲学思想及其当代价值研究”等为代表的课题的立项，一系列研究成果呈现出“爆发式增长的态势”。例如，面对“《资本论》是‘运用’还是‘构建’了马克思主义哲学”这一重大基础理论问题，有学者强调，我们的总体思路是：《资本论》就是马克思主义的“新世界观”，因此，应当在马克思主义哲学与《资本论》的“互释”中，既阐释《资本论》的哲学思想，又重新理解马克思主义哲学。[③] 又如，仰海峰教授认为，《资本论》从总体上讨论了资本主义社会的构型。马克思以资本逻辑为内核，对资本主义社会日常生活、社会运行方式与意识进行了总体化的分析，在这个分析中，马克思关注的是它们之间的内在互动关系，从而真正展现出资本主义社会与传统社会的根本区别，以及资本逻辑结构化引起的全面转型。[④] 由此，从哲学抑或政治经济学批判维度审视《资本论》成为热点和焦点。

客观地讲，将《资本论》定性为“哲学”专著，不是简单的命名问题，而是隐含着深层的逻辑——即超越苏联传统教科书对马克思主义哲学、《资本论》的固有定性，在文本的深层解读中“激活”《资本论》的哲学思想。这一定性，一方面显示出中国学者基于思想解放之后的理论自觉和理论自信以及所确立的理论主体性自觉；另一方面则隐含着中国学术对中国现代化历史进程中出现的资本逻辑主导的“现代性”问题、对资本主导的全球性金融危机问题的关注。基于此，一种哲学抑或政治经济学批判视域中的《资本论》解读也成了“水到渠成”之事。在这个意义上，我们说改革开放以来学界对《资本论》的研究，开启了一种研究范式的转换，创立了基于《资本论》的哲学阐释范式。

二是聚焦内涵：揭示《资本论》所蕴含的哲学思想。

既然《资本论》就是马克思的哲学著作，那么，究竟其哲学思想体现在哪些方面，就成为学界热议的话题和主攻的方向。

应该说，较之于之前的诸多研究，学界聚焦《资本论》所蕴含的哲学思想是个非常“快速”的过程，这当然得益于改革开放以来学术界对于马克思哲学、马克思主义哲学研

① 王东：《〈资本论〉的哲学意义》；孙承叔：《〈资本论〉及其手稿的哲学地位》；何萍：《马克思〈资本论〉的历史性解读》，《哲学动态》2008 年第 11 期。

② 孙正聿：《现实的历史：〈资本论〉的存在论》，《中国社会科学》2010 年第 2 期。

③ 孙正聿：《〈资本论〉与马克思主义哲学》，《学习与探索》2014 年第 1 期。

④ 仰海峰：《〈资本论〉与资本主义社会的哲学批判》，《哲学动态》2017 年第 8 期。

究所取得的中国化马克思主义哲学的成果。奠基于这些成果之上的《资本论》研究一出场，就表现出不同寻常的“气质”，即不是局限于传统哲学原理教科书的基本理论框架、基本方法论原则、研究范式等讨论问题，而是在所形成的基本理念、新方法论原则、新的研究范式中对问题展开讨论。于是，“《资本论》的理论指向与旨趣”“《资本论》与历史唯物主义”“《资本论》与辩证法”“《资本论》中的话语革命”“《资本论》的方法论”等问题成为研究的热点问题。例如，王南湜教授强调，要超越传统的被误读的《资本论》的批判主旨，重新理解马克思《资本论》的批判主旨。这一主旨在于，《资本论》是对于资产阶级经济学家关于资本主义之为自然的、从而是非历史的永世长存之物这种背离了科学逻辑的先验幻象的揭示。① 丰子义教授认为，在《资本论》中，马克思的唯物史观既是一种运用，又是一种证明、深化和发展。在《资本论》中，唯物史观的研究和阐发主要是抓住生产关系这一核心问题，并通过“社会有机体”和“社会经济形态的发展是一种自然历史过程”这两大思想来展开和得到体现的。《资本论》对唯物史观有着创造性的理论贡献。② 又如，孙承叔教授指出，《资本论》不是传统意义上的经济学著作，也不是传统意义上的哲学著作，而是马克思意义上的真正的“历史科学”，它通过资本与财富的运动与发展，全方位地揭示了人与人之间的变化和发展，揭示出现代社会的运动发展规律。它真正的核心是马克思的现代史观。③ 白刚教授认为，《资本论》的辩证法，是对德国观念论的作为“神秘形式”的辩证法和古典政治经济学的作为“实证主义”的辩证法的超越，是作为“合理形态”的辩证法。④ 王庆丰教授等认为，在概念术语的意义上，《资本论》中的经济学术语已非单纯的经济学范畴，而是哲学范畴。与此相应，《资本论》中的经济学概念及其所构成的政治经济学批判体系，实质上是建基于新型存在论之上的哲学批判体系。恩格斯从“术语革命”的视角将马克思《资本论》同古典政治经济学彻底区分开来，从而凸显出马克思《资本论》所具有的革命性意义和存在论意义。⑤

总体来看，在基础理论层面对《资本论》的哲学解读，极大地拓展了马克思主义哲学的理论空间和理论论域。仅以对历史唯物主义的研究为例，在以往的研究中，《德意志意识形态》无疑构成历史唯物主义的“成熟文本”，其所蕴含的命题也构成其核心要义。但是，在历史唯物主义的研究中一旦引入《资本论》，其理论空间和理论论域瞬间扩大，即把揭示“现实的人及其历史发展过程”的历史唯物主义，深化为“揭示资本主义生产方式、所有制方式、资本逻辑运演方式以及资本主义社会内在结构”的历史唯物主义，由此，一种基于政治经济学批判的马克思主义哲学登场，而人们也就能够顿悟马克思在早期所作的那个论断：“对市民社会的解剖应该到政治经济学中去寻求”⑥，能够理解马克思在《〈政治经济学批判〉序言》中的关于“经济基础与上层建筑”“生产力与生产关系”

---

① 王南湜：《〈资本论〉与全球化时代的政治经济学批判》，《河北学刊》2017 年第 6 期。

② 丰子义：《〈资本论〉唯物史观的呈现方式与独特作用》，《中国高校社会科学》2015 年第 6 期。

③ 孙承叔：《资本与历史唯物主义——〈资本论〉及其手稿当代解读》，复旦大学出版社，2013，“序”第 3 页。

④ 白刚：《辩证法的历险：从“德国观念论”到〈资本论〉》，《马克思主义与现实》2017 年第 5 期。

⑤ 王庆丰、石佳：《〈资本论〉的术语革命——恩格斯解读〈资本论〉的重要贡献》，《中国高校社会科学》2017 年第 3 期。

⑥ 《马克思恩格斯选集》第 2 卷，人民出版社，2012，第 2 页。

的经典论述与《德意志意识形态》中对“历史观”的论述的区别与联系。在笔者看来，只有在《资本论》中，历史唯物主义才得到完美呈现，只不过此刻的历史唯物主义不单单是“历史观”，而且是蕴含着揭示整个现代社会基本逻辑（资本逻辑）的“世界观”。在这个意义上，学术界对《资本论》所蕴含的哲学思想的开掘，无疑极大地拓展了马克思主义哲学研究的范围和视域，也提升了马克思主义哲学的学理性品质和现实性品质。

三是拓展视域：以《资本论》为思想资源，拓展性地对时代性的现实问题作出探索。

如果说将《资本论》定性为哲学著作是迈出的第一步的话，那么揭示《资本论》中的哲学思想则是第二步。但从原则上讲，这两步都似乎离现实过于遥远。诞生于150多年前的《资本论》（从第一卷出版算起），当然具有时代的烙印和痕迹，因此，我们当然不能依靠逐字逐句阅读《资本论》获得破解现实问题的灵丹妙药，更不能寄希望于它提供所谓的“万能公式”，而是要沿着其所开辟的问题域和提供的方法论原则，依靠其所精准揭示的现代社会的主导逻辑——资本逻辑来分析当代中国乃至人类社会。

毫无疑问，《资本论》不仅揭示了资本主义运行的内在机制及其未来走向，而且在原则高度上把握到了主导人类现代社会的核心逻辑——资本逻辑，确立了资本逻辑的解释原则或方法论原则。因而，我们也就可以在资本逻辑的原则中重新审视当代中国乃至人类社会发展的问题。学术界近年来对“资本逻辑与现代性问题”“《资本论》与金融资本”“资本逻辑与当代中国道路”“《资本论》与人类文明新形态”等问题的讨论，就是对这一问题的深化和发展。例如，任平教授提出的“资本创新逻辑”表明，如果说，资本全球化成为马克思新世界观出场的原初语境，那么，资本创新逻辑则必然成为当代马克思主义重新出场的当代语境。① 又如，张雄教授对“金融化世界”进行反思。在他看来，21世纪是世界走向金融化的世纪，世界已步入金融化世界。“21世纪资本逻辑的发展有了巨大变化：随着全球资本金融体系的强力推进，资本变得更加抽象、更加具有脱域性，资本的主体定位异质多元，运作方式虚拟迷幻。尤其是，伴随着工具理性的智能化，资本的精神向度更趋主观性”，因此，“21世纪，人类生存的主要问题在于，如何借助金融化，超越金融化，进一步实现人的自由与解放！”② 韩庆祥教授深刻解剖了“资本与权力”的关系。他强调，“从哲学角度研究资本与权力的问题，应主要研究现代化进程中权力与资本的关系、资本与劳动的关系、权力获得的方式、权力获得的根据、权力行使的方式、权力行使的方向以及资本逻辑与生活逻辑的关系等问题”③。高云涌教授对公有资本与私有资本作出划分。结合马克思对资本逻辑的阐释，他倡导基于中国国情及其语境，对资本逻辑作出新的探索，即将资本逻辑划分为私有资本逻辑和公有资本逻辑，倡导通过公有资本增殖逻辑建构、公有资本运动逻辑建构、公有资本竞争逻辑建构以及公有资本风险逻辑建构四个层次或环节来建构公有资本的逻辑。④ 值得注意的是，学者们基于国外马克思主义对《资本论》的解读，对《资本论》作出了新的阐释，例如，王庆丰教授基于西方学者（包括广松涉、阿尔都塞、詹姆逊、科西克、罗尔斯等）对《资本论》所作出的分析，在西

---

① 任平：《论资本创新逻辑批判与马克思主义出场学的当代视域》，《哲学研究》2014年第10期。

② 张雄：《金融化世界与精神世界的二律背反》，《中国社会科学》2016年第1期。

③ 韩庆祥、张艳涛：《马克思主义哲学视域中的“中国问题”》，《社会科学战线》2008年第11期。

④ 高云涌：《资本逻辑的中国语境与历史唯物主义的当代使命》，《北京行政学院学报》2016年第1期。

方《资本论》解读史视域中对《资本论》展开研究①；一些学者关于西方激进哲学、西方左翼思潮对《资本论》研究状况的梳理和反思，从不同维度丰富了我们对《资本论》的研究。

整体来说，改革开放40年来，尤其是新世纪以来，学术界对《资本论》研究的重大突破在于，从哲学抑或政治经济学批判的视域对《资本论》作出了阐释，即不仅仅将《资本论》视作马克思主义政治经济学原理的文本，更是将其视作哲学的抑或政治经济学批判的专著。这一研究视域的转变，绝对不是个简单的转折，而是一种“范式转换”②，标志着中国学者的理论自觉与现实担当。在理论自觉的意义上，它意味着中国学者不再简单地局限于苏联传统教科书的束缚，而是在自己的阅读与研究中发现问题；在现实担当的意义上，它意味着中国学者开始关注现实世界的变迁，尤其是社会主义市场经济的发展以及资本的引入所带来的重大时代性现实问题。更为重要的是，在开掘马克思《资本论》思想资源的基础上，以资本逻辑为主导原则，对时代性的问题作出了哲学的阐释，并取得了骄人的成绩。这是《资本论》哲学解读给予我们的教益，也是未来《资本论》乃至当代中国马克思主义哲学研究的指导原则。

二 《资本论》哲学阐释的时代境遇

毋庸置疑，在哲学抑或政治经济学批判的视域中所展开的《资本论》研究，不仅在一定程度上呈现了《资本论》的思想内容，更是拓展了其所蕴含的思想内涵，打开了《资本论》的理论空间。概言之，在对《资本论》思想资源的开掘和时代问题的破解中，《资本论》得以“活化”，并构成“当代中国马克思主义哲学创新”的一道风景线。问题在于，为何会形成这一“风景线”？回归新世纪以来《资本论》研究的时代境遇，或许有助于我们更为深刻地理解这一学术史现象，为未来的学术探索开辟新的道路。

一是社会主义市场经济的确立、发展以及当代资本主义乃至人类社会历史的变迁所引发的现实问题，需要《资本论》提供思想资源。

《资本论》蕴含着丰富的思想资源和理论智慧。作为一部集马克思主义政治经济学与哲学思想于一身的专著，它对商品经济、资本主义生产方式、所有制方式，以及人类步入“资本逻辑”统治的现代社会的分析，对解决中国乃至世界性问题都具有重要的理论和现实价值。

从被称之为“工人阶级的圣经”到“闪耀着马克思主义政治经济学思想光辉”的政治经济学经典著作，再到基于政治经济学批判的“大写逻辑”的哲学著作，《资本论》一次次被“激活”并成为人们关注的焦点，其关节点都在于，它不断地满足时代对理论的需求，并为破解时代问题提供了永不枯竭的思想资源。在政治经济学的意义上，《资本论》对于商品经济、市场规律、商品的生产流通、货币、资本等问题有着深入的阐释，可以说，社会主义市场经济的发展正得益于以《资本论》为核心的马克思主义政治经济学及其与中国实际相结合的中国特色社会主义政治经济学。例如，为何在新世纪以前人们

① 王庆丰：《〈资本论〉的再现》，中央编译出版社，2015。

② 郗戈：《马克思主义哲学研究的范式转换——基于〈资本论〉研究引发的新范式》，《哲学动态》2018年第3期。

会在政治经济学的意义上对《资本论》展开研究，而不是对其展开哲学探索，其根本原因在于社会主义市场经济的建立。同样，为何新世纪之后人们开始热衷于对《资本论》的哲学探索，其原因则在于社会主义市场经济的建立及其发展。对于前者，我们可以清楚地看到，“真理标准问题大讨论”之后，在全国兴起了思想的大解放以及改革开放，改革开放的标志之一就是建立社会主义市场经济。众所周知，按照固有的理念，市场经济是资本主义推行的经济发展方式，那么，社会主义如何搞市场经济？其理论源泉何在？于是，借助于马克思主义政治经济学，学者们基于时代和现实的需要对一系列相关问题作出了探索，如关于商品经济的分析、关于社会主义经济内部结构的研究、《资本论》与当代资本主义、《资本论》与周期性危机理论、《资本论》中的信用和银行理论、《资本论》中的价格理论，等等。同样，新世纪以来学术界在哲学抑或政治经济学批判视域内对《资本论》的研究，也是根源于社会主义市场经济，只不过此时的时代背景要求人们关注的不是要不要建立社会主义市场经济的问题，更不是如何建立的问题，而是如何在既有的发展水平上克服或消除市场经济带来的负面影响（尽管这些负面问题并不全是由市场经济的推行所带来的），尤其是资本逻辑浸入社会日常生活的方方面面之后，如何避免使人们的生活在一些方面陷入“资本逻辑”之中。更为关键的是，1997 年亚洲金融危机的爆发、2008 年美国次贷危机引发的金融危机，更是引发了人们对金融资本的恐慌。在这种境遇中，还要不要资本，要不要对资本进行控制，就成为街头巷尾热议的话题，这一时代诉求也在哲学的研究中有所体现。例如，何萍教授就采用历史的方法，选择那些对世界历史变革和马克思主义哲学发展起着转折点作用的具有创造性的解读加以分析，以揭示马克思的《资本论》对于人们不断更新对资本主义社会以及世界历史发展的认识的意义。[①] 又如，张雄教授指出，从危机与财富的社会形式的勾连、财富扩张的哲学教条与政治谱系的历史解构，以及财富幻象中的金融危机的精神现象学等三个方面，对国际金融危机进行财富哲学反思，将明证马克思经济哲学思想的当代意义，同时为揭示金融危机背后的深层历史进化论问题提供重要思路。马克思《资本论》的诸多原理和预见至今仍然拥有其科学性，度量财富的公平与正义，只有在“每个人的全面发展”的社会制度条件下才有可能。[②] 这些研究均表明，《资本论》研究在当代中国的兴盛，不仅在于其所蕴含的深刻的思想，更在于这一思想对于破解时代问题所具有的穿透力。在这个意义上，新世纪以来对《资本论》的哲学解读，无疑是和时代问题紧密相关的。

罗素在《西方哲学史》“美国版序言”中指出：“哲学乃是社会生活与政治生活的一个组成部分：它并不是卓越的个人所作出的孤立的思考，而是曾经有各种体系盛行过的各种社会性格的产物与成因。”[③] 同样，基于哲学抑或政治经济学批判视域中的《资本论》研究，也不是当代中国哲学家书斋中的反思，实则是基于时代问题的哲学表达，而当代中国哲学也正是在时代问题的哲学表达中实现了理论的创新。

二是当代中国马克思主义哲学研究的理论自觉与主体性确立，促进了对《资本论》的多维度解读。

学术创新的动力既来源于现实，也根源于学者的自主性。改革开放以来，中国马克思

---

① 何萍：《马克思〈资本论〉的历史性解读》。

② 张雄：《财富幻象：金融危机的现象学解读》，《中国社会科学》2010 年第 5 期。

③ 罗素：《西方哲学史》，何兆武、李约瑟译，商务印书馆，1963，第 5 页。

主义哲学研究之所以走向繁荣，与当代中国马克思主义学者理论自觉与主体性的确立有着密切关系。

当代中国马克思主义哲学研究者理论自觉与主体性的确立主要体现为：第一，问题意识的确立。以“真理标准问题大讨论”为契机的思想解放，为当代学者解放思想提供了机会和条件。它让学者从传统哲学原理教科书的理论束缚中挣脱出来，开始聚焦重大的理论问题和现实问题，以学术的方式从事理论和现实问题的反思。正如孙承叔教授所指出的，新世纪以来对《资本论》及其手稿的研究，重心不在于论证传统的哲学教科书的基本原理，而在于“如何完整地理解马克思的哲学思想”①。更进一步讲，这种对马克思哲学思想的完整理解，实则就是为了推动马克思主义哲学的创新，为了给中国道路提供更具指导性的思想智慧。第二，现实感的增强。理论是时代的最强音。改革开放实则是一个实践性的探索活动，中国究竟向何处去？我们要不要实行市场经济？怎样推行社会主义市场经济？商品的价格要不要放开？雇佣劳动是不是就意味着剥削？推进社会主义市场经济要不要资本？作为社会主义国家的中国如何抛却“阶级对立”的目光与资本主义国家对焦？在市场经济中，人的生存方式将面临何种挑战？社会转型期的价值观如何确立？等等，这些都需要在马克思主义政治经济学、马克思主义哲学的层面作出分析，这无疑也为《资本论》的当代解读提供了现实的土壤。第三，学术担当的觉醒。新世纪以来，在《资本论》研究中所呈现的繁荣态势，在一定程度上体现了学者的学术担当。学术乃天下之公器。处在世纪之交的中国马克思主义学者清晰地认识到，借助于资本来发展中国的市场经济，必须清楚意识到其所带来的问题。在西方，基于资本的现代性弊病已经凸显，中国应该在超越西方现代性的基础上汲取西方现代社会发展所积累的一切优秀成果，进而为中国道路的发展提供思想智慧。这一认知和担当集中体现为，学者将《资本论》问题的研究与中国道路相结合，正如有学者所指出的，“《资本论》的伟大真理在中国道路中得到了鲜活的展现，而中国道路则是将《资本论》的伟大真理发展到了新的历史高度，二者一脉相承，中国特色社会主义的理论与实践，真真切切是《资本论》的伟大续篇”②。

三是多种理论资源的介入，拓展了学者的视野，推动了对《资本论》的纵深解读。

《资本论》是一个开放性的文本，蕴含着诸多的开放性问题。新世纪以来对《资本论》的纵深解读，既得益于现实的关照，也得益于学者的理论自觉，但不可忽视的是，多种理论资源的介入，也是其创新发展的重要因素之一。这些理论资源包括政治学、经济学、社会学、文化哲学、人类学等学科的学术理论资源。最值得一提的是，国外马克思主义资源的介入，使之呈现出别样的风采。

20 世纪 80 年代以来，中国马克思主义哲学界出现的一个值得注意的现象是，国外马克思主义理论流派经典著作的译介和研究。起初，国外马克思主义的理论流派是被作为“资产阶级思想的代表”、作为思想批判的对象被引入的；但是，伴随着思想的解放和现实的变革，一种基于现实的学理化探索逐渐登场，尤其是 2005 年马克思主义一级学科设立并将“国外马克思主义研究”确立为二级学科，国外马克思主义研究呈现出蓬勃发展的态势，这对《资本论》的研究起到了极大的促进作用，当然也带来了不少的问题。

我们注意到，国内学界从译介国外马克思主义的专著、研究其代表性人物的思想，到

① 孙承叔：《资本与历史唯物主义——〈资本论〉及其手稿当代解读》，“序”第 2 页。
② 鲁品越：《鲜活的资本论：从〈资本论〉到中国道路》，上海人民出版社，2016，第 465 页。

对国外马克思主义的研究成果作出深度的问题式阐释，这些理论资源的引入，极大地丰富了《资本论》的思想资源，同时也拓展了学界的解读视野。例如，科西克、阿尔都塞、广松涉、雷蒙·阿隆、詹姆逊、柄谷行人、科尔施等人对《资本论》的研究；当代西方左派，如哈维、齐泽克对资本主义的批判；丹·席勒对“数字资本主义”的界定与解读；托马斯·皮凯蒂《21 世纪资本论》的出版，等等。有学者探讨了詹姆逊对《资本论》的理解，认为詹姆逊以一种“再现”的方式解读《资本论》，试图在晚期资本主义的语境中重新激活《资本论》，实现《资本论》的符码转换。詹姆逊认为，《资本论》运用辩证法去表征资本主义总体性，马克思对辩证法“第三项”的分析揭示了资本主义社会的深层现实。詹姆逊抓住了《资本论》中的“绝对的、一般的资本规律”：增加财富的同时，不断增加失业者的数量。由此，他最终得出结论：《资本论》是一部关于失业的著作。[①] 基于对西方左派关于《资本论》的讨论，有学者认为，如何使《资本论》走向当代，重塑阶级逻辑，构成了当代西方左派关注的焦点话题。莱博维奇和克里弗分别从资本逻辑回到需要和商品 - 货币逻辑，以此来重塑马克思的阶级斗争理论，这种努力是值得肯定的，但在道路上是行不通的。就像哈维和齐泽克强调的那样，必须回到政治经济学批判，全面深化对资本逻辑的当代批判。不过，他们并没有给出科学的建构之路。沿着马克思政治经济学批判之路，从当代资本主义知识生产和智能生产入手，全面揭示 21 世纪的资本运作机制，才能系统推进对资本逻辑的当代批判。唯有如此，才能真正为阶级范式的回归奠定客观基础。[②] 诸如此类的研究不胜枚举，但总体来看，中国学术界对于国外马克思主义研究者关于《资本论》研究的成果的关注，极大地开拓了中国学者的理论视野和问题意识。这一研究起初是探究性的，很多学者被国外马克思主义的精彩解读所吸引，但伴随着对《资本论》的精深阅读，这一探究就逐渐具有了“批判性”的意味，而“批判性”视域的介入，使得学者的解读呈现出“有我”的特征。但应该注意到，这种基于国外马克思主义对《资本论》的解读而展开的《资本论》研究是存在问题的。因为，当我们研究的问题不是出自对《资本论》文本自身的讨论，不是出自对中国问题的关注，而是出于“西方马克思主义哲学如何理解《资本论》”并从其所设定的问题出发的话，其结果必然是走向“臣服”而非“反叛”，理论创新也就成为空中楼阁。当然，我们不能否认，国外马克思主义研究者所关注的《资本论》中的理论问题或现实问题与我们有着共通性。此外，对于中国学界而言，我们最值得警惕的恰恰不是基于西方学术视域的问题研究，而是基于西方主要观点的“影子论著”的出现，即把国外学者关于《资本论》的解读移植到中国，进而对之作出阐释，这种貌似“创新”的学术研究依然困扰着中国的学术创新。事实上，国外马克思主义的译介及其研究对于当代中国马克思主义哲学理论创新产生了重大的影响，这种影响往往经历这样几个阶段：认真阅读传统马克思主义哲学的经典文本—阅读国外马克思主义学者的相关解读—形成我们的原创性成果。对于《资本论》的研究，或许也要遵循同样的路径。

毫无疑问，新世纪以来学界对《资本论》所展开的研究及其所取得的成果，已经构成中国马克思主义哲学研究的学术史的有机组成部分。任何文本和问题的探索，都有着深

---

① 王庆丰：《〈资本论〉的再现——詹姆逊对〈资本论〉的解读》，《学术交流》2014 年第 7 期。

② 孙乐强：《〈资本论〉如何走向当代：21 世纪政治经济学批判大纲——重塑资本逻辑与阶级斗争的辩证法》，《华中科技大学学报（社会科学版）》2017 年第 3 期。

刻的、复杂的时代境遇，尽管这种境遇体现得不够那么明显，但是，通过对学术界新世纪以来关于《资本论》研究成果的梳理，我们预见到，未来《资本论》的研究同样离不开对现实的观照、研究者的理论自觉和主体性的确立以及多种理论资源的介入。

三 《资本论》哲学阐释面临的挑战

新世纪以来，较之于学界对于马克思主义哲学经典的其他文本的解读，基于哲学抑或政治经济学批判视域的《资本论》解读应该最具代表性，学者们围绕现实的时代性问题，开掘文本的思想资源，借助多种理论资源尤其是国外马克思主义的研究成果，对《资本论》作出了深入的阐释和原创性的分析，取得了诸多骄人的成绩，但也存在一些问题。清醒地认识到问题之所在，客观面对挑战，或许更有益于《资本论》思想资源的开掘以及现实问题的破解。在笔者看来，基于哲学抑或政治经济学批判视域的《资本论》研究存在如下三个方面的挑战，克服这些挑战，刻不容缓。

第一，避免《资本论》哲学阐释的“原理化”“条块化”。

毫无疑问，《资本论》是马克思思想的集大成性的专著，它蕴含着经济学、政治学、社会学、哲学以及其他诸多学科的内容。总体来看，《资本论》的分析是“问题式”的而不是“学科式”的，即《资本论》是着眼于人类文明进入资本主义社会之后，为何依然存在着剥削和掠夺？如何在超越资本逻辑的基础上实现人的自由和解放？等等。但遗憾的是，新世纪以来的《资本论》研究呈现出“原理化”“条块化”的倾向。

所谓《资本论》研究的“原理化”，主要体现为对《资本论》中所涉及的一些论断、表述、命题不是在“问题”的视域中加以研讨，而是将其抽象固化为“原理”，并试图用这些“原理”来教条地指导现实的社会生活。毋庸置疑，《资本论》蕴含着丰富的原理性思想，但过度地“原理化”必然会将《资本论》扮演成一个“形而上学意义上的”学术专著，即由一个个概念、论断、命题所组成的逻辑体系。其所造成的后果有两个，一是将抹杀《资本论》所蕴含的问题。例如，《资本论》对于商品的分析，马克思为何要将商品作为研究的第一个对象，这不仅仅是因为商品是资本主义社会的根本标志，更是因为在商品中凝结着劳动，即人的劳动。但是，在一些“原理化”的理解中，商品被定义并对其作了纯经济学的剖析，如此一来，马克思研究商品的初衷也就被淹没在“原理性”的分析之中，其所要达到的目的——“我要在本书研究的，是资本主义生产方式以及和它相适应的生产关系和交换关系”[①] ——也就无法达到了。二是一旦所建构的“原理体系”无法完全破解现实问题，《资本论》就会为人们所诟病。我们依然以“商品”为例，在“原理化”的理解中，《资本论》被描绘为“纯粹的经济学专著”，因此，对商品、使用价值和交换价值、商品的价值量与劳动生产率、货币的本质、价值规律等的分析，就构成其主要内容，于是乎，一些人就质疑，马克思所讨论的这些问题不是完全可以在资产阶级政治经济学的著作中看到吗，其还有什么创新可言？更有甚者，认为这些原理实则是马克思“抄袭”资产阶级经济学家的结果。事实上，这些质疑和责难忽视了马克思分析这些问题的初衷。例如，马克思分析商品的动机，在《资本论》一开始就说得很明白：“资本主义生产方式占统治地位的社会的财富，表现为‘庞大的商品堆积’，单个的商品表现为这种

① 《马克思恩格斯全集》第44卷，人民出版社，2001，第8页。

财富元素形式。因此，我们的研究就从分析商品开始。”① 换句话说，要揭示资本主义生产方式，就必须从作为其财富元素的“商品”开始，进而才能对整个资本主义的发展规律有所发现，才能对共产主义超越资本主义作出判断。但遗憾的是，很多研究遗忘了这些。

所谓《资本论》研究的“条块化”，就是从“学科”的视野而不是“问题”视野出发对《资本论》展开研究，从而导致《资本论》被“肢解”。这点最为集中地体现为，学界按照既有的学科划分标准，从哲学、政治经济学、科学社会主义视角入手来研究《资本论》，由此导致的结果是，《资本论》被条块分割为不同学科意义上的经典著作。但实际上，只要熟悉马克思的思想及其学说就会知道，马克思的思想作为一整块“钢铁”，有着其自身的整体性。对于马克思来说，通过批判作为资产阶级意识形态的政治经济学，揭示资本主义生产方式、所有制形式、生产关系及其发展规律，在瓦解统治现代社会的资本逻辑的基础上实现人的自由和解放，才是其根本目标。这一目标完整地体现在《资本论》之中，正如马克思在1865年致恩格斯的信中讨论《资本论》时所指出的：“不论我的著作有什么缺点，它们却有一个长处，即它们是一个艺术的整体。”② 因此，倡导以整体性的视角研究包括《资本论》在内的马克思的思想，是当务之急。正如韩庆祥等学者所言，“马克思主义是一个完备而严整的理论体系，这一理论的整体性既集中体现在其核心理论的内在逻辑的整体性上，也体现在立场、观点和方法的统一上。”③ 因此，我们倡导，应破解从哲学、科学社会主义以及政治经济学三个学科的视野来单纯审视《资本论》，而要避免《资本论》研究的“条块化”，正如聂锦芳教授所指出的，必须站在世界学术研究的前沿领域，以权威、完整和准确的文献资料、版本作为重新研究《资本论》的基础；必须突破把《资本论》仅仅看作是单纯的政治经济学著作或只是对唯物史观的运用与检验的传统而狭窄的研究思路，在扎实的文本、文献解读的基础上，将其宽广的思想视野、深邃的历史意识和深刻的哲学蕴涵全面地展示、提炼出来；必须结合对20世纪资本批判史的梳理、目前资本全球化的发展态势，来重新理解和评价《资本论》中的资本理论及其对资本逻辑的批判，确立其思想史地位和当代意义。④ 在笔者看来，对于当前《资本论》的研究来说，这些建议至关重要。

第二，避免《资本论》哲学阐释的“形而上学化”倾向，尤其要警惕“黑格尔化”倾向。

毫无疑问，新世纪以来学术界在哲学抑或政治经济学批判视域中对《资本论》的解读，极大地拓展了研究的论域，丰富了其思想内涵。但遗憾的是，这样的解读出现了新的问题：《资本论》研究的“形而上学化”倾向，尤其是“黑格尔化”倾向，试图以纯粹的概念、命题和原理来重建《资本论》的思想体系，将其“打扮”成观念论意义上的思辨哲学专著。

最具代表性的做法是，将《资本论》与黑格尔的《逻辑学》进行比较研究，认为《资本论》就是马克思的《逻辑学》。例如。有的学者使用文本对照的“互文性”的解读

---

① 《马克思恩格斯全集》第44卷，第47页。

② 《马克思恩格斯〈资本论〉书信集》，人民出版社，1976，第196页。

③ 韩庆祥、邱耕田、王虎学：《论马克思主义的整体性（上）》，《哲学研究》2012年第8期。

④ 聂锦芳：《〈资本论〉再研究：文献、思想与当代性》，《中国高校社会科学》2013年第3期。

方法，阐明《资本论》前五章与黑格尔《逻辑学》的“存在论”和“本质论”相关范畴或环节之间的逻辑关联，一方面展现《逻辑学》对《资本论》的重要影响，表明马克思批判性地运用黑格尔辩证法的一般运动形式，创造性地建构关于商品、价值、货币和资本形式的体系；另一方面用马克思对资本主义交换和生产方式的历史的和逻辑的分析，充实和丰富对黑格尔逻辑学的经验内容的理解。[①] 可以肯定的是，这一研究势必丰富和扩大对马克思与黑格尔学术思想内在关联的把握，但是，我们同时也要懂得“在合理的界限内阐释《资本论》的哲学思想”[②]。按照白刚教授的研究，国内哲学界，特别是马克思主义哲学界对《资本论》的解读和研究，大致有两条路径：一是从斯密到李嘉图的英国古典经济学入手的“经济哲学”解读路径；二是从康德到黑格尔的古典哲学入手的“纯粹哲学解读”路径。[③] 对于今天的研究来说，可能更需要警惕的就是这种“纯粹哲学解读”的路径。

众所周知，马克思的哲学本质上是改变世界的哲学。与西方传统形而上学不同，它不是构建思辨的形而上学体系，而是批判性地面对现实，揭示现实社会的内在矛盾及其发展规律，推动人的全面发展与解放。《资本论》鲜明地体现了上述理论特质及价值旨趣。因此，我们看到在《资本论》中，马克思作出了如下阐释：（1）批判作为资产阶级意识形态的政治经济学；（2）对作为人类文明（欧洲中心主义主导下的）新方案的资本主义制度考量，揭示资本主义的发展过程及其未来，尤其是资本主义运行的内在机制，发现了资本的剥削本质以及剩余价值的秘密；（3）发现了主导现代社会的“资本逻辑”；（4）探索了人类社会历史发展的基本规律，如所有制转化的规律、生产力与生产关系相互作用的规律、经济基础与上层建筑互动的规律；（5）探索了实现人的自由解放和全面发展的新路径。这些都是我们在“观念论哲学”的视域内所无法理解的。马克思并没有通过《资本论》构建一套由概念和原理构成的形而上学体系。在《资本论》中，资本是核心。这些我们都可以从马克思的相关论述中找到答案。马克思在《资本论》第 1 卷第一版序言中曾界定“我要在本书研究的，是资本主义生产方式以及和它相适应的生产关系和交换关系”[④]、“本书的最终目的就是揭示现代社会的经济运动规律”[⑤]。马克思在 1879 年致马克西姆·马克西莫维奇·柯瓦列夫斯基的信中亦强调，“我主张资本的理论，即现代社会结构的理论”[⑥]。历史一再表明并将继续表明，离开资本讨论马克思，是对马克思思想的遮蔽和忘却。

由此可见，在哲学抑或政治经济学批判视域中对《资本论》研究，并不是要去重建什么形而上学体系，而是要在《资本论》哲学的解释性研究与规范性研究中揭示《资本论》所蕴含的丰富思想[⑦]，即挖掘其所蕴含的哲学思想及其方法论原则。

第三，避免《资本论》哲学阐释的“内在封闭化”倾向，彰显其“开放性”。

《资本论》因其所具有的“开放性”而具有生命力，新世纪以来的《资本论》研究

---

① 赵敦华：《〈资本论〉和〈逻辑学〉的互文性解读》，《哲学研究》2017 年第 7 期。

② 高超：《略论对〈资本论〉的越界阐释》，《哲学研究》2017 年第 8 期。

③ 白刚：《回到〈资本论〉：21 世纪的“政治经济学批判”》，人民出版社，2018，第 397 页。

④⑤ 《马克思恩格斯全集》第 44 卷，第 1 版“序言”第 8 页；第 10 页。

⑥ 《马克思恩格斯〈资本论〉书信集》，第 358 页。

⑦ 参见鲍金：《〈资本论〉哲学的新解读》，中国人民大学出版社，2016，第 305—310 页。

也因此而获得无限生机。但是，在这一过程中，对于《资本论》的研究存在着“封闭性”的倾向。

《资本论》研究中出现的不同程度的“封闭化”倾向主要体现为：一是将《资本论》仅仅视作对其所处时代资本主义社会的分析和反思，因而在讨论中，将视野局限于“19世纪的资本主义社会甚至英国社会”的分析，而不是对“作为现代社会之代表的资本主义社会”的分析。由此导致的结果是，一些学者认为，马克思对资本主义的分析已经过时，不再具有效力。二是仅仅将《资本论》所分析的视域局限于“资本主义社会”，而无法看到实现了市场经济的社会主义社会所具有的一些特质，如商品、市场、现代性等问题。实际上，《资本论》不仅仅是“特殊意义”上的对资本主义制度的揭示，更是“普遍意义上”的对“资本与现代社会”之问题的关注。当资本逻辑作为普遍原则“统治”整个世界的时候，我们不能轻率地说，《资本论》是属于西方的或属于资本主义的，而应看到其对当代中国的价值，尤其在资本逻辑已经深入中国社会影响到人们的日常生活时，我们更不能无视资本逻辑的存在。三是仅仅将《资本论》视为“哲学”的专著，而不涉及其他学科问题的著作，更不用说在整体上对其展开研究。客观地讲，“《资本论》内容极其丰富，除经济学内容外，还包含马克思主义哲学和科学社会主义的内容，以及有关政治、法律、历史、教育、道德、宗教、科学技术、文学艺术的精辟论述，是马克思主义的理论宝库”①。更进一步讲，在笔者看来，对于《资本论》来说，不仅仅在于马克思如何通过资本逻辑的结构，分析了资本主义的生产结构和社会运行机制，而在于通过资本逻辑标榜了人类进入现代社会所遭受的历史境遇。在这个意义上，资本就是现代社会的符号，就是现代社会的“主轴”。由是观之，《资本论》的价值远远超乎其所诞生的时代和社会，只要人类依然处在资本逻辑之中，就无法逃离《资本论》所探究的社会和时代。我们依然生活在《资本论》所指明的历史时代。作为“划时代的著作”，《资本论》“充满了极度的现代性”，它虽然是19世纪的产物，但已穿过20世纪，走进21世纪。面对今天“金融资本的狂欢”，《资本论》反而更适应于今天的资本全球化事态，《资本论》才是真正的“21世纪《资本论》”②。

改革开放以来，学术界在哲学抑或政治经济学批判视域中对于《资本论》的解读，从一个层面折射了当代中国马克思主义哲学创新的逻辑。一方面，学术界摆脱苏联传统教科书的束缚，对马克思主义哲学作出了新的探索和理解，为《资本论》的开放性解读作了理论铺垫；另一方面，学术界通过对《资本论》的“开放性”解读，深化了对马克思主义哲学的理解。例如，学术界在“世界观意义上”对历史唯物主义的理解，促成了《资本论》所蕴含的历史唯物主义思想的理解；同时，通过对《资本论》中相关历史唯物主义议题的分析，深化了对历史唯物主义的理解。应该说，这是一个双向互动的过程，也是彼此促进的过程。一些新的议题，如“政治经济学批判与《资本论》”“《资本论》与辩证法”“意识形态批判与《资本论》”“马克思的哲学革命与《资本论》”“马克思的正义观与《资本论》”“政治哲学视野中的《资本论》”“文献学视域中的《资本论》”“伦理学视野中的《资本论》”“国外马克思主义与《资本论》”，等等，均纳入研究的视野。此外，在研究的视角上，倡导整体性思路，为了重新激活《资本论》，采取“文本—思想

---

① 《马克思恩格斯文集》第5卷，人民出版社，2009，“第5卷说明”第1页。

② 白刚：《回到〈资本论〉：21世纪的“政治经济学批判”》，“自序”第3页。

—现实”的再现路径。① 正如仰海峰教授所指出的，不同历史时期的马克思主义者对《资本论》的不同理解，揭示了《资本论》的丰富内涵，对于推进马克思主义哲学起到了重要的作用。但是这些不同的解释模式也意味着，对《资本论》的理解并没有穷尽，只要重新阅读《资本论》，总能开掘出马克思哲学解释的新空间。自 2008 年金融危机之后，《资本论》再度成为学界的热点。但在这新一轮的解读中，学者们或者拘泥于纯粹经济学意义上的讨论，或者从文献编纂角度讨论马克思文稿的修改情况以及恩格斯的编辑作用。从思想阐发的总体水平来看，实则没有根本上的突破。可以说，对《资本论》的热度主要停留在一种情感上，停留在对资本主义社会的批判反思的内在要求上。而只有从《资本论》的文本出发，揭示马克思对资本主义社会存在的哲学批判，才能真正彰显《资本论》的理论和现实意义。② 从根本上讲，只有在多视野、多维度中展开对《资本论》的研究，才能开掘《资本论》的思想资源，并彰显其价值，这既是《资本论》“问题”本身的开放性所决定了的，也是其时代的需要所决定的。

新世纪以来的《资本论》研究极大地开掘了其自身所蕴含的思想资源，如《资本论》的辩证法思想、《资本论》与唯物史观、《资本论》的哲学思想等，并结合现实问题对《资本论》作了现代解读，如《资本论》与中国道路、《资本论》与资本逻辑、金融资本与当代资本主义社会，等等，成果显著。但不可否认的是，也真实地存在着其研究“原理化”“条块化”“形而上学化”以及“封闭化”等倾向。但总体而言，作为时代精神哲学化表达的《资本论》必然是“问题”式的，其对于现代社会深受资本逻辑统治的分析，对资本主义所有制形式、生产方式、社会关系的剖析，对于人的自由和解放的期待与渴望，都时刻启迪着我们，哲学应该不断地把握时代脉搏，站时代之潮头，发时代之声音，为人类美好生活之建设提供思想智慧。

四 《资本论》与人类美好生活

当代《资本论》研究无疑试图对这样一系列问题作出探索：在当时以人类文明新形态出现的资本主义社会，资本具有独立性和个性，但为何活动着的个人没有独立性和个性？在以资本为主轴的现代社会，怎样实现人类解放，使每个人实现自由而全面的发展，使人类过上美好生活？因此，当我们今天聚焦《资本论》之时，就需要回答这样一个关乎未来的问题：对资本逻辑依然主导人类生活的时代性问题作出哲学的表达。具体言之，就是将现实中的问题提升为哲学中的问题，构建与时代发展水平相匹配的哲学，为人类发展贡献中国方案与中国智慧。这里有三个问题值得关注：拷问资本的本质属性问题，追问我们是否依然需要资本；拷问资本逻辑与人工智能的问题，追问个体的自由将何去何从；拷问资本逻辑的驾驭问题，追问能否避免生态崩溃。

（一）资本的本质属性——人类能否利用资本并驾驭资本

毫无疑问，《资本论》的核心范畴是“资本”，即马克思将资本作为人类社会步入现代社会的一个标识性的范畴。当然，马克思也是在批判的意义上对资本逻辑所导致的资本

① 王庆丰：《〈资本论〉的再现》，“导言”第 2 页。

② 参见仰海峰：《〈资本论〉的哲学》，北京师范大学出版社，2017。

主义社会作了深入剖析，并将资本逻辑的瓦解与资本主义社会的灭亡内在地关联在了一起。正是基于上述认知，在经典马克思主义者看来，资本与资本主义社会有着本质性的联系，因而资本也就被视为资本主义社会的本质特征。

经典马克思主义对于资本与资本主义关系的上述理解，实质性地影响了马克思主义理论界，也影响了社会主义国家发展道路的探索。按照高云涌教授的考证，改革开放前，中国的社会主义发展道路是拒斥资本逻辑的，而改革开放的历史进程则是中国逐步接纳并积极尝试驾驭资本逻辑的历史进程。根据这一历史进程的阶段性特征，可以将其划分为三个时期。第一个时期，从党的十一届三中全会到党的十三大，属于商品经济逻辑的建构与完善阶段，是正式接纳资本逻辑之前的第一个历史铺垫时期。第二个时期，从党的十三大到党的十四大，属于市场交换逻辑的建构与完善阶段，是正式接纳资本逻辑之前的第二个历史铺垫时期。第三个时期，从党的十四届三中全会至今，属于资本增殖逻辑的建构与完善，并以人民为中心的新发展理念驾驭资本逻辑的历史阶段。[①] 上述考察表明，对资本及其本质属性的认知经历了一个复杂的历史过程，其结果是人们达成了基本的共识：判断一个社会的性质，不是看其有无利用资本的问题，而是看其所有制形式、生产方式以及社会发展的最终目标。质言之，关键在于资本的所有权决定其基本属性。进一步讲，资本归谁所有，决定了其基本的属性和价值归属。

在这个意义上，在全面深化改革的历史进程中，我们依然需要资本，但也无法逃离资本逻辑的束缚，真正意义上的资本逻辑的彻底退场为时尚远。因此，我们依然身处资本逻辑主导的时代，处在需要资本却抗争资本的时代，处在警惕、批判以及驾驭资本逻辑的时代。鉴于此，新时代《资本论》的研究应关注两个层面的问题：

一是资本逻辑与当代中国的问题，核心命题是“《资本论》与中国道路的哲学表达”。中国崛起正在逐步挑战和改写固有的世界秩序，“一带一路”倡议、人类命运共同体、共商共建共享的全球治理观等的提出，都表明中国已经须臾不能离开世界，而世界也不可须臾离开中国。单就中国而言，我们需要做的事情是，不仅要“发现中国”，更在于发现中国也处在“资本”统治的时代。在这样一个时代，资本逻辑与公权的关系问题、资本逻辑与现代性的问题、资本逻辑与中国启蒙的问题、资本逻辑与制度变革的问题、资本逻辑与金融风险的问题、资本逻辑与金融化时代的中国问题、资本逻辑与生态治理的问题，等等，都需要加以哲学的探究。

二是《资本论》与当代资本主义社会的问题，核心命题是“《资本论》与当代资本主义的新趋势”。毋庸置疑，《资本论》诞生伊始就是指向资本主义社会的，马克思的总问题是，人类文明步入资本主义社会（所谓的现代文明社会），为何资本的逻辑依然统治着人——资本具有独立性，为何现代人却没有自由和独立性。因此，在时代背景中研究《资本论》，必须关注其与资本主义社会的发展趋势问题。在学术命题的意义上，涉及如下问题：分析把握资本主义出现的各种变化及其本质；深化对资本主义和国际政治经济关系深刻复杂变化的规律性认识；关注当代世界马克思主义思潮（因其对资本主义结构性矛盾以及生产方式矛盾、阶级矛盾、社会矛盾等进行了批判性揭示，对资本主义危机、资本主义演进过程、资本主义新形态及本质进行了深入分析）；正确认识资本主义发展趋势和命运；准确把握当代资本主义的新变化新特征。对这些问题，或许只有结合《资本论》

① 高云涌：《中国道路的探索与资本逻辑的驾驭》，《中国社会科学报》2018年9月27日。

的研究，才能加深对当代资本主义变化趋势的理解与把握。

毋庸置疑，我们今天依然处在“资本逻辑”统治的时代，资本依然是这个时代的重要标识，不管是社会主义的中国，还是资本主义的西方，在享受资本带来的福利的同时，也遭遇着其所带来的问题，因此，我们肯定还要处在“是否需要资本”的困扰之中，能否在利用资本的同时真正驾驭资本逻辑，正在考验着人类。

（二）资本逻辑与人工智能——人类能否拥有真正的个体的自由

哲学之所以是时代精神的精华，关键在于哲学以自己的方式实现了时代精神的哲学表达。因此，哲学创新的核心在于把握时代，正如刘奔研究员所言：“只有当实践和科学的发展的实际需要反映在哲学意识中并转化为哲学研究的任务时，才会有哲学事业的繁荣。”① 在这个意义上，创建与时代发展相匹配的哲学，不能不关注具有典型代表意义的资本逻辑与人工智能问题。

近代以来的科技革命，极大地变革了既有的世界面貌。借用马克思的话，人类按照自己的面貌为自己创造出一个世界。在某种意义上讲，这个世界在今天已经表现为资本逻辑主导的基于大数据和算法的人工智能时代。

大数据开启了一次重大的时代转型。资本逻辑与基于大数据和算法的人工智能的结合，必将重塑新的时代。我们知道，资本的本质在于增殖，一方面，这种增殖本性肯定有助于社会的全面进步；但另一方面，一旦生活的各个领域遭受到资本逻辑的侵入，也有可能面临灾难性的后果。因此，我们关注的问题并不在于前者，而在于后者，即如何在资本逻辑“侵入”现代社会，尤其是与基于大数据和算法的人工智能相结合之后，不是侵犯而是最大程度地增大人们的自由，进而最终实现人类的解放。

哲学产生于人类的终极性追求，集中表达着人类超越现实有限世界而进入无限世界的愿望。② 因此，哲学必然与人的自由问题息息相关。新世纪以来《资本论》哲学的研究表明，只有把《资本论》哲学思想的讨论与人的自由问题结合起来，即揭示如何在资本逻辑的统治中实现人的自由和解放，才能真正彰显《资本论》的真实意义。在资本逻辑与基于大数据和算法的人工智能相结合的时代，亟待面对的问题有如下几点：

一是人工智能时代的劳动力剩余问题。具体言之，人工智能能否取代人的劳动、取代人？能否造成劳动力的剩余？在马克思的时代，工人获得了可以自由出售自己劳动力的自由，但失去了掌控自己命运的自由。例如，“机器吃人”成为悬在头上的“达摩克斯之剑”。在人工智能时代，这种境遇并未得到实质性的改变。例如，全球最大自动化码头上海洋山港码头四期开港试运营，50 台自动导引车（AGV）投入开港试生产，谁会失业？答案一目了然。正如一些学者所戏谑指出的，我们的担忧是，恐怕到了人工智能时代，一般人连试图去做“无产阶级”的资格都将失去。这是因为，尽可能地使用人工智能，降低生产成本，不断获取利润，是资本的一贯逻辑。因而，人工智能取代人就成为必然。也许有人会说，人工智能会解放劳动，让人可以改变既有依靠工作而生活的模式。例如，国家推行“普惠工资”，让每个公民都获取一份可以满足温饱的基本工资，这样，我们人类就可以腾出时间和精力，从事更具创造性的工作，实现人自身的发展、自由与解放，就像

---

① 《刘奔文集》，中国社会科学出版社，2008，第 325 页。

② 欧阳康：《哲学问题的实质与当前哲学研究的问题链》，《中国社会科学》2006 年第 6 期。

马克思所说的："在共产主义社会里，任何人都没有特定的活动范围，每个人都可以在任何部门内发展，社会调节着整个生产，因而使我有可能随自己的心愿今天干这事，明天干那事，上午打猎，下午捕鱼，傍晚从事畜牧，晚饭后从事批判，但这并不因此就使我成为一个猎人、渔夫、牧人或者批判者。"① 但问题在于，我们如何确保每个人都像马克思那样，对这些有益的东西保持兴趣，而不是用大把的时间去吃喝玩乐？换句话说，我们是否想过人性之恶？因此，资本统治的人工智能时代，失业和意义的消解似乎正在威胁着依赖于劳动以证明自己、养活自己、获得意义的人类。

二是大数据与"数据剥削"。大数据时代的每个人都是"数据民工"或"数字佃农"②，人人通过自己的日常生活创造数据、提供数据，资本却可以贩卖数据，谋得利益，与数据的提供者无关。数据无价的理念将深入人心，这可能会颠覆人类的收藏观。人可能被算法所量化，同样也被算法所剥削。新的科技宗教将人类救赎的希望拱手让给算法和基因，而不是人自身。数字鸿沟演化为智能鸿沟，形成财富鸿沟，掌握着人工智能的高端精英拥有资本，控制一切。正如有学者所说，"智能时代，因为高端技术对人力、物力和政治力量的依赖，信息优势自然集中到了政府和商业巨鳄等强势集团手里，公众和弱势群体就成了透明体，毫无议价能力的数据提供方"③。由此，"剥削"有可能从工厂的生产领域扩展到日常生活的全部领域。悲观一点说，我们无时无刻不处在数据的"剥削"之中。

三是大数据与个体隐私。在资本无处不在的时代，消费统治一切。为了知道人们需要什么，以追求增殖为根本目的的资本会让商家尽可能地收集个体的"日常数据"，尽可能地"浸入"人们的内心世界，"获取"其真实想法。可以这样说，在大数据面前，我们每个人都"一丝不挂"；真正懂得自己的不是自己，而是"数据"抑或算法。倘若说，宗教信仰的时代，只有上帝知道人之所想所思，那么，在这个时代，大数据就是新的上帝。通过分析既有的"大数据"，个体内心的想法、生活的态度、价值观、人生观等，甚至于个体的未来，一切都在掌控之中。在马克思的时代，以资本为本质特征的资产阶级在其取得统治的地方把一切封建的、宗法的和田园诗般的关系都破坏了，从而塑造了一个新的世界——生产主导的现代世界。在大数据时代，资本依然占据着主导地位，在其所取得统治的地方，一切社会关系都以"数据链"的形式被搭建出来，从而按照自己的面貌塑造了一个新的世界——数据主导的现代世界。当然，这并不意味着"生产"趋于边缘，资本主导的数据，跟生产一样，追求最大限度的利润。正如马克思所说，"资本把财富本身的生产，从而也把生产力的全面的发展，把自己的现有前提的不断变革，设定为它自己再生产的前提"④。在数据时代，资本把数据的生产、加工、浓缩作为唯一目的。在这种境遇下，人类如果不能扎紧"口袋"，保护个体的隐私便成为空谈。

四是人工智能与人的个性化。传统哲学追求绝对的"一"，倡导统一。现代哲学倡导多元和差异。因此，在《否定的辩证法》中，阿多诺反复控诉追求"绝对者"的思辨哲学，认为正是这一哲学理念才是造成奥斯维辛大屠杀的罪魁祸首；控诉追求"同一"的

① 《马克思恩格斯全集》第3卷，人民出版社，1960，第37页。

② 吴霁虹：《未来地图：创造人工智能亿万产业的商业模式和路径》，中信出版社，2017，第8页。

③ 王洪喆等：《政治经济学·信息不对称·开放源代码——人工智能与后人类时代》，《读书》2017年第11期。

④ 《马克思恩格斯全集》第30卷，人民出版社，1995，第540页。

哲学理念对现实社会中多样化的漠视。在人工智能时代，完全可以通过大数据来实现对人的兴趣的测算，从而满足个体的多元需求。因为你的每一笔“交易”都被记录，个体的生活方式、兴趣随之被测算，“精准推送”随之发生。例如，某个 AI 产品，通过对社交和用户行为分析，在 5 秒钟内就能算出你的兴趣，0.1 秒内计算出推荐结果，3 秒钟内完成文章提取、挖掘、消重、分类，在你每一次完成一个动作后的 10 秒钟内，就能更新用户模型。[①] 这些 AI 产品能为他的每个受众提供符合其兴趣、爱好的用户模型。一千个读者，就有一千个符合其需求的“哈姆雷特”（用户模型）。但是，值得警惕的是，每个人也都成为“数据奴隶”，成为“被消费的对象”。当“满足每个人的需要以获取巨大利润”成为目的，意味着作为个体的每个人依然是手段而非目的。其实，即使到了人工智能时代，其背后的逻辑依然是资本，一切将由资本所掌控，一切皆是算法。乃至于我们说：“现代的新座右铭是：如果你体验到了什么，就记录下来。如果你记录下了什么，就上传。如果你上传了什么，就分享”，其结果是，“以数据为中心的世界观”取代“以人为中心的世界观”。[②]

孙正聿教授指出，马克思创作《资本论》的动机和目的，并不是“对现实的描述”，而是揭示人类解放和人的全面发展的现实道路。[③] 笔者认为，这种判断依然有效。市场经济应该是人类历史上最有效的组织和运行模式，资本是其灵魂。不论历史如何变迁，社会如何发展，只要人们依然借助资本来发展社会，驾驭资本的主题就依然存在。基于大数据和算法的人工智能的发展，肯定在变革着社会、历史和人，但其背后的资本逻辑有可能将人类引入不归之路。清醒地意识到这些问题，并作出哲学的反思，或许才是《资本论》研究所要关注的焦点问题。

（三）资本逻辑与生态文明——人类能否避免生态崩溃

资本主义时代所创造的生产力，比过去一切世代创造的全部生产力还要多。伴随着这一历史的进步，也出现了不同程度的退步，这主要体现为生态环境的破坏，例如，水资源的枯竭与污染、耕种面积的缩小与污染、气候异常、生态平衡失调等，这些都逐渐成为困扰和制约人类生存的重要因素。如何从根源上解决这些问题，当然需要哲学的智慧，更需要《资本论》的思想资源。

其实，在《资本论》中并没有多少关于生态问题的阐释，但马克思揭示了以资本主义社会为代表的现代社会的本质性特征——遭受资本逻辑统治，也阐释了资本的本质——不断实现自身的增殖。“作为资本家，他只是人格化的资本。他的灵魂就是资本的灵魂，而资本只有一种生活本能，这就是增殖自身，创造剩余价值，用自己的不变部分即生产资料吮吸尽可能多的剩余劳动。”[④] 马克思对资本逻辑的思考为我们反思现代社会的生态问题提供了重要的思想资源。我们看到，在诸多的生态环境破坏的背后，都隐含着资本的逻辑。在社会主义市场经济条件下，资本作为重要的要素被引入，但同时也面临着失控的风险。可以这样说，要真正破解生态危机的问题，就必须提升人类驾驭资本逻辑的能力和水平。

---

① 参见吴霁虹：《未来地图：创造人工智能亿万产业的商业模式和路径》，第 83 页。

② 尤瓦尔·赫拉利：《未来简史：从智人到智神》，林俊宏译，中信出版社，2017，第 350—351 页。

③ 孙正聿：《“现实的历史”：〈资本论〉的存在论》。

④ 《马克思恩格斯全集》第 44 卷，第 269 页。

中国共产党十九大报告指出："新时代我国社会主要矛盾是人民日益增长的美好生活的需要和不平衡不充分的发展之间的矛盾。"① 进而强调，"我们要建设的现代化是人与自然和谐共生的现代化，即要创造更多物质财富和精神财富以满足人民日益增长的优美生态环境需要。"② 但我们所面临的现实却是不同程度存在的生态环境的恶化以及由此可能导致的整个社会的退步与崩溃。正如有学者所指出的，"现代经济真正的敌人是生态崩溃"③。对此，一方面我们应突破固有的受到"旧生物体制"限制的发展模式，借助资本启动整个社会发展的模式，包括基于资本获利的发明、科技研发、新能源使用，等等，尽可能地减少对自然的掠夺与破坏；另一方面，则是要积极推进治理能力与治理水平现代化，尤其是驾驭资本能力的现代化，将其对自然的破坏被控制在最低限度。以共享经济为例，如果我们不是为了最大限度地提升资源利用率，而只是将其视作资本无限增殖的手段，那么类似于"共享单车坟墓"的案例就会不断出现，其所造成的浪费和环境的破坏则无法估量。有学者指出，"无可否认，共享观念本身拥有着一个美好的愿景，但共享观念的真正实现不仅需要社会物质财富的极大丰富，同时还需要资本逻辑真正地彻底退场，否则的话，共享观念所勾勒的美好蓝图最多不过是新资本诞生的催化剂，其最终实现的都不过是资本进一步的开疆扩土。"④ 在人类历史的道路上，有三大重要革命：认知革命，让历史正式启动；农业革命，让历史加速发展；科学革命，让历史画下句号而另创新局。这三大革命改变了人类。⑤对于破解生态危机的问题，科技革命发挥了重要的作用。但是，真正影响生态的是"资本逻辑"。正如陈学明教授所指出的，"我们所面对的现实世界也无情地告诉人们，只要资本逻辑占有统治地位，只要是为着最大限度地获取利润而生产，就不可能从根本上消除生态危机。要真正认识造成生态危机的根源并找到从这一危机中走出来的道路，必须深入地研究生态与资本的关系。"⑥ 这警示我们，对于生态危机问题，不能简单依赖科技革命，更不能依靠道德说教，而是要借助《资本论》的思想资源，切实研究资本逻辑与生态环境的互动机制，真正实现对资本逻辑的驾驭。

毋庸置疑，在一定意义上讲，这是一个资本统治人类社会的时代，与马克思的年代比较，虽然今天世界历史格局已经发生了翻天覆地的变化，但资本的逻辑远未瓦解，资本依然如梦魇一样纠缠着我们的头脑，主宰着我们的生活。毫无疑问，《资本论》塑造了一个时代，表征了一个时代，预见了一个时代，也必将引领一个时代。《资本论》因其所揭示的资本逻辑，标识了一个时代。对于今天的人类来说，我们依然生活在马克思所预判的时代，依然生活在《资本论》所指明的历史时代——资本逻辑主导的时代。当然，我们也足够幸运，因为已经发现了主导现代社会的资本逻辑；我们需要做的是，在哲学的原则高度上审视、表达这个资本逻辑主导的时代，探寻人类美好生活的新未来。

（作者单位：中国社会科学杂志社）

责任编辑　强乃社

---

①② 习近平：《决胜全面建成小康社会 夺取新时代中国特色社会主义伟大胜利——在中国共产党第十九次全国代表大会上的报告》，人民出版社，2017，第19页；第50页。

③⑤ 尤瓦尔·赫拉利：《未来简史：从智人到智神》，第191页；第3页。

④ 夏莹：《论共享经济的"资本主义"属性及其内在矛盾》，《山东社会科学》2017年第8期。

⑥ 陈学明：《资本逻辑与生态危机》，《中国社会科学》2012年第11期。

人是规范性的动物

——一种规范性哲学的说明

韩东晖

在亚里士多德主义传统中，人被定义为“理性的动物（animal rationale）”；海德格尔认为这虽然不“错”，却遮盖了“人表现为会言谈的存在者”这个现象的根基。① 罗素则讥讽说：他走遍许多国家，不辞辛苦，为这个论断寻找证据，不仅徒劳无功，却只见到不断陷入疯狂的世界。② 这或许是因为罗素没有注意到被归于亚里士多德的另一个论断，即人是政治的（或城邦的）动物。正如马克思所言：“人的本质不是单个人所固有的抽象物，在其现实性上，它是一切社会关系的总和。”③

本文的基本观点是，“人是规范性（normativity）的动物”似乎能够容纳“人是理性的（会言谈的）动物”与“人是政治的（社会的）动物”这两个观点，将理性（言说、推理、计算）与社会性（生产、交往、政治）结合在一起，从与规范、规则、标准相关联的活动和行为出发，回答“人是什么”和“人应当是什么”的问题。这种以活动和行动为思考对象的规范性是区别于以往对人的本质的静态描述。规范性活动（包括语言活动和非语言活动）是人之为人的必要条件，也是解开哲学本性之谜的锁钥。

一　规范性的重要性

在我们的生活中，规范性无处不在。我们不只是拥有信念，我们和他人还应当坚持某些信念；我们不只是拥有欲求，我们和他人还应当按照这些而不是那些欲求而行动。我们假定，某个人之所信、之所为，可以被判定为合理的或不合理的，对的或错的，好的或坏的，即符合标准或规范……我们无时无刻不依赖于各种规范，而规范的来源和根据却众说纷纭，令我们茫然不知所措。

这是英国学者奥尼尔在《规范性的来源》④“导言”中开宗明义的一段话。规范性是极其重要但又极其模糊的概念，因为我们通常使用规范性概念作出的区分，不是好与坏、

① 参见海德格尔：《存在与时间》（修订译本），陈嘉映等译，生活·读书·新知三联书店，2014，第 192 页。

② B. Russell, *The Basic Writings of Bertrand Russell*, Taylor & Francis, 2009, p. 45.

③ 《马克思恩格斯文集》第 1 卷，人民出版社，2009，第 501 页。

④ 克里斯蒂娜·科尔斯戈德：《规范性的来源》，杨顺利译，上海译文出版社，2010。

对与错、善与恶的区分，而是一方面是好坏、对错、善恶……，另一方面是现实的、可能的、通常的……。举凡伦理学、美学、认识论、价值论、语义学、法理学等，均涉及规范性的本质，体现出人之为人的规范性维度。

在规范性问题研究中，元伦理学、法哲学和社会哲学是最为突出的三个领域。在元伦理学领域中，对道德语句的核心语汇"应当"的深入研究，对休谟问题即"是"与"应当"之裂隙的反复讨论，关于道德领域自然主义与反自然主义的"拉锯战"，无不使规范性问题的争论日益激烈。在法哲学领域中，凯尔森的纯粹法律理论与制度法学之间的争论，法律实证主义与反实证主义的交锋，使不同类型的事实与规范之间的问题日益凸显：描述性事实作为决定法律内容的实践，是不是法律内容的唯一决定者？抑或法律内容也依赖于规范性或评价性事实即价值事实？[①] 在社会哲学领域中，约翰·塞尔提出的制度事实与原初事实之区别，以及与之相关的地位功能和集体意向性理论，使规范性事实、合理性等问题成为争论的中心，甚至引发了行为科学和认知心理学对逻辑主义与规范主义的关注。[②]

尽管规范性问题由来已久，但近代以来在哲学中将其作为核心问题深入探究，则是由休谟引发、经康德点燃，而在20世纪后半叶才在哲学内部顽强生长起来的。从当代分析哲学界来看，规范性研究的热潮源于克里普克关于维特根斯坦与遵守规则悖论的讨论（1985），但塞拉斯关于"理由空间"的研究实际上已经抓住了规范性的核心概念，90年代以来麦克道尔和布兰顿的影响力，使规范性问题成为重要的哲学生长点，在北欧、英国、美国等地出现了规范性问题的研究重镇。可以说，当代的规范性研究源于语言哲学，但规范性问题并不局限于语言哲学。从意义与内容的规范性到认知规范性，从意向规范性到行动规范性，规范性这一概念或问题已经深入语言哲学之外的心灵哲学、行动哲学、科学哲学、认知科学、伦理学和法学等学科之中。关于规范性的本质、规范性的来源、规范性的效力、规范性的先验论证、规范性与自然主义和因果主义之间的争论等成为规范性研究的主要问题。

例如，就规范性本质而言，目前有影响的理论包括：（1）以布莱克本（S. Blackburn）和吉巴德（A. Gibbard）为代表的表达主义和非认知主义理论。表达主义不接受规范事实是实在的一部分，并且主张规范性陈述所表达的心理状态不是严格的认知状态。非认知主义认为，规范术语所表达的心理状态在某些重要的方面更像欲望或情感而非信念。（2）以塞拉斯和布兰顿为代表的理性主义的实用主义。他们根据能力和实践来思考规范性，也就是以实用主义所欣赏的方式来思考规范性。（3）各种建构主义理论。科尔斯戈德（C. Korsgaard）在《规范性的来源》中认为，规范性的主要来源有四种：唯意志论、实在论、反思性认可和诉诸自律。她本人则在康德的自律概念基础上，提出了"实践同一性"概念。（4）建立在对规范陈述的概念分析基础之上的理论，代表人物有克里普克、杰克逊（F. Jackson）、佩蒂特（P. Pettit）、斯库鲁普斯基（J. Skorupski）、史密斯（M. Smith）等。（5）康内尔学派的道德实在论，代表人物有斯特根（N. Sturgeon）、布林克

---

① Enrique Villanueva (ed.), *Law: Metaphysics, Meaning, and Objectivity*, Social, Political, & Legal Philosophy Vol. 2, Rodopi, 2007, p. 22.

② Shira Elqayam and Jonathan St B. T. Evans, "Subtracting 'Ought' from 'Is': Descriptivism Versus Normativism in the Study of Human Thinking", *Behavioral and Brain Sciences*, 34 (5), 2011.

（D. Brink）和博伊德（R. Boyd）等人。他们试图把规范术语的语义学引入自然类术语的语义学，这种方法为规范术语倡导一种指称的因果理论。（6）寂静主义的实在论方法，代表人物有麦克道尔和帕菲特（D. Parfit）。他们认为所有形式的反实在论都是错误的。这种实在论是一种消极的批判性的理论。（7）元规范的实在论。韦奇伍德（R. Wedgwood）对规范性的本质进行了研究和界定，把规范事实和规范真理看作实在的真实部分，主张一种元规范的实在论。

相对而言，国内学界对于规范性问题的研究虽然还不够丰富，但也取得了一定进展，其中有代表性的成果包括：李淑英、孟强、于金龙、喻郭飞等对认知规范性问题的讨论[①]，郭贵春、赵晓聃关于意义与内容的规范性研究[②]，徐向东、陈真、翟振明等关于规范伦理学的研究。[③] 陈嘉明教授在2000年就提出建立一门作为哲学分支的“规范哲学”的设想，并作出了相应努力。[④] 总体来看，国内对于规范性的基础性研究正在起步，即将迎来新一轮的深入研究。

在笔者看来，规范性问题固然涉及方方面面，但规范性哲学的重要性不止于此，因为以规范性为中心的视角转换和理论定向会使哲学研究的重心乃至基础发生转向。

人之所以是理性的动物，同时也是政治的、社会的动物，正是源于人类生活和概念活动的规范性特征，因为人能够运用概念并用于经验，创制规则并遵守规则，作出判断和承诺，展开推理并承担责任，一言以蔽之，因为人是规范性的动物。布兰顿概括道：“我们是受理由约束的，是服从于更好的理由所具有的特殊力量的人。这种力量就是一种规范性力量，一种理性的‘应当’。理性之为理性，就在于受这些规范所约束或辖制，就在于服从于理由的权威。”[⑤] 简言之，人不是未经教化、脱离规范且沉湎于个别性的动物，而是能够运用公共理性、通过规范性而获得自由的行动者。

这种规范性导向不再继续坚持事实与价值、描述性与规范性、实然与应然的截然二分，一切理智活动、理性思维都是行动，都要在不同程度上遵循逻辑的、概念的、语言的规范性，描述性语句实际上预设规范性语句。正如斯坦利·卡维尔所言：如果语言不提供给我们规范性的描述方式，也就不可能去描述这回事。[⑥] 同样，正如康德以物自身为现象的感觉和意义的界限一样，规范性事实不把自身还原为因果性事实，但承认未被阐释的原初事实

---

① 参见李淑英：《规范的自然主义解释——自然化认识论的规范性问题之一》，《自然辩证法研究》2007年第11期；孟强：《规范性与必然性》，《云南社会科学》2008年第5期；于金龙：《科学实践的规范性：劳斯的规范性元理论述评》，《哲学动态》2008年第10期；喻郭飞：《认知规范与自然主义认识论》，《武汉科技大学学报（社会科学版）》2012年第5期。

② 参见郭贵春、赵晓聃：《意义的非事实论与规范性——规则遵循问题的语义分析》，《哲学研究》2011年第5期；《规范性问题的语义转向与语用进路》，《中国社会科学》2014年第8期。

③ 参见徐向东：《论工具理性的规范性》，《云南大学学报（社会科学版）》2006年第3期；陈真：《道德研究的新领域：从规范伦理学到元伦理学》，《学术月刊》2006年第10期；翟振明：《论构成的主体性与意动的主体性》，《现代哲学》2002年第1期。

④ 参见陈嘉明：《规范性的科学何以可能——关于建立“规范哲学”的构想》，《开放时代》2000年第5期；《社会规范本质的哲学解释》，《江海学刊》2000年第5期；《个体理性与公共理性》，《哲学研究》2008年第6期；等等。

⑤ Robert Brandom, *Making It Explicit: Reasoning, Representing, and Discursive Commitment*, Harvard University Press, 1994, p. 5.

⑥ Stanley Cavell, *Must We Mean What We Say?* Cambridge University Press, 1976, p. 22.

(brutefacts) 的界限。[①] 我们不仅受到因果性力量的制约、事实的约束，更活动在规范性的领域，而规范性就是自由之所在。因此，被视为偶然的经验性知识并不与必然的知识截然二分，自然因果性并不与自由因果性界限分明，规范性转向会让我们调整思考问题的视角。

这种规范性导向不再让哲学坚持科学式的使命和责任，不再以各种类型的确定性知识为鹄的，包括形而上学、认识论、伦理学、哲学心理学等传统哲学领域中的绝对主义的、客观主义的知识，而是致力于理解性、阐释性、治疗性的实践学（praxiology)。[②] 这种实践学的工作是把各门科学和各种活动类型中隐含的（implicit）规范转变为公共的、清晰的（explicit）表达，因为表达之为表达就在于清晰阐释，在根本意义上就是使表达具有命题性内容（即断言、判断或信念的内容），并成为欲求理由游戏中的基本步骤。[③] 于是，概念的作用就是针对在实践中正确的形式推理或实质推理，清晰阐明隐含其中的概念性内容和规范性承诺。用赖尔关于实际操作能力和命题知识的区分来表达[④]，就是把隐含的“知道如何做（knowing how)”的经验加以编码，使之成为“知道如此说（know that)”的清晰表达，把实践能力付诸理论表述，依据规则或原则，说出孰是孰非。[⑤]

这种规范性导向不再被抽象的纯粹理性或超越的绝对理性所诱惑，而是聚焦于社会性、历史性、概念性的言语推论性实践（discursive practices)，放弃无前提的“我思”、无语境的“主体”、无处不在的自然主义还原路向，转而关注各种抽象规则的历史形成和认同过程，关注以语言共同体为语用学前提的言语实践能力，从自然的逻辑空间转向行动的理由空间，力求更清晰、更充分地理解人类的实践活动及其能力。

这种规范性导向在哲学史中并不缺乏思想的闪光，但引发深刻的规范性转向的则是被休谟从独断论迷梦中惊醒后的康德。维特根斯坦是当代哲学中规范性哲学的引擎，而塞拉斯和布兰顿则以独具特色的方式为规范性哲学奠基。

二 从康德到布兰顿的规范性转向

康德的哲学革命通常被称为“哥白尼式革命”，在认识论层面上倒转了认知主体与客体的关系，发生在直观与对象、概念与对象的关系当中。苗力田先生也将这一思想称之为“开普勒式改革”，即直观与概念是人类认识的椭圆轨道的不可分的两个焦点。[⑥] 与上述革命或改革相伴，更为有力的诠释方式是康德引发了规范性转向：人为自然立法，并为自身立法。

规范性虽然不是康德所用的概念，但康德所大量使用的规范、法则、规则、客观性、有效性、合法性、有关权利问题的先验演绎，都可以统一为规范性话语。因此，就康德哲学而言，对规范性话语的总体性考察和规范性语句的语义学就是极为必要的，但目前的研究又相对缺乏。部分原因是我们熟悉的分析框架或者专注于理性心理学的感性、知性、理

---

① “原初事实”概念借用于 John R. Searle, *The Construction of Social Reality*, Free Press, 1995。

② 布兰顿称之为分析的实用主义（analyticpragmatism)。参见 Robert Brandom, *Between Saying and Doing: Towards an Analytic Pragmatism*, Oxford University Press, 2008。

③⑤ Robert Brandom, *Making It Explicit: Reasoning, Representing, and Discursive Commitment*, p. 14, p. 43.

④ Gilbert Ryle, “Knowing How and Knowing That: The Presidential Address”, *Proceedings of the Aristotelian Society*, 46, 1945, pp. 1—16.

⑥ 李秋零主编：《康德著作全集》第1卷，中国人民大学出版社，2003。

性三分法，或者专注于先验统觉、自我意识及其反思，或者以认识论为中心，把认识论与道德哲学分为两截，没有把规范性贯彻在整个批判事业中。

布兰顿精辟地概括了康德的规范性转向的基本精神："从笛卡尔将自身作为思想的存在物的存在论（ontology）划界，转换为将自身作为责任的中心点的道义论（deontology）划界。"[①] 这种概括打通了知性为自然立法和理性为自身立法这两个层次，无论是概念自主的知性活动，还是道德自律的理性活动，均将我们视为独具特色的由规则辖制的规范性的生物。在知性的概念活动和理性的道德实践这两个层面上，判断和行为本质上包含着承诺，承诺事情是怎样的或应当是怎样的。由于判断和行为可根据其正确性来评价，因此我们也就要为我们的信念和行为负责任，对各种关系评价负有责任。

所以，当休谟问，在理论推理层面，从关于事实的规则性（regularities）的描述前进到必然法则的表述，如何能够得到合理的辩护？在实践推理层面，从对事物情况如何的描述，前进到对事物应当如何的规定，有什么保证？用康德的术语说，这里有两种必然性：实践的（包含道德的）必然性和自然的必然性；而对康德来说，必然性就意味着"根据规则"。[②] 因此，从模态方面说，康德认为休谟困境不是真正的困境。要理解日常规定性概念的描述性的、经验性的使用，至少也要隐含地理解用以清晰阐明法则的模态概念能够清晰阐释什么。因此，康德沿着规范性或实践必然性一侧踏上了对应的思想路线。规范性概念将隐含在任何概念使用中的承诺清晰阐释出来，无论是理论地隐含在判断中的概念，还是实践地隐含在意向性行为中的认可实践原理的概念，皆是如此。因此，判断和主动性（agency）是隐含的规范性现象，因为它们的完成就在于运用概念，而运用概念就是承担起承诺和责任，这些概念清晰阐明了承诺和责任的内容。对康德来说，特定的道德规范性语汇清晰阐释了承诺，这些承诺已然隐含在概念的实践使用中。这也正是后来塞拉斯在《经验主义与心灵哲学》中所表达的重要思想："在刻画认知片段或状态的时候，我们并不是在给出它们的经验性描述，而是我们将其置于理由的逻辑空间当中，也就是置于辩护和有能力辩护所言说内容的逻辑空间当中。"[③]

人们通常认为维特根斯坦后期著作《哲学研究》中提出的"遵守规则"问题，深刻影响了规范性的问题域和研究路向。实际上，在早期《逻辑哲学论》中隐含的规范性思想已经奠定了早期分析哲学的基本立场。维特根斯坦一方面通过事实的逻辑空间和语言的逻辑构造，通过遵守映现世界的逻辑的规则、符号系统的规则，来划定可思、可言说、可认识的领域；另一方面用"应该如何做（ought - to - do）"来阐明"应该是什么（ought - to - be）"，通过划界、阐释、澄清的践言活动（performatives），显示出事实世界之外的神秘之域的意义，而这个神秘之域，就其摆脱混淆、投身实践而言，实际上就是规范性的领域。在这个领域中，规范性既体现在上述伦理准则的"应当"和伦理赏罚的"义务"之中，也在于给出了"哲学的正当方法"——应当怎样做哲学：哲学不是一组断言，因为断言的对象是事实，那是可说的领域，是自然科学的领地；而哲学是一系列践言行为，告诉我们应该怎样做才是正确的哲学活动。

---

① Robert Brandom, *Tales of the Mighty Dead: Historical Essays in the Metaphysics of Intentionality*, Harvard University Press, 2002, p. 21.

② Robert Brandom, *Between Saying and Doing: Towards an Analytic Pragmatism*, pp. 109—110.

③ Wilfrid Sellars, *Empiricism and the Philosophy of Mind*, Harvard University Press, 1997, §36.

《哲学研究》中的“遵守规则”问题特别是克里普克的独特诠释，引发了规范性研究的热潮。但遵守规则问题不仅仅涉及语言使用、意义理解以及交流的可能性，在逻辑、伦理学、美学、心理学等领域同样重要。维特根斯坦的规范性进路“诉诸关于作出规范性论证时人类自然能力的诸事实，从而将规范性论证置于更为广泛的自然主义探究之中，这一探究的对象是人及其在世界中的地位”[①]。这里所谓的广泛的自然主义，强调的是人类的自然史中各种各样的生活形式、共同的行动方式所具有的“河床般”的语境作用，正是在这一现实的广阔语境中，维特根斯坦通过语言游戏方法和家族相似性方法观察到了遵守规则活动的规范性结构。遵守规则，甚至是盲目地遵守规则，是各种人类行为隐含的前提；即便是打破规则的行为、彻底怀疑的态度都要依赖特定的语义规则、有效的语用规则、公共的理由空间和隐含的辩护原则。所以哈贝马斯说，隐含地知道如何遵守规则先于清楚地知道遵守的是什么规则，我们必须首先“掌握”受规则辖制的实践（rule - governedpractice），然后才能明确地运用这种能力，并将以直观的方式知道的规则表述成型。因此关于规则的知识就建立在这种能力上，即凡是试图澄清其实践知识的，就在一定意义上发现自己已然是这一实践的参与者。[②]

布兰顿吸收了康德的规范性思想，汲取了黑格尔的历史主义观念，深得维特根斯坦遵守规则方法之精髓，精研塞拉斯“理由空间”思想之三昧，通过《清晰阐释》（1994）、《清晰说理》（2000）、《晤对先哲》（2002）、《言行之际》（2008）等一系列有重大影响的著作，在规范性哲学领域可谓博大精深，独树一帜。在他看来，“作为自然的存在物，我们按照法则行动；作为理性的存在物，我们按照我们关于法则的观念（conception）行动”[③]。人是自然界的产物，和其他动物一样具有感受性（sentience），和其他动物不一样的是人拥有智识性（sapience），这种智识性就在于人的态度和行为展示出一种可理解的内容，我们在理由之网中把握这种内容，在推理中清晰地说出这种内容。在理由空间中，我们运用概念，遵守规则，作出判断和推理。在予求理由的游戏中，通过推理主义语言学和规范性语用学揭示了如何清晰阐释我们的言语行为。推理主义的推理并不是形式化的演绎推理，而是有正误之分的实质推理（materially correct inferences）。在推论主义中，每一个断言（assertion）既是一个推理的结论，也用作另一个推理的前提；既为下一步的推理作出承诺，也为下一步的推理提供资格；因此既提供理由，也作为理由进入予求理由的活动，在理由空间中编织出大大小小、相互纠缠的理由之网。我们的言语行为、理解活动就是在理由之网中的实践，恰当的语用学理论能够为推论主义语义理论奠基，这种语用学理论就是规范性语用学。我们的言语行为嵌入实践活动中，语义内容嵌入语用语境中，推论主义语义学同样也嵌入规范性语用学中。规范性语用学将社会性、历史性与推理性结合在一起，深入阐发了三个源于维特根斯坦的伟大主题：坚持语言和意向性的规范性特征；根据实践而不是完全根据规则来理解这些规范的语用学承诺；承认这些规范的特征本质上是社会性的。[④] 这样一条规范性转向的脉络，为规范性哲学的进一步发展奠定了基础。

---

① Mark Bevir (ed.), *Wittgenstein and Normative Inquiry*, Brill, 2016, p. 2.

② Jürgen Habermas, *Between Naturalism and Religion: Philosophical Essays*, Ciaran Cronin (trans.), Polity, 2008, p. 67.

③④ Robert Brandom, *Making It Explicit: Reasoning, Representing, and Discursive Commitment*, p. 30, p. 55.

三 规范性哲学的基本问题

如本文开篇所言，规范性无处不在，举凡人类实践行为和概念活动发生之处，均涉及理解、承诺、评价、辩护、承认、认同等规范性活动。因此规范性要素既是实践及其能力特别是言语推论实践所蕴涵的内容，也是此类活动所隐含的预设。与此同时，规范性要求（normativeclaim）体现出道义和模态的双重属性，既涉及承诺、责任的应当和必须，也涉及模态的必然与可能。进一步说，自由既是规范性要求，也在规范性中得到保证和扩展。概言之，规范性哲学的运思不同于西方哲学主流传统中的脉络和语汇，而是要在当代哲学和知识的图谱中逐渐形成自己的问题域和话语体系。这个问题域的结构大致包括以下六个方面：

第一，规范性概念的一般性考察，说明规范性的基本结构。这一工作集中在以下三项：（1）规范性的可能分类，例如区分评介性的规范性和义务论的规范性等分类。（2）规范性的来源和基础，探求规范性是否无需基础而直接依赖于理性的自发性，抑或奠基于公共理性和社会实践当中。这对于理解规范性是非常关键的问题。（3）澄清涉及规范性的一系列二分法，如描述性与规范性的区分、事实与价值的区分、接受性与自发性的区分等。

第二，规范性语汇的分类及其特征。规范性语句的基本特点就是其中包含规范性语汇，特别是在道德和实践哲学中居于中心地位的“善好”“应当”和“理由”。从语汇出发考察规范性语句的分类，并将其与逻辑语汇、模态语汇加以比较，考察模态性与规范性的实质关联、合理性与规范性的关系等具有重要意义的联系。

第三，规范性实体与规范性事实的性质。我们身处规范性的世界，凡有人群之处，即有规范，从言语到行为，从信念到律法，都在规范性约束力之下。是否存在规范性事实、属性和关系？如果存在，它们是否是不可还原的？是否是因果有效的？什么是正确的或恰当的？什么是强制的或被允许的？什么是我们承诺或有资格去做的？如果道德事实、价值事实等实在论的观点成立，那么规范实在论是否成立？规范性的反实在论的立场能否得到辩护？这些问题对于理解规范性是极其重要的。

第四，意义的规范性与认知的规范性。意义是规范的，这个观点已经几近于口号了：“作出意义论断”这个言语行为本身就是规范性的，即说出某物意味什么就是在作出规定。但意义规范性的分疏仍然不够清楚。意义的规范性明显不同于道德规范性，而与遵守规则问题相关。认知规范性主要涉及认知规范的地位和根据，特别是与认知评价相关的问题。例如，认知规范是否自成一类，不可还原？是由信念、探究、理由和推理形成的构成性规范，还是实现个体目的的工具性规范？是清晰阐明成功的践言活动结构的践言式规范，还是功能性规范——涉及这些规范能否有效发挥作用，是否与知觉和认知的功能在构造上相关联？等等。①

第五，规范主义与非规范主义和反规范主义。这一基础性问题对于规范性哲学而言具有实质意义，因为它居于关于规范性的当代争论的中心。首先，反规范主义，如各种自然主义、因果主义、表达主义，能否得到有力反驳，规范主义能否得到强有力的辩护，从而肯定规范实体的存在无需进行形而上学还原或者因果还原，同时规范性的存在也不需要预

---

① David K. Henderson and John Greco (eds.), *Epistemic Evaluation: Purposeful Epistemology*, Oxford University Press, 2015, p. 247.

设平行于现实世界的规范世界（幽灵世界），规范性在认知、逻辑、语言和制度中自有其存在根据。其次，规范性何以能够成为我们认知、动机和出于意志的反应的最高原则；我们何以能够认识到这些认知、动机和出于意志的反应在某些情境中是合适的，而在其他情境中则是不合适的；我们如何可能合适地、正确地或者有效地言说、思维和行动等。这就需要提供一种规范性言谈、思维与行动的语义说明。最后，规范性真理是否存在？什么使得规范性问题的回答包含正确与错误之分？如何对此提供合理和可靠的辩护？

第六，依据规范性哲学的思路透视哲学史。西方哲学的主流传统承认实践理性相对于理论理性、实践哲学相对于理论哲学的优先性，从苏格拉底式的“德性即知识”直至维特根斯坦对不可说的领域保持沉默的箴言，均体现出这一精神。但其主流思路，往往是通过理论哲学推衍出实践哲学，实践哲学是理论哲学在逻辑上的积极或消极的结果。如果我们采取人类活动优先于理性沉思、语义规则优先于被给予性、实质推理优先于形式推理、阐明规范优先于创立知识的规范性进路，哲学史将呈现不同的面貌。不仅大量被边缘化的哲学家及其哲学思路会被重新纳入哲学史的主流叙事，而且哲学史中主要人物的思想也将得到重构。

笔者期望通过以上六个方面的研究，能够勾勒出规范性的本质和结构。当然，这六个方面的研究，不能与法律规范、道德规范、社会规范、科学规范等领域的研究相分离。实际上，规范性哲学恰恰要与具体的人类活动领域的规范性研究相结合，才能够凸显规范性哲学的重要性，避免规范性哲学堕入形而上学的思辨困境。

结　语

康德在谈到“关于应用我们的理性的最高准则的科学”时，提出“世界公民意义上的哲学的领域”可以归为以下四个根本性问题：“我”能够知道什么、“我”应当做什么、“我”可以希望什么和人是什么。① 其中前三个问题分属于形而上学、道德和宗教领域，就其涉及“能够、应当和可以”这三个规范性的和模态的语汇与能力而言，需要在规范性上把握这三个方面。

康德认为，人类学回答第四个问题，即“人是什么”；但在根本上，人们可以把所有这一切都归给人类学，因为前三个问题都与最后一个问题相关。而“人是什么”的问题，就不仅仅涉及作为世界知识的实用人类学，归根结底要回答规范性的本质问题。因此，“人是什么”的问题，与“人应当是什么”的规范性问题不可分离；人之为人，恰恰在于本能反应、感觉知觉、情感体验、符号运用、概念判断、遵守规则和社会实践的整体性活动。人之为理性的人，正在于人类的长期演化和认知革命造就了本能行为之上的语言与行为相交织的语言游戏，使人类理解并运用抽象规则建立意向性的共同体，在语言共同体的社会性活动中创造制度事实、劳动工具和物质关系，各种事实描画和语言表达中均隐含着创制规范和遵守规则的活动。一言以蔽之，人是规范性的动物。

（作者单位：中国人民大学哲学院暨外国哲学研究所）

责任编辑　冯瑞梅

① 李秋零主编：《康德著作全集》第9卷，中国人民大学出版社，2013，第23—24页。

生命、符号与不可辨识之物

——当代欧洲对象理论的形成与发展

蓝　江

我们的时代或许是对象大行其道的时代。

——特里斯坦·加西亚：《形式与对象》

如今，互联网和数字化技术的广泛应用，已经对传统意义上“物”的概念形成了巨大冲击。这正是今天欧洲哲学重新思考物的背景。当然，今天欧洲各国的思想家，包括法国的阿兰·巴迪欧（Alain Badiou）、布鲁诺·拉图尔（Bruno Latour）、昆汀·梅亚苏（Quentin Meillassoux）、特里斯坦·加西亚（Tristan Garcia），英国的格拉厄姆·哈曼（Graham Harman）、雷伊·布拉西耶（Ray Brassier），甚至美国的曼纽尔·德兰达（Manuel Delanda）、提摩太·莫顿（Timothy Morton）等都试图在今天的背景下重新思考对象问题。在某种意义上，我们可以称之为对象思想的复兴。那么，这种复兴的具体思想背景是什么？在今天这个互联网技术高度发展、数字化程度越来越高的时代，如果从马克思主义的唯物主义视角来看，究竟应该如何来理解对象的概念？要回答这个问题，我们似乎不能仅仅简单介绍哈曼、梅亚苏、加西亚等人的思想，而是要回到物或对象研究的历史脉络中去。

一　对象研究的前史

在古希腊，人们对米利都学派最早的称呼，实际上并不是后世为人们熟知的哲学家（philosopher，φιλόσοφος，字面意思是“爱智慧者”），相反，他们被称为“博闻者（φυσιόλογοι）”。φυσιόλογοι 一词在词源学上很近似于我们后世所说的物理学家（physicist），但在前苏格拉底哲学阶段，φυσιόλογοι 的字面意思是“自然（φύσις）的认识（λόγοι）”。米利都学派的众贤，以及后世的恩培多克勒、赫拉克利特、德谟克利特、巴门尼德等从朴素的物质因素来认识世界的思想者，更多是从自然的层面来化约复杂的世界体系，包括自然世界和精神世界，他们的任务与其说是探索我们的生活世界和政治世界的秩序，不如说是探索构成世界的本源和最根本因素。有趣的是，绝大多数前苏格拉底思想家，都是从物的因素来思考万物的本源，这种物构成了人类思考自己世界的最初基础。海德格尔在对存在的追问中，看到了米利都学派关怀物质性因素的根本所在。海德格尔说：

“之前一个存在物，是通过自然（φύσις）属性来辨识的：水-气-无形（ἄπειρος），这意味着是对存在的理解，而不是概念。我们一遍又一遍地历险，努力追随存在，但一次又一次被抛回来，且只能将其理解为一个存在物。”① 对于海德格尔的说法，我们需要理解的是：（1）前苏格拉底思想中的自然并不是物或者对象，自然是一个涵括一切存在物的总体，而现代意义上的物或对象并没有出现。这些博闻者仅仅是在自然本身中来认识万物。（2）前苏格拉底哲学家没有使用概念，水、气等各种自然元素都是自然之中本身具备的东西，这就是海德格尔强调他们从自然属性而不是概念来理解万物与自然的缘由。没有概念，即自然处在一个未分化（indifferent）的状态之下，人们对自然或万物的认识，是以物格物，以自然中的存在物来辨识其他存在物。认识和行为的主体尚未从这样一种未分化的状态中独立出来，这种未分化状态成为了海德格尔的无蔽（ἀλήθεια）以及阿甘本意义上的敞开（apertura）。

作为概念的对象，实际上诞生于苏格拉底和柏拉图所处的古希腊哲学的黄金时代。柏拉图在著作中建立了理念（εἶδος）与其他事物的区别。在《蒂迈欧篇》中，他就曾谈到两类不同的对象：“首先，存在着理念，不生不灭，既不容纳他物于自身，也不会进入其他事物中，不可见不可感觉，只能为思想所把握。其次，我们有与理念同名并相似的东西，可以感知，被产生，总在运动，来去匆匆，我们通过知觉和信念来把握它们。”② 在这个意义上，有形而可感、不断运动的对象区别于永恒不变的理念。在柏拉图《理想国》著名的洞穴隐喻中，对象或物被比喻为映射在洞穴墙壁上的阴影，随时都会因为时间的变化无常而即生即灭。在此世之中的存在物，只是分有了不生不灭的理念，它们是理念的摹本，“至于那摹本，原是从模仿实在者而来的，因为没有实在性，其存在就像浮动的影子一样晃来晃去。然而，摹本从理念那里多多少少获得了它的存在性。不然的话，摹本就什么都不是了”③。这样，柏拉图通过理念，在永恒的理念与可感的事物之间划出了界限，可感事物是作为理念的影子出现的。以可感事物为范式，不断地追逐和指向那个永恒的真，即不生不灭的理念，成为自柏拉图以降的西方哲学的目标。

更深刻的区分诞生于近代的启蒙哲学，其开创者非笛卡尔莫属。笛卡尔在建立思维和广延二分的同时，也建立了主体与对象（客体）的二分。在“我思故我在”的命题之下，大写的主体（Sujet）拥有着理性思维，这种理性思维成为具有本体意义的范式，正如笛卡尔所说：“我认识了我是一个本体，它的全部本质或本性只是思想。它之所以是，并不需要地点，并不依赖于任何物质性的东西。”④ 正是由于作为主体的“我”拥有了理性，我们才具有了认识世界和各种对象的能力。换言之，笛卡尔建立的是一种以理性的自我为中心的认识论，在自我这里，拥有着一种认识的架构，而我们就是以这种架构来面对整个世界。可以说，笛卡尔在一定程度上改变了柏拉图的理念和分有之物的区分，因为在柏拉图那里，物之所以成为物，是因为它分有了绝对的理念，否则，物“就什么都不是了”。然而，在笛卡尔这里，他坚决拒斥了这种观念：“物质里并没有经院学者们所争论的那些‘形式’或‘性质’，其中一切都是我们的灵魂本来就认识的。”⑤ 笛卡尔彻底否定了在物

---

① Martin Heidegger, *Basic Concepts of Ancient Philosophy*, Richard Rojcewicz (trans.), Indiana University Press, 2008, p. 46.

②③ 柏拉图：《蒂迈欧篇》，谢文郁译，上海人民出版社，2003，第49页；第49页。

④⑤ 笛卡尔：《谈谈方法》，王太庆译，商务印书馆，2000，第28页；第36页。

之中分有着理念“形式”的可能性；而对于物的把握，完全依赖于主体的思维，即灵魂中的理性架构。物质的世界是主体认识论下的被动的实体，也就是说，是精神或思维通过观念设定了认识对象的框架，而不是对象的形式作用于思维。正如笛卡尔针对伽桑狄的第五组反驳提出：“任何一种物质性的形象都不能接受到精神里面去，而对于事物的领会或纯理解，无论这些事物是物体的或是精神的，都不是用任何物体性的形象做成的。”① 我们可以将笛卡尔的观念总结一下，即所谓的对象，并不是一种独立于人的理性思维之外的纯粹物，人的思维提供了我们认识所有事物的形式和框架。在笛卡尔这里，这种形式与框架能够穷尽一切事物的保障在于全知全能的上帝，因为上帝是一切理性认识的根基。这样，笛卡尔就建立了主体－客体的认识范式。在这个范式中，主体成为主动的方面，它拥有着分辨和认识客观世界的先天工具，而世界以对象的方式进入主体的认识之中。这里需要注意的是，笛卡尔所提到的是主体－对象的范式，而不是主体－物的范式。也就是说，在笛卡尔的范式中，对象是一种关系式架构，主体先天地按照既定的观念范式，分辨并架构了纯粹的世界，一旦主体的观念降临，让理性之光在大地上显示出光亮与阴影，那个纯粹的世界就一去不复返了。也就是说，我们面对了一个被理性的光亮所照射的世界，即被主体架构的对象世界，这个世界才是笛卡尔意义上的客观世界。

但是，这里还存在着一个问题，这个主体的思维架构是否能够无一例外地穷尽所有的外在世界的物质对象呢？在笛卡尔那里，最终让理性认识穷尽一切物质对象的根据在于上帝，但是，如果根本不存在这个全知全能的上帝，主体的认知架构又如何能穷尽物本身的世界呢？正如后世的胡塞尔谈到：“在事物存在本身那里，对于经验者来说，物理事物就是一个开放的、无限的、不确定的视野，包含着那些并不会被明确感知到的事物。”② 胡塞尔的意思很明确，存在着那些被主体的理性思维所架构的对象，这些对象作为一个被动的物被纳入主体的认识结构之中，成为主体－对象的配对，但是，仍然存在着那些无法进入主体认识结构之中的事物，这种事物在理性之光的阴影之中自在地存在着。

事实上，与其说笛卡尔的主体－对象的二元架构，解决了自柏拉图以来的精神与实在的二分问题，不如说这种二分进一步被限定在可以被主体认知架构所认识的对象（object）与完全无法被主体所感知的物体（thing）之间。也正是基于这个区分，出现了康德的物自体（Ding an sich）概念。他在《未来形而上学导论》中曾经区别过物的显像和物自身：事实上，当我们合理地把感官的对象视为纯然的显像的时候，我们由此也就同时承认了，这些显像是以一个物自身为基础的，尽管我们不知道该事物就自身而言是什么性状，而是只知道它的显像，也就是说，只知道我们的感官被这个未知的某物所刺激的方式。③

相应地，在德语中也就出现了能够与主体建立关系的事物（Sache）和物（Ding）的差别，前者是可以与主体建立关系（包括认识关系、实践关系和审美关系等）的物，是一种客体范式，属于在主体－客体的二元结构中建立起来的对于物的显像；后者并不依赖于主体－客体的范式，而是不依赖于主体的、作为物自体的自在之物，尽管康德强调物自

① 笛卡尔：《第一哲学沉思录》，庞景仁译，商务印书馆，1986，第 385 页。

② Edmund Husserl, *Cartesian Meditations: An Introduction to Phenomenology*, Dorion Cairns (trans.), Martinus Nijhoff Publishers, 1960, p. 23.

③ 参见李秋零主编：《康德著作全集》第 4 卷，中国人民大学出版社，2005，第 318 页。

体是物显像的根基，但实际上，也可能存在着某种完全无法被我们感知到的物。同样也存在着两个世界，一个是与我们主体认识密切相关的、符合我们认知基础架构的现象世界，这个世界的物或对象是依照我们所设想的逻辑或秩序排列的；另外，还必然存在着一个不可知的世界，即物自体的世界，一个超越于我们认知架构和能力之外的世界。这个物自体的世界的存在，也恰恰是由于我们认识能力的局限所造成的，那个世界静悄悄地与我们隔着一层永远无法除去的隔膜。

不过，问题的核心并不在于我们是否应该去探索和穷尽那个未知的物自体的世界，所有将目标定位为去认识世界所有真相的学说都会铩羽而归，因为物自体不仅是不可感知的，而且我们甚至无法对它的存在作出任何判断。那么，真正的问题就不在于那个物自体世界。在当代欧洲发生的所谓“物的转向”，也并非让我们的目光转向那个看不到、摸不着，甚至不能对它有丝毫想法的纯粹的物自体。现代认识论向我们提出的新问题毋宁是，如果物的显像是基于主体的认知架构而建立起的主体－对象的关联，那么这个认识对象，即作为物的对象是否是唯一的可能——换个问法则是，如果认知架构是可以变化的，是否意味着我们可以用不同的方式来建构对象，从而让对象或物以非同寻常的方式向我们呈现出来。当海德格尔说“让物物着”时，并不是让我们去追寻那个不可感觉的物的痕迹，而是让我们返回我们眼下的那个作为对象的物，除去主体的认知架构强加于它之上的形式的枷锁，让它可以凭借另一种样态向我们呈现出来，这就是海德格尔强调不断地追问才是哲学的使命的原因所在。

二　生命论的道路

马克思在《关于费尔巴哈的提纲》中提出，“人的思维是否具有客观的真理性，这不是一个理论的问题，而是一个实践的问题”①。这实际上已经把物的问题从德国古典唯心主义的纯粹观念的藩篱中解放出来，物的问题在马克思的历史唯物主义的意义上，变成了一个实践关系的问题，即所谓的对象是人的实践活动的产品。人类作为主体，并不是像旧唯物主义所理解的那样，一成不变地被动地接受物质的刺激和作用。这样，作为对象的物不再是一种冷冰冰地等待着我们去发现和揭示的客观实在，而是主体在实践活动中生产出来的产品，主体与生产出来的对象一并构成了现实的历史。实际上，马克思的历史唯物主义开启了另一种解释作为对象的物的方式。在这种方式下，对象不是一种孤立的个体，而是一开始就处于与主体的互动之中，并且它不只是单独地与某一主体发生关系，而是在一个特定的历史和空间环境下，产生了主体与对象的关系。所以，在这个时期，与其说是主体和对象构成了一定的主动和被动关系（包括认识关系、行为关系和审美关系），不如说是在一个复杂的场域和背景下，主体和对象产生了作用关系。这样，主体对对象的作用或认识，并不依赖于某种先天的观念性架构，而是依赖于让它们具备关系的历史环境。也就是说，主体总是在一定的历史事实或一定的空间环境中，将某一对象纳入实践活动之中，并与之成为主体－对象的关系。在这个方面，怀特海给出了类似的解释：“对象与空间的联系需要解释。对象处于事件中。场所的关系对每一类对象来说都是不同的关系，在感觉对象的情况下则不能表述为双称谓关系。或许最好是对不同类的场所关系用不同的

---

①《马克思恩格斯选集》第1卷，人民出版社，1995，第55页。

词。……对象和空间要素之间存在一种派生关系，我叫作位置关系。当这种关系成立时，我说对象处于抽象要素中。在这种意义上，对象可以处在时间的时刻中、空间的容积中、面积中、线上或点上，与每一种场所对应存在一种特殊的位置，位置在每一种情况下都是以某种方式从相应的场所关系中派生出来的。”① 简单地说，怀特海是将发生关系的空间看成一种有机的整体。在这个整体之中，主体与对象发生关系，这意味着对象并不是固定的，它是在场所的事件中生成的；与此同时，主体对对象也并不具有至高无上的权威，主体那种先入为主的观念，会随着事件性的生成发生改变。这样，在主体－对象构成的空间场域中，主体和对象都有一个不断变化的有机过程，主体在场所之中经历着生命运动和变化，作为对象的物的对应状态也发生着改变，而对象与主体构成了一种契合性关系。

这种有机的、生命论式的物的理解成为了从19世纪末到20世纪中叶法国的一种重要思潮。其中最富有代表性的思想家就是亨利·柏格森和吉尔·德勒兹。生命论（vitalism）的主旨在于，物不是死寂的、无声的，它和主体一样，在周遭的空间环境中，也发出它们自己的声音，它们本身也构成一个连续的绵延（duration），成为一个不断生成演化的过程。在《创造进化论》中，柏格森十分清楚地强调了自己的物与笛卡尔的对象的区别，他指出：我们在无机体与有机体之间划出了一条界线，而将无机材料划分为彼此隔离的实体，这与我们的感觉与智力有关。这些无机材料被看成未分割的整体，它们必定是一种流溢（flux），而不是物体。这样，我们便为无生命体与生命体的再度和谐一致铺平了道路。②

柏格森的论述呈现出一种生命论式的物的理解。首先，存在着被我们的感觉和智力所切分的物，即人为地“将无机材料划分为彼此隔离的实体”，但这并不是事物和材料的本然存在样态，“我们在物体中看到的彼此的区分线，即让物体成为个体的区分线，不过是某种我们施加在空间某一点上的影响类型的设定：这就是我们事件行为的规划，一旦我们看到物体的表面和边缘，这个规划又会反馈回我们的眼中，犹如一面镜子一样。若消除这样的行为——作为其结果那些主要的指示通过感觉从纷繁复杂的真实界中被析离出来——物体的个体性都将重新被吸纳入普世的交互作用之中，毫无疑问，这个普世的交互作用就是真实本身。”③ 在柏格森这里，我们所感知和认识的物，实际上已经被我们的认识图示所分割，成为了彼此分离的个体，但是这种以个体性存在的物体，在柏格森看来，根本不是物的状态。真正的物是流溢，是一种无法分割为个体的总体。这样，柏格森区分了被我们感觉和认识所分割的对象与在自然世界中流溢的实在物。我们所看到的物，无非是我们心灵中的观念的映射，我们将观念和感觉图示投射出去，将流溢的实在分割为具体的个体，然后这些分离的个体的物体存在模式，反射回来进一步印证了我们头脑中的观念或图示。在柏格森看来，笛卡尔的主体－对象的二元模式正是这种观念的镜像，并没有让我们触及那个处于流溢和绵延的物，那么现代生命论哲学所要做的事情就是回到那个物的纯粹的绵延。于是，可以认为，柏格森的物是一种处于普世交互作用的整体绵延运动中的物，它与那个巨大的绵延和流溢的整体不可分割，一旦我们将其割裂为种种个体性的对象，就意味着流溢的总体成为了我们思维行动的牺牲品。

---

① 怀特海：《自然的概念》，张桂权译，中国城市出版社，2002，第151页。

②③ Henri Bergson, *Creative Evolution*, Arthur Mitchell (trans.), Random House, 1944, p. 204, pp. 14—15.

在某种意义上来说，不仅无机物的世界是不可分割的，在有机物和无机物之间的区分也不是绝对的，所以柏格森才努力将哲学拉回总体性。他说："哲学只能是重新融入整体的一种努力。智力重新被其本源（principle）所吸收，重新回到它自己的起源处。但这项任务不会一蹴而就，它必然是集体的和循序渐进的过程。它在于让各种印象彼此互动，彼此对应，最终会扩展我们的人性，甚至让我们超越人性。"① 柏格森的哲学并不是要我们变成一种超人，而是通过哲学，让我们打破有机物和无机物之间分离的壁垒，让生命可以将世界重新勾连为一个流溢的整体。在柏格森精神的继承者德勒兹那里，这种从生命流溢角度来思考物的思想也十分显著，如在德勒兹和加塔利合作的《资本主义与精神分裂（卷2）：千高原》中，他们用黄蜂和兰花的例子说明了不同物种之间如何打破分类的壁垒，重新整合为一个流溢的整体，德勒兹和加塔利说："兰花解域而形成了一个形象，一个黄蜂的仿图，然而，黄蜂在这个形象上再结域。但黄蜂也被解域，其自身变成兰花的繁殖器官的一个部分，然而通过传播其花粉，它使兰花再结域。兰花和黄蜂——作为异质性的要素——形成了根茎。人们会说，兰花模仿着黄蜂，它以一种示意的方式再现了后者的形象（模仿、拟态、伪装，等等）。然而，这仅仅在层的等级上才是真的——两个层之间形成了平行关系，一方之中的某种植物的组织结构模仿着另一方之中的某种动物的组织结构。同时，它还涉及另外的事物，不再是模仿，而是代码的捕获，代码的增殖（剩余价值），价的增长，真正的生成，兰花的生成－黄蜂，黄蜂的生成－兰花，每种生成都确保了一方的解域和另一方的再结域，两种生成在一种强度的流通之中相互关联，彼此承继，而此种流通则总是将解域推得更远。"② 德勒兹和加塔利通过黄蜂和兰花的例子阐明了柏格森的生命论式的物的理解：不是对象物被动地等待着主体的认识和决定，主体和对象物也不是彼此分割的关系。在黄蜂和兰花的例子中，双方是相互生成的，成为了一个生成性的相互作用总体，这也就是德勒兹和加塔利强调的块茎式总体，即内在性的平面（immanent plate）。在这个平面上，主体和客体、各个个别的物体之间的区分都消失了，一切都在不断地流溢与生成。这印证了马克思的那句著名论断："一切坚固的东西都烟消云散了。"这正是法国生命论对物的重新解读的结果，物只能在不断的流溢中生成，在融贯的内在性平台上流溢、变化、绵延。德勒兹和加塔利说，融贯的平面"是一种增殖的平面，一种布局和传播的平面，然而，此种质料的增殖与一种进化、一种形式的发展或形式的谱系无关。它更不是一种向着本源进行回溯的退化。相反，它是一种缠卷，在其中形式不停地被瓦解，从而解放时间和速度。这是一个稳固的平面，一个声音、视像或文字（等等）的稳固的平面。稳固并不意味着不运动，它既是运动的绝对状态，同样也是静止的绝对状态，在其上展现出种种相对快与慢，更无他物"③。物在德勒兹所谓的融贯性平面上流变与生成，他让物脱离了一切固化的形式。从柏格森的生命论出发，德勒兹的内在平面从真正意义上挑战了笛卡尔以降的主体－客体的二元模式，将主体或生命体重新纳入流变的万物生成之中，没有任何抽象的概念形式是固定的，没有任何分界线是绝对的，一切都如同永不倦怠的洪流，在内在性平台上不断地逃逸，又不断地重新稳定。

这是一种新的泛灵论。当代的一些思想家坚决从新柏拉图主义的流溢的角度重新阐释

---

① Henri Bergson, *Creative Evolution*, p. 210.

②③ 德勒兹、加塔利：《资本主义与精神分裂（卷2）：千高原》，姜宇辉译，上海书店出版社，2010，第11页；第376—377页。

对象，一切都在流溢。尤其在电子空间中，流溢已经转化为电子流溢或 e 流溢（e - flux）。在艺术领域，艺术家安东·维多克勒（Anton Vidokle）、朱莉塔·阿兰达（Julieta Aranda）和布莱恩·K. 伍德（Brian Kuan Wood）创办了一个以“e - flux”命名的平台，一开始 e - flux 仅仅是一个以电子流溢为主题的杂志，之后，他们让这种电子杂志彻底变成了一种在数字空间中的流溢形态，即 e - flux 不是杂志，也不是社交网络，更不是传媒系统，它就是一个在赛博空间中的流溢。正如他们在 2012 年的一期 e - flux 杂志上宣布：“一个幽灵萦绕在现代性之上——这就是泛灵论的幽灵。只要我们走出现代理性之光的照射范围，走出理性牢固锁定的秩序，接触到理性的边界和‘外部’，我们就可以随处遇到它。我们在现代性外部的虚构的黑暗中发现了泛灵论，在外部，一切事物都在不断地变形，世界不断地从碎片中重组，理性被彻底驱逐在这个融贯性链条之外。”[①] 新的物的泛灵论与柏格森和德勒兹的生命论实际上构成了一个连贯的思想线索，在这个线索之下，物不是一种固定的形态，而总是处于一种变化无常的状态之中，不仅物具有流溢的性质，而且物可以与被视为主体的生命体产生共生性的相互作用，从而生成一个总体。这既是柏格森和德勒兹的理想，也是当代从数字流溢角度重新思考电子物的艺术家和思想家关于物的理想。

三　符号论的道路

当生命论在当代物的研究中高歌猛进的同时，还有另一种思考物的路径，它并不是将对象还原为一种流变的不可分割的绵延，而是试图从符号和形式上重新将物锁定为符号下的对象。

实际上，从符号角度来思考的进路并非肇始于法国思想家。在 19 世纪末期，美国的实用主义思想家，如威廉·詹姆士和桑德斯·皮尔士已经在《如何澄清观念》中从实用主义角度给出了他们对于对象的经典定义：试考察我们所设想的概念（conception）的对象有哪些可想见的实践效果。那么，此类效果的概念，就是这一对象的整个概念。[②]

后世有人主张，皮尔士这个定义实际上是一种功能主义定义，思考的是一个对象在我们活动中所体现的功能。在实质上，皮尔士的概括与怀特海的过程哲学无异。但是在这个概括中，最值得关注的是“conception”这一概念，因为皮尔士曾经为鲍德温的《哲学与心理学辞典》撰写了“实用主义”的条目。在其中，他强调这种“conception”就是从符号上来理解和把握对象，指出“每一思想，或认知之表象，都属于符号。‘表象’与‘符号’是同义词。一个符号的全部目的就在于它将在另一个符号中得到解释，而其全部意义就潜存于它授予那种解释的特殊特点。当一符号决定着在另一符号中对其自身的解释时，这个符号便产生了一种外在于自身的效应，即这一物理效应，尽管产生这种效应的这个符号可能并不是一种实存的对象，而仅仅是一种类型。符号产生这种效应，不是在这种或那种形而上学的意义上，而是在不容置辩的意义上”[③]。简单来说，在皮尔士看来，符号和符号构成了一种秩序，这种秩序并不一定是真实的秩序，而是一种经验者的实用意义上的效应和秩序，这种秩序是可以作用于物理世界的，即通过符号秩序，产生物理效应。

---

① Anselm Franke, “Introduction - ‘Animism’”, *E - flux*, July, 2012, p. 1.

②③ 参见皮尔士：《皮尔士论符号》，徐鹏译，上海译文出版社，2016，第 215 页；第 315 页。

在这个意义上，由符号秩序产生的物，自然也就是符号所对应的对象。那么，对于皮尔士来说，对对象的研究，最重要的并不是要弄清楚对象从哪里来，或者说对象由什么样的物质组成，而是澄清对象在符号学意义上相对于经验者的具体功用。值得注意的是，这种具体功能并不是物的自然属性，而仅仅是主体的实用的经验性架构，在主体对对象的符号性使用中，某种东西成为了主体所认识和行为所作用的对象。

于是，对象研究的重点发生了变化，物是否为自我流变的流溢，或者物自体如何自在存在，已经不是关注的重点，重点是对象被化约为何种符号，如何参与到人类社会的符号体系当中。在这个体系中，对象的价值不再是其自然性的功用，而是具有了某种意义上的“第二自然”或“拟自然性”。这种“第二自然”是因为符号结构而产生的自然。从索绪尔的语言学，经由列维－施特劳斯（Levi－Strauss）的结构人类学发展起来的法国结构主义思潮，将物的符号价值方面推向了极致，如在结构主义的代表人物之一罗兰·巴特（Roland Barthes）的《符号学历险》中，他坚持从符号学（semiology）来研究对象，他用如下文字来说明这个问题：

> 我们自发地感受到一种物体的传递性：物体被人用于作用于世界、改变世界并积极地生存于世界。物体是一种行动和人之间的中介者。然而我们可以在此指出，实际上没有任何物体没有目的。当然有的物体以无用的饰物形式存在，但是这些饰物永远具有一种美学的目的性。我想指出的矛盾是，这些原则上永远具有功能、用途、目的的物体，我们以为只是将经验作纯粹的工具，而在现实中它们还连带着其他东西，它们也是某种其他的东西：它们起着意义载体的作用。换言之，物体有效地被用作某种目的，但它也用作交流信息。我们可以总结说，永远存在有一种超出物体用途的意义。我们能够想象出有什么物体比电话更有用的吗？但一部电话的外表永远具有一种独特于其功能的意义：一部白色电话永远传递着有关某种奢华性和女性的概念；有办公室电话，有传达着某一时代（1925）概念的老式电话。简言之，电话本身能够属于一种物体作为记号的系统。类似地，一支笔必然显示一种富裕、简朴、严肃、幻想等意义；吃饭的碟子永远也具有一种意义，而当它没有意义、当它假装没有意义时，那么到头来它恰可具有一种没有意义的意义。因此，没有什么东西能够逃脱意义。①

在罗兰·巴特的符号学中，他已经与皮尔士实用主义的物的功用论拉开了距离。在巴特看来，重要的不是对象的功用，即一部电话和一部白色电话在功能上没有任何区别，真正让它们区别开来的是另一个层次上的“功能”，因为白色的电话可以彰显出女性奢华的概念，因此，电话的外形具有对象本身的使用价值所不具备的特殊意义，而这个特殊意义才是法国结构主义符号学赋予对象的新方向。对象不是孤立地从个别的存在以及对象的独立的功用角度而被思考。一个对象被视为符号，总是与其他符号发生着关联，构成了更为复杂的符号语法系统。例如在《流行体系》中，巴特也曾强调：“如果杂志写道：这件外套和无沿帽适宜春天等等，显而易见，意指作用的对象是外套和无沿帽这一整体。意义不是从哪一个中产生，而是产生于两者的统一体。”② 这种统一体，也正是对象对应符号的

---

① 罗兰·巴特：《符号学历险》，李幼蒸译，中国人民大学出版社，2008，第190页。

② 罗兰·巴特：《流行体系：符号学与服饰符码》，敖军译，上海人民出版社，2000，第86页。

共时性体系，它们在对象的功能和实在范围之外构成了一种符号价值，而主体恰恰是依照这种符号学的体系来实施行为。比如，今天“我”要去参加一个名流晚宴，需要搭配一个什么样的服饰才配得上端庄淑娴，显得更为高贵典雅？在这个方面，主体不具有真正的自由；相反，这种自由仅仅是在符号上依照服饰搭配的语法上的自由。在这个层次上，对象的价值被翻转了，它的存在不是康德的物自体，也不是柏格森的流溢，更不是皮尔士的功用，而是符号，一种在人类社会中作为等级分层的符号。

另一位法国社会学家让·鲍德里亚几乎是在罗兰·巴特的层次上来理解对象的符号价值的。在鲍德里亚早期的研究《物体系》（或译为《对象体系》）中，他已经将结构主义的符号学贯穿于他对消费对象的研究。他指出：“要成为消费的对象，物品必须成为符号，也就是外在于一个它只作能指的关系——因此，它与这个具体关系之间，存有的是一种任意偶然的和不一致的关系，而它的合理一致性，也就是它的意义，来自于它与其他的符号-物之间抽象而系统性的关系。这时，它便进行‘个性化’，或是进入系列之中，等等；它被消费——但（被消费的）不是它的物质性，而是它的差异。”[①] 鲍德里亚看到，我们在社会生活中，尤其在消费行为中，与其说消费的是物的功用，不如说消费的是对象的符号；与其说消费的是某一个对象，不如说消费的是一套对象构成的符号组合，而这套符号组合指向的其实不是对象本身，而是在这个符号背后、依照符号建立起来的社会阶层的等级秩序。在其后的《符号政治经济学批判》中，鲍德里亚的这个批判显得更为明晰。他谈到，在20世纪70年代，一个人向另外一个人说他家有冰箱的时候，并不是要表达他家有一台用于冷藏食品和其他东西的物品，而是在说这个物品作为一种先进的科技产品和足够奢侈的消费品符号，出现在了他所赋予的家的意义中，从而进一步指向了言说者相对于聆听者的社会地位。同样，在今天，一个主妇向另一个主妇说他们刚刚从马尔代夫度假回来，也不仅仅是在谈论印度洋上的一个度假胜地，而是指她有着这样的地位来用某个符号对象衬托自己的身份。所以，“在上层社会的优越性之中，在家用电器或者在奢侈的食物之中，有些东西必须要被解读出来，人们必须找到解读的方法。人们必须知道这些优越性确切来说并不是一种物质层面上的优越，而是一种绝对的特权。与之紧密相连的事实在于，这种特权的凸显并非建立在声望和财富的符号之中，而是在其他地方，在决策、指导以及政治和经济的权力所构筑的真实的领域之中，符号和人都在这一领域中被掌控——而这将把‘其他人’，即那些较低阶层以及中产阶级放逐到对乐土的幻想中去”[②]。另一位法国社会学家布尔迪厄也看到了符号在社会建构和再生产中所起到的作用，他在《区分：判断力的社会批判》中也曾提到：“日常语言赋予富裕一词兼具客观条件和配置的意义，艺术作品的物质和象征消费构成了这个词最高的表现之一。”[③] 所以，无论对于罗兰·巴特、鲍德里亚还是布尔迪厄，对象的存在实际上只在符号和区分上才具有意义，对象的存在不是自然物，而是在现实社会生活中的符号对象或象征对象，在对象之上绑缚着一个符号的尾巴，它决定了对象在社会交换体系之中的语法地位。在这个意义上，我们才能理解，马克思或卢卡奇谈到的物化（Versachlichung）实质上是在符号交换的界面上来理解

① 布希亚（即让·鲍德里亚——笔者注）：《物体系》，林志明译，上海人民出版社，2001，第223页。

② 让·鲍德里亚：《符号政治经济学批判》，夏莹译，南京大学出版社，2009，第42页。

③ 布尔迪厄：《区分：判断力的社会批判》上卷，刘晖译，商务印书馆，2016，第91页。

的，当物不再作为一种纯粹的物存在，而是被纳入了一种抽象的交换体系（如货币交换、符号交换、象征交换，等等）之中时，我们便可以说，对象被物化了。

除了罗兰·巴特、鲍德里亚、布尔迪厄的符号学方法应用之外，在电影上，麦茨也将其作为了一种电影学方法。在电影中，一个布景、一个道具、一个镜头，都不是毫无意义的，对电影的理解需要被还原为一种电影之中的物的语法关系，比如电影中暗淡的灯光、暴雨的场景，以及撑着黑色雨伞的浑身湿透的主角，随着镜头的拉近，给一个主角的面部特写，从主角面颊上流淌出来的泪水与雨水混杂一起，这些对象实际上共同指向了一种语法关系；而电影导演所做的，除了正常的拍摄工作外，必须完成这种符号语法关系的完整构建。“在电影中，一门完整的直接意指符号学既有可能也有必要，因为一部影片是由许多幅图像组成的（产生了无数的蒙太奇概念）——这些图像大多只给予我们故事叙事能指的部分镜像。在影片中，一所‘房子’可能是一个楼梯镜头，从外面摄取一面墙的镜头，一个窗子的特写镜头，一个简短的房屋的介绍性镜头等等。因此某种电影的分节出现了，在摄影中并无其相应物：正是直接意指本身被构造、被组织和在某种程度上被编码了（被编码不一定被译码）。虽然欠缺绝对法则，电影的可理解性却有赖于一定数量的支配习惯，一部胡乱凑成的影片是不会被理解的。”[①] 于是，对象的存在尽可能指向一个共时性的体系，这个体系构成了物的符号系统。

不过，值得注意的是，符号学对物的研究路径实际上提供了不同于生命论研究路径的特殊结果。因为生命论路径踯躅于物本身的流溢，在一定程度上，生命论关注一种在形式和符号语法之外的生命的流溢，这种流溢在总体上是逃逸的、远离符号形式体系的，所以生命论的物的流溢概念必然设定了一个符号形式之外的本真物的存在，无论是柏格森还是德勒兹，以及后世的电子流溢的泛灵论，实际上追求的是一种在形式之外游牧的生命之物。但是，这种生成是否仅仅意味着一种虚无的生成，即并非德勒兹意义上的潜能的生成？事实上，符号学路径提供了一种非潜能生成的可能性——物的存在或生成，可能不是在物的内在性界面上的流溢和绵延，而是通过符号从外部生产出来的。比如说，一个新的对象的生成，并不源于生命的需要，而是来自在符号体系上的一个空缺，后者要求通过符号的方式，在从未存在过的对象之中添加一个新对象。这种新的对象的出现，并不是由于它具有某种生命的能量（energy），而仅仅是因为我们在符号结构上需要它。例如，在罗兰·巴特的流行体系中，一个新的手环仅仅是为了与某个时装的搭配而生产出来的，这有点像门捷列夫的元素周期表被发明之后，化学家们只需要按照元素核外电子的数量来填充周期表中的空缺。相对于生命论来说，符号论的路径更适合于理解当下数字化环境中的对象生产。如电脑游戏中套装武器装备的出现，事实上就是一个符号学系统，而玩家会为这种套装装备乐此不疲。

显然，符号学路径对物的探索也具有十分显著的缺陷。因为从皮尔士开始，符号学路径就从功能角度来建立体系。也就是说，符号只有相对于使用符号的体系才具有意义。那么在这个世界上，无论是现实对象，还是数字化的虚拟对象，都需要被还原到某个或某几个符号系统的参照系中来定位各自的值。在这个意义上，物已经不是物，而是一个赋值体系，人们追求的无非是这个赋值体系背后的算法奥秘。对象的奥秘已经不在物本身，在符

---

① 麦茨等：《电影与方法：符号学文选》，李幼蒸译，生活·读书·新知三联书店，2002，第10—11页。

号学路径锁定对象的同时，对象实际上已经从符号学路径中逃逸了，我们或许无法思考一个与赋值体系不相干的对象的值。也就是说，当我们看到计算机数据存储一种毫无意义、也毫无价值的代码时，我们已经无法在符号学路径中解答它们意味着什么。

四 对象的思辨转向

在生命论和符号论的对象探索之外，我们是否还具有其他的可能性？我们是否可以既不在纯生命式的流溢与绵延，也不在符号学的框架下去探索物？随着 21 世纪网络化和数字化潮流日益兴盛，我们越来越多地通过数字化界面（如电脑、手机、平板、电子手表、汽车和智能家居中的屏幕界面，甚至密布在每一个街头巷口的摄像头）发生关系。在这个过程中，我们接触到了之前从未接触到的一些物。于是，许多当代思想家开始重新思考物的问题。除了之前谈到的德勒兹以外，利奥塔、齐泽克、巴迪欧、拉图尔等人都从各自的角度谈到了物的问题，这里的对象已经不再是那种可以在概念和形式上界定的对象——用列维·布莱恩特（Levi Bryant）和尼克·斯尔尼塞克（Nick Srnicek）等人的话来说，在当下发生的对象的思辨转向，并不是回归一种“天真无邪的实在论”，“思辨转向的一个关键特征恰恰在于，这场走向实在论的运动并不是走向通常意义上的古板守旧的界限，而是走向彻底的奇幻怪异”。[①] 因此，如何在我们的知识和符号界面之外，去思考不可思考之对象，去辨识不可辨识之对象，成了新世纪以来重新思考对象问题的起点。

在走向思辨转向的过程中，一个重要的转捩点是法国技术哲学家吉尔贝·西蒙东（Gilbert Simondon）出版的《论技术对象的实存》（1958）。他在自然对象和人工对象之外，提出了一种独特的“技术对象”概念。技术对象不是个别的存在物。西蒙东谈到了作为技术对象的内燃机，它并不是哪一个特定型号的内燃机，也与在气缸、燃料供给系统、润滑系统、冷却系统、点火系统等每一项具体的革新无关，因为这些革新并不会改变一个被我们称为“内燃机”的东西。同样，作为技术对象的“内燃机”并不一定诞生于第一台内燃机被生产出来之时，因为在这台内燃机被生产出来之前，“内燃机”的概念已经在设计师的图纸和论文中出现了许多遍了。那么究竟什么是作为“内燃机”的技术对象？西蒙东说：“技术对象有一个原始形式，就是抽象形式。在抽象形式下，每一种理论上和材料上的单元，都被视为一个绝对的单元，它是按照其内在固有的完善机制来完成的。为了让其发挥作用，这个完善机制需要被视为一个封闭的体系，在这种情况下，它被综合为一个集合（ensemble），产生一系列需要解决的技术问题，事实上这些技术问题与既定的集合是并存的问题。”[②] 从西蒙东的描述中我们可以看出，一方面，技术对象不是构成它的某一种具体物质对象，即内燃机对象不是某一型号的内燃机个体；另一方面，技术对象也不是抽象的概念，在西蒙东看来，技术对象是在具体的技术发生谱系中发挥作用的物或对象。不同于仅仅存在于心灵之中的观念，技术对象在现实的社会中推动着技术社会的进步。正如内燃机的发明与改进实实在在地推动着人类社会的进步；同样，作为技术

① Levi Bryant, Nick Srnicek, *The Speculative Turn*: *Continental Materialism and Realism*, Re. Press, 2011, p. 7.

② Gibert Simondon, *On the Mode of Existence of Technical Objects*, Cecile Malaspina and John Rogove (trans.), University of Minnesota Press, 2017, p. 27.

对象的互联网也在引导着我们的生活，当我们在百度、京东、天猫、腾讯等网络中游荡，当我们在手机中使用各种交友、购物、订座、游戏的 APP 的时候，我们不能说我们仅仅游荡在观念之中，作为一种技术总体的对象是存在的。

事实上，在西蒙东的技术对象概念中，最核心的词汇是集合，正如他在随后的段落中强调的："技术对象是在一个收敛序列的集合之后获得的特殊类型。这个序列从抽象走向具体：它走向了一种让技术存在物变成一个系统的状态，这个系统本身是连贯的和完全统一的。"[①] 我们或许可以这样来理解西蒙东的技术对象：

（1）技术对象或技术物是一个集合，这个集合由若干元素组成，这些元素（如内燃机的点火系统、冷却系统、燃料供给系统等）的个别改变，不会影响技术对象的实存。（2）技术对象是收敛的（convergent），尽管在这个对象诞生之初，主体并不能预计整个对象是如何收敛，技术对象的收敛也不会按照某种先定的观念来运行。相反，技术对象的集合的收敛是技术对象形成之后的结果。正是因为集合的收敛性，让技术对象不能简单等同于它的诸元素的相加。（3）技术对象的发展进化既不是绝对连贯的体系，也不采取完全分裂的方式，技术对象的发展存在着诸多阶段，在每一个阶段上都有结构性重组，从而产生连贯性的类型。这样，技术对象的合理性和融贯性仅仅在于某种内在的一致性，从一定的标准来看，它的集合被实现为一个技术对象。

之后的许煜从西蒙东对技术对象的界定出发，也提出了他的"数字对象（digital object）"概念。在某种意义上，我们可以将许煜的数字对象视为对西蒙东技术对象的拓展，它更为清楚地阐明了西蒙东技术对象概念中最核心的东西。许煜指出："我们看到，数字对象是由一些形式关系和结构关系组成的。这些数字对象是否对创立者和使用者有意义？或者在实施过程中，我们是否认为它们就是机器的对象？也就是说，我们是否认为机器已经有了这种直觉能力？可以确定，在电路的层面上，数字对象只有电压伏特上的差异。但机器是否会将这些数字对象体验为它们运算时的'对象'？"[②] 在这个意义上，许煜肯定了数字对象和技术对象一样，是一个收敛的集合。在计算机的运算和网络链接中，数字对象是由各种协议、算法、字符串组成的，每一个数字对象都构成了一个收敛的集合。但是许煜指出，一个物，或者一个收敛的集合，是否构成为技术对象，最关键因素不是一个主体或者一个生命体是否将其视为一个对象；而是说，在数字界面上，进行判断的不仅仅是人或者在电脑、智能手机面前识别的主体，也包括了后台的 CPU 和相关程序的识别能力，这里的真正问题是，它们是否有充分的内在理由将某个对象视为收敛的数字对象？换言之，从西蒙东开始，对技术对象的识别，就不是从主体标准来进行的。一个物是否构成一个对象，不仅需要有直观和认识的标准，也需要一种在非人的程序上来运算的标准。正如许煜所问的：机器是否也能和主体一样，从算法和协议上，将某个字符串、句法、数据等的组合视为一个数字对象？

法国哲学家阿兰·巴迪欧从集合论上给出了一个关于对象的定义，实际上这个定义对于理解当代数字环境下的对象是有帮助的。在《世界的逻辑》中，巴迪欧谈到一个集合 A 与某一个情势之下的绝对超验的统一性函数 Id 之间的关系，他指出：所谓"对象"，我们理解的是集合 A 与一个超验指数 Id 的配对，我们可以写为（A，Id），在这个条件下，

---

① Gibert Simondon, *On the Mode of Existence of Technical Objects*, p. 29.

② Yuk Hui, *On the Existence of Digital Objects*, University of Minnesota Press, 2016, p. 90.

A 所支撑的所有原子都是真原子。换句话说，所有 A 的表象的所有原子成分等价于 A 的一个元素 a 所规定的真原子 Id（a，x）。[①]

这个定义虽然看起来十分抽象，但是巴迪欧的意思很明确：如果集合 A 中的某一元素 a，在一个函数下，可以视为与任意元素 x 同一，那么这个同一性函数 Id 与集合 A 构成的配对关系就是对象，或者物。必须说明的是，与启蒙时期的笛卡尔、洛克、贝克莱，甚至德国古典哲学时期的康德、费希特、黑格尔等人不同的是，这个对象或者物的定义，不依赖于某一主体，它作为一个集合的成立，取决于一种数学形式的辨识，即在数学的形式上，可以将它作为一个对象。

实际上，今天计算机科学的发展与这种对象的定义密切相关。今天的软件开发已经不是纯粹的程序设计，即仅仅在程序设计语言基础上来设计某一个程序的运行，而是所谓的"面向对象"编程（Object - Oriented Programming，简称 OOP）。这种软件开发已经将数据库、交互式界面、应用结构、应用平台、网络管理结构、人工智能等领域结合起来。在一定意义上，我们可以将面向对象的设计理解为将现实世界和抽象的程序设计融合起来的方法。在早期的计算机语言中，只有比较简单的逻辑拓扑结构，如 FORTRAN 和 COBOL 这样的语言只包括全局数据和子程序，但在设计较为大型的程序的时候，语言编写的子程序之间会出现大量的交叉耦合，从而对系统整体的可靠性造成威胁。这样，从 Simula 语言开始，以及后来出现的 C ++、Java、Object Pascal 等语言已经开始出现了基于对象的设计。这类语言与最早的计算机语言相比，能够构建一定的程序模块，这些模块表现为一组类或对象。这样，程序设计不再是简单在语言和子程序基础上的设定，而是直接形成了各个对象，这些对象是软件开发的基本结构。在面向对象的编程中，对象是"一个具有状态、行为和标识符的实体。结构和行为类似的对象对弈在它们共同体的类中"[②]。可见，巴迪欧关于对象的定义与面向对象的编程中的对象定义有着高度的相似性，它们都是由一个集合和一个用于辨识的函数及标识符构成的实体，通过运算和标识符，这个被封装的类便构成了可以被程序语言识别的对象。更有趣的是，在面向对象的程序设定中，会存在一种偶然封装的类型，这种封装会把某些看起来毫无关系的数据、运算、关系封装在一个模块中。在巴迪欧那里，这就是一个不可辨识之物（indiscernible）；但是这种怪异的不可辨识之物，恰恰构成了后来的思辨实在论的切入点，因为这些不可辨识之物，或者在思辨实在论看来是一个怪异对象的封装，才是对象真正的开始。当不可能成为集合的元素构成了一个符合运算函数的集合，而这个封装的对象恰恰不是用主体的直观可以把握的东西时，就出现了巴迪欧在《哲学与政治之间谜一般的关系》中所说的那个怪异的"苹果、蓟草和死青蛙的组合"[③]，即一个无法辨识的对象。

不过，当代思辨实在论者的目的就是打破作为主体的人与对象物之间的对应关系，这种对应关系在巴迪欧的弟子昆汀·梅亚苏那里被称为相关主义（correlationism）。一旦突破这种相关主义，我们面对的就是一种无法辨识的物，一种不能简单还原为我们的认识模式和行为具体功用的物。梅亚苏说："我们的绝对之物，说白了，不过是混沌的极端形

---

① Alain Badiou, *Logiques des mondes*, Seuil, 2006, p. 233.

② 格拉迪·布奇等：《面向对象分析与设计》，王海鹏、潘加宇译，人民邮电出版社，2009，第 55 页。

③ 阿兰·巴迪欧：《哲学与政治之间谜一般的关系》，李佩纹译，中央编译出版社，2017，第 41 页。

式，一种超混沌，在其中没有什么是，或者看上去像是不可能的，就连不可思考之物也是如此。”① 有趣的是，梅亚苏认定，对于这种绝对之物的派生之物，只有数学才能为我们提供一点点接近它的可能。另一位十分活跃的思辨实在论者格拉厄姆·哈曼也在面向对象的编程（OOP）基础上提出了自己的面对对象的本体论（OOO，Object - Oriented Ontology）。在哈曼看来，物或对象不能还原为组成它的各个成分，即“高阶对象不可能是直接由组成它们的成分所构成的”②。也就是说，在组成对象的成分之外，必然存在着单独属于高阶对象的东西。正是因此，对象不应该被还原为组成它的各个成分。这意味着，相对于组成成分而言，高阶对象有一种偶然的、不可辨识的性质。

余　论

由巴迪欧、拉图尔以及思辨实在论者等当代欧洲思想家开启的对于对象的讨论仅仅是一个开始，即便在思辨实在论运动内部，他们也没有形成一致的概念。比如，哈曼并不赞同梅亚苏使用唯物主义的概念，而认为对象实际上不应该只是物质对象，也包括一些虚构和模拟的对象。同样，特里斯坦·加西亚更喜欢将对象视为一种矢量关系，对象是流变的，在不同的矢量关系中构成了一个临时性的状态。巴迪欧将对象视为一个辨识的函数，拉图尔则从混体（hybrids）来界定对象。但这些都不是对此问题的最终解决方案。我们看到，在思辨实在论的推动下，与其说他们找到了对象问题的精确答案，不如说他们各自开启了在互联网和数字时代重新思考对象的可能。的确在今天，人类主体面对着更多的奇异对象而显得捉襟见肘，因为很多对象的开发和形成，实际上是面对未来的智能界面的，从主体直观和理性的角度来认识对象的方式无疑显得有些过时。所以说，今天关于对象思考的思辨转向仅仅迈出了第一步，一旦肇始于启蒙时期的主体 - 对象的相关主义的封闭循环被打破，如梅亚苏所说，绝对之物的混沌将向我们敞开。我们需要面对的是一个更为不确定的世界，以及更多的奇异对象。我们以往的知识装备或弹药库在新的时代面前已经不足以让我们面对今天诸多事实和现象，那么，剩下的路只有一条：跟随着当今技术的发展，找到可以重新思考对象的道路。

（作者单位：南京大学哲学系）

责任编辑　韩　骁

① 昆汀·梅亚苏：《有限性之后：论偶然性的必然性》，吴燕译，河南大学出版社，2018，第126页。

② Graham Harman, *Object - Oriented Ontology: A New Theory of Everything*, Penguin Books, 2018, p. 29.

心灵因果性与笛卡尔身心二元论

黄益民

一　理论及历史背景

身心问题自古就是哲学研究中最重要的课题之一。作为近代西方哲学之父的笛卡尔，不但以其极端怀疑主义的方法论开启了近代西方哲学认识论的研究，同时也提出了关于身心的实体二元理论。笛卡尔的身心二元论主要由以下两个论断构成：第一，心灵和身体是属于两个不同范畴的实体（substance）：心灵是非物质的（immaterial）实体，不存在于空间中，心灵的本质是思维（thinking）（这里包括第一人称所能私密感受到的一切意识活动）；而身体是物质的实体，存在于空间中，身体的本质在于其在空间中的伸展（extension）。第二，心灵和身体是可以相互产生因果作用的：心灵通过自由意志等活动影响身体；而身体可以通过知觉、感觉等影响心灵。①

对于这个身心实体二元理论，波西米亚的伊丽莎白公主曾向笛卡尔提出了关于心灵因果性的著名疑问，其概要是：要使一个物体对另一个物体产生因果作用，如一个物体推动另一个物体移动，这两个物体间似乎应该有某种实质性的接触，而这种接触又要求物体在空间中有一定的造型和界面。但是根据笛卡尔的理论，心灵是非物质的实体，没有空间性，那这样的心灵究竟是如何对空间中的身体产生因果作用的呢?②

对此笛卡尔的回答是：心灵对身体的因果性必须通过“身心一体（mind - body union）”概念来理解，而身心一体是一个原初（primitive）概念，只能被我们直接把握和知晓。只有物质实体之间的因果性才需要空间中的相互接触，涉及身心一体产生的因果性时，相互接触就不是问题了。对于这个回答，伊丽莎白公主的回应是：她宁愿让步说心灵是物质的，在空间中有伸展，因为这样做比承认非空间的、非物质的心灵能和身体相互作用更容易接受。伊丽莎白公主的这个回应让今天心灵因果性方面的专家金在权（Jaegwon Kim）惊叹不已，因为这是他所知道的历史上第一个为了心灵因果性而接受心灵物理主义

---

① *The Philosophical Writings of Descartes*, *Volume II*, J. Cottingham et al.（trans.）, Cambridge University Press, 1984, pp. 12—62.

② D. Garber（ed.）, *Descartes Embodied*: *Reading Cartesian Philosophy Through Cartesian Science*, Cambridge University Press, 2001, p. 172.

的论证，尽管这只是来自一个非哲学专业的人的初步直觉。① 显然，笛卡尔借用身心一体的概念来解释实体二元论中的心灵因果性并不能令人满意。当代有的学者甚至认为，历史上笛卡尔身心二元论的衰落主要就是因为笛卡尔没有能为心灵因果性提供令人满意的解答。②

当代心灵哲学对身心问题的研究深受相关自然科学发展的影响，例如，分子生物水平上的神经生理科学以及脑科学的最新研究进展，等等。在当代心灵哲学中，大多数哲学家放弃了笛卡尔的身心二元论，其中原因除了上述的心灵因果性难题外，另一个重要原因是，我们至今仍然没有发现任何关于非空间、非物质的实体存在的证据。虽然说我们至今都找不到心灵实体存在的科学证据，但是对于心灵的意识感受特性，我们能够在各自的主观层面上切实感受到，比如疼痛的意识状态。关于身心问题的一个基本的科学进步是：我们对产生意识特性的大脑的物理特性了解得越来越多，比如我们知道大脑 C－纤维的某种特定状态会产生疼痛的意识感受。因此，当前心灵哲学中关于身心问题的主流观点是一种物理主义的理论：意识感受特性是由相应的大脑物理特性所产生的，并且是按照这个世界的自然法则的方式所必然产生的。

在上述关于意识以及身心问题的物理主义理论框架中，以美国布朗大学金在权教授为代表的一批哲学家又对意识的心灵因果性进行了深入细致的研究。研究的结果或许有些让人意外——在几个科学或哲学上非常可信的假设或论断之上，我们可以推出意识特性没有任何因果作用，它们的因果作用都由相应的大脑物理特性代办了。下面就是这个所谓的心灵因果性的排除论证的概要。

首先是四个在科学或哲学上都非常可信的假设或论断：

（1）意识特性的非还原性：意识特性不能被还原为大脑的物理特性，即意识特性和其相应的大脑物理特性在本体论上不是同一的特性。

（2）意识的随附性（supervenience）：对每一个意识感受特性 M，都存在一个相应的大脑物理特性 P，M 是由 P 产生的；并且每当 P 出现时，它都至少以这个世界自然法则的方式必然地决定 M 也会出现。

（3）因果的非过度决定性（overdetermination）：任何一个事件或状态的产生不可能有多于一个的导致其产生的充分原因，除非是极偶然的因果过度决定的情形（例如，两颗子弹同时射中一个人的两个不同的要害部位，每颗子弹单独都足以导致其死亡，这是一个典型的真正的因果过度决定的情形。显然这种情形极偶然，不可能在心灵因果性中普遍地重复出现）。

（4）物理世界的因果封闭性（causal closure of the physical）：对于每个物理事件或物理状态，都至少存在一个导致它产生的充分的物理原因。

假设一个意识状态 M 在因果上导致了另一个意识状态 M^* 的产生，根据意识的随附性（2），M^* 由大脑物理状态 P^* 产生。M 要对 M^* 产生因果作用，就要通过对 P^* 产生因果作用而实现；就像要改变一副画的美感，就必须通过改变画布上的相应的物理状态才能得以实现。再由随附性（2），M 也由一个大脑物理状态 P 产生，并且 P 通过产生 M 然后 M 产

① J. Kim, "Mental Causation", *The Oxford Handbook of Philosophy of Mind*, B. McLaughlin et al. (eds.), Oxford University Press, 2009, pp. 29—31.

② Cf. R. A. Watson, *The Breakdown of Cartesian Metaphysics*, Humanities, 1987.

生 P*，P 也成为产生 P* 的一个充分原因。根据非还原性（1），M 和 P 不是同一个东西，这样 P* 就有了多于一个的充分原因。根据因果的非过度决定性（3），M 和 P 必须有一个被排除（即被排除出作为产生 P* 的一个充分原因）。如果排除 P，那么根据物理世界的因果封闭性，P* 总还有一个物理的充分原因 P′，这样再根据因果的非过度决定性（3），M 和 P′中有一个必须被排除。这次 P′是不能被排除的，因为根据（4），它已经确定为 P* 的一个充分物理原因；所以 M 必须被排除。总之，M 的因果作用必须被排除。这样我们不得不得出结论：我们所有的意识状态都是没有任何因果作用的。这种观点叫作意识的附随现象论（epiphenomenalism），这和我们日常的直觉是极端冲突的。

因此，不但是笛卡尔的身心实体二元论处理不好心灵因果性问题，当前的物理主义身心特性二元论也处理不好心灵因果性问题。金在权把这一现象戏剧化地称为“笛卡尔（在心灵因果性问题上）的复仇”。①

实际上，心灵因果性对物理主义身心特性二元论的挑战是如此严峻，一些哲学家觉得看不到解决的希望，这也在一定程度上导致了近期笛卡尔的实体二元论又有复苏的迹象。② 但作为心灵因果性方面的领军人物，金在权认为，笛卡尔的实体二元论根本无法解决心灵因果性的问题。金在权还指出，历史上除了伊丽莎白公主非专业的直觉的质疑外，只有少数哲学家尝试过在心灵因果性方面批评笛卡尔的实体二元论③，或是从心灵因果性角度为笛卡尔的实体二元论作辩护④。但是金在权认为他们的工作或是不够充分和深入，或是根本不成立。在 2005 年有关心灵因果性的总结性专著中，金在权专门用了整个第三章阐释和论证为什么笛卡尔的实体二元论在解决心灵因果性问题方面是“非常糟糕的（very badly）”。⑤

本文的主要目的是检验和分析金在权反对笛卡尔实体二元论的因果论证。在第二节中笔者将介绍和阐述金在权的论证；第三节将介绍和讨论其他哲学家对金在权论证的回应；最后第四节将质疑和批评金在权的论证，并论证他的结论是不成立的。

二　金在权拒绝非物质心灵的因果论证

金在权的设想是，他能够从专业的角度，把类似伊丽莎白公主对笛卡尔非物质、非空

---

① 关于心灵因果性的排除论证，参见 J. Kim, *Mind in a Physical World: An Essay on the Mind－Body Problem and Mental Causation*, MIT Press, 1998, pp. 38—47。关于附随现象论，参见 W. Robinson, “Epiphenomenalism”, *The Stanford Encyclopedia of Philosophy*, Edward N. Zalta (ed.), 2015, URL = <http://plato.stanford.edu/entries/epiphenomenalism/>; S. Walter, “Epiphenomenalism”, *The Oxford Handbook of Philosophy of Mind*, B. McLaughlin et al. (eds.), Oxford University Press, 2009, pp. 85—94。

② W. Hasker, *The Emergent Self*, Cornell University Press, 1999; T. O'Connor, *Persons and Causes*, Oxford University Press, 2001; J. Loose et al. (eds.), *The Blackwell Companion to Substance Dualism*, Wiley Blackwell, 2018.

③ A. Kenny, *Descartes*, Random House, 1968, pp. 222—223.

④ L. E. Loeb, *From Descartes to Hume*, Cornell University Press, 1981, pp. 134—149.

⑤ J. Kim, *Physicalism, or Something Near Enough*, Princeton University Press, 2005, p. 71. 金在权对这个问题的探讨从 1973 年一直持续到 2018 年，参见 J. Kim, “Causation, Nomic Subsumption, and the Concept of Event”, *Journal of Philosophy*, 70, 1973, pp. 217—236; J. Kim, “Against Cartesian Dualism”, *The Blackwell Companion to Substance Dualism*, J. Loose et al. (eds.), Wiley Blackwell, 2018, pp. 152—167。

间的心灵因果性的困惑发展成为一个相对完备的哲学论证；并且用这个论证展示，因为无法处理好心灵因果性，笛卡尔的实体二元论作为一种身心问题的理论应该被放弃。他在2005年的专著中用了一整章来做这件事，这从第三章的标题就可以看出——“拒绝非物质的心灵：一个因果论证”。金在权的因果论证主要由下列四个子论证所构成。

第一，心理及行为一致性论证。假设有两个人，S和J，他们以如下方式在心理和物理层面上都完全同步（psychophysically synchronized）：每当S在心灵层面上有一个举手的意愿，J也同时有一个完全相当的意愿，反之亦然。换句话说，S和J总是在完全相同的时间在心灵层面上具有完全相同的举手意愿。紧接着，S和J总是在完全相同的时间在物理层面上完全同步地举起各自的手。

根据休谟对因果性的解读，事件c在因果上导致事件e的产生，实质上只是在相同环境下，c出现时，e总是跟着出现，就像有自然法则的规则性一样。这也被称为因果的规则性理论（regularity theory）。不难想到的是，我们可以用因果的规则性理论来解释心灵因果性，即使其中的心灵是非物质、非空间的：因为物理层面上的行为b总是有规则性地跟随着相应的心灵层面上的意愿w的发生而发生，根据因果的规则性理论，意愿w是行为b的原因，行为b是意愿w的后果。这与我们日常生活的经验和信念也是相符合的。

所以金在权构造了这个身心完全同步的思想实验，因为在这种情形下，S的举手意愿永远有规则性地被S的举手和J的举手这两个事件跟随着。同时J的举手意愿也永远有规则性地被这同样两件举手事件跟随着。这样在因果规则性理论的框架下，我们无法判断S的举手意愿究竟在因果上导致了S的举手，还是导致了J的举手。同样的困难也涉及J的举手意愿。金在权的意思是，因果的规则性理论也无法解决非物质心灵的因果性难题。[①]

第二，物理空间中的因果配对论证。假设有两把枪X和Y，它们同时发射，造成两个人A和B同时死亡。那么，是什么理由使我们确认枪X的发射在因果上导致了A的死亡，同时枪Y的发射在因果上导致了B的死亡，而不是相反的因果关联呢？更进一步我们可以问：在这种两个原因和两个结果分别同时发生时，什么准则能够保证原因和结果的正确配对（pairing）呢？金在权把它称为因果的配对问题。

金在权认为我们可以从以下两个方面来尝试解决因果配对问题：（1）我们可以找出从枪X发射到A死亡的一条连续的因果链，同时也找出从枪Y发射到B死亡的一条连续的因果链。然后确认不存在从枪X发射到B死亡以及从枪Y发射到A死亡的连续因果链。这显然都要在物理空间中来进行。（2）我们可以找出正确的“因果配对关系”R。例如，调查枪X在发射时和A的距离以及枪口的指向等，对枪Y和B也做同样的调查。金在权强调，这些关系（距离、指向）都是一些空间关系（spatial relations）。他判断空间关系似乎是这个具体案例中构成因果配对关系R的关键；他进一步推测，也许对所有发生在物理空间中的案例而言，空间关系都是构成因果配对关系的关键。

我们看到，这里的“枪击”案例与前面的“举手”案例是有一定类比性的。在“举手”案例中，即使是因果的规则性理论，也没有解决因果的配对问题。而对于“枪击”案例，因果配对问题却能很好地得到解决。其中的关键是，在“枪击”案例中，所有的四个事件都发生在物理空间中，它们都是有空间性的，所以我们可以通过空间关系找出正确的因果配对关系。然而在“举手”案例中，其中的两个事件（即两个举

---

① J. Kim, *Physicalism, or Something Near Enough*, pp. 76—77.

手意愿事件）恰恰是没有空间性和非物质的，这使得我们无法通过空间关系找到它们正确的因果配对关系。因此，金在权的结论是：缺乏空间性使得非物质心灵对身体的因果作用的因果配对问题得不到解决，从而使得非物质心灵对身体的因果作用问题本身得不到解决。①

第三，关于心灵之间因果性的论证。从配对论证我们看到，笛卡尔的非物质心灵由于缺乏空间性，使得从心灵到身体的因果问题得不到解决。那么从心灵到心灵的因果问题能否得到理解呢？金在权让我们想象一个纯粹心灵的世界，在其中没有物理空间，更没有物质实体，只有笛卡尔式的非物质灵魂存在。那么同样考虑两对灵魂 A、B 以及 A* 和 B*：假设灵魂 A、B 同时有完全相同的心灵活动，造成 A* 和 B* 接着产生完全相同的心灵反应。这时我们又遇到了因果配对难题，在那样一个纯粹心灵的世界里，完全没有空间性，我们似乎无法找到之前的因果配对关系。金在权考虑了我们是否能通过纯粹的心灵关系，比如意向（intentional）关系来找到因果配对关系，但是意向关系往往需要通过知觉（perceptual）等关系来实现，而知觉关系就涉及物理空间中的因果关系。总之，金在权的结论是，缺乏空间性也使得心灵之间的因果问题得不到解决。②

第四，关于存在于空间中的心灵的论证。从上面三个论证中我们可以看到，缺乏空间性是造成心灵因果性困难的关键。既然这样，我们能否考虑存在于空间中的心灵？金在权考虑了下列可能：把非物质灵魂放入空间，赋予它一个特定的空间位置，这时的非物质灵魂不是一个有空间伸展的实体，而是空间中一个无伸展的（extensionless）的几何点。这样做能够解决心灵因果性难题吗？金在权认为非但不能，而且还会带来不少额外的困惑，例如为什么灵魂不能也是物质实体，尽管是一种非常特别的、奇怪的种类？如果灵魂只是一个几何点，它怎么会有足够的结构（structure）去容纳那么复杂的心灵活动和能力？③

总之，通过以上一系列论证，金在权得出结论：非物质心灵缺乏空间性，因此无法解决心灵因果性问题。这应该是我们拒绝笛卡尔实体二元论的理由。

三　对金在权因果论证的回应

在这一节中，我们考虑对金在权因果论证的两种具有启发性的可能回应。④ 金在权的论证由四个子论证构成，其中第一个和第二个子论证相对更重要，并且第二个子论证（即因果配对论证）是整个因果论证的核心。下面这两个回应可以看作分别针对第一个和第二个子论证。

第一，对心理及行为一致性论证的一种回应。温格（Peter Unger）在其 2006 年的专著《世界上所有的力量》中，提出了“个体化指向的倾向（individualistically - directed propensity）”概念：假设在一个可能的世界中，一个单个的、较小的蓝色粒子 b 具有这样的特别的特性或倾向：在整个世界中，它只和一个单个的、较大的红色粒子 R 互相吸引或互有因果作用；即便换成任何和这个特定唯一的红色粒子 R 完全一模一样的另一个红

①②③ J. Kim, *Physicalism, or Something Near Enough*, pp. 78—80, pp. 80—85, pp. 88—90.

④ 关于其他回应，参见 N. Latham, “Substance Physicalism”, *Physicalism and Its Discontents*, C. Gillett and B. Loewer (eds.), Cambridge University Press, 2001, pp. 152—171; T. O’Connor, “Causality, Mind, and Free Will”, *Philosophical Perspectives*, 14, 2000, *Action and Freedom*, pp. 105—117。

色粒子 R*，b 和 R*之间也不会有任何相互吸引和相互之间的因果作用。温格称粒子 b 具有个体化指向倾向（即只指向粒子 R 这个唯一的个体），并称具有个体化指向倾向的实体具有个体化的（因果）能力（individualistic power），即只对世界上唯一的一个个体 R 具有因果作用。①

温格随后运用上述概念为笛卡尔实体二元论作辩护：当一个人的身体 B 在胚胎阶段发展到一定程度，身体会产生一个非物质的灵魂 s，这个非物质的灵魂就具有个体化指向的倾向，或者说具有个体化的因果能力，因为这个灵魂 s 只和 B 这个单独唯一的身体/实体产生因果作用。即便是对于任何其他和 B 一模一样的身体 B*，s 都不会与其产生因果作用。②

在金在权的心理及行为一致性论证中，S 和 J 两人在举手这件事上在心灵和身体层面上完全同步，以至于在因果配对上给我们造成困难。但是根据温格的上述观点，S 的身体产生了一个特定的灵魂，这个灵魂具有个体化的因果能力，即这个灵魂只对 S 的身体这个唯一的实体产生因果作用；同样地，J 的灵魂也具有个体化的因果能力，即它只对 J 的身体这个唯一的实体产生因果作用。这样在“举手”案例中，因果配对的问题也就得到了解决。我们看到，个体化的因果能力概念可以较好地解决非物质、非空间的心灵的因果配对难题。但是这样一个形而上学的概念在经验层面和认识论层面上的依据和基础是什么呢？在下一节中笔者将尝试为这个问题提出一种解答。

第二，对物理空间中的因果配对论证的一种回应。对于因果配对问题的讨论从 20 世纪六七十年代就开始了。一般认为，因果配对问题会给非物质、非空间的心灵因果性造成困难；而对完全发生在物理空间中的事件，因果配对则不是问题（就像金在权的“枪击”案例所展示的），福斯特（John Foster）构造了一个思想实验，质疑这后一个论断。

假设有一种特殊金属，由其做成的金属球面 K 具有下列特性：当金属球面 K 被加热到一定的温度时，在离球体中心两倍球体直径的这个空间范围内，会产生一个火花，火花的位置在这个球形空间中是随机的。假设 K*是用同一种金属做成的、和 K 一模一样的另一个金属球面。把 K 和 K*放置在足够近的地方，然后让它们完全同步地升温，当它们同时达到那个特定的温度时，在附近相应的区域同时产生了两个火花。可以肯定，这两个火花一个是由 K 产生的，而另一个是由 K*产生的，但是因为火花产生位置的随机性，我们无法进行正确的因果配对，即分不清两个火花中究竟哪个火花是由 K 产生的，哪个火花是由 K*产生的。③

在金在权的“举手”案例和“枪击”案例中，作为原因和结果的两个事件都可以是一模一样的。在“举手”案例中，作为原因的两个事件，即 S 和 J 的举手意愿是一模一样的；作为结果的两个事件，即 S 和 J 的举手行为也是一模一样。在“枪击”案例中，作为原因的两个事件，即两把枪及其发射可以是一模一样的；作为结果的两个事件，即两个人及其死亡也可以是一模一样的。在这种完全平行的情形下，“举手”案例中的因果配对问题无法得到解决；而在“枪击”案例中，利用空间关系可以解决因果配对问题。

而在福斯特的“金属球”案例中，作为结果的两个事件，K 的火花和 K*的火花就不

---

①② P. Unger, *All the Power in the World*, Oxford University Press, 2006, pp. 242—246, pp. 246—248.

③ J. Foster, *The Immaterial Self: A Defence of the Cartesian Dualist Conception of the Mind*, Routledge, 1991, pp. 170—172.

可能是一模一样的，因为火花相对于金属球的位置是随机的，而因果配对的困难恰恰来自火花位置的随机性。因此金在权可以说，福斯特的上述案例和他讨论的不是同一类案例，从而没有可比性。

四 为什么金在权的因果论证不成立

在这一节中，笔者将对构成金在权因果论证的两个关键的子论证进行分析和批评；在这个过程中，笔者也阐释和辩护自己关于非物质心灵的因果性的观点。

第一，对心理及行为一致性论证的质疑。在“举手”案例中，金在权并没有说明，S和J两人只是在举手这一件事上心理和行为完全一致，还是两个人从出生到死亡整个过程中的每一刻在心理和行为上都完全一致。我们可以把前者称为“局部身心一致性”，而把后者称为“整体身心一致性”。

在局部身心一致性的情形中，除了“举手”这一件事，在其他很多事情上S和J在心理和行为上都是不同步的。S作为一个独立的个体，在心灵层面上他可以通过记忆、联想等思维功能把握到自己在心灵上是一个统一的整体，所以S会称自己为“我”。接下来S会注意到，他在心灵层面上的活动会和这个世界唯一的一个物质实体（即他的身体）的活动之间形成像这个世界自然法则般的规则性。比如，心灵层面上想让身体做X的意愿总是会有身体做X的行为跟着发生；而身体上被伤害的事件总是会有心灵层面上疼痛的感觉跟着发生。正是这些个体化的规则性（individualistic regularities）①，使我们得出并相信，心灵层面的S与物质层面的S的身体之间具有个体化的因果关系（individualistic causal relations）。② 同样，心灵层面的J和J的身体之间也具有个体化的因果关系。

这样，就局部身心一致性的情形而言，虽然在局部我们无法利用因果规则性理论对S和J完全相同的举手意愿与S和J完全相同的举手行为进行因果配对，但是我们可以运用因果规则性理论对S和J一生的身心活动进行整体考察，得出他们心灵层面的自我和身体之间都具有个体化的因果关系的结论。因此，在“举手”这个局部案例中，仍然是S的举手意愿导致S的举手行为，J的举手意愿导致J的举手行为。涉及心灵因果性的因果配对问题也就得到了解决。也就是说，金在权的结论，即心灵因果性处理不好因果配对问题，是不成立的。

现在我们考虑整体身心一致性的情形，即S和J在同一时刻出生并且在同一时刻死亡，在这之间的每个瞬间，S和J在心理和行为层面上完全一模一样。这种情况在我们的现实世界中还从未发生过，不过如果真的发生了，我们可能会提出多种理论来解释这种现象。例如，我们可以说，这是同一个心灵层面的自我同时控制两个身体的情形；我们也可以说，这是自然进化中的一个极端碰巧的特例，两个人在身心层面上从生到死居然完全一模一样。

虽然这种整体的、完全的身心一致性情形会给因果配对造成困难，但是笔者认为因果

① “个体化”的意思是，这些规则性只发生在这个世界唯一的心灵层面的“我”和这个世界唯一的物质个体即“我”的身体之间。

② 因此，心灵和行为之间个体化的规则性是上节中温格提出的“个体化的因果能力”概念在经验层面以及认识论层面上的依据和基础。

配对困难并不是心灵因果性所独有的；在极端的一致性情形下，完全发生在物理空间中的事件也会遇到因果配对的困难，笔者在后文中将构造具体的思想实验来说明。

第二，对物理空间中因果配对论证的质疑。金在权提出“枪击”案例的目的是想证明下列三个论断：

论断1，对完全发生在物理空间中的事件，因果配对不是问题。

论断2，解决物理空间中的因果配对问题的关键是空间关系（例如，“枪和人的距离”“枪口的指向”）。

论断3，非物质心灵因果性面临因果配对困难，而物理空间中的因果性没有这种困难；因此非物质心灵因果性面临它独有的困难，这个因果困难是我们放弃笛卡尔实体二元论的理由。

关于论断1的错误，请看下面的“响指”案例。

假设在遥远的星球X上，有两对双胞胎A和A*以及B和B*。他们和地球人几乎一样，但有一点特殊之处：双胞胎A和A*要么不打响指，要么在同一时间打完全一模一样的响指。另一对双胞胎B和B*平时从来不笑，只有在A和A*打响指后，B和B*才会在同一时间发出完全一模一样的大笑。他们告诉来访的地球人，他们自己也不知道这是怎么回事，上述行为完全不受他们自己的控制。A打响指和A*打响指这两个事件作为原因，B大笑和B*大笑这两个事件作为结果，都发生在物理空间。但是它们之间的因果配对会给我们造成困难。也就是说，在认识论层面上，我们不知道正确的因果配对应该是什么。

甚至在本体论层面上，这个情形也可能没有所谓的正确的因果配对。假设A和A*在身体上是完全一模一样的，他们控制打响指的运动神经有某种相互对称的关联，使得他们一定要一起打响指，不可能单独打响指。B和B*在身体上也是完全一模一样的，他们的笑神经也有某种相互对称的关联，使得他们一定要一起笑，不可能单独笑。星球X上有一种特殊的场，A和A*打响指，可以使这种场产生特定的波动，波及B和B*的笑神经，所以B和B*会大笑。假设每次A和A*打响指引起的两个场波动在行进过程中都会被X星球上的一种辐射随机地灭掉一个，但是总有其中的一个场波动能到达并刺激B和B*的笑神经。在这种情形下，在本体论层面上也不存在固定的、正确的因果配对。“枪击”案例代表的是一类非常特殊的、简单的案例，这类案例的因果配对不是问题，并不能推出对所有发生在物理空间的因果事件，因果配对都不是问题。换句话说，“枪击”案例不能证明论断1就是正确的。

接下来我们考虑论断2。论断2是说，空间关系是解决物理空间中因果配对问题的关键。为了挑战这种说法，笔者构建了如下思想实验。

关于万物成对、万事成双的可能世界的案例。假设在遥远的另一个星球Y上，Y和地球差不多，只有一点实质性的不同：Y上的每一个物体都有一个和它完全一模一样的物体与它配对；Y上的自然法则是，每一对配对的物体都是共生共灭的。也就是说，按照Y世界的自然法则，没有物体可以在Y上单独存在。我们可以把这个现象或者说Y世界的自然法则称为“万物成对”。另外，因为万物成对，Y上的每一个事件都有一个完全一模一样的事件和它平行地同时发生。也就是说，按照Y世界的自然法则，没有事件可以在Y上单独发生。我们可以把这个现象或者说Y世界的自然法则称为“万事成双”。

假设Y上有两个成对的人P和P*，在某个时刻分别被他们成对的母亲M和M*在两个成双的事件中同时生产出来。当然，P和P*从一出生就完全一模一样，然后他们俩完全一模一样地同步长大，这整个过程中他们始终在成双的事件中经历着一模一样的事。直到有一天，P 和 P* 在大街上遇到两个成对的劫匪 C 和 C*，一言不合，两劫匪就分别拔出两把成对的手枪 G 和 G*，同时发射。在两个成双的事件中，G 发射的子弹和 G* 发射的子弹分别击中 P 和 P* 相同的要害部位，造成 P 和 P* 同时死亡。

这最后一幕情景和地球上的“枪击”案件是一模一样的。那么，我们如何来解决 Y 星球上的这个枪击案件中的因果配对问题呢？我们注意到，这里的空间关系（枪和人的距离、枪口的指向）和地球上的情形也是一模一样的。但是如果金在权仍然用这些空间关系，找出一条从 G 发射到 P 死亡的连续的因果链，然后下结论说 G 发射与 P 死亡是正确的因果配对的话，Y 星球上的人会非常惊讶并且拒绝接受，因为他们从未看过能够单独发生的事件，事实上这也是在 Y 星球上不可能发生的事。这样看来，空间关系并不像论断 2 所说的那样，是解决物理空间中因果配对的关键。

我们之所以在地球上接受从 G 发射到 P 死亡的连续因果链就可以推出 G 发射和 P 死亡是正确的因果配对，是因为类似这样的事件在我们地球上反复地、独立地发生过，因此具有像我们这个世界自然法则般的规则性。也就是说，找到独立存在的、像所在世界自然法则般的规则性，才是解决物理世界中因果配对问题的关键所在。而空间关系只是在像“枪击”案件这类非常特殊的案件中，为找到最基础的规则性而用到的表层关系——尽管在这类特别案件中这也是必要的关系之一。更重要的是，从我们前面对心灵和身体之间的因果性的因果配对问题的讨论中，我们可以看到，解决这类问题的关键也是找到像这个世界自然法则般的规则性。因此在因果配对问题的解决上，物理因果与心灵因果并没有实质性的区别。

最后我们来看论断 3，这是金在权反对非物质心灵的终极论断。根据论断 3，非物质心灵因果性面临特有的因果配对困难，而物理因果性没有这个困难，这个特有的因果困难是我们放弃笛卡尔身心二元论的理由。从上面一系列的讨论中我们可以看到，在大多数情形下，涉及心灵因果性的因果配对问题都能得到解决。在极端的情形下，涉及心灵因果性的因果配对问题无法被解决。但这并不是心灵因果性所特有的困难，因为在极端情形下，只涉及物理因果性的因果配对问题也无法被解决。更进一步，无论是涉及心灵因果性还是物理因果性，解决因果配对问题的最关键之处也是一样的，即找到独立存在的、像所在世界自然法则般的规则性。基于上述理由，金在权反对非物质心灵以及笛卡尔身心实体二元论的因果论证是不成立的。

（作者单位：中国社会科学院哲学研究所）

责任编辑　韩　骁

分析技术哲学的探索与展望*

吴国林

技术哲学的诞生可以追溯至19世纪，其标志为1877年德国卡普（E. Kapp，1808—1896）《技术哲学原理》的出版。该学科很快便发展成熟，并建立起一系列研究纲领。然而直到1978年第16届世界哲学大会，技术哲学才被确认为一门新的哲学分支学科。产生这一历史现象的原因在于，已有技术哲学的研究方式主要是从技术外部着手，而缺乏内部研究维度，更没有对“技术有可能开创新的哲学研究传统”予以揭示。

为弥补原有技术哲学研究的不足，一个重要的进路就是采用分析哲学的方法对技术展开研究，形成分析技术哲学。[①] 分析技术哲学的标志性成果是克劳斯（P. Kroes）与梅耶斯（A. Meijers）共同提出了技术人工物（technical artifacts）的二重性研究纲领。[②] 而其中一个非常基础的重要问题即霍克斯（W. Houkes）和梅耶斯所提出的形而上学“难问题（hard problem）”，即在技术人工物的本体论中结构与功能的关系。[③] 为研究技术人工物的本体论状态，他们提出了技术人工物必须满足的两个本体论标准：（1）非充分决定（Underdetermination，简称UD）标准，指“技术人工物本体论应当容纳（accommodate）功能与其物质基础之间双向的非充分决定性。一个功能类型可以被物质结构或系统多重实现；而一个给定的物质基础可以实现多种功能”。（2）实现限制（Realization Constraints，简称RC）标准，指“技术人工物本体论应当容纳（accommodate）和限制（constrain）功能与其物质基础之间双向的非充分决定性。从功能陈述到结构陈述，或相反，存在多种实践推理（practical inference）”[④]。

霍克斯和梅耶斯具体考察了金在权（Jaegwon Kim）的随附性理论与贝克（L. Baker）的构成理论（constitution view）是否满足UD与RC两个标准。经过考察发现，随附性理论与构成理论并不能完全满足UD和RC两个标准，尚存在许多限制。由此，他们认为，技术人工物的结构与功能之关系构成形而上学的“难问题”。该“难问题”实质上表明，技术人工物的二重性研究纲领存在问题：其一，技术人工物是什么？其二，如果技术人工物的本体

---

* 本文系国家社会科学基金重大项目（第二批）“基于信息技术哲学的当代认识论研究”（15ZDB019），以及华南理工大学基本科研业务费团队建设项目“当代技术的认识论研究”（x2sx/C2170110）的阶段性成果。

① “分析技术哲学（analytical philosophy of technology）”是一个简洁表达，即“技术的分析哲学”。

② P. Kroes, “Technological Explanations: The Relation Between Structure and Function of Technological Objects”, *Society for Philosophy and Technology*, 3（3）, 1998, pp. 18—34.

③④ W. Houkes, A. Meijers, “The Ontology of Artefacts: The Hard Problem”, *Studies in History Philosophy of Science*, 37（1）, 2006, pp. 118—130, p. 120.

论模型有问题，那么，技术人工物的结构与功能之间就无法建立起适当的关系。为此，本文将探讨技术人工物的新的研究范式，并展望分析技术哲学研究的未来。

一 技术人工物的系统模型

技术人工物不是自然物，它不是自然界自主演化出来的，而是在一定材料或要素的基础上制造出来的人工物，它具有一定的功能。何为人工物？贝克认为："人工物是有意被制造出来达到给定目的的客体。"① 托马森（Thomasson）认为："人工物是人类意向的产品。"② 克劳斯将技术人工物界定为：技术人工物是具有功能性质的物理结构。③可见，这些定义强调了人工物的一个共性，即涉及人的目的或意向，而且是真实的客体或产品。比如，一把石斧、刀等都是人工物，它是人的意向作用后的产物。技术人工物不仅包括了人的意向，而且还是一个物理的产品，比如一部电话机、一台电脑等。技术人工物强调人工物中有技术的渗透，特别是现代技术人工物往往建立在现代技术水平之上，或者是科学知识的应用，它有别于现成的被人简单使用的自然物。为此，笔者作出如下定义：

技术人工物是在一定的技术水平条件下被制造出来，以实现一定目的的物质实体（physical / material object）。或者说技术人工物是人类有目的地制造出来的具有一定技术含量的物质实体，它可以是物理的、化学的或生物的物质实体。它强调的是技术实体，即有一定的技术含量，而且经过较为复杂的制造过程才被制造出来。

荷兰学派认为，技术人工物具有结构与功能二重性。但是，著名技术哲学家米切姆（C. Mitcham）提出，为什么技术人工物的性质不能是更多个？例如人工物展现了物理、化学、结构、动力学等方面的特点，此外，就非物理性质来说，还包括意向性、功能、使用、适应，等等。④

技术总与技术的质料（material/matter）或物质性有很大的关系，然而荷兰学派并未重视"质料"这一问题，而仅将要素（质料）纳入结构概念中，于是系统仅剩下结构与功能，同时也缺乏对技术的实在性和可靠性⑤的研究。而实在或实体问题始终是哲学最为传统的基本问题。如维卡雷（A. Vaccari）说，技术人工物的二重性纲领对设计和使用某些特点的认识论是有价值贡献的，但是，它未能推进有说服力的形而上学研究。人工物的物质性仅仅是作为实现功能归因的外部条件涌现出来的。⑥ 荷兰学派没有将要素或质料从结构中直接显示出来，从方法论上讲，这种研究进路较为简单，亦产生了严重的理论后果，即技术人工物的本体论研究和认识论研究出现了无法克服的问题。

---

① L. R. Baker, "The Ontology of Artifacts", *Philosophical Explorations*, 7（2）, 2004, p. 99.

② A. Thomasson, "Artifacts and Human Concepts", *Creations of the Mind: Essays on Artifacts and Their Representation*, E. Margolis & S. Laurence（eds.）, Oxford University Press, 2007, pp. 52—73.

③ Peter Kroes, "Engineering and the Dual Nature of Technical Artifacts", *Cambridge Journal of Economics*, 34, 2010, p. 51.

④ C. Mitcham, "Do Artifacts Have Dual Natures?", *Techné*, 6（2）, 2002, pp. 9—12.

⑤ 技术的质料问题，涉及可靠性。可靠性应当是技术哲学关注的重要概念，但一直被忽视。仅有技术的效率，而没有可靠性，就无法保证产品在规定的条件与时间内完成规定的功能。

⑥ Andres Vaccari, "Artifact Dualism, Materiality, and the Hard Problem of Ontology", *Philosophy & Technology*, 26, 2013, pp. 7—29.

要克服结构与功能之间存在逻辑鸿沟问题，需要从系统论 - 方法论的角度来展开研究。

在技术的系统论思考方面，德国技术哲学家罗波尔（G. Ropohl）提出了社会技术系统（socio - technical system）。他认为，系统模式可以描述社会和技术现象、个人与机器、社会的技术化和技术的社会化。他的社会技术系统关注了两个问题：其一，什么力驱动了技术发展；其二，技术为什么改变社会。[①] 但是，他没有对技术系统本身进行深入分析。1998 年，伦克（Lenk）考虑了技术结构，指出它是一个跨学科的关于技术对象、操作、程序和系统的理论描述，包括社会技术结构、技术行动系统，以及环境、文化、经济和政治的条件和影响。伦克赞同的是社会技术系统，这是一种实用主义的技术哲学态度。[②] 昆坦尼拉（Quintanilla）认为，一个技术系统就是人工物，它是由使用者和材料构成的。他还考察了技术系统 ST（由要素 C，其构造的过程和相互作用的集合 A，以及达到的目标 O 和有效达到的结果 R 构成），ST = <C，A，O，R>。每一个技术系统都是个体的特定的实体。[③] 然而罗波尔、伦克与昆坦尼拉等人的技术系统，还只是一种与技术或环境发生相互作用的社会 - 技术系统，并没有对技术本身这一系统展开研究，也没有考察结构与功能之间重要的逻辑关系。

我们可以对技术人工物的定义加以拓展，使其既包含物理的部分，又有意向的作用。对于物理部分来说，技术人工物是由一定的要素（部件）按照一定的结构组织起来的。对于意向作用来说，先有人的意向，然后才有技术人工物的设计与制造。技术人工物所包含的人的意向，体现为人的某种目的，主要通过技术人工物的专属功能来实现，当然人的意向也不是任意的，而是受到科学规律和技术规律等的限制。

按照荷兰学派关于技术人工物的结构与功能描述并考虑到技术人工物是人的意向与物质基础共同形成的物质产品，2009 年克劳斯提出了技术人工物的概念分析框架（见图 1），认为技术人工物具有物理结构、功能和行动性质。[④] 2015 年 6 月，在广州举行的国际分析技术哲学小型研讨会上，克劳斯在其主题报告中，直接将技术人工物的结构、功能和意向连接起来，形成了三角形关系（见图 2）。

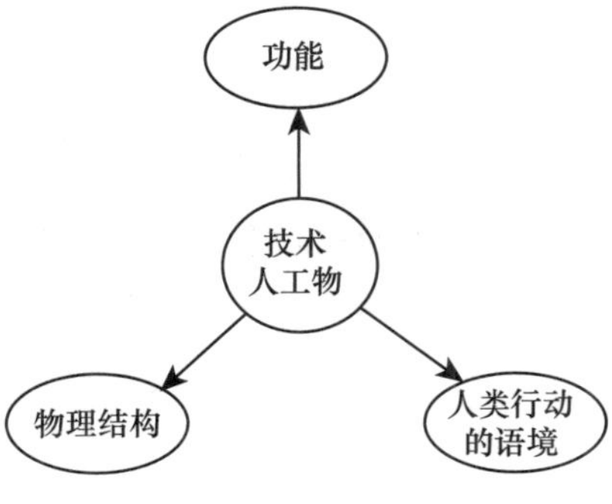

图 1　技术人工物的概念分析框架

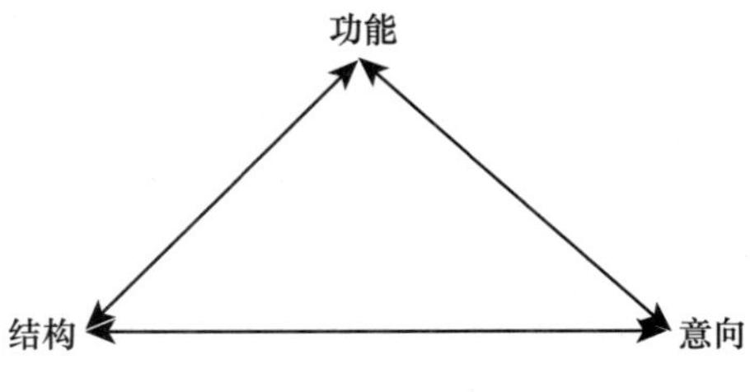

图 2　技术人工物的三因素关系

---

① G. Ropohl, "Philosophy of Sociotechnical System", *Society for Philosophy and Technology*, 4 (3), 1999, http://scholar. lib. vt. edu/ejournals/SPT/v4_ n3html/ROPOHL. htm.

② H. Lenk, "Advances in the Philosophy of Technology: New Structural Characteristics of Technologies", *Techné*, 4 (1), 1998, http://scholar. lib. vt. edu/ejournals/SPT/v4n1/LENK. html.

③ Miguel A. Quintanilla, "Technical Systems and Technical Progress: A Conceptual Framework", *Techné*, 4 (1), 1998, http://scholar. lib. vt. edu/ejournals/SPT/v4n1/QUINT. html.

④ Peter Kroes, "Engineering and the Dual Nature of Technical Artifacts", p. 57.

上述模型没有考虑要素的作用，这是一个严重的缺陷。在笔者看来，技术人工物的基本模型包括要素、结构、功能和意向四个因素。四个因素之间相互作用，构成一个四面体模型（如图3）。任何一个因素都与其他三个因素发生作用。任何两个因素之间除了直接作用之外，还有两条间接作用的路径。比如，以“意向”与“功能”为例，“意向”可以直接作用于“功能”，“意向”还通过“结构”“要素”两条路径间接作用于“功能”。其他因素的相互作用，与此类似。技术人工物又处于一定的环境之中，它与环境构成为人工系统模型。

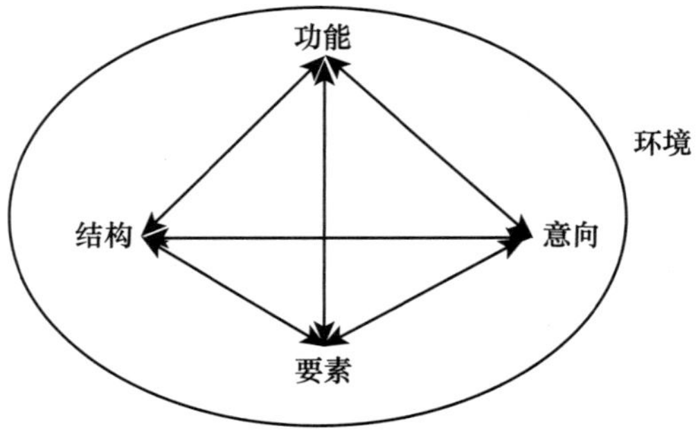

图3　技术人工物的系统模型

一个完整的技术人工物的描述，除了结构描述与功能描述之外，还需要要素描述。例如，2014 年上市的华为手机 HUAWEI Ascend Mate7（高配版），除了有关结构与功能描述之外，还适当增加了对其关键部件（要素）的描述。比如，手机所用的 CPU 是海思（Kirin）925，其核数是“八核”，1.8GHz，操作系统版本是 EUI 3.0（基于 Android 4.4.2）。这就说明，仅有结构描述与功能描述，技术人工物并不能完整显示其物理性质。为此，我们要从技术人工物的二重性转向要素、结构与功能的系统论研究。技术人工物是由要素、结构、功能和环境共同突现（emergence）生成的。

技术人工物的人工系统模型与自然系统的区别在于，前者包含了意向因素，即意向在技术人工物的形成过程中具有重要作用。当然，仅有意向因素也无法生成技术人工物，它还必须有适当的要素、结构与功能的共同构成。引入技术人工物的系统模型，有利于克服结构与功能之间的本体论的难问题，有利于建立技术逻辑，有利于技术认识论的研究。

二　技术人工物的本体论及其标准

一般来说，由于有意向性介入，技术人工物的本体论不同于科学哲学的本体论。2000 年，梅耶斯在技术人工物的二重性基础上，提出了关系实在论，即技术人工物是关系实体（relational entities）。关系实体不仅附随在它们的物理结构上，而且附随在更宽泛的工程和社会语境上。[①] 2006 年，霍克斯和梅耶斯从“高阶对象（higher objects）和它们的物质基础（material basis）的关系”这一视角提出了技术人工物必须满足的两个本体论标准，即

① A. Meijers, “The Relational Ontology of Technical Artifacts”, *The Empirical Turn in the Philosophy of Technology*, P. Kroes and A. Meijers (eds.), JAI Press, Elservier Science Ltd., 2000, pp. 81—96.

前文已提及的 UD 标准与 RC 标准。

UD 标准强调要“容纳”结构与功能之间的多对多的关系，这是适当的。相应地，RC 标准则应当仅仅强调“限制”，而不应当包括“容纳”，否则两个标准就不是相互独立的。实际上，RC 标准的“限制”也是相当宽泛的，并没有起到使结构与功能之间有更大确定性的作用。

UD 标准和 RC 标准之所以并没有使得结构与功能之间有更大的确定性，根源在于技术人工物的二重性理论与进一步的关系实在论。梅耶斯将技术人工物的关系归结为本体论问题，认为技术人工物的关系性质不能还原到非关系性质，或者说技术人工物具有一个不可还原的关系性质。①

值得指出的是，关系实在论是有问题的。技术人工物的关系总是要素之间形成的关系，而稳定的关系就成为结构。没有要素，哪有什么关系？技术人工物的本体既要考虑关系，又要考虑构成关系的要素（或部分），还要考虑它们共同实现的技术人工物的功能。

从技术人工物来看，要素具有实在性，结构具有实在性，功能也具有实在性，但是，功能实在与结构实在、要素实在并不在同一个层次上，有实在程度上的差异。当技术人工物不处于工作状态时，其功能就是潜在而非现实的。功能是从要素与结构的相互作用中产生出来的。以计算机为例，电子计算机从电子管、晶体管，再到集成电路，实现了更高的运算速度、更强的运算能力；而随着新的计算功能增强，计算机的结构也发生了一些变化，但是，其核心结构并没有根本变化，其专有功能也没有变，与核心结构和专有功能相联系的核心要素也不会变。这就是说，技术人工物在不断地演变，但是，它的核心要素、核心结构与专有功能并没有变，技术人工物的实在是核心要素、核心结构与专有功能相统一的实在。② 在技术人工物的系统模型中，要素、结构与功能构成了技术人工物的系统模型的实在部分，还剩下一个“意向”因素，那么，“意向”是否能够成为否认技术人工物的实在性的重要因素呢？显然，意向并不能否定技术人工物的实在性，就如人类自身这一实体一样，不能因为人具有意向性而否认人的实在性。在技术人工物中，“意向”因素凝结在要素、结构与功能之中，从这一意义讲，“意向”是构成技术人工物的潜在实在的因素，虽然意向是潜在的，但是它很关键，没有意向因素，就不可能成就那样的技术人工物。比如，当有足够的要素可供意向选择，就会有多种的结构，实现同一种功能，或实现多种功能。这表明人的意向在决定技术人工物的实在性方面具有不可或缺的作用。

从技术人工物的系统模型出发，将要素独立出来，使之成为一个独立的限制因素，将增大结构与功能之间的确定性。如通过增加要素限制（Component Constraints，简称 CC）标准，使得 RC 标准更加确定，从而限制其宽泛性。CC 标准是指在技术人工物的物理生成过程中，要素与结构一起共同决定了功能。通过要素（部件）来联系结构与功能，减少结构与功能之间的逻辑鸿沟。该标准表明了技术哲学研究的内在进路。

此外还有环境限制（Environment Constraints，简称 EC）标准。上述分析表明，UC、RD 和 CC 标准不足以为技术人工物的实在论提供限制，还应当增加新的环境限制。这里的“环境”是自然环境与人文历史等因素形成的总和。在一定的科学技术和文化环境条件下，结构与功能之间有一个现实的确定关系，其关系具有现实性。

---

① A. Meijers, “The Relational Ontology of Technical Artifacts”, p. 94.

② 参见吴国林：《论分析技术哲学的可能进路》，《中国社会科学》2016 年第 10 期。

技术人工物由许多要素组成，这些要素构分为多个层次，低层次组成高层次。要素所构成的稳定关系就成为技术人工物的结构。任何技术人工物都处于一定环境（语境）中。在一定的环境条件下，要素、结构、功能与意向的共同作用，突现生成了技术人工物。在人工物的制造情境下，当结构确定之后，不同的要素（零部件等）、环境仍然影响技术人工物的功能。在一定语境（如设计语境）下，要素、功能、意向的相互作用，突现产生了结构。

按照技术人工物的系统模型，结构与功能之间具有多重关系，无论从结构到功能，还是从功能到结构都是多重关系。因为在不同的要素、环境和意向作用下，同一结构可以产生不同的功能；同样，同一功能可以要求有不同的结构。前文图 3 说明了技术人工物的结构与功能的关系具有非充分决定关系，即满足 UD 标准。以从结构到功能为例，结构与功能的关系是下述三条路径依赖关系的共同作用：一是直接从结构到功能；二是结构经过要素再到功能；三是结构经过意向再到功能。因此，结构并不能单因素地决定功能。同样，功能也不能单因素地决定结构。除此之外，环境也会影响功能的发挥。系统的环境是系统功能存在和得以实现的条件，但不是决定系统功能的内在根据。不同的人工物质系统之所以具有千差万别的功能，只能从系统内部的组成元素、结构和意向去分析，它们才是决定系统整体功能的内在根据。

从结构到功能，其间之所以不具有演绎的逻辑关系，根本原因一是意向的作用，除了结构与功能的直接关系之外，即技术人工物的即结构通过意向影响功能；二是要素的影响，即结构通过要素影响功能。CC、EC 标准实质上是对 RC 标准更加严格的限制，使得结构与功能之间具有更大的确定性。尽管增加了 CC、EC 标准，但是，结构与功能仍然不是唯一确定的关系。如何能够获得结构与功能之间更大的确定性？对此需要进一步展开研究，一是获得结构与功能之间的联结的规律，二是当要素、环境与意向确定之后，结构与功能也将获得更大的确定性。

三 技术知识的分类与结构

技术知识就是关于如何做事和如何获得人工物的知识，它是关于如何通过设计、操作和制造得到技术人工物的知识。

目前，文森蒂（Vincenti）、罗波尔（Ropohl）、德维斯（de Vries）对技术知识的研究主要从设计知识、技术者的知识、技术人工物的制造等三个维度展开。在笔者看来，技术知识的分类要遵从三个原则：第一要反映技术的本质原则；第二是系统原则，技术是一个系统，技术知识也应形成一个有意义的系统；第三是做事的原则。技术知识的分类要能够说明一个技术人工物从设计到生产出产品的全过程，要体现技术知识在实践的作用下转变为技术实体（技术人工物）。

循此，我们可以将技术知识分为以下三大类：基本设计知识 D（design）、理论工具 T（theory）和行动知识 A（action）。其中每一类还可以再细分为技术知识亚类（见表 1）。基本设计知识反映了技术系统的基本特点，有的知识直接来自技术实践和工程实践。比如，材料知识、定量知识对设计者同样是必要的，没有它们设计者很难设计出达到目标（包括可靠性、稳定性等）的技术产品。理论工具反映了现代技术不仅仅是经验的总结，而且建立在现代理性知识的基础之上，技术受到理性的制约。当代技术知识已经完全不同于基于经验的工匠知识。行动知识是技术实践能力的一种显示，它是对技术的实践行为的描述。因为具备了行动知识，制造者才能运用具体的工具、机器等完整地生产出技术人工物（技术客体）。

表 1 技术知识的结构

基本设计知识 D	理论工具 T	行动知识 A
①功能知识	①技术规则	①工具 - 目的知识
②结构知识	②技术规律	②制造知识
③定量数据	③技术原理	③技术诀窍
④材料知识		
⑤社会 - 技术知识		
⑥意志知识		

从技术人工物这一实体的制造来看，上述三类知识构成技术的知识体系——技术的知识形象，而技术的另一个形象——技术实践过程，才将技术知识转变为技术人工物 E（entity）。两者共同体现了技术的本质：技术是理性的实践能力。

广义的技术理论由基本设计知识、行动知识与理论工具等构成，而狭义的技术理论就是指理论工具。基本设计知识 D、理论工具 T 和行动知识 A 是相互联系的，它们构成三角形。D、T、A 在技术实践 P（practice）作用下生成技术客体 E，这就是技术的知识和实践两个层次的共同作用。D、A、T 和 E 构成了技术的生成结构图（见图 4）。该结构也就是由三类技术知识与技术人工物所组成的技术结构。这里的技术结构，反映了技术人工物的生成过程，即是对技术人工物的生成过程的结构描述。D、T、A、P 和 E 构成了具体技术的结构图，笔者称之为双三角形模型。

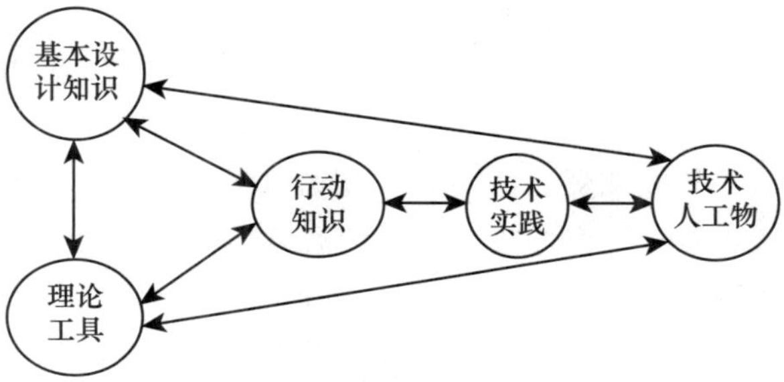

图 4　具体技术的生成结构

从过程来看，在技术知识与技术实践的作用下形成技术人工物。因此，技术分为三类：知识技术、实践技术与实体技术。技术知识构成了知识形态的技术；技术实践构成了实践形态的技术，这其中包括隐含性技术；技术人工物构成了实体形态的技术。从技术的系统观来看，笔者曾提出，技术是由经验性要素、知识性要素和实体性要素构成的①，这是从系统的静态的要素角度来考虑的。在技术的实践过程中，人们只有掌握了充分的技术知识和具备了相应的实践技术，才能进行成功的技术实践，进而制造出技术实体。技术人工物的制造过程反映了技术的时间之维；从系统的角度审视技术的要素，反映了技术的空间之维。技术的时间与空间相结合，将形成技术的时空结构，这揭示了技术更为细致的形相。

米切姆将技术分为作为客体的技术、作为知识的技术、作为活动的技术和作为意志的技术等四类。该分类将技术看作一个整体，从外部进行打量。他的技术客体包括器具、装置、工具、设备、公共设施等；他的技术知识是指建筑学（和结构打交道）、机械学（和机器打交道）、工程学等。米切姆关于意志的技术也是从整体意义来考虑的。相较而言，笔者的技术分类更为细致，在技术人工物的四因素模型中，意向（意志）将影响要素、结构与功能的选择。意志知识也会与理论工具、行动知识和技术人工物发生相互作用。要素、结构与功能的技术知识属于基本设计知识，而且基本设计知识还将间接影响技术人工物的选择，直接影响理论工具和行动知识的选择。

四　技术的实践推理及形式化

探讨技术人工物的结构与功能的推理模式，是为了更好地说明工程师从结构到功能，或功能到结构的推理。克劳斯认为，解释融贯（explanatory coherence）推理在工程实践中是一种十分有用的工具。② 融贯关系包括解释、演绎、相似、联合等关系。但事实上，解释融贯推理并没有真正将结构与功能之间的关系连接起来，还不是一个真正的推理，而是一种技术设计或工程实践中的思维方式。这些规则也并不都具有因果关系的实质，比如，相似、联系等就不是因果关系。只有当这些原则具有了因果关系，即基于具有因果关系的科学规律或技术规律时，才能成为结构描述与功能描述之间进行推理的可能模式，否则，解释融贯的规则就不能逻辑有效地联接结构描述与功能描述。

在讨论结构与功能的推理关系之前，我们有必要回顾一下已有技术哲学家的相关研究。1998 年，克劳斯通过分析纽可门蒸汽机案例，提出了技术解释的图式，但他并没有将技术解释的图式形式化。在克劳斯研究基础上，张华夏、张志林改进了技术客体的结构解释，该逻辑模型包括了对应规则。他们将对应规则解释为：为了由元素与结构的规律推出客体的功能规律，就要有一种原理将元素结构的概念转化为整体功能的概念，这个转换叫作“对应规则”。③ 事实上，这是一种理论推理的思考方式，并没有解决理论命题与经验命题之间的逻辑关系问题。技术和工程实践的推理比科学推理复杂得多，对应规则不可能真正构建起结构与功能之间的推理关系。

在笔者看来，依据前面第一节提出的技术人工物的模型，系统的分解应当遵循功能、

---

① 参见吴国林：《论技术本身的要素、复杂性与本质》，《河北师范大学学报（哲学社会科学版）》2005 年第 4 期。

② P. Kroes, “Coherence of Structural and Functional Descriptions of Technical Artifacts”, *Study*, *History*, *Philosophy*, *Science*, 37, 2006, pp. 137—151.

③ 参见张华夏、张志林：《技术解释研究》，科学出版社，2005，第 72 页。

结构和要素相协调的分解方式。高一层次的功能、结构与要素分别分解为低一阶子功能、子结构和子要素的集合。系统的每一层次的要素本身又是一个系统，它本身具有低层次要素、结构和功能的统一。按照下向分析思路，要素可以不断地分出下一层次的子要素、子结构和子功能，直到不能再分的原子要素、原子结构与原子功能，此时，系统的分解就停止了，而且原子层次的要素是最基本的要素，它是“技术原子”。“技术原子”是不可再分了，它是原子结构与原子功能的统一。[①] 原子要素是原子结构与原子功能的共同承担者。比如，计算机的中央处理器 CPU，它成为计算机的一个要素，本身具有一定的结构和功能，即它是要素、结构与功能的统一。一般来说，技术人工物的最小零部件就是技术原子。

在技术原子层次，原子结构与原子功能结合成为原子结构 - 功能子（atomic structure - functionon）。即是说，由原子结构可以推出原子功能，由原子功能也可以推出原子结构，可分别表示为：S_0是 F_0的充分条件 $S_0 \cdots\rightarrow F_0$，$F_0$是 S_0的充分条件 $F_0 \cdots\rightarrow S_0$，其中，$S_0$与 F_0分别表示原子结构与原子功能，“…→”表示实践推理，技术原子结构 - 功能子可表示为：$S_0 \leftrightarrow F_0$，简记为 SF_0。

在技术原子上，原子结构等值于原子功能（有效值）。依据上向综合思路，原子结构和原子功能再综合成为更高阶的要素（零部件）、子结构和相应的子功能，最后综合成为技术人工物的总结构和总功能。于是，逻辑上可以建立从技术人工物的总结构到总功能的推理关系。根据技术原子，我们可以得到从结构到功能的技术推理模式，笔者称其为模式Ⅰ：

解释者：要素描述 C 与结构描述 S

要素与结构满足的技术规律或规则描述 L

结构 - 功能子描述 SF_0

环境描述 E

被解释者：技术人工物的功能描述 F

写成逻辑表达式为：$C.\ S.\ L.\ E.\ SF_0 \cdots\rightarrow F$

其中，“.”表示合取，L 表示因果关系的技术规律或规则，“…→”表示实践推理，即在工程技术实践中这一推理是合理的，具有工具合理性或技术合理性。这样的表达方式更符合工程技术人员的实践活动。[②] 对于模式Ⅰ来说，其技术人工物的本体论基础就是技术人工物的系统模式，同时也满足本体论 UD、RC、CC、EC 标准的限制。那么，结构与功能的实践推理的模式Ⅰ能否通过定义技术逻辑的逻辑规则和有效表达将其推理形式化呢？笔者认为这是可能的。

量子理论表明，微观世界具有不确定性。量子命题不是一个简单的真假问题，而涉及不确定问题。赖欣巴哈提出了量子力学三值逻辑[③]，用以回答量子力学的逻辑推理，用真

---

① 技术原子层次是由研究问题的领域、研究问题的方法，以及科学技术的水平和工程实践的水平共同决定的。

② 在逻辑表达中，按结合力规则省掉括号。结合力规则为：结合力从最强到最弱依次为：－（非）．（合取）∨（析取）…→（实践推理或⊃标准蕴涵）↔（等值）。

③ H. Reichenbach, *Philosophic Foundations of Quantum Mechanics*, University of California Press, 1944, pp. 150—160.

T、不确定 I 和假 F 来表达真值，他定义了三种“否定”和三种“蕴涵”。在笔者看来，可将技术的真值的“有效”“不确定”“无效”分别对应于量子三值逻辑真值的“真”T、“不确定”I、“假”F。经过具体的分析发现，赖欣巴哈三值逻辑中的合取、析取、直接否定（-）、标准蕴涵（⊃）和真值构造适用于技术推理。其中，直接否定满足逻辑学的德·摩根定律，标准蕴涵满足逻辑学的“等值式之分解”① “肯前必肯后”“否后必否前”等常见的推理规则，也满足技术推理的负向原则，即“否前必否后”。合取、析取、直接否定与标准蕴涵构成的三值逻辑系统，我们称之为赖欣巴哈的技术逻辑。② 由此，模式 I 重新表达为模式Ⅱ：

$$C.\ S.\ L.\ E.\ SF_0 \supset F$$

上式实现了技术推理的形式化，这也是一个较为简洁的形式。该模型表明：结构与功能的实践推理可以用三值逻辑来表达，进而可以展开逻辑推理。

五　分析技术哲学展望

技术人工物的二重性研究纲领属于技术哲学的经验转向。然而，该研究纲领存在着技术人工物的结构与功能之间的非充分决定性关系，无法建立推理关系，这是一个难问题。于是，笔者提出了技术人工物的系统性研究纲领：技术人工物的要素、结构、功能和意向构成为一个系统，环境作为外在因素；技术人工物的结构描述和功能描述之间具有重要的认识论和逻辑问题。与技术人工物的二重性研究纲领相比较，系统性研究纲领引入了要素，将要素从原来的结构中独立出来。

分析技术哲学作为技术哲学的经验转向这一趋势，其未来发展如何？对此，克劳斯于 2016 年提出了价值论转向，而且是描述的价值论转向。还有其他研究者提出了技术哲学的多种转向，比如，实践转向、政策转向、工程转向、负责任创新等。③ 值得指出的是，技术哲学的经验转向仍没有完成，分析技术哲学仍然有很大的发展空间。

目前，分析技术哲学的系统性模型的探索还只是一个开始，一个亟待拓展的新的学术空间，未来的研究应当在以下几个方面展开：

（1）技术人工物的本体论状态研究。包括影响技术人工物的本体论状态的因素是什么？如何使技术人工物的结构与功能成为确定性的关系？信息在结构与功能之间起什么作用？技术人工物的人工类及其与自然类的关系，技术人工物的全同性问题，要素的内在性质与外在性质研究；技术的意向性研究，技术人工物是否具有意向性？意向性对技术的本体状态起什么作用？

（2）技术的认识论研究。包括技术的分类，技术的本质、技术陈述的性质研究，以及隐含性技术如何表达；技术知识的先验性问题；决定核心技术的因素；技术实践的构成因素与结构；技术规则、技术规律与技术理论的结构及其逻辑表达；技术的真理问题；技

---

① 等值式之分解满足“充分必要条件之合取”，即（A↔B）↔（A⊃B）.（B⊃A）。

② 有关该技术逻辑的定义和有效表，相关哈勃望远镜的逻辑推理，参见吴国林、陈福：《技术解释研究》，《东北大学学报（社会科学版）》2015 年第 5 期。

③ M. Franssen, P. E. Vermass, P. Kroes, A. Meijers, *Philosophy of Technology after the Empirical Turn*, Springer International Publishing, 2016.

术实践与认识的关系；技术预测的规律研究。

（3）技术的先验问题。在技术逻辑的分析中，先验分析是一个被忽视的研究方法。事实上，先验分析是形而上学的重要研究方法。就技术哲学来说，德韶尔（F. Dessauer）率先提出“第四王国”，他认为这一先验王国已经存在，但以潜在形式存在。① 这里涉及一个问题，技术是否仅仅是一个实践问题，技术的存在是否需要先验条件？技术可能与知识可能是否不一样？比如，量子信息技术，如果没有抽象的群论、李代数等数学工具的事先计算与预测，它是否可能呢？

（4）技术方法论研究。包括技术方法及其与科学方法、系统方法、信息方法、工程方法、数学方法的关系；技术方法是否具有超验性？技术设计的前提与方法、技术设计的规律等。

（5）技术人工物的内在逻辑与外在逻辑、技术实践的逻辑、技术知识的逻辑等问题，特别是不确定逻辑和实践推理的研究；技术发明的逻辑问题；技术推理是一种实践推理，实践推理的具体形式研究，在逻辑形式上，除了多值逻辑和贝叶斯概率推理之外，实践推理还可能采取道义逻辑、演绎逻辑、归纳逻辑、模态逻辑等方式，这需要根据具体技术的特点来展开相应的推理研究。

（6）技术（含工程技术）的价值论研究。这里的价值是从分析哲学角度展开的。包括自然界本身是否具有价值；价值的客观性问题；自然价值与生态价值的关系；价值陈述与技术陈述的关系；基于技术陈述研究实践技术、技术人工物和知识技术的内在价值与外在价值及其关系；负责任创新等。

（作者单位：华南理工大学哲学与科技高等研究所）

责任编辑　孙婧一

① F. Dessauer, *Streit um die Technik*, Verlag Josef Knecht, 1956, S. 56.

贤能政治：当代政治哲学的新焦点

武　云　贾沛韬

“贤能政治”并非政治思想史上的新观念，近年来却引起了中西政治哲学界的广泛关注，也在很大程度上改变或扩展了“贤能政治”在中西语境中的原初含义。贤能政治概念虽有“新瓶装旧酒”的嫌疑，从而很难被视为当代政治哲学的一个新的理论范式，但无论如何，该主题的复苏是中西政治哲学思想相互影响的一个典范。为了清晰地叙述该焦点中的新旧问题以及相关的理论和论争，一方面需要恰当还原中西政治哲学语境和学术脉络中各自侧重的问题意识，另一方面需要准确界定贤能政治理论所能解释和解决的现实疑难，从而最终公允呈现当下争论各方的实质冲突。本文即围绕上述论题展开分析和讨论。

一　解构作为政治哲学新焦点的贤能政治

（一）西文中的 meritocracy：警惕精英主义，而非倡导贤能政治

虽然近年来贤能政治理念在国内外学术界备受关注，但中西方语境对这一问题的探讨在很大程度上存在不对等现象，并引发了一些误解和混乱，主要表现在：过简地将中国学界讨论语境中的“贤能政治”与西方学界语境中的“meritocracy”等同起来，使得不少中国学者单方面地将西方文献中关于“meritocracy”的讨论一概视为关于“贤能政治”讨论的确切对应物。

这种翻译上的不准确以及相应的误解在一定程度上是情有可原的。因为单就英文中“meritocracy”这一词的构词法来看，它与表示民主制的“democracy”、贵族制的“aristocracy”等看起来是相同的，都包含“cracy”这一表示“治理、统治”的词根。正如民主制由“平民”和“统治”两个部分组成，从而表示平民统治或民主制，“meritocracy”从字面上看应表示贤能者统治。如果再联想到西方政治哲学传统中柏拉图主张的由“哲学王”担任统治者的政治理想，中文语境中的人们很容易认为西方学界关于“meritocracy”的讨论就是关于贤能政治的讨论。

但实际上并非如此。如果我们以“meritocracy”作为关键词对英文文献进行检索，会发现“meritocracy”一词并非传统西方政治哲学既有的专门术语，而是由当代英国社会学家迈克尔·杨（Michael Young）发明、并于其 1958 年的著作中使用的：在此语境中，“meritocracy”实际上相当于“精英主义”或者说“精英体制”，并明显具有贬义。在迈克尔·杨的定义中，“merit”等同于人们依据“先天智商加后天努力”而获得的能力，而

且很显然，这种能力并不特指政治治理方面的才能，也没有明确的道德内涵。“Meritocracy”指的就是人们凭借 merit 而攀升到社会的精英阶层，因而“精英主义”或“实力主义”相对而言是比较好的对译。迈克尔·杨对这种精英主义持有明确的批判性立场，认为较之于借由出身而自动获得上层社会地位的传统精英阶层而言，这些新精英阶层甚至更易于切断与下层的关联，因为他们更易倾向于坚信自己拥有更高的地位和更多财富是实力使然，从而对社会结构的不公正缺乏反思；他们往往只与具有相似社会背景和经济地位的阶层结交往来，在人际关系方面违背了类似“苟富贵无相忘”的直觉，在社会正义方面难以切合平等待人的原则，反而更易于引发下层阶级的不满和仇恨。①

在此之后，“meritocracy”在英文文献的讨论语境中逐渐具有了比较稳定的含义，与迈克尔·杨所赋予的原意保持了一贯，但在褒贬方面有所改变的是，它越来越被视为一种积极的社会制度，通常与公正、平等、公平竞争等观念联系在一起。它主要指的是个人依据贤能因素（如主要由天赋和努力构成的能力）而不是非贤能因素（如家庭出身、现成财富等）来获得经济、社会地位提升的一种社会制度。② 它常常与社会阶层流动、机会平等等观念相联系，被视作以种姓制度为代表的社会等级制度的对立面，也被理解为与社会阶层固化等现实后果针锋相对，而且常被认为是裙带主义和腐败的有效防范手段。这种意义上的“meritocracy（贤能至上论）”理念被广泛运用于社会学、经济学、教育学、管理学等学科，成为这些领域的研究对象。比如从管理学角度看，“meritocracy”论域关注的问题是，企业等机构应当采取哪些原则和具体指标来选拔、雇用、擢升人才，以使相应机构更具竞争力。

总之，与《礼记·礼运》奠定的“天下为公，选贤与能”的基调并不一致，西文世界以选贤任能为焦点的“meritocracy”讨论贯穿于大量非政治领域，并往往认为它的核心要义是任人唯贤，从而首先符合效率原则；其次比起任人唯亲等倾向，也兼顾了公平理想。但与此同时，在对 meritocracy 普遍持有积极态度的背景下，有些论者仍然指出，meritocracy 在很大程度上只是一个幻觉，其实质即是把不平等（尽管是基于能力的不平等）作为创造参与和就业的手段加以捍卫，并主要由美国和其他一些资本主义国家的公共教育体系所放大。但现在，就连美国经济学家也越来越认为能力主义原则既是经济增长的障碍，也是晚近经济社会危机的一个促成因素。③ 鉴于此，讨论公共领域的能力与参与资格问题，就不得不凸显平等诉求带来的挑战。

在此，一个核心疑难在于对能力和非能力因素的明确界定。无论是经济领域还是政治领域的贤能选拔体系，总是将某一特定起迄阶段的暂时性的能力与美德状况，当作任用与否的决定性依据。这既忽略了经济、社会、教育等资源方面的起点不公，也难以追踪和确保选任之后能力与美德的稳定运用。

---

① Michael Young, *The Rise of the Meritocracy (1870—2033): An Essay on Education and Society*, Thames and Hudson, 1958.

② Chang - Hee Kim, and Yong - Beom Choi, “How Meritocracy Is Defined Today? Contemporary Aspects of Meritocracy”, *Economics & Sociology*, 10 (2), 2017, p. 112.

③ Costas Panayotakis, “Capitalism, Meritocracy, and Social Stratification: A Radical Reformulation of the Davis-Moore Thesis”, *American Journal of Economics and Sociology*, 73 (1), 2014, pp. 126—150.

（二）当代政治哲学中的 meritocracy：平等主义式道德任意与尚贤式伦理责任

从古典到当代，关于贤能政治的讨论呈现了贤能选拔（meritocratic selection）原则与民主原则的对立①，尤其凸显了前者在根本价值上与平等待人的制度承诺之间的冲突：基于能力的选拔机制将现成能力的不平等正当化，并借助贤能选拔原则的证成和贯彻，进一步将由能力不平等导致的地位和所得的不平等在社会阶层结构中固定下来。具体到当代西方政治哲学中，meritocracy 主要是分配正义领域的主题，通常是机会平等议题的一部分。如在罗尔斯那里，能力主义社会（meritocratic society）是其正义理论的主要批评对象，对其处理主要着眼于个人是否得到应得的经济益品。

但应当注意到，罗尔斯在处理社会经济不平等的正义原则中讨论能力主义问题，并不意味着他的批评仅仅针对经济能力主义，而整个忽略或放过了"贤能政治"论题。正义理论第一条原则已经优先处理了政治上的自由和权利问题，诉求了对最广泛基本自由的平等权利。当晚近贤能政治理论主张依据能力和美德授予政治权力、参与资格以及决策可能性时，它也就直接与平等主义的政治正义原则相冲突。据此，当贤能政治理论家在其著述中用一个脚注就独断地强化了经济任能制和政治尚贤制之间并不根本的区分、从而回应了原本釜底抽薪式的潜在批评时，就不仅有失公允，而且有失严肃。②

无论如何，如若我们延拓历史视界，并将能力与其他导致结果不平等的诸多因素并置审视，那么就仍需强调任能－尚贤原则与开放性、公正甚至平等之间的紧密关联。诚然，如罗尔斯所担忧的，作为分配和选拔依据的"能力"高下，总是受到一些非个人所能选择和左右的、道德上任意的（morally arbitrary）优势或劣势的影响；又如迈克尔·杨所担忧的，能力精英会像血统精英一样腐化、僵化、退化，甚至由于以能力自矜而比后者更缺乏自省。但毕竟，能力主义理想总是可以被看作"非歧视理想"的某种"延伸"；反之，非歧视理想也是能力主义理想的某种延伸。例如，在当代公共生活中作为主流话语的"身份政治"对公平竞争和平等机会的根本诉求，即蕴涵了能力至上论胜过一切身份决定论的命题。③ 自古以降，任能和尚贤是一切封闭系统向开放倾斜、等级结构向平等松动的第一步进展，也是一切政治制度和分工模式的绩效承诺。今天，足以令我们"骄傲"的进步标志仍在于如下事实：人们之间不同"生活前景"的差异，较之以往而言，不再那么取决于"生而有之的偶然事件"，如性别、种族、阶层等④；而曾被批评为导致精英腐

---

① 并非尽然如此，因为民主制度自身也有着关于选贤和贤治的承诺，以确保一种实质的贤能治理。不过平民参与与精英垄断之间、民主政治与贤能政治之间，确实始终存在着相互敌视——就连反思经济能力主义（economic meritocracy）的著述者都将其替代方案命名为"经济民主（economic democracy）"。参见 Costas Panayotakis，"Capitalism，Meritocracy，and Social Stratification：A Radicdl Reformulation of the Davis-Moore Thesis"，p. 127、p. 133、pp. 136—137。

② 对迈克尔·杨和罗尔斯相关观点的回应，参见 Daniel A. Bell，*The China Model：Political Meritocracy and the Limits of Democracy*，Princeton University Press，2015，p. 239，第 3 章注释 3。

③④ Lippert－Rasmussen，Kasper，*Born Free and Equal?：A Philosophical Inquiry into the Nature of Discrimination*，Oxford University Press，2014，p. 236.

化的能力主义，若辅之以平等自由主义式的能力进路（capability approach）[①] 的制度要求，则有望成为社会正义的守护力量。

相比之下，虽然中文语境中“贤能政治”一词也可以包含在广义上关于如何任用人才等问题的讨论，但它主要还是一个政治哲学理念。它虽然也涉及经济益品和社会地位的分配，但主要基于中国传统政治理论中的“尚贤”“尊贤使能”理念，强调政治治理权力的委任或分配应当注重“贤”和“能”两大因素。这一传统在中国由来已久，早在科举制度将贤能原则固化之前，先秦诸子百家基本上都主张尚贤。又如，奠立了后世治理范式的秦制滥觞于以能力主义为精神实质的变法，其在废除封建身份制度、巩固中央集权的国家建构中在很大程度上亦贯彻了能力主义。

能够与当前学界讨论中的“贤能政治”真正构成对等互参的，应是“political meritocracy”一语，最早由贝淡宁（Daniel A. Bell）在《贤能政治：为什么尚贤制比选举民主制更适合中国》（以下简称《贤能政治》）中提出。他刻意区分了社会经济益品分配意义上的“meritocracy”（他称之为“economic meritocracy”），和表示由贤能者进行政治治理的“political meritocracy”，强调后者聚焦于政治上的尚贤，主张政治权力应该根据能力和美德作出分配——正如本节开头辨析能力主义与平等主义之间的根本冲突时所提及的，这种区分无法为尚贤制作出有效辩护，但作为术语更新，其区分又是有意义的。该书英文初版于 2015 年，中译本面世于 2016 年。由此可见，术语对译的固定化相当晚近，相应论题的探讨在当代西方政治哲学中也是相当新的成果，即使这一理念本身在西方政治思想史上并非前所未有。

对于西方学者而言，“political meritocracy”与一般意义上的“能力主义”一词之间的刻意自我区隔，似乎能够避免人们对广义的 meritocracy 及其相应讨论的联想。用一种乔万尼·萨托利式的论断说，贤能政治的晚近理论化的过程充满了夺取“好字眼”、摒弃“坏字眼”的倾向。[②] 总的来说，贤能政治理论诉求一种温和、少争议的表述，推崇的是一种尚贤式的责任伦理。这一点与儒家传统的自我期许一以贯之，强调拥有卓越能力和美德的人应当为政治共同体担负更多的责任。在此，政治领导者身份（leadership）不再是一种精英阶层所拥有的特权和地位，不再是有待在全体公民之间进行分配的资源和可能性，而只是一种表现为多方面卓越特质（virtues）的领导力，只有出类拔萃的人物方能与之相匹配。

《贤能政治》一书自始至终强调：贤能政治的目的是选拔有卓越能力和美德的领袖；政治体制本应旨在挑选和擢升具有卓越的智识性、社会性能力和美德的政治领袖，应当关注更可能选出这样的领导人的制度可能性。针对作为贤能政治制度对立面的民主，该书并未过分向其投掷“坏字眼”，但民主在此确实遭受了两类有失公允的理论对待：第一，作者并未充分对照考量现实中种种民主政体和“尚贤”政体在达成贤治方面的制度绩效，

---

① 能力进路认为人皆有实现幸福的自由，而达成这种自由需要基本能力。能力意味着真实的机会（不妨借用查尔斯·泰勒对消极自由和积极自由的概念化方式：“践履”意味着真实的“机会”，没有能力去“践履”，就不算是有“机会”），而社会政治制度有责任通过教育等途径扶助基本能力。相关理论的详细阐明，参见阿玛蒂亚·森、玛莎·纳斯鲍姆等人的相关著述。

② 萨托利用“词语之战”刻画 20 世纪各种类型的政权对“民主”名分趋之若鹜的态度，并把这种争战的“基本要领”概括为“夺取‘好字眼’，把‘坏字眼’扔进敌人的阵营”。详见乔万尼·萨托利：《民主新论》，冯克利、阎克文译，东方出版社，1998，第 543—546 页。

却处处表明或暗示民主投票无法选出卓越领袖；第二，作者将贤能政治概念窄化为“尚贤制”，也相应将民主概念窄化为一人一票选举领导人的制度，重选任而轻治理，从而一方面回避了贤能精英在践履美德方面的真正疑难①，另一方面无视了民主在决策（而非仅仅选人）和慎议等方面的多重意涵与成就。②

二 建构一种贤能政制：讨论贤者与贤治的更佳框架

有论者认为，西方的贤能政治理念是受到东方政治哲学理念影响的产物③；但事实上，贤能政治作为一种政治理念在西方政治哲学史上有其自有的思想渊源，即便对相关思想的表述并未专门使用 meritocracy 这一术语。比如，柏拉图的“哲学王”理想典型地体现了国家应当由贤者治理这种贤能政治理念；亚里士多德关于政体的思考更是为关于贤能政治的讨论提供了一个宏大的理论框架，对于当今的相关讨论尤有教益。

实际上，亚里士多德有意识地区分了元伦理学与规范伦理学意义上的贤能政治：无论何种政体，都会同意应当由贤能之人担任政治职务，区别仅在于它们对“贤能”的规范性诠释不同，对于如何实现贤能政治的方式认识不同，以及对于尊贤使能的目的定义不同。

若沿袭亚里士多德式的思路讨论一种“贤能政制”概念，对于西方学界而言，即进一步获得了在较新意义上运用的术语；对于中国学界而言，选贤与能的理念将得以拓宽，而不仅仅在政治策略上加以理解，在政体意义上也将作出新的诠释。

（一）描述性的 meritocracy

如前所述，“meritocracy”在构词上看起来类似于亚里士多德对各种不同政体的命名，如民主制（democracy）、贵族制（aristocracy）等，由一个限定词与表示“权力、统治、治理”的词根“cracy”组成，指由具有某种特征的人进行统治的政体。但仔细考察，“meritocracy”的具体限定词“merit”与其他政体的限定词则有所不同。“merit”的原型为“meritum”，英文直译为“I earn”，即“我赚得”“我挣得”，由此引申为“配得、应得（due，deserve）”的意思。严格地说，“merit”本身并没有包含关于“何为应得”的限定含义，而依赖于独立的规范性标准来确定具体何为“配得、应得”。这样，在表示一种政治制度安排的时候，“meritocracy”从最直观的概念层面上来看指的就是有资格的人应得政治治理的权力，或者说有资格的人统治。这种概念界定是全然形式化的，并未包含规范性含义，具体何为“有资格”和“配得、应得”，则需要其他独立的规范性标准进一步

---

① 应当公允地说，作者用整个第三章描述了贤能政治在现实贯彻中的种种疑难，但重叙事而轻理论，有问题而无求解。

② 作者的最新论述已经对将民主窄化为一人一票选举制的做法作出了辩护，对这里的关键批评作出了间接回应。他的理由在于，贤能政治与大多数民主价值和民主实践相容，而唯独与一人一票选举制相冲突。这无疑只是转移了注意力。两者在诸多方面是否冲突是一回事，贤能政治自身需要何种制度完善，以及它作为替代方案相对于民主究竟可能有何比较优势，又完全是另一回事。作者的最新论述，详见 Daniel A. Bell，“China's Political Meritocracy Versus Western Democracy”，*The Economist*，Jun. 12th，2018。

③ 如霍布森认为“贤能”这一观念最早产生于中国，并通过儒家文献来到西方。参见 J. Hobson，*The Eastern Origins of Western Civilization*，Cambridge University Press，2004。

加以说明。这样看来，"meritocracy"一词实际上是一个需要从元伦理学以及规范伦理学两个层面进行区分界定的概念。

实际上，我们在亚里士多德那里可以看到，他对"配得、应得"以及对应的字面意义上的 meritocracy 已经作出了实然和应然两个层面的区分。在实然层面，他指出，"应得"或者说"配得值"恰恰是被政体限定的，也就是说，相对于不同的政体而言就有具体不同的"配得值"。比如，"在民主派人士是从自由看配得，寡头派人士是从财富看配得，而另一些人是从高贵的出身看配得，贵族派人士是从德性看配得。"① 换句话说，依据亚里士多德的观点，在不包含规范性含义的"应得、配得"层面上，每一种政体甚至在作出任何贤治绩效承诺之先，就已经体现或包含了"meritocracy"的含义，区别只在于每种政体所视为配得、应得政治治理权力的要素不同。对于实然层面"应得、配得(merit)"之于各种政制的相对性的这一认识，实际上对"meritocracy"作了元伦理学层面的广义界定，在一定程度上可以解释为什么亚里士多德对政体的界定、划分主要依据统治者所属阶层、统治阶层人数的多寡等描述性特征，而不是依据"配得"这一限定词。

与此同时，亚里士多德对政制的考察也不乏规范性维度。对他来说，政制很显然有好与坏、正确与错误的实质性区分。比如，从形式上看，君主制和僭主制是一样的，都是由一人统治，但他认为前者是对的，后者是错的。亚里士多德从应然层面对"配得、应得"进行了界定，并由此发展了关于贤能政制的特定思想。他说："最优秀的政体必定是由最优秀的人来治理的政体。"② 正是在这种规范性的意义上，他被广泛视为西方政治思想史上贤能政制观的拥护者。

相较而言，当今学界对"meritocracy"一词的使用并没有体现对上述两个不同层面的清晰区分，并且显然主要是在比较狭义的、规范性层面上对其运用。比如，它被表述为："贤能政治的含义是设计一种政治制度，挑选能力超过平均水平的政治领袖作知情的、道德上站得住脚的政治决断。"③ 这种定义已经给出了"应得"的依据，赋予了"meritocracy"以规范性含义，彰示了应当以贤能而非以出身、种族、性别、肤色等外在因素作为选拔、确定领导人的标准。在迈克尔·杨将"meritocracy"一词的用法固定下来之后的标准定义中，它通常指这样一种理念，即政治治理的权力应当根据"贤能"这一标准进行分配，应当由贤能者担任政治领导人。

但需要指出的是，即便是规范意义上的贤能政制观，依然未能提供完备的共识性理念。何为贤能和贤能者——比如在亚里士多德那里何为"最优秀者"——是需要进一步的规范性标准进行限定的。如果说在本文第一部分中，我们尚可据其精神实质而将"meritocracy"统一对译为"能力主义"，那么到了这里，除了形式化的"应得制"之外，我们已经无从添加任何具体质料式内容。经过进一步考察我们会发现，规范性标准不同，"meritocracy"的实质性内涵也会随之不同，对此需要下述进一步说明。

（二）当代与传统：从贤人政治到贤能政制？

具体结合亚里士多德的相关学说，我们发现，他所提出的作为应然政治理念的实际上是一种"贤能政制"观，它有别于"贤人政治"，亦不同于一 般意义上的"贤能政治"。

---

①② 亚里士多德：《政治学》，颜一、秦典华译，中国人民大学出版社，2003，1131a25—30；1288a30。

③ 贝淡宁：《贤能政治是个好东西》，《当代世界》2012 年第 8 期。

第一，好的政制都体现了以有德性的人作为统治者的特点。在他看来，以有德性的人进行统治是保证政体良善的重要因素。正是在这种意义上，亚里士多德的政治学说可被视为西方政治思想史上贤能政制观念的重要来源。这种特定的贤能政制理念将 meritocracy 中的限定词限定为包含了特定规范性内涵、特指“德性”的“merit”。它与不包含这种规范性内涵、仅仅作为政治策略、人才政策意义上的“meritocracy”有很大不同。在此意义上，“贤能政制”具体指的是一种理想意义上的政体，它以“德性”而非财富、出身等因素作为选拔和确定政治权力的根本标准。

因为任何一个政体，无论好坏，至少在一定程度上都是要任用贤才，或者确保参与者的基本能力以实现特定目的的，正如贝淡宁所指出的，“人们想望执政者治理得好。在任何社会中，生活质量都在很大程度上取决于领导力的质量。不把其最优秀成员用为引领性制度的领导者的社会，在社会学意义上和道德上都是荒谬的”①。在这种政治策略的意义上，几乎任何政体或多或少都会同意“贤人政治”。毕竟，不能设想任何一种政体的意图在于选出更差、更不称职的人作为领导，而其程序是否能够保障实现其意图、其结果是否事与愿违则是另一回事。

但贤人政治并不强调共同的公义底线，并不保证政治目标是全体人的共同福祉。这样，一旦不顾及公义底线，或者设定的政治目标不正义，那么“贤人政治”这一策略本身并不能从根本上保障整个政体是正义的。例如，某个国家如果不顾公义底线而启用贤能之士的才能去侵略他国，虽然可以说它也充分任用了贤才，但其政治作为从根本上是不正义的。还比如，在法家式的君主专制政体中，君主也可能会非常重视任用贤人以实现富国强兵，但这种意义上的贤人政治本质上以服务于统治者的意志为目的，在这种情形下君主所重视的是实现其自身意志的某种“贤能”，而非造福于普通民众的“贤能”，甚至会以牺牲后者利益为代价。而且，这种贤人政治在制度设计上并不会将“贤能”标准彻底运用于所有官职，至少不会适用于对整个政治具有决定性、导向性作用的君主这一职位。

第二，正如政制一词本身的含义“宪法（constitution）”所表明的那样，贤能政制是一种关于宪法的特定规定，因而从根本上来说，它是一种法治的模式，与只强调贤人统治有实质区别，因为贤人统治也可能是一种人治的模式；统治者的德性主要体现为立法的智慧，立法的目的在于全体公民的共同利益。

第三，贤能政制以德性作为选择领导者的依据，其实现形式可以是多样的，而不限于某一个贤人或少数贤人、精英统治。换句话说，作为统治者的贤者不一定是一人或少数人，也可以是多数人。这在亚里士多德那里表现为，他将君主制、贵族制和共和制这三种形式不同的政体都视为贤能政制的体现。“在多数人中，尽管并非人人都是贤良之士，他们聚集在一起也有可能优于少数人——当然不是就每一个人而论，而是就集合体而论，好比由众人集资操办的宴席较之于由一人出资的宴席。因为，众人中的每一成员都部分地具有德性与明智，当他们聚到一起时，众人就仿佛成了一人，多手多足，兼具多种感觉，在习性和思想方面也是不拘一格。”②

至少在亚里士多德这里我们可以看到，作为一种理想政治理念的贤能政制与政治治理策略意义上的贤能政治（或贤人政治）有着实质性区别。如果说 meritocracy 有强弱之分

---

① Daniel A. Bell, *The China Model*: Political Meritocracy and the Limits of Democracy, p. 2.

② 亚里士多德：《政治学》，1288a30，1281b1—10。

的话，那么，亚里士多德那里体现的是强意义的贤能政制。不仅如此，它还体现了一种整体观，即贤能政制所推崇的贤能原则要落实到整个城邦，统治者的贤能只是目的论链条上实现城邦整体善的一个环节。

既然如此，那么显然，仅仅使得贤者居于高位并不能保证整个政体是贤能政制。贤能政制有明确的目的指向：全体公民的共同利益。它有正义观的框架作为支撑，即有公义底线。贤能只对于政治治理权力的分配有意义，对于矫正正义而言则没有意义。“德性”统治从形式上不一定表现为一人或者少数精英统治，也可以是多数人统治。统治者的德性根本在于立法的智慧，这种法不同于任意的事实意义上的法律。

至此，我们经由另一条独立的论证路径达成了与前一部分结论相类的对晚近贤能政治讨论的省察和批评：尚贤制的辩护者只强调了“贤者”，未重视“政制”。而规范意义上的“贤能政制”不只关乎“贤者”，甚至不只关乎“贤能”，“正义”才是更根本的。正义观决定了贤能的规范性内涵。

三　争论焦点及各方立场

前文第一部分理清了贤能政治的术语流变和晚近发展动态，第二部分则借助一种亚里士多德式贤能政制传统提供了更大的论述框架。无论以“能力主义”为要旨，还是以“应得制”为实质，两种术语体系对晚近贤能政治讨论的再阐释都不仅通向了对现成 meritocracy 理论的批评，而且通向了同样的批评理由。由此，无论是当代平等自由主义，还是古代美德传统，都对选贤与能的政治参与和政治领导模式提出了根本挑战。

接下来，笔者将进一步梳理学界已有的争论，以形成更为充分的对话。与贤能政治理论的自身脉络相应，现成争论大致可归入三类焦点问题；其中，除第一类外，其余皆直接涉及贤能政治与民主的关系。这样一来，如果说本文第一部分关注贤能政治在价值取向上与平等和正义原则的冲突，第二部分关注贤能政治在目的论理想上与美德和伦理生活的龃龉，那么，第三部分恰好直接关注贤能政治在制度设计上与民主和治理绩效的差异。

应当预先说明的是，在当前关于贤能政治的中西论争中，存在着明显的“各说各话（cross - purposes[①]）”现象：贤能政治的辩护者和批评者都常常偏离对方的要旨，并对彼此真正关切的问题缺乏同情的了解。相比之下，英文世界辩论的关注点，常在于中国式尚贤制的辩护者如何未能客观、全面地重现中国的真实国情；而中文世界的争鸣又相当具有中国特色，它们几乎自动跳过了当代政治哲学固有的道德承诺底色，而把讨论的重点不断拉回到德治与法治、人治与法治的旧式纠结中。

进一步说，近年围绕贤能政治概念而进行的学术讨论，很大程度上受到理论家贝淡宁相关著述的影响。随着他的阶段性成果、英文主编文集、英文专著、中文译著、访谈评论等的渐次出版，相关应或批评的论文和书评随之出现。有趣的是，国内外回应者和批评者关注重点的上述差别，甚至在他的中英文专著标题那里已有端倪：英文原著标题直译为“中国模式：贤能政治与民主的局限”，直指西方读者的普遍痛点；中文标题则化用为

---

① 查尔斯·泰勒曾用这个词来描述自由主义 - 社群主义之争。参见 Charles Taylor, “Cross - Purposes: The Liberal - Communitarian Debate”, *Debates in Contemporary Political Philosophy*, Routledge, 2005, pp. 205—222。在与之明显相似的意义上，用这个词形容近年的民主 - 贤能政治之争也相当合适。

“贤能政治：为什么尚贤制比选举民主制更适合中国”，直击中国的制度反思者的软肋。

必须指出，贤能政治的主要著述并未获得作者所希望的那类批评与回应。零散的评论和相关文章往往未得要旨，甚至只是借用一个概念自行发挥。可以说，贤能政治著述在读者和批评者那里获得的，远不如著述者对他的援用对象和批评对象的处理精细。诚如本文至此的所有批评所显示的，晚近贤能政治理论充分揭示了不佳的问题意识的后果。它既与种种现代价值相冲突，又不能提供稳定的制度化设计，问错了问题，立错了题眼，也就不会经由精致摆列的材料而自动达成可欲的结论。而回到读者和批评者的局限，一个并非无关的细节是，在所有评论文章和同主题专论中，几乎没有来自规范政治哲学研究者的回响。因而，贤能政治理论潜踪于当代政治哲学脉络中的若干真正洞见，几乎不为论争者所察觉。

因此，将一切回应、批评和论争依据贤能政治理论的自身脉络而归入以下三类，并不容易。但考虑到辩论的建设性目的，有必要这样做。

争议之一：何为贤能？

任何关于贤能政治的规范性学说都首先需要阐明其所说的“贤能”是何种意义上的。重申亚里士多德意义上的贤能政制，这既需要论者指明“贤能”是指出身好、某种特定能力强，还是具有某组特定的美德德目，也需要论者为这种“贤能”观辩护，即提供认定这种特征才应算作“贤能”的理由。毕竟，没有任何人会反对贤者为政，问题只在于何者为贤。在亚里士多德那里还未有迈克尔·杨所发明的“meritocracy”概念，不过在他看来，民主制、寡头制、共和制等各种政体都可视为元伦理意义上的贤能政治，只不过它们对于“merit”的界定不同。符合亚里士多德认定的规范性标准的贤能政治是贵族制，只不过结合现实考虑，他认为柏拉图意义上的贵族制和哲学王统治都不现实，因而将共和政体视为最佳政体。儒家学说则在语源处将“贤”与“能”区分为两种不同的卓越品质，又认为“二者在政治实践中难以截然相分”[①]。此外，对荀子的探讨中则会发现与亚里士多德“应得制”思路相似的观点：在人的美德与能力层次的区分中，不仅有君子与小人之别，也有儒生之间的不同分层，可依据不同的国家需要和国君志向而任用“俗儒”“雅儒”和“大儒”[②]。

争议之二：在多大程度上贯彻“贤能”原则？

贝淡宁主张基层民主和高层贤能政治的结合，因为他确信民主在彼此相熟的人之间、在人们熟悉的身边事务之中运作最优。[③] 此处有一种论断过快的危险：毕竟，基于类似的理由，我们也可以说贤能政治在基层社会运作最优，因为例如，就确保贤者的能力与美德在决策过程中的真正贯彻而言，基层环境提供了更好的透明度和监督条件。再者，从一种基层共同体生活的直觉来说，越是在彼此相熟的人之间，越不那么仰赖正义原则和民主程序，也越是更重视关怀和关系。甚至，无论遵循何种原则，地方性人际关系、社会建制和政治制度，总是要比更大范围的对应结构更容易组织，也更容易作出修正和保持稳定；而国家层面的制度设计和政策制定无论如何都更为复杂。总之，对基层民主和高层贤能政治

---

① 参见杨国荣：《贤能政治：意义与限度》，《天津社会科学》2013 年第 2 期。

② 参见干春松：《贤能政治：儒家政治哲学的一个面向——以〈荀子〉的论述为例》，《哲学研究》2013 年第 5 期。

③ Daniel A. Bell, *The China Model*: Political Meritocracy and the Limits of Democracy, p. 168.

之结合的最初说明是无效的。不过另一方面，国家层面决策的复杂性又成为高层应施行贤能政治的理由。① 对民主-贤能政治的这种垂直调和模式的两个直接批评是：第一，从一般原则上说，一种完全不借助结构性的民治而确保的民享是难以实现的，因为在多元社会中，领导者决策时很难在各种良善生活观之间保持中立，而必定会至少受情势所迫而支持多元中的一方。考虑到这一点，制度最好确保人们能够拥有平等的资源和机会以便为自己的利益负责。② 第二，从中国的治理现状来说，垂直调和模式未能注意到中央政府和地方政府的实质分歧将会造成的实质威胁。③

争议之三：尚贤的目的是什么？为某一阶层谋福利还是为全体谋福利？

根据一种亚里士多德式的直觉，只有为全体谋求公共福利的政制，才是一种好政制。一些基于现实政治的批评直指贤能政治的排他性现实，认为政治精英会清除异己，不应忽略维持政治权力之过程的内在暴力事实。④ 稍为间接地，这也涉及人治与法治的对立：为了确保公共福利，总要有程序上的法治式的保障方可；而人治式的尚贤则容易形成并维系特权阶层，使得“贤能”失去规范性意味。对此，一种较温和的提醒主张现代政治实践需要正视并回答“如何在形式层面的程序、规则与实质层面的个体品格、德性之间形成积极的互动关系”的问题⑤；而一种较尖锐的批评则直接表示，“贤能政治主张是与社会主义民主政治建设格格不入的一种政治思潮”，而为了构建中国特色社会主义的良好政治生态，必须“为贤能政治脱魅”⑥。

（作者单位：上海交通大学人文学院哲学系；
山东大学政治学与公共管理学院）

责任编辑 冯瑞梅

---

① Daniel A. Bell, *The China Model*: Political Meritocracy and the Limits of Democracy, p. 168.

② Elena Ziliotti, "Review on *The China Model*: *Political Meritocracy and the Limits of Democracy* by Daniel A. Bell", *Philosophy East and West*, 67 (1), 2017, pp. 295—298.

③ Simon Sihang Luo, "Review on *The China Model*: *Political Meritocracy and the Limits of Democracy*", *Asian Journal of Political Science*, 25 (1), 2017, pp. 151—154.

④ Peter Mattis, "Review on *The China Model*: *Political Meritocracy and the Limits of Democracy*", *Cambridge Review of International Affairs*, Oct. 2015, pp. 328—331.

⑤ 杨国荣：《贤能政治：意义与限度》。

⑥ 刘京希：《构建现代政治生态必须祛魅贤能政治》，《探索与争鸣》2015 年第 8 期。

研究报告

2017 年中国马克思主义哲学研究概述

周 丹

1842 年马克思在《科隆日报》第 179 号的“社论”中明确指出，“任何真正的哲学都是自己时代的精神上的精华”。“真正的哲学”能够捕捉到“时代的迫切问题”，是“自己的时代、自己的人民的产物”。2017 年，中国马克思主义哲学界对现时代重大的理论问题和现实问题进行了深入探讨，思想性、学术性、创新性都很突出，成果丰硕，亮点纷呈。

一 深入开展习近平新时代中国特色社会主义思想的哲学研究

2017 年 10 月，党的十九大提出习近平新时代中国特色社会主义思想，并确立为党的指导思想。习近平新时代中国特色社会主义思想，坚持了马克思主义基本原理与中国具体实际相结合，是 21 世纪马克思主义、当代中国马克思主义的最新理论成果。它一经问世，就引发马克思主义哲学界的热烈讨论和深入研究。

（一）对习近平新时代中国特色社会主义思想的总体性学习和把握

王伟光教授发表题为《当代中国马克思主义的最新理论成果——习近平新时代中国特色社会主义思想学习体会》的理论文章。中国特色社会主义进入到了以习近平总书记为主要代表、全国各族人民共同创造的新时代，习近平新时代中国特色社会主义思想牢牢把握、系统回答了新时代坚持和发展什么样的中国特色社会主义、怎样坚持和发展中国特色社会主义这一时代之问。它攀登了马克思主义哲学新高峰：一是在立场、观点、方法层面上提出了新论断，把马克思主义哲学世界观、方法论的坚持和运用提升到了一个新高度；二是在思想路线、社会历史发展规律理论、辩证思维和认识改造世界功能等方面提出了新思想，把马克思主义哲学重要原理及其应用提升到了一个新高度；三是在系统完整性、逻辑严谨性和实际操作性方面提出了新认识，把马克思主义哲学认识和改造世界的作用提升到了一个新高度。[①] 崔唯航研究员认为，习近平新时代中国特色社会主义思想凝结了当代中国重大问题科学解决的哲学思考，开辟了马克思主义哲学中国化的新境界；凝结了当今时代发展大趋势的哲学概括，开辟了马克思主义哲学时代化的新境界；凝结了人民大众实践探索的哲学认识，开辟了马克思主义哲学大众化的新境界。陈少雷副教授认为，

---

① 王伟光：《当代中国马克思主义的最新理论成果——习近平新时代中国特色社会主义思想学习体会》，《中国社会科学》2017 年第 12 期。

习近平新时代中国特色社会主义思想的哲学品格表现在：一是坚持共产主义远大理想和中国特色社会主义共同理想的价值追求；二是以人民为中心的根本立场；三是实现中华民族伟大复兴的历史担当；四是明确破解社会主要矛盾已经转化的问题意识；五是把握规律的哲学思维；六是治国理政的科学方法。①

（二）关于习近平新时代中国特色社会主义思想的具体内容的哲学分析

韩庆祥教授、黄相怀教授对“新时代”进行了专门探讨，提出“从何而来”“从何出发”“向何处去”“因何而立”四个问题。“历史性成就”是中国特色社会主义进入新时代的首要根据；“历史性变革”是中国特色社会主义进入新时代的基本根据；“历史性影响”是中国特色社会主义进入新时代的内在根据。“三个意味着”是中国特色社会主义进入新时代的标识；党的十九大报告提出的“五个时代”指引着我们向何处去；中国特色社会主义进入新时代的伟大意义是我们的立论基础。中国特色社会主义进入新时代，是中国改革开放和社会主义现代化建设伟大成就由长期量的积累到质的飞跃的必然结果；是在党的十八大以来五年历史性成就奠定的现实性与未来建设社会主义现代化强国的可能性之间建立强关联的必然结果。② 庞元正教授认为，“创新、协调 、绿色 、开放、共享”五大发展理念，是根据中国的基本国情和发展的阶段性新特点提出的，具有牢固的现实基础和鲜明的问题导向。五大发展理念是唯物辩证法的生动反映，其理论基础是唯物史观。譬如“创新”，就连熊彼特本人也表示，他的创新理论来源于马克思，“同马克思的陈述更加接近”；再如“共享”，在马克思恩格斯那里，一个共享发展的社会，将是作为自由人联合体的新社会的必然要求和前提条件。这也就是习近平总书记强调“让广大人民群众共享改革发展成果，是社会主义的本质要求，是社会主义制度优越性的集中体现，是我们党坚持全心全意为人民服务根本宗旨的重要体现”的理论根据所在。③ 彭劲松教授系统研究了“四个全面”的哲学基础，认为“四个全面”进一步明确了社会主义初级阶段的主攻任务，是历史唯物论的当代运用；“四个全面”充分承认人民本位在以社会主义市场经济为取向的改革发展中的核心地位，是历史价值观的现实体现；“四个全面”揭示了推进社会主义现代化建设必须处理的一系列重大关系，是历史辩证法的丰富发展；“四个全面”贯彻了马克思主义与中国实际相结合的精神，是历史方法论的合理选择。④ 刘卓红教授认为，“四个伟大”（即进行伟大斗争，建设伟大工程，推进伟大事业，实现伟大梦想）是习近平新时代中国特色社会主义思想的重要组成部分，同时，坚持以习近平新时代中国特色社会主义思想为指导思想是“四个伟大”实践的灵魂所在。

（三）习近平新时代中国特色社会主义思想的理论来源与时代意义

从根本上说，习近平新时代中国特色社会主义思想是当代中国的马克思主义，马克思主义哲学是习近平新时代中国特色社会主义思想的基本理论来源。十八届中央政治局先后

---

① 陈少雷：《习近平新时代中国特色社会主义思想的时代意蕴与哲学品格》，《马克思主义哲学论丛》2017 年第 4 期。

② 韩庆祥、黄相怀：《中国特色社会主义新时代的哲学理解》，《哲学研究》2017 年第 12 期。

③ 庞元正：《论五大发展理念的哲学基础》，《哲学研究》2016 年第 6 期。

④ 彭劲松：《“四个全面”的哲学基础》，《中国党政干部论坛》2015 年第 8 期。

就历史唯物主义基本原理和方法论、辩证唯物主义基本原理和方法论进行集体学习。习近平总书记强调：马克思主义哲学深刻揭示了客观世界特别是人类社会发展一般规律，在当今时代依然有着强大生命力，依然是指导我们共产党人前进的强大思想武器。就具体内容来说，汪信砚教授在《习近平新时代中国特色社会主义思想的哲学基础研究述评》一文中总结到：习近平新时代中国特色社会主义思想是对马克思主义唯物论的坚持和运用，是对唯物辩证法的坚持和运用，是对唯物史观的坚持和运用，是对马克思主义哲学中国化的丰富和发展。[①] 习近平新时代中国特色社会主义思想的另一个重要理论来源是中华优秀传统文化。党的十八大以来，以习近平同志为核心的党中央高度重视中华优秀传统文化的传承和发展，从国家战略资源的高度和民族精神命脉的深度，突出强调"推动中华文明创造性转化、创新性发展"。李维武教授认为，传统文化的创造性转化、创新性发展是有明确内容和取向的，即古为今用、以古鉴今、推陈出新，使传统文化与现实文化相融相通，最终目的是以文化人。中华优秀传统文化蕴含着中华民族特有的民族性格和民族精神，对培育和践行社会主义核心价值观大有裨益，有利于凝聚广大人民群众的价值共识和价值认同，其民本思想和人民性内涵与中国共产党的政治立场和历史唯物主义的基本内容具有一致性。[②]

关于习近平新时代中国特色社会主义思想的时代意义，王东教授认为，习近平新时代中国特色社会主义思想实现了六大理论创新：一是作为理论总前提的时代观重大创新，即"新时代"；二是新时代"四个伟大"的历史使命，即"新使命"；三是当代中国主要矛盾变化的新判断，即"新矛盾"；四是 2035 年基本实现现代化、跻身创新型国家前列，即"新目标"；五是新时代基本方略，即"新方略"；六是以构建人类命运共同体为主旨、纵横交错的全球战略，即"新外交"。习近平新时代中国特色社会主义思想是中国共产党的新世纪政治宣言，是 21 世纪中国的《共产党宣言》。[③] 陈曙光教授认为，从马克思主义发展史的向度来说，习近平新时代中国特色社会主义思想开辟了马克思主义中国化的新境界；从中华民族复兴史的向度来说，习近平新时代中国特色社会主义思想是全党全国人民为实现中华民族伟大复兴而奋斗的行动指南；从人类文明进步史的向度来看，习近平新时代中国特色社会主义思想为解决人类面临的共同难题贡献了中国智慧，提供了中国方案。[④] 我们要继续深化对习近平新时代中国特色社会主义思想的哲学研究，为实现"两个一百年"奋斗目标和中华民族伟大复兴中国梦贡献力量。

二　关于《资本论》的哲学研究推向新高潮

自 2008 年全球金融危机以来，《资本论》受到全世界的关注，西方思想界重新审视、集中讨论以新自由主义为典型形态的资本主义制度的合理性问题。国内哲学界以孙正聿教

---

① 汪信砚：《习近平新时代中国特色社会主义思想的哲学基础研究述评》，《武汉大学学报（哲学社会科学版）》2018 年第 2 期。

② 李维武：《传统文化的创造性转化与创新性发展——对习近平文化观的思考》，《武汉大学学报（哲学社会科学版）》2018 年第 3 期。

③ 王东：《二十一世纪的〈共产党宣言〉——习近平新时代中国特色社会主义思想六大理论创新》，《马克思主义哲学论丛》2017 年第 4 期。

④ 陈曙光：《习近平新时代中国特色社会主义思想的重大意义》，《光明日报》2017 年 11 月 24 日。

授发表于《中国社会科学》2010 年第 2 期的《“现实的历史”:〈资本论〉的存在论》一文为重要标志，开启了广泛而深入的《资本论》哲学研究，带动并形成了近年来的一拨学术热潮。2017 年恰逢《资本论》第 1 卷出版 150 周年，马克思主义哲学界以此为契机，把《资本论》研究持续推向深入。全年有关《资本论》的学术研讨会非常多，甚至出现了南京、长春、大连三场《资本论》研讨会同时（2017 年 6 月 3—4 日）召开的盛况，文本与理论并重，思想与时代共鸣。

（一）关于《资本论》的理论性质探讨

哲学界普遍认为，《资本论》不仅是一部经济学著作，而且从根本上说是一部哲学著作。在如何体现其哲学性上，王南湜教授认为，不能把《资本论》及其手稿作卢卡奇式的“社会本体论”解读，而应该在总体的历史解释学与抽象的精确科学之间，对《资本论》作近康德阐释，马克思学说是一种“历史科学”。① 仰海峰教授认为，《资本论》既不是历史唯物主义的简单运用，也不是所谓的劳动辩证法，更不是结构主义的多元决定论，而是对资本主义社会构型的批判。资本逻辑导致现代社会形式化、结构化，社会意识表现为拜物教意识。② 王时中教授认为，马克思所批判的资本主义不仅是一个经济体系，更是一种法权体系。他构造了“劳动力所有者”与“货币所有者”相遇的情境，我们应该从自由和枷锁的关系揭示《资本论》法权体系的前提。因此，《资本论》的话语方式和概念方式需要“转译”或者“转述”，即将“商品世界”的语言转变为“政治世界”的语言。③ 郗戈教授从现代学科发展角度考察《资本论》的理论性质，指出马克思处于经济学与哲学在现代分化后重新趋于整合的发展阶段，《资本论》作为哲学的现实化、具体化，是传统哲学形态的终结，并开创了一种综合经济学与哲学的“新哲学”形态。④ 与之同时，高超博士对当前《资本论》泛哲学化阐释提出了不同看法，认为《资本论》无论在形式上还是在实质上都是一部非常典型的科学作品，对《资本论》科学性的弱化会直接导致对其革命性的曲解，我们要在合理的界限内阐释《资本论》的哲学思想。⑤ 这种关于《资本论》科学性的阐释迅速引发回应，庄忠正副教授从词义学的角度认为，马克思使用的“Wissenschaft”（德语“科学”）超越了“science”（英语“科学”，专指自然科学）的范式，不仅具有思辨性、实证性和批判性，而且蕴含着科学分析方法，要求深入到社会本质的维度当中去。《资本论》的“科学性”是“Wissenschaft”意义上的，古典政治经济学的“科学性”是“science”意义上的，因此《资本论》从总体上说是哲学的，而不仅仅是科学的。⑥

---

① 王南湜：《“历史科学”的两种模式——〈资本论〉方法论问题的再思考》，《福建论坛》2017 年第 7 期。

② 仰海峰：《〈资本论〉与资本主义社会的哲学批判》，《哲学动态》2017 年第 8 期。

③ 青年哲学对话会部分成员：《马克思主义人类解放思想的当代阐释与人类文明新形态的探索》，《哲学动态》2018 年第 2 期。

④ 郗戈：《〈资本论〉中经济学与哲学关系问题的思想史考察》，《哲学研究》2017 年第 3 期。

⑤ 高超：《略论对〈资本论〉的越界阐释》，《哲学研究》2017 年第 8 期。

⑥ 庄忠正：《〈资本论〉的科学性》，《中国社会科学报》2018 年 2 月 22 日。

（二）马克思思想脉络中的《资本论》研究

白刚教授认为，《资本论》及政治经济学批判作为合理形态的辩证法，通过汲取“概念辩证法”的“合理形式”和“实证辩证法”的“现实内容”，实现了对德国观念论和古典经济学的双重批判和超越，揭示出构建“新社会”的可能性。① 关于《1857—1858年经济学手稿》与《资本论》的关系，孙乐强副教授认为，作为意大利自治主义学派（如奈格里）“圣经”的“机器论片断”，只是马克思思想发展中的一个过渡环节，只有在《资本论》中马克思才建立起科学的劳动二重性理论和相对剩余价值学说，准确揭示出一般智力与剩余价值生产之间的内在关系，从而实现对资本主义内在矛盾的科学解剖。② 杨洪源副研究员认为，马克思在《1857—1858 年经济学手稿》中实现了一种转变，即政治经济学批判旧有模式的延续与终结。从分析资本主义经济危机入手，批判巴师夏和凯里的经济和谐论、巴师夏的工资固定论与达里蒙的劳动货币论，这在逻辑上是自洽的，但无法体现马克思对政治经济学的独立表达和全新建构。政治经济学批判应直面作为其研究对象的生产一般，并制定新的研究方法，马克思在“导言”中的改变，影响着后来的《资本论》创作。③ 周嘉昕教授把《资本论》的思想轨迹进一步前溯，用“资产阶级生产方式”到“资本主义生产方式”的概念演变，来说明《德意志意识形态》到《资本论》的差异性变化。④ 黄志军副教授从“信用”视角考察了《1844 年经济学哲学手稿》《1857—1858 年经济学手稿》和《资本论》的关系问题，认为信用从人格的货币化发展到货币的人格化，使人陷入更深层次和更系统性的非人化。⑤

（三）《资本论》中的重要问题及其当代意义

王庆丰教授通过《资本论》解读，提出“资本形而上学的三副面孔”。作为主体形而上学，个人受资本抽象的统治；作为欲望形而上学，人类的物质欲望放大到极致；作为权力形而上学，资本成为资产阶级社会中支配一切的权力。⑥ 孙亮研究员引入开放马克思主义代表人物霍洛威的观点，认为《资本论》的起点不是商品，而是财富。无论对《资本论》第一句话的文法学分析，还是从形式批判中蕴含的“相反方向”，都应该设定财富为出发点。⑦ 杨淑静副教授则认为商品是作为“大写逻辑学”的《资本论》的逻辑起点。斯密在《国富论》中以分工为出发点，李嘉图在《政治经济学及赋税原理》中以劳动价值论为出发点，他们都没有窥见资本主义生产方式的异质性，只有马克思在《资本论》

---

① 白刚：《辩证法的历险——从“德国观念论”到〈资本论〉》，《马克思主义与现实》2017 年第 5 期。

② 孙乐强：《超越“机器论片断”：〈资本论〉哲学意义的再审视》，《学术月刊》2017 年第 5 期。

③ 杨洪源：《政治经济学批判旧有模式的延续与终结——重新理解〈1857—1858 年经济学手稿〉中的两个片段》，《山东社会科学》2017 年第 7 期。

④ 周嘉昕：《在〈德意志意识形态〉和〈资本论〉之间——重读 19 世纪 50 年代马克思的理论“反思”》，《马克思主义哲学论丛》2017 年第 2 期。

⑤ 黄志军：《论信用与人的存在方式：从马克思到希法亭》，《哲学动态》2017 年第 4 期。

⑥ 王庆丰：《资本形而上学的三副面孔》，《哲学动态》2017 年第 8 期。

⑦ 孙亮：《“形式批判”与“停止制造资本主义”——约翰·霍洛威对〈资本论〉起点的重构及其政治效应》，《华南师范大学学报（社会科学版）》2017 年第 2 期。

中通过商品逐步揭示了关于人的存在的秘密。①

三　价值哲学蓬勃发展

改革开放以来，中国社会经历了急剧而复杂的变化，人们的思想、文化、心理、价值观都经受了剧烈的冲击。孙伟平研究员把当代中国社会价值观的基本面貌概括为“多元并存、互相竞争、新旧交替”。“多元并存”是指在共时态上当代中国同时存在着多元、复合的价值观念，如传统与现代、“左”与右、中与西、旧与新等多种价值观并存共处。“互相竞争”是指在这幅“多元并存”的激荡的价值观世界图景中，既有旧的、传统的、保守的价值观念的顽强沿袭及其对确立新的价值观念的阻抗，又有新的、现代的、开放的价值观念伴随经济社会变革而快速成长，这使我们面临着“变革”和“建设”的双重任务。“新旧交替”是指在历时态上中国价值观念变革的总体走向是除旧布新、推陈出新，不断适应、调整、进而引领现代化实践。中国的价值哲学研究从分散到集中，从“单兵作战”到逐渐形成学术共同体，价值哲学已经成为一个重要的部门哲学。截至 2017 年，中国辩证唯物主义研究会价值论研究专业委员会已经持续举办了 19 届中国价值哲学大会，在国际价值哲学界产生了重要影响。

价值哲学关注的内容十分广泛，既有基础理论研究，如什么是价值，什么是价值观，产生价值的根据，形成价值观的机制等；又有现实问题及对策研究，如当代中国社会价值观现状、风险及应对，如何培育和践行社会主义核心价值观，新媒体等现代传播技术与价值观建设的相互影响等。择其要者，价值哲学在以下四个方面讨论热烈：

一是关于价值论的元哲学探讨。价值哲学有一套比较完整的概念体系，譬如“价值”与“实事”、“应然”与“实然”、“历史”“价值”与“文化”、“价值体系”、“价值观”与“核心价值观”等，做好基础概念的理论辨析是一项“前提性的”“清理地基式的”工作。我们应从人类实践总体的高度充分认识价值问题的性质和地位，从具体实践关系和过程中把握每一价值现象的性质和意义。② 阎孟伟教授通过梳理欧洲传统意义上价值哲学的形而上学基础，探讨了价值理念形成的根据问题，认为人的本质是人类价值理念的根本性前提，这也应该成为以规范为基础的价值哲学的根据和基础。文兵教授从批判拉兹关于价值的普遍性形式切入，反对把价值单纯归结为具有普遍性的规范，从而只注重普遍价值在形式上的相似性，忽略价值具有的主体性特征。③ 尹岩副教授认为价值体系包括价值关系体系、价值观体系、评价标准体系三方面内容。价值观的形成受制于社会现实中的价值关系；价值关系和价值观的确立又依赖于社会的评价标准体系。

二是社会转型中的价值观研究。邹诗鹏教授认为，在现代社会中核心价值观的意义不能只在意识形态层面考虑，而应当在社会核心价值及其认同上进行考量。汪信砚教授认为，社会价值观的认同有赖于价值共识，而价值共识的基础是文化互通。建构人类命运共同体的一个重要方面是建立起文化互通。薛秀军教授从“中国梦”蕴含的理论品质和价

---

① 杨淑静：《商品概念在〈资本论〉中的地位问题研究》，《理论月刊》2016 年第 4 期。

② 李德顺：《简论人类活动的价值原理》，《北方论丛》2017 年第 4 期。

③ 李文君、潘于旭：《“‘人类命运共同体’与‘人类共同价值’”学术研讨会综述》，《哲学动态》2018 年第 4 期。

值理念出发，认为在全球化语境中“中国梦”构建了一种新型认同模型，通过实现中华民族的伟大复兴在世界范围内汇聚力量，以形成中国现代化发展的广泛国际共识。[①] 郑伟副教授、温泉博士认为，面对社会价值观领域的激烈碰撞，凝聚价值共识应从“被动防御”到“主动作为”，社会主义市场经济不仅是“市场经济的”，而且是“社会主义的”，这其中蕴含着一种关于新型价值观的需要、可能性和现实性。[②]

三是在新时代如何更好地培育和践行社会主义核心价值观。冯平教授认为，新时代之“新”意味着两个“转型”，即从农耕文明向工商文明的转型和从经典社会主义向改革的社会主义的转型，这是新时代中国价值论研究的着力点。吴向东教授认为，价值观是社会主义的本质维度。社会主义价值观的历史变化蕴含着社会主义核心价值观建设的基本逻辑，包含对资本主义价值观的批判与超越，对优秀传统文化的继承与发展，对实践问题与境遇的解答与回应。[③]

四是关于“人类命运共同体”的价值论思考，譬如“人类命运共同体”与马克思的人类解放、“人类命运共同体”与“人类共同价值”、从“人类共同价值”到“中国价值”等，力图在全球化大背景中引导世界文明走向“和而不同”，为全世界共同发展、全球治理体系改革和建设贡献中国智慧。李景源研究员、周丹副研究员从马克思的“类”哲学、马克思主义利益观、共享发展理念、中华“和”文化等四个维度，系统阐述了“人类命运共同体”思想。当今时代正处于大发展、大变革、大调整时期，世界多极化、经济全球化，社会信息化、文化多样化，新一轮科技革命、产业革命正在形成，人类面临前所未有的机遇和挑战。“人类命运共同体”思想来源于中国理论和中国实践。中国特色社会主义道路为“人类命运共同体”思想展开了一幅生动、繁荣的画卷，为人类未来发展指明了新方向。[④]

（作者单位：中国社会科学院哲学研究所）

责任编辑　强乃社

① 李文君、潘于旭：《“‘人类命运共同体’与‘人类共同价值’”学术研讨会综述》。

② 郑伟、温泉：《市场经济中的前现代价值观及其后果——兼论社会主义核心价值观的公共语境建设》，《当代中国价值观研究》2016 年第 2 期。

③ 吴向东：《价值观与社会主义——纪念莫尔〈乌托邦〉发表 500 周年》，《北京师范大学学报（社会科学版）》2016 年第 6 期。

④ 李景源、周丹：《“人类命运共同体”思想的哲学阐释》，《光明日报》2017 年 8 月 28 日。

再谈为什么要重写《宋明理学史》*

吴 震

2017 年度国家社会科学基金重大项目“多卷本《宋明理学史新编》”的正式立项，引起了中国哲学界相关学者的广泛关注。在开题会上，陈来等学者围绕“为什么要重写《宋明理学史》”的议题，发表了各自的观点及建议，这批文章已作为一组“笔谈”，在《复旦学报（社会科学版）》2018 年第 3 期上公开发表。此前，杨国荣已于2018 年 2 月 3 日在《光明日报》上率先发表了《走进思想深处——关于重写〈宋明理学史〉的若干思考》一文，而笔者也在《中国社会科学报》2018 年 3 月 27 日“哲学”版上发表了《为什么要重写〈宋明理学史〉？——关于“多卷本〈宋明理学史新编〉”的若干思考》一文，由于篇幅的关系，谈得比较粗略，因此笔者想再作延伸，就《宋明理学史新编》何以必要的问题，谈些进一步的想法，供学界批评指正。

一 改革开放初期宋明理学研究的回顾和反省

为什么要“重写”？这当然首先与本课题的“新编”两字有关。要回答这个问题，就须从审视和评估此前学界有关宋明理学史的研究状况说起。其中主要包含两个方面的问题：一是针对改革开放初期——即三十多年前的《宋明理学史》上下两卷本（共计 130 万字）①，在汲取其有益的部分、克服其陈旧研究范式的同时，如何作出批判性的超越；二是针对近三十年来的研究现状，在传统文化复兴的新形势下，通过总结和反思，如何作出创新性的研究。我们先从《宋明理学史》说起。

20 世纪 80 年代初，在侯外庐先生的带领下，以中国社会科学院历史研究所思想史研究室为核心的研究团队组织了“宋明理学史”的项目研究，这是侯老自 20 世纪 50 年代完成鸿篇巨著《中国思想通史》（五卷六册，共计 200 万字，以下简称《通史》）② 之后的一个夙愿，他表示有必要克服 20 世纪胡适、冯友兰等人的中国哲学研究范式，在以唯物史观理解中国思想的基础上，对宋明理学史展开全面系统的专项研究，以弥补《通史》有关理学专题性研究的不足。所谓“不足”，首先体现在对宋明时代相关的思想文献还没有充分掌握，其次表现为对宋明理学的基本问题以及思想性质等问题还缺乏深入全面的关照，更主要的原因则是，由于受到当时历史条件的制约，学界对于中国哲学史或思想史的

---

* 本文系国家社会科学基金重大项目“多卷本《宋明理学史新编》”（17ZDA013）的阶段性成果。

① 侯外庐等主编：《宋明理学史》上下，人民出版社，1984、1987。

② 侯外庐：《中国思想通史》，人民出版社，1956—1960。

研究方法还缺乏一种普遍的自觉。特别是在 1949 年社会转型之后，侯老坚持以马克思主义为方法，努力重建中国思想史的研究范式，取得了上面提到的《通史》的重要成就；不过，在思想日趋教条化的严酷背景下，有关传统思想文化的重建工作不得不经历五次三番的挫折，更谈不上中国哲学研究的方法论重建的自觉意识。

进入 60 年代之后，由于“文革”等众所周知的原因，传统文化备受摧残。因此，侯老的这一研究设想只有等到 80 年代改革开放初，才终于提上了议事日程。由于当时提倡思想解放、打破学术禁锢，因而极大地推动了学术风气的转变，许多学术研究的空白急需填补，这使得宋明理学研究的重新启动具备了初步的条件。于是，在侯老弟子们的积极努力下，启动了这项在当时可谓是巨大工程的研究项目，相继在 1984 年和 1987 年推出了《宋明理学史》上下两册，代表了当时中国思想史领域有关宋明理学研究的最高学术水平，产生了十分广泛的影响。但其研究方法显然偏向于在思想与社会、思想与历史之间建立某种看似必然的关联，不免掩盖了哲学思考的自身特性，而且在诸多观念的运用与理论判断上也不免带有时代的烙印。

从性质上说，这部巨著不同于通史性的《通史》，而是断代思想史。那么，在《通史》的基础上何以有必要重写一部断代史呢？简单地说，断代史相比于《通史》至少有三个方面的优势：一是断代史的问题更具“专题性”，因而使得断代史所处理的学术问题更为集中和深入，这是“通史”著作往往不可比拟的，而“通史”若缺乏“专题史”的研究环节也往往会显得肤浅；二是断代史的议题更具“丰富性”，因为断代史的研究对象显然超越了“通史”可以容纳的范围，这种“丰富性”表现为对由个人拓展至学派或思潮、乃至拓展为对整个时代的思想精神和思想世界的全面思考；三是断代史的叙述更具“多样性”，即相比于通史研究，其论述格局可以有张有弛，既可避开许多笼统的问题处理，又能避免点到为止或略而不提的“通史”类或“教材”类研究的叙述格局。

当然，学术著述往往受时代社会的条件制约，《宋明理学史》亦概莫能外。由于当时的学术研究刚刚步入正轨，所以研究队伍的建制严重不足，研究资料也有待重新挖掘，而在观念运用、研究方法等方面更不可避免地留有那个时代的浓厚印迹。就宋明理学研究领域而言，相关基本文献的掌握非常欠缺，有关思想文献的解读、诠释以及理论判断等也受制于种种外在因素的干扰（例如仍然认为宋明理学是代表封建社会晚期落后的意识形态，而对于传统文化的价值也是负面性评价居多），因此我们对此既不必厚非也不必讳莫如深。

在 80 年代改革开放初期，总体而言，学术研究随着学术禁区被逐渐打破，迎来了新的发展机遇，然而在批判“文革”的激情主义过程中，由于缺乏深入的“反思”，其结果却不免走向了另一种“激情主义”，即“五四”启蒙思潮下的批判传统文化的理想主义情结又一次被重新唤醒，表现为在当时的所谓“文化热”潮流中，否定“传统”才能步入“现代”的思想情结竟然占据主流，这反映出人们的“启蒙”心态依然根深蒂固。加上以经济建设为中心这一社会方向的重大转型因素的推动，社会上下几乎形成一种普遍共识，以为“传统”与“现代”格格不入，认定当时中国在各方面落后于世界先进各国的主要原因在于传统“文化”出了问题，乃形成了一股向西方现代化看齐的社会风潮，于是，有关中国古典人文学术领域（包括中国传统儒家思想）的研究便受到了种种阻碍。不过，80 年代虽然是一个理想主义的时代，但是人心思变的大方向已不可阻挡，“拨乱反正”“思想解放”由政治拓展到学术领域，故在 80 年代后期，在老一辈学者如侯外庐、冯友兰、梁漱溟、张岱年、冯契、严北溟等带领下，各大学的学院派人文研究开始出现缓慢复苏的迹象。

这里仅举几例。例如，有这样一批值得重视的理学研究论著在此时出现：张立文的《朱熹思想研究》（1981）《宋明理学研究》（1985）、蒙培元的《理学的演变》（1984）《理学范畴系统》（1989）、陈俊民的《张载哲学思想及关学学派》（1986）、邓艾民的《朱熹王守仁哲学研究》（1988）、陈来的《朱熹哲学研究》（1988）、徐远和的《洛学源流》（1987）、潘富恩与徐余庆的《程颢程颐理学思想研究》（1988）、萧汉明的《船山易学研究》（1986）、蒋国保的《方以智哲学思想研究》（1987）、陈鼓应等主编的《明清实学思潮史》（1988）等，除个别外，这些专题性论著大多集中出现在80年代后期，这充分说明宋明理学研究自改革开放之后已有了新的转向。尽管以今天的眼光看，其中有些研究成果仍不免留有一些观念上或方法上的陈旧痕迹，但不可否认的是，人们正努力摆脱80年代之前的政治意识形态对学术研究的干扰，而使宋明理学研究逐步走上正轨。这些研究成果也不同于两册本《宋明理学史》的断代史性质，而是更为凸显专题性研究的特色，注重文本解读与义理分析的结合，特别是陈来的朱子研究是改革开放之后的首篇中国哲学博士学位论文，至今仍有重要的参考价值。

自20世纪90年代后半期至21世纪的前十个年头，一方面，中国经济发展出现了腾飞的迹象；另一方面，学术界要求回归传统文化研究的呼声日益高涨，再加上在改革开放后的新学术体制下培养出来的一批新生研究力量开始跃上学术舞台等因素，因此，中国哲学研究发生了重要变化，开始涌现出一批有一定学术质量的宋明理学研究专著。及至近十年来，这一研究趋向的发展势头更为显著，目前在宋明理学领域的专题论著可以说已经到了目不暇接的地步。因此，需要我们对于“宋明理学史”的研究成果进行总结和反思。

二　新世纪以来“理学”研究的回顾与展望

自21世纪以降，特别是近十年来，大陆宋明理学研究的生态发生了急剧变化，改革开放之后累积的学术能量开始全面迸发，相关研究在文献的把握、文本的解读、议题的深入以及视域的拓展等各个方面都展现出令人瞩目的变化以及良好的发展势头，取得了丰厚的成果。在一定意义上，我们的宋明理学研究与海外研究相比，可以说已经在整体上具有了明显的优势。

个中原因可能有许多，除了传统文化研究日益受到各方重视和积极提倡等因素以外，也有相当一批原本从事西方哲学研究的学者转过身来，开始关注中国传统文化以及儒家思想的研究，从而拓展了中西哲学比较研究的视野，为宋明理学研究注入了新的活力。更重要的是，改革开放初期培养的优秀研究生如今已在各个领域成为学术带头人，正是在他们的引领下，当今学术界已经涌现出不少年富力强的中生代力量，而这批研究力量正在如滚雪球一般不断壮大，又在继续引领更年轻的一代，真正形成了老中青三代相结合的学术梯队，这对于改善宋明理学研究领域的生态无疑起到了重要的助推作用。以下笔者想罗列一份书单，以展示21世纪以来宋明理学研究领域所取得的主要成果，当然任何罗列都不免挂一漏万，这是需要事先说明的。

例如，张学智的《明代哲学史》（2000）、束景南的《朱熹年谱长编》（2001）《朱子大传》（2003）、朱汉民的《宋明理学通论》（2000）、陈来的《中国近世思想史研究》

(2003）的《诠释与重建——王船山的哲学精神》(2004）及其主编的《早期道学话语的形成和演变》(2007)、钱明的《阳明学的形成与发展》(2002）的《王阳明及其学派论考》(2009)、何俊的《南宋儒学建构》(2004)、彭国翔的《良知学的展开——王龙溪与中晚明阳明学》(2005)、向世陵的《理气性心之间：宋明理学的分系与四系》(2006)、张立文的《心学之路——陆九渊思想研究》(2008 修订版)、杨立华的《气本与神化：张载哲学研究》(2008)、吴根友的《明清哲学与中国现代哲学诸问题》(2008)、朱汉民与肖永明的《宋代〈四书〉学与理学》(2009)、张卫红的《罗念庵的生命历程与思想世界》(2009)、李存山的《气论与仁学》(2009)、蒙培元的《朱熹哲学十论》(2010)、蔡方鹿的《中国经学与宋明理学研究》(2011)、林乐昌的《正蒙合校集释》(2012）的《张载理学与文献探研》(2016)、丁为祥的《学术性格与思想谱系——朱子的哲学视野及其历史影响的发生学考察》(2012)、翟奎凤的《以易测天：黄道周易学思想研究》(2012)、张瑞涛的《心体与工夫——刘蕺山〈人谱〉哲学思想研究》(2014)、陈谷嘉的《明代理学伦理思想研究》(2015)、高海波的《慎独与诚意——刘蕺山哲学思想研究》(2016)、李丕洋的《心学巨擘：王龙溪哲学思想研究》(2016)、陈畅的《自然与政教——刘宗周慎独哲学研究》(2016)、刘勇的《中晚明士人的讲学活动与学派建构》(2016)、吴震的《聂豹、罗洪先评传》(2001)《阳明后学研究》(2003)《罗汝芳评传》(2005)《泰州学派研究》(2009）等，可谓不胜枚举，这里所列只是极少的一部分。如果将以上这些专题性极强的研究著作汇聚起来，那么，足以构成一幅宋明理学断代史的画卷。当然必须指出的是，这些专题研究仍然不足以构成一部真正的宋明理学史，因为很显然，这些研究虽然各有专长亦各有成就，但缺乏整体性、贯通性的问题意识。因此，展望未来的宋明理学史的重建，需要将专题的研究与通观的眼光结合起来，使其具备一种问题意识明确、方法视域开阔、通观理学全局的学术气象和理论格局。

也正因此，笔者想要指出的是，在宋明理学史上，朱子学与阳明学无疑是两大理论高峰，早已形成两大研究领域，其思想的辐射力和涵盖面非常广泛，不仅涉及宇宙人生、伦理道德、政治社会等各领域的根本问题，而且在经典系统的诠释、儒学思想的重建以及社会风俗教化等各方面都表现出重要的理论关怀和淑世精神，因此，目前的大部分论著将关注的重点聚集在朱子学与阳明学或理学与心学的问题领域。然而从历史上看，关于朱子学或阳明学有广狭两义。就狭义而言，当然首先是指朱子或阳明本人的思想体系；然而若就广义而言，其实应当包含其思想的产生及其再生产的整个历史发展的动态过程。以朱子学为例，我们不可能把朱子思想的形成孤悬于时空之外，而不考虑北宋理学特别是濂洛思想的学术渊源来孤立地审视朱子的思想建构；与此同时，我们也不能忽视朱子之后，其学术思想在后世的演变、转化、拓展等各方面的思想因素。换言之，朱子后学以及后世的朱子学者对朱子学的思想拓展、理论再生产也应纳入我们审视问题的视域。同样，就阳明学而言，我们也不能对宋代心学的思想资源例如象山学视而不见；而对于阳明后学以及后世的阳明学者在推动阳明学的思想发展、义理重建等方面所起到的重要作用，也应纳入我们的考察范围。因此，若将朱子学和阳明学置于上述这种宽广的视域来看，朱子理学与阳明心学便具有一种几乎可以覆盖整个宋明理学的强大辐射力。经过这样一种视域的转换，我们就能对理学与心学乃至整个宋明理学的思想世界获得一种全新的认知版图。

总之，一方面，我们需要进一步摆脱 20 世纪 80 年代的各种历史原因所造成的局限；另一方面，更重要的是，我们必须对近三十年来的理学史研究进行总体反省，并在此基础上，紧扣文化复兴这一当今时代的问题意识，推动宋明理学的进一步研究，拓展理论视野，致力思想创新，以展示目前中国哲学界的理论学术水平。为此我们首先需要着手两个方面的工作，一是基本文献的全面掌握，二是理论研究的深入拓展。这就需要我们做到挖掘新材料和发现新问题双管齐下，与此同时，也有必要加强理学史研究的问题意识。

三 材料、方法及问题意识的自觉

今天要重新编撰宋明理学史，首先在基本文献方面已经具备了充分的条件。无疑地，近年来的文献整理以大型丛书形式得到了实质性的推进，而包括各种基本古籍数据库的建设和完善，也为学术研究的深入开展创造了前所未有的良好条件，这是今天重写《宋明理学史》何以可能的一个客观条件。

但是面对如此众多的基本文献，我们仍然需要结合宋明理学的基本哲学问题，提升我们挖掘新材料和发现新问题的能力和意识。举例来说，众所周知，当中国哲学在20世纪初诞生之际，绝大多数的研究方式是以个人研究为主要特色的，从胡适、冯友兰到侯外庐乃至钱穆等，他们的中国哲学史、中国思想史或中国近世思想史研究都是以一人之力完成的，带有强烈的个人色彩。因此他们一方面拥有体系性研究和理论性构建的学术勇气，另一方面他们的研究也受制于种种文献的局限，而不得不采用“顾此失彼”的撰述方式。

若稍加反省就会发现这类研究方式的局限性是非常明显的，最为重要的一点是，这类专著往往未能实现对中国哲学研究的整体性展现，特别是存在重两头（即先秦和近代）而轻中间（即宋明理学）的倾向，即便自觉按照朱子理学“接着讲”的冯友兰建构的“新理学”[①]，也不免忽视了明代的阳明心学；同样，致力于创建“新心学”的贺麟[②]则对理学问题存在顾此失彼的现象。导致这些结果的原因很多，首要的就是当时有关宋明儒学的文献资料尚未得以充分开发，例如吕思勉的《理学纲要》、嵇文甫的《左派王学》《晚明思想史论》和容肇祖的《明代思想史》[③] 等，尽管在当时十分艰难的学术环境下，仍然新见迭出，具有开风气之先的学术意义，然而若放在今天的学术视野来看，他们的研究在基本文献的掌握方面显然是十分欠缺的。

又如，在20世纪五六十年代，港台新儒家的宋明儒学研究也存在同样的现象，他们往往受制于文献的局限，这使得他们在有关朱子后学以及阳明后学的整体研究方面显得非常不足，因为他们基本上无法利用朱子后学与阳明后学的第一手丰富资料，而大多只能利用《宋元学案》《明儒学案》等第二手资料。以唐君毅和牟宗三为例，他们虽然意识到罗汝芳在心学发展史上的重要性，然而他们所能接触到的唯有一部语录《盱坛直诠》，而根本无法看到《罗近溪全集》，这就使得他们的研究结论未免显得仓促。同时，港台新儒家又往往以某种西方哲学模式来研究宋明理学（尽管我们并不反对中西哲学的比较研究），从而使得他们对宋明理学思想发展的许多历史环节缺乏必要的关注。当然，对于西方哲学

---

① 参见冯友兰于20世纪30年代出版的《中国哲学史》上下两卷以及抗战时期出版的《贞元六书》。

② 参见贺麟：《当代中国哲学》，重庆胜利出版公司，1947；《文化与人生》，商务印书馆，1947。

③ 吕思勉：《理学纲要》，商务印书馆，1931。嵇文甫：《左派王学》，开明书店，1934；《晚明思想史论》，开明书店，1943。容肇祖：《明代思想史》，商务印书馆，1937。

的理论方法有必要加以积极地汲取，但也要避免以西学“格义”中学的研究偏向，因为毕竟宋明理学有其自身的独特问题与理论形态。例如，就理学史的思想格局而言，自然秩序与人文秩序、世界秩序与社会秩序、本体论域与实践论域、形上世界与形下世界乃至天理与良心、主体与万物等从来不是两个世界的问题，而是构成密切相关的有机联系体，这就与整个西方近代以来的理性与感性、应然与实然、价值与事实、主体与客体、超越与内在必须严格两分的哲学传统构成鲜明的对照。

因此在今天，宋明理学史的“新编”工作已经拥有了前所未有的有利条件，各种文献资料及整理研究已经有了根本性的改观，这为我们的“新编”奠定了充分的物质基础。文献资料就好比食粮，有了食粮才能下锅做饭，这是“新编”得以成其为“新编”的首要条件。然而材料是死的，人是活的。所以有了新材料还不够，关键还在于如何解读这些新材料。所以为了实现“新编”的目标，我们应当加强理论研究的深入拓展，其中包括研究视角和方法取径更新等方法论问题，这就涉及方法论自觉的问题。特别是经过近三十年的研究积累，我们已经拥有了更为丰富的研究经验，其中包括方法论的自觉。尽管方法论在今天已经变成老生常谈，但毕竟没有方法就无法展开研究。

不过需要强调的是，任何一种研究方法（特别是哲学史或思想史方法）都须以思想文本为基础，而从思想文本的解读过程中总结出的方法，才是真本领。事实上，任何一种方法都只是一种“工具”，是为实现学术创新这一目标服务的，而人文学术领域涉及各个不同学科，儒学思想也不能仅仅归入哲学一门，因为儒学作为一种文化现象、价值体系，其本身就包括政治儒学、学术儒学、制度儒学、民间儒学等各个层面。既然如此，儒学研究（当然也包括中国哲学）的方法视域就应当是多元多样的，而不是呆板一元的，将某些研究方法看作“只此一家别无分店”的自家珍宝，往往意味着学术研究的气局狭小，并不值得推崇。

当然，不论是中国哲学还是西方哲学，在哲学上带有普遍性意义的研究方法还是应当加以积极汲取的，例如此前流行的哲学诠释学的方法，至今仍然有参照的意义。只是我们无需将这类方法奉若“神明”，仿佛可以解决所有的中国哲学问题，因为在中国传统思想史、文化史上，我们也可以拥有自身的研究传统与研究方法，例如经学研究就有一套独特的经典诠释系统，对此应当加以充分重视。与 20 世纪 80 年代中西比较研究尚处在开创初期相比，今天的大多数学者都已经拥有留洋经验，正是在打开眼光之后，人们更加清醒地意识到中国哲学毕竟不是西方哲学，哲学性问题既有抽象的、普遍的一面，又有具体的、现实的一面。例如，同样是天道人性的问题，在西方与在中国，对此问题的思考方式和解答方案就有很大的不同。这是因为哲学问题从来不是抽离于人类历史文化背景而发生的，它在各种不同的文化传统中，而表现为具体的普遍性。举例来说，由于近年来东亚儒学研究领域的开拓，我们发现在中国儒学史上被视作理所当然的哲学命题，传到日本和韩国之后却发生了奇妙的转化。一些看似绝对的思想命题例如天理问题，在日本与韩国儒学史上的解释就显得很不一样，特别是在近世日本儒学史上，不少儒者竟然要全面颠覆宋明理学的天理观，还有儒者甚至对思孟一脉的仁政、民本等思想以及良知本心等观念不以为然，因此可以说，当中国儒学遭遇“日本”之后，就发生了“日本化”的转向。

以上这些历史文化现象都充分表明，任何一种哲学性问题只要落实在具体的地域文化传统中，就必然会产生相应的思想转化，因为在历史上，文化交流从来不存在一方吞并另一方的现象，即便全面接受中国朱子学并以此作为国家意识形态的朝鲜时期的朱子学，事实上也发生了重要的思想转向，发展出独具特色的朝鲜朱子学（或称韩国朱子学）。所以说，“本土化”转向与“地方性”知识的结合，应当是历来文化交流史上的必然现象。这就告诉我们在从事宋明理学研究之时，我们的问题视域以及方法取径也应当充分注意地方化与普遍化、抽象性与具体性等方面的彼此关联，若用某种文化中心主义的立场预设来俯视其他地域文化，而忽视历史文化发展的具体语境，那么，得到的研究结果必定偏失。

要之，宋明理学研究既需要一种哲学性的理论关照，同时也需要开拓视野，明确理学问题意识之所在，充分关注作为新儒学的理学或心学的思想特色，并在方法运用方面，将各种哲学史、思想史、学术史等不同研究进路结合起来。当然，这种多元性的研究取径以及问题意识的设定，必然涉及如何理解宋明理学这门学科的性质问题。

四 “理学”问题的重新审视

以上，我们就有关宋明理学史“新编”何以必要的问题进行了简单的叙述。接下来，我们需要回应“新编”何以可能的问题。这一问题的实质在于：我们究竟应当如何进入“理学”的问题视域，并对此进行重新审视。

首先，就宋明理学的学术性质来看，严格说来，宋明理学只是中国哲学学科的一个研究方向或领域，这一研究方向的确立相对于中国哲学学科的建立还是比较年轻的。这一研究领域在1949年之前得以开辟，而在1949年之后的一段时期内，它的发展遭到了巨大的阻碍。从20世纪80年代初开始，随着改革开放的深入发展，各主要大学、研究机构为了完善二级学科中国哲学的学术建设，开始进行中国哲学各专业的研究生培养，于是就有了宋明理学专业方向。尽管当时除了北京大学、中国人民大学和复旦大学之外，只有少量的大学、研究机构有能力招收宋明理学研究方向的博士生。

其次，若从现代学术的观念来审视，宋明理学的称呼其实只是一种“方便法门”，因为在严格意义上，“理学”一词难以覆盖宋明时代的儒学思想以及学术思想的整体历史，更难以穷尽宋明时代的思想文化发展。佛道两教且不论，就儒学领域而言，宋明时代就已存在道学、理学、心学、气学以及事功之学等各种流派和思潮，可谓人物众多、问题林立，只是由于习以成俗，我们才采用“理学”一名来指称宋明时代的思想历史，但是在我们的意识深处，显然需要有一种自觉。在笔者看来，宋明理学首先是一场儒学复兴运动，从整体上看，它是对先秦儒学、两汉经学、隋唐佛教等思想的一种创造性继承和转化，它在哲学思想上达到了一定的理论深度，围绕“性与天道”“天人关系”“心性构架”“理气问题”“本体工夫”等哲学问题的不断深入探讨，展现出前所未有的理论高度，这就要求我们注重对理学问题的理论性研究和思考。

同时，理学毕竟是儒学的一种发展形态，若置于宋明理学史整体背景下来思考的话，我们发现其理论形态是多姿多彩的：既有强烈的以重建道统为旨趣的道学一脉，又有超越汉唐传统的新经学思想；既有理学模式的观念学说，又有事功学的思想追求；既有以性即理为主导的理学建构，又有以心即理为主导的心学思想；既有以道问学为趋向的格物致知理论，又有以尊德性为主导的身心之学的取向；既有以“四书”新经典的确立为标志的儒学精英化发展，又有以书院讲学、民间讲学为标志的儒学世俗化转向。诸如此类，我们很难用“理学”一词来覆盖或统摄。

正是出于对上述这些问题的自觉意识，我们的研究取向不得不从宋明时代儒学思想发展的全局来进行重新思考和安排。因此，“新编”宋明理学史何以可能的关键就在于：我们必须以某些具有统贯全局的问题性研究为导向，以人物个案、学术流派的研究为辅助，以打破以往的通史性或断代史研究中以平衡人物对象为原则的研究进路。正是基于以哲学问题、思想问题为主的考虑，我们将重点放在朱子学以及阳明学的理论研究，并以此两点为主轴，上下打通、前后连贯，力图对宋明理学思想发展作出整体性以及多元性的全面展示。

总之，如果我们要回答《宋明理学史新编》如何可能这一问题，那么，我们就需要关注宋明理学的哲学性、思想性以及学术性的研究，同时也需要充分关注其他专题性问题的研究。在充分注意挖掘新材料、发现新问题的同时，也要充分拓展我们的研究视野，重新审视宋明理学中的哲学问题、儒学问题以及文化问题。

五　“理学”研究对中国哲学发展的贡献

关于《宋明理学史新编》何以必要等问题，笔者通过对三十多年来的研究史的回顾和展望，提出了一些基本思考。事实上，在宋明理学研究过程中，还涉及一个重要问题，即如何评估宋明理学对于中国哲学发展的意义问题。正是透过这一问题意识，促使我们进一步思考在当今时代下，为何有必要重新展开理学研究。

如所周知，宋明理学是一个老名词，从 17 世纪黄宗羲编撰的两部学案（《明儒学案》《宋元学案》）算起，以宋明时代为界线，以理学问题为核心，以学术史和思想史的梳理为手法，黄宗羲、全祖望等就已经初步建构起“宋明理学史”的学术史框架。而 20 世纪初，学案史的研究方式逐渐被思想史、哲学史的研究方式所覆盖，若从改革开放初期重新设定中国哲学学科各研究方向并开始招收研究生算起，宋明理学研究方向的确定也有了近四十年的发展。

而中国哲学是 20 世纪初才出现的一个新名词，关于中国哲学的合法性问题，自其诞生之初就一直存在争议，而且在不同时代背景下，这个问题总会重新出现，如十余年以前就有一批学者在主张中国传统文化主体性的名义下，以反对“以西释中”“汉话胡说”为标识，重新讨论中国哲学的合法性。但是，如果从“哲学性”这一角度看，任何对宇宙人生的终极问题的思考都必然表现为一种哲学性，因而任何一种哲学在本质上都是某种哲学性的表现，所以拥有几千年文明发展史的中国传统文化显然也有哲学性的特征，它作为一种思想智慧，绵延不绝、延续至今。特别是就宋明理学看，儒学义理化、经典义理化达到了高度发展，充分表现出一种人文理性精神、哲学思想智慧，这是毋庸置疑的。当然中国哲学的问题表现方式与西方哲学并不相同，同样也是事实。

从“宋明理学对中国哲学的发展具有什么意义”这一问题而言，首先应当看到宋明理学是中国传统儒学思想的第二期发展，也就是说，是儒学思想发展史上的第二次高峰，在这个问题上，笔者基本赞同当代新儒家的说法，尽管这并不意味着对汉唐经学以及魏晋玄学的学术成就的漠视。只是宋明儒学与汉唐经学、魏晋玄学的一个根本区别在于，理学化或义理化的经典诠释、儒学重建，构成了宋明理学的一项重要特征，这无疑达到了汉唐以来经学思想与儒家文化发展的新高峰，其基本特质在于儒学的哲学性重建，形成了以“道学”(理学与心学)为主要理论形态的“新儒学”。

从历史上看，作为儒学复兴运动的宋明新儒学不仅是对先秦以来传统儒学的创造性继承和转化，而且对于近现代新儒家的思想发展也有不可忽视的重要影响，在某种意义上，近现代儒学思想在中西古今这一时代课题的逼迫下，得以迂回发展或开拓新路，多少都与重新理解宋明理学的思想理论、继承和发扬宋明理学的思想遗产有着千丝万缕的联系。熊十力的“新唯识学”、马一浮的“六艺心统说”、冯友兰的“新理学”、贺麟的“新心学”等无不以宋明理学为主要思想资源，甚至梁漱溟的文化哲学最终以重建乡村运动为取向的思想灵感也来源自心学的泰州学派，而海外当代新儒家张君劢、牟宗三、唐君毅等的儒学研究也大多以自觉继承儒家心性学特别是阳明心学为己任。再往前推，维新运动的两位主将康有为和梁启超也都从宋明理学当中汲取了某些思想资源，据说康有为还是近代复兴阳明学的第一人。而梁启超早年在“万木草堂”追随康有为之际，便开始接受宋明理学的系统教育；戊戌之后，他的思想虽几经反复，但最终还是回归到传统文化，反对激进的全盘西化论，认为传统文化特别是理学思想对于重建社会道德具有重要的借鉴作用。可以说，20 世纪以来近现代儒学思想的存续与发展，如果没有宋明儒学的思想资源，是必然不可能的，这应当是毋庸置疑的事实。

结　语

总之，就当今传统文化复兴以及中国哲学发展而言，我们需要立足当下、展望未来，而我们不能忘记的重要一条就是尊重文化传统，对“新文化运动”以来对传统文化的傲慢态度加以深刻的反省。而传统文化如何回应时代关切，如何实现自身的创造性转化，也是我们今天重写《宋明理学史》的一个重要问题意识。正是在这个意义上，宋明理学的深入研究对于中国哲学的未来发展和增进我们的文化自信，必将起到积极正面的助推作用。一言以蔽之，中国哲学、传统文化的未来发展如果缺少了创造性继承和转化宋明理学的思想遗产这一中间环节，必将成为无源之水、无本之木，最终沦为一场空谈。

（作者单位：复旦大学哲学学院）

责任编辑　王　正

儒家工夫论研究的现状与未来

王　正

工夫论是中国哲学中最具特色的部分，尤其经由与西方哲学的对比，更可以发现它独特的价值与意义。因此，探讨工夫论，既是对中国哲学本身特质和内容的探索，也是为哲学的创新与发展作贡献。在中国工夫论体系中，儒家工夫论具有独特的理论意义，它不同于道家道教工夫论、佛教工夫论之处在于：儒家工夫论探讨的是如何在现实世界中实现个人道德与人格境界，进而将之推扩到他人、社会；而道家道教工夫论注重的是通过修养修炼以使个体实现长生不死；佛教工夫论则诉诸通过工夫禅修使人得到对人生与世界的彻悟而进入涅槃的圆满境界。由此可知，儒家工夫论更关注人身心的协调一致与知行合一、个人与他者（包括终极）之间的和谐、整个社会的道德化成与优序良俗。所以，“合内外之道”可以说是对儒家工夫论之特质的极佳概括。研究儒家工夫论，不仅要关注心性与身体的修养，还要关注其中的超越性维度，更要关注儒家工夫论中关于协调、运作个人与他者之关系的讨论。在某种意义上，儒家工夫论也是贯通内圣与外王的，即不仅在内圣的领域需要工夫，在外王的领域更需要工夫，因为外王领域的工夫是内圣工夫的进一步扩充与现实应用，其价值决不可轻忽。

正因为儒家工夫论的这些特质，使得对儒家工夫论的研究变得十分困难，这也是为什么至今尚缺乏典范性的儒家工夫论研究成果的原因。而且，由于传统中国哲学的研究范式是按照西方哲学的分类方式进行的，所以此前学界一直欠缺从中国哲学自身思想体系出发对工夫论进行的研究，且迄今为止还没有一部全面梳理儒家工夫论发展脉络与内容的著作。有鉴于此，本文的写作不仅要对此前学界的研究作一综述，更希望能发现此前研究中的问题和不足，以进一步推动学界更好地开展未来的研究；尤其期望能为未来儒家工夫论的研究发现此前尚未触及的领域，并尝试提出一种新的研究范式与方法。需要指出的是，工夫论所探讨的不只是中国哲学的话题，更是它本身所关注的“人”的话题，即是“人”何以“成人”或者“成为一个更好的人”的话题。总之，笔者希望通过深化儒家工夫论的研究，带给我们对“人”的更加丰富而深刻的理解。

一

在展开具体讨论之前，我们首先需要对工夫、工夫论进行一番范畴性的讨论。顾名思义，工夫论就是对工夫进行探讨与实践而形成的理论。工夫一词出现于两晋时期，表示经过一段时间的努力而做某件事的意思。在宋明理学中，工夫逐渐成为一个重要的范畴：最初，它在理学中是泛用的，主要指修养自身人格与气象的方法；而到了心学中，它开始与本体对举成为一对对应的概念，具有了固定而狭窄化的含义。正因如此，在当今一些研究者的心目中，常以为工夫就是达到本体的方法，但这其实是仅就工夫的狭义范围而言的。如果我们仔细反思工夫一词，可以发现它有着丰富而深刻的意涵，需要我们以更加宽泛的视野来审视它；只有这样，才能揭示出其中所蕴含的先哲们的洞见。

为了更好地理解工夫，我们不妨从对狭义的心学工夫的反思入手。在心学的理解中，工夫是达到本体、彰显本体的方法。但其中一个关键的问题是，心学本身的根本追求是否仅仅是彰著本体？显然，并非如此。因为心学家的根本追求是成人、成贤、成圣乃至外王，所以在心学家的思想逻辑中，儒者首先需要通过工夫达到良知本体，然后经由彰显良知本体而完善自身的人格境界，进而将良知本体运用到事物中去，以在社会生活中化民成俗，最终实现对天下的秩序改良。可见，在这样一个思想层级中，作为基础的工夫，虽然与本体相对应，但它实际上对应着后面更广阔和丰富的内容。换句话说，心学家的工夫其实并不是狭义的，它对应于儒家的成人之学。事实上，对于狭义的本体与工夫，心学家是有所警惕的，如所谓的“玩弄光景”等说法都表明，仅仅停留、耽玩于本体的工夫，恰恰是不正确的工夫，那乃是儒家所批评的佛教禅宗所擅长的“虚”，而讲求“实”的儒家是不能止步于此的。因此，即使从心学的角度来讲工夫，工夫也必须落实到成人上，绝不可以局限于与本体的对应。

正因为如此，我们思考工夫的含义，就必须打破某些对工夫理解的局限性，从具有普遍意义的成人角度来切入。因此，工夫这样一个词汇虽然是晚出的，但它作为一个宽泛（并非没有限定性）的概念，可以用来思考先秦、汉唐、清代儒学中的相关内容，那就是历代儒者对成人之学所取得的思想成果。故而工夫绝不只是单一维度的，历代儒家所呈现的错综多样的思想谱系，正可以为我们理解工夫提供丰富的思想资源。事实上，当我们转换了对工夫的审视视野后，可以帮助我们更好地理解儒学的发展。

一方面，我们对宋明理学的理解可以更加全面，即我们不必再纠缠于宋明理学的派分问题，而可以更多地认识到其中的多样性与统一性。宋明理学其实都是追求成圣成贤的，只不过各自的工夫有所不同，既有朱子的格物穷理，又有王阳明的致良知；既有湖湘学派的察识涵养，又有张载及其后学的重礼。如果我们仅以单一的视角去看工夫，必然会在其中进行判别——这恰恰忽略了人的多样性维度，使得成人的道路狭窄到难以付诸普遍实践的程度，进而使得成人、成贤、成圣沦为空话。只有认识到工夫的多样性是为了通向目标的统一性，我们才能对宋明理学有一个更全面的认识，对其中的诸多问题才可以有更好的理解与定位。

另一方面，对于历代儒者来说，成人始终是一个核心问题，所以即使没有理学的工夫，历代儒者也有他们对成人的思考和实践，而其中的很多内容正可以用工夫来涵括，使之更具有聚焦性和系统性。从这个角度审视儒学发展史，我们可以发现，不仅先秦儒者有工夫思想，宋明理学有工夫思想，甚至两汉儒者、魏晋儒者、清代儒者也有工夫思想。比如，清儒以礼代理的思路，其实也是一条工夫的路径，它虽然不以本体为目标，却仍以成人为目标。由此来看清儒可以发现，清儒的思想展开与学问实践实际上并未远离儒家的目标，只不过他们转换了进入的路径。因此，当清儒进行经学研究时，他们始终相信经由这条道路是可以通达圣人之意的，而只有正确地理解了圣人之意，才可以成人、成贤、成圣。当然，因为清朝君主圣王合一的制度设计，清儒自身便不能再有类似宋明儒者做圣贤的期待，于是他们只能止步于对圣人之意的探索，不能再沿着这条路继续走下去。尽管如此，我们还是应当看到，清儒的努力也是具有工夫含义的，他们仍然是在儒学的发展脉络上继续着儒者的使命。

综上所述，当我们思考工夫的时候，不可忽视礼学、经学的维度，否则将在很大程度上丢掉儒学的基质与特色——对成人的多维度思考。当然，此前一直为学界所重视的静坐、冥契、本体等维度仍旧重要，只不过它们并非儒家工夫的单一维度和唯一目标。还需要注意的是，对工夫也不宜进行过分宽泛的解读。因为儒家的工夫始终面向着成人，而所谓成人，更多是就成德、成贤、成圣等而言的，因此，对儒家工夫的理解也应当紧扣这一主题，不可将之泛化为一切与人有关的方面。

在明了了儒家工夫的内涵之后，我们可以说，儒家工夫论就是历代儒者对成人工夫的实践与思考的论述，在儒家思想中具有重要的地位。接下来，笔者尝试对以往儒家工夫论研究的成绩作一梳理和讨论。

二

中国哲学史学科自诞生起已经有百余年的历史了。应当说，尽管儒家工夫论在中国哲学中占据重要地位，一直以来都没有中断对它的研究；但是，自中国哲学史诞生直至20世纪80年代，由于受制于西方哲学的分类方式，对儒家工夫论的讨论一直没有得到足够的重视。20世纪90年代以后，由于中国哲学史学科的繁荣发展以及儒学热的推动，儒家工夫论开始得到学界的关注。尤其是进入21世纪以来，儒家工夫论开始具有了独立研究的价值，很多学术成果开始涌现，其研究进入了一个新的时期。

在20世纪80年代以前，儒家工夫论甚至整个中国工夫论，在中国哲学史学科中一直处于被忽略的境况。由于中国哲学史学科在诞生之初，受到了西方哲学分类方法的巨大影响，所以学者们在对中国哲学进行系统化的过程中，大多采取天论（宇宙论）、人论（人生论）和知论（认识论）的分类方式来进行论述。比如张岱年在《中国哲学大纲》中，就将中国哲学分成宇宙论、人生论和致知论三部分，而关于工夫论的内容混杂在人生论和致知论之中。也就是说，在人生论的人生理想和人生问题部分探讨了一些与工夫境界有关的内容，在致知论中探讨了一些与工夫方法有关的内容。显然，这种分类是以西方的哲学分类为基础的，在当时虽然足以回应“中国有无哲学”的问题，但在目前看来，则无法完全确立起中国哲学自身独特的思想系统，其中一大问题就是无法给予工夫论以恰当的位置。此后，与《中国哲学大纲》类似的以哲学问题史方法来处理中国哲学的著作，也大都把工夫放在“人论”和“知论”部分来进行论述，虽然其中也蕴含着渐次加强的趋势，但始终未把工夫论专门单独列出进行讨论（如蒙培元的《理学范畴体系》等）。总之，传统哲学问题史研究范式对工夫论处理的最大问题是：当把工夫论的内容放在认识论领域进行讨论之时，显然忽略了工夫论的独特意义，使得工夫论被极度窄化，丧失了它所蕴含的丰富意涵。当然，这一倾向在之后工夫论的独立研究中得到了一定程度的校正。

在某些中国哲学通史的论著中，尽管也适度地提及了工夫论内容，但对其的思想定位始终被放在宇宙论、形上学、认识论之下。比如在冯友兰的《中国哲学史（两卷本）》《中国哲学简史》中，都曾提及先秦儒学和宋明儒学的工夫论，但是对它的处理基本都是被放在最后一小节中。又如《中国哲学简史》这一向西方人介绍中国哲学特色的著作，较之《中国哲学史（两卷本）》对工夫论的内容予以了更多讨论，但无论是对孔子、孟子还是朱熹、王阳明，有关工夫论的内容都是在讨论完宇宙论、人生论、认识论之后再予以讲述。这一“经典”的处理方式，成为此后几乎所有中国哲学通史著作和教科书的标准模式。

另外，曾有一些学者将儒家工夫论处理成伦理学的问题，因此在20世纪80年代之前，很多关于儒家工夫论的讨论是放在中国伦理学史学科中进行的。由于伦理学仅关注道德修养的话题，所以工夫被简单地等同于道德修养，这使得工夫论所蕴含的丰富维度晦暗不明。而且，由于伦理学受到西方元伦理学、规范伦理学研究范式的影响，所以更多关注伦理法则等内容，其对工夫修养的讨论仅限于简单描述，并没有带来对工夫论的认真细致的讨论。

自20世纪90年代以来，儒家工夫论的研究开始摆脱以上一些研究范式的局限，并在中国哲学研究中占有越来越重要的地位。之所以出现这一局面，既与学界加强对宋明理学的研究进而日益重视其中的工夫论部分有关，也与港台新儒家所提出的“儒学是‘生命的学问’”这样一种论述之影响有关。

在这一时段的研究中，港台儒学界的研究在一定程度上占得先机。众所周知，港台新儒学以研究宋明理学为擅长，而工夫论问题是宋明儒学中的核心问题，因此无论是牟宗三还是唐君毅，虽然都没有专门的工夫论著述，但是他们在20世纪中后期的著作中都已经对工夫论颇多着墨。如唐君毅在他晚年关于中国哲学史的巨著《中国哲学原论》中，就专门开辟章节讨论“格物致知”“德性工夫”以及二程、朱子、陆九渊、王阳明的工夫论。牟宗三在《心体与性体》《从陆象山到刘蕺山》等著作中，更是将工夫与境界作为判分宋明理学系别的重要标志。唐君毅、牟宗三对工夫的探讨方式和思考模型，成为此后港台学界探讨工夫论的典范。

受唐君毅和牟宗三的影响，此后港台一些学者开始以工夫为题专门撰写论文与著述，这较之大陆确实起步较早。而且，他们对工夫论的讨论广泛涉及工夫所涵摄的众多内容，如气论、身体观、静坐、神秘主义等。

作为第三代新儒学的代表，杜维明一直关注儒家工夫论在儒家哲学中的重要地位和深刻内涵，工夫论这一论题是他始终不断在思考和发掘的儒家思想资源。在他最近发表的《诠释〈论语〉“克己复礼为仁”章方法的反思》一文中，专门有一章讨论修身哲学，他指出：“从整体上反思‘克己复礼为仁’，我们可以看到这是一个修身哲学的问题。……修身哲学是很广泛的，它是‘为己之学’，关注如何培养人格。……我们现在重构‘克己复礼为仁’的修身哲学，顺着孔子的文句，可以从修身与自我、社会、自然、天道四方面来讨论，展开修身哲学的丰富内涵。”① 显然，杜维明是想以传统的儒家工夫论为思想资源，展开对人与自我、社会、自然、天道这四个维度之关系的讨论，丰富对人本身的理解。这是第三代新儒家对工夫论在当今哲学中之价值及其可能对世界的贡献的新开展。

杨儒宾是当前中国台湾学者中对儒家工夫论研究作出最多贡献的学者。他主持了一些国际会议来讨论与儒家工夫论有关的话题，相关的成果已编辑出版，如《中国古代思想中的气论及身体观》《儒学的气论与工夫论》《东亚的静坐传统》等。他自己的论文与著作更是对儒家工夫论的深刻发掘，尤其他能突破此前港台新儒家的窠臼，开辟出儒家工夫

① 杜维明：《诠释〈论语〉“克己复礼为仁”章方法的反思》，载向世陵主编《“克己复礼为仁”研究与争鸣》，新星出版社，2018，第508—509页。

论研究颇多新的领域。如他在《主敬与主静》一文中就指出，要“告别‘心学的静坐论’”，即要打破传统对工夫的狭隘理解，而将工夫的概念予以充分丰满化的理解；在这种理解模式下可以发现，程朱理学的根本工夫是“主敬”，它包含静坐，但又不仅仅是静坐，而是要将在静坐中体验到的精神状态在一切的日常生活中予以实现，这较之静坐要更加艰辛，但这正是程朱工夫的独特价值所在。[①] 杨儒宾的儒家工夫论研究，不仅关注宋明理学中的相关内容，也对先秦儒学工夫论进行了溯源性探讨。其《儒家的身体观》一书就是对孟子及儒家身体理论的探讨，该书十分详实地呈现了儒家工夫论所蕴含的身体观念，以及这种身体观念反过来对儒家工夫论的影响。杨儒宾更通过对儒学与冥契的对比以及对中庸工夫论的考察，将儒家工夫论在先秦时期的丰富内容予以了阐发，这不仅是一种重要的溯源性研究，而且揭示了工夫论在儒家哲学中的一贯性意义。[②]

林月惠是中国台湾另一位对工夫论研究贡献颇多的学者，她的关注点集中在阳明后学的工夫论上。林月惠对聂豹、罗洪先、刘宗周等阳明后学的工夫论予以了体贴入微的论述，且开掘出了儒家工夫论中的超越性维度，从而将儒学的内在超越特征予以了很好的证成。一直以来，颇有学者认为儒家工夫论或是神秘主义的，或是仅仅关注现实修养的，而不能正确对待其中所蕴含的自我超越和面向天道的维度，林月惠的研究在很大程度上改变了这一点。她指出：“道德实践的本质，原是落在本体的呈露觉悟与保任护持上，而非只是念虑杂思的克除。……宋明理学关切的是‘天理’（心体、本体）自作主宰，藉以顺成个体欲望的合理安排与价值显现。”[③] 因此，讨论儒家工夫论，必须关注其中天理、天道的超越性维度，否则将失去工夫论的一个重要方面。

中国香港的郑宗义、黄敏浩、陈荣开、吴启超等也十分关注工夫论问题，他们的关注点主要集中在宋明理学上。通过对明儒陈献章工夫论的研究，郑宗义揭示了儒家工夫论关心的是本心的复见与发用；黄敏浩发现儒家工夫论即使再推崇对本体的发现，但最终都必须努力落实于日用常行中[④]；陈荣开通过对朱熹《四书章句集注》等文献的细致考辨，将朱子工夫论的深刻内涵与极其细微精致的部分，都予以了呈现[⑤]；吴启超的《朱子的穷理工夫论》是近年来专门研究朱子工夫论的著作，该书不仅论述了朱子工夫论由“先识本心”到“格物穷理”的转变，而且就工夫的含义、工夫与知行关系、穷理工夫的开放性格等内容进行了讨论，展示了儒家工夫论的丰富内容。[⑥]

---

① 参见杨儒宾：《主敬与主静》，载杨儒宾、马渊昌也、艾皓德编《东亚的静坐传统》，台湾台大出版中心，2012，第129—160页。

② 参见杨儒宾：《〈中庸〉的“参赞”工夫论》，《湖南大学学报（社会科学版）》2016年第1期；《恍惚的伦理——儒家观想工夫论之源》，《中华文化》总第43期；《先秦儒家与冥契论述》，《中国文化》总第35期。

③ 林月惠：《阳明后学的“克己复礼”解及其工夫论之意涵》，载《詮釋與工夫——宋明理學的超越蕲嚮與内在辨證》（增訂版），台湾“中央研究院”中国文哲研究所，2012，第284—285页。

④ 参见郑宗义：《明儒陈白沙学思探微——兼释心学言觉悟与自然之义》，《中国文哲研究集刊》总第15期；黄敏浩：《陈白沙自然之学的定位问题》，台湾《清华学报》2008年第4期。

⑤ 参见陈荣开：《“致曲”进程中质的提升与量的扩充的相互关系》，《哲学动态》2018年第1期；《朱子对〈中庸章句〉第二十三章结构与义理的剖析》，《鹅湖月刊》2018年第1期。

⑥ 参见吴启超：《朱子的穷理工夫论》，台湾台大出版中心，2017。

在港台学界对儒家工夫论进行充分展开的同时①，大陆的儒家工夫论研究也方兴未艾。具体来讲，20 世纪 90 年代以来，以陈来为代表的一批学者不断深入展开对宋明理学的研究，从而带动了大陆学界对儒家工夫论的重视。陈来在对朱熹、王阳明以及整体宋明理学的研究中，都强调了工夫论的内容。尤其是他对王阳明的研究，前所未有地突出了阳明思想中的工夫内容，并引入神秘主义的维度来丰富对阳明工夫论的讨论，开辟了儒家工夫论的新论域。② 陈来还关注现代新儒家的工夫论，他曾对梁漱溟的工夫论予以专门探讨，并且关注到梁漱溟工夫论中密宗的因素。这提醒我们在研究儒家工夫论的时候，要关注儒家思想中的道家道教、佛教等的思想因素。③

大陆学界与港台学界一样，十分重视宋明理学中的工夫论，杨立华、彭国翔、张卫红、高海波、张昭炜、马晓英、陈明等都在对宋明理学专人思想的研究中重点研究了他们的工夫论。杨立华对张载、彭国翔对王龙溪、张卫红对罗念庵、高海波对刘宗周、张昭炜对方以智、马晓英对泰州学派、陈明对王夫之，都极其细致地展示了这几位阳明之后的理学家的工夫理论。④ 这里尤其需要提到的是张卫红和张昭炜。张卫红通过研究罗念庵的哲学思想，继而转向对阳明及阳明后学工夫论的专门研究，并出版了《由凡至圣——阳明心学工夫散论》这本代表了目前大陆学界儒家工夫论研究较高水平的著作。在这本书中，她不仅多维度深刻阐发了阳明及阳明后学的工夫论，而且清楚表达了她对工夫论研究的期许："在不离现代学术视野的同时，力图脱开概念化思维的哲学研究范式，呈现致良知工夫的直观经验，揭示出儒家心性之学的'体知性''境域性'特点，这也是我对当今学界'中国研究范式'讨论的一种呼应。"⑤ 这对日后的工夫论研究之趋势具有启发意义。张昭炜的儒家工夫论研究则试图如借鉴道家道教、佛教、密宗的思想资源，来探讨儒家工夫论中一些更加隐微的内容，如王阳明、方以智等对呼吸方法、唱诵方法的实践与反思，从而让学界得以认识到儒家工夫论中更加多样的面向。⑥

在对宋明理学工夫论进行深入挖掘的基础上，也有学者意识到工夫论是中国尤其是儒家的独特思想理论，因此也进行了一些溯源性的研究。比如彭国翔上溯探讨了先秦、两汉儒者的工夫论⑦，王正则梳理了先秦儒家工夫论发展的脉络⑧。这些工作将工夫论纳入了

---

① 除了上面所述的成果外，港台学界还有一些成果值得述及，如王雪卿：《静坐、读书与身体：理学工夫论之研究》，台北万卷楼图书股份有限公司，2015；吴新成：《儒家工夫论》，台湾学生书局，2017。

② 参见陈来：《有无之境——王阳明哲学的精神》，北京大学出版社，2006。

③ 参见陈来：《梁漱溟与密宗》，载《现代儒家哲学研究》，北京大学出版社，2018。

④ 参见杨立华：《气本与神化：张载哲学述论》，北京大学出版社，2012；彭国翔：《良知学的展开：王龙溪与中晚明的阳明学》，生活·读书·新知三联书店，2015；张卫红：《罗念庵的生命历程与思想世界》，生活·读书·新知三联书店，2009；高海波：《慎独与诚意：刘蕺山哲学思想研究》，生活·读书·新知三联书店，2016；张昭炜：《阳明学发展的困境及出路》，中国社会科学出版社，2017；马晓英：《出位之思：明儒颜钧的民间化思想与实践》，宁夏人民出版社，2007；陈明：《王船山的历史意识及其对"克念"为学工夫的阐发》，《孔子研究》2016 年第 4 期。

⑤ 张卫红：《由凡至圣——阳明心学工夫散论》，生活·读书·新知三联书店，2016，第 3 页。

⑥ 参见张昭炜：《王阳明九声四气法的三个层次》，《世界宗教研究》2015 年第 1 期。

⑦ 参见彭国翔：《修身与治国——董仲舒身心修炼的功夫论》，载《中国儒学》第 10 辑，中国社会科学出版社，2015，第 117—142 页。

⑧ 参见王正：《先秦儒家工夫论研究》，知识产权出版社，2015。

中国哲学的整个话语体系之中，试图从工夫论的角度对儒家思想乃至中国哲学重新进行系统化的整理。

另外还有一些学者不仅从哲学史上对工夫论进行梳理，而且从哲学角度探讨了工夫论所蕴含的理论意义。如陈立胜运用西方现象学以及其他思想资源，对静坐、慎独、独知等宋明理学工夫论中的重要观念进行了富含哲理的阐发。他指出："重温与反思儒家静坐文化，不只是要理解儒家修身工夫之特质，更重要的意义或在于激发我们进一步思考，这种作为静坐的修身工夫如何在现代人对幸福生活的追求之中重新发挥其作用。"① 这提示我们，在今天研究工夫论，不仅要重视哲学史的梳理，更要发掘儒家工夫论所蕴含的对现代哲学敞开的具有真实意义的思想资源。

如前所述，工夫论还关联着社会与政治，也有学者从这方面对工夫论的意涵予以了探讨。吴震即以朱子为例，论述了工夫与政治之间的张力，指出朱子工夫论之所以界分出格物致知与正心诚意"不是两事"，是有深意的：格物致知当然是更为根本的，可对肩负治理天下重任的君主来说，正心诚意的工夫乃更加首要的工夫；所以他在给君主的教授中始终以正心诚意为主，而将格物致知放在后面，这显示了儒者在由内圣进入外王后对工夫论的自觉思考。② 这促使我们反思，工夫论是否绝对唯一的，不同人群是否应有不同的工夫论。对此问题的思考与回答，可以帮助我们走出传统心学-理学之争的窠臼，挣脱汉学-宋学之争的藩篱。

除了上述成果外，大陆学界近年来在工夫论上的研究状况还表现为研究内容越来越丰富，关注的人物越来越多。如对现代新儒家工夫论（如牟宗三、徐复观）的研究③，对阳明后学中更多人物之工夫论的研究，对工夫论中美学意义的研究，对工夫论与生活哲学关系的研究等，呈现出日益宽广的视野。这表明，大陆学界对儒家工夫论的研究正在逐渐升温，甚至有成为重要研究领域的趋势。

而国外学界的工夫论研究，虽然一直未能在国外的中国哲学研究中占据比较重要的地位，但也在逐步展开。国外的中国哲学研究，因为受到西方固有哲学传统和西方汉学研究范式的影响，所以一直更加重视中国哲学中的宇宙论、形而上学、伦理学和政治哲学，而对工夫论的关注始终不足。尽管如此，因为一些特殊的因缘，其中还是有学者进行了一些富有成效的探讨。在欧美学界，受陈荣捷的工作④以及佛教禅修之流行的影响，有学者对宋明理学尤其是朱熹、王阳明的工夫论进行了讨论，如狄百瑞、罗尼泰勒等⑤。而在日本、韩国等东亚国家，因为传统儒学的影响一直存在，所以他们不仅在进行儒家工夫论的哲学研究，还有一些学者在进行儒家工夫的实践，关于他们的工夫的研究也成为东亚儒家

---

① 陈立胜：《静坐在儒家修身学中的意义》，《广西大学学报（哲学社会科学版）》2014 年第 4 期。

② 参见吴震：《从政治文化角度看道学工夫论之特色——有关朱熹工夫论思想的一项新了解》，《社会科学》2013 年第 8 期。

③ 参见陶悦：《牟宗三的工夫论思想探析》，《哲学研究》2016 年第 12 期。

④ 参见陈荣捷：《朱子新探索》，华东师范大学出版社，2007。

⑤ 参见 De Bary, "Neo - Confucian Cultivation and the Seventeenth - Century 'Enlightenment'", *The Unfolding of Neo - Confucianism*, De Bary (ed.), Columbia University Press, 1975, pp. 141—216; Taylor Rodney, "Chu His and Meditation", *Meeting of Minds: Intellectual and Religious Interaction in East Asian Traditions of Thought: Essays in Honor of Wing - tsit Chan and William Theodore de Bary*, Irene Bloom and Joshua A. Fogel (eds.), Columbia University Press, 1997, pp. 43—74。

工夫论研究的一个方面。其中，冈田武彦、吾妻重二、藤井伦明、马渊昌也、孙炳旭等都有富有启发的论著问世。[①]

综上所述，近几十年来儒家工夫论的研究从不受重视到日益繁荣，表明作为中国哲学之特色理论的工夫论已经得到中国哲学研究者的承认和重视。迄今为止所取得的诸多研究成果，包含了从孔子到孟子、荀子，从董仲舒到朱熹、王阳明、阳明后学，贯穿与涵摄了儒学发展史的丰富内容。目前，虽然尚未有一本儒家工夫论史著作产生，但是一个基本清晰的脉络与系统已经逐渐呈现。更值得欣慰的是，已经有学者通过工夫论开辟哲学的新领域。如倪培民就从工夫论出发，试图推进哲学的工夫哲学转向，并已经在北美地区产生了一定影响。倪培民试图将工夫论转化成工夫哲学，从而带动哲学的工夫转向和工夫的哲学转向。[②] 这样既能使传统工夫的资源日益开显而贡献于现代世界，同时也能让哲学的思考更加丰富，更加关注“人”本身。的确，工夫论、工夫哲学，正在成为中国哲学界乃至世界哲学界的一个重要话题。

三

在笔者看来，近几十年来的儒家工夫论研究虽然成果颇丰，但仍存在很多不足；未来对儒家工夫论的研究，还有很多亟待开拓的领域。在此，笔者提出十点当前研究的问题和未来可能的方向，希望对儒家工夫论研究有所裨益。

第一，目前对工夫的理解既嫌狭窄化，又不是很充分，因此导致对工夫与本体、生死的关系等重要问题的认识仍晦暗不清。有学者始终坚持要把工夫和本体相对待，认为只有与本体相关的工夫才是工夫。显然，这是从阳明及阳明后学的角度来理解工夫。但这种理解既不能呈现工夫的深刻内容，更偏离了工夫在中国哲学史上的本来意义。这是亟需改变的一种认识方式。同时，在传统儒学、尤其是宋明理学中，工夫论是儒者解决生死问题、达到终极本体的方法，其中蕴含着儒家思想中最精微、深密、奥妙的部分。由于这方面的内容隐微难言，所以不易展开；在未来的研究中，必须将这方面的深意呈现出来（即使是描述性的呈现亦十分必要），否则儒家将无法从根本上回答“何以能使人安身立命”的问题。

第二，迄今为止尚缺乏专门的儒家工夫论通史著作，以及从工夫论角度对中国哲学、儒家哲学进行系统思考的著作，这不得不说是巨大的遗憾。不过值得欣慰的是，据笔者了解，已经有学者在着手组织团队进行相关工作，但这样一个工作的完成尚需时间。这种缺憾表明，我们目前对儒家工夫论的研究较之心性论、本体论、宇宙论等尚属起步阶段。而工夫论在中国哲学中的整体意义与价值的呈现，还需假以时日。

---

① 参见冈田武彦：《王阳明与明末儒学》，重庆出版社，2016；吾妻重二：《静坐考》，载《村山吉广教授古稀纪念中国古典学论集》，东京汲古书院，2000，第753—779页；藤井伦明：《日本研究理学工夫论之概况》，载杨儒宾、祝平次编《儒学的气论与工夫论》，台湾台大出版中心，2005，第301—336页；马渊昌也：《宋明时期儒学对静坐的看法以及三教合一思想的兴起》，载杨儒宾、马渊昌也、艾皓德编《东亚的静坐传统》，第63—102页；孙炳旭：《韩国儒学之静坐法》，载杨儒宾、马渊昌也、艾皓德编《东亚的静坐传统》，第103—128页。

② 参见倪培民：《将“功夫”引入哲学》，《南京大学学报（哲学·人文科学·社会科学）》2011年第6期。

第三，当前对工夫的研究，更多是把它放在道德修养与道德人格、道德境界的养成上，因此虽然也关注到了它的神秘主义、超越性、政治性等内在与外在的维度，但对工夫论中更丰富的内涵仍未予以探究。仅举两例：其一，如前文所述，工夫论的部分内容曾被作为认识论的内容予以讨论，这表明工夫论与认识论之间存在巨大的张力，因而它不仅具有道德领域的内容，也兼涉认识领域的内容，所以我们需要正视这一问题，深入探讨工夫与认识的关系。其二，在传统儒家的工夫论中，除了静坐、体验等比较玄妙的内容外，还有读经、循礼等看起来比较日常化的内容。我们目前的研究较多关注玄妙的部分，对日常中的工夫则关注不够。事实上，经学、礼学在古人的心目中，也是成人、成德的重要内容，所以天然地不在工夫论之外。我们可以不去关注繁琐的经义、礼仪，但是至少需要探讨这些内容对工夫的意义与价值，以及与此相关的非玄妙的日常工夫背后所蕴含的哲学意义。

第四，目前对于儒家工夫论研究的历史段落的界分尚不完善。在当前的研究中，宋明理学工夫论的研究最为完善，先秦儒学工夫论的研究逐渐增多，但鲜有涉及对汉唐儒学、清代儒学之工夫论的研究。如前所述，汉唐儒学、清代儒学重视经学、礼学的目的是为了成就儒家所追求的完美人格与优良秩序，所以其中仍有很多值得探讨的工夫论问题。因为对于儒家工夫论来讲，其关注的内容不仅是内在的心性，还有外在的身体与行动；不仅是个体人格的养成，还有个体将自己的德行如何推扩于他人与社会。所以经学、礼学的内容对于儒家工夫论来讲是十分重要的，它们的重要性甚至并不弱于静坐、体验等。因此在今天研究儒家工夫论，应当从整体儒学发展史的角度切入，从而对历代儒者的工夫论思想均予以深入考察。只有这样，才能既还原儒家工夫论的丰富内涵，又阐发出中国儒学的独特意义。

第五，正确看待当工夫论由内圣进入外王后，到底如何去做工夫的问题。根据前述吴震的研究，统治者和普通人的工夫是不同的，因为个人领域和社会、政治领域所面对的问题与情况是不同的。在社会和政治领域，人们所面对的情况极其复杂，所需要的工夫也与个人进行道德修养有所不同。这方面的研究目前尚处于比较欠缺的状况。事实上，人本身是同时在公、私两个领域生活的，工夫也应兼顾两个领域。传统儒者在做工夫的实践过程中，之于这两个领域都有专门对待的工夫方法，但学界的研究一直偏重在内圣方面道德人格、道德境界的养成上，而对为政、施教方面的工夫论关注不够。这是以后的工夫论研究亟需拓展的领域。此方面的研究，可以让我们了解到工夫在人生方方面面的运用，从而更好地思考工夫论的现代价值。

第六，关于工夫论与哲学的关系问题。如前所述，倪培民在此领域已经颇有建树，不过他的开掘尚有待完善和进一步发展。这里需要着重思考的是，当我们从工夫论视角探讨哲学，或者从哲学视角探讨工夫论的时候，两者之间到底是一种怎样的互动关系。在此前的中国哲学研究中，工夫论是被放在人生论、认识论中加以探讨的，这样的处理方式显然是在西方哲学的话语中进行的；如果我们在当下反过来把中国哲学本身的独特性予以呈现和彰显的话，那么势必会打破之前的分类方式并重新探讨中国哲学的系统与样式，甚至会促使整个哲学界来思考未来哲学的形态。在这样一种尝试性的探讨中，更多的哲学思想样态可以纳入进来，并丰富我们对哲学的思考；而我们也可以借助更加丰富的哲学思想资源，来促进对工夫论的探讨与发展。这样一种互动，可以说是真正具有中国特色的哲学话语体系的构建与发展，并将促进中国哲学对世界哲学作出重要贡献。

第七，关于儒家工夫论、道家道教工夫论、佛教工夫论三者的关系问题。笔者在文章开始已经指出，三家工夫论的核心差异是他们的目的不同。三家工夫论还有很多值得深思与发掘的内容。如：三家都有静坐的工夫，但是三家的静坐工夫因为所要达到的目标不同，所以采取的静坐方法也是不同的。儒家的静坐是体验天地万物一体的境界，道教的静坐是一套气与心的运作方式，佛教的静坐是止观双修的禅定。但不管怎样，他们的姿势看起来是相似的。问题在于，何以看起来基本一致的身体样态，会因着不同意识作用而导致不同的结果？这其中差异的根源和具体的运作机制到底是怎样的？这是需要未来工夫论研究予以回答的问题。而对此类问题的探讨，既需要儒释道三家学者的共同参与，又要突破哲学的固有界限，来探讨这些工夫论哲学意蕴之外的价值。这种讨论并不是对哲学理性精神的背离，而是对哲学内容的丰富。因为中国哲学本身就具有这样一些不同于西方哲学限囿的内容，只不过以前的研究是以神秘主义方式进行的，我们现在则要用哲学理性的方式将之呈现出来。所以这不仅是对传统工夫论的挑战，也是对哲学本身的一种挑战。

第八，在未来的儒家工夫论研究中，需要对工夫论中的身心运行方式进行探讨。目前的儒家工夫论研究或是从文本出发探讨其内容，或是从哲学角度对其所蕴含的主体性、主体间性等观念进行发掘。但一个重要的课题是如何运用现代认知科学、神经科学的维度和知识来重新思考传统的工夫论。这样的探讨是一种交叉学科的研究，在某种意义上，它带来的结果是无法预期的。正是这种不可预期所带来的丰富可能，表明了这种研究的必要性和重要性。

第九，关于儒家工夫论的当代价值问题。众所周知，传统工夫论是在古代农业社会的生活样态下产生的；在当代工商为本的社会中，人的空闲时间急剧减少，每天所要应付的事件和信息急剧增多，在这种情况下，人们如何减少时间做工夫、又如何做工夫，是一个必须探讨的问题。这就要求传统工夫论必须进行自我的因革损益。一方面我们应当承认，任何时代的个体的人都不是一个完成意义上的“人”，人始终处在一个动态的养成过程中，所以工夫论仍具有现代意义；另一方面，正如工夫论在中国哲学发展史中经历了不断的改变一样，它在当今社会也必须进行自我革新，才能重新发挥其干预当下人的生活的价值。这也是儒家工夫论研究者应担当的重要责任。

第十，关于中国工夫论包括儒家工夫论的思想资源是否可以与其他文明关于精神修炼、自我完善的资源相沟通与交融的问题，比如基督教中关于灵修的思想、印度教关于瑜伽与苦修的资源等。这些思想资源，既包括各种文明传统对“人”的不同维度的探索，也包括关于工夫修养的不同层面与层次的思考和实践。因而将中国儒家的工夫论和其他文明的工夫修养资源相对照与沟通，可以帮助我们更好地理解“人”本身，更好地思考“工夫”这一类思想与实践在人类文明史上的过去、现在与未来的意义和价值。

以上便是笔者在近年来研究工夫论时所发现的十个主要问题。在未来的工夫论研究和工夫论新发展中，我们应重视这些问题、分析这些问题、回应这些问题、解决这些问题。只有秉持自觉的问题意识，我们方可期待成熟的儒家工夫论研究成果的出现和具有当代价值的新工夫形态的发生，以及在工夫论影响下新哲学样态的诞生。

（作者单位：中国社会科学院哲学研究所）

责任编辑　贾红莲

道体与心性

——中国现象学的两条进路

韩　骁

引　言

自胡塞尔 1901 年发表《逻辑研究》以来，现象学运动已经走过了一百多个年头。它不仅在德国本土衍生出了多种理论形态，还和法国、日本、美国、中国、意大利、西班牙等国家的思想传统发生了对话、交锋与融汇，浸染了色彩各异的思想风格，焕发了蓬勃旺盛的思想生机。而现象学与中国哲学的相遇，无疑有着更为特殊的意义。

现象学在 20 世纪初传入中国，但当时并未激起思想界的广泛共鸣。直到 20 世纪 80 年代中国学人重拾现象学研究之际，才敏锐地发现其兼具反思西方现代性、激活中国哲学自身传统的独特思想意义。一方面，处在历史十字路口的中国学者已不满足于简单地复刻西方的现代化方案，他们意识到现代社会暴露出的种种问题与西方思想传统有着千丝万缕的联系，重新检讨西方思想传统势在必行。而现象学对此有着特别的优势，自诞生之日起，它就具有为西方文明重新奠基，以应对时代危机的强烈使命意识，并提供了一种深刻批判西方传统形而上学的全新思想模式。另一方面，中华民族有着早已融于血脉的悠久文化传统。但自 19 世纪中叶起，中国人就被“抛入”现代世界，必然要接受现代性的种种大前提。如何在一个“异己”的世界中安放自身的传统，又如何在现代性的基本前提下重新认识和塑造中国传统文化，就成了中国知识分子不得不面对、却始终未曾取得根本共识的巨大挑战。而现象学脱胎于自笛卡尔以降的西方现代哲学传统，又同东方思想有着或隐或显的亲缘性，自然而然地成为了沟通西方现代思想与中国古代哲学的桥梁。同时，引入一种既属于现代哲学传统、又深刻反思现代性的思维方式，也有助于重新激活中国古代思想资源，发展出中国哲学的“当代形态”。这也注定了现象学与中国哲学的结合不是平面化的、纯粹外在的“中西哲学比较”，而是在时代召唤下、具有明确问题意识和高度自觉意识的精神探索。

不仅如此，中国哲学也为现象学乃至整个西方哲学带来了新的思想风格与思考维度。在“普遍历史”的时代，“民族的”与“世界的”已不再具有明确的界限。甚至可以说，对各种思想传统的“化用”本身就是现象学运动的鲜明特点，如列维纳斯整合现象学与犹太教传统，马里翁以现象学重新理解天主教传统，等等。甚至现象学的创始人胡塞尔也表达过对东方思想的浓厚兴趣——在 20 世纪 20 年代，胡塞尔曾发表过书评《论佛陀的话语》，也曾在1926年写下手稿《苏格拉底——佛陀》。[①] 当然，最明显的例子还是海德格尔与中国思想的直接交流。海德格尔与萧师毅共同翻译《老子》已成一段学术佳话；根据张祥龙先生的研究，海德格尔更是在十余处文本或发言中谈论中国古代思想。[②] 上述"化用"都为现象学带去了大量全新的经验模式。因此，现象学与中国哲学在今天的交融，完全符合现象学自身的内在发展逻辑。如今，越来越多的新范畴和新经验出现在中国现象学的话语体系之中，例如"天道""心性""易""生生""诚"等，它们大大拓展了现象学的思考范围。

通过追溯中国文明的根系，挖掘中国人独有的现象体验，中国的现象学家发展出了形态多样的哲学进路。尽管思想底色殊异，但大体而言，"道体"与"心性"构成了中国现象学的两条根本进路。[③] 依循"道体"这一进路的中国现象学家试图以海德格尔对"存在""本有（Ereignis）""自然（physis）"等概念的解释为切入点，恢复中国古代对"天道""易"等终极现象的根本经验。从"心性"入手的中国现象学家则更侧重胡塞尔和舍勒等人的现象学资源，他们试图通过对主体与意识结构的精微描述，同时借助中国古代对心性的深刻理解，建立一个"跨文化的"现代哲学根基。近年来，越来越多优秀的研究成果和大批有着广泛影响的学术活动也为这场思想运动带来了新的活力。视野与篇幅所限，笔者在此无法全部涵盖，只希望能够着重把握"中国现象学"运动的内在逻辑与发展理路，尽可能地作一深入刻画。

作为中国思想的核心关切，"道体"与"心性"直指构成西方思想根本的"实体形而上学"与"主体形而上学"，提出了为现代思想奠基的另一种可能性。就此而言，中国现象学具有一致的精神内核。但它们自身也隐含着一些内在困难，人们完全有理由提出质疑：现象学中所蕴含的现代哲学原则能否真正契合中国哲学的核心精神？不同的研究进路究竟是会相互促进还是彼此冲突？现代哲学与古代哲学的融合是否能够适应一个已经高度科学化、技术化的当今世界？这些疑问显然并不仅仅具有否定性的意义。相反，只有在不断的质疑与反思中，哲学研究才能真正实现"回到事情本身"的现象学精神。

一　道体

"道"是中国哲学中的核心范畴，而"天道"则关乎中国古人眼中的本原和终极。由于海德格尔与道家的直接遭遇，早期的中国现象学家很容易从老子、庄子与海德格尔的思想关联出发来思考"天道"。海德格尔的亲炙弟子，将海德格尔思想全面引入中国的熊伟

---

① 关于胡塞尔与佛教的关系，参见倪梁康：《胡塞尔与佛教》，载《唯识研究》第1辑，杭州佛学院编，上海古籍出版社，2012；刘国英：《胡塞尔论佛教》，载《唯识研究》第1辑。

② 参见张祥龙编译：《海德格尔与"道"及东方思想》，载张祥龙《海德格尔思想与中国天道》（修订新版），中国人民大学出版社，2010，第338—352页。

③ "道体"与"心性"是宋明理学中的核心范畴，但笔者并不局限在宋明理学的严格界定中，而是在宽泛的意义上使用"道体"与"心性"概念，前者涵盖宇宙秩序、终极存在、本原、存在原理等含义，后者则涵盖一切与"人心"相关的现象。

先生，在1980年代就多次撰文讨论海德格尔思想与道家的关系。[①] 张祥龙在1986年的专著《海德格尔思想与中国天道》则是较早用现象学方法来激活中国传统思想资源的哲学尝试。[②] 他试图会通海德格尔哲学与中国天道思想，进入因缘际会、生机涌动的中国思想“境域”。近十余年内，他还以“孝”“亲亲”“家”等概念为核心，赋予了天道新的内核。[③] 叶秀山先生在1988年的论文集《思·史·诗——现象学和存在哲学研究》中，深刻地反思了西方形而上学传统，并将海德格尔的哲学称为“后主体性的存在论”，将老子的哲学称为“前主体性的存在论”，后者向人们揭示了天地万物对人的“沉默言说”，并赋予“道”以“交往”的全新含义。[④] 王庆节先生从海德格尔后期的“四方域”概念出发，将老子所说的“道”解读成两类形而上学系统的复合体，即“有生于无”的一元论形而上学系统，以及“有（物）无（物）相生”的二元、多元论形而上学系统。[⑤] 那薇教授的《神圣在于寻常——道家的圣人在世与海德格尔的诸神在场》《道家与海德格尔在人性方面的互相诠释》《道家的道与海德格尔的开辟道路》等文章将道家和海德格尔的“道－道路”“圣人－此在”等平行概念对观，贡献了一些独特的视角。[⑥] 马琳教授的一系列专著和文章着重从东西方语言的异同和东西方对话的角度入手，考察海德格尔与东方思想的关系。[⑦] 丁耘教授在2007年和2013年的两篇文章《是与易》和《生生与造作》中，提出了“道之现象学”的基本纲领。他延续了海德格尔的问题意识，全面检讨西方形而上学传统的源头，并希望借助“易”与“生生”等中国古代思想原则，超越西方以“是”与“造作”为基本形态的哲学传统，为哲学的另一个开端作出准备。[⑧] 柯小刚教授从中国古人的生活世界出发建立“道学”，并将现象学作为进入“道学”的一个路径，由此诠释《易经》《论语》《庄子》等经典。[⑨] 如今，关于“天道”的现象学研究成果大量

---

① 参见熊伟：《恬然于不居所成》（原载《文化：中国与世界》第1辑，生活·读书·新知三联书店，1987）、《海德格尔与中国哲学》（1987）、《道家与海德格尔》（1991），载《在的澄明——熊伟文选》，商务印书馆，2011。

② 张祥龙：《海德格尔思想与中国天道》，生活·读书·新知三联书店，1986。

③ 参见张祥龙：《孝意识的时间分析》，《北京大学学报（哲学社会科学版）》2006年第1期；《〈哈利·波特〉中的亲子关系与孝道》，《江苏社会科学》2012年第1期；《家与孝》，生活·读书·新知三联书店，2017。

④ 参见叶秀山：《在“交往”的路上——海德格尔的“存在”与老子的道》，载叶秀山《思·史·诗——现象学和存在哲学研究》，人民出版社，1988。

⑤ 参见王庆节：《道之为物——海德格尔的“四方域”物论与老子的自然物论》，载王庆节《解释学、海德格尔与儒道今释》，中国人民大学出版社，2004。

⑥ 参见那薇：《神圣在于寻常——道家的圣人在世与海德格尔的诸神在场》，《社会科学战线》2003年第2期；《道家与海德格尔在人性方面的互相诠释》，《学术论坛》2003年第3期；《道家的道与海德格尔的开辟道路》，《西北师大学报（社会科学版）》2005年第4期。

⑦ 参见马琳：《海德格尔论东西方对话》，中国人民大学出版社，2010；《海德格尔与亚洲语言之双重关系探究》，《世界哲学》2008年第4期；《海德格尔论西方哲学启始与古代亚洲思想之关系》，《基督教文化学刊》2007年第18辑；《海德格尔论集置与东西方对话》，《世界哲学》2009年第6期；等等。

⑧ 参见丁耘：《是与易》，载丁耘《儒家与启蒙——哲学会通视野下的当前中国思想》，生活·读书·新知三联书店，2011；《生生与造作——论哲学在中国思想中重新开始的可能性》，载丁耘《中道之国——政治·哲学论集》，福建教育出版社，2015。

⑨ 参见柯小刚：《道学导论（外篇）》，华东师范大学出版社，2011。

涌现，中国的现象学家们也发现了越来越多有待探索的领域。2014 年的中国现象学第 21 届年会就以“现象学与天道”为主题，贡献了一批会通儒家、道家、佛教与现象学的研究成果，使“道体现象学”获得了更为丰富的内涵。①

笔者将首先着重分析张祥龙的《海德格尔思想与中国天道》，它发现了海德格尔思想与中国哲学交汇的关节点，也为此后的研究提供了基本框架，对“道体现象学”有着奠基性的意义；此后，笔者将考察丁耘在 2007 年和 2013 年的两篇纲领性论文，间接提出“道体现象学”所蕴含的内在张力和可能的发展方向。

（一）海德格尔思想与中国天道

相较于传统形而上学，海德格尔现象学的最大洞见就是揭示了所谓的“存在论差异”，即任何存在者都具有自己的存在方式，我们不能够混同存在者的“存在”与存在者本身。由此，存在者存在于其中的“构成性境域”得以揭示。张祥龙敏锐地看到，“海德格尔与中国天道观（包括禅宗）在这最关键一点上是一致的，即认为终极的实在不管叫‘存在本身’也好，叫‘天’或‘道’也好，只能被理解为纯粹的构成境域。称之为‘境’或‘域’，取的是这样一个意思，即终极既不是任何现成者，又活生生地在场，使我们领会当下涉及的一切可能”②。张祥龙认为，这一洞见在整个西方哲学传统中都是前所未有的。③ 这个时间化、势态化、构成性的终极发生境域拒绝一切将其“现成化”的思想倾向。它是人们生存和事物显现的“原发境域”，而非现成存在的主体或对象。而海德格尔和中国哲学的核心共识，就是要保全这个原发境域的全部生机与诗意。

西方传统形而上学大都设定了存在、理念、实体、上帝、我思、充足理由律、先验自我、绝对精神、权力意志这类持存的、具有固定本质的、已完成的终极本原或根据。海德格尔恰恰是希望通过揭示存在维度，打破这些所谓的“根据（Grund）”。他针锋相对地提出，存在是无根据的“深渊（Ab－grund）”。对于早期海德格尔来说，所谓“纯粹的构成境域”就是他所描绘的“此在”及其时间性结构。用“形式指引（formale Anzeigen）”的方法，海德格尔得以通过语言指示（而非定义）境域本身。海德格尔笔下的“此在”具有“在－世界－之中－存在”的基本结构，它不像康德或胡塞尔笔下的“先验主体”那样，是同世界对峙的、把世界当成对象或构造物的另一极；而总是已经“被抛入”世界之中，并且以“去存在（zu sein）”的方式筹划自身的生存可能性。因而，这一“生存”具有绽出性的（ekstatisch）时间性结构，即它的每一个“当下”都蕴含了自身的“曾在”，以及由“曾在”敞开的“将来”；此在又将根据他的“将来”来领会自身的“当下”。在后期哲学中，海德格尔进一步撇清自身思想中的先验哲学残余，开始强调存在本身相对于此在的优先性。“本有”的历史性“馈赠”使得西方思想传统的“存在历史”得以展开，它不断投射出“遮蔽”与“去蔽”、“世界”与“大地”相互争执的“澄明之境（Lichtung）”，后者成为了人们生存与历史展开的根本境域和前提。尽管后期海德格尔所使用的术语神秘繁复，但他所强调的核心仍然是一个不断在敞开和锁闭的意义发生境域。张祥龙正是在这里发现了海德格尔思想的宝贵意义：“西方哲学在海德格尔这里发生

① 参见倪梁康主编：《中国现象学与哲学评论（第 21 辑）——现象学与天道》，上海译文出版社，2018。

②③ 张祥龙：《海德格尔思想与中国天道》（修订新版），第 279 页；第 10 页。

了某种在中国思想看来是点石成金般的转化，使得中国人可以在这‘一点’澄明的发生态中‘心有灵犀’地通达西方思想；反之亦然。”① 无论是站在中国还是西方的角度，想要进入一个异己的传统，都需要一个可供理解的“对话空间”。张祥龙认为，海德格尔正是西方思想史上可以扮演这一角色的哲学家。

根据张祥龙的解读，中国的天道观从先秦时期就拒绝对本原作现成化、对象化的理解。“天”作为中国人心目中的终极，“介于有形与无形之间、远与近之间、有与无之间；瞻之在前，忽焉在后，惚兮恍兮，恍兮惚兮；却又其中有信、有物、有象而甚真；无处不在，却又不可被固定于任何强力和概念抽象之中”②。张祥龙特别强调，我们无法用定义的方式穷尽“天”的无限丰富含义，而只能用“A 而非 a”（如“盈而不溢”“盛而不骄”）的思维方式表达其丰富性。③ 在该表达式中，大写的“A”描绘了原发境域的自然显现方式，而小写的“a”则是对这一境遇的片段化、对象化的把握，后者必然只能捕捉到前者丰富含义中的一鳞半爪。换言之，我们无法以把握事物永恒本质和固定原则的方式来理解“天”，由此就可以排除西方传统中理解本原的各种方式——天“既非形式的或主体中心的，亦非超越现象界的，而是给予这个世界和人生以意义的居中之极”④；尽管它具有神性、超越性、终极性与自然性，又具有道德、伦理意涵，但我们不能用其中的任何一项为“天”下定义；“天”恰恰意味着处于各种特征“之间”的境域本身。更具体地说，“天”就是具有时间性的终极发生境域和意义构成境域，在其时机化的生灭变化中，有着万物的参赞化育，也有着人世间的是非善恶、盛衰存亡。

相应地，“天道”也与天的境域性息息相关。“道”不是超越性的、本质性的永恒真理，也不是在“逻各斯中心主义”立场下确立的绝对理性原则；而是在人伦日用中须臾不可离的“生活之道”，是已臻化境时随心所欲不逾矩的“中庸之道”，也是体现在四时轮转、万物生成化育中的“生生之道”。粗略地说，“道”是“天”的变化奥秘——如果用“原则”“原理”等词，就很容易变成固定不变的根据；“得道”则意味着能够最恰当地领会生存的终极境域。正因为境域无时无刻不处在变动之中，所以“道”也不可被定义和对象化。张祥龙进而指出，无论是在孔子、老子、孙子还是庄子那里，“天道”都有着明确的时间性特征。例如在孔子那里，“天道就是中道。这‘中’绝非现成的两极端的中间，而意味着摆脱了任何现成思维方式的‘在构成之中’。这无所执却又总为至极的中就是‘时中（zhong，四声）’”⑤。这里张祥龙所说的“中”取自《中庸》里的“诚者不勉而中”“发而皆中节，谓之和”等处，具有鲜明的时机化特征，即根据“天时”，选择当下最适当的行为方式。而在道家、法家、兵家那里，“中”的含义尽管各有侧重，但同样注重顺时而动、顺势而为。它们都强调在一个持续生成变化的构成性境域中，依据时势来选择行动，以实现“从容中道”。

对终极的理解不同也注定了把握终极的方式不同。中国人并不通过抽象的理性思辨来把握终极存在，而是在人伦日用中接近“天道”。“庖丁解牛”的故事就以最为显白的方式说明了这一点。因此，“中国古文化的特性就在于能反省到，宗教并非人生意义的最合适的表现，最真切的天意只能体现在饱满的人世生存形态中”⑥。通过不同的“技艺”，中国人让自己投入各种各样的“情境”，由此才能领会大化流行、四时轮转的枢机。儒家的

①②③④⑤⑥ 张祥龙：《海德格尔思想与中国天道》（修订新版），第 2 页；第 188 页；第 190 页；第 189 页；第 196 页；第 276、282 页。

"礼"、道家的"养生"、兵家的"用兵"、法家的"统驭"、禅宗的"棒喝"都是这类创造境域的"技艺"。在张祥龙看来，它们都是人们为了通达天道而敞开的契机，也是人们能够对自身生存境域作出生机勃勃、诗意盎然之理解的关键。而这也与海德格尔思想不谋而合。海德格尔同样强调实现诗意栖居的各种"技艺"，无论是《论艺术作品的本原》中的"艺术（technē）"，还是《诗人何为》《对荷尔德林诗歌的阐释》等文本中的"作诗"，都是让人领会"道"的方式。[①] 也正是基于这些"技艺"的原初形态，现代人才有可能抵御现代科技全面宰治所形成的"座架（Ge-stell）"，恢复对世界的境域化理解。

张祥龙对中国哲学的读解有着强烈的海德格尔色彩。第一，"天"被解读为终极的生存境域，类似于前期海德格尔笔下的"世界"，以及后期海德格尔所说的"澄明之境"，或具有"天-地-人-神"结构的"四方域（Gevierte）"。第二，"天道"也因而体现在本真的生存方式之中，它意味着人们在时间性视域中对于自身生存意义的自觉领会和筹划，或在语言、诗歌境域中的一种"有诗境和真义的思想形态和人生形态"[②]。第三，中国思想传统中的各种"技艺"都具有了生存论的含义，它们甚至类似于早期海德格尔所说的"良知"和"呼声"，成为启发人们进入本真生存方式的入口。第四，"境域"的生动性也成为衡量中国古代思想高下的尺度。例如，先秦儒家和道家能够充分地保持在"道境"中，不设定刻板的标准；法家对于硬性法律框架的要求、宋明理学对于超越性的"天理"之设定则已经远离了"道"。

毋庸置疑，中国古代思想家对境域、生成与时间有着超乎其他文明的敏感性，他们从中窥见了另一种表达"终极存在"的方式。然而，从海德格尔的时间性概念出发来解读中国古人的天道观，是否会遮蔽中国古代思想的真实面貌？熟悉海德格尔的读者都知道，海德格尔对时间性的理解有着强烈的新教神学色彩。时间性视域与死亡的悬临、良知的呼声、生存的决断有着密切联系。根据《存在与时间》的篇章布局，只有揭示了"向死而生"的生存结构，此在才真正从整体上收获了本真生存的可能性，由此才能前进到本真生存的时间性结构。尽管后期海德格尔大大削弱了其理论中的生存论色彩，但我们仍然会看到诸如"人要在决断中期待存在历史的馈赠""跃入深渊"这类表述。它们和基督教盼望圣灵降临的生存状态有着高度的相似性。由此揭示出的生存视域和本真生存方式，在何种意义上同中国古人对"天"和"天道"的理解相似？至少从表面上看，海德格尔笔下的"此在"生存在"畏"和"无聊"这类基本情绪之中，它们和中国哲学中的生存状态，如"仁""义""无为""诚"等格格不入。或许正是因此，张祥龙此后才引入"亲亲"作为理解"道"的核心原则，希望通过父母子女之间充满温情的生存样态替代海德格尔那里充满紧张和焦虑的生存描述。

综上，当张祥龙试图以"境域"为桥梁，为中国哲学与海德格尔思想打开对话空间时，他正确地看到了两者保全"境域"的生动性，拒绝将"境域"现成化、对象化的一面；但为了强调两者的共性，却可能掩盖两种思想传统间的复杂张力甚至尖锐对立。但无论如何，张祥龙的努力真正开启了中国现象学的大门，让中国学者意识到，在中国哲学与西方哲学间有着实实在在的会通空间。"境域化"的思考方式，能够为西方哲学赋予新的生命力，也能够挖掘出中国哲学自身的潜能。它同时蕴含着超越西方"存在-神-学"、进入"天-道"这一新开端的可能性。在此，"天"作为终极的生存境域，代替了作为终

---

①② 张祥龙：《海德格尔思想与中国天道》（修订新版），第283页；第311页。

极存在者的实体和作为无限超越者的神；“道”则作为人们在具体生活中对“天”的切身领会，代替了作为抽象理性的逻各斯。通过海德格尔思想的中介，中国哲学与西方哲学间的差异与共性更真切地呈现了出来。

（二）“易”与“生生”

张祥龙以“天道”作为中国思想与海德格尔哲学的交汇空间。丁耘则进一步让海德格尔后期思想与中国哲学中的“易”与“生生”这两个核心范畴相互发明，使“天道”获得了更加丰富和确定的内涵。他于2007年写作的《是与易》和2013年发表的《生生与造作》可以被看作“道之现象学”的两篇纲领性文章。有趣的是，尽管这两篇文章的主旨大略相同，其思考理路却发生了微妙的偏转。对此加以澄清，也将有利于我们理解“道体”现象学的内在逻辑。

“是”或“存在”（分别对应着being在不同语境下的用法）是西方哲学的核心语汇。随着西方哲学的发展，存在的含义不断流变，但它们都关涉使事物“是其所是”的最终根据。海德格尔对于存在的追问则彻底改变了上述局面。通过他对形而上学历史的拆解，“存在”或“是”不再被用来设定不变的本质和存在根据，而是被用来指示在具体境域中的“存在方式”。

正是在这里，丁耘意识到了哲学核心范畴由“是”转化为“易”的可能性，在《是与易》一文中首次探讨了这一问题。他从一开始就越过早期海德格尔的方案，直接从海德格尔后期的《柏拉图的真理学说》《哲学的终结与思的任务》《艺术作品的本源》等文本入手，探讨在“哲学”终结的地方开启“思想”本身的可能性。他援引海德格尔的思路，指出西方哲学家执着于“存在者（是者）”而非存在；他们力求把握在生生之流变背后的持驻本体，而非“流变”本身。[①] 而这也体现了西方主流传统重视“名词”“主词”“现在”“同一”“静止”，轻视“动词”“谓词”“过去－将来”“差异”“流变”的思维方式。[②] 海德格尔的哲学努力让“存在/是”的“动词”意味开始显现，“存在方式（Wie）”替代“本质（Was）”成为焦点。只是囿于西方哲学起点处的框架限制，“易”这一核心范畴并没有得到完全揭示，但至少海德格尔在西方哲学传统的内部为此提供了一个契机。

在中国古代的经典文献中，《周易》无疑具有崇高的地位，它全面表述了“易”这一“原初现象整体”，而《系辞传》最明确地表达了“易”的根本原则——“一阴一阳之谓道”。在丁耘看来，后期海德格尔对存在之发生机制的描述，恰好表达了类似的观点。与前期海德格尔不同，后期海德格尔力求规避以人（此在）为中心的思考方式，防止再度堕入主体形而上学的窠臼，他直接选择考察“存在本身”的发生方式。他意识到，人的生存本身并不是最深层的真理。恰恰是由于终极的意义发生境域开启了自身，人才能够在其中“有意义”地生存。换言之，真理不在于人对存在境域的揭示，而是存在境域的自行发生，后者是人们生存的可能性条件。在存在自行发生的过程中，人对存在境域的揭示只是其中的一个环节，这种“去蔽”恰恰以更深层视域的“遮蔽”为前提。在丁耘看来，无论是海德格尔在《柏拉图的真理学说》《哲学的终结与思的任务》中对柏拉图“洞喻”的重新解释，还是在《艺术作品的本源》中对艺术与真理关系的阐发，实际上都是为了

---

①② 丁耘：《儒家与启蒙——哲学会通视野下的当前中国思想》，第227页；第231—234页。

表明终极境域自身的发生方式：自身遮蔽着的去蔽。

这一全新真理观的确立，也带来了重解西方哲学史的新范式。在海德格尔看来，柏拉图的“理念（Eidos）”的本意就是“外观（Aussehen）”。柏拉图在讲述“洞喻”的时候，明确提到了“理念”的显现需要以“让……在场（Anwesenlassen）”为前提。而这个“让外观在场”的存在视域，就是自身遮蔽着的背景。正是因为存在视域让自己以背景的方式隐而不现，才能使“外观”凸显出来。但在西方形而上学的流变中，让外观显现的背景逐渐被遗忘，作为外观的理念及其变形反而吸引了人们的全部注意。直到现象学方法出现，才使存在视域能够被揭示。而存在视域的展现，恰恰需要在“无蔽”中的显现者遮蔽自身。只有当光亮中的“外观”不再占据舞台中心，人们的注意才能转移到阴影中的存在视域。正是在这个意义上，“自身遮蔽着的去蔽”才是真理的真正显现。

通过重构海德格尔后期的真理观，丁耘最终达到了中国哲学与后期海德格尔思想能够相互疏通的关节处。在丁耘看来，“遮蔽”与“无蔽”的相互蕴含与相互争执，恰恰应和了《系辞传》中的“一阴一阳之谓道”。而自行锁闭和自行敞开的循环往复运动，无非就是生成流变的发生境域，所谓“生生之谓易”。在《周易》中，乾道主生，坤道主成，天和地作为具体的“形象”，指示着“乾”与“坤”这两种基本原则。发生与守成原则共同造成了四时的轮转和万物的化育。海德格尔现象学无疑将《周易》中的两种原则现象化了，“乾”“坤”分别成为了描述现象显现基本境域的两个原则。不过在丁耘看来，海德格尔仅仅揭示了原初境域之中的“天地”，却没有对万物化育有所阐发：“如以原初现象整体观之，柏拉图与海德格尔皆各有所偏。前者惟见日月，后者惟见天地。”[①] 在柏拉图的洞喻、日喻中，他仅仅看到了使诸理念获得存在与认识根据的“善”理念（柏拉图以太阳喻之），而没有看到“善”理念背后的原初生成境域。海德格尔则正相反，他看到了遮蔽－去蔽的真理发生境域，却没有对具体事物的存在进行阐释。而在《周易》当中，“乾”“坤”仅仅是最基本的生成原则，中国古代先哲正是希望通过这两个原则来解释变化莫测的自然与人事。在这个意义上，海德格尔的“遮蔽－无蔽”框架过于空疏，无法展现现象的丰富性——“海氏于‘天地位焉’固略有所窥，于‘万物育焉’则毫无心得，遑论天人诚明、知崇礼卑、乐阳礼阴、鸢飞鱼跃等义。更不从日月经天四时之行领会自生自成之理。”[②] 而丁耘则希望以海德格尔后期的现象学作引子，引出《周易》中的天地万物，最终形成一个以“易”和易之“道”为中心的全新现象学体系：“原初现象整体既非日正的片刻停滞，亦非对峙的天地之间，而是日月经天、昼夜之道、四时之行、天地化育。西方哲学关于天道的基本经验已用日行之停顿——日正之‘是’标明，中华思想对此的基本表达可用日月之‘易’来表示。”[③]

《是与易》行文至此告一段落。但就像丁耘所说的，这只是“道之现象学”的最基本纲领。至于它的具体原则，该文并未深入阐述。在2013年的《生生与造作》中，我们本来期待会看到对天地间万物之“象”的具体阐发，丁耘却将该文的任务规定为“以哲学第一开端的破立所呈现的‘哲学本身的问题化’为契机，进入对中国古典思想的重新阐

①②③ 丁耘：《儒家与启蒙——哲学会通视野下的当前中国思想》，第280页；第280—281页；第280—281页。

释”[①]。换言之，丁耘选择了重新寻找开端。只不过这一次他并没有从海德格尔对柏拉图的解释开始，而是选择了从牟宗三和海德格尔的亚里士多德解释入手。我们不禁要问：为什么丁耘在此又一次回到了开端？它究竟只是阐述道之现象学基本原则的另一个视角，还是发现了此前开端的问题，并尝试借助亚里士多德哲学进行重新奠基？这两篇文章的进路差异恰恰有助于我们观察其间运动方向的微妙转变。

丁耘的直接理由是，只要追问存在，就必然要涉及亚里士多德的“四因说”。而海德格尔一方面停留在“存在”这个基本问题域中，另一方面又想要破除四因说，这种方案忽略了四因说——尤其是目的因——在“存在”问题上的极端重要地位，因而难以完全成功。[②] 而《周易》中的天道思想则提供了另一种“去存在论”的发生图景，能够彻底消除“存在”的残余影响。

具体来说，海德格尔用动力因吸纳了亚里士多德四因说中最为核心的目的因，进而打破了整个四因说的架构。通过摧毁四因说体系，海德格尔最终回到了围绕“physis”展开的前苏格拉底哲学。然而在丁耘看来，海德格尔撇开目的因而追问存在的做法，恰恰由于忽略了目的因在亚里士多德哲学中的关键作用，而扭曲了存在本身。这主要体现在两个方面：其一，在伦理学方面，亚里士多德认为任何实践都以“善”为目的，“明智”则是帮助人们达到“善”的“实践德性”；而海德格尔在《存在与时间》中对“明智”进行的转化，就完全把“善”这一目的从属于“存在”或“生存”本身。换言之，在生存之外，不再有高于生存的目的或“善”可追寻，生存的目的只是“更好的生存”。这就在道德实践方面消除了目的因的地位。其二，在对《形而上学》第 9 卷的诠释中，海德格尔则更加激进地颠倒了亚里士多德的“潜能/现实”框架，将实践主体的目的论结构（具有逻各斯的潜能）完全打破，只剩下“此在”不断超越自身、朝向未来绽出的动力因结构。至此，可能性完全获得了高于现实性的地位。

然而根据丁耘的解释，目的因在亚里士多德的哲学框架中具有最高的地位，它吸纳了形式因和动力因，实现了“三因合一”。这也从侧面否定了舒尔曼的激进解释，即海德格尔所要批判的是以亚里士多德为代表的“手工业形而上学”，后者以制作活动为模板，其动力因与目的因是分离的。在丁耘看来，这是对亚里士多德的深刻误解。亚里士多德明确指出，在制作、实践和沉思三种行为模式中，实践和沉思的动力因和目的因都在自身之中，并且其动力因从属于目的因。最好的活动就是绝对自足的、完全以自身为目的的活动。这样，实践和沉思都高于制作活动。而最完满的活动，亦即“三因合一”的最终根据，则是神的沉思活动。丁耘从《形而上学》第 12 卷的神学部分出发，给出了对亚里士多德哲学的整体诠释。在整个目的论体系中，处于最高地位的无疑是作为“不动的推动者”的神，它的沉思活动构成了世界的存在根据。而神作为终极的本原，又以自身为思考对象；因此只有在它这里，作为动力因的“神心”才和作为目的因的终极“善”合而为一。而人灵魂中的努斯与神的心灵最为相似，进而可以通过沉思活动最终与神的心灵合一。这样一来，海德格尔对目的因的批评就只适用于柏拉图，而非亚里士多德。[③] 因为只有在柏拉图那里，善的理念和“心”才是分离的。亚里士多德则提供了一套完全自足的“心学”体系，并且这套体系恰恰能够克服所谓的“手工业形而上学”。

在《是与易》中，丁耘就通过与柏拉图的对比，批评海德格尔只见天地的敞开与遮

---

①②③ 丁耘：《中道之国——政治 · 哲学论集》，第 252 页；第 259—260、266 页；第 275 页。

蔽，未见日月星辰等具体存在物。但该文的基调仍然是赞赏海德格尔对终极境域本身的彰显，以及遮蔽-去蔽的澄明之境与“易”“阴阳”等原则的相通性。而在《生生与造作》中，丁耘则加入了更多的反思。通过对亚里士多德的解释，他点明了海德格尔哲学的要害：“由于遮破目的因，海德格尔之‘此在’只有‘生’之机，而终无‘成’之理。由于遮破形式因，其存在一般终是笼统虚寂，只一个昭然明觉，而绝无万物自得、各安其位之理。……就存在问题本身看，存在者并不仅存在而已，且必定作为某物存在。而一旦探讨此物的内容，亚里士多德式的目的、形式诸因并生成活动，必重新涌入哲学。西方哲学欲绕过亚里士多德重新开端，除非消除‘存在’问题。然囿于传统与语言，这是根本不可能的。”①

当然，海德格尔思想的不足并不能够消弭其洞见的深刻性。在丁耘看来，由于目的因的优先地位，亚里士多德必然更加侧重“生成”中“成”的一面，此后的流俗理解又在“存在者”的视野下把目的因对象化，才造成了“存在者的形而上学”。而在无法摆脱西方语言系词结构的情况下，亚里士多德的“心性论”就很难真正实现“三因合一”的永恒自足运动。亚里士多德没有看到的是，“成”不是固定不变的目的，而总是处于“贞下起元”的新生中。换言之，“生生”应取代“生成”，成为解释世界的第一原则。而中国哲学中则有不止一个范畴，可以将“生”和“成”统一在永恒运动的过程中。在《周易》的系统中，这个范畴是统摄阴阳的“易”；而在《中庸》的系统中，这个范畴则是将“（乾）生”和“（坤）成”之德统摄在一起的“诚”。②经过宋明理学的创造性阐释，“诚”就和“仁”“心”“性”等范畴结合在了一起，提供了一种“去存在中心的心性论”① 的可能性。最终，亚里士多德所构想的神的“心性哲学”，就同中国哲学中的“为天地立心”达成了巧妙的一致。

《是与易》和《生生与造作》间的微妙偏移，或许表明了从海德格尔思想出发理解天道的内在困难。丁耘对亚里士多德的重新解释直指海德格尔思想的要害——纯粹的绽出与无尽的遮蔽-去蔽运动过于空疏，使人几无立足之处。这样的世界尽管透辟，能够避免现成化的危机，却失去了鸢飞鱼跃、草木葱葱的生机，也失去了人与人之间带有温度的情感关联和是非善恶。因此，毫不奇怪丁耘会选择朝向一种“去存在中心的心性论”。在《〈大学〉诠释与现象学》一文中，他在介绍了中国学界对现象学与唯识宗、现象学与道家的会通工作后，明确地提出：“本文则想从另一条道路出发，主要依据胡塞尔，探讨现象学本身与儒家心性之学的会通可能。”④ 在结尾处，他还预想了一种使“先验现象学运动突破康德-费希特阶段，而通向谢林-黑格尔阶段的可能道路”⑤。无独有偶，韩潮的《海德格尔与伦理学问题》、张祥龙的《家与孝》、刘小枫的《海德格尔与中国》等，都选择从海德格尔的思想背景下另立根基，如实践生活中的伦理德性、亲子夫妇的家庭关系、灵魂的自然秩序，等等。在上述著作中，尽管海德格尔还处在思想引路人的位置，但仅靠其思想资源已无法让现代中国人进入疏远已久的古典思想传统。一些新的原则需要被引入，以塑造道体现象学的新形态。

---

①②③⑤ 丁耘：《中道之国——政治·哲学论集》，第276—277页；第283—285页；第277页；第210页。

④ 丁耘：《〈大学〉诠释与现象学》，载丁耘《中道之国——政治·哲学论集》，第198页。

二　心性

事实上，“心性现象学”这一路线本身就为“道体现象学”提供了完全不同的思想原则。道体现象学以海德格尔思想为本，努力祛除主体的核心地位，刻画“终极境域”的生生变易之道；心性现象学则以胡塞尔、舍勒等人的思想为本，以描述“心性”或意识的本质结构为核心任务，由此阐明一切意义的构造和生成。前者主张“向外探求”，将人看作世界境域中的一个环节；后者则主张“向内探求”，将人的心性看作世界意义的终极来源。①瑞士现象学家、汉学家耿宁（Iso Kern）在1980年代就表现出对中国心性哲学的浓厚兴趣，开始尝试用现象学方法重新理解中国心性哲学。倪梁康、张庆熊、陈少明、黄玉顺、张任之（张伟）、方向红、郑辟瑞等中国现象学家延续和发展了这一进路，“心性现象学”如今已蔚为壮观。

大体而言，“心性现象学”呈现出两条主要思考路线：（1）现象学与唯识宗的会通。由于胡塞尔先验现象学和唯识宗在意识分析方面的高度相通性，两者的相互诠释是首要的热点。如张庆熊先生早在1993年就在博士论文《熊十力的新唯识论与胡塞尔的现象学》中看到了胡塞尔现象学与熊十力新唯识宗的相通之处，并尝试揭示两者在本体论上的共性，以及他们思想旨趣上的差异。②耿宁的《从现象学的角度看唯识三世》③，陈荣灼先生的《唯识宗与现象学中之“自我问题”》④都是较早的尝试。而倪梁康先生的一系列文章，如《唯识学与现象学中的“自身意识”与“自我意识”问题》⑤《赖耶缘起与意识发生——唯识学与现象学在纵－横意向性研究方面的比较与互补》⑥等，则很大程度上推动了唯识学和现象学的会通。张祥龙、张再林、李四龙、刘宇光、郑辟瑞，以及港台地区的吴汝钧等学者都曾撰文探讨现象学与唯识宗的关系。⑦（2）现象学与儒家心学的相互激发。这一方面的研究主要集中于从现象学视角探讨王阳明的心学。黄玉顺先生在2004年

---

① 参见倪梁康：《心性现象学的研究领域与研究方法》，《华东师范大学学报（哲学社会科学版）》2011年第1期。

② 参见张庆熊：《熊十力的新唯识学与胡塞尔的现象学》，上海人民出版社，1996；《熊十力和胡塞尔的本体论学说》，《复旦学报（社会科学版）》1994年第6期。

③ 耿宁：《从现象学的角度看唯识三世》，载王炜主编《中国现象学与哲学评论》第1辑，上海译文出版社，1995。

④ 陈荣灼：《唯识学与现象学中之“自我问题”》，《鹅湖学志》1995年总第15期。

⑤ 倪梁康：《唯识学与现象学中的“自身意识”与“自我意识”问题》，《中国学术》2002年第3期。

⑥ 倪梁康：《赖耶缘起与意识发生——唯识学与现象学在纵－横意向性研究方面的比较与互补》，《世界哲学》2009年第4期。

⑦ 参见张祥龙：《唯识宗的记忆观与时间观》，《现代哲学》2015年第2期；张再林：《从西方现代现象学看中国唯识论》，《学术月刊》2002年第3期；刘宇光：《从现象还原法试探“五重唯识观”的哲学意涵》，载《现象学与人文科学（第3期）——现象学与佛家哲学》，香港中文大学现象学与人文科学研究中心，2007；郑辟瑞：《熊十力“心”学的两个向度——对熊十力思想的静态现象学与发生现象学解读》，《现代哲学》2015年第4期；郑辟瑞：《自证分与自身表象理论》，载《中国现象学与哲学评论》第16辑，上海译文出版社，2015；吴汝钧：《唯识现象学一：世亲与护法》，台湾学生书局，2002；吴汝钧：《唯识现象学二：安慧》，台湾学生书局，2002；等等。

就开始尝试以现象学为儒家心学奠基。他的《儒家心学的奠基问题》[①] 提供了一个用海德格尔的基础存在论来建构“儒家心学的先验现象学”的方案。他的《儒家良知论——阳明心学与胡塞尔现象学比较研究》[②] 也是较早用胡塞尔现象学来解释“良心”“良知”“良能”等概念的研究。这方面的研究还包括李幼蒸先生的《王阳明和胡塞尔的心学还原论——“重读王阳明”和“重读胡塞尔”》[③]，陈少明先生的《“心外无物”：从存在论到意义建构》[④]，等等。随着“心性现象学”在2011年的正式确立，对阳明心学的现象学研究也有了更为系统化的研究框架。耿宁的著作《人生第一等事——王阳明及其后学论“致良知”》[⑤] 就是从现象学角度全面探讨阳明心学及其后学的论著，后由倪梁康译成中文，为此进路提供了一个坚实的基础。2014年，倪梁康、王庆节、张祥龙、陈少明、吴震、欧阳谦、陈立胜、李明辉、朱刚、林月惠等学者还围绕着耿宁的心性现象学研究，尤其是现象学与阳明心学的关系展开了讨论。此外，孟子的心性学说与现象学的相互阐释也是一个有待展开的研究要点。陈少明的《明耻——羞耻现象的现象学分析》[⑥]、倪梁康的《羞感·身体·道德——关于“羞恶之心”的伦理现象学思考》与《“羞恶之心”与道德意识的来源》[⑦]、张任之的《羞感伦理何以可能是自律的?》[⑧] 等文章，都是结合孟子的“羞恶之心”和舍勒现象学，为道德哲学和伦理学重新奠基的一种尝试。当然，在上述两个方向外，也有学者尝试会通现象学与其他中国古代思想资源，为中国现象学带来了新的空气。如方向红从朱子“理气论”出发，填补胡塞尔和莱布尼兹的单子论中的“逻辑中断”；他还尝试用胡塞尔的现象学来解释《黄帝内经》中的若干核心要素。[⑨]

倪梁康先生为心性现象学提供了系统化的框架。他的工作呈现出两个阶段的特征：一是“现象学心学”时期，它可被看作“心性现象学”的准备阶段。其专著《心的秩序——一种现象学心学的可能性》[⑩] 就是建立“现象学心学”的尝试，它旨在摸索一套可共同容纳现象学与中国心性哲学的研究框架。二是“心性现象学”时期。2011年，随着倪梁康发表《心性现象学的研究领域与研究方法》这篇纲领性文献，“心性现象学”这一分支正式确立。该文章对心性现象学的内容、方法、任务进行了详细界定。笔者的考察也将从这篇文章展开。

---

① 黄玉顺：《儒家心学的奠基问题》，《湖南社会科学》2004年第1期。

② 黄玉顺：《儒家良知论——阳明心学与胡塞尔现象学比较研究》，载《阳明学刊》第1辑，贵州人民出版社，2004。

③ 李幼蒸：《王阳明和胡塞尔的心学还原论——“重读王阳明”和“重读胡塞尔”》，《贵州师范大学学报（社会科学版）》2013年第1期。

④ 陈少明：《“心外无物”：从存在论到意义建构》，《中国社会科学》2014年第1期。

⑤ 耿宁：《人生第一等事——王阳明及其后学论“致良知”》，倪梁康译，商务印书馆，2014。

⑥ 陈少明：《明耻——羞耻现象的现象学分析》，《哲学研究》2006年第12期。

⑦ 倪梁康：《羞感·身体·道德——关于“羞恶之心”的伦理现象学思考》，《南京大学学报（哲学·人文科学·社会科学）》2007年第3期；《“羞恶之心”与道德意识的来源》，《海峡法学》2007年第1期。

⑧ 张任之：《羞感伦理何以可能是自律的?》，《哲学研究》2017年第11期。

⑨ 参见方向红：《单子论的逻辑中断与朱熹理气论的现象学重建——兼论一门气的现象学的必要性和可能性》，《哲学研究》2018年第3期；方向红：《〈黄帝内经〉中“神”概念的现象学意义》，载《宗教与哲学》第4辑，中国社会科学院世界宗教研究所，2015。

⑩ 倪梁康：《心的秩序》，江苏人民出版社，2010。

顾名思义，“心性现象学”以“心性”，即“意识及其本质，心的逻辑、‘心的秩序’或‘心之理’”① 为研究对象。根据倪梁康所勾勒的“心性哲学”的历史，实际上“心性”概念涵盖了贯穿中西古今的极广阔领域——包括柏拉图、亚里士多德的“灵魂”，笛卡尔的“我思”，康德的先验“自我意识”，胡塞尔的“先验自我”，当代心灵哲学中的“心灵”，孟子的“四端”之心，陆王心学中与“理”贯通的“心”，以及唯识宗中的“赖耶缘起”，等等。可以说，只要涉及意识、心灵或主体之本质与原理的哲学，都可以被归为“心性哲学”。而“心性现象学”则致力于通过现象学方法，对古今中外心性哲学所揭示的浩瀚心灵现象进行更为严格和细致的本质描述与辨析。

胡塞尔的先验现象学为心性现象学提供了一套严格的方法论基础和概念框架。胡塞尔以数学为模板，旨在建立一门能够为一切具体科学奠基的“严格科学”。通过先验还原，他最终将一切意义的源头追溯到了先验纯粹意识的构造活动。在胡塞尔看来，我们完全可以像刻画几何图形的本质那样来刻画意识的本质结构。事实上，现象学和几何学所采用方法也都是所谓的“本质直观”。借助胡塞尔的先验现象学方法与框架，倪梁康将古今中西的各种心性哲学纳入“横向”和“纵向”两个框架中。前者的任务是对心灵静态结构进行本质描述；后者则旨在描述心灵动态发生的“历史”。② 而无论是横向考察还是纵向考察，现象学都采用了“本质直观”的方法。

在横向（静态）的本质直观和纵向（发生）的本质直观下，我们能够发现意识不同层级间的奠基关系。而借用这些关系框架，现象学就能够对各种各样的意识活动进行分析。在横向的静态结构分析中，倪梁康特别重视“客体化行为”和“非客体化行为”的区分，并通过这两种意识类型的奠基关系来考察理性和情感间的关联。在《逻辑研究》中，胡塞尔曾对意识的静态结构进行细致分析，并得出了“非客体化行为奠基于客体化行为”的结论。换言之，在静态现象学时期的胡塞尔看来，一切意向行为都指向某个对象；而表面上看起来不指向对象的行为，如喜悦、痛苦等情感，实际上都以某种客体化（对象化）行为为基础——不存在没有对象的爱与恨，它们都是以对对象的统觉为前提的。通过这种静态的考察，胡塞尔能够揭示出情感、认知、想象、意愿等意识现象间的奠基关系。从“认知”与“情感”的关系出发，我们就能对相关的道德现象进行探讨。而在纵向（发生）的考察中，胡塞尔则得出了另一种奠基方式，即客体化的行为在发生次序上奠基于非客体化行为。也就是说，在内时间意识中，我们对一个对象的关注总是以某些“前自我”的被动经验为前提，它们可能是我们在个人经历中获得的习惯，也可能是疼痛、快感、烦、畏等无对象的感受，在这些被动经验的刺激和吸引下，我们才开始关注特定的对象。进一步，“前自我”和“自我”的意识又奠基于在最底层持续涌流的绝对时间意识，即后期胡塞尔手稿中的“原自我（Ur－Ich）”。不仅清醒的意识和混沌的意识奠基于原自我，而且睡眠、昏厥乃至死亡等无意识现象都发生在原自我涌流的基础上。这样，胡塞尔以极其细致的思考，对意识作出了庖丁解牛式的区分。

从“心性现象学”对唯识宗和儒家心学的考察中，我们能够看到现象学同中国传统心学结合所焕发出的光彩。如果说胡塞尔的现象学更加侧重形式层面上对客体化行为（认知）的分析，那么唯识宗和儒家心学则能够在质料层面上提供大量考察非客体化行为（情感、习性）的内容。首先以唯识宗为例。倪梁康特别强调胡塞尔现象学与唯识宗的相

①② 倪梁康：《心性现象学的研究领域与研究方法》。

近性，甚至称胡塞尔现象学为“20世纪的唯识学”①。唯识宗的“三分说”“三能变”学说，分别对静态意识和发生意识展开了考察。在“三分说”中，“见分”“相分”和“自证分”的区分几乎完全对应于胡塞尔那里的意向活动、意向相关项和自身意识的三分结构。尽管中国唯识学传统中还增加了“证自证分”这个逻辑要素，但这只是出于逻辑需要，并不影响人们对意识本身的理解。②而在“三能变”学说中，唯识宗探讨了意识的发生与变化。它所区分出的三类八种基本意识，即“阿赖耶识”“末那识”和“前六识（眼识、耳识、鼻识、舌识、身识、意识）”，又分别对应着发生现象学中的原自我、前自我和自我三个层级。③ 在“前六识”中，唯识宗还提出了“心王－心所”的概念组合，它们几乎完全符合胡塞尔对“客体化行为”和“非客体化行为”的区分……正如倪梁康所说，“在佛教的缘起现象学与胡塞尔的发生现象学之研究系统间存在的这种彼此对照与呼应，绝非思想史上的偶然巧合，而只能是通过对被本质直观到的现象学事态的共同把握方可达致的结果”④。

此外，儒家心学和胡塞尔、舍勒现象学之间也存在相通性，并有可能激发新的伦理学形态。孟子、阳明及其后学，乃至朱子学派对“心”的厘析考辨，都可以在心性现象学的体系中得到更严格的刻画与定位。倪梁康对大量心灵现象进行了分析，但总体而言，它们可被归纳进“先天”“后天”的框架。例如，孟子所说的“心之四端（恻隐、羞恶、恭敬、是非）”，以及阳明所说的“良知”“良能”，都属于道德意识现象学的一个部分，即“本性现象学”。⑤ 在胡塞尔的理论框架中，它们就是在前自我层面触发自我行为的“本能”或“禀赋”。⑥舍勒在讨论“羞感”时则认为存在“感到羞耻”的先天能力形式，如身体上的羞感、力比多羞感，等等。⑦ 相对于生而具有的“本性”，还有后天获得的“习性”。在日常生活中形成的习惯、在共同体和社会生活中接受的种种规范、在儒家工夫论中的德性培育等，都属于“习性现象学”的范畴，它们关乎自我在时间意识中的“意义积淀”，以及由此形成的“习性”和“倾向”。唯识宗中所讲的末那识和“熏习”概念，也与此相关。⑧“本性”和“习性”都属于胡塞尔所说的“非客体化行为”，但它们又分别是前自我和自我层面的现象，因而需要着重区分。⑨

不过相对于“先天”“后天”的截然二分，现象学的创见恰恰在于提出了同时容纳先天与后天的动态心灵结构，这与中国心性哲学不谋而合，并且也能够解决大量伦理学和道德哲学上的困难。以“羞感”为例，纯粹的“先天说”可能会否定后天道德修养的意义，纯粹的“后天说”又将把道德完全消解为偶然的个体习惯和社会约定。倪梁康认为，图根特哈特和舍勒等现象学家的理论恰好能够容纳生理上的先天羞感，以及通过共同体教育获得的后天羞感。前者是一种潜在的能力形式，而后者则赋予了潜能以实现的具体原因和内容。⑩张任之则同样援引舍勒的人格现象学，指出“羞感”并不仅仅受到外部的社会约束，而完全可以是内在化和自律的。孟子的“羞恶之心”就是这样一种“本心”，它既是

①②④⑥⑧⑨ 倪梁康：《赖耶缘起与意识发生——唯识学与现象学在纵－横意向性研究方面的比较与互补》。

③ 关于“八识”的详细讨论，参见倪梁康：《唯识学与现象学中的“自身意识”与“自我意识”问题》。

⑤ 倪梁康：《心性现象学的研究领域与研究方法》。

⑦⑩ 倪梁康：《羞感·身体·道德——关于“羞恶之心”的伦理现象学思考》。

一种先天的道德情感，又可以自主地确立和执行道德法则。不仅如此，舍勒现象学还能够赋予“羞恶之心”以主体间性维度。抽象的自我将被扩展为具体的“人格”，其中暗含着“他者”或“交互人格性”的结构，可以吸纳各种共同体的经验与规范。由此，“这个道德主体可以容纳偶然性和经验性，却不必影响其自身的普遍性”①。对“羞恶之心”的诠释不只是心性现象学中的一个例证，它具有更为广泛的意义。正如倪梁康所说，“恻隐之心”和“羞恶之心”分别关于先天的“道德实能”和“道德潜能”。这些最为根本的“心性”为道德哲学的重新奠基提供了可能性。②

对于宋明理学中关于“已发”“未发”的心性涵养学说而言，胡塞尔的客体化/非客体化行为之分亦有着极强的解释力。无论是朱子关于“已发”和“未发”的“中和旧说”“中和新说”，还是王阳明所倡导的“致良知”，都涉及如何理解“已发”和“未发”在意识中的定位，以及心、性、情等概念之间的关系。借助胡塞尔的现象学，这些概念将能够得到更加严格的界定。根据倪梁康的分析，在儒家心学中至少可以区分出三类意识活动：（1）对象性表象或客体化行为，如包含见闻对象的“闻睹”。（2）“喜怒哀乐”一类的情感行为，它们奠基于对象化的见闻行为之上。（3）在上述两类行为尚未发生时的“念”，如“本体之念”“体察”“思虑”“意”等意识。前两类行为明显是心之“已发”，而最后的“念”则属于未发。它并非完全的无意识，而是无私无欲、无善无恶的“静”或“敬”，也即阳明所说的“良知”。③ 我们姑且不考察朱子、阳明、孟子心学间的内在差异，也不考察各家对于本性和道德情感的不同理解——众所周知，阳明四句教中的“无善无恶心之体”引起了很多争议，它同孟子“四端”“良知”概念可能颇有抵牾——至少借助胡塞尔对心性的细致区分，我们能够更好地把握各种心性活动的本质。

综上所述，现象学和中国古代的心性哲学完全可以相互补充、促进。一方面，胡塞尔的经典现象学并未对非客体化的情感行为进行充分的考察。而唯识宗和儒家心学则尤其长于对各类本心、情感和习性（德性）的分析——无论是唯识宗中对六类五十一种“心所”的细致考察，还是儒家心学中对各类性情的考辨，都将大大丰富心性现象学的研究成果。另一方面，胡塞尔在时间意识分析中对感知、想象、图像意识、符号意识间奠基关系的考察又为唯识宗乃至儒家心性学所缺失。④ 更为重要的是，胡塞尔以数学为模板的严格思维方式和研究方法，为中国古代哲学带来了新的精神气质。它可以照亮中国传统哲学中的形而上学根底，涤清其中的含混和矛盾之处，使中国传统哲学中丰富多彩的思想资源更加合乎理性地呈现在人们面前。同时，现象学也将在中国传统哲学的浸润中不断发展和改造自身。我们完全有理由期许心性现象学的未来，如倪梁康和方向红所总结的那样：“也许有一天，来自中国的现象学会在它的出生地得到悦纳，西方哲学乃至西方文明本身因此而得到某种改造和纠偏，因为它的光芒照进了西方文明的幽暗之所。”⑤

---

① 张任之：《羞感伦理何以可能是自律的?》。

② 倪梁康：《羞感·身体·道德——关于“羞恶之心”的伦理现象学思考》。

③ 参见倪梁康：《客体化行为与非客体化行为的奠基关系再论》，《哲学研究》2012 年第 8 期。

④ 倪梁康：《赖耶缘起与意识发生——唯识学与现象学在纵 - 横意向性研究方面的比较与互补》。

⑤ 倪梁康、方向红：《现象学在中国与中国现象学》，《中国社会科学评价》2016 年第 4 期。

三 天人之际

无论从天道出发，还是从人心开始，现象学最终都致力于“回到事情本身”。而中国的传统哲学中恰恰包含了对“事情本身”的某种独特观照。笔者愿意追随冯友兰先生的说法，将“天人之际”看作中国哲学的主要思考对象。① 我们将看到，道体现象学与心性现象学已经或多或少开始有意识地思考“天人之际”。这两种极具想象力和洞察力的支流逐渐交汇，必将创造出一幅更加绚丽的图景。

（一）即天道思人心

对于道体现象学来说，海德格尔思想既是入口，又是出口。因为中国传统哲学不仅发现了以“生生”为原则、以阴阳动变为模式的终极发生境域，而且还保留了对人伦和物理的细致体察。就像丁耘所说，中国哲学既“见天地”，又“见日月”；又如张祥龙所见，在人伦纲常的自然秩序中隐含了理解天地大道的“枢机”。但海德格尔过于强调“存在”维度、力求规避存在者之本质的思想倾向，将在很大程度上遮蔽中国哲学中的关键内容。只有借助新的思想原则和资源，才能够重新进入中国古典思想。广义上的心性哲学恰恰提供了与道体现象学互补的力量。之所以在这里强调心性哲学的“广义”特征，因为不仅自我的意识活动可被称作“心性”，而且个体的道德实践、共同体的情感牵连、甚至“神”的沉思活动，都可以被归入“心性”的范畴。这些要素以不同方式融入道体现象学的框架，拉近了道体现象学与心性现象学的距离。

在反思者中，韩潮先生提供了一条由海德格尔转向亚里士多德实践哲学、再进入中国古典思想的精致路线，而刘小枫先生则极具破坏性地摧毁了由海德格尔通达中国哲学的大门，提出了一种回到灵魂自然秩序的方案。在《海德格尔与中国》中，刘小枫通过回应韩潮在十年前的著作《海德格尔与伦理学问题》，深刻检讨了由海德格尔进入中国哲学的路径。与张祥龙类似，韩潮同样看到了海德格尔对于原初境域的揭示，后者使一切伦理生活成为可能。恢复这一“道德经验的原初处境”②，或许也能帮助我们进入中国古代的思想世界。随着他对海德格尔哲学、尤其是海德格尔的亚里士多德解释进行更深入的思考，他也对海德格尔哲学进行了检讨：在亚里士多德所说的五种获得“真”的方式中，海德格尔最为看重的还是智慧（sophia），而亚里士多德强调的核心则是明智（phronesis）。只有实践才能够真正平衡好自然、习俗与技艺间的紧张关系，实现从容中道。因此，韩潮实际上是以亚里士多德的德性伦理学为依归，认为海德格尔“对伦理学基本概念的拆解，只是把硬的打散了，把紧的疏通了，从而去伪存真，走出现代文明所臆造的‘大伪’世界”③。在他看来，海德格尔的工作是以亚里士多德伦理学为基础的，且后者还更加“高明”，也更加契合中国传统哲学的核心精神。

尽管刘小枫高度肯定韩潮颇具格局的思想尝试，但他本人显然更加激进——海德格尔哲学和中国传统思想绝非同道，毋宁说两者间存在着“自然”和“历史”间的最尖锐对立。甚至以海德格尔思想为入口，都可能会“败坏”中国思想传统的内核。基于施特劳

---

① 冯友兰：《三松堂自序》，人民出版社，1998，第 235 页。

②③ 韩潮：《海德格尔与伦理学问题》，同济大学出版社，2007，第 21 页；第 20 页。

斯学派的视角，刘小枫认为，尽管海德格尔戴上了亚里士多德实践哲学与前苏格拉底哲学的面具，其真实目的却是将古希腊人的“自然”概念完全历史化，这无疑是一种最极端的历史主义立场。它不仅消解了自然概念，甚至从源头处就改写了整个西方哲学史，让古希腊人对“自然”的经验变成了彻头彻尾的幻觉。刘小枫不无讥讽地指出，这恰恰体现了“心智”本身的高下之分。在全书的最后，刘小枫甚至喊出了让人瞠目的口号：“宁可跟随施特劳斯犯错，也不跟随海德格尔一起正确。”①

抛开某些更为激进的表达方式不谈，其实刘小枫的思想内核与韩潮的《海德格尔与伦理学问题》有着很强的一致性。刘小枫的思想旨趣更近于柏拉图，他强调灵魂具有自然秩序，而人心最高贵的部分天然地朝向“善”的理念。而韩潮则更近于亚里士多德，他强调伦理德性，尤其是“明智”的重要性。在亚里士多德那里，虽然“处境”或“境域”在道德生活中的地位得到了突出，但亚里士多德仍然认为存在所谓的“自然正当”，在灵魂内部也有着自然的等级秩序。正是基于上述共识，刘小枫与韩潮才会追随施特劳斯，将海德格尔视为“虚无主义第三次浪潮”的代言人。有趣的是，刘小枫对胡塞尔的立场却十分认同，因为在胡塞尔那里，同样强调对心灵的“本质把握”。刘小枫借施特劳斯之口，在柏拉图的灵魂学说和胡塞尔的意识现象学间建立了隐秘的关联，施特劳斯在给沃格林的书信中写道：“只有着眼于在柏拉图－亚里士多德式科学中完全展现出来的巨大难题，即灵魂问题，我们才能领会胡塞尔的工作。”② 而在讨论伦理学的若干手稿中，胡塞尔也有过相当类似柏拉图哲学的表述。这不禁让我们想到丁耘在探索道体时的微妙偏转和他明确提出的“去存在中心的心性论”。张祥龙在2006年后对“孝”意识的探索，以及丁耘结合儒家心性学、胡塞尔现象学与德国古典哲学的理论构想，都可以看作两种路径互相融合的体现。

海德格尔作为道体现象学的引路人，开启了西方哲学与中国思想传统共同对话的空间。而随着研究不断推进，新的思想原则也必须被引入，以填补海德格尔思想的空疏处，消除它与中国思想传统的隔膜。宽泛意义上的“心性”就是与中国哲学最具亲缘性的要素，其引入使得“道体现象学”的研究者们找到了理论的落脚点。而此前获得的“天道”视域也能让人们在更高的层面思考“人心”，使“天人之际”获得新的哲学意涵。在不同思想资源的碰撞下，一种“道体－心性现象学”的轮廓已经慢慢浮现。它为“道体现象学”补充了更加“中国化”的要素。

（二）即人心思天道

从“心性现象学”出发，我们同样有理由发问：是否植根于胡塞尔哲学的心性现象学，也与中国古典思想有着一定的距离？

一个潜在的批评是，心性现象学只见人心，而未见天道。尽管中国思想传统在开端处就打上了“罕言性与天道”的烙印，但毕竟“道”仍存于四时轮转和人伦日用当中，只是隐而未显。到宋明理学时期，“天道”或“天理”终于跃上前台，成为儒家的核心范畴，这无疑与先秦儒家有着内在的逻辑延续。在整个“天道”传统的视域下，心性之学似乎只居于从属地位。因此，人们有理由担忧，过度关注“人心”，是否会偏居一隅，错

① 刘小枫：《海德格尔与中国》，华东师范大学出版社，2017，第294页。

② 《沃格林通信集》，第6页，46；转引自刘小枫：《海德格尔与中国》，第209页。

失对终极问题的考察。如果答案是肯定的，那么“天道”的维度也终将被取消。

倪梁康关于本体论和形而上学的思考可被看作对上述问题的间接回应。海德格尔和胡塞尔分别为道体现象学和心性现象学提供了思考框架；比较两者的共性与差异，也有助于我们看清道体现象学与心性现象学的异同。倪梁康在两处论及胡塞尔和海德格尔对形而上学的思考。其一，现象学在悬搁“本体”之后，就尝试用“无”和“空”这类概念来刻画终极存在。它们不同于传统形而上学中作为永恒在场者的“实体”“根据”或“理由”，但又不是绝对的不存在，而是一切显现的前提条件。在这一点上，胡塞尔和海德格尔都超越了传统形而上学，并给出了对终极存在的理解。只不过后期胡塞尔把最深层的绝对时间意识作为终极存在，它自身是不显现的“无意识”；而海德格尔则将境域本身的无蔽与遮蔽运动视为终极存在。① 其二，根据倪梁康的说法：“海德格尔与胡塞尔的根本差异……更多地在于对本体论的不同理解，即如前所述：是柏拉图式的区域本体论，还是赫拉克利特式的河流本体论?”② 也就是说，胡塞尔试图把捉意识中的固定本质结构——即便在流动的时间意识中，同样有着“滞留－原印象－前摄”的三元结构；海德格尔则力求最大限度地彰显生命和历史的流变特征，警惕一切使存在现成化、对象化的做法。他们之间更多只有思想取向上的差异，用倪梁康的话说，“它看起来有些类似于诗学中的是崇‘山’还是敬‘水’的偏好”③。

因此，尽管海德格尔思想与中国的天道传统更具亲和性④，但这并不意味着胡塞尔和心性现象学就无法进入天道流转的世界。“心性现象学”同样表达了自己对于“存在”或“本原”的观点。只不过在它看来，讨论孤立存在的“天”是没有意义的，它必须通过“自我”的意识结构才能显现。换言之，“天”与“人”本身就是相即不离的关联整体。这样，“天人”关联体就具有了终极存在的意义。而心性现象学的任务就是清晰揭示此结构。胡塞尔后期哲学中的大量手稿都在讨论意识在时间性视域的流动，他也十分关注历史的发生与沉淀。如果我们接受唯识宗（“万法唯识”）和儒家心学（“心即理”）传统的立场，那么胡塞尔笔下的先验纯粹意识就是终极存在。只是胡塞尔仍然处在柏拉图主义的传统之下，认为转瞬即逝的现象世界同样具有固定的本质结构。这样一来，对于“天”的关注，就被转化成了对“天道－人心”关联体的本质直观。

这样一来，从“心性”入手，来思考“天”这一终极境域的显现方式，就完全是可能的。丁耘基于亚里士多德“神学”所构想的“去存在论的心性学”，以及他所说的先验现象学的“黑格尔－谢林阶段”，或许也隐含了这个理论目标。而心性现象学所遵从的严格方法论基础，能够帮助我们更清晰地把握“天人之际”的结构形式。只是如张祥龙所说，关键在于我们是从对现象的细致体贴中疏导出其结构，还是从预先设定好的结构出发来逼问现象。⑤ 在适当的方法论指引下，前者是完全可能的。这时，海德格尔思想的爆破力就能够使我们时刻警惕，不要落入传统形而上学的窠臼；胡塞尔思想的深邃与明晰，则

---

① 倪梁康：《零与形而上学——从数学、佛学、道学到现象学的有无之思》，《同济大学学报（社会科学版）》2006 年第 1 期。

②③ 倪梁康：《东西方思维中的现象学、本体论与形而上学》，《哲学研究》2016 年第 8 期。

④ 倪梁康指出，“‘易学’可以在赫拉克利特和海德格尔意义上译作‘是论’，即河流本体论。无论是‘道生一，一生二，二生三，三生万物’，还是‘气化流行，生生不息’，都可以看作是对‘系辞’中的‘生生之谓易’的继承”（《东西方哲学思维中的现象学、本体论与形而上学》）。

⑤ 参见张祥龙：《海德格尔思想与中国天道》（修订新版），第 122—123 页。

能够帮助我们穿透变动不居的现象世界，捕获其内在结构。

结　语

2017 年 11 月 22 日，法国第三代现象学家的代表人物让 - 吕克 · 马里翁与倪梁康、张祥龙先生展开了一场精彩的对谈，这一对谈的主题——“心性与神性、天命与天道”恰好潜在地呼应了本文所展示的线索，并最鲜明地体现了中国现象学与法国现象学不同的精神气质。如果说马里翁结合天主教传统和现象学的努力成功赋予了这两个思想传统以新的生命力，那么以倪梁康、张祥龙等人为代表的中国现象学家，在激发中国传统思想和现象学共同发展的方面同样不遑多让。中国哲学与现象学的结合，用另一种“终极”和“心灵”拓宽了西方世界两千多年来习以为常的哲学视野。中国的现象学家向世界展示了中国人对终极视域的敏锐把握，也以最为清晰的方式呈现了中国古代哲学家难以穷尽的心灵深度和广度。此外，现象学资源的引入，也会为中国传统哲学和西方现代性传统的融合提供一个可能的方案，为今天中国人的新生活秩序寻找一个可靠的根基。而无论是道体现象学，还是心性现象学，都是这一任务的宝贵资源。我们有理由期待，在不远的将来，道体现象学和心性现象学将在更深的层面相互激发，在持续的推进中融会贯通，并最终进入中国人的思想血脉里，用更加灿烂的思想火花照亮“天人之际”的本真经验！

（作者单位：中国社会科学院哲学研究所）

责任编辑　孙婧一

中国后人文主义语境下的美学问题研究

殷曼楟

后人文主义（posthumanism）兴起于20世纪80年代，于2004年随着曹荣湘编《后人类文化》读本①与乔治·迈尔逊《哈拉维与基因改良食品》② 一书的译介进入国内学者视野。而后，其代表人物哈拉维（Donna Haraway）、海尔斯（N. Katherine Hayles）、沃尔夫（Cary Wolfe）随着李建会、刘介民、刘小晨、陈静等学者的早期研究，逐渐引发更多关注③，2016年至2017年，国内后人文主义研究呈现井喷之势。其间，《中国社会科学报》《社会科学报》《文艺报》《澎湃》等多家媒体发表了讨论“数字人文”研究范式转型与后人类境况的文章④；2017年9月23日，由《文艺理论研究》杂志主办的“后人类语境与文论研究的未来”学术会议在上海召开；《文化研究》2017年第29辑专题笔谈以“数字人文：媒介、书写与主体经验”为主题；《读书》2017年第10期以《基本收入·隐私权·主体性——人工智能与后人类时代》（上）为题刊发相关讨论；跨学科的“数字人文”主题会议先后在北京大学与南京大学举行。⑤ 后人文主义研究正迎来一个值得学界

---

① 曹荣湘：《后人类文化》，上海三联书店，2004。

② 乔治·迈尔逊：《哈拉维与基因改良食品》，李建会译，北京大学出版社，2005。

③ 国内出版的后人文主义译著与研究专著参见：维克多·泰勒、查尔斯·温奎斯特编：《后现代主义百科全书》，章燕、李自修等译，吉林人民出版社，2007；刘介民：《西方后现代人文主流——征候群研究》，北京大学出版社，2010；刘介民、刘小晨：《哈拉维赛博格理论研究：学术分析与诗化想象》，暨南大学出版社，2012；哈拉维：《灵长类视觉——现代科学世界中的性别、种族和自然》，赵文译，河南大学出版社，2011；哈拉维：《类人猿、赛博格和女人——自然的重塑》，陈静、吴义诚译，河南大学出版社，2012；海尔斯的著作《我的母亲是一台电脑》（*My Mother Was a Computer*）正在翻译。

④ 田海平：《后人类主义的挑战》，《中国社会科学报》2016年9月20日；林品：《全球连接·数码转型·后人类主义——戴锦华专访》，《文艺报》2016年1月13日；梁璇：《“人机大战”后人类该如何与人工智能相处》，《中国青年报》2016年3月13日；孙梦曦：《“数字人文”跨界创新引关注》，《中国社会科学报》2016年3月16日；耿雪：《数字人文促进研究范式变革》，《中国社会科学报》2016年5月25日；姜宇辉：《后人类：危机与契机》，《社会科学报》2017年12月21日；张聪、曹越：《探索后人类境况下文艺研究新议题》，《中国社会科学报》2017年10月18日；赵琪：《数字技术促进人文科学发展》，《中国社会科学报》2017年11月8日；冯惠玲：《数字人文：在跨界中实现交融》，《中国社会科学报》2017年12月21日；陈政予、莎拉·邦德等：《数字人文会伤害人文学科吗》，《社会科学报》2017年11月30日。

⑤ 2016年5月21日，首届北京大学“数字人文论坛”：“跨界与融合：全球视野下的数字人文”召开。2017年7月1—2日，“数字人文：大数据时代学术前沿与探索”学术研讨会在南京大学召开。

关注的新时期。

国内美学界的后人文主义研究，除了有孙绍谊、肖明文、陈静、赵柔柔等学者对哈拉维、海尔斯、沃尔夫、贝德明顿等国外学者的代表性观点所作阐发外，近年更是逐渐突显其中国语境，以及该语境下特有的理论脉络，国内美学界对该议题愈加浓厚的兴趣也正是值得关注的现象之一。随着数字技术及高科技生物技术对人们的行动、知觉定势、认知模式的影响日益深入，美学研究亦为自身提出了新的问题域，即在这个技术主导的社会中，原有美学路径是否能够充分应对业已面临的新情况？当前美学讨论中已经出现了就知觉（主要涉及听觉、视觉、触觉）、神经美学、认知美学所展开的探索，这些探索不啻起到了理论准备的作用。

一　后人文主义研究的中国语境及当下美学议题

近年来，国内美学界在后人文主义与人文主义关系、后人文主义语境下的自我与主体问题、身体研究及数字人文等方面均有所斩获，较为鲜明地呈现出其理论的中国取向。

（一）中国语境下的后人文主义与人文主义问题

“后人文主义”在美学界已颇有辨识度，并与当下国内信息工程、大数据、互联网共享、智能机器人、转基因热等成呼应之势。它不再仅仅是一个抽象的理论架构，而是直接表征了美学研究对于当下情境的回应，呈现出其特定的问题意识与中国立场。其中重要议题之一是后人文主义与人文主义之间的关系。对此，美学界主要有两种看法。

一是从反人文主义立场来看待后人文主义，强调不仅应质疑西方启蒙传统所确立的理性信仰及人文精神信仰，还应突出技术进步语境之下对人类中心主义的彻底反思。多位学者皆对此作出讨论。孙绍谊强调以“后人类”一词突出“该思潮在技术和科学进步前提下对人类物种本身的反省，也彰显了人类日益技术化和技术日益人格化的当代发展趋势”①。姜宇辉主张“突破人类中心主义”，反思人类物种的未来，“将人类的生命置于一个更为开放的世界空间之中”②。肖明文、蒋怡也作过相近的讨论。③ 尽管持该主张的学者对人类中心主义有着更为彻底的决裂态度，但仍一致认为后人文主义与人文主义之间的内在关联仍难以忽视。赵柔柔对后人文主义语境曾作过总结，认为在一整套人文主义价值体系全面失效后，人类处于超人文主义与反人文主义之间的困境，因此一种批判性的解决思路是，应以人文主义关怀来关注技术语境下的被牺牲群体。而另一种思路则是建构性的，主张“尝试把握这一进程的逻辑和运作方式，从中发掘旧有人文主义论域所无法容纳的、积极的东西，用它们来打开人文主义自身”④。在姜宇辉看来，后人类“仍然是一个妥协

---

① 孙绍谊：《当代西方后人类主义思潮与电影》，《文艺研究》2011 年第 9 期。

② 姜宇辉：《后人类：危机与契机》。

③ 参见肖明文：《身体、机器与后人类：后人文主义视角下的〈救人就是救自己〉》，《文学理论前沿》第 12 辑，清华大学出版社，2014；蒋怡：《西方学界的“后人文主义”理论探析》，《外国文学》2014 年第 6 期。

④ 罗岗等：《基本收入·隐私权 ·主体性——人工智能与后人类时代》（上），《读书》2017 年第 10 期。

和折中的立场”，它“超越了人类中心主义，但却仍未超越生命中心主义”①，后者仍然是人文主义的核心命题，“‘后’这个前缀显然极为生动地体现出它与传统的人文主义之间的那种难以割舍、难解难分的情结”②。

二是从中国语境出发，认为应辩证看待后人文主义与人文主义的内在联系。王宁主张以“数字人文”带动科学与人文“互动、互补和共融”之关系。因为自新文化运动引入中国起，人文主义与科学就是一种和谐互补的关系。这是后人文主义在中国发展的本土底蕴。③ 后人文主义意味着人自我反思层面的一次革命性变革，但在总体上，“后人文主义”与“人文主义”之间“既对抗，又有着一定的连续性”④。刘悦笛主张“儒家精神其实内通于后人文主义”。一方面，儒家传统崇尚“与天地参”，从而始终避免了“人为万物尺度”的人类中心主义；另一方面，儒家传统对“人性”的“后天濡化”观也保持了一种动态发展的人性观，从而为基因编辑等技术介入下的人类反思人性留有广阔空间。⑤

以上两种有关后人文主义与人文主义之关系的看法基本上构成了中国美学界对此问题展开讨论的文化语境。总体而言，学者们对这二者内在连续性的认识正是相关美学议题及研究路径得以展开的基础背景。

（二）人－机关系设想下的自我及主体性论争

人－机关系既是后人文主义的核心问题，又是现代性视域下技术与审美、技术与艺术、技术与人问题的当代变体。尽管后人文主义对人类中心主义进行了尖锐的批判与反思，但“主体性”依然是“后人文主义”研究的重要问题。围绕人工智能日益发展所带来的危机感，疑问不断涌现：人是否会被机器所取代？人在何种层面上可以不被人工智能所取代？人何以保有自主性？

第一种思路是从“隐喻的赛博格”路径出发，借助科幻文本，对高科技未来的人－机境遇展开技术理性批判。黄鸣奋对科幻片中“克隆人”的性质作了梳理，进而归纳了“克隆人创意”所关涉的伦理问题，从人权、人性、威胁性等角度对克隆人工程表达了忧虑和拒斥。⑥ 赵柔柔对《黑镜》中“镜”中之人的讨论不仅涉及人与人造人的关系，还延伸至“赛博格”后人类这一问题。⑦ 总体而言，就科幻影片中所突显的伦理问题展开讨论，或是对人类生命自主性所遭遇的威胁及未来的身份不确定性加以讨论的文章，其分析往往彰显了对于后人文主义语境下的新主体形态（如克隆人、电子人、基因改造人等）较为清晰的体认，即不仅意识到“赛博格”对人类确定性观念及人类物种观念的冲击，亦从理论层面展开了未来他们与人类之间可能关系的设想和讨论。

---

① 参见姜宇辉：《蛇之舞：语言、代码与肉身》，《中国图书评论》2017 年第 11 期。

② 姜宇辉：《蛇之舞：语言、代码与肉身》。类似观点在孙绍谊、蒋怡、王宁、肖明文的文章中也有表达。

③④ 参见王宁：《科学与人文的冲突与共融——兼论后人文主义语境下的数字人文》，《武汉大学学报（人文科学版）》2017 年第 4 期。

⑤ 参见刘悦笛：《后人类境遇的中国儒家应战——走向“儒家后人文主义”的启示》，《探索与争鸣》2017 年第 6 期。

⑥ 参见黄鸣奋：《电影创意中的克隆人：从科研禁区到科幻热门》，《探索与争鸣》2017 年第 7 期。

⑦ 赵柔柔：《“镜”中之人——〈黑镜〉中的反乌托邦叙事与后人类主义探析》，《文化研究》2015 年第 22 辑，社会科学文献出版社，2015，第 209 页。本文中的“后人类”主要指“超人类”。

同时，“隐喻的赛博格”式讨论也设想了未来困境的可能解决方案。其方向主要集中于呼唤情感、人性及道德等因素的独立价值，以改良的人文主义思路来增强自我确信。在两篇对《西部世界》分别展开解读的文章中，汤拥华与魏泉均以仿生人的自我觉醒为契机讨论了自我意识问题。汤拥华认为，该片中各类角色其实都以各自方案寻找着自我意识，但寻找自我绝非抽象的思辨或宣称，而在于自我救赎式的行动。文章并未主张放弃人文价值或“空洞地宣称放弃人类中心主义”①，而是暗示对自我的追寻并不限于人类，应该认可其他物种（如仿生人）的权利，并且，“寄望于语汇的转变所带来的自我及自我与他人关系的更新”②。这一方面为走出人类中心主义作了准备，另一方面也为人性、自由、善等传统人文主义命题留下了空间。魏泉对该片中自我意识的解读则放在仿生人人性觉醒之初的心智二分上。他指以亚当夏娃神话中的人神关系为喻，指出人性的初步觉醒以自我意识觉醒为前提，并以感受善恶能力为开端。魏泉想象了仿生人突破与人类的最终界限的契机，并重新回到对自我意识、情感、道德和人性的坚守上。③ 袁海燕梳理了西方科幻电影从“人是机器”到“机器是人”的历史发展，指出对于人-机关系之未来的探讨，科幻电影中持悲观论者占据多数，其理由便是与情感相关的各种人类品质在机器逻辑中的缺失，而人性仍被选择为未来世界中人-机关系沟通和转换之道。④ 孙绍谊在综论西方后人文主义电影时还颇为忧虑地指出了如下现象，即《阿凡达》等这类以 3D 摄影机、CG 动作捕捉技术创建的数字影像，用数字人物和“赛博格”混合体取代了真实的演员，从而造成“真实表演者的存在具有潜在的多余性”⑤ 的后果。

第二种思路则从回应现实问题着手，认为应警惕“超人文主义”发展下的社会控制所导致的个体主体性危机，倡导一种更新的人文价值。戴锦华质疑了当前人工智能及大数据逻辑推进资本控制和社会分配的极化，及其导向的“非人的超人或非人类统治者”与个人主体的对立。吴子枫倡导发展人类主体性，推动“人类社会变成一个人人平等的自由人联合体”，控制自身的创造物——技术。⑥ 周宪反思了当下的技术导向型社会的“技术装置及其范式所包含的工具理性对主体性的影响”。装置范式在改变人们生活方式的同时，正成为“人们行为和思维的范式”本身。⑦ 而这种装置范式的规范性要求将与各类权力运作模式形成共生关系，其同一性倾向将构成个体主体性的危险。而解决之道在于艺术审美与“凝神物实践”（伯格曼语，即指集中注意力沉浸于制作、创造和体验），从而使得主体注意力回归生命存在的中心。

第三种思路关注如何通过介入技术系统，借技术的解放潜能来重构主体性。杨一铎思考技术向人移植的深刻后果及其对人的经验及认知模式的影响。后人文主义是“反思关于人和人类的观念”，并进一步地，“思考主体性、身体、能动性和认知”如何被通讯技术与网络

---

①② 汤拥华：《〈西部世界〉、自我意识与阿里阿德涅的迷宫》，《南京邮电大学学报（社会科学版）》2017 年第 2 期。

③ 参见魏泉：《〈西部世界〉：人类越权的隐喻》，《南京邮电大学学报（社会科学版）》2017 年第 2 期。

④ 参见袁海燕：《人类镜像：赛博格幽灵》，《贵州大学学报（艺术版）》2016 年第 6 期。

⑤ 孙绍谊：《当代西方后人类主义思潮与电影》。该文中的“赛博格”混合体是指以《阿凡达》为代表的影片利用“表演捕捉”技术，将真人演出影像与电脑动画结合创造了“赛博格”混合体。

⑥ 戴锦华、吴子枫的相关见解均见罗岗等：《基本收入·隐私权·主体性——人工智能与后人类时代》（上）。

⑦ 周宪：《技术导向型社会的批判理性建构》，《南海学刊》2016 年第 3 期。

所改变，如何被变化中的语言生产的技术条件所改变，如何被新媒体所改变，如何被人工生命科学和计算机科学所改变。① 基于此认识，人们可以设想生物技术与人工智能技术所带来的可能性。“后人类并不一定意味着人类的终结或者反人类的出现，它倒是标志着人和非人之间的伙伴关系，挑战二者之间的界限。”② 在姜宇辉和袁海燕的文章中，两位作者都不约而同地用福柯“沙滩上的脸”来比喻主体在后人文主义时期的状况。姜宇辉更为建构性地主张超越后人文主义电影中的主体性幻象，以一种游荡于机器之中、不断变化、不断自创生成的主体来思考新主体的建构方向；这种新主体性打破了“人类的生命机体与机器之物质存在之间”的预设边界，如德里达所言，技术不是附加于人的，“它绝对是位于核心之核心”③；对于这种主体状态，我们甚至难以用“机器中的人”来加以理解。

上述方案大多回到人文价值来寻求建构自我与主体性。这体现出在正视后人文主义语境的情况下，对于如何应对一个“超人类”的前景，我们仍然处于疑虑重重与不断探索当中。诚如周宪和赵柔柔所意识到的那样，批判性思路与建构性思路所应对的是共同的问题，而相异在其应对策略——前者从技术之外找寻出路，而后者则转向技术系统内部寻求抵抗。④ 当然，不可否认的是，在中国后人文主义语境下，人文主义价值取向以及如何建构一个自主而又去人类中心的主体性，仍是现阶段的主要探索方向。

（三）身体研究轨迹中的后人文主义方案

除了从自我与主体性视角切入后人文主义的讨论，国内美学界的另一比较显著的研究路径是从身体研究入手，以身体研究推动对赛博格身体“去主体性”的深入理解。近十余年间，身体研究在国内美学界已有长足发展，其主要资源来自现象学美学、实用主义美学与中国传统儒佛道的身道观⑤。其中，梅洛-庞蒂现象学的具身性理论为学者进入赛博格身体考察提供了不少理论范式上的准备。⑥ 总体而言，这里存在着从身体-主体向去边界的身体的发展。

现象学身体概念的意义在于，它提供了一种身体-主体，一种新认知模式：主动的、知觉的身体置于生活世界之中，以前概念、前反思的身体知觉世界。身体在世界与“我”之间，并一直处于变动之中。从此身体观出发，“具身性”便成为极具启发性的概念。因为“身体”本身游荡于两端之间，成为一直连通并不断生成的存在。欧阳灿灿将之概括为“关系性身体论”⑦，并认为它与赛博格身体有着亲近关系。冉聃被晚近认知科学对“具身性”的强调所启发，并以此理解吉布森赛博格小说中离

---

① 参见杨一铎：《后人类主义：人文主义的消解和技术主义建构》，《社会科学家》2012年第11期。

② 杨一铎：《后人类主义：人文主义的消解和技术主义建构》。

③ 参见姜宇辉：《“未来属于幽灵”——在“后人类”的影像之中重拾叙事时间》，《当代电影》2017年第11期。姜宇辉主张彻底的反人类中心主义，从而与国内多数研究者持不同立场。

④ 周宪相关见解出现在他对斯蒂格勒技术方案的评述中。参见周宪：《技术导向型社会的批判理性建构》；赵柔柔的相关见解参见罗岗等：《基本收入·隐私权·主体性——人工智能与后人类时代》（上）。

⑤ “身道”一词取自张再林：《中国古代身道研究》，生活·读书·新知三联书店，2014。

⑥ 中国的赛博格研究受现象学身体观的影响甚深。在一定程度上可以认为很多研究是沿着这种身体研究的思路自然导向了赛博格身体问题。

⑦ 参见欧阳灿灿：《“无我的身体”：赛博格身体思想》，《广西师范大学学报（哲学社会科学版）》2015年第2期。

身性超人类（如抛弃肉身的虚拟数据人）和具身性后人类（即肉体与机器合一的有机身体）的两种人类身体，赞成具身性身体在“允许信息在身体内部和外部循环流动”[①] 的中间性与开放性。姜宇辉则直接指出“具身性更是明确成为超越传统人文主义和人类中心主义的关键入口”[②]，并同时认为，梅洛－庞蒂后期以“肉”取代“身”的转变，“就早已暗示了此种转变的可能性和必要性”[③]；这一点颇值得重视，因为“肉”概念的发现更切近“赛博格”概念所看重的“中间性”特征，从而有助于从更好的视角去感受所谓的“无边界”“交织”与“连通”。当然较之于赛博格身体，现象学身体仍多少保留了人类中心主义的执着。[④]

反过来，相较于身体－主体，赛博格身体是一个更具颠覆性的反思人类中心主义视角，它反思了加诸于“身体”之上的意识形态政治。其特征之一在于彻底消解边界，其二则在于这种身体的生成性、动态性、关系性与未完成性。将哈拉维最早引介到中国的李建会认为，哈拉维“提出赛博格的目的就是指称人与动物、人与机器及物质与精神等界限崩解后的一个新的主体，她想借着这个新的主体来超越目前各种身份认同（族群、种族、性别、阶级等）彼此矛盾冲突的困境，同时建构一个‘多元，没有清楚的边界，冲突，非本质’的主体概念”[⑤]。刘介民、刘小晨认为，“赛博格理念以各种方式挑战实际存在的人与非人的界线。哈拉维思想体系围绕着‘人的本质是什么’这个核心问题，探讨人类生存的限定和技术框架。这种思维模式使我们的身体越来越受到现代科学技术的影响”[⑥]。欧阳灿灿认为赛博格身体是“‘亦……又……’的身体”，它“符合哈拉维所言的‘跨越人类与动物、有机体与机器、物质与非物质的界限’的赛博格特征”[⑦]。欧阳灿灿最终总结了哈拉维的三种扰乱边界的身体，一是机器被内嵌于我们身体内部的身体；二是我们日常生活中一直与之亲密互动的（非人类）伴生伙伴（如动物）；三是生物－技术合力干预下的转基因生物。而生成性、关系性、连续性身体显然是这种边界消弭的直接后果。因此，借助赛博格身体路径，我们可以更好地理解人与机器的杂糅状态，即陈静所说的赛博格在何种层面上“抹除了身体与机器、心灵与肉体之间的界线”[⑧]。

不过，就“赛博格”这一术语本身而言，“赛博格身体”的引入多少有些误导性；“赛博格”本身便是“控制论式的有机体”或“综合体”“合体”性质[⑨]，这种自然与文化、人与非人之间的关系其实需要跳出“身体”这个颇具人类主体性或“生命中心主义”色彩[⑩]的术语。就此而言，后人文主义语境其实迫切需要一套新的知识范式。罗岗认为，“后人类时代”的关键不是“是否能够重新建立起比较稳定的视野”，而是在“对诸多变

---

① 冉聃：《赛博空间、离身性与具身性》，《哲学动态》2013 年第 6 期。

②③ 姜宇辉：《蛇之舞：语言、代码与肉身》。

④ 参见欧阳灿灿：《“无我的身体”：赛博格身体思想》。

⑤ 李建会、苏湛：《哈拉维及其“赛博格”神话》，《自然辩证法研究》2005 年第 3 期。

⑥⑨ 刘介民、刘小晨：《哈拉维赛博格的人文理念》，《广州大学学报（社会科学版）》2013 年第 10 期。

⑦ 欧阳灿灿：《“无我的身体”：赛博格身体思想》。

⑧ 参见陈静：《赛博格：人与机器的隐喻》，《马克思主义美学研究》第 15 卷，中央编译出版社，2012。

⑩ 姜宇辉：《蛇之舞：语言、代码与肉身》。在该文中，姜宇辉对“生命中心主义”作了批判。

化进行描述、表达和把握的过程中”逐渐生成新视野。[①] 其中正有此意。

（四）数字人文背景下的美学思考

恰如中国社会现今快速推进的人工智能、大数据等高科技与社会生活深度融合趋势一样，中国人文学科中“数字人文”建设的呼声也同样很高，这构成了当下后人文主义语境的一个重要内容。在很大程度上，美学界就后人文主义展开的相关讨论与数字人文研究合力，形成了陈静所主张的“隐喻的赛博格”与“现实的赛博格”的关系。[②] 这种关系亦可被理解为孙绍谊、肖明文等人所称的“超人文主义”与“反人文主义”，或是蒋怡所谓“工具性后人文主义”与“批判性后人文主义”之间的矛盾共存关系。[③] 其实，中国当前的美学研究中并不乏“数字人文”取向的讨论。除了对弗里德里希·基特勒的媒介本体论与贝尔纳·斯蒂格勒的技术哲学的初步关注之外，中国美学界也出现了从此视角出发的自觉探讨。

冯惠玲把数字技术视为人文学术复兴的机遇，认为“数字人文‘可以有效解决学术原子化和无关联问题’，……对于数字技术而言，在注入人文主义价值观和方法后功能更加多元强大，更符合人文学术的本质特征……”[④]。金惠敏将海森伯的庄子技术观以及经由海森伯解读的麦克卢汉庄子技术观作了互文性阐释。通过与海森伯有关“主体统一场”“客体统一场”及其所试图借鉴的东方神秘主义方案相比较，他阐释了麦克卢汉的信息环境何以能伴随自然的消逝而走向主观统一场的思路。作为一种新形态的感性整体，这种统一场在其特定的信息环境与人之关系理解中弥合了二元论模式的对立。尽管金惠敏更赞成庄子的方案，但他也认为“现代技术内在地具有美学的维度”[⑤]。高薪从艺术与科学合作的一种当代形式——“审美运算”入手，阐释了一种交融的路径。“审美运算”是指把“审美原则运用于运算情境”即界面设计中。[⑥] 它将实现符号运算和逻辑－数字信息的“可视化”[⑦]，并以可感知的界面来克服算法的疏远性。这便是人－机交互的实现。借此，感性及主体性等原则被引入运算。当然，在运算与审美的双向运动上，这些审美原则已远远偏离了“审美静观”的单纯属性。尤西林视当代社会为信息社会，并认为“近代以来的社会突出了技术的社会存在本体地位”[⑧]。高小康发现了个人终端及其感应方式对“当代人肢体和感知器官的延伸”，以及大数据将肉身数据化并对这些数据进行调用。导致该现象的“O2O”互动模式的真实根源在于：分布式处理器的云计算技术以大数据处理的相似及递归逻辑取代了传统因果逻辑，从而构成了分形式的微空间。[⑨] 杨一铎发现，“赛

---

① 罗岗等：《基本收入·隐私权 ·主体性——人工智能与后人类时代》（上）。

② 参见陈静：《赛博格：人与机器的隐喻》。

③ 参见孙绍谊：《当代西方后人类主义思潮与电影》；肖明文：《身体、机器与后人类：后人文主义视角下的〈救人就是救自己〉》；蒋怡：《西方学界的“后人文主义”理论探析》。

④ 冯惠玲：《数字人文：在跨界中实现交融》。

⑤ 金惠敏：《技术与感性——在麦克卢汉、海森伯和庄子之间的互文性阐释》，《文艺理论研究》2015 年第 1 期。

⑥⑦ 参见高薪：《美学在界面中的复兴——审美运算的兴起》，《文化研究》第 23 辑，社会科学文献出版社，2015，第 216 页；第 218 页。

⑧ 尤西林：《冷媒介与艺术》，《文艺研究》2015 年第 3 期。

⑨ 参见高小康：《从微时代到 APP：后－后现代美学的互空间性》，《文艺研究》2016 年第 2 期。

博格”疑难实则直接指向“技术向人的移植”[①] 问题；他进而指出，人与工具的融合不再是麦克卢汉笔下“工具作为人体的延伸但又分离人”的状况，而是一种“合体”，以及对自我的重塑；在医学上这是将工具移植于人体之内，数字虚拟则提供了“替代性的主体”或“合成的自我”。[②] 陈静以 ASCII 艺术等为个案，分析了互联网艺术作品的创作及接受机制，揭示了艺术与计算机技术的编码逻辑如何在当代融合。[③]

上述这些对技术与人文及审美相融合的论述，足以让我们将技术理性批判立场与技术－人文相融合的立场置于并举但冲突的关系中，从而更深刻地了解后人文主义内部“超人文主义”与“反人文主义”这对双向轨迹之间，既对抗又携手并进的复杂状况。其要义在于，这种复杂性并非停留于我们的理论构想，也不是选择的问题——它所表征的正是我们无法回避的现实生存。

中国美学界对“后人文主义”的理论阐述，总体上体现了国内后人文主义研究的中国文化语境及其在美学领域的理论语境。首先，尽管中国的后人文主义讨论主要受到西方“posthumanism”代表人物哈拉维、海尔斯、沃尔夫等的理论影响，但德里达、福柯、鲍德里亚、利奥塔、德勒兹、胡塞尔、海德格尔、梅洛－庞蒂等后学代表人物依然是中国美学界后人文主义理论阐述的重要资源，而这些后现代学者在西方“posthumanism”研究者看来仍未彻底清算人文主义，摆脱“人类本质”的基本前设。[④] 其次，在近年的后人文主义发展中，金惠敏、黄鸣奋、欧阳友权等学者纷纷从文化哲学、后现代研究、新媒体、超文本研究等维度对这一话题加以拓展，这无疑丰富了中国后人文主义的研究域。最后，尽管持去人类中心主义立场，但“主体性”仍是国内美学界后人文主义研究的重要问题，并且是以“新型数字技术、生物技术之下如何重新思考主体性及人类物种”为前提出现的。鉴此，所谓“自我”“认知（主体）”“感知”等概念有望在新的层面上列入后人文主义美学考察的关键词，同时，神经科学、脑科学、信息科学、人工智能科学等将作为新生力量介入美学研究的视野。就如机器人书法或机器人绘画所揭示的那样，在新的条件下，我们将如何理解自身审美感受、创造力、记忆、想象力的性质？具有何种可能的艺术表达方式？如何思考艺术的存在形式？我们的视觉“偏好”将如何发展？认知能力的性质如何解释？进而，如何理解自身与机器之间的差异或共生关系？这一系列问题在信息系统中或许是以相似的现象呈现出来的，有待我们去思考。

二　当代知觉及认知研究作为理论准备

在很大程度上，后人文主义推进了人类对自身的全面反思。该反思上至形而上层面（多聚焦于新主体性问题），下达经验层面（落实于对人的知觉与认知能力的新探索）。一系列疑问接踵而至：如何理解技术条件对人类感知及认知范式的影响？是否能用传统的欣

---

①② 杨一铎：《后人类主义：人文主义的消解和技术主义建构》。

③ 参见陈静：《网络深处：互联网艺术与编码》，《徐州工程学院学报（社会科学版）》2016 年第 6 期。

④ 姜宇辉：《后人类：危机与契机》。因“posthumanism”在国内有“后人类主义”与“后人文主义”两种译法，且前者代表了一种更加激进的反人文主义观点，故此处不作中译，以便与国内美学界总体上的后人文主义语境相区别。

赏经验来看待虚拟现实中人的全局感知参与的“审美”状态？这种全局感知是否与日常知觉相同？在处理技术环境的感知与日常环境的感知转换时，人自身的生理条件和认知能力起到了什么作用？技术对知觉的影响如何介入知觉过程？当机器自动画出伦勃朗式画像或是写出书法时，我们又该如何理解艺术技艺以及创造力？

后人文主义视野下，对上述方面的关注要求进一步改变其理论形态，走向跨学科方法。毕竟，以思辨或自省式的方法思考审美经验的路径尽管颇有成果，但这类从人作为主体出发的思考似乎较难处理高科技作为某种程度上浸入式的“给予方”对于主体经验的影响。这在一定程度上呼唤美学界换个角度看待知觉与认知问题。在此方面，近年出现的神经美学、认知美学，现象学的知觉研究、视觉研究以及正在兴起的听觉和触觉研究已经给出了一定的理论准备。

（一）知觉研究的新进展

1. 视觉研究的拓展路径：作为认知型的视觉认知机制与前概念的视知觉问题

在知觉研究方面，中国美学界首先已在视觉方面展开相当深入的研究。继 20 世纪八九十年代对格式塔艺术心理学的关注以及 21 世纪后视觉文化研究后，当下的视觉研究出现了向视觉认知与视知觉研究的拓展。①

在视觉认知机制方面，沈语冰、段炼、鲁明军等人对福柯、克拉里“视觉认知机制”展开了研究。沈语冰、鲁明军都关注了自福柯“知识考古学”范式发展而来的视觉考古学研究。鲁明军指出，福柯在对委拉斯贵兹的《宫娥》、马奈部分作品、马格利特的《这不是一只烟斗》的分析中提出了文艺复兴、古典时代、19 世纪之后这三个时期绘画的视觉认知机制，或者说“知识型”的“断裂性替代”问题。同时，沈语冰、鲁明军也考察了乔纳森·克拉里著作《观察者的技术》和《知觉的悬置》在“视觉考古学”方向的发展，突出了视觉技术在建构特定观看方式、认知方式及主体模式中的关键作用。② 陈辉从现象学角度提供了视觉机制构建的另一路径。他通过解读马里翁《可见者的交错》中的“透视”运作机制，比较了现象学意向性的构造机制与透视机制在形式上的一致性，并指出画中对象的可见其实是以不可见的透视法所构建的极度理想化的三维虚构深度为条件，不可见者组织并规定着可见者及可见的强度。③

在现象学与分析美学图像再现理论的推动下，从知觉角度考察的视觉研究亦有开展。张颖从“表达的主体”“视听格式塔”“感性学”“可见/不可见”等关键词入手，对梅洛 - 庞蒂的知觉现象学美学作了系统研究。她认为，梅洛 - 庞蒂的视觉知觉研究揭示了知觉本身作为前判断与前反思能力的可靠性，并指出主体在知觉中可通达事物本身，而被感知之物在感知中便可显现其统一性。同样，身体感知也“是一种前概念、前反思的行为”。④ 殷曼楟在对分析美学家沃尔海姆图像再现的“观看”问题研究中也接近了视知觉

---

① 美学界还有就瓦尔堡、潘诺夫斯基图像学展开的研究，因其更贴近图像研究，在本文中并未介绍。

② 参见鲁明军：《福柯的绘画研究与 20 世纪艺术史学范式的转变》，《文艺研究》2015 年第 4 期；沈语冰：《乔纳森·克拉里和他的视觉考古学》，《美术》2017 年第 3 期。

③ 参见陈辉：《透视与悖谬——评马里翁〈可见者的交错〉》，《文艺研究》2017 年第 12 期。

④ 张颖：《如何看待表达的主体——梅洛 - 庞蒂〈塞尚的怀疑〉主题探讨》，《文艺理论研究》2015 年第 4 期。

这一主题。沃尔海姆以“看进（seeing－in）”来说明观看者观画时的特殊视觉经验。① 这种“看进”视觉经验表明，看画时，观看者对再现对象的识别（在画中看到再现对象），以及对再现方式之构型方面的视觉意识（视觉上注意到画布表面笔触、斑迹等种种特征）处于同一进程，这是单一视觉经验不可分离的两个方面。这一观点同样强调了前反思、前概念的视知觉能力，并认为人类视知觉能力本身就具备在文化语境下自我适应的能力，从而在最低限度上能通过“看画”过程掌握再现范式。②

视觉研究中的上述两个维度可被视作“认知型”视觉与“知觉型”视觉的某种对话，两者的同时展开丰富了人们对于视觉的理解，同时也带来了疑问：如果说视觉技术构建了我们的视觉认知模式，那么这一过程是如何展开的？这能仅仅归于理性习得吗？对此，知觉型认知似乎提供了一条思考路径，即考察前反思的视知觉是否主动地介入了这一过程，从而参与构建了更具适应性的视觉模式。进一步地，将该问题引入后人文主义的语境即是追问，数字技术对于主体经验的形塑形式及形塑程度是否可以从此思路来考察？在新的语境下，我们如何思考自身与这个技术弥漫型生活世界的关系？在某种程度上，我们正在兴起的触觉研究较之于视觉研究更为接近上述疑问。

2. 具身性研究影响下的触觉理论

应对视觉研究的兴盛，不少学者开始将注意力转向触觉与听觉，反对视觉的霸权地位。在触觉研究方面，通过触觉的身体式介入来克服对象化思维是主流思路。

申富英介绍了加令顿的《触觉现代主义》一书。该书梳理了触觉研究的理论发展，列举了始于亚里士多德并经 16 世纪佛兰德斯画家弗洛里斯及至 20 世纪泰勒、维索戈洛德的相关触觉观，指出了现代触觉研究中的一些重要问题，如触觉与自我的关系，以及触觉与一系列现代理论的理论关联，这包括了李格尔、本雅明的艺术理论，弗洛伊德等人的现代心理学，梅洛－庞蒂现象学及德里达哲学，等等。③

具体就中国学界而言，不少触觉研究受到了现象学知觉理论的启发，从身体角度对触觉加以思考。刘连杰的文章追溯了以海德格尔和伽达默尔为代表的现象学和诠释学的“倾听”转向，以及以麦克卢汉、德里达、梅洛－庞蒂为代表的“触感”转向，并主张“触觉文化具有更强的自我反思能力”④，有利于突破视听文化中的专制主义倾向及理性偏爱。现象学同样给予张再林不少启发，他关注触觉作为“最为直觉的觉”的性质，其“非中介”性、“在场”“去对象化”、身体觉知及其交互性特征。⑤ 同时，他还打通了现象学与中国哲学，认为中国哲学传统中亦有与前者共通的触觉观，如身道观的“伸”“训”“身”的向外界开放的触觉，时空一体观上的“寒暑相推”的触觉感受，基于触觉

---

① 这种视觉经验多发生在观看画作时，但并不限于绘画欣赏，并且这种视觉经验在再现性绘画诞生前就已发生。比如看一朵云时在其中看到匹马，也属沃尔海姆认为的“看进”经验。

② 参见殷曼楟：《论沃尔海姆“看进”观的视觉注意双重性》，《南京社会科学》2014 年第 7 期；《论视觉再现与沃尔海姆的观者之看》，《文艺理论研究》2015 年第 3 期；《论沃尔海姆的“看进”观及与视知觉的综合性》，《外国美学》第 23 辑，江苏教育出版社，2014。

③ 参见申富英：《现代主义 · 触觉 · 自我——论加令顿的〈触觉现代主义〉》，《外国文学》2017 年第 3 期。

④ 刘连杰：《触觉文化还是听觉文化：也谈视觉文化之后》，《文艺理论研究》2017 年第 3 期。

⑤ 参见张再林：《论触觉》，《学术研究》2017 年第 3 期。

的互触性、互感性的交互特征从而超越了因果律的感应主义，等等。① 高艳萍揭示了温克尔曼的“触觉的眼睛”与现象学“涉身知觉”的内在联系，探讨了温克尔曼审美经验中触觉介入的“视觉结构”。高艳萍认为，温克尔曼的视觉观看过程“嵌入了想象性的触觉活动”，而“触觉介入在无意识中塑造着其眼见的视觉表象，并同时决定着温克尔曼关于雕像的想象性的意义建构”②。“触觉的眼睛”打破了“一瞥”式观看的唯心论的、理性的、聚焦式的注视模式和理性主体观，进而导向了一种动态、离心式的观看。从而，温克尔曼式的“凝视”可以向我们眼睛以某种不确定而模糊的外观显现出事物多方面的特征。在此意义上，触觉介入视觉在一种想象性的共感中实现了主体与对象的融合，从而克服了“一瞥”的主客二元模式。陈辰从宏观史观角度也同样涉及了触觉介入视觉这一主题，他梳理了西方近现代哲学与艺术中的“看”的三个发展阶段。在笛卡尔、霍布斯等哲学语境下，实在论者通过追求最大程度的相似来追求绘画真实，达到呈现一个观念中所知的物体应该有的样子，比如运用透视法达到这种效果。这种绘画真实需要通过诉诸触觉来实现。从而，如沃尔夫林所说的那样，线描式风格揭示出“绘画所运用的视觉本身就混合着触觉，这是一种触视觉”③。而在贝克莱哲学语境下则是唯心论的“纯视觉”阶段。陈辰认为，及至德勒兹哲学，绘画则进入“能触的视觉”阶段，即超越如眼睛观看这样的知觉，在“非知觉意义上”，是整个“无器官的身体”的“感觉的看”，“我们进入绘画作品，我们看到了所画的力量”④。这样所谓“能触的视觉”就不是观看问题，而是身体的在场、介入，并感觉/触摸到绵延的时间，时间因绘画而可见。

这些触觉研究多关心身体对生活世界的全面介入，以克服将世界对象化的理性主体的视觉观看问题。这在一定程度上暗示了介入思考人与技术世界之关系的一个视角。

3. 听觉政治与听觉叙事

听觉研究同样以反对视觉霸权为自身的研究起点。自2011年兴起以来，“‘听觉与文化’学术研讨会”⑤ 与“听觉文化国际学术研讨会”⑥ 先后召开。中国学者切入听觉研究的路径多样⑦，总体说来，有两种研究思路比较活跃且深入。

一是从文化研究传统对听觉政治所作的讨论。

近年来，王敦、周志强等学者译介了国外听觉研究者乔纳森·斯特恩、大卫·加里奥、艾米丽·汤普森、雷蒙德·默里·谢弗、卡林·拜斯特菲尔德、何塞·凡·戴克等人

---

① 参见张再林：《触觉与中国哲学》，《江苏行政学院学报》2017年第4期。

② 高艳萍：《温克尔曼的“看”：触觉之介入》，《浙江学刊》2015年第6期。

③④ 陈辰：《从触视觉到能触的视觉：西方近现代哲学与绘画中“看”的革命性转变》，《江淮论坛》2016年第3期。

⑤ 2015年12月25—27日，“听觉与文化”学术研讨会由江西师范大学叙事学研究中心主办。

⑥ 2017年11月11—12日，“听觉文化国际学术研讨会”由南开大学文学院、中国人民大学文学院、《探索与争鸣》杂志社、上海美学学会、天津美学学会联合主办，中国电影家协会电影声音艺术工作委员会、中国录音师协会电影录制专业委员会承办。

⑦ 刘亚律、倪爱珍对国内听觉研究作过综述，对各种路径皆有所介绍。参见刘亚律：《叙事文化的听觉之维》，《江西社会科学》2016年第8期；倪爱珍：《听觉文化转向的发生语境与研究路径》，《文艺评论》2017年第6期。

的成果。王敦的多篇文章均以都市文化空间为场域来展开其听觉文化研究。[①] 他的研究问题域及方法比较集中地出现在《“声音”和“听觉”孰为重——听觉文化研究的话语建构》一文中。其研究视域定位于“听觉现代性”。王敦在文章中仔细辨析了“听觉”与“声音”两词差异，主张对于“Sound Studies”采取“听觉文化研究”之译法。其主旨在于不再把听觉问题仅仅限定于感知声音，而是指出“听觉文化研究的研究对象是被社会、历史、文化所塑造的人类听觉自身；声音问题的文化负载，来自于听觉主体性的投射”[②]。故而“听觉文化研究”的研究对象是“当今我国美学文艺学所关注的都市文化、日常审美化、生活论美学、生态论美学等问题”[③]。

周志强在《声音与“听觉中心主义”》中批判了听觉中心主义的文化政治。他关注当代声音文化工业“生产声音的机制，也就是生产‘听’的机制”[④]，以及这种机制如何创造出了“听觉的自我中心主义”[⑤]。文章通过分析摇滚乐、流行音乐、梵音音乐这三种声音文化，意在揭示这三种声音形式基于其技术条件，是非现场性的、“脱离肉身而得以‘自我保存’的声音”；这类声音在生产传播中，通过“排斥”和“允许”机制，参与了现代人的“自我感”建构，“自我与外界形成了现代人基本的无意识认知框架”[⑥]。这三种声音文化“呈现出三种不同的声音文化政治的编码方式与生产机制”[⑦]：摇滚乐通过制造物化噪音，提供了一种革命性幻觉，一种既抵制又顺从的声音政治；流行乐依赖声音设备，创造一种与现实声音相隔离的“耳边声音”之“贴耳”效果，从而生产出一种对特定“自我”的认同与幻觉，即所谓的“人机共生”；梵音则是“流行乐之空我制造的极端形态”[⑧]，在其生产逻辑中，演唱主体、人声、现实之声都被抽象化、物化，倾听者与其现实生活彻底隔绝。它所内化的意识以“内心的想象性关系取代了人们的现实关系”[⑨]，作者称之为“梵音通过声音的扁平化来创造一种‘去声音化’的奇特效果”[⑩]。借此他揭示了“非场所”“听而不见”与“听觉驯化”这三个当代声音文化政治的隐含主题。

黄心村在《收听电影：1970 年代中国的听觉政治》一文中分析了中国 20 世纪 70 年代电影录音剪辑在中国听觉空间中的传播及倾听状况。20 世纪 80 年代以前，电视尚未进入国人的日常生活，大量国产影片、译制片等视觉媒介被改造成“声音”（录音剪辑）传播。在总背景音所规定的政治文化空间下，这些丰富而多样的声音档案提供了“顺着听”或“反着听”的多种可能的倾听实践。[⑪]

二是傅修延 2013 年以来所一直倡导的“听觉叙事”，其主旨是提出相对于“观察”的“聆察”概念，从而将听觉感知重新引入叙事学，以抵御当下的视觉优先性。他的讨论核心可归于两个方面：一方面，辨析“聆察”，指出“听”较之于“视”的主要特征。

---

① 参见王敦：《全球化 vs 本土化：听觉与当代中国文化的转型》，《文化纵横》2017 年第 6 期；《“听觉名片”》，《中国图书评论》2017 年第 1 期；《都市文化空间的听觉性问题》，《文艺争鸣》2016 年第 10 期；《听觉文化研究：为文化研究添加“音轨”》，《学术研究》2012 年第 2 期；《流动在文化空间里的听觉：历史性和社会性》，《文艺研究》2011 年第 5 期；《声音的风景：国外文化研究的新视野》，《文艺争鸣》2011 年第 1 期。

②③ 王敦：《“声音”和“听觉”孰为重——听觉文化研究的话语建构》，《学术研究》2015 年第 12 期。

④⑤⑥⑦⑧⑨⑩ 周志强：《声音与“听觉中心主义”——三种声音景观的文化政治》，《文艺研究》2017 年第 11 期。

⑪ 参见黄心村：《收听电影：1970 年代中国的听觉政治》，《文艺争鸣》2016 年第 6 期。

其一，它是“更为精微的感知”；其二，听觉“统摄其他感觉方式”，是一种“全身心的感应”。[①] 在感知层面，后者尤具重要意义，因为在这里“听”被定位成“各种感觉在内的全身心反应”，是“唯一与人的生命相始终的感觉”[②]。傅修延又结合听觉叙事的不确定与非线性特征，认为听觉是一种济慈所说的“消极的能力”，其特点在于“处于被动与接受的状态”，“完全敞开自身以倾听他者的声音”。[③] 另一方面，傅修延还从中国传统文学及文字学中汲取资源，辨析中国传统叙事中的听觉特征。他认为，由于不同文化对不同感官的依赖会“影响到包括叙事在内的信息传播方式”[④]，因此中国传统重听觉的叙事具有“听觉传播的模糊、断续等非线性特征”，即古时所谓“尚简”“贵无”“趋晦”和“从散”[⑤]，因而极不同于西方传统叙事的“头－身－尾”的有机整体观。同时，在讨论声音与语言关系时傅修延也指出，拟声词这类“声音图画”是有感性魅力的声音，进而倡导民间表达而非理性叙述，认为前者优势在于全身心地调用声音记忆，通过引申、隐喻等手段创造新的意义。同时，听觉叙事的议题也包含了从空间或场域角度考察“音景”[⑥]，听觉在沟通、触动情感方面的优势，听觉对转瞬即逝的偶然事件的专注，等等。

傅修延的听觉叙事研究比较有代表性地体现了听觉研究在中国学术界兴起的问题语境之一，即应对视觉霸权而主张“声音”作为一个全方位感觉形式，在克服线性时间观及世界对象化方面的感官优势。这一点也得到其他学者认同。赵奎英通过对德里达“视觉文字学”的阐述指出，要以声音推崇解构“语音中心主义”，促成言语与文字、听觉与视觉、表音与表意、自然与文化、内与外、时间与空间、感性与理性等多元并存的空间统一性的意识。[⑦] 张聪主要关注以“听觉”纠正“视觉霸权”。通过指出以面对面听觉交流为主的文化如何被古希腊视觉中心主义的认知范式取代，并在近现代演变成一种“视觉霸权”，他主张借“诉诸听觉为主导的、多种感觉形式互动互补的、开放的、流动的新型文化样态”，以“恢复现代人整体感性经验”[⑧]。听觉具有与“其他感官‘协同作战’”的生理优势，并且倾听状态提供了“主客体之间的浸入式的、融入式的传递与接收信息的模式”[⑨]，张聪从而主张当代的电子媒介有助于构建一种能有效发挥听觉上述优势的文化。

综合学界在视觉、触觉、听觉方面的研究现状我们可以看到，近年来，在研究路径及观点多样化的同时，学界始终保持一种通过身体的全身心感知融合来克服主客二元论的理论自觉。即使是在听觉政治的批判路径中，我们也能看到对“人与现实生活相隔”的反思。这种通过重新理解感知试图在世界与自我共生的状态中解决当下现实问题的思路，相当值得注意。可以说，它们贴近了后人文主义的主题，并为后者开辟可供展开讨论的另一场域。不过，与视觉研究问题类似，部分地由于对知觉操作全过程之认识上的欠缺，我们的分析也多止于一个自我主体的自省和抽象推演；而当问题延伸至数字及生物高科技语境时，当需要对一种人/技术不分的“主体”展开讨论时，仅靠推演便显得力不从心，因为

---

①④⑤ 傅修延：《为什么麦克卢汉说中国人是“听觉人”——中国文化的听觉传统及其对叙事的影响》，《文学评论》2016 年第 1 期。

② 傅修延：《释“听”——关于“我听故我在”与“我被听故我在”》，《天津社会科学》2015 年第 6 期。

③ 傅修延：《论聆察》，《文艺理论研究》2016 年第 1 期。

⑥ 参见傅修延：《听觉叙事初探》，《江西社会科学》2013 年第 2 期。

⑦ 赵奎英：《德里达的“视听文字学”与多元共生思维》，《南京社会科学》2018 年第 1 期。

⑧⑨ 张聪：《走出视觉霸权，洗耳恭听世界》，《现代哲学》2017 年第 6 期。

我们无从深刻地了解人类自身在知觉模式、身体图式、认知模式方面发生的变化。就此而言，当代神经美学方面的研究可谓提供了一个契机。

（二）神经美学及相关研究

神经美学自实验心理美学发展而来。一方面，脑成像等高科技发展给予神经科学巨大的推进空间；另一方面，人工智能算法的兴起推动神经科学加强了对“思维”“意识”等的关注。基于此背景，神经美学研究逐渐兴起。2010 年前后，一些认知心理学研究者将其引入美学领域，此后逐步获得了一定发展。近几年来，国内学界不仅出现了一些介绍国外神经美学研究路径及最新发展的综述性文章，以及对神经美学中的代表人物主要思想的介绍性文章，也出现了尝试运用神经美学理论重新论证经典美学关键问题的现象。

1. 综述性研究

近年对于神经美学的综述性研究体现在丁峻的《神经美学的方法论问题研究》(2015)、胡俊的《艺术·人脑·审美——当代西方神经美学的研究进展、意义和愿景》(2015)，及孟凡君的《国外神经美学发展述要》（2016）中。① 其内容主要涉及三个方面：第一，神经美学学术传统、学术目标及研究方法。第二，对当代西方神经美学代表性理论及相关美学讨论的介绍。第三，则是对神经美学现存问题的阐述。

神经美学的学术传统通常被追溯至 19 世纪德国美学家费希纳（Gustav T. Fechner）的实验美学与 20 世纪六七十年代英国行为主义心理学家贝里尼（Daniel E. Berlyne）的“新实验主义美学”②。其研究路径不同于经典美学的思辨分析，而主张“把实验心理学的方法引入美学，通过科学实验的实证方法来探究人类审美心理过程及其一般规律”③。

神经美学沿此实证路径，将脑科学、神经科学研究与美学相结合，“研究人脑与审美机制之间的关系，探索人脑的审美活动过程和神经处理机制”④。其研究方法源自早期对脑损伤者的实验观察，借此“大体上分析哪些脑区与艺术审美或创作相关”⑤。近些年则是利用最新的神经科学影像观察技术，实现对常人的脑功能观测。比如泽基通过脑成像技术，观察被试者对于风景画、肖像画等的美丑反应，发现美的刺激会激活内侧眶额皮层。⑥ 胡俊比较全面地介绍了当下最新研究方法：“一种是具有时间分辨率较高优势的电生理学方法，如事件相关脑电位检测（ERP）、脑电图（EEG）等，主要用于观测人类审美活动过程中的脑电活动，可以用来解析人脑审美活动过程中神经机制的加工处理过程。另一种是指具有空间分辨率优势的影像学方法，如功能性核磁共振成像（FMRI）、磁共振成像（MRI）、正电子发射断层成像（PET）、单电子发射计算机断层成像（SPET）、近红外光学成像技术（NIRS）、脑磁图（MEG）等，主要研究审美活动过程中的不同脑区定

---

① 参见丁峻：《神经美学的方法论问题研究》，《杭州师范大学学报（社会科学版）》2015 年第 1 期；胡俊：《艺术·人脑·审美——当代西方神经美学的研究进展、意义和愿景》，《文艺理论研究》2015 年第 4 期；孟凡君：《国外神经美学发展述要》，《河南社会科学》2016 年第 5 期。

② 参见胡俊：《艺术·人脑·审美——当代西方神经美学的研究进展、意义和愿景》；孟凡君：《国外神经美学发展述要》；张卫东：《西方神经美学的兴起与发展》，《华东师范大学学报（教育科学版）》2011 年第 4 期。

③④⑤ 胡俊：《艺术·人脑·审美——当代西方神经美学的研究进展、意义和愿景》。

⑥ 张卫东：《西方神经美学的兴起与发展》；胡俊：《艺术·人脑·审美——当代西方神经美学的研究进展、意义和愿景》。

位及其审美功能划分。"①

而现有的神经美学研究在多个方面有了重要推进。一方面是早期由泽基（Semir Zeki）② 用脑成像技术考察审美与艺术创作行为中对应脑区的激活情况，即脑区功能研究。其后的研究又进一步延伸至听觉脑区，以及是否审美判断有专属脑区，等等。③ 另一方面则是在早期积累基础上，探讨艺术创作与审美活动中的信息加工过程规律。这方面的工作主要集中于探索"人脑审美感知、情感、判断等复杂、动态、整体的处理过程"的规律。④ 其中查特吉（Anjan Chatterjee）提出的视觉审美"三阶段"模型已经得到了比较广泛的认可。另外，在多篇文章中都提到神经美学与大脑进化论相结合的研究进展。

神经美学的创建契机在于，它试图对审美行为及一系列美学基本问题提供一种更加科学而具有客观性的解释框架。因此基于各种对脑神经运行机制的研究，学者试图解释经典美学三方面的内容：一是对"美是什么"，即美的定义与美的标准进行重新推断；二是对"美的成因"即"审美如何可能"或"何以体验到美"重新进行科学阐释；三是以镜像神经元来探讨"移情说""内摹仿"的发生原理。⑤

关于神经美学的理论局限，主要体现为以下问题：首先，神经美学现在主要是自下而上的经验研究路径，往往缺乏自上而下的、整体性的系统解释范式。甚至由于基于个案的研究，不同学者的结论存在着彼此矛盾的情况。其次，神经美学研究所需的跨学科背景对推动该领域的研究带来了很大困难。再次，多位学者都意识到神经美学研究中的还原论倾向，尤其是"过度依赖逆向推理（reverseinference）的思维逻辑，即将某些脑区的活动作为人脑执行特定认知活动的主要客观指标"⑥。最后，还有其他一些更具体的问题，比如，尽管就审美反应的脑神经信息加工过程已提出各种模型，但对于该过程我们依然知之甚少，因而很大程度上依然停留在理论假设层面。⑦ 同时"科学家们业已发现了与审美判断有关的脑区，但还不清楚这些脑区的活动是否属于审美判断所涉及的特异性脑区"⑧。又如，实证发现主管审美奖赏的脑区与快感有关，但现今还无法判断审美愉悦是否与之有共同的神经基础，它又是如何产生的。⑨

2. 代表人物研究

袁圣婴与王延慧分别对泽基、查特吉、西力（William Seeley）的理论作了较为细致的梳理。袁圣婴指出，泽基最早比较系统地确定了各视觉脑区的专属功能，总结了审美体

①⑤ 胡俊：《艺术·人脑·审美——当代西方神经美学的研究进展、意义和愿景》。

② 其著作已有中译。泽基：《大脑的辉煌与悲怆——对于爱情、创造力以及人类幸福的求索》，孟凡君译，人民出版社，2017。

③ 孟凡君：《国外神经美学发展述要》。

④ 胡俊：《艺术·人脑·审美——当代西方神经美学的研究进展、意义和愿景》；金晓兵：《美学研究的新取向：神经美学》，《医学与哲学（人文社会医学版）》2011 年第 9 期。

⑥⑧ 丁峻：《神经美学的方法论问题研究》。

⑦ 参见张卫东：《西方神经美学的兴起与发展》；孟凡君：《国外神经美学发展述要》；丁峻：《神经美学的方法论问题研究》。

⑨ 参见丁峻：《神经美学的方法论问题研究》；张卫东：《西方神经美学的兴起与发展》。不过，查特吉的意见有所不同，他认为快感是美感产生的原因，并作了说明。参见王延慧：《当前西方科学化美学进展管窥——安让·查特吉认知神经美学研究述评》，《黑龙江社会科学》2015 年第 5 期。

验及视觉艺术所需遵循的视觉神经系统机制。[①] 她在文中介绍了泽基在视觉艺术的美之“本质”与审美概念之“模糊性”两个问题上对经典美学的重要贡献。其一，有关“本质”问题的分析体现在泽基对视觉艺术“恒定性”的认识中。泽基认为视觉神经的筛选机制追求“恒定性”，即当接收庞杂信息时，“视觉皮层会从中筛选出所见物体基本不变的恒定信息，忽略大量与恒定信息无关的变动信息，然后再把选择后的信息与过去已有的视觉经验进行比对，从而做到对所见物体的认知”[②]。其二，“模糊性”问题可应用于对艺术创作的解释。也就是说，视觉皮层的信息筛选令完全获取所见事物信息变得不可能，从而大脑会通过猜测来补全信息，这“使得视觉认知的最终结果与客观事物之间处于模糊的对应关系之中”[③]。而这种模糊性体现在绘画上便是一幅画“能同时表现出多种事实情境”[④]，这也是审美体验不断被激活的一个原因。

王延慧具体介绍了查特吉提出的视觉审美的“三阶段”模型。“加工的不同层次可以被分为早期、中期和后期视觉。早期视觉从视觉环境中提取简单元素，比如色彩、亮度、动作和位置；中期视觉让无序的感觉区域具有一定的结构。晚期视觉在物体被认知、意义被附着和记忆被唤起时，详细审视了这些连贯的区域。”[⑤] 因此，从视觉信息进入视网膜直至视觉体验，进而产生审美判断，其间经历了一系列的信息筛选与重组以及对之前记忆与知识的调用。关于“美”，王延慧介绍了查特吉研究三方面内容。第一个方面是对美的形成机制的研究，比如解释不同视觉皮层对风景画、肖像画作出的不同反应，或是更复杂的激活情感与快感的视觉体验。其中她提到了“强调生存的自然选择和强调繁殖的性选择”提供了人类之所以认为某些物体美的原因。[⑥]这一点颇值得注意，因为这表明脑神经的奖赏系统直接激活的是快感，那么这种快感与经典美学的纯粹美感有何区分与联系呢？第二个方面的问题便关乎于此。查特吉在《审美的脑》中重点研究了快感与美感的关系，认为“快感其实是美感产生的原因”[⑦]，并且快感可以被我们的经验和期待修正。不过这方面我们还未获得更详细的信息，以了解各种不同的快感是如何成为无利害的愉快感。第三个方面的内容是对视觉艺术表达的研究。这其中涉及审美视觉偏好与大脑可塑性的问题，因此得出结论，即“艺术与大脑以复杂的方式相互影响”[⑧]。这一方面的研究其实相当重要，因为它或许可以解释欣赏者是否可以在不借助外来知识或先在概念的情况下，具备掌握艺术作品的视觉图式，改造自身视知觉模式的问题。同时，该问题与知觉现象学的具身性研究其实已经相当接近，并提供了实证考察的契机。王延慧指出，艺术创作及其欣赏模式随环境而演变这个现象是与大脑进化问题内在关联并动态交互作用的。“正如身体和生理特征，人类的思想进化包含不同的心理机制。聚集起来的适应性帮助祖先生存和繁殖。功能变异本身可以被选择性压力修正，以便二次适应。出于了解审美活动机理的目的，认知神经美学要研究这些机制是如何聚集在同艺术相关的意识中的，并希望以此来帮助对艺术的定义。”[⑨]

---

①②③④ 袁圣婴：《视觉艺术与大脑——论塞米尔·泽基及其神经美学》，《南京艺术学院学报（美术与设计版）》2014 年第 5 期。

⑤⑥⑧⑨ 王延慧：《当前西方科学化美学进展管窥——安让·查特吉认知神经美学研究述评》。

⑦ Anjan Chatterjee, *The Aesthetic Brain——How We Evolved to Desire Beauty and Enjoy Art*, Oxford University Press, 2014.

在对西力的研究中，王延慧主要介绍了西力在泽基、查特吉等人的成果上进一步提出的“注意力引擎与艺术的知觉分类”问题，其重点是“将艺术作品看作注意力引擎”，认为“共享的分类惯例在作品内容中发挥的有效作用是理解它们的关键”①。这一研究在知觉可塑性方面又有进一步的进展。在对艺术家知觉优势的深入分析中，西力的理论揭示出艺术家绘画技巧的掌握能够引导注意力并加强特定的知觉策略，从而在“视觉分析和形式认知上”② 胜过非艺术家。

3. 镜像神经元在审美研究与艺术研究中的价值

国内对神经美学的介绍中一个值得关注的问题即“镜像神经元”，该发现主要用来解释移情说与内摹仿说的神经运作机制。“镜像神经元是一种视觉运动神经元，主要分布在腹侧前运动皮层、下顶叶皮层等处。镜像神经元能够对观察对象的动作作出模仿，并辨认出动作的潜在意义。另外，镜像神经元和杏仁核、颞上沟等情绪加工神经环路有联系。”③在张卫东的介绍中，该视觉运动神经元的发现源于对猴子的观察。当猴子作出一个特定动作，以及看到其他猴子或人作相似动作时，镜像神经元所在脑区就会活跃起来。后期实验证明，即使观看动作的图像也能在观看者脑中触发模仿活动。“人们观赏艺术作品（绘画、雕塑、建筑等）所产生的身体反应感受不仅涉及对作品中所见或其所暗示动作的模仿感，而且还由此诱发其对该作品的情绪反应。”④ 丁峻的认知心理学研究受杨春时审美现象学的启发，用镜像神经元系统解释了移情问题，即“在审美移情过程中，主体首先将视听对象的客观信息转化为自己的本体（身体感觉－运动皮层）性虚拟运动状态，这主要依托后顶叶、扣带回后部和前运动皮层；继而激发了自己对本体性虚拟运动状态的具身感受与情态，这主要依托杏仁核、丘脑和眶额皮层；第三，主体依托前额叶背外侧正中区、对自己模拟对象情景的情感状态进行意识体验（或理念匹配、理想观照），同时依托前额叶的腹内侧正中区、对自己的情感和对象的意义进行价值判断，由此催化了三位一体的‘情知意’高峰体验，形成了所谓的‘美感—道德感—理智感—灵感’之共通境遇。”⑤

镜像神经元研究现已在两个方面体现出它对于审美与艺术问题的价值。

第一，该神经机制有助于我们探索移情、乃至现象学“具身性”得以实现的生理心理基础。丁峻因此提出“审美间体”概念来作为审美主体认知操作模型的核心，以指进入“物我一体，主客合一”状态的心理表征体，即“具体的虚拟感性形式”，“其中包括审美表象与主体的自我表象化合而成的主客体之经验时空相统一的感性表象、对象的知觉形式与主体的自我概象化合而成的主客体之知觉时空相统一的知性概象、对象的意识形式与主体的自我意象化合而成的主客体之理念时空相统一的理性意象。审美主体正是通过创

---

①② 王延慧：《威廉姆·西力神经美学研究述评》，《山西师大学报（社会科学版）》2017 年第 4 期。

③ 胡俊：《艺术·人脑·审美——当代西方神经美学的研究进展、意义和愿景》。

④ 张卫东：《西方神经美学的兴起与发展》。

⑤ 丁峻：《审美活动的神经机制与认知意义》，《华中师范大学学报（人文社会科学版）》2010 年第 2 期。丁峻现从事认知神经科学、艺术教育认知理论、艺术认知心理学等方面的研究，其著作《审美间体研究——主客价值创生－双向体验观》（丁峻、崔宁著，中国社会科学出版社，2016）对“审美间体”进行了系统研究；丁峻另有《当代神经美学研究》（科学出版社，2018）入选 2017 年度国家哲学社会科学成果文库。

造这些主客体信息与价值相统一的全新象征体，来实现对自我心脑系统之信息、结构和功能状态的审美改造与重建等终极目标。”① 从而，审美主体可以去感知与观照。对于美学研究而言，镜像神经元的这一可能性在陈巍对加莱塞现象学神经科学与梅洛－庞蒂具身现象学内在理论渊源的论述中也得到体现。②

第二，该问题直接关系到对大脑可塑性的思考。镜像神经元研究对于艺术研究有很大价值。约翰·奥尼恩指出，“经可塑性和镜像神经元这两个核心概念，可以解释艺术创作和艺术欣赏中的众多现象。”③ 他从艺术史学家巴克桑德尔《15 世纪意大利的绘画与经验》中提出的“时代之眼”出发，指出视觉脑区对进入视网膜各种信息的筛选和破译处理必须依靠“先天的禀赋以及后天经验获得的技能”④，并指出该研究有助于在一种“高度认知的视角”之外提供重新考察“感情、情感、直觉、感觉”的生命视角，这其实指的也就是知觉可塑性问题。神经元的先天与后天的双重倾向可用一个例子来理解，即不断地观看某个物件会加深大脑对其敏感度，带来相关神经元的扩散和相应脑区的扩大。大脑可塑性表明，环境会推动我们的视觉偏好或者说观看方式的形塑，而我们的视觉能力也有相应的二次适应性。奥尼恩认为，这一点有助于我们对特定时期的特定艺术风格的形成与接受展开思考。在这方面，“视觉皮层中的神经网络使我们能够看见、识别和重新创作出不同形状，而运动系统中的神经网络使得我们能够重新复制出某些活动”⑤。除了神经可塑性这一特征外，奥尼恩还指出该构造进程的无意识性，通过长期接触（比如重复触摸）而带来的相应神经元扩散是在无意识过程中进行的，这同时也指出了身体知觉的前认知阶段的重要性。

就现阶段发展而言，国内神经美学研究自认知神经科学领域开始发展，正在对美学领域发生影响，这不仅体现在胡俊等人的工作中，也比较集中地体现在李志宏 2012 年出版的专著《认知美学原理》以及他和团队发表的一系列论文中。李志宏的认知美学理论主要运用神经美学（尤其是其中的信息加工原理）、心理学等理论重新讨论了经典美学的一些问题，包括美本质、审美发生和审美活动机制等。在美本质的问题上，李志宏主张“美本身”“美本质”并不存在，我们应该把问题转向审美活动本身及其内在机制。而在审美经验方面，他主要持康德式的美感观，即“通过形式知觉获得的愉悦感被称为非利害的快感，也被称为美感”⑥。李志宏因此重点论证了两个问题：一是运用神经科学的信息加工机制论证了审美能力是具有抽象思维能力的高级智能的观点，二是审美知觉的形成机制。这也就是“事物形式与形式知觉模式/情感之间的契合关系”⑦。该契合关系最初以事物对人的有利性为基础，并在此基础上以事物外在形式形塑出特定的审美知觉模式，“事物的利害性并不直接等于审美性，事物利害性之能影响到事物是否具有审美性，要经由知觉模式的形成过程。反过来看，知觉模式的建立，要以生存性利害需要的感受为依

---

① 丁峻：《审美活动的神经机制与认知意义》。

② 参见陈巍、何静：《镜像神经元、同感与共享的多重交互主体性——加莱塞的现象学神经科学思想及其意义》，《浙江社会科学》2017 年第 7 期。

③ 约翰·奥尼恩斯：《神经元艺术史：进一步理解艺术》，刘翔宇译，《民族艺术》2016 年第 5 期；《神经元艺术史——从亚里士多德和普林尼到巴克森德尔和萨基》，梅娜芳译，江苏美术出版社，2015。

④⑤ 奥尼恩斯：《神经元艺术史：进一步理解艺术》。

⑥⑦ 李志宏：《认知美学原理》，光明日报出版社，2011，第 44 页。

据，以事物内质的有利性为中介”①。

综合考察神经美学在美学研究中的发展，其思路主要是为美学研究提供客观的科学依据，并循此重新考察美学的经典命题。其中，镜像神经元的发现对于考察移情、共感、知觉体验的具身性、知觉可塑性以及艺术史风格演变的生理基础方面都极有裨益。

不过，现有研究的局限也是比较明显的。其一，当下的神经美学讨论较多地受限于传统美学框架，很少展开对当下美学关注问题的回应。神经元艺术史的研究表明，思路打开之后，神经科学与美学的结合可能会有更大的空间。其二，当下神经美学的研究中还没有充分辨析感觉、认知与审美经验的关系。多数综述性文章中对此问题采取了不加区分的方式，从而在总体研究中呈现出一定程度上的不自洽。这尤其表现在研究老年痴呆症对艺术家创作的影响中。比如查特吉发现，患者在“创作中更多地运用象征手法，作品的写实性和现实性变少，但深度、平横和质量并没有变化”②，并推断审美经验与艺术风格等问题并不完全能由理性、智能、社会认知等因素决定。究其原因，理性主义认识论在其中影响很大。这样便留给审美研究一个既老又新的问题：是否需要用高级意识活动来理解审美感知，尤其当我们从一种前反思、非意识角度来重新考察知觉问题时？③ 其三，借助脑成像技术与各种信息加工模型，我们对自身的知觉问题已经有了更有效而可信的认识。但从现阶段的神经美学讨论来看，个人主体依然是思考问题的主要出发点。即使在“审美间体”这种有意识地克服对象化思维的研究中，也需要设想一个“中介性”的心理表征体来实现物我一体。那么这种讨论模式是否足以应对当下人机共生下我们对自身感知及审美经验的把握，一种技术论的视角是否会对此有所帮助？德雷福斯借鉴海德格尔及梅洛－庞蒂的立场，主张人工智能“非表征主义设计原则”，这主要强调了一种“非中介性”的方案：“人对世界的技能化应对，越是有效率，就越不需要表征的介入。例如，人们从事的很多日常活动（穿衣服、洗手、打球、聊天等等），都是在不经意间完成的（越是熟练，就越是不经意）。‘在世界中的存在……等于在器具整体中无主题的、环顾寻视的消释。’”④ 借鉴此视角，神经美学是否能突破对逆向推理的依赖，从而更好地帮助我们推进对人/技术共生关系的理解？这或许是神经美学留给我们的挑战与契机。

结　语

在当下美学研究中，主动回应一个正在来临的后人文主义语境已成为众多研究者的自觉。由于中国近现代人文主义发展的特定轨迹，学界的后人文主义研究既体现出理论变革中的连续性，同时也突显了新时期从中国视角应对一个全球化问题的策略。笔者以为，这种理论特色兼具了积极与消极的双重效果。就积极方面而言，学界从隐喻的赛博格、身体、自我、主体性视角所作的理论回应，体现出近现代中国“美学热”及美育传统下对人文主义及人性的乐观展望与开放期待，并且这种展望与期待是以审慎与警戒为前提的。

---

① 李志宏：《认知美学原理》。

② 王延慧：《当前西方科学化美学进展管窥——安让·查特吉认知神经美学研究述评》。

③ 关于具身前反思问题，参见陈巍：《心智三重奏：神经科学、心理学与哲学的共鸣》，西安电子科技大学出版社，2016，第72—73页。

④ 徐献军：《论德雷福斯、现象学与人工智能》，《哲学分析》2017年第6期。

而就消极方面来说，恰恰是这同一种美学研究传统令后人文主义语境下的建构方案难以克服其过渡性特征——在现阶段，这种过渡性既表现为立场上的左右摇摆（在超人文主义与反人文主义之间），也表现为学术框架上的以旧框架来构建新方案的倾向。后人文主义语境作为一个人/技术共生下极具复杂性甚至颇显陌生化的语境，需要我们对技术逻辑与人本身及其交互关系有更明晰的体认。因此，后人文主义语境下的美学研究更迫切地呼唤一种跨学科的方法，而当下逐渐多层次展开的知觉研究及初步涉入的神经美学研究，可以说已经揭开了冰山一角。

（作者单位：南京大学哲学系）

责任编辑　孙婧一

转型期的中国乡村伦理研究述评

邬舒娴

引 言

自20世纪中后期以来，学界对“中国乡村”进行了多重维度的伦理研究并留下了很多有价值的文献，其中大部分以田野调查为主，具有一定的时效性。但由于中国乡村在地理空间与文化习俗上的稳定性，这些研究成果对新世纪转型时期乡村伦理的研究依然有着重要的借鉴意义。同时，“中国乡村”还是一个常谈常新的论题，随着中国社会现代化程度的加深，社会转型期的中国乡村与传统乡村相比有了具大的变化，生产工具的变革与市场经济的介入极大地改善了农民的生活水平，而现代化思想的传入也对传统乡土文化带来了很大冲击。

在这样的社会背景下，中国乡村伦理的研究也有了不同以往的新论题，它不再局限于对传统乡土社会伦理文化结构的探讨或道德习俗的分析，而是更专注于乡土社会中传统与现代的对立与统一，包括经济模式的转变对传统乡村结构与道德生活的影响，乡村政治中的新共同体建立与乡村治理的价值选择，以及对乡土道德文化的反思与重构，等等。本研究报告主要是对进入21世纪后尤其是近十年来国内学者关于乡村伦理研究主要成果的梳理与评述。

一 乡村伦理的时代转向

费孝通先生在20世纪出版的一系列关于中国乡村社会的研究著作，对中国乡村研究产生了深刻的影响，其关于乡土社会的阐述被相关领域的学者视为重要的理论依据。譬如他将中国社会的特征定义为乡土性，将中国社会的道德规范归为私人性，将中国社会的人伦关系定义为以个人为中心从而以亲属的亲疏而向外扩散的一种差序格局等。[①] 其洞见之深，乃至当代的中国乡村研究中仍存有他理论体系的影子。

然而，时代的变迁使得当今中国乡村伦理的研究有了新的语境。近年来，“新乡土伦理”“后乡土时代”等用语的频繁出现昭示着研究者们对当下中国乡村社会环境的一种新理解——现今中国的乡村社会已经进入了一个新的时期。就宏观意义上而言，经过近六十余年的发展，中国社会的经济结构呈现出与以往不一样的状况，而工业化、市场化与信息

① 参见费孝通：《乡土中国》，人民出版社，2015。

化的推进，对中国的乡村更是带来了不小的冲击，体现在经济上，原本封闭性很强的中国乡村也呈现出开放的姿态，大量的农民涌入城市务工，步入了中国的市场化与工业化进程中；与此同时，资本也进入乡村，部分地区乡镇企业蓬勃发展。在这些因素的综合作用下，中国乡村的传统经济结构开始松动，工商业与传统农业并存的乡村新经济结构正在形成。

与此相应，乡村的伦理关系也发生了一些改变。正如有学者所指出的，当下的中国乡村社会已经由“熟人社会”转向了“半熟人社会”。[①] 村落交往范围的扩大，乡村开放度的提高，一方面增强了村落之间的交往与融合，另一方面也允许乡村接纳“陌生人”的进入。这种变化的最大影响就是，削弱了“熟人社会”中固有的一些道德观念与交往习惯，“人情”与“长老式权威”在乡村的道德生活中有了式微的迹象，市场规则逐渐渗入村民们的交往行为之中。[②]

虽然研究者们力图通过“新”与“后”等语词强调中国乡村社会转型期的特点，当代中国乡村在精神气质上确实也呈现了现代性的风貌[③]，然而，现代性在现阶段并没有对中国乡村社会造成彻底性的颠覆，乡土性依然是中国乡村社会的本质所在。“中国乡村社会仍然在生产、交换（交往）、分配、消费及人际交往、家庭结构、社会治理等方面保留着大量并未在现代市场经济浪潮冲刷中完全丧失的‘乡土本色’，这也是‘新乡土中国’仍有‘乡土’之谓的原因所在。”[④]

可以说，当下中国乡村伦理的研究正处在时代转向的风口浪尖上。随着乡村受现代化的影响愈益加深，现时代乡村伦理所面临的一些尖锐问题也日益凸显：（1）以自然情感为主要纽带的旧式乡村伦理共同体已然衰落，新乡村伦理共同体将如何构建，且又应当以何种价值构建？（2）乡村治理在新时代呈现了许多新问题，其治理的内容愈加复杂，囊括经济、政治与文化等多个方面，利益关系的复杂化以及治理主体的多元化加剧了决策的困难度。[⑤] 与此同时，应当以何种价值取向作为乡村治理的指导，乡村治理如何在礼治与法治间取得调和等问题成为时下的研究热点。（3）在新乡土时期，诚信、孝道等道德品格在乡村道德生活中的淡化、公共伦理生活的缺失等，都是研究乡村伦理绕不开的话题。（4）随着城市化进程的日益加深，乡村文化的价值被搁置甚至走向衰落，在城乡失衡的局面中该如何重塑新乡土道德文化？

总而言之，乡土伦理的时代转向是当前研究的现实前提，其时代转向的内核和实质则是传统与现代的碰撞、“传统之根”与“现代之源”如何接驳的问题。

二　新乡村伦理共同体的构建

当下，中国乡村社会的发展进入了新的阶段。由于经济模式、道德观念以及乡村政治

---

① 贺雪峰：《新乡土中国》，北京大学出版社，2013，第 4 页。

②④ 王露璐：《新乡土伦理——社会转型期的中国乡村伦理问题研究》，人民出版社，2016，第 7 页；第 8 页。

③ 陆益龙：《农民中国——后乡土社会与新农村建设研究》，中国人民大学出版社，2010，第 97 页。

⑤ 徐莉、赵世东：《乡村治理的复杂性转向及其应对》，《江汉大学学报（社会科学版）》2017 年第 1 期。

等方面的变革，旧式的乡村共同体不再适合转型期的中国乡村，因此，当前新型乡村伦理共同体的构建具有紧迫性与现实性。

第一，传统公共伦理生活的溃散，使得当代乡村文化被空心化，乡土价值已然出现了荒漠化的苗头。[①] 这意味着传统乡村共同体正在走向式微，亟待新的伦理共同体登场。

有研究者提出，旧式乡村共同体之所以会解体，在于乡村社会在由传统转向现代的过程中失去了平衡。虽然工业化与市场化促进了社会分工，但也使得个人主义开始盛行，村民对社会的参与意识减弱，乡村人际关系也变得利益化。维系乡村秩序的集体意识趋于消解，而新的集体意识仍未形成，乡村共同体的重建迫在眉睫。[②]

也有研究者指出，传统乡村共同体的没落可归结为四点原因：首先，随着村民自治制度的发展，乡村治理的主体趋于多元化，以往以家长式权威对村落进行道德约束的局面被瓦解，随之而来的是家族仪式活动中构建的精神生活的消散。其次，家庭联产承包制的出台与人民公社的解体，一方面加大了农民独立经营的积极性，另一方面也削弱了个体经济生活对集体组织的依赖性，进而瓦解了传统的经济共同体。再次，现代性因素对乡村的冲击。随着市场经济的发展，工具理性侵蚀了以往以“人情”维系的乡村伦理生活。最后，社会的流动削弱了共同生活的根基，乡村被“空心化”的同时“陌生人”也步入了乡村，人际网络关系已然改变。[③]

总之，传统乡村共同体的没落反映出如下现实，即乡村社会生产、生活和交往方式的转变使得原本根植于其中的传统伦理文化逐渐退场，而与当前乡村市场经济发展相适应的伦理文化还未出场。[④]

第二，构建新型的乡村伦理共同体并不是空中楼阁式的臆想，不仅有着强大的现实基础，同时也有着相应的理论支撑。

新型乡村共同体的构建之所以可能，主要有以下方面的现实基础：首先，乡村的存在有其必然性和合理性，乡村为人类的基本生存需求输送农产品等原料；其次，人类社会的持续发展不能离开乡村文化所提供的资源支持，历史悠久的乡村文化蕴育了多种多样的伦理价值、民风民俗、宗教信仰等，这些文化资源需要乡村这一形式进行传承；再次，与使得个人精神世界孤独和冷漠的现代城市相对应，乡村社会作为一面镜子能够为现代社会的构建提供参照价值；最后，根据中国的乡村面积与农业发展情况，在未来相当长的一段时间里，中国仍有大批人口会留在乡村，而近年来城乡在文化与价值观之间的交流，使得现代价值理念在乡村社会播下了种子，乡村民主自治的发展为新型乡村共同体的建立提供了基础。而中国政府在农村建设上所提出的一系列政策也使得新型乡村伦理共同体的建立有其制度的保障。[⑤]

在关于建设何种新型的乡村共同体以及如何建设等问题上，研究者主要提出了两种不

---

① 参见曾鹰、曾丹东、曾天雄：《后乡土语境下的新乡村共同体重构》，《湖南科技大学学报（社会科学版）》2017年第1期。

② 参见陆林、冯建蓉：《转型时期乡村共同体的衰落与重建》，《西南农业大学学报（社会科学版）》2011年第10期。

③ 参见范和生：《乡村共同体重建与农村文化生态的实现》，《重庆社会科学》2015年第2期。

④ 参见王露璐：《新乡土伦理——社会转型期的中国乡村伦理问题研究》，第11页。

⑤ 参见周永康、陆林：《乡村共同体重建的社会学思考》，《西南大学学报（社会科学版）》2014年第2期。

同的进路。以王露璐为代表的研究者主张构建“政治－经济－文化”三位一体的新型乡村伦理共同体，通过发展村级经济构筑共同体的伦理基础，通过构建和谐的人际关系重建共同体的伦理结构，通过独特的社区文化建设乡村共同体的伦理意义。[①] 许远旺也指出，政府需加强自上而下的支持去完成现时代乡村的社区化建设，塑造与培养乡村人民的公共意识与行为习惯，构建平等性强的社区。[②] 另有学者提出了“软乡村”概念以重建乡村共同体的思路。所谓“软乡村”，指的是“融合历史和现实、文化力量和政治力量的‘场域’”[③]，其所内蕴的乃是一种与当下城市生活相逆反的生活方式和交往方式，注重的是生态价值与小农传统。“软乡村”的提出是为了重新发掘“人”的价值——它一度在当下的乡土伦理中被忽视，并且呼吁构建“新乡愁”这一伦理价值，进而解决由个人原子化所带来的道德荒漠化难题。

以上两种进路的区别在于，前者侧重融合时代特质去整改乡村的结构以使其在保留乡土文化的同时适应现代化的进程；而后者则强调乡土传统价值在当代的复兴，以应对现代化进程中所带来的种种“反传统”的挑战。两者的侧重点虽有不同，但都试图对现代价值与传统价值之间的冲突进行调和，为新乡村共同体的构建作出可行性的理论指向。

三　乡村治理伦理研究

近年来国内关于乡村治理的研究日益增多，究其原因主要有两个方面：一方面是由于乡村治理本身就是一种实践活动，并在现实中不断发展与改进。从 20 世纪 80 年代至今，乡村民主自治已经有了长足的进步，乡村治理的形式也经历了从传统到现代的变革。而当前乡村治理最为重要的问题在于，面对治理主体的多元化与利益关系的复杂化，应如何调和治理主体之间的关系？这需要研究者进一步指明方向。另一方面，由于乡村治理内容非常复杂，为了更好地引导新时代乡村伦理的发展，相关理论必须进行相应的更新和深化。为此，学者们需要作出具有前瞻性的理论研究。从近年来的研究状况来看，国内学者关于乡村治理的伦理研究基本以实证性田野考察为主，在此基础上加以相应的理论分析，主要关注以下方面：（1）由治理主体展开的讨论，可细分为治理主体的选择与治理手段的价值取向；（2）由治理手段展开的讨论，主要集中探讨乡规民约在乡村治理中的功能。

回溯中国的政治史可以发现，中国的传统政治是一种“家国同构”的局面，其治理逻辑是由家庭向国家的延伸。同理，在中国传统的乡村结构中，也是一种由“家庭”作为核心而展开的治理局面。随着当今的中国社会已进入政治和经济的转型期，传统社会中的家族统治和长老权威等形式势必发生转变。然而，由于各个地区的发展水平并不均衡，市场经济的影响、民主自治的开展等也因地区差异而在程度上不尽相同，因此，乡村治理的主体在不同地区起主导作用的程度与所展现的治理成果都值得更深层次的分析。

在当下中国，对于大部分村落而言，“家庭”仍是其重要的组成单位，家族式的治理形式在乡村的公共生活中依然举足轻重，村落的权力网络则由不同的家庭势力构成。此

---

① 王露璐：《新乡土伦理——社会转型期的中国乡村伦理问题研究》，第 30—36 页。

② 参见许远旺、卢璐：《中国乡村共同体的历史变迁与现实走向》，《西北农林科技大学学报（社会科学版）》2015 年第 2 期。

③ 曾鹰、曾丹东、曾天雄：《后乡土语境下的新乡村共同体重构》。

外，也有以“苏南模式”为代表的“复合型权威”作为乡村治理主体，它由“报偿性权威”“法理权威”与“魅力型权威”共同组成。① 费孝通先生提出的“差序格局”状况虽然正在削弱，但离完善的民主自治的程度仍有距离。因此，如何处理作为私人性的家庭与作为公共性的乡村政治生活之间的关系，需要更多的探讨与研究。有学者提出，乡村治理应当灵活运用“家庭”所带来的良性因素，譬如吸纳优秀的家政文化。毕竟中国的乡村社会经历了历史悠久的家族式治理，留下了丰富的家族文化内容。在乡村治理中，有效地利用和构建优秀的家政文化，有助于个人的品德养成，从而进一步净化政治环境。② 也有学者提出，虽然家族政治能够与乡村治理形成良好的互动，如家族组织有利于国家权力在乡村内部的下沉，然而在现代政治中，一方面，家族统治的权力合法性需要正义的程序和公意的授权。对于村民自治而言，家族统治可以起补充性的作用，例如家族精英与乡村治理体制的融合，有助于村庄自治单元权威的重塑，但家族统治不能作为一种替代性的制度取代村民自治。另一方面，家族统治有可能妨碍精英的流动和再生，如果家族内部缺失与现代民主政治相符合的选拔机制，则容易导致精英更替的随意性，无法有效维持乡村治理的良性发展。③ 因此，应警惕家族式统治的膨胀。

在当前乡村治理的民主化进程中，以非正式利益为结合点的派性政治也是一个重要的影响因素。刘锐通过考察浙北地区的村庄提出，派性政治作为一种排外性利益的组织，其边界模糊、结构松动，甚至潜伏着成员“搭便车”的缺陷，而且由派性组织所构成的权力之网作为一种派别性的利益表达，极有可能剥夺村民的个体权益，损害民主自治制度。因此，必须规范派性的权力监督，协调好村民自治与派性政治之间的关系，如此才能有效地疏导村民利益的意志表达。④

伴随着现代化进程的深入，乡村治理超越了以往由家至国的传统结构，建立起由国家为主导的治理伦理。因此，治理应当以何种价值理念作为向导，乃是当前研究乡村治理理论的首要问题。陈荣卓认为，首先，当前乡村的治理伦理应从“汲取”转向“服务”，加强对农民群体的利益保护，而不是一味地索取乡村的资源；其次，在治理主体方面，应当从掌控型伦理中强化共治精神，基层政权放权于社会，调动农民的参政热情；再次，在关系伦理层面上需要从以往的动员型转向回应型，建构回应型政权，满足农民的权益诉求；最后，在制度伦理层面上应当从功利性转向公益性，协调和政权与社会的关系，将政府的公共理性架构在平等协商的框架中。⑤

对乡村治理伦理的研究还包括对“乡约”的当代功能的审视。传统乡村社会是一个礼治社会，村规民约是用来维护社会道德秩序的主要手段。由于传统的乡土社会具有稳固且封闭的特点，作为乡村中的个体只要依靠前人传承下来的经验便可处理伦理生活的事务。因此，“传统”就成了人们在乡村道德生活中予以敬畏的存在，并且作为身处其中的农民自身难以打破和革新——因为这不仅需要个体能够对祖辈流传下来的传统进行质疑，

---

① 参见王露璐：《新乡土伦理——社会转型期的中国乡村伦理问题研究》，第 102 页。

② 参见赵秀玲：《传统“家政文化”与当前中国乡村治理》，《求索》2017 年第 1 期。

③ 参见余礼信：《家族政治、精英更替与村庄治理》，《中共福建省委党校学报》2017 年第 2 期。

④ 参见刘锐：《村庄政治中的派性》，《华南农业大学学报（社会科学版）》2017 年第 2 期。

⑤ 参见陈荣卓：《乡村治理伦理的审视与现代转型》，《哲学研究》2015 年第 5 期。

同时也需要个体能够打破客观条件上乡村社会所带来的桎梏[①]——正是乡村社会的这些特点，使得“乡约”在当代乡村社会中能够持存，虽然与传统社会相比其道德地位有所下降，但这并不代表“乡约”的道德功能已经完全消失，而是以不同的形式，依然在中国的乡村社会中起着有形或隐形的作用。

对“乡约”当代功能的考察还需从其演变的历史出发。迄今为止，村规民约的嬗变历史是一个曲折的过程。成文“乡约”的出现始于北宋时期，其立约宗旨是借助于“礼”的社会理想进而处理乡村事务，实施乡村教化，稳定乡村秩序，在道德本位的乡村社会中实现“乡约”重要的道德教化功能。然而，“乡约”也存在明显的弊端，如它在制度上较为松散，通过“乡约”团结的乃是志同道合之人，那些亟待教化者则被置于“宋明乡约”之外。韩玉胜指出，“乡约”的演进不仅从以地缘教化的一元化模式进展至地缘教化、血缘教化与学缘教化的多元化模式，宗族力量与儒学思想对“乡约”的参与程度愈益加深，在丰富与改进“乡约”理论内涵的同时，使道德教化思想与政治意图结合在一起。[②] 到了清代，“乡约”沦为了国家直接管理乡村的工具，其制定的目的是为了地方精英得以维系封建礼教的伦理纲常，但在这一制定过程中底层农民已不在场，“乡约”只能反映和代表精英阶层的意志。新中国成立后，“乡约”一度被当作糟粕而废除，直到基层民主自治制度出台后才作为一种地方性的知识形态被重新接纳。[③]

村规民约的存在，在传统社会中表现为礼治，是国权和公法在乡村社会缺场的替代品。所谓的“国法不下乡”，指的乃是传统社会中一个显著的事实，即国家权力的延伸在乡村领域遭遇断层，这就引发了乡村治理伦理的另一个重要论题，即面对转型期的中国乡村社会，礼治与法治共存的局面已是现实，那么应当如何处理两者之间的关系呢？传统乡村社会是一个被礼治所覆盖的空间，是在等级制基础上构建起来的规范性体系，“法”只是为了实现“礼”的目标而存在的一种管理手段。然而，在现代社会中，“法治”代表的是公共理性与契约精神，其建立的基础是人与人之间的平等关系。表面上看两者似乎并不相容，但是，礼治与法治并非相互吞噬的关系，法治中仍存有礼治的生存空间，只是与传统社会中法治作为礼治的手段不同，当代中国乡土社会里的“礼治”是作为“法治”的补充，在“法治”无法企及的层面成为一种道德规范而存在。[④] 有学者认为，法治与礼治之间的关系具有共生性，同时也存在一定的紧张，应当以积极的眼光看待两者的交融。例如，当代乡村治理进程中可将礼治中的积极成分吸纳入法治中，使礼治的内容化为一种弹性条款，同时建立多元纠纷解决机制与树立新型的乡村权威。[⑤]

四　乡村道德生活研究

乡村伦理研究具有跨学科的特性，需要研究者从经济学、社会学和历史学等领域寻找

---

① 参见王露璐：《乡土伦理》，人民出版社，2008，第 55 页。

② 参见韩玉胜：《“宋明乡约”乡村道德教化展开的历史逻辑》，《伦理学研究》2014 年第 2 期。

③ 参见周铁涛：《村规民约的当代形态及其乡村治理功能》，《湖南农业大学学报（社会科学版）》2017 年第 1 期。

④ 参见孙春晨：《中国当代乡村伦理的“内卷化”图景》，《道德与文明》2016 年第 6 期。

⑤ 参见王露璐：《新乡土伦理——社会转型期的中国乡村伦理问题研究》，第 163—167 页。

理论资源以及方法论的支持。与此相应，在上述学科领域中研究乡村问题的学者同样没有忽视乡村伦理的重要性。伦理学视域下的乡村研究，本质上是探讨乡村生活中人与人之间的道德秩序，以及反思乡村空间与个人道德生活世界的关系。近年来，国内乡村伦理研究除集中于乡村治理与乡村共同体之外，也不乏对乡村道德生活的考察，主要包括对城乡关系的伦理研究、对乡村社会的公共伦理的研究，以及对当前乡村社会复杂的道德事实所作出的理论性展望。

研究乡村伦理不仅需要重视对历史的考察，还要敏锐地抓住时代的特征，而当代乡村社会最明显的时代特征就是城市对乡村的渗入，这不仅表现为城市在物理空间上对乡村的侵蚀，同时还有精神气质与价值观念的“入侵”。因此，对乡村伦理的研究不仅要关注乡村自身，还需要将城市囊括进来，基于乡村这一视野去看待城乡之间的张力与变化。在涉及城乡关系的乡村伦理研究上，国内学界主要从两个维度切入，一是在分配正义的维度下讨论城乡发展所面临的困境；二是基于城市化影响下乡村代际伦理断层的问题。

当“正义”作为一个论题在城乡关系中被提出，就已经昭示了城乡之间不平等的存在，这种不平等不仅体现在经济方面，还存在于环境、教育资源等方面。龚天平以空间正义理论作为基点，通过“资本空间化”这一关键词对城乡关系进行了分析：第一，城乡在资本空间化上存在着先天性的不平等，当前并没有通过后天的社会调节得以整修。由于城市具有流动性，而乡村则受限于地理环境的影响，资本与城市空间的结合更快，城市原有的空间就需要不断地向外扩张进而入侵与解构乡村的生活空间，其主要表现为土地资源被占用，家族形态逐渐丧失，乡土文化也被消解。第二，重构城乡空间关系和谐乃是当务之急，应以公正性、平等性、属人性与多样性等价值进行引导，公正性旨在加强城乡资源的双向流动，提高乡村的空间生产能力；平等性是指对乡村的生态资源的补偿；而多样性是推广乡村文化所必要的价值理念。① 王露璐将经济正义与环境正义视为处理城乡关系的两个基本伦理原则。她从马克思的经济正义理论、功利主义与罗尔斯的正义理论中为转型期的中国城乡经济发展寻找相应的理论支撑，提出统筹城乡一体化发展需要“消除农民的户籍身份在获得权益上与城市居民所存在的差距，保障农民在土地流转中的既有利益，现有的城乡差距补偿机制应足够地向乡村区域倾斜”等建议。环境正义是城乡发展中所必须正视的一个问题，城乡环境正义主要体现在三个方面：（1）程序正义，它要求法律制度补全乡村的自然环境没有得到法律保障的缺陷。（2）城乡环境补偿机制中的地理正义，国家与政府急需通过行政手段对乡村作出应有的补充。（3）城乡居民承受环境风险的实质正义，其中如何分配承受的风险主体与比例问题则是重点。然而，当前的环境正义理论自身就存在着吊诡，即完全规避污染与消耗的经济发展在当前并不存在。同时，环境正义还会遭受其他社会正义在价值梯度上的威胁，如若强调环境正义会导致经济发展的停滞，那么其他的社会正义也就无从谈起。②

概而言之，近年来关于城乡关系的伦理研究大都以乡村作为讨论的中心，而城市对乡村的影响不仅体现在生存层面上对生产模式与生态环境的改变，还有在价值理念层面上对

---

① 参见龚天平、张军：《资本空间化与中国城乡关系重构——基于空间正义的视角》，《上海师范大学学报（哲学社会科学版）》2017 年第 2 期。

② 参见王露璐：《经济正义与环境正义——转型期我国城乡关系的伦理之维》，《伦理学研究》2012 年第 6 期。

乡村的同质化。现代城市价值理念以个体原子化为主流，其“入侵”乡村的后果就是削弱了村庄与个体之间的联系，甚至削弱了家庭与个体之间的精神性纽带。这在乡村道德生活中主要表现为代际失衡严重。在国内研究者看来，乡村代际失衡的形成因素非常复杂，其中较为突出的原因有：（1）由于经济制度的变化，子辈经济独立性和优势加强，导致家庭资源和利益的分配向下一代倾斜。[①]（2）女性解放促进两性平等意识的提高，传统的家庭结构也受到影响，夫妻关系的平衡为首要，而婆媳关系的平衡则为次要。[②]（3）大批乡村青壮年群体热衷进入城市去实现个人发展。[③] 代际间资源分配问题不仅关系到一个家庭能否得以维系，同时也影响着社会人口结构的平衡以及福利机制、教育资源等方面的安排。有学者对乡村代际失衡的现象作出伦理分析，认为这是社会措施与相应的精神观念失位所造成的后果，如村民本体性价值的缺失、乡村公共道德制约的失灵、乡村社会保障体系的不健全以及感恩教育的缺失等。[④] 也有学者发出了不同的声音，认为目前乡村家庭内部的代际失衡程度并非如大多数学者们想象的那么悲观，田野调查的数据显示，大多数家庭给亲代的经济支持足够且大于对子代的经济支持，当前学界对“代际失衡”现象进行“孝道沦丧”的判定更像是一种学术想象，其实质为一种新的家庭伦理转向，即“逆反哺”伦理——亲代接受且主张资源分配流向子代。[⑤]

面对中国乡村内部各种纷繁因素相互交杂而形成的道德现状，有学者将乡村道德生活用“内卷化”一词予以描述，其用意不仅在于试图对乡村道德生活的图景作出更为精确的归纳与解读，也是为目前趋势不明的乡村道德生活找出一条能适应其自身特点的发展道路。“内卷化”这一概念最早由美国人类学家戈登威泽提出，国内学者将其概念的基本含义整理为“系统在外部扩张条件受到严格限定的条件下，内部不断精细化和复杂化的过程”[⑥]。在乡村伦理的语境下，“内卷化”这一概念显然被赋予了更多的正面性意义。有学者提出，“内卷化”不仅可表述一种消极意义上的经济发展进程，而且对比进化论模式——在现今已经过分扩张与膨胀的现代化发展模式，“内卷化”模式不失为一种较为优选的回归方式，即将乡土文化从日益消解的进程中解救出来。[⑦] 作为一种文化革新的形式，“内卷化”在保留了原有的文化结构基础上去解决新的文化问题，恰好适合当代中国乡村社会的文化发展，即在国家自上而下的行政力量与中国乡村的内生力量的共同作用下保存文化的多样性与丰富性，并调和个体与共同体、法治与礼治、大传统与小传统等的冲突。[⑧]“内卷化”不但可以有效地描述乡村社会的道德生活事实，同时也内蕴了一种处理乡村道德难题的行动原则。

---

① 参见田丽丽：《当前农村家庭代际关系的失衡及其重构》，《农业经济》2013 年第 6 期。

② 参见贺雪峰：《农村家庭代际关系的变动及其影响》，《江海学刊》2008 年第 4 期。

③ 参见孙鹃娟：《成年子女外出状况及对农村家庭代际关系的影响》，《人口研究》2010 年第 1 期。

④ 参见郑永彪：《中国传统乡村代际伦理失衡及重构研究》，《首都师范大学学报（社会科学版）》2014 年第 1 期。

⑤ 参见狄金华、郑丹丹：《伦理沦丧抑或是伦理转向——现代化视域下中国农村家庭资源的代际分配研究》，《社会》2016 年第 1 期。

⑥ 参见刘世定、邱泽奇：《“内卷化”概念辨析》，《社会学研究》2004 年第 5 期。

⑦ 参见高小康：《内卷化：乡土文化复兴之路?》，《中国社会科学报》2010 年 8 月 11 日。

⑧ 参见孙春晨：《中国当代乡村伦理的“内卷化”图景》。

结　语

21 世纪以来，中国乡村伦理研究主要聚焦于社会转型期所暴露的各种问题。当前中国乡村伦理的研究视野较为广泛，不乏从经济、政治与文化等角度切入的研究成果。同时，研究者通过考察不同区域（如苏南、赣南、西北等）的乡村文化以及具有地方性特色的经济模式来研究转型期的乡村伦理，探析其与当前市场经济之间的双向互动关系。未来的乡村伦理研究尤其需要在理论方面进一步系统化，加强乡村理论与伦理理论的有机融合，即谈“乡村”时有“伦理”，谈“伦理”时有“乡村”，以期对乡村伦理研究以及乡村振兴作出真正有意义的贡献。

在研究方法上，中国乡村伦理的研究主要以实证性调查为主，通过问卷调查获取村民对特定道德价值的认知与态度，或以访谈等方式深入了解乡村的道德生活状况。实证性的研究能够确保乡村伦理研究不再是抽象的学术想象，而且乡村伦理作为一个现实性很强的课题也要求研究者能更真切地接触乡村本身。然而，乡村伦理研究不能仅是对阶段性现实的分析，在传统“乡土性”逐渐式微的今天，乡村伦理研究更需要对何谓“乡土性”作出新的诠释，通过历史追溯和分析，提出一些具有前瞻性的理论观点。除了实证性的研究方法外，文本性的分析对乡村伦理的研究也大有裨益。例如，雷蒙·威廉斯在《乡村与城市》一书中，以西方现代小说作为主要资料对乡村道德生活的变迁作出理论上的解读，尤值得借鉴。文学性文本能够提供一些独特的历史细节，而且也蕴含着作为一种特定年代下集体性的道德期盼。如将对涉及“乡土性”的历史文本解读引入乡村伦理的研究，或可丰富乡村伦理的研究方式。

（作者单位：中国社会科学院研究生院哲学系）

责任编辑　冯瑞梅

哲学逻辑与非经典逻辑的新成果

——2017 年逻辑学研究述评

贾　青　刘新文

2017 年，国内逻辑学研究中哲学逻辑和非经典逻辑方面的成果以知识逻辑（epistemic logic）、信念逻辑（doxastic logic）、道义逻辑（deontic logic）以及非单调逻辑（non-monotonic logic）为代表。知识逻辑中对传统命题知识的突破以及群体知识的分布问题、信念逻辑中信念修正及更新等问题、道义逻辑中对不同道义算子的细致分析以及非单调逻辑中的常识语句刻画和应用等都是重要的研究话题。另外，有关模态逻辑的一些成果也极具代表性。

一　知识值与群体认知

知识逻辑是对知识推理进行形式刻画的一个重要理论分支。传统的知识逻辑是基于“知道如是（knowing that）”的命题知识而构建的。相应地，关于知识在群体中的传播与分布等动态更新问题也由命题引入，以便在知识逻辑的框架中刻画不同的群体知识与群体相关联的不同方式。在近年来的知识逻辑研究中，群体知识的分布与更新是一个重要的研究话题；此外，对知识逻辑中“知道如是”这一基本命题知识的突破和改变也是研究重点之一。

公共知识和分布式知识是群体知识中最有代表性的两类知识。公共知识按字面意思被理解为群体中知识的公共部分，因此公共知识实际上是比“每名成员都具备的知识”更强的概念；分布式知识则可以被视为群体中知识的累加，有时也被称为群体的潜在知识，即成员彼此充分沟通所能得到的知识。然而按照知识逻辑中的经典定义，分布式知识并不等同于“群体成员彼此分享所有信息后所能得到的知识”，这一定义与对分布式知识的通常理解有所偏差。因而，正确刻画分布式知识并给出公共知识与分布式知识之间的关系非常重要。为解决这一问题，阿戈特内斯（T. Ågotnes）和王轶在《对分布式知识的解析》[①] 一文中首先将群体成员彼此分享所有信息抽象为模型中的信息聚合，以公式 R_ G φ表示“φ在群体 G 信息聚合后为真”，即φ在群体 G 的分布式知识被“解决”之后成立（R_ G

① T. Ågotnes, Y. N. Wang, “Resolving Distributed Knowledge”, *Artificial Intelligence*, 252, 2017, pp. 1—21.

被称为解决算子，解决算子为研究群体知识提供了一个新的途径），然后探讨了带有解决算子的不同知识逻辑，包括带有或不带有公共知识和分布式知识的情形，借此得到公共知识与分布式知识之间的关系：一件事情在通过群体信息聚合以后成为公共知识，当且仅当“这件事情在信息聚合之后为真”在信息聚合发生之前是群体的分布式知识。最后，通过对比不同逻辑之间的相对表达能力，他们给出了各自的公理系统，并且就这些公理系统与公开宣告逻辑之间的关系进行了比较。

阿戈特内斯和王轶的论文是在传统知识逻辑基础上对群体知识与知识分布问题所作的深入探索，其工作的基础还是对“知道如是”这类命题知识的刻画。然而事实上，我们在日常生活和具体应用中会用到大量其他的知识表达式，比如“知道为何”“知道如何”“知道是谁”“知道是否”，等等。其中“知道 c 的值”也是一种常用的表达式，例如“知道牛奶的价格”“知道现在的温度”，等等。普拉扎（J. Plaza）曾在 2007 年讨论了知道值算子 Kv 并引入了包含公开宣告的“知道值”逻辑；然而，和“知道值”算子最自然相应的更新算子应该起到告诉人们特定变量的值的作用，而不是公开宣告一个命题。针对普拉扎工作中的这一问题，范·埃克（J. van Eijck）、加廷格（M. Gattinger）和王彦晶在《知道值与公开探测》[①] 一文中把得到目前变量取值的算子叫作公开探测（public inspection），例如测量温度或者询问价格。这类算子的作用是在探测之后使得人们知道特定变量的值。有了知道值和公开探测的逻辑语言就可以获得更为丰富的表达力，例如变量的函数依赖性可以用“如果告诉我 c 的值我就知道 d 的值”来表达（[c] Kvd）。该文不但给出了带有公开探测的知道值逻辑的公理化，还在技术上有所突破，即其公理化工作主要利用了数据库理论当中很重要的几条阿姆斯特朗公理，证明中还用到了一种变量的依赖图的技术。

知识逻辑是为了刻画知识推理而构建的，而认知主体的知识从来都不是静态的，而是一个随着认知主体的交流和沟通不断变化的动态过程。因此，如何刻画知识更新和改变的这种动态过程十分重要。另一方面，认知主体知识的获得并不能够完全通过“知道如是”这类命题知识所刻画。我们的日常生活中就存在大量知识表述是“知道如是”所不能刻画的，因此如果要刻画日常生活中大量不同的知识表述形式就必须突破“知道如是”这类命题知识。

二　信念的修正与更新

认知主体如何修正或者更新其信念的问题是一个重要的认识论研究课题。如果说认知主体所相信的信念构成了其信念状态，那么伴随着认知主体认知状态的改变，其信念状态也会随之而改变。例如，在 19 世纪 70 年代集合论初创时期，康托尔（G. Cantor）等集合论学者都认为存在包含所有集合的集合，但由于 19 世纪末 20 世纪初所出现的一系列集合论悖论，逻辑学家和数学家开始修正集合论中的一系列假设或者规则。特别是公理集合论被创立之后，“存在包含所有集合的集合”这一信念就被认为是不合理的进而需要被限制或者修正。从 1985 年阿尔科荣（C. E. Alchourrón）、亚登福斯（P. Gärdenfors）和梅

① J. van Eijck, M. Gattinger, Y. Wang, “Knowing Values and Public Inspection”, *Logic and Its Applications*, Springer, 2017, pp. 77—90.

金森（D. Makinson）提出信念修正理论开始，经过三十多年的发展，这一理论已经成为哲学逻辑中的一个重要分支。袁永锋在《基于核心信念的理性代谢修正》① 一文中给出了理性代谢信念修正的公理性假定和两种函数式构造，同时分别证明了它们之间的表达定理，并对相关研究进行比较，如半修正算子、受限聚合算子、理性评价和评价复合修正。

信念修正是哲学逻辑中极富活力的一个分支，其拥有自身特定的研究对象、问题意识以及研究范式，揭示并且刻画了认知主体信念修正理论的不同过程。对于信念修正理论中研究热点的变迁，学界对认识论问题的各种回答以及信念修正与悖论研究、动态认知逻辑与人工智能等诸多领域的种种联系等问题，袁永锋在《信念修正的逻辑》② 中都给出了详细的介绍。

三 道义算子的刻画与细分

道义逻辑是处理带有应当、允许、禁止等道义算子的语句，以及这类语句之间推理关系的哲学逻辑分支。

道义逻辑与法律推理之间具有极强的关联性，因此如何刻画法律推理或者法律理论中道义算子的特点就是一个重要话题。以霍费尔德（Hohfeldian）式的权利与豁免的界定和分类为基础，董惠敏和罗伊（O. Roy）在《权利与豁免的动态逻辑》③ 一文中用动态逻辑刻画了法律上的允许：主要是在刻画应做的道义逻辑这一分支上，进一步精细刻画道义算子，特别是允许算子的不同含义。

对于应是语句与应做语句之间的关系问题，一般认为在刻画应是的道义逻辑中，状态命令指向的是状态而不是行动。与动作命令不同，状态命令多多少少都具有时间维度，但是状态命令间接地改变了我们所允许做的事情。琚凤魁和格里莱蒂（G. Grilletti）在《时序规范逻辑的动态处理》④ 一文中以分支时态逻辑 PCTL * 为基础，给出了一个道义逻辑 DTNL，用以处理状态命令。文章中的 DTNL 模型是包含有坏状态的树，坏状态通过一个命题常元表示。该逻辑具有一个动态算子以便于改变模型当中状态的好坏。

道义逻辑中的算子，不但具有伦理学或者法学上的意义，还具有规范上的意义。以应当算子为例，我们可以给出如下三个语句：

（1）帮助老人是应该的；

（2）双方应该履行合同中规定的责任和义务；

（3）开电脑应该先按开机键。

其中语句（1）所陈述的是伦理学中的语句，语句（2）陈述的是法律中的语句，语句（3）陈述的是一个使用电脑的规范。正是由于道义逻辑与伦理学、法学以及规范性陈

---

① Y. Yuan, "Rational Metabolic Revision Based on Core Beliefs", *Synthese*, 194 (6), 2017, pp. 2121—2146.

② 袁永锋：《信念修正的逻辑》，《哲学动态》2017 年第 4 期。

③ H. Dong, O. Roy, "Dynamic Logic of Power and Immunity", *Logic*, *Rationality*, *and Interaction*, A. Baltag et al (eds.), Springer, 2017, pp. 123—136.

④ F. Ju, G. Grilletti, "A Dynamic Approach to Temporal Normative Logic", *Logic*, *Rationality*, *and Interaction*, pp. 512—525.

述之间都具有联系，所以才需要以这些理论为基础对其中道义算子所体现出的特性进行逻辑刻画。

四 非单调逻辑的发展

由于经典逻辑处理的是数学推理问题，所有的条件都在前提中给出，不会出现由于信息不完全而有反例的情形，因此经典逻辑中的推理关系是单调的推出关系，即随着前提的增加，已有结论不会改变。然而在日常生活中我们所使用的常识推理并不具有单调性，即随着前提的增加，已有结论可能会被撤回。之所以要采用非单调的推理关系，是因为常识推理几乎都是在信息不完全即前提不完整的情况下作出的。在这种情况下，由于相反信息的出现就会使得之前得到的结论不再成立。另外，常识语句所描述的是关于某一或者某一类事物或者事态的一般状况或者大多数时候的状况，因此常识语句本身就具有容错性。这一特点也导致了包含常识语句的常识推理不再具有单调性。在人工智能和逻辑这两个领域中，研究非单调推理的分支被称为非单调逻辑。在非单调逻辑中，概称句（generics）理论认为常识语句是由概称句表述的，即是由那些具有“一般情况下，……”这一形式的语句所表述的。例如，“一般情况下，鸟会飞”。因此给出概称句的形式刻画，并在其形式刻画的基础上说明概称句推理是如何构建的等基本问题，就能帮助我们理解常识语句具有非单调性的原因。

GAG 与 Gaa 是关于概称句推理的逻辑系统。GAG 处理小前提是全称句、大前提和结论是概称句的推理形式。Gaa 处理大前提是概称句、小前提和结论是概称句的推理模式。概称句词项逻辑的要点是引入了表示概念的词项，从而以更自然的方式表示概念在推理中的作用，这也带来了概称句词项逻辑语言的特点。涵义语义是用于概称句词项逻辑语言的形式语义。在涵义语义下，GAG 与 Gaa 是可靠的，但其完全性证明一直空缺。陈星群和周北海在《概称句词项逻辑系统 GAG 与 Gaa 的完全性》[①] 一文中，通过对这两个系统的完全性证明研究，认为有必要对原来的涵义语义做一些补充和完善，进而提出涵义语义结构的一般形式，并给出全涵义结构和实涵义结构。这两个涵义结构的区别在于，前者不考虑语言有哪些词项，而后者则考虑。原来的语义结构实际上是全涵义结构。完全性证明需要使用实涵义结构。对词项的考虑，使得实涵义结构的框架部分与解释函数有关，因而不完全独立于被解释的语言。由此观之，实涵义结构更像是认知主义语义观下的语义构造。长期以来，实在论语义观在逻辑学研究中根深蒂固。实涵义结构的提出，对这类逻辑研究的哲学基础提出了反思。可以说，该文给出 GAG 和 Gaa 两个系统完全性证明，主要是完成了之前没有做的工作。除了技术结果外，文章还刻画了语言与对象世界的关系。概称句逻辑与之前的一阶逻辑等不同，一阶逻辑的语义世界可以独立于语言存在，但是概称句逻辑中模型构造与被解释的语言有关，因此需要特别说明。

概称句理论不但能够帮助我们理解常识语句以及常识推理，从概称句的角度出发我们还可以刻画其他一些推理类型，例如归纳推理。在归纳推理研究的古典时期，学者们希望通过归纳方法得出确定的结论，如穆勒（J. S. Mill）认为，所谓归纳就是“发现和证明

---

① 陈星群、周北海：《概称句词项逻辑系统 GAG 与 Gaa 的完全性》，《逻辑学研究》2017 年第 2 期。

普遍命题的活动”[①]。归纳推理研究的现代时期，研究者不再认为通过归纳推理可以得到确定无误的结论，转而寻求其他方法来表示不确定性。20 世纪初期，结合当时的古典概率论理论，凯恩斯（J. M. Keynes）建立了归纳推理的第一个逻辑系统，开创了用概率方法研究归纳推理之路。直至今天，归纳推理研究一直沿着这一道路发展，归纳和概率似乎被捆绑在了一起。张立英在《归纳推理的概称句解释》[②] 中尝试打破这种捆绑，透过概称句视角重新考察归纳推理。文章首先结合归纳推理的研究历史给出归纳推理的去概率化的界定，在简要回顾用概率方法解释归纳推理的研究之后，提出了归纳推理的一种概称句解释。在概称句解释下，具有不确定的一般性结论被表示成容忍例外的概称句，而归纳推理被解释成包含概称句的非单调推理。随后文章从表达不确定性的方式、处理范围及应用性等角度对归纳推理研究的概率方法和概称句方法进行了比较。该文认为，要表达归纳推理结论的不确定性和刻画非单调的归纳推理，并非只能使用概率方法，用概称句和包含概称句的推理来刻画归纳推理是另一种可行且十分自然的方法。

虽然非单调逻辑中理论众多，但这一逻辑分支最初是由刻画常识推理的需要而构建的。因此什么是常识、常识如何刻画或者表达等都是非单调逻辑需要回答的问题。概称句理论认为，常识是由概称句表述出来的，因此研究概称句这一语句类型就能帮助我们回答关于常识的这些基本问题，进而给出常识推理的形式刻画。另外，由于归纳推理也与概称句一样具有容忍例外的特点，所以从概称句角度能够刻画归纳推理，并给出不同于概率论的对归纳推理的理解。

五　模态逻辑中的基础问题

自亚里士多德起，逻辑学家就研究模态在推理中所扮演的角色，逐渐形成了模态逻辑这个分支。然而，亚里士多德关于模态的成果并未像实然三段论那样受到逻辑学家的推崇。其主要原因在于，模态本身是一个艰难的主题，而亚里士多德的论述本身又是模糊不清甚至有错误的。模态逻辑发展至今，已然成为逻辑学中非常重要且较为成熟的研究领域，但是对于量化模态逻辑，逻辑学家至今也没有给出一种令学界普遍接受的解释。蒯因（W. Quine）曾指出，模态逻辑之所以存在如此多的问题，除了因为模态逻辑创立初期混淆了使用与提及“外”这一他所谓的“原罪”外，模态逻辑创立者还误以为在命题层面可以揭示概念间的必然联系。然而事实上，必然涉及内涵特性，单纯地从外延角度且在命题层面考察必然，存在无法克服的缺陷。克里普克（S. Kripke）企图通过语言分析区分形而上学与认识论，解决必然的内涵特性所带来的问题。余俊伟在《关于模态形而上学的几点思考》[③] 中指出，克里普克的这一做法反而掩盖了问题的实质，无法触及必然的普遍规律性之本质，而这是可能世界语义学的“原罪”。尽管有后天必然真，但克里普克的晨星之例并不属于此类，而他的米尺之例也难以称得上是先天偶然真。这些都是“原罪”的表现。

虽然模态逻辑在哲学讨论层面还有很多问题有待解决，但这并没有妨碍模态逻辑在技

---

① J. S. Mill, *A System of Logic*, Longmans, Green and Co., 1925, p. 185.

② 张立英：《归纳推理的概称句解释》，《哲学分析》2017 年第 2 期。

③ 余俊伟：《关于模态形而上学的几点思考》，《逻辑学研究》2017 年第 3 期。

术层面的探索和发展。例如，模态逻辑嵌入核证逻辑的问题就一直被学者们所探讨。在这方面，俞珺华在《关于模态逻辑的非自指片段》① 中指出，若能将模态逻辑内定理θ中所有的模态词出现用某些核证项所替代，进而使得到的结果在对应的核证逻辑中有一个不借助自指称常项指派的证明，则我们称θ为“非自指称的”。模态逻辑 X 的所有非自指称内定理组成的集合，被称为该逻辑的“非自指称片段”，可记为 X^{φ}。该文最重要的结论就是证明了如下两个结果：（1）T^{φ}、$K4^{\varphi}$、$S4^{\varphi}$ 都不是正规模态逻辑，甚至都不对 MP 规则封闭；（2）$S4^{\varphi}$ 既不是 T^{φ} 的保守扩张，也不是 $K4^{\varphi}$ 的保守扩张，即同一模态公式可以在较小的逻辑中是自指称的内定理，而在较大的逻辑中是非自指称的内定理。

模态逻辑，特别是讨论必然和可能的真势模态逻辑是当今逻辑学中最重要的研究领域之一。虽然很多哲学家（如蒯因）仍然对模态逻辑抱有否定的态度，但这并没有妨碍模态逻辑技术方面的发展和应用。可以说模态逻辑脱胎于学者们对模态的哲学讨论，但并不仅限于此，经过多年的发展，其已经具有了自己独特的技术手段和研究领域。

结　语

哲学逻辑一直是逻辑学中成果比较集中的一个领域，而非单调逻辑由于是逻辑学与人工智能的交叉学科，因此也吸引了很多逻辑学家和计算机科学家的关注。可以说，2017年逻辑学的发展仍体现出了逻辑与哲学和计算机科学相交叉、相融合的一个趋势。以逻辑为工具刻画哲学问题、处理形式语言等工作仍是逻辑学中的主流方向。此外，由这些成果可见，逻辑学研究的国际合作日益增强。

（作者单位：中国社会科学院哲学研究所）

责任编辑　冯瑞梅

① J. Yu, “On Non - self - referential Fragments of Modal Logic”, *Annals of Pure and Applied Logic*, 168(4), 2017, pp. 776—803.

当代中国哲学家思想研究

哲学创新的生命本性

——高清海哲学思想研究

胡海波

高清海是一位具有独特精神品格的思想者。作为当代中国的马克思主义哲学家，他较早地反思了苏联模式哲学教科书体系的缺陷；他在哲学内容和体系改革中，创造性地提出了“实践观点的思维方式”，以此重新理解马克思的哲学；他根据时代发展的要求，紧紧抓住了哲学观念的变革与创新，提出“人与哲学”的问题，认为“人”的观念的变革是带有根本性的变革；他积极探索哲学理论在当代中国的发展，提出了“类哲学”的设想，呼吁找回我们失去的“哲学自我”。高清海在生前已出版九卷本《高清海哲学文存》，近年来我们发现他还存有几千万字未曾出版的读书笔记、研讨记录与思想手稿。这些工整细致的文字记录了他思想创新、理论创作的艰辛历程。

一　哲学观念变革的思想探进

高清海哲学观念的变革始自于并得益于师从刘丹岩教授。他在刘丹岩教授的指导下开始反思苏联模式马克思主义哲学教学体系。1950—1952 年，高清海先生被保送至中国人民大学马列主义基础教研室学习，在“苏联专家”的直接讲授中学习马克思主义理论。“两年的学习我们都养成了‘照本宣科’‘人云亦云’的教条主义习性，几乎已经忘记自己还有一个应该进行思考的头脑。”① 从中国人民大学研究生毕业回到长春后，高清海结识了刘丹岩教授，并受其影响，开始逐渐超越苏联专家所教授的教条式、知识化的教学与研究方式，明晰了改革哲学体系的重要性。② 针对当时人们对马克思主义哲学认识上的教条化倾向，高清海和刘丹岩提出苏联模式的马克思主义教科书的理论内容与逻辑架构背离了马克思主义哲学基本精神的观点，认为把辩证唯物主义和历史唯物主义分割开来并列为两个组成部分的做法，既不符合马克思主义哲学的内在逻辑关系，也不符合这一理论产生时的历史情况。马克思主义哲学即“辩证唯物主义”，并内含“历史唯物主义”；苏联教科书界定的“历史唯

① 高清海：《找回失去的“哲学自我”：哲学创新的生命本性》，北京师范大学出版社，2004，“序”第 2 页。

② 参见高清海：《找回失去的“哲学自我”：哲学创新的生命本性》，“序”第 2 页。

物主义”实质上是马克思主义社会学或“科学社会学”①。他们的观点在当时被冠以“分家论”，成了“妄图阉割马克思主义哲学一整块钢铁，为右倾机会主义制造理论根据的修正主义观点”，遭到反复批判。尽管他们关于辩证唯物主义和历史唯物主义关系的观点没有脱出旧哲学本体论思维模式，但高清海认为这是中国学者对苏联通行观点首次提出的不同见解，也奠定了他后来以推动哲学观念的总体变革和哲学体系的根本改造为旨志的理论研究方向。

但真正超越苏联模式的哲学教科书，实现对马克思主义哲学的真实理解，是在 20 世纪 70 年代末以后。伴随着中国思想解放、改革开放的进程，人们对马克思主义哲学的认识水平也有了显著的提高，越来越多的人希望突破教科书旧有的框架，建立一个能够充分反映马克思主义哲学的科学性和革命性，能够反映马克思主义哲学在新时代应当具有的丰富内容的原理体系。然而，这并非易事。当时人们往往只能在马克思主义哲学原理教科书原有的体系框架之内进行“积木式”的排列组合，这使得马克思主义哲学教科书体系的改革陷于瓶颈。所以，在世界图景、思维方式、价值理念等方面实现突破，才是真正解决“教科书”问题的出路所在。

在这种情境之下，高清海组织并带领吉林大学哲学系的学术团队，开始了创新马克思主义哲学教科书体系的思想探索。从 1980 年至 1987 年，撰写出版了《马克思主义哲学基础》（上、下册）。这部教科书提出和回答了一些改革开放以来中国哲学教科书改革的根本性问题：第一，指出苏联模式哲学教科书存在的最根本问题是不符合马克思主义哲学的革命性和创造性精神。因为它强调客观性以及客观规律，没有体现人的主观性和主动性，更谈不上“实践”和“人”。第二，认为教科书体系改革不是如何理解教科书的问题，而是要在马克思哲学以及全部哲学和哲学史的经典思想当中来重新理解哲学、重新理解马克思主义哲学的问题。

高清海对马克思主义哲学原理教科书的改革与创新集中体现在理解马克思主义哲学的根本精神与思想特质上，并在哲学思想史的基础上论证马克思主义哲学关于人及其实践历史性发展的观点。对此，他在《马克思主义哲学基础》的“后记”中写道：“哲学体系的改革直接关系到马克思主义哲学理论实质的认识和理解。”“改革旧的体系和内容，最关键的是如何贯彻列宁在总结马克思的思想时提出的逻辑、认识论和辩证法在唯物主义基础上的统一，即通常所说的‘三者一致’的原则。只有认真地、彻底地贯彻这一原则，才能突出人作为主体在马克思主义哲学中的地位以及贯彻于人的全部活动中的主客观矛盾，才能真正做到把一切哲学问题都放到实践基础上去加以理解，从而体现出马克思主义哲学的根本精神、高于一切旧哲学的根本特点。”② 这一认识促使他把该书命名为《马克思主义哲学基础》。这本书凸显的是马克思主义哲学的基础理论，而并非要包含马克思主义哲学的全部思想理论内容。教科书可以采用不同的方法去表述马克思主义哲学的内容，只要在这个体系中坚持的是马克思主义哲学的观点，它的结构符合马克思主义哲学理论性质，就是有价值的。

《马克思主义哲学基础》打破了苏联“教科书”的传统模式，以“客体－主体－主客体统一”为框架，体现实践观点的思维方式及其范畴体系和理论内容，在一定意义上超

① 高清海：《论辩证唯物主义与历史唯物主义的关系》，《东北人民大学人文科学学报》1957 年第 1 期。

② 高清海主编：《马克思主义哲学基础》下册，人民出版社，1987，第 471 页。

越了对马克思哲学的本体论化理解，实现了对马克思主义哲学的认识论理解，推进了哲学世界观的变革。在内容上，这本书以主体性的名义颠覆了本体论的思维，高清海也由之断言《马克思主义哲学基础》是以主体的方式为主观性正名的作品。由于之前苏联模式的马克思主义哲学教科书影响非常大，高清海主编的这本教材一经出版，就在中国哲学界引发了改革马克思主义哲学体系和内容的浪潮。

与编写《马克思主义哲学基础》同时进行的理论探进是，高清海从关注哲学的性质、对象和功能等问题深入对哲学观念变革的研究。一系列的“哲学探进断想”文章的发表，触动和推进了中国马克思主义哲学界对马克思主义哲学体系的讨论，开启了国内学界研究马克思主义哲学的性质、对象和功能的热潮。在哲学观念变革中，高清海提出了“实践观点的思维方式”，并且以“实践观点的思维方式”去理解人与哲学，这是他哲学观念变革的积极思想成果和全新思想角度，更是他的哲学风格与哲学范式。“实践观点的思维方式”的提出，真正推进了学界对马克思主义哲学观念的深入理解。

首先，把“实践观点”作为一种新思维方式。把实践作为马克思主义哲学的核心概念，这是国内哲学界的理论共识。然而问题在于，大家依然还在本体论或者旧唯物主义的意义上来理解和使用实践概念，这对于理解哲学的性质，尤其是理解马克思主义哲学的性质，其推动力不是很大。高清海主张从思维方式去理解实践概念、实践观点，揭示了实践观点所蕴涵的深刻内容和意义。实践观点是人与自然、意识与存在、主观性与客观性在现实活动中相互统一的思维方式。“实践的发现、实践观点的创立，它绝不是仅仅为哲学增添或补充了一个新的范畴、新的观点和新的原理的问题，而是为我们理解人、理解世界以及理解全部哲学问题提供了一个完全新的立足基点、观察视角和思维模式。”① 把“实践观点”作为哲学思维方式来理解，意味着实践已经不是一个本体论、认识论的概念，而是一个关乎马克思主义哲学变革实质的概念。

其次，“实践观点”是马克思主义哲学的思维方式。“马克思最大的贡献就在于把哲学理论奠立在实践的基础上，由此根本改变了哲学思维方式，使哲学进入新的发展阶段。”②“我不认为马克思的实践观点仅仅是为哲学增加或补充了一条新的原理（那怕是认为很重要的原理），或以一种新的‘本体’取代了旧的本体理论。”③ 马克思哲学“实践观点的思维方式”是在欧洲思想史上的“自然观点的思维方式”“存在观点的思维方式”“意识观点的思维方式”“人本观点的思维方式”以及其他各种各样观点的思维方式的基础上，通过哲学革命所产生的一种独特的思维方式。

再次，“实践观点的思维方式”破除了传统哲学本体论思维方式，是现代哲学的思维方式。以往人们习惯用传统哲学本体论思维模式去理解马克思主义哲学，这实质上既不是按照西方哲学自身的历史与逻辑（本体论—认识论—人本学）去思考哲学的变革，也没有以马克思超越西方本体论哲学传统的“实践观点”来理解马克思哲学，没有从马克思“实践观点的思维方式”去把握马克思哲学变革的真义和哲学之为哲学的应有本性。本体论思维方式注重绝对存在，追求终极真理，坚持本质先在，追求本源和本真，从对立的两

①② 高清海：《高清海哲学文存》第1卷，吉林人民出版社，1997，第86页；第132页。

③ 高清海：《高清海哲学文存》第6卷，吉林人民出版社，1997，第381页。

极去把握绝对一元本性。[1] 马克思的“实践观点的思维方式”，扬弃了哲学在本原问题上的自然本体与精神本体的抽象对立，超越了它们在思维方式上的客体性原则与主体性原则的互不相容，说明了由人的实践活动所造成的人与世界的否定性统一关系。

最后，“实践观点的思维方式”奠基于马克思关于人的理解方式基础之上，真正彰显了马克思主义哲学从人本身来理解问题的哲学思维特质。高清海认为，在传统哲学的思维方式中人不是哲学的主题，人未被作为人本身来理解。传统哲学总是从某种本原性的存在去解释人的存在，通过某种本体如柏拉图的理念、亚里士多德的 ousia，包括基督教、中世纪神学的本体来理解人，亦即所谓的人总是从其所不是的存在者那里来理解自身存在。在这种前提下，人被抽象化。“它们只承认人的单一本性，而且还把它看作一种先在规定。”[2] 高清海认为，马克思的哲学革命已经使人的哲学思想可以并且能够有这种自我意识，这种自我意识保证了从人本身来理解人，而不需要通过上帝或者某个抽象的实体。那么，作为根本的人本身是什么？高清海认为是人的双重性生命本性。由此，高清海的哲学思考开始立足于人去审视哲学，并提倡发挥实践观点的思维方式。

从 1978 年至 1980 年代末这十余年间，高清海的学术道路主要是以变革苏式联模教科书体系为突破口，克服本体论思想倾向，从认识论走向“实践观点的思维方式”，在思维方式变革的意义上推动哲学观念变革，探求理论创新之路。

二 “类生命”与“类哲学”：人与哲学的未来憧憬

从 20 世纪 90 年代开始，高清海发挥“实践观点的思维方式”，研究人与哲学的问题，深入思考哲学的当代精神与当代中国哲学的理论形态，真切研究马克思主义哲学变革的人类性意义与当代中国哲学发展的民族性意识问题。从“实践”转到“人”，进而提出“类生命”与“类哲学”，这是高清海哲学思想的重大变革与创新。

“实践观点的思维方式”的确立，使高清海把目光对准哲学的本性与人的本性。在关于马克思主义哲学的理解上，存在两种哲学观：一种是“知识体系的哲学观”，认为哲学是关于世界的客观性知识。马克思主义哲学是关于宇宙、世界的科学的知识体系。在作为知识体系的哲学里，人、实践不具有优先性。另一种是“价值体系的哲学观”，认为哲学是关于人的价值体系。高清海认为在哲学观的层面上讨论马克思主义哲学，是讨论马克思主义哲学教科书改革、哲学观念变革的最高境界，但不同意把哲学、马克思主义哲学理解为科学的知识体系。他认为，人是哲学的主题与奥秘，哲学是关于属人世界的学问，是价值体系。高清海从教科书改革、哲学观念变革转向“人与哲学”，进一步研究人的本性与哲学的本性，提出“哲学的奥秘在于人，哲学实质上只是人的自我意识理论”。从根本上说，哲学理论只是一种“价值理想”和“思维方式”；真正理解哲学的本性，关键在于抓住“人”这一根本；“只有抓住人，从对人、人的本性、人的历史发展的理解中，才能揭开、解开哲学理论中的一切秘密”[3]。他提出以“人的观点”去重新认识世界、理解哲学。哲学的研究应该思考何种问题，并不是哲学本身的需要，而是人的生成、发展与完善的需要。人发展到何种程度，人的生命遇到何种问题，人就需要怎样的哲学思想。据此，他深入思考与论述了哲学的生命与人的生命之间的内在性关系，认为哲学思想史其实就是人性生成

①②③ 高清海：《高清海哲学文存》第 1 卷，第 147—148 页；第 85 页；“总序”第 3 页。

与完善的人类生命史，是人的思维方式、价值理想和精神境界不断更新的自我意识的历史。“人”的观点成为高清海哲学研究中一个重要的逻辑节点。

在哲学体系的意义上转变哲学观念并不能导致根本性变革，唯有转变“人”的观念才能导致根本性的哲学变革。其中，重新理解“人”，成为哲学观念变革的一个关键问题。而在关于“人”的观念转变过程中，高清海认为有两个问题需要解决：一是在认识人的方式上，从按照“物”的方式转变到按照“人”的方式认识人，从抽象的人走向具体的人。

“认识‘人’的关键，在我看来，主要不在于把人看作什么，而在于如何去看人。”① 在人类思想史上，物化观点和神化观点是认识人的两种方式，这两种观点在本质上都是以认识物的方式去认识人，即按照“非此即彼”的原则，追求单一、前定、不变本性的思维方式，将人性看作单一不变的本性，是一种抽象化的理解。高清海将其概括为“物种思维”“物种逻辑”：“‘物种规定’最根本的特点，就在于它是‘前定本质’的特点。”② 而马克思哲学对人的特有本性作出了“具体地理解”，在认识人的方法论上实现了一次历史性的根本转变，“真正突破自然物种思维的规定和限制，开创了从‘人’的观点去理解人的本性的全新思路”③。他经常引述马克思恩格斯在《德意志意识形态》中一段关于人的看法：“一当人开始生产自己的生活资料，即迈出由他们的肉体组织所决定的这一步的时候，人本身就开始把自己和动物区别开来。”④ 这段话表明马克思对人作出了具体的理解和把握，形成了关于人的具体性的观点。“人之所以成为人是人自己活动的创造物；‘人是什么’的本质并不是给予的，不是前定的，也不是固定不变的，而是由人自己的生存活动创生、处于历史变化中的‘自我规定’。”⑤ 实践观点是马克思认识人的方法和原则。马克思的“实践观点”突破了“物种的观点”，为人们理解人的特有本性提供了一种崭新的原则和方法。用“实践观点”认识人，就是要“从人之为人的自身根源去理解人、把握人，确立起把人理解为自身创造者的思维方式”；“从人的生存方式的历史变化中去把握人的历史的和具体的本性”，“把人理解为处于自我追求中的不断否定自身、超越自身的‘自由自觉的存在’”；“从人与对象的双向的主导作用去理解人的生存活动”；“从两重化的观点去理解人的本性，把人理解为多重性、多义性、多面性、多层性的存在体系”；“从‘否定性统一’的观点去理解人与自然的关系。”⑥ 马克思按照人的本性来认识人，形成了关于人的具体化观点。这种具体的观点是按照人的方式理解人，超越抽象人性论，合乎人之本性的观念。用高清海的概念来说，是合乎类生命、类本性的观点。这种类生命、类本性的观点是在“否定性统一”的关系中，在现实的、具体的历史过程中认识人的具体性观点。具体人性论是高清海对人的类生命、类本性的解释，同时也是他的“类哲学”的思想基础。马克思认识人的“实践观点”，构成了高清海认识人的本性、创想“类哲学”的重要方法论原则和思想资源。

二是从“类生命”入手理解人的特质，觉解人的独特存在。

人是多重多义的特殊存在，必须从人的“生命”入手去理解人的特异本性。人的生命不同于动物生命，首先就在于人改变了自己生命的生存活动方式，自己创造自己需要的

---

①②③⑤⑥ 高清海：《找回失去的“哲学自我”：哲学创新的生命本性》，第 203 页；第 243 页；第 244 页；第 243 页；第 244 页。

④ 《马克思恩格斯文集》第 1 卷，人民出版社，2009，第 519 页。

生活资料。这是一种根本性的变化，意味着人的生命的存在本性的变化。人超越本能生命，从被主宰、被支配走向自主，成为自己生命的主宰者。“人的生命两重化了自身，在本能生命之上又形成了支配生命的生命。”① 人超越了动物的单一生命，成为有着双重生命、两重本性的存在。“人既有与动物相同的生命，这是物种规定的本能生命；又有人自己创生的自为生命，这是属于人的自主生命。”② 高清海把人的本能生命、自然生命视为人的第一重生命，概括为“种生命”；把人的自为生命、超自然生命视为人的第二重生命，概括为“类生命”。“种生命”与“类生命”是人的双重生命。高清海对人的双重生命的理解，正契合于马克思对人的生命本性的认识。马克思在《1844年经济学哲学手稿》中就从生命活动的性质论述了人的本性，强调人把自己的生命活动变成自己意志和意识的对象，超越了动物的本能生命活动。

人的双重生命表明，人并非生来就能占有自己的生命本质，而是需要不断去生成和创造，以成为“人”。“人要‘成为人’，必须（1）超越本能生命，达到自我主宰（‘自主生命’）；（2）超越个体自我，与他人的本质结为一体（‘社会生命’）；（3）超越物种界限，通过变革对象与世界达成一体关系（‘自由生命’）。”③ 在对人的生命的理解中，高清海非常注重否定性和超越性的维度。在他看来，类生命被赋予更多的内在的否定性关系。因为“种”的概念代表天然、给予、单一、不变的本性，而“类”概念则表示自在的自为性、历史的生成性、否定的同一性、超越的自我性、自由的整体性。具体说来，“种”与“类”的内涵是：第一，“种”的内涵是自然的、本能的或者野蛮的、蒙昧的，“类”的内涵则是超越本能的、超自然的；第二，“种”具有单一性、前定性、固定性，“类”是对“种”属性的超越，不是前定的、先天的，它来源于人的生命活动的自我创造，它是创造性的、具体性的。“类”和“种”最大的区别就在于“类”的创造性和创新性。这也正符合高清海对人的本性与哲学本性的理解，即创新是人的本性与哲学的本性。

在高清海看来，马克思的“类”概念超越了费尔巴哈的类概念。费尔巴哈把人的本质理解为“类”，但他所理解的“类”并未跳出“种规定”所允许的差别，把“类”理解为“一种内在的、无声的、把许多个人自然地联系起来的普遍性”④。费尔巴哈的“类”概念不是与人的真实的生命本质相适用的概念，他所理解的“类本质”依然是一个自然的、神学的抽象本质。⑤ 马克思所使用的“类”概念具有不同于费尔巴哈的含义：“一个种的整体特性、种的类特性就在于生命活动的性质，自由的有意识的活动恰恰就是人的类特性。”⑥马克思从人的生命活动引申出人的“类特性”“类本性”。类特性是和人的生命的本质力量相关的属性，是自由自觉的本性。马克思谈道：“通过实践创造对象世界，改造无机界，人证明自己是有意识的类存在物，就是说是这样的一种存在物，它把类看做自己的本质，或者说把自身看做类存在物。”⑦人作为自由自觉的类存在，是具有类本质力量的生命存在，根据自己的类本质，可以有类思维、类意识、类生活。

“类哲学”是在对人的思考和研究中形成的观念，是思考人的问题所得出的一个最为

---

①② 高清海：《高清海哲学文存·续编》第2卷，黑龙江教育出版社，2003，第15页。

③ 高清海：《找回失去的“哲学自我”：哲学创新的生命本性》，“序”第4页。

④⑥⑦ 《马克思恩格斯文集》第1卷，第501页；第162页；第162页。

⑤ 高清海、胡海波、贺来：《人的“类生命”与“类哲学”：走向未来的当代哲学精神》，吉林人民出版社，1998，第232页。

重要的成果。“所谓‘类哲学’，是从对人的重新理解中引申出来的对哲学的一种新的理解和认识。类哲学并不意味着一种什么另外的哲学体系、哲学门派，它实质只是从人的更高意境、人的更本质的关系、人的全部发展历史尤其是他的未来发展前景，去看待人和人的一切存在的一种理解方式、理念模式、理论框架。”① “类哲学”是理解人和看待事物的根本性的理念原则和观念方法，是符合时代发展精神的哲学理念。“类哲学”的提出触及了当代人类社会和中国社会发展的现实。

“类生命”“类哲学”不仅有着深刻的人性根基，而且有着历史发展的内在根据。马克思在《1857—1858 年经济学手稿》中论述了人生成和发展所经历的历史阶段，提出了关于人与社会发展的三形态理论：(1)“人的依赖关系”形态；(2)“以物的依赖性为基础的人的独立性”形态；(3) 人的“自由个性”形态。马克思的“三形态”理论揭示了人之生成和发展的内在本质，揭示了人的自为本性的展开过程及其历史形态。② 基于对马克思的“三形态”理论的理解，高清海就人的三种历史形态作出如下表述：第一种形态是“群体本位的人——属于集群主体形态”，人被束缚在自然联系中，个体生命必须服从族群支配；第二种形态是“个体本位的人——属于个人主体形态”，人摆脱了人身依附、人格从属关系，把自然性的依赖关系发展为社会性的、普遍的相互的依赖关系，把自然地域性的狭隘联系扩大为世界历史性的人类交往联系，使人在获得独立的同时，又把人置于物的支配之下；第三种形态是“自觉类本位的人——属于类主体形态”，这是人类的高级存在形态。③ 当代人类经由“群体”依赖性、“个体”独立性，正在走向“类体”自由个性的时代。“类生命”与“类哲学”就是在“类体”的基础上理解人的生命和时代精神的哲学。自由自觉的“类存在”与“类意识”是人与哲学自我改变、自我创造的理想追求。

“类哲学”思想提出的现实背景是市场经济在中国的兴起。党的十四大召开，提出建立和完善社会主义市场经济体制。一时间，经济活动、经济关系以及经济方面的学术研究成为社会的热点，搞市场经济的人站到了社会的前沿和主流。当时，经济学、政治学、法学、社会学都参与到市场经济的研究中，而哲学、历史、文学等人文学科相比而言则缺少参与感。高清海正是在这样的情形下，开始探究哲学应该怎样参与市场经济这种新的社会化交往形式中去。他认为，不能仅研究市场经济相对于自然经济和产品经济而言的特殊规律和一般规律，应该从人的生成发展去研究市场经济。在马克思关于人的发展的“三形态”理论的启发下，高清海提出了研究市场经济的理论框架、思想逻辑和致思方向，撰写了《市场经济、个人主体与现代哲学》等文章。

高清海认为，如果按照马克思的“三形态”理论来理解市场经济，那么市场经济的本质不仅仅是生产、分配、交换、消费问题，不仅仅是资源配置问题，而是关涉人的存在形态的变革，具有社会历史形态变革的意义。“市场经济发展最为根本的意义就在于促进普遍的独立个人的生成。”④ 促使人生成个体的独立性，是市场经济发展的根本历史作用。从人的存在形态的历史性变化来看，市场经济具有人性的发展和完善的意义。人类的历史

---

① 高清海：《高清海哲学文存》第 2 卷，吉林人民出版社，1997，“前言”第 6 页。

②③ 参见高清海：《高清海哲学文存·续编》第 3 卷，黑龙江教育出版社，2003，第 72 页；第 73 页。

④ 高清海：《找回失去的“哲学自我”：哲学创新的生命本性》，第 180 页。

形态变革和人性的发展完善，归结起来就是市场经济的形上意义。所以要按照市场经济的形上意义，即历史形态意义和人性意义去研究市场经济。中国的市场经济，对于中国人形成“个人的独立性”并且进入第三形态“具有自由个性的人”，有着特殊的历史作用和意义，是人的发展中不可或缺的阶段。随着人的存在形态的变化，人的思想观念也必将发生深刻的变革。

市场经济并不是人类活动的完善的和高级的形态。从西方社会的发展来看，人类已经进入个体本位的时代。市场经济在唤醒和调动个人的主体性的同时，也造成了异己力量的统治，产生了一系列社会矛盾及其弊端。人必然会从以个体为主体和本位的时代，走向以类为主体和本位的时代，从而在思想理论上引发新一轮的观念变革。“类生命”与“类哲学”就是对人的类存在的表征，是从人的发展中引申出来的新的理解方式和理念模式。人类的未来需要自觉按照超越“种哲学”的“类哲学”思维来理解人的生命和人类社会。在高清海的论著中，《人的“类生命”与“类哲学”》一书是集中阐释“类生命”与“类哲学”思想的著作，主要表达了如下思想：

第一，“类哲学”是面向未来的哲学理念。《人的“类生命”与“类哲学”》一书，最初拟定的书名是“走向未来的当代哲学精神”。书稿写完之后，根据书中的内容，高清海把两个最核心的概念“类生命”“类哲学”提取出来，定名为“人的‘类生命’与‘类哲学’”，将“走向未来的当代哲学精神”作为书的副标题。从书名的变化可以看出，“类哲学”是作为面向未来的哲学理念提出的。“今天人类已经开始进入自觉的类存在阶段，那么，哲学也必然会从自发的类观念走向自觉的类观念。”[①]“类哲学”是适应于现代人走向自觉的类存在的哲学观念，是符合人的类生命本性的思维方式、价值观念与精神意境。“类生命”“类存在”不仅是现代人的生存状况，更是人类走向未来的哲学精神所应具有的核心概念和思想主题；“类哲学”不仅是今天的哲学形态，更是人类走向未来的生命精神和价值追求。在这个意义上，“类哲学”是价值性的概念，是富有追求性、理想性、创造性和个性的哲学理论。

第二，“类哲学”是人的自我意识达到了自觉形态的哲学。20 世纪 90 年代初，高清海在《哲学的憧憬》一书的“前言”中提出“哲学的秘密在于人”[②]，而人的奥秘在于人的生命，人的生命的奥秘在于类，类是人的真正的本性。类哲学就是从对人的生命的思考发展出来的，是以人的类存在和类本性为主题的哲学，是对人的类生命所形成的自觉的自我意识。高清海提出的“类生命”以及表达类生命的自我意识的“类哲学”，面向的是走向自由个性的人。“类哲学”作为一种崭新的哲学观念和思维方式，内在地包含着对种本性、物种思维的否定与超越。“类哲学是注重于从人与外部世界、人与他人和人与自身的本质性的一体关系，也就是以‘否定性的统一’观点去看待和认识。”[③]“类哲学”是按照人的生命本性以人的方式去认识人与世界的类观念；是人走向未来的超越性精神，体现了思维和理论上的创造性。

第三，“类哲学”对于理解和回答人类社会的发展问题有着重大的现实意义。人类社

① 高清海、胡海波、贺来：《人的“类生命”与“类哲学”：走向未来的当代哲学精神》，“序”第 10 页。

② 高清海：《高清海哲学文存》第 4 卷，吉林人民出版社，1997，第 3 页。

③ 高清海：《找回失去的“哲学自我”：哲学创新的生命本性》，第 278 页。

会的发展在根本上是人的发展。解决人类社会的发展问题，特别是那些全球性问题，需要充分发挥人的观点，升华人的思想境界，走出狭隘的民族国家的界限，去形成人的“类本位”。世界性难题的解决必须诉诸超越个体、民族国家的类思维与类意识。类存在是人的真正的存在形态，是人类发展的未来。只有确立“类哲学”的精神，个人和民族国家所面对的民族性和世界性问题才能得到彻底的解决。“‘类哲学’是包容人类的世界性整体、把全人类的生命意义和生活价值作为终极关怀的哲学。”①

高清海提出的“类哲学”的理念，既是对自己思想理念的理论表达，更是对当代马克思主义哲学新形态的理论展望。“类哲学”强调以人的方式把握人的本性，以类（即人的真正的本性）为哲学的核心内容和根本性质，确立“类”的观点和思考方式。“类哲学”的基础和核心是“类生命”。“类生命”主要是指对“种生命”的超越；“类哲学”则是指对以本体论思维方式为基础的“物种哲学”的超越。“类哲学”是走向未来的人的未来哲学形态②，是人类未来的哲学精神和哲学观念。高清海所提出的“类生命”和“类哲学”为我们理解人类的未来提供了重要的思想资源。

三　中西哲学比较与中华民族的“哲学自我”

伴随着人类进入 21 世纪，高清海的哲学思绪从“类哲学”转入对哲学个性与哲学自我的悟觉，倡导研究和挖掘中国传统哲学的精神特质及其当代价值，呼吁走向未来的中华民族应有属于自己的哲学理论。“哲学个性”与“哲学自我”，作为他对人类生命本性与具体人性论研究的思想升华，既是“类哲学”之后的新理论问题，又是“类哲学”理念直面当代中国人与社会发展问题的必然结论。

在构想“类哲学”的过程中，高清海有着自己的苦恼。他生命的最后三年，是面对“类哲学”彷徨、犹豫、探索的三年。在关于“类哲学”的讨论中，主要存在的问题是人们对“类”概念的误解、费解和不理解。有些人认为“类”概念、“类特性”“类存在”等说法主要出现在马克思的《1844 年经济学哲学手稿》中，仍然带有德国古典哲学的唯心主义和旧唯物主义的遗迹，不属于成熟期的马克思的思想。在对马克思整体思想进行宏观把握的前提下，高清海认为《1844 年经济学哲学手稿》是马克思主义哲学的发源地，不是对旧哲学的概念和观念的简单模仿或挪用。马克思确实提出了一个不同于费尔巴哈的“类”概念，这是表达关于人的本质的具体概念。马克思的“类”概念问题似乎在文本的意义上得到了澄清，但学界依然没有完全在马克思主义哲学的立场上接受这一概念。人们对“类哲学”的误解，与思维方式、哲学观有关：在对“类哲学”的理解上，人们习惯于停留在原来的哲学观上，即各自所理解的西方哲学、马克思主义哲学，这和“类哲学”所描述的哲学不是一种哲学。这时让人们接受一种新哲学，放弃思维里既有的“物种哲学”及其原本理解的马克思主义哲学，按照“类思维”来理解人和哲学，恐怕不是能够轻易达成的，它需要经过历史的进步和人类精神的改变。

“类生命”“类哲学”虽然在某种意义上成了“类”麻烦，高清海也逐渐不再频繁使

---

① 高清海、胡海波、贺来：《人的“类生命”与“类哲学”：走向未来的当代哲学精神》，第 252 页。

② 高清海：《高清海哲学文存》第 2 卷，第 165 页。

用“类”概念了，但他仍旧孜孜不倦地在“实践观点的思维方式”“类哲学”的范式中琢磨、研究哲学的个性，悟觉中华民族自己的哲学理论。步入思者生命的最后阶段，高清海更加关注中国传统哲学，从中国经典思想当中寻找某些与“类生命”“类哲学”相契合的东西。“类生命”“类哲学”“种生命”“种哲学”是西方式或者说是马克思主义哲学式的话语、概念。而对生命的理解不仅仅有西式的、马克思主义式的，还应该有中国人自己的方式。在这一背景下，高清海从1996年开始，投入了相当多的精力来研究中国传统哲学，撰写了《中国传统哲学属于全人类的精神财富》《中国传统哲学的思维特质及其价值》《中西哲学思维的不同特质》等数篇关于中国传统哲学的论文。作为中国的哲学研究者，其哲学应是中国式的，要有中国元素。“类哲学”的思想理念作为当代中国人的哲学理念，是中国人自我意识的哲学理念，理应是反映中华民族鲜明个性、时代精神、生活情境的哲学理念。中国传统哲学的思想特质，中国人的思维方式和思想智慧，必定会对中国的发展以及人类文明产生重要的影响。东西方的交流和对话，以及思维方式上的相互批判和借鉴，是未来哲学观念涉及的主要内容。

高清海在中西哲学比较中思考和研究哲学个性与哲学自我。倡导“类”理念、“类哲学”，并不是不讲个性，不能把“类”理解为齐一性。“走向一体性的自觉类化趋向并不排除自我的个性；不但不排除，它还必须以自我个性的充分发展为自己的内在规定和发展基础。”① “在人的发展中，愈是类性化，愈要求个性化，个体愈是多质化，类性也就愈加充实和丰满。”②从文化、哲学上说，个性意味着尊重文化与哲学的民族差异性。高清海晚年常讲：“‘哲学’作为人的自我意识理论，不同于科学，它表达的是人的多重性、多样化并始终处于变化中的内在本性；哲学不仅没有先验固定的对象和理论模式，哲学的表达方式也是多种多样的。哲学当然也具有人类性，哲学同时又属于那种历史性、时代性、民族性，一句话，赋有个性化的理论。”③ 哲学没有普遍的思想标准和绝对的理论形态，它总是处于具体生活境遇中的人们对自身生命问题的思想，是有个性的人类文化。哲学作为人性的自觉意识、思想样式，对人性的表达离不开它所属的民族和时代，这就形成了不同民族、不同时代在哲学思维方式和理论形态上的差别。中国哲学、西方哲学各有自己的特质。中国传统哲学博大精深，内容极为丰富，它有中国所特有的思维方式、理论形态、价值取向、精神意境和语言风格。关于哲学个性的思考，是高清海生命最后阶段的最重要的研究，是“类生命”与“类哲学”研究的升华。

在当今现代化、全球化的浪潮中，人们讲求向西方学习。高清海立足于哲学个性与思想自我，批判性考察了“向西方学习”。他认为，西方文化只是人类文明多种文化样式中的一种。“我们只能从我们自己的生活出发去汲取我们需要的成果，不应该一味去模仿西方式的生活。”④更何况，西方人的生活样式也陷入了一种生存困境。既便出现了现代西方人对西方理论思维模式的摧毁、解构和消解，也没有完全摆脱由西方传统沿袭而来的“本体论思维方式”。

针对西方哲学的本体论理论及其思维方式，高清海仔细分析了它的优长与缺点。它的

①②④ 高清海：《高清海哲学文存·续编》第1卷，黑龙江教育出版社，2003，第178页；第178页；第182页。

③ 高清海：《中华民族的未来发展需要有自己的哲学理论》，《吉林大学社会科学学报》2004年第2期。

优长表现在：第一，西方哲学家以本体论理论表达了人的形而上追求。“本体论追求现象世界之上、高于现象世界之外的一种彼岸存在和彼岸的本性，这就给人树立了一个理想，人不能仅仅满足于既有的生活，应该去追求比现有生活更高的、属于人的本性世界应有的那种生活。在这个意义上讲，它有提升人性的作用，能使人意识到人应该是高贵的，应该追求更高的目标。”① 第二，本体论逻辑化的表达方式推动了西方科学技术的发展。本体论思维方式最显著的特征就是概念思维，用概念把握事物的本质、本性，把事物的本质、本性变成一种固定化、形式化的确定性存在，将世界表现为概念和概念之间的逻辑关系。这种理解方式使人容易掌握事物的内在本质，超越时空局限去认识事物不同本质的关系，并通过这样的认识去改造事物、改造对象。西方哲学的本体论思维方式也有其弱点，即本体论思维方式追求超经验的本体存在，认为本体已经内涵了一切，是一种前定的“预成论”、独断论；本体论理论的概念化思维，是一种单极化的两极思维，在两极化以后寻求一个单极的绝对本性，缺乏发展观念，失掉了概念和对象的内在联系。总而言之，本体论思维方式不是按照人的本性、生命的本性，而是按照物种的本性来看待世界的存在。

不同于西方以本体论为理论核心，中国哲学是以“道”为核心的“生成论”理论。“道”是存在的本根、万象变化的源泉，它贯穿在万有之中，同时又超越万有之性。“道”不同于西方哲学的本体。本体是经验世界之外的存在，是一种现象背后的超验存在，具有预成的本性，而“道”是一种生成本性。“生成本性就意味着，它在创生万物的时候本身也在变化，本身也在生长，没有一种固定的存在，本体对我们来说是一种既定的先验模式。”② 从思维方式上看，中国哲学的思维方式是义理性的意象思维、悟觉思维。通过意象或体悟深入事物内部去了解和把握事物的本性，使意象和对象始终处于一体性的关系中。相较于西方的本体论思维方式，中国的意象思维不仅擅长表达人的形上学本性，在把握人、人的本性、人的生命、人与外部世界的关系方面也有其长处。

据高清海对中国哲学思维特质的理解，中国哲学以意象或体悟的方式把握形而上的东西，不同于西方概念式的把握，可以避免陷入诸如“本体不可知”之类的理论困境。西方哲学用二分法思考人，而中国哲学则主张三分法，即天、地、人，人在天地之中，天道贯穿其中，天、地、人是一个内在的生命的统一体。尽管中西方哲学的基点都在人的生命活动中，但西方主要关注的是成就人的生命活动价值，完成人性的生存使命，讲求“知物”；中国关注的则是完善人的生命本性，开发生命的内在价值，讲求“悟道”。中国哲学是真正关于人的生命本身的理解和领悟的学问，在理解生命的问题上中国哲学要比西方哲学有更大的优势。儒、释、道三家对完善生命本性的问题作了深入充分的思考：儒家强调穷理尽性（入世），道家强调复真保性（超世），佛家讲求明心见性（出世），儒、释、道三家从三个侧面表达了人的生命的完整内涵。中华民族还是富有辩证思维传统的民族。“中国的辩证法不同于黑格尔的概念辩证法，它是一种‘生命辩证法’，是从生命的体验当中形成的一种活的思维。”③ 西方的概念辩证法，打破概念的凝固性，赋予概念自身以变化的本性；中国的生命辩证法，是从人的生命体验、现实活动中发现出来的，是讲究时、权、中、和的变通思维。总而言之，中国哲学思维，超越区分对立，不走极端，强调相生相成，协调互补，并行不悖；强调行时、行权。中国哲学和西方哲学在思维方式上确实有着根本性的差异。

---

①②③ 高清海：《高清海哲学文存·续编》第1卷，第215页；第223页；第224页。

中国人要思考和理解自己的生命问题，不应该跟在西方哲学的后面，更不应该把西方哲学当作自己的哲学，完全通过它来思考自己的问题，更何况中华民族拥有属于自己的思维传统。面对这一精神财富，高清海指出我们应该使中国传统哲学所蕴含的巨大能量和潜在价值充分发挥和展现出来，不能丢弃自己的传统。当前中国哲学研究的主要任务就是创造属于中华民族自己的哲学理论："创造'当代中国哲学'，实质就是要创造中华民族的'思想自我'。"① 在高清海看来，当代中国哲学的研究应致力于创造中华民族自己的哲学理论，为人类的未来憧憬一种合乎人性的哲学精神。

对哲学思想的"自我"的追寻，是任何真正的哲学观念与哲学研究范式共同拥有的学术品格，这一品格开显出的独特思想内容是不同哲学的思想性质与个性化风格的具体体现。在一定意义上，任何一种真正的哲学都是哲学家以其特有的哲学观念与哲学研究范式独立思考某一民族、某一时代的根本性问题而创造出来的。一种哲学，也就是一个"思想自我"。这种"思想自我"，"包含'哲学工作者'的自我、我们民族的自我和时代的自我"②，有着鲜明的民族特点、时代特征和个人风格。尽管这是蕴含在西方传统哲学、中国传统哲学、马克思主义哲学中的基本道理，然而在以往的哲学研究中没能得到应有的重视与坚持，以至于在哲学研究中没能真正实现中华民族的"思想自我"。这种思想状况和问题，已经成为当代中国哲学研究中亟待解决的思想问题。如何解决这一问题，扭转哲学研究中缺少中国立场与中国方式的思想状况，是我们今天研究哲学观念变革以及哲学研究范式转换的重要问题。针对这一问题，高清海提出了的当代中国哲学研究要创造中华民族的"思想自我"的观点。中华民族的"思想自我"，主要是指当代中国的哲学工作者在研究哲学时，应该有属于中华民族自己的哲学观念与研究范式，应该坚守属于中国人自己的哲学立场和具有中国特点的研究方式，用自己的头脑和方法独立地思考和解决当代中国人与社会发展的问题，为创造属于当代中国人自己的哲学思想与理论形态指出了方向。

结　语

纵观高清海一生的学术经历，哲学范式变革与创新贯穿始终，实现了历史与逻辑的否定性统一，形成了人性自觉、生命自觉、哲学自觉的生命思旅。他的理论创作与思想创新是一个历史与逻辑否定性统一的自我超越过程。这种否定性统一不仅是他的思想方法，也是他的思想成果。他的作品是人性自觉、生命自觉和哲学自觉的写照和表征。他将自己独特的思想范式运用于哲学的思考与研究之中，探讨哲学理论在当代中国的发展问题。他的哲学思想已经越出哲学本身，使哲学和时代有了新的内在关联，深入人的命运与人类的未来性问题之中。

（作者单位：东北师范大学哲学学院）

责任编辑　贾红莲

① 高清海：《中华民族的未来发展需要有自己的哲学理论》。

② 高清海：《找回失去的"哲学自我"：哲学创新的生命本性》，第5页。

汤一介与当代中国哲学

景海峰

一个时代有一个时代之学术，我们的时代是思想解放、打破禁锢、从封闭走向开放的时代，是中西文化激荡、社会大变革、思想范式发生转型的时代，汤一介先生的学术研究和哲学思考正是随着这个时代的脉搏一起跳动和起伏的。按照他本人的理解，哲学的特征就是思考，哲学家所做的工作就是思考他所处时代的那些根本问题。他说："我的思考哲学问题的习惯，总是让我常常在思考着某些哲学问题，因此我认为也许可以把自己定位于一位'哲学问题的思考者'或'哲学学科的爱好者'。""我虽不敢自称是哲学家，但我却有思考一些哲学问题的兴趣。从1980年初我思考'中国哲学的范畴问题'到20世纪末我提出'创建中国解释学问题'和'新轴心时代中国哲学的走向问题'，就说明我对'哲学问题'的思考并没有停止。"① 汤一介先生的确是一位勤奋的哲学探路人，是我们这个时代的思考者。

一　家风与学思

汤一介（1927—2014）的祖籍是湖北黄梅，但他出生在天津，一岁到了南京，四岁又到北平（北京），抗战期间在西南大后方，这是因为他的父亲汤用彤（1893—1964）先后在南开大学、中央大学和西南联大任教的缘故，所以他早年随家迁移、漂游无定，直到抗战复员后才在北平（北京）定居下来。

他的祖父汤霖是前清进士，做过甘肃渭源等县的知县和乡试同考官，晚年居京以授徒为业，好汉代易学，留下"事不避难，义不逃责，素位而行，随适而安"的家训。他的父亲汤用彤是中国现代著名学者、一代佛学大师，早年留学哈佛大学，与陈寅恪、吴宓并称"哈佛三杰"，回国之后，历任东南大学、南开大学、中央大学等校教授。从1930年起，他执教于北京大学，长达三十多年，成为整个20世纪北京大学人文学科当中几位台柱式人物之一。汤用彤先生在学术上"昌明国故，融会新知"，通贯中西，撷精立极，创辟一代风气；而在立身处事方面，则能承接家风，无违父训，被钱穆称为"圣之和"者②。汤一介从小生长在这样的书香门第，耳濡目染，后来又子承父业，不仅在学术上深

① 汤一介：《思考中国哲学》，中国人民大学出版社，2016，第5页。

② 钱穆曾经以"柳下惠之和"来形容汤用彤："孟子曰：'柳下惠圣之和'，锡予殆其人乎。……锡予和气一团，读其书不易知其人，交其人亦绝难知其学，斯诚柳下之流矣。"参见钱穆：《忆锡予》，载《燕园论学集》，北京大学出版社，1984，第25页。

受先辈的影响，而且在做人处事方面也延续了家风。

汤一介的学思经历大致可分为三个阶段：大学毕业以前的青少年求学时期（1927—1951）；参加工作之后将近三十年的艰难曲折而又颇感沉寂的困滞时期（1952—1979）；焕发学术活力、对当代中国哲学作出了重要贡献的新时期（1980—2014）。

汤一介早年在西南联大附中和重庆南开中学读书时，阅读了大量的中外小说和各种文学作品，喜李后主词，更爱陶渊明诗文，对俄国文豪尤其拜服。钱穆的《国史大纲》使他开始理解中华民族灿烂辉煌的历史，钱学熙的英文讲授让他领略到西方文学的意境之美，再由文学理论、美学而渐入哲学、宗教，他开始读《工具论》《理想国》《上帝之城》等。抗战复员后，汤一介随全家回到北平，先上北京大学先修班，一年后正式转入北京大学哲学系。本科期间，除了读冯友兰等人的"中国哲学史"著作之外，他的喜好仍偏重在西方哲学，对金岳霖、洪谦的文章颇感兴趣，相关习作受到贺麟的称许。他还选修了大量的外系课程（特别是西方文学），打下较为宽广的基础。哲学课中下工夫最大的是逻辑一类，胡世华的"数理逻辑"和"演绎科学方法论"，让他体会到思维工具的重要性。而汤用彤先生的两门近代西方哲学课程，则使他进一步理解了哲学范式和方法论的特别价值。1949 年以后，汤一介以青年人特有的敏感和喜好新鲜事物的情趣，投入到马克思主义的学习当中。他阅读了大量的马列主义经典著作，因表现优异，被北京大学党总支派到中共北京市委党校学习，后来留下来做教学工作，从而结束了他的大学生活。

50 年代初期的汤一介是一名马克思主义的"宣传员"，他在党校给学员讲《联共（布）党史》和马克思主义哲学经典。1956 年秋，汤一介回到北京大学哲学系工作，被中哲史教研室主任冯友兰委派给汤用彤先生做助手，他先后帮着父亲整理校对了《魏晋玄学论稿》等，并且参加了当时影响很大的"中国哲学史问题座谈会"的筹备工作。从这时起到"文革"前的十年间，他总共写了三十余篇文章，一类是批判"资产阶级学术思想"的，另一类则是为参加当时的一些"学术"讨论而作。对此时期自己的研究与文章，他晚年作了深刻的反省和自我剖析。① 除了断断续续的教学工作和扭曲的批判式讨论之外，汤一介也利用这段时间系统攻读了儒家经典和诸子百家的著作，对各种相关史料都下了一番工夫，这无疑为后来的研究打下了坚实的基础。到了"文革"十年，好几代知识人都被它耽误掉大好时光，正值韶华盛年的汤一介不但在学术上完全寂然了，而且还身不由己地卷入政治漩涡当中。他后来痛切地说道："作为一个教书的知识分子，十年没有读什么书，不能不说是十分可惜的，而且这本来应是我生命中最能有创造力的十年，它正是我将进入'不惑'的十年，而这十年恰恰是我被迷惑的十年。"②

1980 年，汤一介恢复了讲课"资格"，开设"魏晋时期的玄学和佛教、道教"专题课；1981 年，在《中国社会科学》发表《论中国传统哲学范畴体系诸问题》一文；1983 年，湖北人民出版社出版了他的第一部著作《郭象与魏晋玄学》。从那时起，汤一介焕发

---

① 汤一介晚年对其"文革"前的学术研究基本上持否定态度，在多处作过痛切的自我反省和毫不隐讳的自我批判。譬如他在年近八十时说："这类大多是根据日丹诺夫关于'哲学史的定义'批判中国历史上的那些哲学家，给每位哲学家戴上'唯物主义'或'唯心主义'的帽子，定性为'进步'或'反动'。这样的研究根本算不上什么学术研究，这样的研究方法只能把自己养成学术上的懒汉，败坏'学术研究'的名声。上面说的这两类文章有一个共同点，就是把学术作为现实政治的工具。这简直是对'哲学'的亵渎。"参见汤一介：《我的哲学之路》，新华出版社，2006，"自序"第 5—6 页。

② 汤一介：《在非有非无之间》，台北正中书局，1995，第 44—45 页。

了学术青春，以坚苦卓绝的努力、百折不挠的精神和生机勃勃的创造力，为新时期中国哲学走出困境、开拓研究领域与发展哲学思想，付出了极大的辛劳。这一时期的汤一介，充分发挥了自身的优长，以“只争朝夕”的精神，奋力前行，取得累累硕果，成就了他过去几十年间无可比拟的业绩。可以说，新时期是汤一介学术生命的真正开始，也是他学术事业的华彩乐章，下面所述及的内容基本是他这一阶段的学术思想。

二　以魏晋玄学研究开局

1956 年，汤一介调回北京大学后，才开始较为深入地研习中国哲学史料，从而涉及儒家思想。在他 60 年代初发表的论文中，有几篇是研究孔子、孟子、董仲舒、朱熹思想的。而刊登在《北京大学学报》1964 年第 4 期上的《论“治统”与“道统”》一文，颇能反映出当时的学界水平，是将马克思主义哲学原理运用到儒家思想分析方面的代表性作品。[①] 可惜好景不长，“文革”爆发，整整十年工夫，就在荒唐的岁月中流失了。带着时代的创伤和大梦初觉之后的彷徨，汤一介开始了新的探索。他后来总结道：“我之所以走了一大段弯路，主要是因为我没有用自己的头脑来思考问题，所以‘文化大革命’一结束，我就想：‘我只能听我自己的。’冯友兰先生在总结他一生的哲学经历时，认为 1949 年前在学术的道路上是‘有自我的’，而在 1949 年以后直至‘文化大革命’时‘失去了自我’，直至‘文化大革命’后才逐渐‘找回自我’。我认为，这不仅是冯先生个人的经历，而且也是广大中国学人普遍的经历。”[②]

汤一介后来真正的学术起步和他的父亲有着很大关系。汤用彤先生在完成了《汉魏两晋南北朝佛教史》（1938）之后，有感于魏晋一段思想和佛教关系之密切，以及当时国内的中古哲学研究十分薄弱之情状，发愿写一部以问题为中心的断代哲学史。但这部著作因抗战时期的颠沛流离和其后的工作、身体等状况而未得如愿，只作了一些单篇的论文，后来经过整理，编成《魏晋玄学论稿》（1957）一书。汤一介曾参加过该书的整理校对工作，对这部分内容最为熟悉，所以当他在 20 世纪 80 年代初恢复讲课时，便以“魏晋玄学”作为专题内容。他一方面大量参考了汤用彤先生的既有成果，并沿着文德尔班（Wilhelm Windelband）《哲学史教程》之观念史和问题演变史的路数，对魏晋玄学的发展历程、概念范畴及其方法等再作梳理；另一方面，又紧密地结合当时国内的实际状况，对哲学界普遍关心的一些问题作了深入的思考和大胆的探索。这个“开局”，既可以看作他对父亲未竟之业的延续和完善，同时也是他自身的学术发展寻求突破的一种尝试。此中隐含着的“双重意义”，我们从该课程的“绪论”中就能够看出来。一开始他即强调了这门课程的四个要点和目标：一是通过对外来思想文化与本土文明之关系的揭示，加深了解中国文化自身的特点，从而更好地理解当代世界文化的格局，处理好马克思主义和中国传统的关系，开展比较哲学和比较宗教学的研究。二是从概念范畴体系入手来研究中国哲学，避免用西方的东西生搬硬套，即应该探讨中国思想自身的观念系统，并把这些历史线索清理出来，而魏晋时代恰恰提供了这方面极为丰富的内容，故显得很重要。三是着重分析哲学家建立他们思想体系的特有方法，“一种新的哲学方法可以为一个时代开路，并且体现着

---

①② 参见汤一介：《哲学家与哲学工作者》，中国人民大学出版社，2016，第 454—483 页；“自序”第 6 页。

这个时代的哲学水平和特点”，譬如玄学中的“言意之辩”就最能说明这个问题。四是揭示思想发展的内在规律，用研究哲学史的方式来锻炼逻辑思维的能力和增强哲学的头脑与识见。① 这些问题的提出，在20世纪80年代初有着强烈的时代感和现实意义，而其新颖的眼界和超前的意识在当时又是与众不同的。

在讲过两轮课之后，汤一介整理出版了《郭象与魏晋玄学》。对于这本书，傅伟勋有一评价，认为其“诠释学创见”足以与钱穆的《庄老通辨》和牟宗三的《才性与玄理》相媲美。② 这是站在当时大陆局外的纯粹学术性的观察，而就大陆内部而言，其三十年漫漫长路的转折意味和方法上、观念上的一系列“突围”，则显得更为重要。在经历了“文革”严冬之后，政治气候乍暖还寒，普遍的心灵滞塞、头脑僵固尚未消除，禁区犹在，壁关重重，正是在这种困难的情况下，汤一介首先想到的是要冲破学术上的种种教条，寻找新方法，提出新见解，走出中国哲学研究的困境。他反对那种机械照搬马克思主义的做法，力图抛开几十年所形成的条条框框，重新用哲学的眼界和学术的方式来叙述中国思想，把世界文明的格局、中西文化的差异、中国文化的民族性特点等这些过去被忽略或有意遮蔽了的问题，重新引入对中国哲学的理解和表达当中。而在叙述上，他尽量不用或少用当时流行的方式和套话，改用纯粹学术的、具有民族特色的语言，这给人耳目一新的感觉。

在《郭象与魏晋玄学》中，汤一介突出了哲学史的认识史意义，从思想观念的内在理路来分析玄学思潮发展的线索。他认为，王弼用“体用如一”“本末不二”的观点来讲“有”与“无”、“自然”与“名教”的关系，这是超越前人之处；但他又摆脱不了《老子》“无”的缠绕，主张“崇本息末”，这就在他的思想体系当中留下了矛盾。如果进一步漠视“有”“用”“末”的一面，把“本体”绝对化，那么就可能走向纯任“自然”一途而否定“人能”。嵇康、阮籍“非汤武而薄周孔”的态度和“越名教而任自然”的主张，恰恰就是“贵无”“崇本”的极端发展。因为他们认为后世的“名教”破坏了本有的“自然”，所以要回到那个“本体”去，从而诽毁和否定人为的“名教”。向秀、郭象则坚持“体用如一”“本末不二”的路向，调和“名教”与“自然”的关系。向秀讲“任自然之理”，又主张“节之以礼”，所以谢灵运《辨宗论》说：“向子期以儒道为一。”郭象更是融会了“贵无”与“崇有”两派的思想，用“自生”论解决了“有”“无”为二的问题，将“名教”和“自然”打成一片、毫无间隙，完成了玄学的“有”“无”之辩。东晋张湛讲“至虚”，仅是玄音余响，而另辟新境的则是佛教。僧肇大谈“非有非无”，将局限于别“有”“无”的本体观，提升到了一个新的层级，这标志着魏晋玄学的终结和佛学主潮的临岸。

《郭象与魏晋玄学》一书，除了比较多地论述到玄学和佛、道二教的关系之外，对郭象的分析更是超迈前贤。汤一介认为郭象的思想代表了玄学发展的高峰，是魏晋玄理的集大成者。他用哲学的眼界和辨析命题的方式提捻出郭象哲学中的八个问题：一是“有物

---

① 1981年春季学期，笔者选修了汤一介先生的“魏晋时期的玄学和佛教、道教”专题课，至今仍保留着当时的课堂笔记。第一次上课的时间是2月25日上午，讲课内容为“绪论”，上面所述的四点就是根据这些笔记整理归纳出来的。

② 傅伟勋：《老庄、郭象与禅宗——禅道哲理联贯性的诠释学试探》，载《从西方哲学到禅佛教》，生活·读书·新知三联书店，1989，第383页。

自造”的“崇有”观，是“贵无”“崇有”的综合和向“非有非无”中道观的过渡。二是“变化日新，与时俱往”的动静观，既不同于王弼所说“本体之无”的“寂然大静”，也不同于僧肇《物不迁论》的思想。三是“知”与“无知”的问题，即对“无知之知”的体味与追求。四是圣人“可学致”与“不可学致”的问题，也就是怎样理解和把握“迹”与“所以迹”。五是从“一般”和“个别”的关系来分析郭象所说的“（命）理”与“自性”。六是用目的性和能动性的思想来诠解郭象讲的“独化”和“相因”。七是“无待”与“有待”、“无为”与“有为”，揭示出事物“相对”和“绝对”关系的复杂性。八是“顺性”与“安命”、“性命”与“逍遥”，表达了人生“自由”和“必然”处境的二难抉择。[①] 对郭象和其他玄学人物的关系、郭象注和《庄子》旧注以及与庄子本人思想的异同，汤一介都作了仔细的分析。特别是他用现代眼光勾勒出郭象的哲学体系，而后来他又补写了一节，专门谈郭象的哲学方法。[②] 这些研究，无论是学术视野还是理论深度，都将魏晋思想的研究推进到了一个新的境地。

三　早期道教史研究

汤用彤先生晚年亦治道教，有《读〈道藏〉札记》等发表，受父亲的影响，汤一介也较早地步入这一领域。1980 年，汤一介写了《略论早期道教关于生死、形神问题的理论》，这是他有关道教史研究的第一篇文章，次年初发表于《哲学研究》。1983 年，他开设“早期道教史研究”专题课程，这是国内学界在新时期最早的有关道教的课程之一。经过了两轮授课之后，他又到加拿大和美国的有关学术机构查阅资料和进行写作，最终在 1987 年完成了《魏晋南北朝时期的道教》一书，于次年出版。

在《魏晋南北朝时期的道教》中，汤一介讨论了《太平经》和早期道教思想的萌芽与流变，认为该书内容庞杂，成编扑朔迷离，虽有儒学成分而性质仍属道教著作，与黄巾军有关但实为“应帝王”之书，其中心是“长生久视”及“兴国广嗣”之术。他分析了道教的建立过程和《老子想尔注》《老子河上公注》这两本早期道教经典的思想源流。于南北朝道教，则重点论述了为早期道教创立理论体系的葛洪、编制教仪教规的寇谦之、辑纂经典目录的陆修静和描叙神仙谱系的陶弘景。另外，对道、佛关系着墨较多，用四章分别讨论了“老子化胡”问题、“生死”“形神”问题、“承负”“轮回”问题和“出世”“入世”问题，全面描绘了南北朝时期的佛道之争。汤一介认为该书有五个亮点：一是在“绪论”部分对宗教的本质作了探讨，提出限定和判别宗教形态的若干标准，这成为他以后论述儒、道、释诸家时所遵循的基本认识。二是大胆肯定宗教的价值，力辩宗教不同于所谓的“迷信”，廓清了长久以来人们认识上的误区。三是在史料鉴别上比较用心，“所用材料都经过认真考证”，这对早期道教的研究来说，殊为不易。四是第一次比较系统地

---

① 参见汤一介：《郭象与魏晋玄学》（增订本），北京大学出版社，2000，第 257—271、273—285 页。他在学术自述中，对这八个问题的归纳和叙述与原著有所不同，参见《在非有非无之间》，第 60—66 页。这里所述，以原作为依据。

② 参见汤一介：《辩名析理：郭象注〈庄子〉的方法》，《中国社会科学》1998 年第 1 期；《论郭象注〈庄子〉的方法》，《中国文化研究》1998 年春之卷，后收入《郭象与魏晋玄学》（增订本），第 197—226 页。

论述了南北朝时期的佛道之争，于问题有所深化。五是提出了一些对《太平经》的新看法，而与时论不同。[①]

《魏晋南北朝时期的道教》之后，汤一介在道教史方面虽无大的著述，但道家、道教研究常挂心上，不时有单篇论文发表。比较重要的有探讨老庄哲学和玄学之内在性与超越性问题的，还有《道德经》导读性质的，以及《论〈道德经〉建立哲学体系的方法》《论魏晋玄学到初唐重玄学》等文。特别是最后一篇，提出了道家（教）发展三阶段论和道教的理论转向问题，饶有创意。他说："如果我们把先秦道家看成是道家思想的第一期发展，把魏晋玄学看做道家思想的第二期发展，那么我们能否说初唐重玄学为道家思想发展的一个新阶段呢？如果说中国本民族的宗教道教在初唐以前还没有较为系统和完善的道教哲学理论，那么能否说重玄学是道教的一种较为系统和完善的哲学理论，并为后来的内丹心性学奠定了基础呢？"[②] 在南北朝时期，道教著作已多释"重玄"，《玄门大论》用精、气、神三者合一释"重玄之道"，将道教"三一为宗"的思想与"重玄"说结合起来，这对成玄英、李荣的"重玄学"产生了直接的影响。唐代"重玄学"不仅突显了心性论，而且通过引入"气"的概念，为道教的"长生不死"学说作了理论上的论证。汤一介由此认为，成玄英等道教徒所建立的"重玄学"，"是在魏晋玄学的基础上吸收当时在中国有影响的佛教般若学和涅槃佛性学以及南北朝道教理论所建立的新的道家（道教）学说"，使道教的理论体系变得更为精细化和系统化。[③] 道教内丹心性之学的产生，恰是道教思想从唐末到宋明发展的特有形式，也是"道家思想宗教化"的进一步发展，这样，道教与道家思想的关系在理论衔接上便得到了更为清晰的说明。

在 20 世纪 90 年代，汤一介还与陈鼓应联手，创办了国际道学联合会，发起召开了两届规模很大的国际道家（教）学术研讨会，并且合编了"道家文化研究丛书"。通过这些活动，大批研究道家与道教的学者集于麾下，对于推动国内的道家（教）研究起到了很大的作用。另外，他还在北京大学指导了一批博士，包括韩国等国家的青年学者，这些学者已经成为目前道教研究的中坚力量，从而保持了北京大学道教研究重镇的地位。

四　中国哲学范畴体系

汤一介将《郭象与魏晋玄学》和《魏晋南北朝时期的道教》二书看作他哲学生涯的过渡，因为那仅是史家的工作，而他的目标是要做一名哲学家。1949 年后，在相当长的一段时间内，"哲学"从业何其艰难！已有成就的老辈学者不能再在自己的系统上添砖加瓦，而只能洗心革面、改弦易辙；青年一代既无条件也无可能向哲学家的目标"冲刺"，"哲学工作者"成为"宣传员"和"传声筒"，所以几十年也出不了哲学家。在 20 世纪 90 年代中期，汤一介曾写信给冯契，向他祝贺 80 寿辰，同时表达了愿景：希望冯契先生能沿着他 40 年代写《论智慧》一文时的思路再谱新篇。这条路，便是一个真正哲学家的

① 汤一介：《在非有非无之间》，第 67—68 页。

②③ 汤一介：《非实非虚集》，华文出版社，1999，第 139 页；第 160 页。

路。这不仅是汤一介对冯契的期待，更是他本人内心深处强烈愿望的袒露。[①] 实际上，改革开放之后的三十多年，汤一介一直在向着这个方向不懈努力。尽管他一再表示，因为历史条件等因素，成为一名哲学家已无可能，但他不断地思考与开拓，实际上已经留下了一串闪光的哲人脚印——标记出了一个在途程中的哲学家的艰难跋涉。

早在 20 世纪 80 年代初，为了打破教科书体系的僵化模式，汤一介便尝试用范畴研究的方式来重新描述中国哲学的面貌。在《论中国传统哲学范畴体系诸问题》这篇当时引起了热烈讨论的文章中，他把中国传统哲学的基本概念分成了三组 20 对，从存在的本源、存在的形式和人们对存在的认识三个方面来勾画中国哲学的观念系统。他指出："天"和"人"是中国思想中最基本的概念，是表达宇宙人生的根本范畴。从天人关系可以分别推出"知"和"行"、"情"和"景"，这三对范畴便成为"真""善""美"三大领域的主轴与核心。关于"真"的价值范属，从"天人"可以联系到"自然"与"名教"、"天理"与"人欲"、"理"与"事"等，这些范畴构成了一个"真"的世界的表达。而"有无""体用""一多""本末""动静"等都与此相关，或表现"真"价值领域的关系，或描摹其中的状态等。而"善"的问题，以"知行"为中心，涉及"良知"和"良能"、"性"和"情"、"能"和"所"、"已发"和"未发"等，这些范畴围绕着人的道德行为和伦理状况进行叙述和展开，是有关"善"的价值的观念簇。在"美"的方面，以"情景"为本，可以连带出"虚"与"实"、"言"与"意"、"隐"与"秀"，以及"神韵"和"风景"、"言志"和"缘情"等，这些范畴表达了审美活动中人的心理状态和物我交融的情状。有关这个体系的内容，后来汤一介在《郭象与魏晋玄学》一书中作了很多的补充；在写《在非有非无之间》中的"对中国哲学的哲学思考"一节时，又作了若干的修正。

用范畴研究的方式来叙述"中国哲学"，提捻出中国思想中的"问题"，归纳其思考的类别和观念之间的联系，从而描摹出思想接续的路径，这较之前数十年流行的"两个对子"、几大板块之类的模式，的确要高明得多，它既克服了简单、机械的毛病，也更接近于哲学叙事本身的要求。从现代的"中国哲学"建构来看，由胡适、冯友兰开创的主流模式，比较接近于英美经验主义的传统，科学实证主义的气息较为浓厚，而重视抽象理念的德国观念论一系的影响则相对要弱一些。20 世纪三四十年代，汤用彤、贺麟等较为欣赏观念论的哲学方式，他们的著作与胡适、冯友兰等人的面貌确有不同，但响应者寥寥。50 年代后，在科学主义的强有力支撑下，英美实在论的传统在形式上得到了延续，只不过更加粗糙和简约化，又有了意识形态的夹杂。而港台新儒家，像唐君毅在《中国哲学原论》中所作的工作，当时还不为大陆学界所知。所以，80 年代初的范畴研究，在哲学方法上就明显有一个突破的意义，而汤一介对兴起这场持续有年的研究起到了非常重要的作用。

就概念史而言，在中国传统中，儒家有东汉时期的《白虎通义》、理学家陈淳的《北溪字义》和戴震的《孟子字义疏证》，佛教有释法云的《翻译名义集》，道教则有孟安排

① 冯契先生的弟子陈卫平教授对此做过精辟分析，认为冯契所说的"心灵自由是一切创作的源泉"和汤一介的名言"自由即创造力"有异曲同工之妙，他们在看待哲学的本质即为自由创造这一点上，是"心领神会"的。参见陈卫平：《散忆汤一介先生》，载《追维录——汤一介先生纪念文集》，北京大学出版社，2017，第 117—118 页。

的《道教义枢》等。这种集合名相、阐释大意甚至有所发挥的著述方式，在中国典籍中并不鲜见。但真正现代意义上的哲学范畴研究，则是在西方哲学传入之后才出现的。早期王国维的《论性》《释理》《原命》诸篇，就受到了康德、叔本华的启发。而张岱年完成于20世纪30年代、在许多年之后才得以面世的《中国哲学大纲》一书，可以说是这种研究方式中最有成就的著作，亦深受近代西方哲学的影响。包括汤一介在内的20世纪80年代的范畴研究，当然也离不开对西方哲学的参照和挪用。像古希腊哲学，特别是亚里士多德的《形而上学》和《范畴篇》，康德的《纯粹理性批判》之“十二范畴”，黑格尔的《逻辑学》之范畴系统等，均是这批研究者所熟悉和借鉴的对象。再加上马克思主义与德国古典哲学之间的亲缘关系，就使得这一方式在当时的背景下获得了必要的合法性庇护。正像汤一介后来所说的，“这样一种建构的思考方式，大体上仍反映了1949年以来哲学教科书的某些影响”①。所以，范畴研究对冲破教科书体系的结构形式所起的作用可能更大些，而实质内容的改观则要等到90年代之后。

相对来说，更具自觉性的哲学叙事当是来自汤一介其时影响很大的两篇文章：《论中国传统哲学中的真善美问题》（1984）与《再论中国传统哲学中的真善美问题》（1990），论文直奔中国思想的主旨，不假旁求，从宏观角度和内在理路深刻阐释了中国哲学的基本特征。他指出：“天人合一”“知行合一”“情景合一”是中国哲学的三大基本命题，体现了中国文化的根本精神，它们不仅是儒家思想的核心价值，也是佛、道二教的关键命意所在。“天人合一”是解决人的存在的问题，处理人与外部环境、心灵与客体、意识与实存的关系，寻求整个世界的统一性和完满性。《史记》所谓“究天人之际”，扬雄说的“和同天人之际，使之无间”，何晏谓王弼“始可与言天人之际”，邵雍云“学不际天人，不足以谓之学”，王夫之赞濂溪“首为《太极图说》以究天人合一之源”，皆为此意。“知行合一”是解决人的社会性的问题，处理个人与群体、人与人之间的关系，关乎人类社会的价值标准和发展前程。《孟子》讲“良知”“良能”，《大学》所谓“三纲领”“八条目”，宋明儒的“德性之知”和“见闻之知”之别、“尊德性”与“道问学”之辨，以及《老子》的“为学日益，为道日损”，禅宗中的“明心见性”“即身成佛”等，都是围绕着何以立人、何以处世所展开的思考。“情景合一”是解决人的心理调适与心境和顺的问题，处理人自身的精神自洽和感觉协调，以达到身心的平衡和生活的愉悦。孔子闻《韶》“三月不知肉味”、叹为“尽美尽善”，明人袁中道认为景与情“互竭其心力之所至，以呈工角巧意，其余无蕴”，王国维《人间词话》之生花妙笔所描绘的那般“境界”，皆呈现出身心的坦适和情志的舒平，表达了审美人生的最高理想。这三个命题，“天人合一”是根本，“知行合一”和“情景合一”可以从中伸展出来；但三者又难以割裂，构成一个可以互诠、圆融无碍的系统。从三大命题，汤一介又总结出中国哲学的四个特点：呈空想状的理想主义，重实践的人本主义，体用一源的思维模式和偏重直观的理性主义。②

对中国哲学基本特征的探讨和精神内蕴的发掘，使汤一介进一步摆脱了教科书体系的羁绊和既成模式的束缚，而回到哲学问题本身。他意识到哲学并没有一个统一的标准，所谓“基本问题”也是因地而设、因时而变的，中国不同于西方，今日不同于古时。就拿中国古代哲学的最高理想来说，它是以追求人的精神生活的和谐与完满为目标的，偏重于

① 汤一介：《我的哲学之路》，第6页。

② 参见汤一介：《中国传统文化中的儒道释》，中国和平出版社，1988，第14—19页。

人生价值的探讨，以实现尽人能、体天道为终极目的。中国人往往把“做人”看得很重、很高，甚至视为理解“存在”的根本，这和他们的宇宙观大有关系，即宇宙不是死寂的、纯外在的实然存在，而是与人息息相关的、互动式的应然存在。在这个系统内，人是主动的一方，是可以表达和体现“天道”的，所以如何“做人”，完善自我品格、充实内在价值、提高精神境界，就显得极为重要。孔子提示的“为己之学”，张载所说的“为天地立心”，老庄讲的“无为”“自然”“游于物之所不得遁而皆存”，禅宗追求的“无住”“无相”“见性成佛”，皆在描绘这样一种“立己”以达“天道”的境地。追求“真”“善”“美”统一的境界，在中国哲学各家，其目标是一致的，但途径有所不同。譬如，儒家重视道德实践，以“致善”为本，在实现“善”的过程中，体现“美”与“真”的价值。而道家亲近“自然”，以“求真”为要，用“真”作为枢轴来统一“美”与“善”。但这些不同的方式，殊途而同归，最后都归结到人生境界这个根本问题上。就此而言，中国思想和西方哲学显然是有差别的。一般说来，近代西方大哲在谈论“真”“善”“美”时，都要建立一个系统，都把这些价值的描述与呈现视为一种智力的活动，尽可能地追求所谓“客观”，因而往往是推出去说，这就难免陷溺于外在化。这样一种知识体系的构建，于现代的中国哲学而言，是由陌生而变为熟悉的过程，是一个不断地模仿和学习的过程，而这个过程已经持续了百年之久。汤一介指出：现在我们应该增强这样的意识——中西哲学各有特点、各有所长，我们需要用西方哲学作为参照来认识自我、丰富自我，但西方哲学同样也在交流中扩大了它自身的意义，所以中西哲学是相互补充、互为镜鉴的，而不要把之前的单边学习视为当然之理。

五　儒学的当代反思

20 世纪 80 年代的“文化热”和 90 年代的“国学热”，分别把对中国传统文化的反思推到了前台，只不过前者的主调是否定的，而后者则变成了弘扬。在这一时代的大转换中，儒学的命运和学界对儒家的评判始终处于漩涡的中心。作为中国传统文化的研究者，汤一介也经历了一个从“置身其外”到“投入其中”的过程。从学术领域来讲，他过去的特长不在儒学，而在佛教和道教；从研究态度来看，他之前较为秉承“客观”的理念，于儒、释、道三家不偏不倚，但越往后对儒学的体味就越深，有了明显的偏重，而且“笔端常带感情”。他说：“以前我对儒学没有兴趣，可以讲不研究儒学。我是搞魏晋玄学的，还搞一点佛教、道教。从 1983 年考虑新儒家问题、新儒家的基本观念。”① 这一年，他在哈佛大学做访问研究，接触到了海外新儒学，并且与杜维明成为好友。杜维明的思想与思考的问题显然对汤一介构成了很大的刺激，他不得不反思中国文化的现实命运问题，回应新儒家的挑战，重新思考中国文化与西方文化、儒家传统与马克思主义的关系。在当年举行的第 17 届世界哲学大会上，汤一介作了“儒家哲学第三期发展可能性的探讨”的讲演，引起了极大轰动。在这之后，杜维明到北京大学讲学，并在国内几大城市发表演讲，掀起了复兴儒学的小高潮，而汤一介可以说是最为有力的接引者之一。随后，他又和萧萐父、庞朴等，发起和主持了对熊十力、梁漱溟等新儒家人物的著作之搜集、整理与编纂的工作，对推动 80 年代后期的新儒学研究贡献良多。他本人也积极地思考儒学的当代

① 汤一介：《我的哲学之路》，第 26 页。

发展问题，对儒家的历史定位、特殊价值、近代命运及未来前景等，都作了深入探讨，提出了自己的独特看法。数十年来，汤一介对当代儒学的反思用力最切、也最有收获的，当推以下三个问题：

（一）内在超越

这是西学东渐之后，西方以基督教伦理为核心价值的宗教文化和中国传统的儒家伦理之激烈冲突所引带出来的问题。明末的耶稣会士，谓儒家“五伦”未为尽善，乃于头上再安一“大伦”，以确立“天主”之尊位；又将对上帝的爱置于“祖”“圣”之上，列不敬神为“大不孝”之首。这一超越性之“神”和世俗性之“圣”的差异与斗法，由此产生，形成了连绵不绝的所谓“礼仪之争”，而有无“超越性”也就成为西方人士訾议甚至贬低中国文化的一大口实。近代西方文化的强势地位无形中确立了具有“超越性”的那份优越感，说中国文化不具超越性，就像说中国思想不是哲学一样让人难堪。这种中西比较视野下的差异性评价，成为西方学术界长期以来的主调，正像芬格莱特（Herbert Fingarette）在论说西方人的《论语》研究时所说的那样：“这些现代阐释者一般都竭力淡化《论语》中实际上不可化约的神奇魅力的思想成分。”[①] 当代甚有影响的哲学 - 汉学“双打组合”郝大维（David Hall）和安乐哲（Roger Ames）坚决否认中国哲学有所谓的“超越性”——“在孔子思想中，影响最深远的、一以贯之的预设是：不存在任何超越的存在或原则。……不管怎样，企图求助于超越的存在或原则来说明孔子的学说，是完全不恰当的。”[②] 正因如此，港台新儒家唐君毅、牟宗三等，早就力辩过儒学的宗教性问题，并在海外学界掀动波澜，形成了与基督教徒、域外汉学家们长时间的争论。80 年代中期，余英时发表了《从价值系统看中国文化的现代意义》一文，提出“中国文化的内向超越性”说，于“超越性”的理解又有推进，对中西文化的差别和中国文化的特征都作了颇有新意的阐发。[③] 正是在这篇文章的启迪下，汤一介开始探讨“内在超越”的问题，参加了在香港举行的第一届儒 - 耶对话会议（1987），提交《论儒家哲学中的内在性与超越性》一文，后来又连续写了有关老庄、玄学和禅宗的内在性与超越性的文章，构成了一个系列。

汤一介指出，《论语》所谓“夫子之言性与天道，不可得而闻”，“天道”是超越性的问题，“性命”是内在性的问题，这些都是“超言绝象”的存在，故“不可得而闻”。孔子讲“为学”的过程，所谓“知天命”“耳顺”“从心所欲不逾矩”等，皆是在表达一种“内在”和“超越”的境界。宋明儒着重发展了“性与天道”一路，成就了更为系统化和理论化的“内在”而“超越”的思想架构。不论是程朱的“性即理”，还是陆九渊

---

① 芬格莱特：《孔子：即凡而圣》，彭国翔等译，江苏人民出版社，2002，第 4 页。

② 郝大维、安乐哲：《孔子哲学思微》，蒋弋为等译，江苏人民出版社，1996，第 5 页。另外在《汉哲学思维的文化探源》一书中，他们用了三分之一的篇幅专门谈“超越性与内在性”问题，认为在《孔子哲学思微》和《期望中国》两书中，他们二人“已经辩明，超越的观念与对中国古典典籍的解释无关。我们力图表明，依靠严格的超越的概念，是怎样严重地歪曲了儒家和道家的认识的某些方面”。参见郝大维、安乐哲：《汉哲学思维的文化探源》，施忠连译，江苏人民出版社，1999，第 226—227 页。

③ 参见余英时：《从价值系统看中国文化的现代意义》，载《文史传统与文化重建》，生活·读书·新知三联书店，2004，第 442—492 页；《儒家伦理与商人精神》，广西师范大学出版社，2004，第 1—39 页。

的“心即理”，或王阳明的“致良知”，都是以“内在超越”作为其根本特征的。除了儒家思想之外，实际上中国哲学各家大都讲内在性，以“内在超越”为主旨。和中国的情景不同的是，西方哲学是剖分二界的——超越性的本体界和现实性的表象界，基督宗教更是把上帝看作外在于人的世界的超然存在。这样，西方式的“超越”便含有了外在性，以“外在超越”为其特点。汤一介认为，中国文化有很强的同化能力，除了“内在超越”的特性之外，本身也有“外在超越”的资源，再加上向西方学习，一定可以弥补自身的缺陷，建立一个既包含“内在超越”又有比较多的“外在超越”可言的新哲学系统。

（二）普遍和谐

从“天人合一”的理想和推崇“和为贵”的人生宗旨出发，汤一介在1992年左右提出了“普遍和谐”观念。他认为，“天人合一”是儒家根本的宇宙观和世界观，按照“体用一源，显微无间”的原则，其人生观必然崇尚普遍的和谐。“普遍和谐”应该包括四个层面：一是自然的和谐。自然是一个生生不息的有机整体，“列星随旋，日月递炤，四时代御，阴阳大化，风雨博施”（《荀子·天论》），或鸢飞鱼跃，或草绿花艳，“云在青天水在瓶”，一切皆自自然然，和谐有序。《周易》云“元亨利贞”，“元”是万物之始，“亨”是万物之长，“利”为万物之成熟，“贞”为万物之强固。这一完美有序的状态，在《周易》即为“太和”，在荀子即所谓“万物各得其和以生”。二是人与自然的和谐。人生天地间，“有气、有生、有知亦且有义，故最为天下贵”（《荀子·王制》）。《周易》讲“天道”，也讲“人道”，所谓“天、地、人”三材，并特别强调“天行健，君子以自强不息”，重视人能的发挥。但人和自然，各有其位，各守己分，“天有其时，地有其财，人有其治”（《荀子·天论》），人与自然应该是和谐相安的。三是人与人的和谐。孟子讲“性善”，重视人的先天“善端”之培养；荀子道“性恶”，强调后天之礼乐教化的重要性。儒家把道德修养、礼义廉耻作为维系人类社会的根本，目的就是要通过人际关系的调节，来促进社会的和谐与稳定。四是人自身内外身心的和谐。儒家重视修身，把个体的道德实践放在一切社会活动及其共生意义的端点上，自我修养又是以身心的和谐与情志的安适作为重要的目标和评价的标准。所以，孔子赞颜回“不改其乐”，孟子讲“立命”。

由此，汤一介认为“普遍和谐”是中国文化的独特价值所在，也是儒家思想最为宝贵的资源，在当今科技强势、征服欲望势不可挡、自然与社会危机四伏、人的身心严重失衡的情况下，这一观念的宣揭尤为重要。《中庸》里说：“唯天下之至诚，为能尽其性。能尽其性，则能尽人之性。能尽人之性，则能尽物之性。能尽物之性，则可以赞天地之化育，与天地参矣。”这个“和谐”路向的规划，是以“天人合一”的交感性和个体生命的道德实践工夫为基础的。先要“修己以安人”，以自我身心的和谐作为起点，“推己及人”，达到人与人、人与社会的和谐；然后再以“民胞物与”之情怀和“与天地参”之精神，实现人与自然的协调和整个宇宙的和谐。这一“和谐”观，顺应了当代社会发展的要求，既是对儒家传统的深入思考与回归，也是对肆虐多年的“斗争哲学”的拒斥与抛弃，更是中国文化走向世界、贡献于人类之最有价值的成果。

（三）内圣外王

作为儒家思想最为核心的价值理念之一，“内圣外王”向来存在争议，近代以来的评价又大多是负面的。梁启超谓：“内圣外王之道一语，包举中国学术之全体。”（《〈庄子·

天下篇〉释义》）熊十力曾力辩“内圣”与“外王”的统一。牟宗三讲从“内圣”开出“新外王”，“转理性的作用表现而为理性的架构表现”。[①] 这些对“内圣外王”的同情式理解和现代性诠释往往遭到非议，特别是牟宗三的讲法，几乎成了当代新儒家饱受批评的一个焦点。汤一介较早时对“内圣外王”的看法，受到“反封建”意识的影响，认为这是中国“人治”社会的特征，是封建统治者自我标榜的粉饰之辞。“在中国历史上从来没有出现过儒家所塑造的‘圣王’，所出现的大都是有了帝王之位而自居为圣王的‘王圣’，或者为儒者称颂的‘王圣’。”所以，“内圣”与“外王”应该分开来看，“圣”最不宜为“王”，为“王”则必然失去“圣”的品格。而“内圣”只是个人的修养品德问题，是一种超越的理想人格，它与“面对现实”、重视“事功”的“外王”之道是截然不同的，所以儒家讲“内圣外王”，“往往成为美化现实的工具”。[②] 他还认为，“内圣外王之道”并非儒家的专利，道家不只享有该词语的发明权，而且思想中也内含了此意，魏晋玄学和中国化的佛教实际上都是讲“内圣外王之道”的。

汤一介晚年在《我的哲学之路》一文中，对上述的看法有所修正，他说：“我对‘内圣外王之道’采取否定的态度，应该说是与没有深入了解它的真精神有关”[③]；另外就是它和现实之间的微妙关联，因为他此前的批评，实际上是对“文革”时代的“造神”运动的一种反思。如果跳出现实的缠绕，“内圣外王之道”的价值和合理性就可以有别样的理解：一是作为政治文化的最高理想，“王”和“圣”应该是统一的，而且中国社会已经塑造了尧、舜、禹这样的“圣王”，世代景仰，深入人心，成为理想的楷模。二是“圣人”的社会理想只有在具体的社会实践活动中才能实现，“内圣外王之道”体现了一种“实践理性”的精神。而实践高于理论，正是中国哲学思维的特点。三是“内圣外王”重在对“圣”的要求，即把道德修养放在社会性存在及其活动的首位，所谓“自天子以至于庶人，壹是皆以修身为本”，所以中国被称作“礼义之邦”，中国文化为“君子文化”。这些正面的意义和价值，应该是中国哲学的宝贵资源，对矫正世道人心和构建和谐社会均大有裨益。

六　探索“中国解释学”

20 世纪 90 年代后期，汤一介开始关注解释学问题，倡导把西方的解释学理论运用到中国经典的现代诠释中，并且归纳总结出中国经典解释史上的特征和规律，以创立中国自己的“解释学”。在世纪之交，他先后发表了数篇论文，探讨“中国解释学”的创建问题，在学术界引起了很大的反响。汤一介指出：中国有很长的解释经典的历史传统，有着非常丰富的解释经典的文献资源，如何发掘这一传统和有效地利用这些资源，是中国哲学在新时期谋求发展的重要课题。而西方解释学的生成背景和发展历程可以作为一种切近的参照，为我们提供转化传统资源的思路与方法。只要（1）很好地研究西方解释经典的历史，特别是“圣典”的诠释史，以及自施莱尔马赫（F. Schleiermacher）、狄尔泰（W. Dilthey）等人以来现代解释学理论的发展情况；（2）对中国注释经典的历史过程作

① 参见牟宗三：《政道与治道》，台北学生书局，1983，第 24、56—57、156 页。

② 汤一介：《中国传统文化中的儒道释》，第 52—53 页。

③ 汤一介：《我的哲学之路》，第 17 页。

出系统的梳理，搞清楚各种注释体例的细微末节和来龙去脉；（3）既有扎实的文字、音韵、训诂等“小学”功夫，又有宏观的比较视野和恰当的理论路径，那么，就可以对中国经典的解释问题得出一些系统的认识和说明，创建“中国解释学”就是有可能的。

汤一介分析了中国注经传统中的一些方法，如汉儒的“章句之学”，以纬证经、“辗转牵合”的荒诞比附之法；魏晋玄学家“得意忘言”（王弼）、“辩名析理”（郭象）的本体思辨之法；佛教译经的“格义”之法，以及“音义”“音训”等。他特别以先秦时代的典籍注解之不同方式为例，归纳出中国古代早期经典诠释的三种路向：一是“历史事件的解释”，以《左传》对《春秋》的注解为代表。其对经文的说明是叙事式的，有完整的情节和过程描述，有对事件的看法和评论，在对“事件的历史”进行诠释的过程中形成“叙述的历史”。二是“整体性的哲学解释”，以《系辞》对《易经》的发挥为代表。这一解释包含了哲学本体的观念，以及对宇宙生成变化的整体性看法，即在解释者的头脑中已经有了先入为主的架构模式，然后用这个总体性的模式再来调度材料，展开诠解。三是“社会政治运作型的解释”，以《韩非子》对《老子》的论说为代表。《解老》篇大多以法家的社会政治观点来解释《老子》，很少涉及形而上的层面；《喻老》篇则更甚，直接用历史故事来说明君主成败、国家兴衰之故，完全是政治功利性的。[①] 除了历史的、哲学的、政治的解释模式之外，先秦典籍中还可以找出一些其他的有关解释的方法，如《墨经》中的《经》与《经说》之关系，就大可作些分析。但就诠解的系统性和对后世的重大影响而言，上面所说的三种解释模式显然是最为重要的。

从中国的具体情况出发，我们不但可以借用西方解释学的成果，而且还应当激活相当多的传统资源。以训诂学来说，中国古代文化遗产的保存和传递（尤其是它的典籍形式），多半是依靠这门解释意味甚浓的学问。从汉初的《毛诗诂训传》开始，便有了“诂训”之说，略后的《尔雅》更被称作“训诂学的鼻祖”，可见在两千多年前，中国的学问便已经与“解释”结下了不解之缘。孔颖达所谓“诂训者，通古今之异辞，辨物之形貌，则解释之义尽归于此”（《毛诗正义》），可见“训诂”即是解释。广义的“训诂”包括了文字、音韵、词汇、语法、修辞等内容，同校勘、目录等文献整理的工作形成交叉。它以解释词义作为基础，然后析意句读、阐述语法，对虚词和句子的结构进行分析，最后串讲大意和梳理篇章结构，就文本的内容作出系统的诠解。训诂学源远流长、内容复杂、积累丰厚，是中国传统学术的重要组成部分。如果从解释学的角度来重新梳理这门古老的学问，一定能够得到更多新的理解和认识，这对阐扬中国传统学术的价值将起很大作用。训诂学如此，其他一些较具有“解释”色彩的传统学问，也可以作如是观。汤一介在他的系列文章中，对中国传统的“解释”资源作了很多提示，可以作为“解释学中国化”开展的入路。

从西方解释学来看，中国的经学和由此繁衍的文字音韵、训诂考据、校雠辑佚、典章目录等，并未能产生出独立的有关一般“理解”的“技艺学”来。为什么中西走了两条不同的路？这其中的原因固然很多，但根本上还是因为中国古代学术没有发生像欧洲近代那样的革命性变革，而始终笼罩在经学的氛围中。从施莱尔马赫之后，解释学就不再局限于神学的范围内，甚至不再局限于语文学或文献学的范围内，而是引入了理解者的心理状态和精神世界，变成了文本与读者之间的心灵交通，“理解”本身成为了一般的原则和方

---

① 汤一介：《再论创建中国解释学问题》，载《和而不同》，辽宁人民出版社，2001，第9—20页。

法。狄尔泰则把解释学进一步推延成为整个人文科学研究的方法论，这就和原来的圣典释义没有什么直接关系了。反观中国的“解释”学，却自始至终围绕着经典展开，从孔子开始整理编纂“六经”直到清末，有关“解释”的工作仍然是依附于经学的。这样，在中国历史上便只有注经方法的不断延伸与积累，而绝无能够脱离经学而独立的所谓方法学，“小学”也始终是经学的附庸。就像阿佩尔（K. －O. Apel）所说的，这种“解释”工作始终局限在“历史的和语法的理解”之范围内，“显然，这种解释学哲学总是预先假定宗教、哲学和文学传统中的伟大文本都具有不可替代的活生生的意义，关键在于利用语文学批评的所有手段和方法，使这种意义重新在当代世界中展现出来”。[①] 儒家的这个传统，无疑给创建中国的解释学带来了很大的困难。

因此，汤一介强调，“中国解释学”在目前还仅仅是一个设想，因为中国传统哲学中并无系统化、形态化的解释理论，只是在西方的解释学传入以后，这个研究课题才开始浮现。[②] 所以，真正的中国解释学理论应该充分地了解西方解释学，并运用西方解释学的理论和方法对中国的注经传统作系统的研究，对中国注释经典的历史和方法进行系统的整理，比较中西注释经典的同与异，然后归纳出中国自身的特点。在此基础上，才有可能创建具有中国特色的解释学理论，“中国解释学”的成立才是可能的。

七 瞩望新轴心时代

汤一介向来关心文化问题和文明对话，在改革开放以来的历次文化大讨论中，都可以看到他积极投入的身影。[③] 20 世纪 90 年代后期，一件文化大事就是围绕着“文明冲突”与“文明融合”所展开的讨论，从亨廷顿（S. Huntington）的《文明的冲突与世界秩序的重建》到哈特（M. Hardt）和奈格里（A. Negri）的《帝国》，这些引起了巨大争议的文本，昭示着全球化时代文化问题的复杂性和文明走向的离散化状态。汤一介积极思考后现代文化中的各种问题，以高度的敏感和极大的热情参与这些讨论，尝试将中国文化的丰厚资源带入当代文化的语境中，从而为中国文化的现代转化和未来发展寻求路径。他先后写了《评亨廷顿的〈文明的冲突?〉》（1994）、《“文明的冲突”与“文明的共存”》（2004）等文章，来回应亨廷顿的“文明冲突”论。亨廷顿提出了所谓“儒－伊（斯兰）联合”的问题，认为“未来的危险冲突可能会在西方的傲慢、伊斯兰国家的不宽容和中国的武断的相互作用下发生”[④]，视中国为西方的“假想敌”。汤一介指出，从历史上看，中国文化向来是以宽容与和谐为主旨的，爱好和平、反对侵略、文化交流与民族融合构成了其历

① 阿佩尔：《哲学的改造》，孙周兴等译，上海译文出版社，1994，第 3 页。

② 一些学者对汤一介创建“中国解释学”的构想作出了较有深度的分析，特别是成中英的《哲学与历史的融合——本体诠释学的本体诠释与中国解释学的历史诠释》（载景海峰主编《儒学的当代理论与实践》，人民出版社，2017，第 171—180 页）、洪汉鼎的《聚焦中国诠释学问题》（同上，第 181—204 页）和潘德荣的《汤一介与“中国诠释学”——关于建构“中国诠释学”之我见》（载汤一介研究会编《钻仰集——汤一介先生研究文集》，北京大学出版社，2017，第 168—184 页），值得参考。

③ 在新编的十卷本《汤一介集》里，就有一本专门谈论文化问题的汇编集——《面对中西文化》。这些论文从 20 世纪 80 年代的“文化大讨论”开始，一直到晚近的“国学热”“后现代”“文明对话”“跨文化研究”等话题，对这些问题汤一介都是积极的思考者与参与者，并写下了大量的文字。

④ 亨廷顿：《文明的冲突与世界秩序的重建》，周琪等译，新华出版社，1998，第 199 页。

史发展的主线。春秋战国之前的地域文化各有特点、各擅胜场，经过不断的融合之后，形成了统一的华夏文化。印度佛教传入，完全是和平的方式，作为外来文化的佛教并没有因为文明的差异而与儒家、道家发生过战斗；只有几次是因为经济等原因而受到了当权者的打压，但为时很短就烟消云散了。在佛教传播和发展的两千年中，儒、道、释各家相安无事、和平共存，这实在是中国文化具有很大的包容性的有力见证，说明中国文化在传统上就有含容多元性的质素。

由此，汤一介提出未来的世界主潮是文明的“融合”而非“冲突”，特别是中国文化所扮演的角色，应该是正面的、积极的。他说：“中国文化中的儒道两家可以为化解文明的冲突，并能为‘文明的共存’提供有意义的资源。……反对‘文明冲突’论，倡导‘文明共存’论，这无疑是人类社会的福祉。”① 按照雅斯贝尔斯（K. Jaspers）“轴心时代”的说法，公元前5世纪前后是一个原典文明破土而出的时代，在这个时期之思想的影响下，人类文明的发展经历了多次的飞跃。而当今世界多元文化发展的局面，又有点像要开始一次新的飞跃。汤一介认为，这可能是一个“新轴心时代”的出现。在经济全球化的推动下，全球的多元文化格局将会逐渐形成，“21世纪世界文化发展很可能形成若干个重要的文化区：欧美文化区、东亚文化区、南亚文化区和中东与北非文化区（伊斯兰文化区），以及以色列和散在各地的犹太文化，等等。这几种有着长久历史的大的文化潮流将会成为主要影响世界文化发展的动力”。新的“轴心时代”的文化和过去的有所不同：一是全球化把世界连成了一个整体，文化的发展已经不可能是各自独立的了，而是在相互的影响下形成一种多元共存的局面。二是跨文化和跨学科的研究将会越来越普遍，文化系统之间的相互参照、知识领域之间的交叉重叠、各种学术的交往与对话，将会越来越频密，最后形成一种“你中有我，我中有你”的新局面。三是这种文化局面不可能由少数几个伟大的思想家来主导，而是“百家争鸣”。② 所以，“新轴心时代”既是原典文明发展的新的飞跃，又和以往的文化局面有根本的不同。

展望新的时代，汤一介强调，当代的中国文化建设一定要“走出‘中西古今’之争，会通‘中西古今’之学”。既要继续奉行“拿来主义”的方针，吸纳世界各种文明的优秀成果；又要着力发展“送去主义”的策略，把中华文化的优良结晶推展到世界各地去。安乐哲将这一主张称之为“互系性诠释”，“具体地说，汤一介对中国哲学的最重要贡献之一是，他坚信中国文化可以成为产生社会智慧所需的一个重要因素，以应对日益复杂的当代世界的困境。他劝诫读者继续对中国文化进行批判性重估，并以此作为解决当今紧迫的社会、政治、环境和伦理问题的重要资源”③。的确，汤一介的文化主张既是开放多元的，也是双向回环的，中国文化应以“文化自觉”的意识和海纳百川的胸襟，积极投入到全球文化的交流和互动当中，在世界各种文明的激荡、攻错和磨砺下，锻淬自身，取精去粕，谋求新的发展。汤一介主张只有开放的中国才是大有希望的，同样，也只有开放的中国文化和开放的中国学术在未来才是大有前途的。

---

①② 汤一介：《我的哲学之路》，第209—210页；第118—120页。

③ 安乐哲：《汤一介先生的哲学馈赠——让东西方哲学的不对称成为过去》，载汤一介研究会编《钻仰集——汤一介先生研究文集》，第47页。

八 知行合一的践履工夫

与其父辈相比，汤一介这代人经历了更多的精神历练和思想磨难，对社会百态和人世艰辛有更多的体味，因而他们对社会的了解与关注也就远远超过了上一辈。汤一介曾经多次说过“学不如父”的话，就纯粹的学术而言，汤用彤先生的《汉魏两晋南北朝佛教史》的确精细臻极，后人难以望其项背，但所谓“一代人有一代之学术”，境遇不同，条件迥异，目标和方式等也就不好作简单的比观，所以与其谈论高下之判，不如分析他们各自的特点。汤一介指出：汤用彤先生的“为学术而学术”，“使得他远离了现实社会和当时一般文化所关注的问题”。和父亲相比，他可能“更加关注当前的现实社会”。[①] 这不是一个简单的个人喜好的问题，甚至不是个人选择的问题，而是整个的时代环境和大氛围使然，是时代的差别造就了个人道路的不同。在20世纪三四十年代，可以做到“为学术而学术”，可以出现汤用彤先生那样的学术人物，但在1949年以后，“洗心革面”的知识分子不可能再走那样的路了。若不是邓小平的“扭转乾坤”，使中国走上了改革开放的道路，也许就不可能有机会在此对汤一介三十多年来的学术成就进行叙述了。所以，汤一介不是不想“为学术而学术”，作出像他父亲那样的成绩；也不是一定要像后来那样去关注社会，对现实的文化问题投入巨大的精力，而是特定的时代造就了某种真实的环境，提出了对知识人的具体要求——他需要完成自己特殊的使命。处在拨乱反正、改革开放、民族复兴之时，汤一介顺应了这一时代的潮流，尽其所能，为当代的中国文化建设殚精竭思、贡献力量，做到了他个人的极致。

改革开放以来，汤一介所付出的努力和所从事的工作，秉承了中国文化的优良传统，恪守“士”之本分，坚持学人的良知和立场，以现代知识分子的学术理念和敬业精神，鞠躬尽瘁，勇往开拓，取得了灿著于世的成绩。其中，他投入精力最多、花费时间最长，也最有影响的两件工作：一是创办中国文化书院，领导了这个在20世纪中国学术史上留下重要印记的民办学术机构；二是发起《儒藏》的编纂，主持了这样一项新世纪巨大的学术工程。

20世纪80年代初，拨乱反正，百废待兴，与各种新思潮之萌发涌动相配合的是体制改革的呼声。就教育机构而言，1949年以后，民办的书院逐渐消失，公办大学成为唯一的高等教育机构。1984年，以北京大学哲学系中国哲学史教研室成员为核心，酝酿筹组了民间性的中国文化书院，并推举汤一介为院长。在他的领导下，书院先后聘请了梁漱溟、冯友兰、张岱年、季羡林、周一良等七十多位海内外的硕学鸿儒为导师；举办了四届在全国学界引起过巨大反响的“文化系列讲习班”；主办了有数万名学员参加的全国性的“中外文化比较研究”函授班；开展了与海内外学术界广泛的文化交流活动，并且在海峡两岸的学术往来方面扮演了重要的角色；多次召开国际性的学术研讨会，出版了一大批系列专著、文集、教材、资料集等。中国文化书院的这一系列活动，在当时反响强烈、影响巨大，对八九十年代的中国文化研究起到了很大的促进作用，被时论公认为80年代“文化热”的主要推动力量和新时期思想界具有代表性的一派。

---

① 汤一介、乐黛云：《同行在未名湖畔的两只小鸟：汤一介乐黛云随笔》，太白文艺出版社，2005，第61页。

作为中国文化书院的掌门人，汤一介为书院的事业付出了巨大的心血和艰苦的努力，正是在他的带领下，书院才取得了辉煌的业绩，这份成功是与他的人格感召和宽广胸怀分不开的。书院的成员来自四面八方，没有了学科之间的分际，也没有了身份和等级之间的差别，大家都怀抱着一颗为中国文化的复兴事业添砖加瓦的滚烫之心，不计名利，不计得失，捐弃前嫌，万众一志，才共同做成了这件大事。书院以“继承并阐扬中国文化的优秀传统，通过中外文化的比较研究，加强世界各国的交流和学者的往来，促进中国传统文化的现代化”为宗旨，目标是一致的，思想却分外开放与活跃。每个导师的学术观点可以不尽相同，个人的兴趣和偏好也可能完全不一样，但大家都能合作共事，相处融洽，心情愉快，这在一般的机构中是少有的。季羡林说：“对中国文化书院的回忆，我却只有甜蜜，只有兴奋，只令人欢欣鼓舞，只令人感到‘柳暗花明又一村’。”① 这种和谐的人际关系和令人向往的气氛，固然与诸多学者的涵养与修为有关，但作为主事者，汤一介的处事风格和开放心态不能不说起了关键的作用，这也和他本人兼收并蓄的为学宗旨，以及思想上的包容性和待人的宽厚有极大的关系。中国文化书院的“曾经辉煌”已经写入了历史，汤一介为此而付出的努力，也已成为他“事功”簿记中最为浓墨重彩的一笔。

进入21世纪之后，汤一介又筹划发起了《儒藏》的编纂工程，这是迄今为止中国人文学界在新的历史条件下所启动的最大项目。作为中国文化的主干，儒家的典籍向无汇纂，而自宋代以来，历代王朝都编有《佛藏》和《道藏》，却始终没有编成《儒藏》，这与儒家在中国历史上的地位极不相称。虽说《四库全书》的内容近乎儒家之总集，外延甚或过之，但修纂未善，错漏百端，体例又未必全符，晚近一两百年的著作更是付诸阙如。所以，编纂一部名副其实、体例精良的《儒藏》，就不但必要，而且非常适时。从2004年正式启动，《儒藏》工程已经历了十余年，在汤一介的挂帅下，汇聚了国内外四十多家机构的数百位学者参加。这是一个庞大的阵营，事务繁杂，头绪万千，对习惯于单独作业、不好集群的人文学者而言，其间的组织与配合又是何其艰难！如果没有汤一介坐镇军中的巨大感召力，这个工程的运作是很难想象的。迄今为止，《儒藏》精华编已经出版了近两百册，九卷本的《中国儒学史》也已经完成。② 但规模巨大的《儒藏》大全本，以及计划中的“儒家思想与儒家典籍研究丛书”百种、《儒藏》总目和提要、配套的电子版读物与检索工具等，尚在襁褓之中，这也成了汤一介的未尽之愿。

《儒藏》是汤一介最后十年耗费精力和心血最大的一件事情，虽然这十年间他也写了一些其他文章和参加了一些其他活动，但都不能和他全力以赴的《儒藏》相比。《儒藏》的编纂队伍和机构组建都是从零开始的，一直做到现在的状况，其中的艰辛可想而知。现在我们对《儒藏》的大全本最后能否编成，或者最后是一个什么样的情况，还不能准确地预料，但从汤一介的本意和发愿来讲，这个工作应该说是令人赞赏和钦佩的。因为这和过去修《四库全书》不一样，那是一个浩大的国家工程，由上而下组织，是官方的行为，

---

① 季羡林：《柳暗花明又一村——纪念中国文化书院创建十周年》，载李中华等编《文化的回顾与展望——中国文化书院建院十周年念文集》，北京大学出版社，1994，第3页。

② 在2016年12月于深圳大学召开的“儒学的当代理论与实践——汤一介思想国际学术会议”的开幕式上，李中华教授代表北京大学《儒藏》编纂中心致辞，报告了《儒藏》工程的近况。他说：《儒藏》编纂自2004年启动至2016年底，已完成了将近一半的出版工作，精华编339册已基本交稿，预计2019年全部出齐。参见《中国教育报》2016年12月12日。

而《儒藏》是学界在做，由学者自己来组织完成。当然，完全靠学者自身又不可能把事情做成，还得靠政府财政的支持和投入，所以形式上好像是过去的“盛世修书”，但又不同于历史上的情景。另外需要提到的是，一直存在对《儒藏》的各种非议，包括编纂的必要性，以及对质量的担忧等。这些问题无不时时刻刻对汤一介造成一种压力，他要不断地去想这些问题，想着怎样才能做得更好，而无愧于这个伟大的时代。他说：“在中华民族走向伟大复兴的过程中，必须有中华文化的复兴来配合。由于我国综合实力在不断增强，因此有可能进行一系列重大的学术文化建设，‘《儒藏》编纂与研究’就是其中之一。我们知道，明清两代学者都曾提出过编纂《儒藏》的设想，但是都未能实行。今天，我们编纂《儒藏》可以说正在实现着四百多年来中国学者、也可以说是中国人民的梦想。”①这可以说是汤一介的心迹，参与《儒藏》工程的各位学者，也都高度认同汤先生的主张，都时刻意识到只有以对国家、民族负责的责任感，兢兢业业，精益求精，才能将《儒藏》编纂为无愧于历史与时代的传世典籍。

（作者单位：深圳大学哲学系）

责任编辑　王　正

① 汤一介：《2011 年 5 月 23 日在教育部〈儒藏〉工程工作会议上的报告》，载《汤一介与〈儒藏〉》，北京大学出版社，2017，第 82 页。

热点聚焦

话语体系建设的哲学反思

【导语】 随着中国特色社会主义进入新时代，加快构建中国特色哲学社会科学话语体系成为题中应有之义。习近平总书记指出："要注意加强话语体系建设。在解读中国实践、构建中国理论上，我们应该最有发言权，但实际上我国哲学社会科学在国际上的声音还比较小，还处在有理说不出、说了传不开的境地。"这就要求我们以更强的理论自觉和理论自信，着力打造具有自身特质的话语体系。理论自觉和理论自信的形成，离不开一定的方法论的指导。换言之，话语体系建设需要哲学层面的反思。这种反思既包括内部反思，即为话语体系建设提供必要的方法论支撑；也包括外部反思，即通过话语体系建设来实现哲学创新。

让中国哲学社会科学说中国话语

崔唯航

2016 年 5 月 17 日，习近平总书记主持召开哲学社会科学工作座谈会并发表重要讲话，深刻回答了事关中国哲学社会科学长远发展的一系列根本性问题，为加快构建中国特色哲学社会科学指明了前进方向，注入了思想动力。一年来，广大哲学社会科学工作者认真学习贯彻习近平总书记重要讲话精神，将其自觉融入工作实践，迈向当代中国哲学社会科学繁荣发展的新征程。

第一，让马克思主义的旗帜高高飘扬。马克思主义是中国哲学社会科学的旗帜和灵魂，坚持以马克思主义为指导是当代中国哲学社会科学区别于其他哲学社会科学的根本标志。一直以来，广大哲学社会科学工作者自觉以马克思主义为指导，注重把马克思主义的指导地位转化为清醒的理论自觉、坚定的政治信念和科学的思维方法。现在，更注重把坚持马克思主义和发展马克思主义统一起来，深入学习贯彻习近平总书记系列重要讲话精神和治国理政新理念新思想新战略，不断推进马克思主义中国化、时代化、大众化，不断彰显马克思主义的真理力量和价值导向。

第二，让中国哲学社会科学说中国话语。对哲学社会科学来说，话语体系建设至关重要。任何一个国家、一个民族的哲学社会科学话语体系，都深深地凝结并表征着这个国家和民族在时代探索和实践活动中的思考。只有当一个国家和民族用自己的话语掌握了一门科学的时候，我们才能说这门科学属于这个国家和民族。否则，就会陷入马克思当年所深刻指出的"他们无法表述自己，他们必须被别人表述”的困境，并最终丧失独立性，沦为他国学术的附庸。当前，广大哲学社会科学工作者更加自觉地植根中国土地，敏锐捕捉中国人民的实践活动、思维活动和话语活动，奋力打破“言必称希腊”的陋习，不断提炼出理论联系实际的、科学的、开放融通的、易于为世界所理解和接受的新概念、新范畴、新表述，正在迈向构建中国特色、中国风格、中国气派哲学社会科学话语体系的新征程。

第三，在思想与时代的互动中构建“哲学社会科学中的中国”。每个原理都有其出现的时代背景，哲学社会科学作为时代精神的精华，不可避免地带有时代的印记。如果学术研究沉醉于象牙塔内的寻章摘句，满足于脱离实际的高谈阔论，那么势必逃脱不了“时代的弃儿”的命运。中国的哲学社会科学要卓然屹立于世界学术之林，就应该以我们正在做的事情为中心，从中国改革发展的实践中挖掘新材料、发现新问题、提出新观点、构建新理论，唯有如此，才能拥有自己的根基、自己的灵魂和自己的风格。

哲学社会科学工作座谈会召开以来，广大哲学社会科学工作者更加自觉地坚持中国本位，与人民共命运，与时代同步伐，在思想与时代互动、理论与实践交织、历史与逻辑统一中沿着构建“学术中的中国”“理论中的中国”“哲学社会科学中的中国”的总体目标坚定前行。中国哲学社会科学研究并不排斥吸取他国学术研究成果，只是要明确，必须坚定中国立场，牢记我们的目的是借助他者的眼睛来反观中国问题、提炼中国经验，进而推进中国哲学社会科学繁荣发展。

当代中国正经历着中国历史上最为广泛而深刻的社会变革，也正在进行着人类历史上最为宏大而独特的实践创新。抓住机遇，迎接挑战，以高度的理论自觉与文化自信，构建中国特色、中国风格、中国气派的哲学社会科学，是对习近平总书记在哲学社会科学工作座谈会上的重要讲话精神的落实，也是时代赋予中国哲学社会科学工作者的神圣职责，是中国哲学社会科学走向世界的历史选择。

——《光明日报》2017 年 5 月 17 日，作者单位：中国社会科学院哲学研究所

从话语体系建设看马克思主义哲学创新

丰子义

对于一种哲学来说，话语既是其理论活动的结果，又是自身存在和发展的前提。如何加强这样的建设？重要的是应对话语体系中这样一些方面给以高度关注：

一是话题。话题可以吸引理论研究的注意力，引起人们对某些问题的关注；可以打开理论视野，拓展理论空间；可以通过研究重点的引导，发展和深化原有的理论。在其研究过程中，话题的变化往往会对原有的研究格局形成重大冲击，以致引起研究方式和研究结果的重大变化。创新就是从问题开始的。研究中一定要找准我们的议题，谈论中一定要找准我们的话题，充分发挥好话题对话语的引导作用。在全球化条件下，尤其应当主动设置议题，加强话语的主动性和主导性。在新的历史条件下，马克思主义哲学能不能发展、创新，关键在于能否对新时期中国社会发展各种重大问题作出新的、富有创造性的分析和回答。现在中国正处于社会转型期、发展

的关键期和改革的攻坚期，各种矛盾、问题日益暴露并日趋复杂，这既考验着我们的治理能力，也考验着我们的哲学智慧。马克思主义哲学无疑应对这些问题作出积极的回应。许多问题可能构成理论上的严峻挑战，然而这也恰好是理论创新的大好时机。

二是话语内容。在一些重要社会现象和重大问题上能够提出新的理念、观点和办法，这是马克思主义哲学发展创新的内在要求和重要标志。言而无物的“新潮”追逐，表面上看很新，实际上并不能称之为新。要改变理论的苍白无力的状况，理论话语确实需要改变，这就是面对新情况、新问题。新话、实话不是轻易能够讲出的，而是通过深入研究、思考形成的。为此，要不断提高概括提炼学术命题、学术思想、学术观点的能力和水平，提高研究的学术水准，一方面要对原有的理论结合新的发展实践，作出新的阐释，以丰富、深化和发展原有的理论，使其更富有深刻的理论内涵和明显的当代价值；另一方面要对实践创新的新成果加以概括和总结，同时对现实生活中一些重大理论问题和实践问题加以探索，作出新的思考和回答。最为根本的的还是要聚焦于中国的发展现实，即对中国道路、中国经验、中国问题给以高度关注。如对中国道路，不能仅仅强调中国特色、中国元素，同时还要从历史发展普遍规律、人类文明发展进程的高度，来讲清中国道路产生和发展的必然性以及中国道路的世界意义，这不仅有助于深刻认识中国道路，而且有助于从理论上深化对规律与道路关系问题的认识。

三是话语表达方式。如果说话语内容指的是“讲什么”，那么，话语表达方式则指的是“怎么讲”。话语表达方式并不是一个纯粹语言形式问题，而实际关涉话语内容的阐释和理解。探寻合理的话语表达方式，同样是实现马克思主义哲学创新的重要环节。要增强理论的影响力和感染力，必须把理说深说透。马克思主义哲学的创新必须坚守这样的原则和话语表达方式，在论证和表达上下功夫，确实从道理上能够说服人、打动人，让人心服口服。要做到这一点，必须增强马克思主义哲学的反思批判功能，在一些重要问题、重要理论观点的说明上，注意前提性的考察、逻辑性的考察、方法论的考察，使其理论具有强大的解释力和理论穿透力。同时在理论的论证和阐述上，要让事实说话、让现实出场，真正让理论切入生活、反映生活，使理论鲜活。鲜活的理论无疑是富有生机活力的理论、具有创新性的理论。要推进马克思主义哲学的研究和创新，一个重要的任务是讲好“中国故事”。把“中国故事”讲好，既能使中国走向世界，让世界了解中国，又能使马克思主义哲学走向生活、体现创新。

四是话语中的“术语”。恩格斯指出，一门科学提出的每一种新见解都包含着这门科学的术语的革命。马克思主义哲学创新也不例外。理论话语体系的创新以及马克思主义哲学的创新，很大程度上有赖于范畴的创新，即“术语的革命”。术语革命大致有两种基本方式，即形成新的概念、范畴和改造原有的概念、范畴。无论是提出新概念还是改造旧概念，都是学术探索的结晶，是思想观点提炼、概括的结果。概念反映的是思想，而非仅仅是词语。任何有生命力的概念和话语都有其现实的基础，而且只有植根于现实土壤，概念和话语才有其思想力量，才能被用于理论与实践之间的“对话”。因此，话语体系建设决非是词语构造，更不是概念游戏，不能将严肃的学术创新蜕变为文字、概念的制造和演绎。术语革命应当是具有实质内容的新概念、新范畴的提出，应能通过这些概念、范畴引领思想和理论的发展。像中国改革开放以来理论界所提出来的一些重要概念，如“初级阶段”“社会主义市场经济”“以人为本”“科学发展”“和谐社会”“公平正义”“社会主义核心价值观”“五大发展理念”等，不仅深刻地影响了不同时期的话语体系，而且导致理论上的不断创新，进而影响到中国的发展进程。当代中国马克思主义哲学的发展与创新，无疑需要对这样一些基本概念及其理论内涵加以深入研究，进而将其理论成果吸纳到马克思主义哲学的基本理论之中，以推动其发展和创新。

——《哲学研究》2017 年第 7 期，作者单位：北京大学哲学系

马克思主义哲学话语体系的当代建构

陈章龙

马克思曾说：“任何真正的哲学都是自己时代精神的精华。”而哲学只有通过话语来表达自身思想内涵、反思时代发展，才能够成为时代精神的精华。对中国特色社会主义发展起指导性作用的马克思主义哲学而言，更应当通过话语体系的建构，反思阐释当代的理论与实践，为中国特色哲学社会科学发展指引方向，并在国际化的思想学术交流中，发出具有中国气派、中国风格的马克思主义“哲学好声音”。

马克思主义哲学话语体系的建构，首先要注重思想性话语和学术性话语的融合。虽然在理论意义上，思想和学术须臾不能分离，但在现实层面上，思想和学术、思想性话语和学术性话语之间总是若即若离，甚至相互疏离。因为思想话语体系注重抓住事情的本身，要用看似简单的话语阐释深刻的道理，在此过程中，难免有感性的语言和直觉性的表达参与其中；而学术话语体系注重学术体系自身的逻辑建构，需要客观的理性分析和严谨的语言逻辑。思想性话语一定要面向时代问题和挑战，要能够激发民众的共鸣与认同；而学术性研究和学术性话语则是对某个学术问题的特定方式的阐释，甚至可以不研究问题直接对某个逻辑结构或概念进行阐明，学术性话语的交流对象主要是专家学者，是要获得专家学者的理解与认同，因此学术性话语一定要显示出表达的专业化和理论化，而并不一定考虑其实践价值以及是否能够被一般民众所理解与认同。

马克思主义哲学话语体系的当代建构还面临着如何将人文性话语和科学性话语相融合的问题。马克思在《1844 年经济学哲学手稿》中就提出：“自然科学往后将包括关于人的科学，正像关于人的科学包括自然科学一样：这将是一门科学。”马克思在这里将思想理论的人文性与科学性相融合，而且认为它们本来就不应当相互对立。但在马克思主义理论的发展中，人文性与科学性逐渐呈现出分离的趋向，特别是在第二国际和西方马克思主义发生争论的时候，其争议的核心就是马克思主义理论到底是人文主义还是科学主义的。后来阿尔都塞用“意识形态”与“科学理论”之间的断裂指称马克思主义中的这种争论，甚至认为在马克思自身思想体系中就包含了人文主义和科学主义二重因素。当然，马克思自身的思想中的确具有人文主义和科学主义的双重维度，但这双重维度不是相互分离，更不是相互断裂，而是相互交融的。如马克思在《1844 年经济学哲学手稿》等著作中批判资本主义生产方式导致工人的异化，这无疑是人文主义的话语表达方式，而到《资本论》中对剩余价值理论的发掘与阐释，运用更多的是科

学性的话语。但从《1844年经济学哲学手稿》到《资本论》，马克思自身的思想体系和话语体系都是贯穿的，即将人文主义和科学主义有机结合起来。当他用人文主义的话语表达自身的思想和对资本主义的批判时，他的每一个观点都经过严密的科学论证，都是以科学性话语为内在支撑来阐释他的人文主义理想。

哲学的话语体系具有反思性话语和建构性话语两个维度，反思性话语是对历史与现实生活的批判与反思，是以犀利的哲学思想深入历史与现实的骨骼之中进行解剖和透视。在反思性话语体系中，任何历史与现实的问题都在哲学之光的笼罩中无所遁形。在当代中国特色社会主义实践历程中，马克思主义哲学的反思性话语和建构性话语要相互融合，发挥主导性的理论指导作用。反思性话语能够让我们深刻剖析当前社会发展和变革所存在的本质性问题，而且能够抓住中国与西方意识形态博弈的关键所在；而建构性话语则能够为中国特色社会主义实践和哲学社会科学的学科体系、学术体系与话语体系指引发展方向，二者相互融合才能够为中国当前的道路自信、理论自信、制度自信和文化自信奠定坚实的思想基础。

在马克思主义哲学话语体系的建构中，我们还要思考，如何将一些传统的经典话语和时代精神有机结合起来。因为经典话语具有一种永恒的思想魅力，能够持续激发人们的思考与实践。中国先秦时期的传世名作，涌现大量脍炙人口的经典话语，时隔两千多年依然被我们所理解与传诵。马克思恩格斯关于辩证唯物主义和历史唯物主义的经典论述，时隔一百多年仍然焕发着思想的活力。

——《光明日报》2017年3月27日，作者单位：南京财经大学

《资本论》与当代中国马克思主义学术话语体系创新

孙乐强

《资本论》在西方的命运浮沉，一定程度上反映了当代资本主义的发展变迁和马克思主义研究的逻辑演变。今天，我们如何基于中国实践，从理论和现实双重维度出发，系统反思150年来《资本论》研究的理论得失，建构具有中国特色的《资本论》研究体系，不断开拓当代中国马克思主义研究的新境界，具有至关重要的学术价值和现实意义。

目前，《马克思恩格斯全集》历史考证版（MEGA2）第二部分“《资本论》及其手稿卷”已经全部出齐，这为国内外学界全面深化对《资本论》形成史研究提供了坚实的文献支撑。然而，也出现了一些值得警惕的现象。第一，解构主义倾向。在MEGA2编委看来，原来最终定稿的《资本论》第2、3卷并不是马克思的原初思想，而是经过恩格斯整理、编辑、修订后的思想，因而主张去除恩格斯的编辑痕迹。结果，原本作为艺术整体的《资本论》被肢解为各自独立的“手稿片断”，解构了《资本论》存在的合法性。第二，重新制造了“马克思恩格斯对立论”的新形态。在西方马克思主义一些论者那里，“马克思恩格斯对立论”往往表现为历史辩证法与自然辩证法的对立，而西方“马克思学”则将其转化为两种世界观或哲学原则的对立。但无论如何，这种对立仍表现在哲学内部。然而，在MEGA2的影响下，这种对立被扩展到经济学领域，引发了两种不同的政治经济学批判原则的对立。第三，文本关系研究的新动向。在传统视

域中，研究者往往把《资本论》及其手稿视为内在一贯的、同质化的思想体系，这种做法在一定程度上过分强化了它们之间的思想连续性，忽视了它们的思想差异。然而，在 MEGA2 的影响下，现在又出现了另一种相反倾向，即有意识地制造手稿与《资本论》之间的思想断裂，过分抬高前者、贬低后者，甚至将它们对立起来。在当前国外学界，这三种趋向愈发明显，如何有效回应这些问题，是摆在中国马克思主义研究者面前的一项重要任务。

在这些问题上，中国学界已取得了一些重要进展，形成了一批具有影响的研究成果。但是，在总体上我们的研究并没有突破西方文献学的研究范式，致使一些学者缺乏明晰的判断能力，试图将西方“马克思学”或 MEGA2 作为范本来指导中国《资本论》文献学研究，忽视了背后的意识形态导向。实际上，文献学研究只是马克思主义理论研究的一项基础工作，它虽能为思想史研究提供有力支撑，但它本身并不能代替思想史研究。因此，在推进文献学研究的过程中，我们必须坚持马克思主义基本原则，既要反对传统的解读模式，也要反对西方“马克思学”和一些 MEGA2 研究者的解构主义倾向，从中国立场出发，建构具有中国特色的《资本论》文献学研究体系，全面梳理《资本论》的形成史，系统揭示《资本论》各个版本之间、刊行本与手稿之间、各个手稿之间的差别与联系，全面回应当代西方学者打着文献学研究或“价值中立”的旗号，以及制造出来的各种“断裂说”或“对立论”，为新时期的《资本论》研究提供坚实的文献支撑和方法论依据。

回顾 150 年的马克思主义研究的发展历程，在西方学界，《资本论》的形象经历了重大转变：原来被誉为“工人阶级圣经”的《资本论》，现在则被部分学者理解为一种失效的政治范式，它所包含的阶级斗争理论和政治旨趣遭到全面解构；原本作为总体范式的《资本论》被逐渐分化，或被理解为单纯的经济学著作，或被视为唯物史观在经济学领域中的具体运用，形成了哲学、政治经济学与科学社会主义相互分裂的现状格局；《资本论》的科学价值遭到解构，被理解为古典政治经济学和黑格尔形而上学的近代残余。在此背景下，我们如何回应西方学者对《资本论》的批判和质疑，全面深化对《资本论》的思想研究，建构具有中国特色的《资本论》研究范式，成为当务之急。

首先，必须强化中国问题意识，建构中国学派。我们既不能固守传统的研究范式，也不能照搬照抄国外模式，而必须以中国问题为中心，“从我国改革发展的实践中挖掘新材料、发现新问题、提出新观点、构建新理论……提炼出有学理性的新理论，概括出有规律性的新实践”，形成独立自主的学术话语体系，构建中国自己的《资本论》研究学派。

其次，必须建构思想史叙事逻辑，全面深化对《资本论》的理解性研究。任何一种解读模式都是特定时代的产物。我们应当基于当代中国语境，全景式地梳理第二国际、苏俄、西方马克思主义、西方左派经济学和资产阶级对《资本论》的研究，客观评估它们的理论得失，坚持整体性研究范式，建构中国特色的思想史叙事逻辑。

最后，必须坚定理论自信，总结概括中国《资本论》研究的理论成就与特色，深入挖掘中国范式的世界历史意义，提升中国《资本论》研究的国际话语权。

——《中国社会科学报》2017 年 7 月 25 日，作者单位：南京大学哲学系

（杨洪源选编）

责任编辑　强乃社

中国道路的哲学探索

【导语】 中国道路问题是当代中国在实践过程中涌现出来的重大理论和实践问题。习近平总书记强调："每个时代都有每个时代的精神，实现中国梦必须走中国道路、弘扬中国精神、凝聚中国力量。"在当代中国，真正的哲学作为时代精神之精华，就是要直面当今国内外的"世界历史"问题，立足中国自身实践和内在逻辑，发展中国特色社会主义理论与实践，探讨中国道路的文明类型和世界历史意义，推动中国进步和世界文明发展，彰显马克思主义的时代价值和历史使命。以下一组文章，即反映了当下学界对中国道路的哲学思考与探索。

中国道路的哲学现实性品格

孙 麾

马克思哲学的现实性品格因标识性的《关于费尔巴哈的提纲》第十一条，也常常称之为"改变世界的哲学"，这一品格在马克思主义中国化的过程中得到了传承，"实事求是""从实际出发""以我们正在做的事情为中心"，哲学从中国所处的世界本身的原理中为世界阐发新的原理，为中华民族全面迈向现代化开辟出具有高度现实性和可行性的正确道路提供了切中现实的方法论。全面深化改革，党的十八大以来在资源配置、国家治理、依法治国、从严治党等方面以"赶上了时代"的气度，形成了中国特色社会主义制度安排的现代基本架构。在一系列制度、理论创新中，逐渐突破了传统意识形态的话语牢笼，最终以"命运共同体"的人类情怀，受到世界的广泛关注。

这是马克思主义中国化的最新结果，是中国特色社会主义的时代标志。因此，马克思主义中国化，不单纯是理论的中国化，更是先进理论指导下的实践模式、历史创造的中国化，中国特色与中国道路，理论创新与实践创新的统一与互动，为世界多元现代文明结构作出了中国独特的贡献。

对现实的描述会使独立的哲学失去生存的环境。从哈耶克的通往奴役之路到福山的历史的终结，西方自由主义主流学者始终以其固有的理论框架和历史尺度评判中国，将社会主义的艰苦努力排斥在文明的进程之外。基于工业革命以来西方经验所形成的意识形态自信，片面地将中国的经济转型和社会变革强行纳入从社会主义向资本主义回归的预期框架中，无视中国道路从传统向现代转型的更为深刻的历史意义和现代含义。中国特色社会主义正是在传统向现代转型的必然逻辑中，显示了它的历史独创性并塑造了新的文明形态。因此，中国道路的学术表达，首要的是基于文化自信的学术自主性的当代建构，在思想趋向现实中进行哲学存在方式的确证，在中国道路的必然展开环节、历史逻辑制约、文化主线构成及发展深层矛盾所交织的中国问题场域展现自主的思维能力和思想定力。

哲学是社会变革的先导。作为改变世界的马克思主义哲学在中国化的理论与实践的结合中，以其彻底性掌握了群众，唤起人民主体的历史意识与阶级意识，成为社会主义道路开拓、变革与发展的强大思想动力。马克思看到了历史发展动力的主体方面，中国化马克思主义又从制度、治理和创新能力等方面丰富和发展了社会动力论。重构社会创新能力，推动治理能力与创新能力协同现代化，必然释放社会活力，在社会和大众层面植入创新性的种子。正是这种理性在中国融入经济全球化洪流的进程中起到了价值认同的作用。

在思想史和现实的双重规定性上，马克思主义哲学对中国道路的学术表达具有深刻的历史逻辑与现实逻辑的一致性。始终站在现实历史基础上的新创造，产生了表征文明演进新形态和新轨迹的理论学说，正如中国特色社会主义理论对中国道路、治国理政新理念新思想新战略对变革时代的理论表达一样。

经济全球化上演了马克思世界历史理论所描绘的历史向世界历史转变、孤立的历史向交往的历史和普遍交往的历史转变的图景。虽然经济全球化表明了人类的进步，但经济全球化的性质依然如马克思在《共产党宣言》中所深刻揭示的那样，“资本要夺得全球作为它的市场，现代资产阶级社会要按照自己的面貌为自己创造一个世界”。因此，资本主义固有的矛盾必然按其本来面貌周期性地震荡。十年前的国际金融危机加剧了世界范围内学者围绕经济全球化问题产生的激烈辨识，共识性见解几乎难以达成。正如“被淡忘的启蒙者”齐格蒙特·鲍曼在《全球化——人类的后果》中所言：全球化这个风靡一时的字眼如今已迅速成为一个陈词滥调，一句神奇的口头禅，一把意在打开通向现在与未来一切奥秘的钥匙。

当今的国际秩序和力量对比正在发生转换，去西方化的政治开始成为新的主题。在世界充满风险的不确定性中推进经济全球化，要赋予新兴市场国家和发展中国家更多代表性和发言权，在公平原则基础上建构全球治理的国际体系，必须打破冷战以来被零和博弈顽固困扰的政治思维，互信互赢对于国际交往的价值成为时代的优先选择。

另一面，当经济全球化遭遇民族主义挑战，也可能带来两个后果，一是有将全球整体机制撕成碎片化的危险，这势必加大主权国家或区域间沟通与对话的难度；二是走向狭隘性的民粹主义，以极端的保守和封闭对抗人类面对的共同难题。现在正值推进国际合作制定战略互信基本框架的机遇，我们需要摒弃霸权逻辑，克服民族的狭隘性、地域的局限性及其发展的片面性，努力寻求更加广泛的价值共识，甚至为国际交往新秩序和新规则努力达成政治认同。

基于新的现实和情境，中国正在启动变革全球治理体系新议程，打造富有活力的增长模式、开放共赢的合作模式、公正合理的治理模式、平衡普惠的发展模式。围绕中国和世界发展面临的重大问题，从民族国家利益向全球共同利益转化，从多元文化向文明共识转化。战略思维给哲学留下广阔空间，从理念、规则到路径、方案，中国哲学基于马克思主义哲学的现实性精神，在中国同世界深度互动、向世界深度开放的新起点，担负着体现中国立场、中国智慧、中国价值，向着构建人类命运共同体的目标迈进的历史任务。

——《光明日报》2017 年 8 月 14 日，作者单位：中国社会科学杂志社

中国道路的哲学观念

赵剑英

中国发展的成功，使我们有理由有底气对我们自己选择的中国特色社会主义道路保持自信，对我们不断创新的中国特色社会主义理论和不断完善的中国特色社会主义制度保持自信。中国特色社会主义作为一种新型制度文明形态正显示出蓬勃的生命力，为人类的发展和世界文明多样性贡献了中国方案和中国智慧，这自然也对西方资本主义意识形态和制度构成挑战。一个国家或民族的自信根本来源于文化自信，文化自信是民族自信的源头。中国道路的选择、中国理论的提出和制度的设计是中华文化在当代的创造性转化和创新性发展。这种创新的奥秘就在于把马克思主义与中国国情、中国实际和时代特征相结合，在于把马克思主义与中国优秀传统文化相结合，实现了马克思主义的中国化、时代化、大众化。这种双重的结合是中华文化的创新与发展，其理论形态就是以毛泽东思想与中国特色社会主义理论体系为内容的当代中国的马克思主义。这一新型文化的精髓则是一系列的哲学观念。这些哲学观念是破解中国道路成功之谜的精神密码，它们主要有：实事求是、人民主体、人的自由全面发展、批判的革命的辩证法、依存共生等。

实事求是是马克思主义哲学中国化的集中体现，也是对中国革命、建设和改革开放发展影响最深远的当代中国哲学观念，它集中表达了马克思主义科学的认识论和方法论。实事求是出自中国古代的典籍，原本是指一种严谨的治学态度和方法，毛泽东用这一成语概括了马克思主义的哲学观。实事求是是中国化马克思主义哲学的理论核心，一方面集中表达了辩证唯物主义和历史唯物主义的自然观、历史观以及科学的认识论和方法论；另一方面，它言简意赅，微言大义，体现了鲜明的中国传统文化特色。实事求是思想路线是以毛泽东同志为核心的第一代中国共产党人在十分残酷的革命斗争实践中总结出来的，并在复杂的革命和建设进程中不断深化。中国共产党在每一个历史发展阶段、每到重大历史关头，都会带着新的问题对实事求是进行再强调和再阐释，对实事求是的每一次阐释都有新的意义，都是一次新的思想启蒙、思想解放，充分体现了正确的哲学观念在认识世界和改造世界中的智慧和力量。

中国共产党坚持的“人民主体”既是马克思主义历史观、权力观，又是马克思主义价值观。它具有丰富的内涵：一是坚持人民历史主体地位。作为一种历史观，它认为人民群众是历史的创造者，是推动历史进步的根本动力。二是坚持人民是权力的主体，是国家的主人。中国共产党来自人民、植根人民、依靠人民，人民群众是执政党的力量源泉。三是从价值观上看，坚持人民主体就是执政为民。全心全意为人民服务，实现人民群众的自由全面发展，“是我们党一切行动的根本出发点和落脚点，是我们党区别于其他一切政党的根本标志”。四是坚持人民主体就是要尊重人民的首创精神，坚持从群众中来、到群众

中去的工作方法，充分发挥广大人民群众的积极性、主动性、创造性。

实现人的自由而全面的发展，这是马克思恩格斯构想的人类未来理想社会——共产主义社会最根本的特征。实现人的自由全面发展，也是以马克思主义为指导的中国共产党的奋斗目标。在哲学社会科学工作座谈会上，习近平总书记指出："马克思主义坚持实现人民解放、维护人民利益的立场，以实现人的自由而全面的发展和全人类解放为己任，反映了人类对理想社会的美好憧憬。"人的自由而全面的发展包含十分丰富的内容，中国共产党在探索中国的发展道路中始终践行这一哲学理念。第一，中国共产党领导的中国革命把贫穷的劳苦大众从"三座大山"的压迫和奴役中解放出来，在政治权利上实现了人人平等，这是人民群众自由全面发展的基础和前提。第二，大力解放和发展生产力，提高人民群众的物质生活水平。第三，提出共享发展，让每一个人都得以自由全面发展。第四，重视文化发展，推动人在更高层次上实现自由全面发展。

马克思基于揭示人类社会发展内在矛盾和资本主义社会特殊矛盾而进行了理论批判和实践批判。他认为整个人类历史是一个辩证否定的过程。习近平总书记指出："哲学社会科学要有批判精神，这是马克思主义最可贵的精神品质。"他还强调，"以勇于自我革命精神打造和锤炼自己"，"勇于自我革命，是我们党最鲜明的品格，也是我们党最大的优势"。毋庸置疑，批判的革命的辩证法是指导中国共产党领导中国人民推进中国特色社会主义伟大实践的一个重要哲学观念。一方面，中国改革开放实践活动就是一个自我批判、自我革新的历史进程。另一方面，中国共产党的自身建设也体现了自我批判和自我革新精神。

当前，人类社会正处在一个前所未有的大变革、大调整时代，经济全球化、世界多极化、社会信息化、文化多样化深入发展，世界各国联系越来越密切，如何处理各种复杂的全球性问题，加强全球治理，促进世界的和平和发展是摆在世界各国面前的一个重大课题。习近平总书记提出了"构建人类命运共同体"的主张和推进"一带一路"建设的倡议，充分体现了传统中国哲学和马克思主义哲学一直倡导的依存共生的哲学理念。依存共生的哲学理念既体现了马克思主义哲学的辩证法思想，又反映了中国传统哲学的思想精华。基于依存共生的理念，中国为世界的和平发展提出自己的方案，这一方案就是习近平总书记所说的"构建人类命运共同体，实现共赢共享"。这一思想是中国所主张的实现和平发展、建设和谐世界的重要理念基础，具有丰富内涵：一是坚持共建共享，维护世界普遍安全；二是坚持合作共赢，谋求世界共同繁荣；三是坚持交流互鉴，主张开放包容；四是坚持绿色低碳，共同建设一个清洁美丽的世界。

——《中国社会科学报》2017 年 7 月 13 日，作者单位：中国社会科学出版社

道路自信与文化自信的关系

李文阁

文化自信的本质是道路自信。从字面来看，文化自信是一个政党、民族、国家对自己文化价值的充分肯定和自身文化生命力的坚定信心。习近平总书记重视文化、

强调文化自信，并不限于对狭义文化的肯定和信心，而根本是对道路的自信，是对中国特色社会主义的信心。因为文化的核心和灵魂是价值理念，而发展道路、发展模式则是价值理念的具体体现。

当今世界，现代化道路或发展模式的问题凸显出来。事实上，现代化是一个不断演变的概念，每一代人有每一代人的现代化，每一时期现代化的内涵也各不相同。比如，党的十八大前，中国共产党人理解的现代化就是农业、工业、国防、科技四个现代化；党的十八大后，又提出治理现代化，并成为建设的重点。

现代化道路也是一个不断演变的概念。在社会主义产生之前，现代化道路是单数，资本主义是唯一的现代化之路。在科学社会主义产生之后，社会主义与资本主义开始了针锋相对的较量。近一百七十年的竞争史，可谓各领风骚数十年。冷战结束后，西方有人宣称：历史已经终结，西方的模式就是人类社会发展的最终模式、最佳模式，西方道路就是各个民族、各个国家唯一的现代化之路，历史已经证明，人类的现代化道路是单数，那就是资本主义。

然而，历史并未按照那些西方思想家的“预言”演变，资本主义世界并未“风光”多少年。先是1998年的东南亚金融危机，然后是2008年美国次贷危机引发的全球金融危机和近年来的欧债危机等，资本主义经济普遍陷入低迷，长时间在谷底徘徊。特别是伴随经济危机，资本主义社会也呈现了种种乱象：社会撕裂，保守主义、贸易保护主义抬头并逐渐蔓延，“逆全球化”思潮明显上扬，不少国家社会阶层分化严重，政治碎片化和意识形态逆主流化现象加剧，民粹主义大行其道，一系列“小概率事件”不断成真，另外还有美国2011年发生的“占领华尔街”运动、2016年法国发生的“黑夜站立”活动，等等。

资本主义世界出现此种状况绝非偶然，而是由其“内在机理”决定的，是资本主义社会基本矛盾的显现。资本主义社会的基本矛盾，就是生产的社会化与生产资料的私人占有之间的矛盾，这一矛盾累积到一定程度，就会爆发经济危机。不论是生产过剩的经济危机，还是金融领域所引发的经济危机，都不过是经济危机的不同表现形式而已。第二次世界大战以来，资本主义不断进行自我调节，释放生产关系层面的空间和潜能，使生产力得以快速发展，从而带来了资本主义的一时繁荣。但是，资本主义世界周期性的经济危机，特别是2008年开始的金融危机表明，马克思对资本主义的诊断并未过时，资本主义的病根并未被根除，资本主义仍然是一个“病态的制度”。同时，资本主义世界一向以“文明世界”“文明社会”自居，这也是西方一些思想家推崇资本主义的重要原因。然而，暂且不论资本主义的历史是一部血与火、侵略与掠夺、羊吃人的野蛮历史，就其现实表现看，经济危机也使其暴露出野蛮性。

经过党的十八大以来的发展，当下的中国是“风景这边更好”。面对世界经济复苏乏力、局部冲突和动荡频发、全球性问题加剧的外部环境，面对中国经济发展进入新常态等一系列深刻变化，我们党以巨大的政治勇气和强烈的责任担当，提出一系列新理念新思想新战略，出台一系列重大方针政策，推出一系列重大举措，推进一系列重大工作，解决了许多长期想解决而没有解决的难题，办成了许多过去想办而没有办成的大事，推动党和国家事业发生历史性变革，取得了改革开放和社会主义现代化建设的历史性成就。我们看到，在最近的十多年特别是刚刚过去的五年，虽然世界社会主义运动仍然处于低潮，但社会主义在中国大地上焕发出勃勃生机，并不断开启发展新境界，为人类解决发展问题贡献了中国智慧、提供了中国方案。

在这段时间，虽然不能说东风完全压倒西风，但至少东风势头正劲，东方正在吸引世界的目光。

分析我们取得历史性成就的原因，最根本的就是因为我们走在正确的道路上，那就是中国特色社会主义之路。中国特色社会主义是改革开放以来党的全部理论和实践的主题，是党和人民历尽千辛万苦、付出巨大代价取得的根本成就，是我们实现社会主义现代化、创造人民美好生活的必由之路。习近平总书记之所以凸显文化、强调文化自信，根本就是要增强对中国特色社会主义的信心；就是要打破西方在发展模式问题上的独霸地位，要告诉世界人民，现代化之路、文明发展之路不是单数，而是复数；就是要给人类文明的发展，以及人类的现代化之路提供中国方案、中国智慧。

——《哲学动态》2017 年第 11 期，原题为《提升新时代文化自信 实现中华民族伟大复兴》，作者单位：求是杂志社

“中国方案”开启全球治理的新文明类型

吴晓明

全球治理的中国方案究竟立足于怎样的基础之上并因而具有怎样的性质？实际上，除非中国方案能够超越现代性本身，否则的话，中国的发展（或崛起）就不能不意味着争霸和争霸战争。而中国方案之客观地超越现代性的前提条件恰恰就在于，第一，正像一切历史事物一样，现代性本身——从而现代世界或现代文明，确切些说，资本主义世界或资本主义文明——是有其历史限度的，这样的限度正在我们眼前以各种方式显现出来。第二，中华民族的伟大复兴不仅在于它将成为一个现代化的强国，而且还在于，其在实现现代化的历史进程中将客观地开启出一种新文明类型的可能性。因此，就像当今中国发展中的许多事物一样，全球治理的中国方案在“现成地”占有现代文明成果的同时，是以一种新文明类型的可能性来为其制定方向的。不把握这一点，就不可能从根本性质上去理解全球治理的中国方案。

自从黑格尔将历史性原则置入哲学武库时起，那种以为某种文明可以无限制发展的观念便已经变得陈腐。就像希腊世界经历了它的整个盛衰过程一样，当罗马世界从其文明的巅峰中跌落下来并逐渐衰歇之际，是“野蛮的”日耳曼人为欧洲重新注入了活力——在黑格尔所谓“日耳曼世界”的第三期，我们看到了历史地生成的现代文明。正是由于马克思从生产方式的变动结构开展出对现代文明即资本主义文明的决定性批判，这一文明的历史前提和历史限度才从根本上被揭示出来。自此以后，那种以为现代文明可以永垂不朽的神话只不过是特定的意识形态幻觉罢了。倘若现代性意识形态的遮蔽总是使现代文明的历史限度变得晦暗起来，那么，在国际纷争和冲突的领域这一限度却不能不突出地显现出来。热核战争毁灭的前景会促使理智去寻求或采取某种姑息性的办法，但现代性依其本质而来的利益冲突却只是在很小的范围内才可能保持其为理智的和姑息性的。

“新型大国关系”“人类命运共同体”等中国方案，只有在超越现代性的前提下，才可能成为关于新型国际关系和世界秩序的真正倡言；而当今中国的发展，只有在超越现代性的历史性实践已然展开之际，才可能使这样的倡言有其客观的基础，并

开展出其真实的世界历史意义。问题并不在于我们提出这样的方案具有多么美好的主观愿望，问题的客观方面在于：当今中国的现代化发展——出人意料地——最先抵达现代性的历史限度，并因而不能不以超越现代性为其进一步发展的现实的可能性。

我们已然抵达的一方面是现代性发展的自然限度，这个方面可以在当下日趋严峻的环境问题和生态危机中被确凿地把握到；另一方面则是现代性发展的社会生活限度，这一限度意味着，在没有且不可能具有西方宗教以及相关建制的中国，那种作为市民社会之原则的“犹太精神”，以及作为这种原则之极致的为所欲为，足以导致整个社会生活的自行瓦解。因此，中国的现代化发展事实上已先行抵达一个根本的转折点。在这个转折点上，中国之实际地参与（而不是拒绝）现代世界中去的发展因素，将不可避免地——辩证地——转化为使现代性处于解体状态的因素。因此，中国的未来发展要么仅仅作为从属的一支而一并（甚至最早）进入此种解体状态中去，要么是在改弦更张的独立发展中开启出新的文明类型。

如果说，全球治理的中国方案通过中国道路的社会主义定向而通达新文明类型的历史前景，那么，也正是这种前景为复活并重建中国的和平主义传统开辟出广阔的空间。就此而言，海德格尔说得对，一切本质的和伟大的东西都从“人有个家并且在传统中生了根”这一点产生出来。曾经替列强入侵辩护的理由包括中国皇帝的傲慢与臣民的鲁钝，而当今的“中国威胁论”不仅拿朝贡体系说事，而且拿“天下”一词的转义来恫吓世人。殊不知中国文化之至为根本且持之不堕的传统之一恰恰是其和平主义。尽管中国文化的最初发展同样伴随着黩武主义，但在进入历史时代（至迟到汉代）后就逐渐成为一个“和平化的世界帝国”。这一转向的根据在于：中华文明对治水的依赖，以及由此而来的中央集权的必要性，决定性地瓦解了其早期的黩武主义和英雄主义，并由和平主义的文化传统取而代之。因此，其主导的意识形态乃是“和平主义的、以国内福利为政治取向的”，并因而对军事强权采取“拒绝或不理解的态度”。事实上，中国的和平主义传统是如此地确凿、清晰和一以贯之，以至于对其的任何漠视都只能是非愚即诬。在这里只需补充一点，即这一和平主义传统并不是纯粹的过往，其在近代以来中国的历史性实践中依然到处表现出来（明智的国际政治家和历史学家当然都能看到）；但只有在一种新文明类型的展开过程中，其才能作为真正具有世界历史意义的东西而被复活，并且被发扬光大。

总而言之，中华民族的伟大复兴意味着：在成为一个现代化强国的同时开启出一种新文明类型的可能性；而这同时意味着：在把现代文明成果积极地据为己有的同时，使社会主义的定向和重建的传统整合到新文明类型的构造过程之中。这一点是理解当今中国整个发展的关键，因而也应当成为理解全球治理的中国方案的基石。因为只有在这样的视域中，中国方案所涉及的国际利益关系，无论是经济的、政治的，还是军事的和国际交往的利益关系，才能摆脱现代性所设利益对立的狭隘眼界，才能为真正新型的世界秩序和国际关系的重建赢得共识的基础。同样，也只有在新文明类型的可能性中，中国所倡言的“新型大国关系”，尤其是“人类命运共同体”，才具有了与众不同的规定和特别深远的意义。

——《中国社会科学》2017 年第 10 期，作者单位：复旦大学哲学学院

中国道路的世界历史意义

谌中和

当代文明的困境表明人类迫切呼唤一种不同于西方的新的“世界历史思想”，那么，有着伟大历史传统与独特价值理想的中国文明，其当代崛起就意味着中国文明对于现代化道路已经有某种独特反思与领悟，从而使基于中国历史传统与中国现代化道路的“世界历史思想”第一次具有现实性。这种“世界历史思想”将依据其对自身历史发展道路与独特价值理念的新的总体性把握与创造性反思，在吸纳既有世界历史思想积极成果的基础上，对工业时代的未来发展方向，进行既合乎历史发展逻辑又符合人性内在要求的建设性理论前瞻。

西方文明最伟大的世界历史思想之一是马克思的历史唯物主义学说。历史唯物主义最具重要意义的思想主张，是坚定地把物质生产作为社会生活的基础。马克思说，人类的“第一个历史活动就是生产物质生活本身”，所以应该“从直接生活的物质生产出发阐述现实的生产过程”。唯物史观从物质生产出发解释人类历史，用物质生产的逻辑推演社会历史进程，既具有很强的理论说服力，也是实现人类解放的重要现实力量。此后的重要思想家都难以忽视马克思历史唯物主义对于历史研究所具有的里程碑式的意义。

如果说马克思之前的社会历史研究的共同缺点是没有明确意识到物质生产对于社会生活的基础性意义，那么，马克思之后的社会历史理论家们的共同缺点则是最多只意识到物质生产对于社会生活的重要意义，没有意识到人口生产从来就具有的、和物质生产同样重要的历史意义，没有把对社会历史与人类文明的理解置于人口生产与物质生产共同组成的两种生产的基础之上，从而使以往的各种历史哲学不可避免地表现为单腿或跛脚的历史哲学。这种历史哲学由于从根本上缺乏对社会生活的完整理解，因而既不可能形成对人类历史的正确把握，更难以形成对人类未来的准确预期，使历史学一直停留在前科学的状态。

在人类的两种基本生产活动中，物质生产对财富与效率的追求，通常会导致技术及一系列相关社会因素的运动与变化；而人口生产必然具有的稳定性与伦理价值则为各个时代的社会治理提供了现实的范型与价值归依。这两种活动样式虽然向来就具有一定的紧张关系，但始终不离不弃。两者的具体与历史的统一构成现实的社会生活，而现实生活的符合逻辑的展开就是人类历史。

综合上述两种生产的观点，就获得了这样一种对农业时代历史的理解框架或历史观：农业文明的起点是人口生产的家庭化，但社会的重心是特定地理条件下与大众生产、生活即衣食住行密切相关的核心技术问题的解决，所以早期农业社会是农业文明的技术化时代；技术化时代之后，社会的中心问题转变为既定技术或财富状况下的公平正义，而人们的公平正义观念的源头是人口生产，所以他们用人口生产所导致的某种血缘形式及相应的价值观来重新组织社会，这就是社会的伦理化或农业文明的伦理化时代。伦理化时代之后，农业文明进入以稳定或停滞为基本特征的可持续发展阶段。

两种生产的历史观认为，人类在工业时代或世界历史时代，也将经历“技术化时代—伦理化时代—可持续发展时代”的演进。迄今为止的工业文明一直是工业文明的技术化时代，其主要成就是实现了自农业文明早期以来的另一次重大而密集的生产技术进步，使人类的生存状况跃迁到一个全新的技术境界。当下占主导地位的西方制度与思想，其主旨明显倾向于鼓励技术进步与财富增长。工业文明的技术化时代虽然还要持续相当一段时期，但是，在可以想象的将来，技术进步将进入瓶颈或停滞时期，人类文明的中心任务将转变为：如何在工业时代的新技术所导致的新的生活状态与紧密全球化时代的背景下，在全球建立稳定和谐的社会秩序，其实质是发明世界历史时代全人类共同信守的基本制度与价值理想，这就是工业文明的伦理化时代。可以肯定的是，世界历史还没有终结，当下占主导地位的制度与思想也不是工业时代最后的选择。

从当代人类文明已经确立的基本价值准则来看，中国文明无疑是农业时代人类文明的模范，这既由于其强大而持久的生命力，也由于其宽容大度的和平主义精神，更由于其对家庭伦理原则独到而执著的坚守。因此，如果人类文明对生命的繁衍持续选择家庭婚姻的形式，那就可以预期，中国文明在农业时代确立的以家庭伦理为原型的儒家政治伦理思想，将对工业文明伦理化道路的开辟具有重要的启示与借鉴——但这绝不意味着中国传统制度与思想的简单复活，新的制度与思想将扬弃其因时代条件而出现的历史局限，并吸纳工业时代政治思想的诸多积极成果。

——《江海学刊》2017 年第 5 期，原题为《两种生产的历史观与工业时代的未来——一种基于“中国道路”的世界历史思想》，作者单位：复旦大学马克思主义学院

全球治理的中国方案

郝立新　周康林

“构建人类命运共同体”的中国方案是一个新兴命题，从提出到被确立为新时代中国特色社会主义的基本方略，在国际社会引起了强烈反响，获得了国际社会的高度肯定，已经被写入了联合国安理会的有关决议之中。同时，“构建人类命运共同体”的中国方案也受到一些国家的质疑或误解。比如，一些“一带一路”沿线国家担忧对中国产生过度依赖，一些国家把“构建人类命运共同体”当作“中国责任”，一些国家担忧国家主权独立受到威胁，等等。对此，习近平同志深刻阐明了“构建人类命运共同体”的基本原则与价值目标，以凝聚世界各国的价值共识和行动共识。

第一，坚持协商对话，建设一个持久和平的世界。持久和平是全人类的共同福祉，但和平不会从天而降，需要世界各国共同维护。尊重主权是维护持久和平的前提。习近平同志强调：“主权平等，是数百年来国与国规范彼此关系最重要的准则，也是联合国及所有机构、组织共同遵循的首要原则。主权平等，真谛在于国家不分大小、强弱、贫富，主权和尊严必须得到尊重，内政不容干涉，都有权自主选择社会制度和发展道路。”因而，协商对话才是妥善解决全球经济发展不平衡问题的重要举措，也是减小国与国之间利益冲突的有效途径。

第二，坚持共建共享，建设一个普遍安全的世界。当今世界虽然处于整体和平的状态，但传统安全威胁与非传统安全威胁相互交织，依然威胁着世界各国和人民。在全球化时代，安全绝不是某一个国家的

私有物品，而是世界各国的公共物品，任何一个国家都不应该、也不可能独占独享绝对安全。一国要获得安全，必须顾及他国的安全，只有世界各国携起手来，共同应对人类面临的安全威胁，世界各国才能共享普遍安全的环境。共享又是一门大学问，每个国家在国际事务中的职责不同，付出的努力也有所差异，所以，共享绝不意味着平均主义，而是一种差异性的共享，它与差异性的国际责任担当是相一致的。任何一个国家在“构建人类命运共同体”过程中抱着极不负责的“搭便车”心态，为一己之私，不作为或乱作为，扰乱地区安全秩序或随意打破地区战略平衡，也必将受到国际社会的谴责。

第三，坚持合作共赢，建设一个共同繁荣的世界。随着经济全球化进程的深入发展，人类社会发展的联动效应越发凸显，任何一个国家固守“零和博弈”的思维或策略都很难获得成功。中国在全球治理中倡导合作共赢的理念，旨在缩小全球经济发展的不平衡性，为发展中国家争取更多发展空间，促进世界各国共同发展。如果说一家独占、赢者通吃的“零和博弈”思维逻辑适合20世纪及以前的经济全球化，那么，21世纪的经济全球化必然越发显现出合作共赢的时代特征。

第四，坚持交流互鉴，建设一个开放包容的世界。在全球化浪潮下，一个国家要谋求发展，就应该开怀纳新，主动学习世界先进文明成果。历史已经深刻证明，没有一个国家长期闭关锁国还能经久不衰，也没有一种文明能以封闭的姿态走向世界舞台的中心。不同的文化形态是对不同的社会存在形式的反映，不同的文化背景能够为解决多样化的世界问题提供更多可选择性的方案。因为“每种文明都有其独特魅力和深厚底蕴，都是人类的精神瑰宝。不同文明要取长补短、共同进步，让文明交流互鉴成为推动人类社会进步的动力、维护世界和平的纽带”。世界文明只有在不断深化的交流交往之中，才能增进理解和共识，逐渐形成区域性的文化共同体。只有各文明主体在世界历史性的普遍交往中得到尊重和发展，形成更加进步的文化共同体，人类才有可能迈向世界历史性的、高水准的命运共同体。

第五，坚持绿色低碳，建设一个清洁美丽的世界。“构建人类命运共同体”必然要求保护人类共同的生存空间。全球生态破坏带来的灾难性后果具有极强联动性，世界各国都难以独善其身。在全球经济发展不平衡的条件下，人类对地球的破坏力就会越大，向自然的索取也会丧失理性。从工业文明时代的“黑色发展”向后工业文明时代的“绿色发展”转变，已成为全人类实现永续发展的必然要求。气候问题是一个涉及资源、能源、生存权、发展权的系统性问题，也是人类工业化的历史遗留问题。《巴黎协定》是全球气候治理史上的里程碑，世界各国都应该履行这一协定。同时，“应该尊重各国特别是发展中国家在国内政策、能力建设、经济结构方面的差异，不搞一刀切。应对气候变化不应该妨碍发展中国家消除贫困、提高人民生活水平的合理需求。要照顾发展中国家的特殊困难”。因而，倡导绿色发展理念，实施节能减排，保护自然资源，使用清洁能源，将绿色发展与消除贫困统一起来，“人类命运共同体”才能可持续发展。

——《马克思主义与现实》2017年第6期，原题为《构建人类命运共同体——全球治理的中国方案》，作者单位：中国人民大学哲学院；中国人民大学马克思主义学院

（杨洪源选编）

责任编辑　强乃社

中国传统哲学中的“家”

【导语】　“家”是中国人磨灭不掉的文化印记，它承载着中国人对美好生活的追求和向往。在中国传统文化中，家不仅是构成社会的基本单位，也是建设良好社会秩序和政治秩序的基础。可以说，家将传统中国的政治、宗教、礼俗、文化与哲学融为一体，具有深刻的意涵。罗安宪从文字分析的角度入手，指出中国传统的家虽奠基于血缘，却有生活、学习、工作、宗教四方面的功能。韩国学者洪元植指出，儒家对“家的发现”从空间和时间上拓展了家的含义，而使之成为东亚儒家文化圈的宗教信仰。彭卫民从法哲学的角度出发，探讨了中国传统“家”概念背后的礼法含义、政治含义，以及它对当代中国家庭伦理重建的意义。向世陵则指出，儒家的“家”通于“天下”，历代儒者不断突破小家的限制走向大家，而最终指向“天下一家”的宇宙视野和最高理念。

中国文化中“家”的内涵与功能

罗安宪

“家”是什么？中国文化的很多要素都与家联系在一起。“家”，从“宀”，指房子；从“豖”，即猪。猪不能自养，而由人养。所以，有猪的地方一定有人，而且此地之人生活一定比较富裕。然而，有房、有屋又有人，就一定是“家”吗？只有因于男女的婚姻关系，有了子女的诞生，男不再只是男、只是夫，而同时也是父；女不再只是女、只是妻，而同时也是母。只有有父、有母、有子女，才是一个完整的“家”。而父母所居之所，称为“庭”，因此有了“家庭”之名。

由父、母、子而横向扩大，由一个小家庭而扩展为一个大家庭。在大家庭中，父亲之兄弟有分别，而父亲之姐妹无分别，母亲之兄弟、姐妹都无分别，表明中国之人伦关系突出和强调父系所延伸出的关系以及其中的序次。荀子曰：“长幼有序，则事业捷成而有所休。”（《荀子·君子》）在家庭伦理中，除“长幼有序”外，还有“亲疏有别”。中国人重礼，而礼的基本作用就在于别异。荀子曰：“乐和同，礼别异。”（《荀子·乐论》）在中国人的观念中，伯父、叔父是自己本家中的长辈，其地位与父亲类似。舅舅则是母亲的兄弟，其情感之深甚至超过伯父与叔父。伯父、叔父、舅舅与当事人具有天然的血缘关系。在父亲缺位的条件下，伯父、叔父、舅舅对于侄子、外甥具有管教的权力。而姑父、姨父不具有这样的权力。同理，姑妈、姨妈因为和当事者具有血缘关系，伦理关系与感情更加紧密；而伯母、婶婶、舅妈则伦理关系与感情也就疏远一些。在同辈关系中，即使均是表兄弟、表兄妹的关系，也有远近之别。

家庭成员之间只有和睦相处、相亲相爱，才是一个和谐的家庭，亦即孟子所谓的“有亲”“有别”“有序”的良好局面。要想家道正，每个成员都要坚守自己的伦理责任。《礼记·礼运》有所谓“人义”，曰：“何谓人义？父慈、子孝、兄良、弟弟、夫义、妇听、长惠、幼顺、君仁、臣忠，十者谓之人义。”“十义”除君、臣之义外，其余所论，皆为家庭成员之伦理道德。对于父而言，要有慈爱的情怀，母亦如此；对于子而言，要孝敬父母；对于兄而言，要以善良的态度对待弟、妹；对于弟而言，即要以恭敬的态度对待兄长；对于夫而言，要讲义、坚守正当；对于妻而言，要有服从的态度；对于长而言，要讲惠、乐善好施；对于幼而言，要有顺从的态度。“人义”之中，中国古人特别强调“孝悌”。孝悌是人的根本，如果一个人连自己的亲生父母都不爱，怎么可能会对他人友爱？又怎么能担负起自己基本的社会责任与义务？《孟子·尽心上》曰：“亲亲而仁民，仁民而爱物。”只有对于亲人充满爱，才有对于民众的仁。爱他人是以爱家人为基础和前提的。

家庭的扩大、家庭成员的增加，有赖于可靠的婚姻。朱熹曰：“夫婚姻者，所以合二姓之好，上以事宗庙，下以继后世也。”（《朱子家礼·婚礼》）在中国传统文化里，婚姻绝不是两个当事人自己的私事，而承担着发扬前辈事业、使前辈宗脉传承下去的重任。正因为如此，和谁结婚，什么时候结婚，起决定作用的可能并不是结婚者本人，而是双方的父母，因为婚姻最重要的功能是“传宗接代”。

在中国古代，一个男子一生最大的两件事，一是为儿子结婚，二是为父母举行葬礼。丧葬是人生中最大的事之一。正因为其重大，所以，一个人不论地位如何，身居何处，在父母丧葬时都不可以缺席。也正因为如此，中国自古就有“奔丧”的传统。丧葬之后，对于父母尽孝这件事还没有完，丧后还有祭。《礼记·祭统》曰：“祭者，所以追养继孝也。”祭是通过神圣庄严的形式，表达对于逝者的追思与缅怀。所以，“家”的元素里必然包含祠堂与祖庙。

家庭的主要功能是生养、繁衍，还有教育孩子。由于家庭是教育的场所，所以产生了家教、家训、家风。家风是一个家族在历史上长期形成、延续并对家族成员产生深远影响的家族风尚。家教，一般是家长对于家庭成员，特别是对子女立身做人方面的教育。家训一般以文字的形式表现，是家庭长老对于子孙后代的规劝与训诫。《颜氏家训》是中国历史上第一部完整的家训，其思想内容极为丰富，而主体思想是教导家庭成员之间的亲善敬爱。

“家”也是一个包含多种感情色彩、多种感情成分的概念。家庭成员之间的感情交集是自然而真诚的，所以，不能有施恩、报答之类的意念。家庭更为重要的是一个亲情的场所，而不是一个生意的场所。因为家庭成员之间的关系不仅是血缘关系，更为重要的是自然、真诚的关系。在中国古代，家庭既是生活的场所，也是学习的场所、工作的场所、精神得以寄托的场所。它同时具有生活、学习、工作、宗教四方面的功能。

——《中国人民大学学报》2017 年第 3 期，原题为《论中国文化学意义上的“家”》，作者单位：中国人民大学哲学院

儒家的“家的发现”

洪元植

在东西方哲学中，或许因为“家”是由血缘形成的非常自然的集团，所以大家都不太去关注。综观东西方哲学，唯独儒学特别关注“家”。儒学，尤其是原始孔孟儒学，认为“家”是一个小社会，强调家族成员间的责任和伦理，把“家”置于中心而进行思考。

儒学对“家”在两个方面持有特殊的观点：一方面，儒学没有把“家”只局限于血缘关系，而是积极地将之与非血缘的“国”相联结；另一方面，没有把血缘关系仅止于父母和子女，而是积极地进行溯源。笔者将之表述为家的“空间的扩大”和“时间的扩大”。这与儒学的政治思想和宗教意识有深刻的关联性。

“家”是以血缘关系为纽带而形成的。由此，“家”与非血缘集团就形成排他性的关系。因此，社会可谓是作为血缘集团的“家”与存在排他性关系的非血缘集团的联合。如此一来，怎样看待血缘集团与非血缘集团的关系就成为问题的关键，也正是在这里，儒学中“家”的特殊性表现突出。

早在孔孟之时就已经意识到，所谓“人”是指结群生活的“社会的存在”，所谓“社会”是由血缘集团与非血缘集团联合而成，且在两者间存在很大的间隙。例如，《论语》有关“直躬”的讨论（《论语·子路》），以及《孟子》关于舜与其父瞽瞍的讨论（《孟子·离娄上》）。我们从中可知，他们优先考虑并非常重视血缘关系。这种想法也体现在孟子的“五伦”中，即“父子有亲，君臣有义，夫妇有别，长幼有序，朋友有信”（《孟子·滕文公上》）。在君臣关系与父子关系中，孟子更重视父子之间的血缘关系。这与后来汉代提出的“三纲”有所差异，“三纲”将没有血缘关系的君臣关系放在有血缘关系的父子关系之前。这意味着，在孟子看来，血缘的父子关系是人类所有社会关系中最自然的，是起点。这很好地体现了孔孟原始儒学的认识特性，然而更明显的特性是，他们致力于缩小排他性的血缘关系与非血缘关系（即“家”与“国”之间的间隔），使之成为一种连续的关系。例如，在《礼记·大学》中的“八条目”就是典型的例证：与“修身”“齐家”的关系一样，“齐家”“治国”“平天下”的关系是连续的、本质的，处于同一层次。且在儒家看来，血缘间的“亲亲”与超越血缘的“尊尊”“贤贤”为同一层次关系。只有当所有这些都得到实现，人类的理想社会才能最终得以实现。

儒学在对“国”的认识，即“家”的联合或者空间上扩大的家的认识上，与其他思想存在差异；而且，从时间上无限地扩展父母与子女的关系，也表明它与其他思想存在很大的差异。比起其他任何关系，父母与子女之间因存在直接的血缘关系，无疑成为更亲近、更重要的关系，这是超越时代、地域、思想、宗教等的普遍面貌。然而，儒学认为，对于尽管有血缘关系但是没有直接生育关系的祖先，都要加以尊奉，这是很重要的。最具代表性的具体行为就是祭祀。如此，在“家”与“孝”的“时间的扩展”中，至关重要的就是其中隐含的宗教意义。

与其他文化圈相比，儒教文化圈重视通过血缘关系的家系继承，这在某种程度上发挥了其他文化圈中宗教的作用。这也许是其他宗教无法在儒教文化圈繁荣发展的理由之一。儒教特别强调进行祭祀的人的心态。孔子认为，祭祀时，就像对方活在眼前一样，应该抱持毕恭毕敬的心态进行。其后世学者们亦是如此看法。儒教的重要特征之一，与其说是重视祭祀对象的神灵或灵魂，不如说是更重视进行祭祀的人的心态。儒教认为，对于作为宗教强烈动机的自身存在连续性的问题能否得到解决虽不可知，但是即便自身个体的生命宣告终结，“我”仍将在宇宙中永存，“我”的生命痕迹可以永世留存。犹如其他所有生命体一样，自身存在可以永远地由子孙接续，对于人而言尤其如此，这不仅仅是单纯生物学的，而是同时还有很多因素可以接续下去。由此可见，所谓祭祀，就是通过“家”永远地记忆自身的血缘之根，就是对父母尽孝的“时间的扩展”。

综上，笔者认为，儒学特别重视作为血缘关系的“家”，并超越血缘，积极地与社会结成关系，填补两者的间隙。其结果是把“国”视为扩大的“家”。儒学成为官学以后，在汉代，“家”处在从属于“国”的位置。然后到了宋代，随着新兴士大夫作为新统治阶层出现，他们对自身存在基础的“家”的地位进行了若干补正工作。由此，“家”从内部而言，其规范更严格，很多部分得以制度化。从“家”的“时间的扩展”观点来看，孔孟儒学重视父母与子女间的关系，特别是在强调子女对父母尽孝时，没有仅止于父母，而是强调根据血缘溯及过世的祖先。汉代积极运用作为统治手段的孝治。到了宋代，随着祠堂设置普遍化、制度化，这种意识达到极致。“家”的这种“时间的扩展”具体化为祭祀行为。儒家相信通过祭祀，“我”没有完全死亡，“我”通过子孙永远地活在记忆中。作为宗教本质内容的“我”的存在永续性，在儒学中由此得以确保。

——《中国人民大学学报》2017 年第 3 期，原题为《“家的发见”与儒学中“家”的特殊性》，作者单位：韩国启明大学哲学科

法哲学视野下的中国传统的“家”

彭卫民

中国文化与政治，几乎全部是在“家”这一“伦理本位”的观念上建筑起来的。“家”在哲学上的表达是：家既是个人理想与价值的反映，又是社会地位的象征；家既是一个实质的空间，又是一种虚拟的拥有权；家既是外在世界的避风港，又是提供永恒与连续性的场所。

在前现代的西方法哲学中，“家”这一生存单位，缺位于“个体”“社群”与“国家”之列。而从西方近代伦理话语中可以发现，“家”是以“无家性（homelessness）”的面貌呈现的，家哲学在西方人眼中就是一个“盲点”。与之相反，在中国人的法哲学观念中，“家”总是作为一个法理的稳定性、源发性——“家者，国之则”的概念加以体现。中国的儒家学说认为，国法之本在家政，国家的建构应当遵循两条路径：一条是明确家是宇宙秩序的发源地，国法是家礼所衍生的一种规则；另一条是治国者必须首先懂得治理其家，然后才有资格治理其国。

“礼法”是中国古典自然法体系的核心要素与经典表达，是中国“法哲学”的独有发明。中国传统法哲学是承担礼义强

制性功能的结果，而礼法的结合是先王治理家国的根本手段，这一点在周公相成王制礼作乐以致家国太平之迹的典故上表现得尤为明显。礼教的主要精神是人伦道德，人伦道德又是法理精神的价值所在，所以，人定法的精神被先设于礼义之中，法哲学是礼义的一部分。因此，儒家主张“国法先观于家”。

在礼法模式的支配下，先秦时期的“家”并非指同居共财的家庭或亲属，而是指拥有封地与封爵的封建贵族，兼具战斗、行政、祭祀和财产等多项功能的共同体。所以先秦时期的“家礼”实际上就是“国礼”。大约在春秋时期，代表诸侯政权的“国”与代表卿大夫政权的“家”开始形成二元分立，但两者实际上都具有“公”的意味，这与后世庶族的家庭性质是不一样的。春秋战国以后，西周原有的国、野界限渐渐消弭，士庶开始合流，在家庭构成上，父母和若干已婚兄弟共居的联合家庭渐渐多了起来。

秦灭之后，汉初所传礼书的内容以及宿儒对礼经的理解基本都局限在“士礼”层面，朝廷的礼典与宗庙的祭祀仪制却付之阙如。为了改变这种家－国关系“脱嵌”的现状，继续周代国家“制礼作乐”中“亲亲、尊尊、贤贤”的民彝思想，儒者们试图在士礼与王礼之间寻求可以类推的逻辑，于是汉章帝四年在白虎观经学会议上，与儒生一起以国家的力量将“三纲六纪”中的家庭伦理部分上升为天理国法，确立了“君臣法天，父子法地，夫妇法人”的纲纪名教制度，以形成“闺门之内，俨若朝典”的稳定的国家礼典的原则。

魏晋南北朝时期的治家实践，既是对先秦儒家所主张的“正家而天下定”（《易·家人》）义理法律观的重新解释，又是对法家“尽力而守法分，尊主而不敢顾其家”（《管子·明法解》）思想的彻底否定，所以，崇尚家庭的自由生活态度致使魏晋时期的士人通过制定各自的家法来取代追随古代圣贤所制定的单一性标准。而“礼法合流”的局面在唐宋时期得到了全面的展开。制度与文本的协调推进体现在家族制度的“礼法合一”“教化为先”“惩恶本欲人惧”等思想上，这也间接导致“大家族主义”的衰落及“宗法主义”的兴起。于是宋人对“家国天下”的主流理解转变为“国法之本在家政”。

宋代以后，社会变革以及士大夫挽救礼法时弊的决心使得礼秩得以“下行”，儒家的伦理精神真正进入了地方社会的伦理生活。由于进入统治阶层的可能性越来越小，明清之际的精英开始转而进入地方事务，通过强调儒家礼仪的研究来强化各自家庭与宗族的秩序与伦常。在这种大的背景下，随着明代初年朱子学被定为一尊，朱熹《家礼》一书中的诸多主张被国家礼制所采纳，使得家族秩序中的祠堂制度、士庶冠昏礼及品官丧礼等通过地方精英们的推动反过来影响国家法制。

从中国传统家庭形态的演变轨迹可以看出，“家”在法哲学上总是呈现出一种二元的对立与妥协，中国人对礼法作用于家庭的发明，正好对家庭如何在“天性”（常）与“文化”（变）之间妥协的问题作出了解答。其中的“常”是关于家族秩序有效维系的哲学思路，而其中的“变”是关于家族结构及其社会关系所呈现的不同姿态，要实现两者之间的“和合”，就必须理解礼法的适时性。

现代性的一个突出特征是“断裂”。现代社会的发展依靠的是家庭之外的公共领域，家庭被边缘化，重家的合法性也遭到排斥。国人对于家族、家庭以及家礼大多采取激进的批判姿态，认为维系家族的规范是“吃人的礼教”“家庭乃万恶之源”，因此，“欲开社会革命之幕者，必自破家始”。而中国传统的家更多地是从观念上被建构起来的。中国传统的“家道”，是整个儒法体系中关于“天理节文”与“仪文度数”之间、“治之道”与“治之具”之间、儒法“政治价值”与“政治主张”之间如何自洽和自处的枢纽。若忽视了“家”的哲学建构，就会导致在国家治理过程中最基本的秩序缺位。所以，要重建家内秩序，就要在国家治理与家庭伦常之间寻求一个基本的平衡。

因此，要重建当代的家内法哲学秩序，必须在“法义”上确立：(1)“家”是秩序思维、日用伦常的场所，是各类社会规范性价值的源发地；(2) 重建“家”作为人性价值观念再生产以及培育公共品质的基本单位；(3) 在家庭秩序的重建过程中，要保留“爱敬之实”的个体主义德性论审慎对待宗法共同体的等级观念；(4) 国家与社会公共空间的合作治理，应当参照家内秩序的逻辑规则并以其为基本前提。

——《人文杂志》2017 年第 5 期，原题为《中国传统“家”的法哲学表达与演变》，作者单位：西南政法大学古典学研究中心、长江师范学院重庆民族研究院

“天下”何以能为“一家”

向世陵

“以天下为一家”是《礼记·礼运》提出的重要观念，与此相伴随的是“以中国为一人”。两者相较，“天下一家”针对的是不同地域、部落、氏族的和睦相处和民心凝聚的问题，关注的是“群”的关系；“中国一人”则侧重于君王个体对所治地域的主管、引导和教化，突出的是“己（我）”应担负的责任。本文只讨论“天下一家”的方面。

“以天下为一家”，首先涉及的问题是“天下”。“天下”观是古代中国人的世界观。中华天下观的特点，集中在中国圣人所表达的视整个天下为“一家”的观念。即重点不在这个世界是什么，而在如何去看待这个世界，并从而形成了中国人特有的家国天下观。按《礼运》的说法，人类社会在“大道既隐”之后，形成的是“天下为家”而非“天下一家”，而且，“天下为家”是为“各家”而非“一家”。就是说，“天下为家”的各家，在“大人世及以为礼”的“家天下”统治下，或许仍可说是“天下一家”；但在其治下的百姓，则只能说是“各亲其亲，各子其子”，实际形成的是天下“各家”。不过，《礼运》对其“以天下为一家”的观点，似乎抱有充分的信心，说“以天下为一家”是“非意之也，必知其情，辟于其义，明于其利，达于其患，然后能为之”。即“天下一家”观念的提出，不是主观任意的测度，而是在了解事物实情的基础上予以开启引导，并斟酌其情义利害的结果。

无疑，《大学》作者对此是怀有充分信心的，一国与一家也因此而沟通起来。所谓“一家仁，一国兴仁；一家让，一国兴让”。按孔颖达的发挥，这是“言人君行善于家，则外人化之，故一家、一国，皆仁让也”。但是，即便如此的教化有极大的收效，问题也很明显，即“家内”人与“家外”人（一国之人）存有明确的界限。在引导教化之外，还有无别的手段呢？这就是礼制。圣人可以通过发挥礼的有效作用来保障天下的安定。在儒者看来，通过礼来约束人们的行为，并使其规矩有序，是一条可行的道路。另外，要想走向天下一家，人的认识必须有所突破，即只有超越个体的小家才可能走向天下的“大家”。在一定意义上，这也可以说是“无家”而有天下。

从先秦到汉唐，天下一家虽然可以从伦

理关爱的角度去考量，但终究缺乏一种必然性的效力。随着宋代理学产生，天下一家的观念也发生了深刻的变化。形而下的道德劝善，开始具有了形而上的理论支撑。最突出的表现，就是张载在《西铭》中提出的“民胞物与”的“大家”说。首先，其乾父坤母与“我”的关系，就是同体（气）同性的关系，故父母与“我”的小家，同时就是天下一体的“大家”，“大家”不再以血缘辨亲疏，而是以体（气）性相关联。其次，张载所举的不同个案，不再关联到“国”，“国”的概念实际已被消解，“我”与君王、大臣的关系，变成了“我”与兄长、监护人的关系。家和天下、上下尊卑的严格界限，已被相互扶助的亲子和兄弟关系所取代，仁爱和孝道成为贯穿其中的思想。“天下”的问题既然可以被视为一家之父子关系来看待，君王或执政者就应当真爱天下之民。而所谓“王道”的根本点便在于以父母之心视天下百姓、四海之民如己子。张载所渲染的“兼爱”的“天下一家”观，在程颐那里被概括为“理一分殊”，并在朱熹之后成为朱子学的经典构架，从而影响后来的理学家。

朱熹认为，天下之能“一家”，关键在天下只有一理，理的世界统一性从根本上决定了“一家”之可能。在这里，虽然同样是为“天下一家”提供形而上的理论支撑，但张载的天地一气已更换为朱熹的天地一理。与朱熹不同，陆九渊是从东西南北海、上下千百世圣人心同理同的角度看问题的。从他“宇宙便是吾心，吾心即是宇宙”的立场看天下，天下自然“只是一家”，这已经远远超越了人际的亲疏异情和贵贱异等。

王阳明将“以天地万物为一体”和“视天下犹一家”的心愿和境界，都放在了他所诠释的《大学》的明德、亲民和止于至善的基础上。在王阳明的心中，上古圣人治理天下之所以美好，就在于它是天下一家的现实写照，天下一家可以说是人类社会最美好的境遇。张载的“民胞物与”观，主要还是在铺陈以顺天孝父和爱赤子为中心的关爱伦理；王阳明则推进到按才分工和各尽所能，使和睦亲爱的家庭关系能够在物质生活层面各得其所、各遂所愿，这实际上补充进了社会公正的内容。在此精神流贯、志气通达的基础之上，人际、物我之间的障碍被根本打破，“天下一家”已经在不言之中。

湛若水将张载的气学、朱熹的道学、象山的心学等融为一体来抒发他的宇宙一家说。湛若水所言的“一家”，不能离开“心通”的前提：“天地我一体，宇宙本同家，与君心已通，离别何愁嗟”！而以天下为一家的观念落实到现实政治中，则要求各级官员首先要处理好的，便是上级主官和治下之民的关系，“家”在这里就是一个基本的衡量准绳。对于大量刚走上仕途的基层官吏来说，天下一家观是将博爱的情怀和治天下不可多得的良策关联在一起的。湛若水希望他的学生和友人对此能够真切地予以体验和推行。所以天下一家的“家天下”观，在他看来就不是一种威权和管控，而是一种宇宙视野，一种基于生生流行的人道关爱。

总体来看，从传统儒学到宋明理学，天下一家的观念固然不乏理想的成分，但两千多年的历史实践告诉我们，它的确在不同程度上影响了中国社会发展的进程。从王权政治到基层管理以及乡间邻里关系的处理，都不难看到这些观念的落实。从而，统一的中华国土（天下）这个“大家”在理念和事实上都得以维持。

——《中国人民大学学报》2017年第3期，原题为《儒家视域中的“天下一家”观》，作者单位：中国人民大学国学院

（汪之诚选编）

责任编辑　王　正

因果性问题探究

【导语】 自休谟以来，学者们便一直关注因果性问题。20 世纪五六十年代，心灵哲学领域针对“心灵属性是否具有独特且属于自身的因果性”这一问题展开了激烈的争论，从而重新燃起了哲学家们对因果性的讨论热情。因果性问题覆盖范围较广，涉及还原问题、各种因果理论（如反事实因果论、介入主义因果论和法理因果论等）、属性与事件的形而上学问题、科学世界观和心灵因果性等。进入新世纪以来，越来越多的学者参与讨论，并尝试和诸多学科例如生物学、物理学、认知科学、神经学和信息学等进行交叉研究。以下几篇文章分别从不同的角度对因果性特别是心灵因果性问题进行了探讨。

因果理论与排斥论证

叶 峰

钟磊在一篇论文中提出，伍德瓦德（J. Woodward）的干预主义（interventionism）理论预言没有向上、向下因果关系，因此可以用来反驳金在权（Jaegwon Kim）关于心物因果关系的排斥论证，保留心智属性的（独立于物理属性的）因果效力。

为了质疑非还原的物理主义，金在权提出了关于心物因果关系的排斥论证，该论证是说以下 4 个命题互不相容，因此我们必须放弃其中一个：

（1）M1 因果地导致（causes）M2；

（2）P1 因果地导致 M2（即向上因果）；

（3）M1 与 P1 有互相独立的因果效力（非还原的物理主义）；

（4）M1 与 P1 之间对于结果 M2 不应该是真正的过决定（overdetermination）的情形。

钟磊的论文提出，根据伍德瓦德的干预主义，（2）不成立，即不存在向上因果因果理论 P1→M2。因此，可以阻止金在权的论证。他给出的（2）不成立的理由是：

（Z1）倘若一个干预使得 P1 缺失，那么 P2 会缺失。但 M2 是由物理属性多重实现的。在某些情形，虽然 P2 缺失，M2 依旧会出现，由于它会被另一个物理属性 P2 * 实现。

因此，即使一个干预使得 P1 缺失，M2 还是会出现。依此，钟磊否认了 P1→M2、M1→P2 这种向上、向下因果关系。钟磊在论文中举了一个例子，假设一只鸽子被训练的会去啄一个物体当且仅当那个物体是猩红色的，会去碰一个物体当且仅当那个物体是红色的。这里，“看见红色”相当于 M1，“看见猩红色”相当于 P1，“碰”相当于 M2，“啄”相当于 P2。钟磊认为，在这种情形下，看见猩红色是啄的原因，看见红色是碰的原因，但是可以应用干预主义因果理论得出结论：

（Z2）看见猩红色不是碰的原因。

这是因为，如果猩红色不出现而是出现另一种红，鸽子还是会去碰。

但事实上，伍德瓦德在自己的论文中提到过一个类似的鸽子例子。鸽子是被训练的去啄一个物体当且仅当那个物体是红色的，同时并没有训练鸽子区分猩红与其他种类的红色。然后，伍德瓦德明确地说，根据他的干预主义理论中刻画因果关系的条件，以下两项因果论断都是真的：

（W1）猩红目标的出现因果地导致鸽子去啄；

（W2）红色目标的出现因果地导致鸽子去啄。

因为，伍德瓦德在表述他的理论中关于变元 X 何时因果地导致 Y 的条件是：“X 因果地导致 Y，当且仅当存在一些背景情境 B，使得某个（单个）改变 X 的值（而不改变其他变元的值）的干预倘若发生，则 Y 的值也会改变。”他要排除的是这样的情形：不论如何通过干预来改变 X 的值（只要遵从干预的那些条件，比如，干预不能经由绕过 X 的其他路径影响 Y），都不会改变 Y 的值。而不是这样的情形：只要通过干预来改变 X 的值，Y 的值就会相应地改变。也就是说，他所表述的因果条件是一种充足原因。

所以有理由认为，钟磊有可能误解了伍德瓦德的理论。也就是说，钟磊似乎不是依据伍德瓦德的干预主义理论来得出（Z2）以及否定向上、向下因果的存在性，而是依据自己的某种完全不同的对因果性的理解。钟磊将他所考虑的因果性概念称为“双向条件因果性概念（dual condition conception of causation）”。在他的论文中，他将干预主义因果性的条件概括为（其中 X、Y 为代表属性的二值变元，X = xp 指属性出现，X = xa 指属性不出现，对 Y 一样）：属性 X 因果地导致属性 Y，当且仅当

（N1）倘若一个使得 X = xp 的干预发生（因果图中的其他相关变元被固定），则 Y = yp；而且

（N2）倘若一个使得 X = xa 的干预发生（因果图中的其他相关变元被固定），则 Y = ya。

钟磊用（N1）（N2）刻画的因果性概念其实成了休谟的最原始的充分必要条件因果性，即 A→B 要求的是：所有具有 A 属性的事件后面一定会跟着具有 B 的事件，而且所有具有 B 的事件只会跟在前面具有 A 的事件后。在钟磊的鸽子例子中，“看见红色”→“碰”与“看见猩红”→“啄”的确满足这样的充分必要条件。按照钟磊的思路，对任何一个我们直观上所认为的 M2 的原因 P2，都可以由相应的 P2 *、P2 ** 等实现，使得假如一个干预使得 P2 不出现，P2 *、P2 ** 等等还是会出现，而且会使得 M2 出现。因此我们将无法举出 M2 的任何原因。即使不管这个反例，钟磊也没有能用一个有意思的、自然的例子来说明，他的因果理论可以断言什么因果关系存在。因为日常生活中发生的事情一般都不会像那个鸽子例子那样，是人为训练、设计的结果，使得我们可以轻易地举出充分且必要的原因。

因此，只要承认 P1 对 M2 有充足的因果效力，我们就必须考虑这一点是否就足以使金在权的排斥论证成立。换句话说，要使得金在权的论证成立且能对非还原物理主义带来严重挑战，只需要定义一个清晰的因果概念使得非还原的物理主义者不得不接受（1）—（4），而并不需要依这个因果概念所提出的因果解释是某种意义

上最好的、最完备的，尤其不需要它是那种成比例的因果性，或充分且必要的因果性。如果一个因果理论不能容纳这个因果概念，那么我们似乎应该说，那个因果理论模拟了某些因果概念，但不能模拟这个因果概念。

钟磊认为，我们关于因果关系的直觉可能是不可靠的。但这种说法并不恰当。因为我们所讨论的那些因果理论都更像是语言学中的句法理论而非物理理论。假如某个句法理论不能预测某一类我们直观上认为合句法的语句，你不能说我们的直觉不可靠，只能说这个句法理论还不全面，没有概括我们所有的句法直觉。同样，因果理论的目的似乎正是用数学－逻辑模型来模拟我们直观上对因果关系的理解、使用，包括模拟各种类型、各种程度的因果关系。因此如果一个因果理论不能模拟某个直观上清晰的因果关系，那么我们只能说那个因果理论还不全面，而不能说直观不可靠。或许那些理论的提出者期望用其理论所能表达的种种因果关系概念来替代直观上的因果概念，但也应以所提出的理论概念确实能够刻画各种直观上清晰、合理的因果关系为前提，否则该理论就还是不完备的。

反事实条件句因果理论、伍德瓦德的干预主义因果理论、李斯特和孟吉斯的因果理论与排斥论证理论等的基本做法，似乎都是构造数学－逻辑模型来模拟我们直观上对因果关系的种种理解、使用，都是以能够成功地表达直观为目的。即使一个这样的理论的确不能容纳金在权所假设的因果关系，也不能仅仅依此证明金在权所设想的直观上的因果关系是子虚乌有的，因为从直观上讲，多数人都认为它确实存在，而且科学中也常用到。要否定金在权所设想的因果关系，应该尝试直接指出其中有什么问题。比如，指出它与我们已接受的某些科学或形而上学理论其实有冲突，或从形而上学的角度去论证那里所设想的所谓属性的“效力”有问题，等等。

所以，回到金在权的排斥论证，问题就在于“M1→M2 与 P1→M2 是否是基于两个不等同而又同样真实的因果机制”。从直观上讲答案应是否定的。但如果回答是肯定的，则 M1 与 P1 就似乎没有互相独立的因果效力，因而就不是互不等同的属性，那么这个论证还是很有力的。

——《自然辩证法通讯》2017 年第 1 期，作者单位：首都师范大学哲学系

论介入主义对排斥问题的解决

董　心

自 2003 年詹姆士·伍德沃德（J. Woodward）系统提出全新的因果解释理论——介入主义（Interventionism）以来，很多为排斥问题感到头疼的非还原物理主义者仿佛看到了新的希望。他们尝试用介入主义为心灵因果性作辩护，尤其是下向因果性（downward causation），即心－物的因果效力。

伍德沃德在《让事情发生》（*Making Things Happen*）一书中对介入主义理论进行了详细的解析，为我们提供了崭新的因果概念，即在适当的介入下，当变量 X 的数值发生变化，变量 Y 的数值也随之发生变化时，X 是 Y 的原因。

更为规范的定义表达如下：相对于变量集 V，X 是 Y 的直接原因的充要条件是

“可能存在介入变量作用于 X，从而使 Y 值或 Y 的概率分布发生变化，同时，V 中其他变量 Z_i 的数值被固定住”。

然而，并非任意的介入都有助于我们进行因果判断，只有利于正确判断的介入才能被引入。在对介入变量的诸多限制中，最核心的便是“固定性”的引入，即在进行介入的过程中，变量集中的“混淆者(confounder)”的数值要被固定住。“混淆者”即当我们在对 X 和 Y 的因果关系作出判断时出现的干扰因素 Z，而 Z 和 Y 之间存在着因果关系。Z 的出现易使我们误以为 X 是 Y 产生变化的原因，即 Z 的出现导致了因果关系的误判，但实际上 X 的因果力是虚假的，Z 才是真实的。比如在医疗实践中，为了检验药物的有效性，医生通常将病人分为两组，一组服药，一组不服。如果服药病人的康复率远高于不服药的，那么可以判定药物有治疗效果。但是，分组时必须遵循随机原则，例如，不可将免疫力强的病人分为一组进行服药，因为免疫力强本身可能就是康复的原因，从而成为影响我们对药物效果进行判断的“混淆者”。因此，当我们进行因果判断时，如果变量集中存在“混淆者”，则必须对其加以“固定”。

伍德沃德最大的理论优势就在于，能够通过对“固定性”的要求，辨认并排除“混淆者”对因果判断的干扰。然而，这一优势在心灵因果性的讨论中产生了矛盾。

2009 年，鲍姆加特纳（M. Baumgartner）对介入主义能否解决心灵因果性问题提出了根本性质疑。他指出，由于心物之间存在随附关系，导致我们无法在介入心灵的同时让物理变量保持不动，这和伍德沃德因果定义的前提相冲突。因此，介入理论的定义本身便否定了心灵因果性。鲍姆加特纳指出，虽然伍德沃德在因果定义中没有明确说明，但其实这个定义中蕴含了两个非常重要的条件，即“MAN：可能存在针对 X 关于 Y 的介入 $I = z_i$”与“FIX：$I = z_i$ 执行于 X 时，V 中不在从 X 到 Y 的因果路径上的变量可以被固定住”。如果这两个条件中的任意一个没有得到满足，我们便可以说 X 不是 Y 的原因。如此一来，问题便产生了。

非还原物理主义者都承诺随附性原则，即一组性质 A 随附于另一组性质 B 当且仅当除非 B 发生变化，否则 A 不会发生变化。根据介入主义的因果定义，如果要证明 M 对 P＊有因果力，就必须存在一个介入变量，且该变量对 M 进行介入时，P 必须被固定住。然而，根据随附性原则，介入对 M 的变化必然伴随着对 P 的变化，而且在 M 被改变的同时，P 不可能被固定住。因此，MAX 和 FIX 这两个条件都无法得到满足，此证，M 不是 P＊的原因。M 的因果力依然由于 P 的存在而遭到排斥。

伍德沃德在《介入主义与因果排斥》一文中详细回应了鲍姆加特纳的质疑，并坚持认为介入主义可以解决排斥问题，维护心灵因果性。其基本思路是，非因果依赖有别于因果依赖，前者不构成“混淆者”带来的威胁，因而不必满足 MAN 和 FIX 的要求。伍德沃德指出，在原先的讨论中，我们默认变量集内只存在因果依赖关系和非因果关系。但变量之间还可能有第三种关系，即非因果依赖关系（如概念、逻辑、数学、计量或随附关系）。通过对因果依赖和非因果依赖的划分，伍德沃德指出后者并非“混淆者”，可被特殊对待。而排除“混淆者”干扰的方法就是通过 MAN 和 FIX 对“混淆者”加以固定。据此，如果证明非因果依赖的变量是“非混淆者”，便有理由被特殊对待。

伍德沃德以概念依赖为例：心脏病（D）受高密度胆固醇（HDC）和低密度胆固醇（LDC）的因果影响，前者降低发病概率，后者升高。再设定一个变量——胆固醇总量（TC，TC = HDC + LDC）。TC

对D也有因果影响，且TC概念依赖于HDC和LDC。伍德沃德指出，在我们考察HDC和D之间的因果关系时，LDC应该被固定住，而TC不必如此。针对TC的变化：首先，TC和HDC的变化量是完全一样的，不会对D造成额外的影响。其次，我们不能将TC的变化算作另一个独立的对D产生影响的变量，当LDC被固定后，TC对D造成的影响和HDC对D造成的影响实际上是同一个，不能重复计算。最后，伍德沃德指出，在这幅图中，TC到D的因果连线是可有可无的，只是出于某种实际意义的考量。

由此可得，TC不算是“混淆者”，只要它的变化完全来自于介入变量，则不必担心这一变化会对因果判断造成干扰。因此，MAN和FIX的要求中不应包括以概念依赖为代表的非因果依赖变量，因而也不应包括随附变量。

然而，作者将依据随附性的特殊性和经典案例，证明其无法满足以上三点依据，因而仍是“混淆者”。作者借助随附关系中的典型案例，即红色随附于猩红色，与概念依赖关系加以对比。

针对第一点，当我们将红色变为蓝色时，有可能从粉红色变为天蓝色，也可能从猩红色变为深蓝色。从色谱来看，后两者的变化量必不相同。针对第二点和第三点，概念依赖的双方是等价关系，而红色和猩红色更倾向于更高层面与更低层面的关系，后者能带来完全不同于且无法被还原为前者的因果力。

因此，随附关系与概念依赖完全不可同日而语。被随附的性质，比如P，依然是“混淆者”，不应被特殊对待。因此，随附性与固定性之间的矛盾依然存在。作者认为，若要维护心灵因果性，首先应该制定合适的因果概念——概念前提不与随附性相冲突。如果依此概念，在满足前提的条件下，判断出M与P＊之间存在因果关联，才是对心灵因果性的真正辩护。

——《哲学动态》2017年第5期，原题为《论介入主义对排斥问题的解决方案》，作者单位：北京大学哲学系

基于构成性属性重构解释排斥原则

李 龚

解释排斥原则（the principle of explanatory exclusion）是金在权提出并坚持的重要原则。其内容是：任何事件都不能被给予多于一个的完全和独立解释。然而，作为因果排斥原则的“伙伴原则”，它并未像前者那样获得认同，而是备受争议。一些人认为，解释排斥与因果排斥是同一问题的不同层面，并不存在关于解释排斥的特殊问题；另一些人则认为，这条原则根本就不成立。其中，戴维森直斥其混淆了因果解释与因果关系，而另一些作家或指出该原则有违解释实践，或认为其形而上学预设可疑。这些质疑的焦点在于：对于一个事件，显然可以给出多种因果解释。

为了厘清争议，可先考察金在权讨论该问题的基本预设——解释实在论。假设c、e是陈述C、E所对应的事件，R为某种客观关系，解释实在论就可表示为“ER：C成为E的解释，仅当c和e处于R中”。假设C1和C2是E的解释，一种自然的个体化方式就是，C1、C2相同仅当其对应的事件c1、c2相同，且后者与E对应的事件e处于相同的解释关系R中。基于ER，可将解释排斥原则建构为“EE：

任何事件都不能被给予多于一个的完全和独立解释”。

但这显然会有违背解释实践的后果，不妨来看如下例子：

P1：英镑升值导致制造业增长放缓。

P2：今天《泰晤士报》头版所报道的事件导致制造业增长放缓。

P3：导致制造业增长放缓的事件导致制造业增长放缓。

上述解释项有相同的外延，但其意义是不同的。就 P2 而言，我们可以理解《泰晤士报》的报道，却不知这是制造业增长放缓的原因。P3 虽琐屑地真，但其解释内容是空洞的。一种策略是放弃外在的解释个体化标准，转而采纳某种内在的标准，即 C1、C2 相同仅当处于相同的解释项关系中，且意义相同。但这还需要过于特设的语义学规定：同义陈述指称相同事件，非同义陈述指称不同事件，陈述中的谓词和事件中的属性之间也要有某种对应关系。更好的策略是转向事件的本体论，如果 F 和 G 是不同的属性，ER 就可修正为：

ER＊：C 成为 E 的解释，仅当 c 和 e 处于 R 中，且 c 所具有的 F 导致 e 具有了 G。

这样，如果 C 是 E 的解释，那么 F 对于 e 具有 G 而言就应该是因果相关的。现在借助 ER＊再重返多重解释问题，先看如下例子：

P4：布鲁图杀了凯撒，卡普尼亚悲痛欲绝。

P5：布鲁图行刺凯撒，卡普尼亚悲痛欲绝。

P6：布鲁图用匕首行刺凯撒，卡普尼亚悲痛欲绝。

这时，如果“杀了”和“行刺”挑出了不同的因果相关属性，那么 P4 和 P5 就是不同解释。而如果“行刺”和“用匕首行刺”挑出了相同的属性，那么 P5 和 P6 就是相同解释，即使 P6 比 P5 传达了更多内容。也可质疑说，“杀了”和“行刺”虽是不完整描述，但其完全可以和“用匕首行刺”一样挑出相同的因果相关属性，那么 P4、P5 和 P6 还是可被视为同一解释。此外，如果认为“行刺”和“用匕首行刺”挑出了相同的因果相关属性，那么“用匕首”行刺所挑出的属性似乎并未对结果提供因果解释。

可以从金在权的事件理论中找到应对上述问题的资源。金在权认为一个事件由如下要素构成：某个实体（构成性对象）、该实体所例示的属性（构成性属性）和某个时刻。事件就是该实体在某时刻对该属性的例示。如果认为构成性属性是解释中的因果相关属性，那么事件的再描述问题也许能为多重解释问题提供解决思路。再描述问题是这样的，比如将“布鲁图行刺凯撒”描述为“布鲁图在元老院用匕首行刺凯撒”，使其中出现多个事件。金在权的应对方式是将事件的例示属性与构成性属性区分开来，前者是事件自身例示的属性，而后者是事件内部构成性对象所例示的属性，二者不在一个层面上。那么基于构成性属性，可将 ER＊修正为“ER＊＊：C 成为 E 的解释，仅当 c 和 e 处于 R 中，且 c 的构成性属性 F 导致 e 具有了构成性属性 G”。

现在，P4 和 P5 是不同的解释，因为“杀了”和“行刺”挑出了不同的构成性属性。而 P5 和 P6 则为相同的解释，因为“行刺”对应着相同的构成性属性，而“用匕首”仅指示了事件具有某属性。ER＊＊可以更好地判定解释的异同，进而更好地应对多重解释的问题。ER＊＊也有其局限性，即解释实践的范围缩小了。比如，当说“布鲁图在元老院用匕首行刺凯撒”时，只有“行刺”挑出的构成性属性具有完全的解释效力，而“在元老院”“用匕首”所挑出的属性只是指示了行刺事件的发生方式，至多只有较弱意义上的解释相关作用。

上述策略也面临诸如现象属性、功能属性将如何界定的问题。因为，现象属性的本质就在于“它在我们看起来是什么样子（what it is like）”这样的“外在”层面。类似的，功能属性在何种意义上可被视为内在属性也是成问题的。这些问题包含了不同的甚至相互冲突的直觉。不妨暂基于 ER ** 来构造解释排斥原则：“EE **：任何事件都不能被给予多于一个通过构成性属性得到的完全和独立的解释”。其实质是，对于事件为什么会发生，只能给出一个完全和独立的解释。首先，它只关心那些关系到事件根本归属的解释，而无视那些对事件进行外在描述的解释。其次，它保证了进入解释关系的都是具有因果效力的构成性属性，使得解释与因果关系的结构对应更加明确。但 EE ** 也有其局限性。比如，作为现象属性或功能属性的心灵状态，如果其不能被算作构成性属性的话，是不能进入解释关系的，相当于在排斥论证之前提前进行了一次排斥程序。根据 ER **，诉诸这些属性的陈述不能被视为解释，或者它们只是认识论上空洞的陈述。然而，如果将金在权的排斥论证视为支持还原论立场的话，这也未必是一个不好的结论。

——《自然辩证法通讯》2017 年第 1 期，原题为《解释排斥与事件的本体论》，作者单位：深圳大学哲学系

非物理主义的心理因果性

李　楠

自笛卡尔以来，除了还原论立场的物理主义者，承认心理因果性的哲学家面临两个难题，一个是如何说明独特的（sui generis）心灵对物质领域造成影响，另一个则来自对物理领域因果闭合性的广泛认同，既然物理事件有充分的物理原因，那么心理事物对于引起身体反应有何贡献？在物理主义立场内部，非还原论者进行了种种尝试，但是，持非物理主义立场的哲学家该如何解决心理因果性难题？本文论证目标是，对于某些类型的非物理主义而言，如果采纳刘易斯的观点，将因果性等于事件之间的反事实依赖关系，即依赖因果观（the dependence view of causation），那么在心灵状态之间存在因果联系的假设下，心灵与物质之间亦存在因果联系。

本文中非物理主义立场的基本承诺包括：（1）心灵并非形而上学地依随于物质，但心灵在现实世界有物理基础；（2）物理因果闭合。另外假设某些心理事件之间存在因果联系。举例，m：t 时刻“我”的牙疼；m *：t′时刻“我”有止疼之欲望；p：t 时刻牙疼的物理基础 P 实现；p *：t′时刻止疼欲望的物理基础 P * 实现。根据依赖因果观，m 引起 m * 等于$\tilde{m} \Box\!\!\rightarrow \tilde{m}*$，即如果我的牙没疼，那么“我”不会有相应的止疼欲（If m had not occurred, then m * would not have occurred）。非物理主义者认为，M（M *）并不形而上学地依随于 P（P *），或者说，P（P *）实现并没有使 M（M *）必然实现，即存在可能世界 p & $\tilde{m}$（p * & $\tilde{m}$ *）。承认物理因果闭合意味着，p * 有个充分的物理原因发生于 t 时刻，那就是 p。根据依赖因果观，p 引起 p * 等于$\tilde{p} \Box\!\!\rightarrow \tilde{p}*$。

现在我们的目标是：$\tilde{m} \Box\!\!\rightarrow \tilde{p}*$，即 p * 反事实依赖于 m。根据依赖因果观，那么我们就有了心理 - 物理因果性。笔者建

议非物理主义者再加下列前提：$\tilde{m}* \Diamond\!\!\rightarrow \tilde{m}$，即如果“我”没有相应的止疼欲，那么“我”的牙可能没疼（If m * had not occurred, then m might not have occurred）。这样我们得到如下论证：

前提 1	$\tilde{m}\Box\!\!\rightarrow\tilde{m}*$
前提 2	$\tilde{m}* \Diamond\!\!\rightarrow\tilde{m}$
前提 3	$\tilde{m}* \Box\!\!\rightarrow\tilde{p}*$
结论	$\tilde{m}\Box\!\!\rightarrow\tilde{p}*$

这个论证是有效的。前提 1 是我们的假设：心理 - 心理因果性。关键在于前提 2 和 3 是否为真。

前提 2 是说在“我”没有止疼欲的世界中，存在一个“我”牙不疼的世界和“我”牙疼的世界一样近。非物理主义的立场可以导致某种语境，使得我们可以接受这种看似回溯的（backtracking）条件句；况且我们需要的并不是$\tilde{m}* \Box\!\!\rightarrow\tilde{m}$，而是更弱的$\tilde{m}* \Diamond\!\!\rightarrow\tilde{m}$（if m * had not occurred, then m might not have occurred）。这个特殊的语境就是，两个有因果联系的心理事件可以并不是完全独立的。回到“我”的牙疼例子，非物理主义者可以宣称，“止疼欲发生”这个事件 m * 的一部分亦是“牙疼发生”这个事件 m 的一部分。这种立场有独立的合理性。当代一些具有影响力的观点认为，疼在本质上就包括某种欲望。那么，自然地，牙疼的实现也就意味着某种自发欲望的实现。即使这种欲望不等于具体的、被意识到的采取某种行动的欲望（m *），但是，非物理主义者可以进一步指出，具体的、被意识到的止疼欲的必要组成部分是这种自发欲望；或者，具体的止疼欲只是对自发欲望的意识。根据上述看法，m * 与 m 有重合部分，这样，$\tilde{m}* \Diamond\!\!\rightarrow\tilde{m}$就是合理的。更具体地，假设“我”在 t 时刻牙疼（m），牙疼包含了单纯的痛感和自发欲望（以及其他相关现象特征），随后在 t′时刻更具体的、或者被意识到的止疼欲发生（m *），但是，这个更具体的、被意识到的止疼欲也包含了 t 时刻的自发欲望，或者等于对 t 时刻自发欲望的意识。这样，对于那些 t′ 时刻“我”没有止疼欲的世界，其实在 t 时刻已然和现实世界分离了，那么，m 没出现的世界并不是改动了过去的世界（因为，这里的过去不再包括 t 时刻）。

前提 3 是：如果“我”的止疼欲没有出现，那么止疼欲望的物理基础也没有出现（if m * had not occurred, then p * would not have occurred）。若要使其真，根据刘易斯的反事实条件句的真值条件，则需要，在离现实世界最近的“我”的止疼欲没有出现的可能世界中，止疼欲望的物理基础也没有出现。但是，对于非物理主义者而言，这似乎不是真的。非物理主义者可以增加理论承诺，从而造成某种特定语境，或者说某种判断可能世界远近的新标准，使得世界 2 比世界 1 离现实世界更近。

一种可能的立场是，使心理事件与物理事件的关联由超强的心理 - 物理自然律保证。这样一来，世界 1 是心理 - 物理定律被打破的世界，即心物奇迹发生的世界，而世界 2 是物理定律被打破的世界，即物理奇迹发生的世界。关键在于，使M * 和 P * 共同被实现的自然律 M * - P * 是极难打破的，因而，在某个可能世界这种奇迹一旦发生，那么这个可能世界就比其他任意一个没有发生心物奇迹的世界离现实更远。

但是，如果非物理主义者不承认心理 - 物理定律，就需要一种特定的心理与物理关联的解释。笔者提供一种（很可能不是唯一的）尝试性的说明。这种非物理主义立场采取一种目的论式的形而上学观，即心理事物是物理事物的目的。物理领域内的事物之间由物理定律约束，但是物理领域与超出物理领域的事物之间，以及非物理领域的事物之间则是由目的论的体系约束。在这种语境下，我们会说，如果“我”的牙没疼的话，那么牙疼的物理基础完全没必要出现，因为它出现的目的不过是使“我”的牙疼这个心理事物在现实世界实现，而一个牙不疼却出现了牙疼的物理基础的世界，是一个不符合现实世界目的论体系的世界，因而比符合现实世界目的论体系的世界离现实世界更远。当然，这里预设了违反现实世界的目的论体系需要的奇迹比物理奇迹更大，但是，持这种目的论形而上学观点的非物理主义者可以宣称，违背心理－物理关联所属的目的论体系就意味着改变了现实世界基本的形而上学体系，这比单纯打破物理领域内部的定律要更加严重。

持目的论形而上学观点的非物理主义立场的一个优势是可以使用本尼特（K. Bennett）的因果相容论策略来消解著名的排除难题，即通过论证心理因果性通不过本尼特的测试，因而不是真正的过度决定，所以心理原因和物理原因都是安全的。

——《自然辩证法通讯》2017 年第 1 期，作者单位：大连理工大学哲学系

因果解释能够对规则进行解释吗?

初维峰

现代科学解释理论开始于亨普尔的科学解释的“演绎－律则”（D－N）模型；此科学解释模型主张，从解释项中（必须包括定律）推导出被解释项。被解释项既可以为事件、事态（包括概率性的事件、事态），也可以是规则。但是，亨普尔的 D－N 模型中也存在着诸多问题，如解释的非对称性问题、解释的不相关问题和解释与预测的非同一性问题。由于因果解释能够解决亨普尔的 D－N 模型中存在的以上问题，哲学家才对因果解释理论更有信心。然而，在一些哲学家（包括支持因果解释进路的哲学家，如索伯和刘易斯看来，虽然亨普尔的科学解释模型能对规则进行解释，但因果解释理论不能对规则进行解释。值得注意的是，这里所提到的规则不包括人为制定的行为规范，如在马路上必须右侧通行、公交车上应该给老人让座等所谓“规则”，而是指所有的乌鸦羽毛都呈现黑颜色、蛇是有鳞的、所有金属都导电、市场供求关系、孟德尔定律、万有引力定律、理想气体定律、麦克斯韦方程等。

然而，伍德沃德和斯特雷文斯（M. Strevens）认为，他们的因果解释理论能够对规则进行解释。依据伍德沃德的因果解释的反事实理论：（1）解释要能够用来回答解释项的反事实问题。（2）解释关系一定要在原则上支持操控或干预。另外，伍德沃德是通过干预变量，对干预进行定义的。（3）解释关系必须为不变性关系：当我们改变其他不同东西时，如果关系仍然保持稳定或不改变，那么关系就是不变的。这里的不变性是变量之间关系的不变性，是干预下的不变性。

设被解释项为以下规则：距均匀带正电的长直导线为 r 处的电场强度的大小，和电荷分布一致。这种规则可以通过以下公式获得：

$$E = \frac{1}{2\pi\epsilon_0}\frac{\lambda}{r} \tag{1}$$

其中 λ 是单位长度的导线所带的电荷，且 E 垂直于导线。通过库仑定律把在电线中的无限个小电荷要素组合起来，以上被解释项就可以通过等式（1）而获得。

通过以上步骤，伍德沃德的因果解释理论使我们看到以上规则反事实（干预下的反事实）地依赖于导线的几何形状、电荷分布等因素。

然而，在萨齐（J. Saatsi）和佩克斯顿（M. Pexton）看来，对克莱伯定律进行解释就说明了：虽然反事实信息能够被用于解释，但那里不存在任何因果联系。克莱伯定律形式为：$B \propto M^{3/4}$，它表示基础代谢率与体重相联系。通过对克莱伯定律的标度指数进行研究，生物学家得出代谢率完全遵循欧几里得缩放比例（Euclidean scaling）。因此，这个模型好像把3/4标度指数和三维的有机体联系起来了；如果所有的有机体变成二维的，那么标度指数就为2/3。这显示出增长指数如何反事实地随着有机体维度的不同而不同。但是，这个解释的模态信息不能被理解为因果依赖联系，因为增长规则不是因果地依赖有机体的维度。进而，萨齐和佩克斯顿指出，对事态的解释和对规则的解释是不同的；前者依赖于因果，后者不需要因果，只是需要反事实模态信息即可。

然而，在笔者看来，利用伍德沃德的因果解释理论不能解释的规则，并不能说因果解释不能解释规则。根据斯特雷文斯的因果解释理论对规则进行解释，就是找出引起这个规则的因果机制。从形而上学层面来讲，他还认为机制与基本定律的方面是一致的。对规则解释除了需要因果机制外，斯特雷文斯还认为需要"基本概括（basing generalization）"。基本概括会把事件的性质添加到一组对象上，这是对规则解释不同于对事件解释的地方。如果要对为什么所有的乌鸦都是黑颜色进行解释，那么必须找到使得乌鸦羽毛呈黑颜色的机制。然而，这还不足以解释为什么所有的乌鸦都是黑颜色的。我们还必须要加上所有乌鸦，至少大多数乌鸦，都拥有机制（M）的基本概括。

其实，许多伍德沃德的因果解释理论不能解释的规则，特雷文斯的因果解释理论却能对之进行解释。根据解释的关键环节表述，某种机制（和基础物理学定律是等同的）使之呈现出规则，即某种机制促使了诸如克莱伯定律形式的规则。可以说，伍德沃德是找错了原因，以至于认为不能对之进行因果解释。

因此，对于伍德沃德和斯特雷文斯的因果解释理论来说，后者更适合于对规则进行解释。然而，这并不代表解释的关键环节表述理论完美无缺；恰恰相反，因果解释的关键环节表述理论所包含的解释还原思想备受争议，但这并不妨碍因果解释的关键环节表述理论能够对规则进行解释。

当然，是否所有规则都能够使用因果解释理论对其解释的问题，还有待研究，斯特雷文斯就明确表示他的理论并不能解释基础物理学定律那样的规则。他的因果解释理论需要以基础物理学定律为基础，因此就不能对基础物理学定律那样的规则进行解释。然而，因果解释理论的形式多种多样，并且哲学家也在努力地探索和改进因果解释模型。因此，我们有理由相信随着对因果解释模型的改进，因果解释模型也会能够对更多的规则进行解释。

——《哲学动态》2017年第10期，
作者单位：西安交通大学人文社会科学学院

（段伟文选编）
责任编辑　孙婧一

法国新现象学研究

【导语】 现象学从20世纪初在德国勃兴以来，一直是欧陆哲学中最大的哲学思潮。第二次世界大战之后，虽然现象学在它的发源地德国已经逐渐由盛入衰，但在法国，现象学至今仍然是哲学界最有生命力、哲学大家层出不穷的领域之一。关于现象学运动在法国的盛况，先是有德国著名现象学家瓦登费尔斯（B. Waldenfels）在其著作《法国现象学》中加以确认与梳理，其后又有另一位德国著名现象学家登盖伊（László Tengelyi）在他的著作《法国新现象学》中加以进一步阐释。在前一本著作中，瓦登费尔斯总结了法国现象学的第一代人物（主要有萨特、梅洛-庞蒂、利科和列维纳斯等人）的思想；而在后一本著作中，登盖伊则以列维纳斯为先导，将马里翁、米歇尔·亨利以及克瑞廷等人对于现象学的推进看作有别于前代的新现象学。法国现象学家马里翁进一步彰显了这种新现象学，他将列维纳斯看作新现象学的核心人物，正是因为列维纳斯对以“他人”为核心的外在性现象学的发掘，使得之后的现象学家们能够逐步走出经典现象学的模式。同时，我们也会看到，由马里翁所阐释的现象“被给予”模式，米歇尔·亨利阐释的生命“自我触发”模式，甚至德里达的“延异”理论，都可以在不同程度上构成对经典现象学的挑战。2017年下半年，马里翁在国内各高校的巡回演讲使得这种新现象学进一步进入了学界的视野，我们也在此选取四篇文章以勾勒其形态。

马里翁论现象学与第一哲学

朱 刚

在漫长的西方哲学历程中，从亚里士多德直到近代，第一哲学一直是哲学中最为基础的部分，笛卡尔甚至将之喻为哲学这棵大树的根。尽管当代不时有人宣称第一哲学已经过时，甚至哲学本身也已终结，但第一哲学依然不停地回归。这恰恰是因为第一哲学乃是哲学的本己要求，一如法国现象学家马里翁所说：“对一种‘第一哲学’的要求，对其同一性和其建立的决定，从来都不是可选择的，也不是外在于哲学之为哲学的。”换言之，对第一哲学的要求，乃哲学之为哲学的本己使命。

虽然如此，两千多年来的各种第一哲学却几乎均以失败告终。于是探讨究竟如何才能建立一种真正的第一哲学就成了当代哲学不可回避的任务。马里翁在其现象学三部曲的第三部《论超出——饱溢现象研究》中曾对历史上几种主要第一哲学方案及其何以失败逐一作了批判性分析，最后认为胡塞尔以现象学为第一哲学的方案打开了一条通往第一哲学的可能道路。

胡塞尔在首次提出现象学还原时说道："只有通过还原，我们也已经想把它们叫作现象学的还原，我才能获得一种绝对的、不提供任何超越的被给予性。"正是这样"一种绝对的、不提供任何超越的被给予性"，才能充当第一哲学所寻找的开端之物、本原之物。而这种"绝对的、不提供任何超越的被给予性"，恰恰就是胡塞尔所说的"现象"，现象学意义上的"现象"。于是问题就转移到究竟该如何理解胡塞尔现象学意义上的现象。胡塞尔的"现象"概念首先意指"显现"或"显现活动"。这里的"显现活动"并不是事物与意识无关的自身显现，而恰恰是意识对事物的显现，因此它是"显现活动本身"，表示"主观现象"。这个在显现活动中显现出来的事物即"显现者"，它是"现象"这个概念的第二重含义。这样一种具有双重意义或内含双重维度的"现象"可以满足第一哲学对开端、对首要之物的要求吗？至少在胡塞尔以及马里翁看来是可以的。

首先，如前所述，超越论现象学意义上的现象已经是经过还原之后的现象，"带有某些事先的预防"，因此已经排除掉了它的任何超越性、实在性。在此意义上，现象是绝对被给出的，具有绝对的明见性。这样，超越论现象学的"现象"就不像亚里士多德的"ousia（实体）"那样是自身不显现的、未给出自身的、因此只是朴素的存在设定。所以正如马里翁所说："在现象学中，ousia……就丧失了它们的优先性，只是因为它们并不一下子全部——或者更好地说，部分地——显现。"同样，"现象"也不像笛卡尔的"自我"那样只是一种没有给出自身的形而上学假定，一种不必要的假定，而且这种假定又会导致自我的分裂，从而抹除自身。

其次，由于现象学意义上的"现象"是显现与显现者的统一，因此它既有作为意识而具有的那种绝对的自身被给予性以及绝对的明见性，同时作为显现者它也具有无可质疑的客观性，而非仅仅封闭在意识的内部。在这个意义上我们可以说，以自身被给予的现象为开端、为首要之物的超越论现象学，作为第一哲学就既克服了朴素的客观主义，也克服了传统形式的超越论的观念论。它在更高的层次上把第一哲学的朴素的-客观主义之路和超越论的-观念论之路结合起来，它既是客观主义的，又是观念论的；或不如说既不单纯是朴素的-客观主义的，也不单纯是观念论的，而是这两者在更高层次上的统一。就此而言，它的确打开了一条通往第一哲学的可能之路。同时，我们也可以在此意义上重新理解胡塞尔的下述断言：现象学乃近代哲学的隐秘憧憬。

总之，如果像马里翁所说的那样，"第一哲学事业的决定性的本原性就在于使一种不可质疑的优先性成为现象：让其不再像它必须的那样（根据经验及其对象之被预设的先天条件）显现，而是如其被给出的那样（从其自身而来并作为自身）显现"，那么，以被给予性为最终原则、以"如其被给出那样显现出来"的现象为本原的现象学，就"能够抵达……如此理解的'第一哲学'的地位"。

——《世界哲学》2017 年第 1 期，原题为《通往第一哲学的三条道路——兼论现象学如何作为第一哲学》，作者单位：中山大学哲学系

马里翁第三次现象学还原的局限和突破

方向红

“还原越多，给予越多”是“法国新现象学”争论的焦点之一。以J. –L. 马里翁和M. 亨利为代表的一方打出了该口号，沿着列维纳斯所开辟的道路，把“现象学的神学转向”引向深入，并企图在此基础上建立一种新型的形而上学和第一哲学；以D. 雅尼考和M. 里希尔为代表的另一方则援引梅洛–庞蒂的知觉现象学理论，在重建第一哲学的过程中，坚定地拒斥这一口号，明确反对现象学的神学转向，有的学者如雅尼考甚至针锋相对地提出“还原越多，给予越少”的口号。

早在1989年，马里翁便把还原与给予关联起来并在它们之间建立起比例性的关系。在《还原与给予：胡塞尔、海德格尔与现象学研究》的结语中，马里翁明确指出，胡塞尔和海德格尔都认可的命题“有多少表象，就有多少存在”仅仅表明显现与存在之间具有对应关系，若想进一步把显现看作存在（者）本身的显现，就必须引入还原的方法，将不完满、非本真的现象置于括号之中，让现象变成对意识来说的被给予状态。不仅如此，随着置于括号中的现象越来越多，一个越来越广阔的领域被扩展开来。这样，先前的对子“有多少表象，就有多少存在”就被置换为一个新的对子：“有多少还原就有多少被给予”。不仅如此，这个新的对子还获得了一个动态的、成比例的、简洁而醒目的表述：“还原越多，给予越多。”

到了1997年，马里翁对自己的还原理论已经有了相当系统完整的论证。他把三次还原与现象学的四条原理联系起来，证明了给予性还原的必要性。迄今为止，现象学有四条基本原理，第一条：“有多少假象，就有多少存在”；第二条：“回到实事本身”；第三条：“一切原则之原则”；第四条：“还原越多，给予越多”。马里翁指出，前三条原理都具有自身的内在困难，要克服这三个原则的内在困难，我们必须引入第四条原理。他从文本和概念两个方面对这条原理的引入作了论证，并详细阐明了这种克服的内在机理。

马里翁进一步指出，第四条原理之所以能够克服前三条原理的疑难、含混和矛盾，还与它的一个特殊品性相关。前三条原理都是先天原理，它们先天地规定了现象本身的显现原则、方式和限度，最后一条原理却是后天原理，这条原理不会事先介入现象的显现之中去，从而预先构造出某种特定的现象；与之相反，它只是在事后通过还原来判断，显现是否从实事自身出发，现象是否已经绝对地被给予，哪些现象配得上被给予性现象的称号。这是一个后天判断，它拒绝为任何现象提供形而上学的奠基。尽管如此，它仍具有自身的绝对性和无条件性。

真正值得对待的批评是对马里翁的现象学原理中缺乏视域概念的指摘。马里翁放弃视域概念但同时又声称自己的理论仍然属于现象学。德里达对此表示过不满；雅尼考认为在马里翁那里缺乏先验视域；罗恩斯利则指出，马里翁的给予活动缺乏个人处身状况和社会历史实践及其处境的维度——这个维度正是广义上的视域概念。这些批评是无法回避的，但马里翁并不认为这是他的现象学理论的缺陷；恰恰相反，他甚至作出这样的断言，“对真正的现象学而言，最后的一步将是放弃视域概念”。

敏锐的认识带来视角的自然转变。正

如还原在马里翁那里实行了两个方向上的操作一样，对直观也可以进行两个视角上的转换：或者从实事本身向我们的显现出发，或者从实事本身的自身给予出发。如果侧重前者，那么，直观是最好的用词；如果强调后者，那么，“给予”或“自身给予”以及“自身被给予性”等表述就是最佳的选择。两者是一而二、二而一的关系。

走在这样一条道路上，我们便可以理解马里翁那充满自信的放弃视域概念的断言。在认识论框架里，在发生学的考察下，甚至在基础存在论的展开中，视域都是必不可少的概念。然而，在现象学的核心处，当我们面临那本源的过程，即实事从自身出发给出自身、从而让自身显现出来的过程时，我们描述的是自身给予活动的基本结构，尽管这个结构事实上与它处身的视域不可分隔，但无论是从现象学的研究目标来说，还是就现象学方法论的严格性而言，甚至从自身给予性这个概念的定义来讲，我们最终都必须将视域概念剥离出来并加以还原，以便为一切观念认识、历史发生和现实存在提供绝对的和无条件的基础。正是在这个意义上，我们才理解马里翁那颠覆现象学传统的做法：悬置视域概念，让现象学第一次成为它自己。

最后，同样重要的是，在“自身被给予性”作为基本、绝对和自身非前提的现象学原理被确定下来之后，对现象的还原便成了事后的执行者，还原本身也因此成了后天的原理。但与传统认识论框架下的后天概念不同，后天并不天然地与偶然性和相对性相连。实际上，还原的后天性就是自身给予的绝对性和无条件性，如前所述，这里的后天与必然性和绝对性相连。可以预料的是，把后天性引入形而上学系统中，必将对传统形而上学和第一哲学的范畴结构带来新的冲击。当然，德普拉的隐忧，即被给予性可能带来的实用主义维度，也就不复存在了。

因此，虽然马里翁关于自身给予性的表述只是简单的视角位移，可马里翁的思考仍然在思想视野和理论景观上带来了上述重大的变化，这些具有重大哲学意义的变化让我们有理由得出这样的评价，即在现象学的基础理论和核心问题上，马里翁尽管只迈出了半步，但这是足以载入现象学运动史册的半步。

——《世界哲学》2017 年第 3 期，原题为《还原越多，给予越多？——试论马里翁第三次现象学还原的局限和突破》，作者单位：中山大学哲学系

米歇尔·亨利生命自我显现理论的困境及其回应

刘　宏

米歇尔·亨利的生命现象学基于他所谓的两种显现模式的区分。他认为现象学应区别对待两种本质上完全不同的显现模式：生命在纯粹内在性中的自我显现和意向性的显现。在他看来，胡塞尔现象学并未贯彻现象学的原则，因为它仅仅揭示了对象向意识的显现，而问题的关键恰恰是要探寻显现自身如何显现。显现自身的显现就是生命纯粹内在的自我显现，即生命的自发感触（auto - affection）。

亨利始终强调现象学的核心是现象性，即生命的显现模式。生命在纯粹内在性中的自我显现根本异于意向性的显现，生命的自发感触是意向性的基础。他在诸多著作中将不同的表述给予了生命概念：（1）就现象学的意义而言，生命在其存在的任

何方面都拥有感受自身和经验自身的功能和力量；（2）生命是本质的力量和感受，它在根本上是不可见者，它存在于自身之永久的痛苦与快乐的激荡的纯粹经验之中；（3）生命就是真理，“比存在的真理更为原初的是人的真理”，生命的自我显现即是真理；（4）生命在其不可见的内在性和本质的内在中感受和经验自身；（5）思想只是生命的模式，因为没有思想可以进入生命，但是生命允许思想靠近它。

概而言之，亨利生命现象学意义上的“生命”包含以下特点：第一，非意向性。生命的显现方式的运作不需要通过对外在事物的观看（无论是直观还是理论上的“看”）。从根本上说，生命是自身之非认识的自我意识。现象学不应关注对象甚至意向性，而应关注主体的感触性，即生命的自发感触。作为生命自我显现行为的自发感触优先于存在。对于与显现的本质相联系的显现行为而言，重要的是显现行为的自我显现。它必须是自发的且包含这一行为自身的自发显现。第二，绝对的内在性。生命的本质不能在与自身相异的东西之中，也就是说不能在超越性的世界视域中绽出，因此，生命只能是纯粹的绝对内在，内在性优先于超越性。但是，亨利并没将内在性和超越性对立起来。生命的绝对内在性是超越性的可能性条件，超越性奠基于内在性之上。第三，不可见性。“不可见者并不等同于未被看见者——未被看见者只是暂时被视为不可见者和暂时可被视为不可见者——因为，不可见者实际上始终是一种不可察觉者。”内在性的生命具有神秘的不可见性，因为“内在性并不以外在显现的方式显现，它是不可见的，这意味着它不在世界中外现”。不可见的生命始终是不可见的，这意味着它以不同于可见的方式显现自身，它在自身中通过自身而如其所是地显现自身。

生命在其本原上只有通过完全的内在性才能显现，这一内在性是非外在的、非分离的、非沉思的和非表象的。生命只能通过自我感触而显现，自我感触是自我的感受，是感受和感受者的内在的直接统一。自我感触既不是空洞的或形式的概念，也不是纯理论的命题，它是自身纯粹的沉默经验。通过感受到自我是活生生的生命的直接感受，生命显现其自身。生命的自我感触也不同于个体之肉体器官的感受，因为前者是绝对内在化的自发性感触，而后者则是借助于外物刺激的有指向性的反应。亨利之所以如此关注感受性、印象和自发感触，是因为他试图追问我们是否能够认识和把握到最本质的内在性，即内在性之内在结构中的原初经验、自我的直接经验。在他看来，生命的自发感触本质上是自我拥有的前反思性的经验，它与自发印象紧密联系在一起。他将这个概念描绘为“原初的感受性”。由于生命的自发显现，原初感受性才得以实现。“原初感受性是构成生命之本质的自发显现的现象学质料。”“自发显现解释了现象学的质料是印象质料，它并非惰性的质料或事物的无生命的特性。”印象质料是一种自我感受，并且它持续是这一自我感受。感受性是自发感触的本质的具体化。生命限定纯粹现象性的原初模式。生命优先于我们的身体，而且对于我们的身体来说，生命是不可见的，它同时优先于现象学的世界。生命是世界可能性的超越论条件，同时，生命也是我们成为身体（具身化）的超越论条件。

艺术的本质就是生命的自我显现。艺术在生命之悲婉的痛苦和快乐中获得成就。艺术作品是理解生命自我感受性的合理范式。亨利不断追问显现自身的显现，因为这涉及现象学的彻底化，而他对艺术的解读（特别是对康定斯基的抽象艺术的解读）正是他实现现象学彻底化的关键。亨利看到了一种展现生命的新模式：一方面，不可对象化的生命通过前概念的、内在的、非意向性的、被动性的“自发感触”而自我显现，并且这种“自发感触”构成了意向性行为的基础；另一方面，生命通过抽象艺术在自身中感触自身。抽象艺术向我们展现了一种特别的现象性。

亨利非常赞赏如下观点，即艺术的目的就是通向生命并将其传递给他人，因为它指出了两条可能的现象学路径：意向性的路径和非意向性的路径。亨利由此区分了两种现象学：康定斯基抽象美学的原初现象学和其同时代的胡塞尔现象学。正是前者揭示了生命的本质，不可见的生命在自身中成就自己，并且它是优先于可见世界而被给予我们的。艺术的原初显现与内在化的生命自身的自发感触、悲婉直接相关，因此绘画艺术与可见世界无关，它通向内在性和不可见的生命。视觉根本不能看到各种美的事物，只有主体性的自我显现即生命的自我感触才具有“看见”美的能力。由此，现象学关注的焦点不应是显现者，而是显现如何自我显现。这个问题在胡塞尔现象学中无法得到解答，因为它关注的仅仅是现象自身的显现。在亨利眼中，作为艺术核心模式的抽象绘画就是生命的自我显现。在其名著《看见不可见者——论康定斯基》中，亨利高度赞扬了康定斯基的工作。他认为康定斯基的抽象绘画及其理论本质上就是生命现象学的另一种表达方式，康定斯基是新艺术显现模式的开创者，而这种显现模式正是绘画的自我显现，因为绘画即是色彩和形式，而非对某个物象的表象。对某个物象的表象并非绘画，那只是某个物象的摹本。绘画的自我显现必然是色彩和形式的自我显现。

总体而言，亨利的生命现象学是现象学彻底化的产物。他以生命现象学为武器批判“存有一元论”，试图改变西方哲学的传统思维模式。虽然他的工作存在着一定的问题，但是他所开创的新视角不但为我们打开了通向生命的大门，也推动了现代哲学的发展进程。

——《哲学动态》2017 年第 7 期，原题为《米歇尔·亨利生命自我显现理论的困境及其回应》，作者单位：复旦大学哲学学院

列维纳斯的身体意向性思想

杨晓斌

列维纳斯哲学起始于胡塞尔的现象学，其突破口正是意向性。在《论胡塞尔现象学中的直观概念》一书中，列维纳斯一方面将意向性尊为“现象学与贝克莱式唯心主义的主要区别”，另一方面却反对“胡塞尔将表象作为整个意识的基础”，并指出其对于表象的这一偏爱从来就没有被合理证明过——“胡塞尔在提出理智的同时就预设了理智的原初性”，进而在此基础上强调“意向性不仅仅只是对于对象的表象”。在列维纳斯看来，胡塞尔的这种理智主义完全忘却了历史，“对于意识来讲，承认表象的基础性也便同时去除了其历史性”。这表明他实际上是同海德格尔站在一起的。他自己也从未隐匿过这一立场，明确表示“我写作的有关胡塞尔‘直观理论’的著作受到《存在与时间》的影响”，而且始终认为胡塞尔沿着一条错误的途径却最终到达了海德格尔的领地，因为前者对于表象的片面拔高恰恰形成一种非历史的、却为后者所强调的存在概念。因此，列维纳斯实际上从一开始就是在海德格尔

的视域中来解释胡塞尔，并一直试图将胡塞尔的哲学引流至海德格尔的“存在”河床之中。正是在此基础上，列维纳斯借助“历史的存在”对“非历史的理智”的取代改造了胡塞尔的意向性，指出意向性可在人类生存的每个处境（操劳）中构成，而且其不仅不以表象意向性为基础，还反而是它的基础。但随后列维纳斯发现，海德格尔自己也深陷于西方传统的逻各斯主义中，因为“非历史的存在”依然具有同化对象的“理解”结构：用生存取代表象，海德格尔只是改变了意向性的同化途径，却并未改变意向性的同化本质。在此意义上，列维纳斯将其之前的哲学统称为存在论，并试图以摆脱海德格尔的“存在”为契机对之进行逃离。正是在此过程中，他认为自己形成了一种完全异于胡塞尔与海德格尔的新意向性。

当列维纳斯用形而上学来修饰欲求时，他实际上就是努力将之同需求（need）相区分。从传统来看，欲求与需求并无二致，均与内在性相关，但正如柏格所讲，“存在总是介于过剩与缺乏之间，温暖我们的阳光会引起燃烧，洁净躯体的河水能令人窒息，内在性绝不仅仅是简单的内在，还是一种欢迎的可能性”，即好客地面向外在。黑格尔最早在此意义上区分了欲求与需求，指出相较于后者，前者具有积极的超越性。在此基础上，列维纳斯对两者的相异进行了澄清。他强调，不同于需求将缺乏作为立足点，欲求总是为客体的无限性所激发，“欲求源于一种因无限性而可引发‘其思多于所思之思’的客体”。因此，欲求不会似需求般被满足，它永远追随客体却又永远追随不到，它从不具备尤里西斯似的乡愁，却总是像亚伯拉罕一样寻求未知——总是试图遭遇绝对他者。最终列维纳斯结论性地指出，依据于欲求而遭遇的绝对他者就是“面孔”。

因为主体与他者的共时，《整体与无限》——不论是在他者的直观体现层面（爱欲的女人以及繁衍的儿子），还是在深层的理论层面（时间）——都存在以下困境：它承载着存在论的境域却又同时试图逃离存在论，这必定不可能。最终，列维纳斯将主体与他者理解为多元化了的存在：“与海德格尔的‘存在就是一的巴门尼德传统’不同的是，列维纳斯认为存在是多，绝不能被整体化。”这实际上也体现在《整体与无限》那被广为评论的论断中：“存在产生了一个多样化的自己，将自己分为同者与他者，这就是本书的最终结构。”这即是说，列维纳斯通过那转向后的身体意向性所确立起的他者仍然只是一种存在，他仍然没有逃离存在论。

列维纳斯对于“他者优先性之缺陷”的修缮在《别于存在或本质之外》中完成。以对语言所进行的“说”与“所说”之区分为基础，列维纳斯用具有历时性特性的亲近取代了身体意向性。在前者中，“主体甚至并不能够获得时间，他并未体验共时性意识中的自我，而是从一开始就发现自己只是在依靠他人，即，主体从一开始就失去了庇护所”。列维纳斯将此种主体称为“宾格的我”，因为宾格（accusative）与被控诉（be accused）具有相同词源，主体便被阐释为要为他者承担责任，且这种承担并无端由，因为他者与主体根本就分处于两种完全不同的维度，他者也因此是一种自我绝对追赶不及的过去与踪迹。正是在此意义上，列维纳斯才真正破除了身体意向性的局限，也才真正逃离了存在论。

——《现代哲学》2017年第2期，原题为《他者的存在论桎梏——列维纳斯身体意向性思想探赜》，作者单位：中国海洋大学社会科学部

（文　晗选编）

责任编辑　韩　骁

人工智能时代的哲学审度

【导语】 人工智能的思想几乎与计算机的概念同时产生，图灵等人希望“思考的机器”不仅能够做通常需要人类智能才能完成的有意义的事情，而且可以模拟人类心智过程。但自人工智能研究开启以来，迄今心理学、认知科学和脑科学对人类智能和心智的了解依然十分有限，人们尚未找到一般的人类智能理论，而只能在不同的理论脉络和实验手段下从不同的方面以“多元智能”刻画人类智能。同时，人工智能研究既未建立起对人类智能和机器智能都有解释力的一般智能理论，也没有制造出可全方位地与人类智能相当的通用人工智能或强人工智能，而只能开发一些可以执行人为其设定的单一任务的狭义人工智能或弱人工智能，由此产生了形式各异的特定的机器智能。因此，人工智能总体上更具实验科学或技术化科学色彩，而不属于理论科学。

回顾人工智能的发展历程，哲学主要扮演着理论批判的角色。为了从整体上推进人工智能或推广某种形式的机器智能，人工智能的倡导者和研究者难免显得过于乐观，而技术发展的阶段性又令其每一步都充满权宜之计，由此招致了以批判擅长的哲学家的诟病，如塞尔的“中文屋”和德雷福斯的“炼金术”。这些理论上的批判对人工智能的发展方向产生了一定的影响，但不易夸大。尽管有人试图依照德雷福斯的具身现象学设计机器人，却并未获得想象中的成功。即便我们可以在原则上认同塞尔有关计算机充其量只是在操纵符号的断言，像德雷福斯那样用海德格尔和梅洛－庞蒂的现象学剖析今天的计算机依然不能做什么，而人工智能六十余年来的发展却一再表明，机器在越来越多的方面比人类更“智能”似乎已经并继续作为不争的事实。可见，所谓“智能”或“人工智能”，不仅源自抽象的概念，而且更多地生发于所实现的机器智能的特定形式，就像滑雪之于冰刀或滚轴。因此，人工智能时代的哲学审度，既要有理论上的和面向未来的宏观思考，更要对具体的机器智能形式展开深入的反思与探析。

从人工智能围棋程序到人工智能诊断，从人工智能翻译到人脸识别和陪伴机器人，当前的人工智能应用热潮多为认知计算和深度机器学习等数据驱动的智能——数据智能。各种传感器、社交媒介、电子记录技术的全面发展使“数据”无处不在，甚至已经呈现为反映人的行为经验和作为人的行为环境的世界的“数据双胞胎”或“数据僵尸”。由此，数据智能得以在发现、感知、辨识、决策、预测等方面对人脑进行模拟，并且以数据为中介影响人的行为并与人和世界交互。数据智能的优势在于，借助对数据的暴力技术，它能在对某个领域缺乏常识和深刻理解的情况下，寻找数据关联、洞察有用知识并能比人更好地解决问题。这种不是建立在理解基础上的智能形式是对人类智能的模拟，是一种“无心”的“拟智能”，不论是无人驾驶还是人工智能翻译都并不知道其智能操作对象的意义。哲学不应停留在对其局限性的轻易批评，而应深思这一新的智能形式的内涵及其问题。

如果说目前人工智能研究主要是探索如何设计出或制造出能够感知环境并作出最优决策或采取最优行动的“智能体（agents)”，人工智能体的能动性与人类主体的能动性的关系无疑是人工智能时代的哲学追问与伦理构建的关键。如果未来的人工智能依然不具备意识和自我意识，其能动性由谁掌控？是否会失控？如果人工智能最终会具有意识和自我意识并全面超越人类智能，人类又该如何在人机关系中设置高阶的能动性？在目前看来，需要在人机共生这一必然性的未来愿景中设定一套基本的价值配置：促进机器智能的应用，而不削弱人类主体的控制；提升人类主体的能动性，而不免除人类主体的责任；推动人机和谐共生，而不侵蚀人类主体的自主性；鼓励人的自我实现，而不贬低人类主体的价值。

人工智能研究的范式转换及其发展前景

成素梅

近年来，人工智能（简称 AI）领域内突飞猛进的理论进展及其广泛应用，极大地推动了新兴产业的深度融合，深化了信息文明的发展进程。与此同时，世界各国政府纷纷密集出台政策，大力助推人工智能的发展。然而，基于“互联网 + 人工智能”的技术创新正在颠覆长期以来形成的人与工具之间的控制与被控制、利用与被利用的关系，人工智能把技术创新的目标从解放体力转向解放智力，从“征服”自然转向有可能“征服”人类自身，从而把人类文明演化的方向实质性地推向重塑社会和重建价值的过程。大转变必然会带来大机遇，但也会带来大问题：机器能否成为认知主体？机器能思维吗？机器思维与人的思维在本质上相同吗？机器能有意向性吗？如果承认机器能拥有智能，那么，这种智能会超过人类吗？人工智能有界限吗？或者如霍金所言，智能机器人可能会成为人类历史上的最大灾难或人类文明的终结者吗？对这些问题的回答需要哲学社会科学的介入，需要展开跨学科的对话。本文试图立足于哲学视域，通过剖析人工智能的范式转变，来探讨人工智能的发展前景。

目前的人工智能研究主要是探索如何设计出或制造出能够感知环境并作出最优决策或采取最优行动的“智能体（agents)”，但从人工智能的发展史来看，人工智能的发展范式是在边探索、边争论的过程中逐步形成的，其中，每一种范式的形成都依赖于如何理解和判定“智能”。从学科起源上来讲，人工智能是作为计算机科学的一个分支领域发展起来的。从学科性质上来看，人工智能不同于研究“自在”世界的自然科学，自然科学的研究对象往往是明确的和现存的，而我们对作为人工智能模拟对象的人类智能的理解却是模糊的或不明确的，这就决定了人工智能从一开始就具有跨学科的性质。人工智能是通过经验探索来形成新的理解，然后根据在实验和理解中积累起来的认知，创造出有助于实现某种认知目标的工具。从这个意义上看，人工智能在模拟人类认知能力方面取得的成果，反过来有助于促进心理学、认知科学和哲学的发展。人工智能发展的这些交叉性与跨学科性表明，人工智能在现有的学科分类中难以找到其归属的类。一方面，人工智能如同量子技术、基因工程技术、纳米技术一样，属于技性科学（technoscience）的范围；另一方面，人工智能对人类智能的模拟既没有可参照的概念框架，也没有可遵循的方法论准则，而是一个需要探索的目标。

人工智能研究者根据不同的学科背景和对智能形成方式的不同理解，提出了三种有代表性的人工智能研究范式：符号主义、联结主义和行为主义。以纽厄尔和西蒙为代表的人工智能的符号主义把人类认知看作一个信息加工过程，他们总结出关于人工智能的两个定性结构定律：（1）智能存在于物理符号之中；（2）符号系统是通过生成潜在可能的解，并对其进行检验，也就是通过串行搜索的方式来解题。这条通用人工智能的进路，通常被称为强人工智能。美国哲学家塞尔在《心灵、大脑与程序》一文中，以“中文屋”的思想实验对这种强人工智能的形式化观念进行了反驳，认为形式化的系统不可能生成智能行为。塞尔的“中文屋”事例，也提出了对图灵测试的恰当性的质疑。博登认为塞尔的论断是错误的。塞尔和博登的分歧在于对理解对象的看法不同。（1）塞尔认为计算机不理解文本内容，而博登认为计算机可以理解程序内容。（2）塞尔认为，计算机只是执行程序语言，程序是形式化的，没有语义内容。博登则认为，计算机对程序语言的理解也是一种理解，因此程序语言是承载有语义的。

在人工智能发展初期，符号主义范式之所以能够得到公认，其深层次的原因是，它与西方哲学传统和近代自然科学的研究方法相一致。然而，逻辑实证主义等追求用谓词逻辑来进行知识表征、知识推理和知识运用为核心问题的符号主义范式，到20世纪80年代遭遇了无法克服的框架问题。一方面，还原论的理性主义方法只关注世界中的“事实”，而不关注变化不定的“世界”本身，无法处理非线性和非结构的复杂系统的问题；另一方面，形式化处理最终并不能避开常识问题。由此，人工智能研究出现了范式的转换：联结主义范式受神经科学的启示，试图通过神经网络建模来模拟大脑；行为主义范式受生物进化论和群体遗传学原理的启示，把目标转向研发移动机器人，试图通过模拟生物进化机制来提升机器人的智能。这两种范式不再是努力建造通用的智能机器，而是立足于解决具体问题，从而形成了人工智能的弱版本。它们虽然都不是受哲学的启发而形成的，但它们采用自下而上的范式，把人工智能的研究从知识表征转向技能提升，从理论转向实践，通过建立能动者与世界互动的模型来体现智能。技能提升的过程是在学习中进行的，因为技能不能被等同于规则或理论，而是指在某种境域中知道该怎么做。这些范式的发展思路恰好与来自胡塞尔、海德格尔、梅洛-庞蒂和德雷福斯的现象学一脉相承。其实，早在20世纪60年代，当时在美国麻省理工学院从事哲学工作的德雷福斯就主要从海德格尔和梅洛-庞蒂的现象学出发，对人工智能的符号主义范式提出了批评，认为这种范式是行不通的，并将其比喻为“炼金术”。

人工智能在六十多年的发展历程中，虽然经历了与不同哲学基础相关的范式转换，但事实上三种范式各有优劣。就知识表征而言，日常世界是难以形式化的；就模拟神经网络而言，人类生命的整体性远远大于神经网络，而且人脑的神经网络也还没有搞清楚；就自适应机制而言，从低级的动物智能到人类智能的进化经历了极其漫长的过程。因此，不论是通过建模来模拟人的大脑，还是通过建模来进化出人的大脑，都还有很长的路要走。未来人工智能的发展，有可能是在思路上把试图再现大脑的符号主义、试图构造大脑的联结主义和试图进化出大脑的行为主义有机整合起来，构成一个立体的和完整的大脑，而人工智能研究者对这一天的到来至今还看不到任何曙光，更没有预期。从这个意义上说，人工智能科幻作品所呈现的情境和霍金等悲观主义者对人工智能有可能取代人类的担忧，确实为时过早。就当下而言，人工智能的未来发展应该关注它在特殊领域内的具体应用，并在建造机器的过程中，重视把价值元素内化到技术创新的各个环节，从而规避可能带来的风险。

——《哲学动态》2017 年第 12 期，作者单位：上海社会科学院哲学研究所

具身性、认知语言学与人工智能伦理学

徐英瑾

在主流的人工智能伦理学研究中，很少有人意识到：将伦理规范的内容转化为机器编码的作业，在逻辑上必须预设一个好的语义学理论框架，而目前主流人工智能研究所采用的语义学基础理论恰恰是成问题的。文章主张在人工智能与人工智能伦理学的研究中引入认知语言学的理论成果，并在此基础上特别强调“身体图式”在伦理编码进程中所起到的基础性作用。依据此番立论，机器伦理学的核心关涉将包括对于人工智能的“身体”——而不仅仅是“心智”——的设计规范，即必须严肃考虑“怎样的外围设备才被允许与中央语义系统进行恒久的接驳”这一问题。

这里笔者之所以要依赖认知语言学的思想要素，乃是因为它提供了一个将“具身性原则”与语义学理论相互结合的范例。一个体现这种结合之可能性的认知语言学概念乃是“认知图式”。“图式”指的则是“一系列语例中的共通性在得到强化后所获得的一些抽象的模板”。在认知语言学中，此类“抽象模板”往往是按照“意象式（imagistic）”的方式来加以把握——而所谓的“意象式”结构，本身乃是“前概念”的，是具有一定的“可视性”的。譬如，英语“enter（进入）”这个概念就可以被分析为数个意象图式的组合，包括“物体（object）”“源点－路径－目标（source－path－goal）”与“容器－容纳物（container－content）”。

以上说的这些，与伦理学有什么关系？与人工智能伦理学又有何关系？

首先可以肯定的是，伦理学所研究的社会规范本身往往就带有“身体图式”的印记。我们不妨来看看在周遭社会中所遇到的种种社会规范所具有的语言表达吧——“这是军事禁地！禁止入内！”（这个表达预设了关于“进入”的身体图式）；“行车时不能挤占公交车道！”（这个表达预设了“挤占”这个概念的身体图式）；“不许占据别人的财物”（这个表达式预设了“占据”是一个将远离身体的非辖域转化为其近侧辖域的动态过程）；“不许杀人”（这个表达式预设了被涉及的人类身体的确具有终止别的人类身体的生物学机能的物理能力）。不难想见，如果上述这些关于身体图式的预设全部被抽空的话，那么我们就很可能会凭空造出一些让人不知所云的社会规范，如“永远不能挤占银河系之外的空间！”“永远都不能通过吐口

水的方式来淹死长颈鹿”，等等。

上述研究思路一旦被推广到人工智能伦理学——尤其是机器伦理学——领域内，就会立即触发如下问题：既然没有任何科学方面的理由使得“小人国”或“大人国”尺度上的智能机器人无法被制造出来（且不论这么做在伦理上是否合适），那么，我们又如何保证这样的机器人所具有的“认知图式”会与人类的“认知图式”彼此合拍呢？而如果这种“合拍性”无法被保证的话，我们又如何保证同样建立在机器人自身身体图式之上的机器人的伦理规范能够与人类既有的伦理规范相合拍呢？而如果后一种“合拍性”也无法被保证的话，我们又如何保证这样的智能机器人不会对人类既有的社会秩序构成威胁呢？

在笔者看来，为了防止种种对人类不利的情况的出现，机器伦理学家就必须预先阻止“完整意义上的语义智能”和“与人类的时空尺度迥然不同的身体构造”这两项因素在同一个机器人身上的结合。而要做到这一点，从逻辑上看，我们就只有三个选项：

选项一：我们姑且可以去建造与我们人类的时空尺度迥异的机器人（比如非常微小的纳米机器人），但不赋予其高级语义智能，即不赋予其在复杂环境下独立、灵活地作出决策的能力（在这种情况下，此类机器人的智能显然不足以丰富到足以将“身体图式”予以内部表征的地步）。

选项二：在我们将人类意义上的灵活智能赋予机器人的时候，必须要保证其身体界面与人类的身体界面没有时空尺度与性能表现上的重大差异——或说得更清楚一点，这样的机器人不能比人类跑得快太多或强悍太多，但也不能比人类慢太多或脆弱太多。甚至我们要鼓励更多的人型机器人的开发，使得机器人与人类之间能够形成基于“身体上的彼此承认”的“共情感”。套用麦金泰尔式的“需要伦理学”的话语框架，我们也可以这么说：我们必须在硬件构造上就使得机器人产生对于其他机器人特别是人类的“需要”，就像人类社会中的任何一个成员在生物学意义上就需要他人才能够生存一样。

选项三：我们可以将富有灵活智能的机器人与比较“愚笨”的机器人临时地组合起来，让前者去临时地操控后者，就像我们人类自己也会临时地去操控相对缺乏自主智能的机械一样（在这种情况下，两类机器人之间组合的“临时性”可以依然保证高智能机器人自身认知图式的“拟人性”不被破坏）。但需要注意的是，我们切不可将这两类机器人的临时组合长久化以催生某种对人类不利的新的认知图式，就像我们人类自己也只能在特殊情况下才允许人类士兵去使用真枪实弹一样。

——《上海师范大学学报（哲学社会科学版）》2017 年第 6 期，作者单位：复旦大学哲学学院

人工智能时代的价值审度与伦理构建

段伟文

毋庸置疑，人工智能和包括机器人在内的智能化自动系统的普遍应用，不仅仅是一场结果未知的开放性的科技创新，更将是人类文明史上影响至为深远的社会伦理试验。

综观各种人工智能的定义，人工智能智能体——基于人工智能的智能体或理性智能体（下文简称人工智能体或智能体）

是体现人工智能内涵的核心概念，亦应是人工智能时代的价值审度与伦理调适的关键。在人机交互实践中，人工智能体可通过自动的认知、决策和行为执行任务（暂且不论其实现条件），这使其在一定程度上显示出某种“主体性”，成为一种介于人类主体与一般事物之间的实体。目前人工智能体所呈现的“主体性”是功能性的模仿，而非基于有意识的能动性（agency）、自我意识与自由意志，故应称之为拟主体性。人工智能体的拟主体性使人工智能具有不同于其他技术人工物的特有的拟伦理角色。对此，可以从智能体的能力和关系实践入手，在智能体的价值和伦理影响力以及由智能体的应用所汇聚的行动者网络两个层面展开初步的分析。这些分析不仅有助于廓清智能体与相关主体的伦理角色和伦理关系，也大致指出了人工智能体的价值审度与伦理调适的两条现实路径：负责任的创新和主体权利保护。

目前的人工智能所创造的机器智能在合成智能和人造劳动者两个方向出现了突破，并正向自主智能体发展。合成智能和人造劳动者的兴起，使人工智能和自动智能系统在商业、制造、管理和治理等领域的应用获得大量投资，但要使这种可能带来重构性和颠覆性影响的力量造福人类，应该从澄清技术现状、揭示价值负载、明确价值诉求三个层面加以探究。澄清技术现状的关键在于要分清事实与科幻，认识到合成智能与人造劳动者等应用人工智能当前发展的局限性。揭示价值负载的目的是反思人工智能的设计和应用中的客观性，厘清相关主体的价值取向和价值选择在其中的作用。明确价值诉求旨在寻求使应用人工智能的发展更符合公众利益和人类福祉所应该具有的价值追求。为此，尤需慎思细究者有三个方面：立足对合成智能与人造劳动者的价值审度，可提出寻求算法决策与算法权力的公正性；呼唤更加透明、可理解和可追责的智能系统；反思智能化的合理性及其与人的存在价值的冲突等价值诉求。

若以主流人工智能教科书主张的智能体概念通观人工智能，其当下及可预见未来的发展程度可概观为“有限自主与交互智能体”。从“有限自主与交互智能体”这一真实状态出发，可以将其与人类主体构成的行动者网络放到经验环境即数据环境之中进行价值流分析，为面向人工智能时代的价值校准和伦理调适奠定基础。据此，可对当前人工智能伦理研究与实践策略作出进一步的辨析。首先，有关人工智能与机器人的伦理研究可大致分为面向应用场景的描述性研究、凸显主体责任的责任伦理研究、基于主体权利的权利伦理研究、探讨伦理嵌入的机器伦理研究。鉴于人工智能目前所达到的有限自主性和交互性，人工智能体的自主性程度已经成为相关责任和权利的伦理探究的关键因素。其次，在实践层面，机器伦理构建的具体策略包括：自上而下，即在智能体中预设一套可操作的伦理规范；自下而上，即让人工智能体运用反向强化学习等机器学习技术学习与人类相似的价值观并付诸行动；人机交互，即让智能体用自然语言解释其决策，使人类能把握其复杂的逻辑并及时纠正其中可能存在的问题。最后，由于机器人与人工智能近年来的爆发式发展，机器人与人工智能的伦理研究开始直接影响各国与国际人工智能及机器人的伦理规范与标准的制定，它们与人工智能伦理研究的结合，正在形成一种具有现实影响力的“科技—产业—伦理”实践。

值得进一步指出的是，在面向人工智能时代的异质性实践中，应充分凸显实践的明智，关注真实的价值冲突与伦理两难。为此，特别应该从自然主义的伦理立场出发，将技术事实的澄清与价值流的分析相结合，通过更细致的考量和更审慎的权衡探寻可行的解决之道。第一，从理论层面和规范层面提出的各种伦理原则用于实践层面时，必须考量其现实可能性，并寻求折衷的解决方案。第二，应摆脱未来学家的简单的乐观主义与悲观主义立场，从具体问题入手强化人的控制作用与建设性参与。第三，要从人机协作和人机共生而不是人机对立的角度探寻发展“基于负责任的态度的可接受的人工智能”的可能。

——《中国人民大学学报》2017 年第 6 期，作者单位：中国社会科学院哲学研究所

机器人伦理设计进路及其评价

杜严勇

在日益临近的“机器人时代”，人类应该如何与机器人相处，如何保证机器人更好地为人类服务，已经成为日益紧迫的理论和现实问题，这也是机器人伦理学试图回答的问题。在这样的历史背景下，近十余年来，机器人伦理成为中西方学术界研究的一个热门话题，许多来自人文社会科学与自然科学的学者围绕各自的学术兴趣开展了各式各样的研究。在关于机器人伦理的研究与争论中，其中一个问题是关于机器人（人工智能）的道德地位问题，特别是机器人是否应该成为道德行为体的问题。有的学者认为，机器人（包括其他类似的自主系统）可以成为人工道德行为体（Artificial Moral Agents，AMAs），有的学者持反对意见。事实上，机器人是否可以成为道德行为体，主要在于我们对道德行为体的定义或评价标准。在那些主张机器人应该成为道德行为体的学者身上，强烈地反映出人们对机器人伦理设计的乐观态度与美好愿景。即使认为技术人工物不能成为道德行为体的学者，也承认技术人工物在现代社会中发挥着重要的道德作用。鉴于机器人技术与产业的快速发展以及对人类道德生活可能产生的深远影响，无论我们怎样判定机器人作为道德行为体的地位及其功能，对机器人进行伦理设计的重要性都是不言而喻的。

已经有不少学者就如何进行机器人伦理设计也就是建构人工道德行为体的具体方法，从理论和实践两个层面进行了探索。从理论上探讨机器人伦理设计的代表性成果是瓦拉赫（Wendell Wallach）和艾伦（Colin Allen）合著的《道德机器：教导机器人分辨是非》。他们把机器人的设计进路分为“自上而下”“自下而上”和混合进路三种。瓦拉赫与艾伦提出的三种建构 AMAs 的理论进路受到广泛关注。考科尔伯格（Mark Coeckelbergh）倡导一种关系论进路，即从人与机器人互动关系的角度考察机器人伦理，强调机器人的外在表象在机器人伦理研究中的重要作用，这种研究思路对于机器人的伦理设计颇有启发意义。他认为，我们应该基于机器人的表象，而不是它们真正类人的特征（比如智能、意识、情感，等等），重点研究人类如何与机器人互动，这才应该是机器人伦理研究的起点。也就是说，我们应该转向一种互动哲学，认真研究表象的伦理意义，来代替那种关心机器人真正是什么、或真正想什么的心灵哲学。

机器人伦理设计的实践探索可以分为计算机科学进路、认知科学进路与价值敏感设计等三种。计算机科学进路的基本方法是依据某种伦理理论，编写出计算机程序，然后分析程序运行结果是否达到预期目标。主张认知科学进路的学者认为，把传统的伦理理论作为建构机器人伦理的基

础是不合适的，应该通过计算认知结构的方式实现机器人伦理。对于机器人伦理设计来说，我们不能让机器人固守某些伦理原则，并且忽视人类道德认知的特征。价值敏感设计主张把机器人的使用语境与设计语境密切联系起来，研究者需要深入机器人的应用环境，使各种价值在人类与机器人的互动中表现出来，把伦理考量融入机器人的设计过程。

计算机科学进路的机器人伦理设计基本上属于自上而下的进路，强调伦理原则在机器人身上的具体体现，基本不考虑人类道德认知的特点与规律；认知科学进路主要属于自下而上的进路，强调在研究人类的认知规律（包括道德认知）的基础上建构理论模型，也就是将认知理论应用于机器人设计当中；价值敏感设计接近于关系论进路，强调人与机器人的互动关系，注重在具体环境中分析不同的伦理问题。这三种进路各有特点与优势，其研究成果完全可以相互借鉴参考。

由于不同的伦理理论对道德行为的评价标准差异较大，艾伦等人建议采用“道德图灵测试（Moral Turing Test, MTT）”来评价 AMAs。MTT 采取与图灵测试类似的操作方法，不过谈话的内容改为道德问题，如果提问者不能在图灵测试类似的比例中区别出人与机器，也就是机器通过了道德图灵测试，那么这样的机器就可以称之为一个道德行为体。但由于对道德行为评价标准的不同，一个观察者认为是道德的行为，另一位观察者可能会认为是不道德的。从这个角度看，人类本身是否能够通过 MTT 是存疑的。有学者倡导一种“证实”的方法，也就是设计控制的、负责任的、可理解的道德推理过程。证实方法寻求的是可预言的、透明的以及可证明为正当的抉择过程与行为，没有黑箱化的行为，也就是没有超出人类视野范围之外的选择行为。证实方法强调，机器人将会从设计者那里获得道德推理的依据，设计者应该对机器人的道德能力负责。证实方法也使得设计者不断地调整、改进和审慎地规划。

机器人能否在未来社会中发挥应有的积极作用，很大程度上取决于机器人伦理设计的成功与否。机器人伦理设计需要自然科学家、工程师与哲学家联合起来共同努力，哪一方面的缺席都可能导致失败。

——《哲学动态》2017 年第 9 期，作者单位：上海交通大学科学史与科学文化研究院

人机关系：基于中国文化的机体哲学分析

于 雪 王 前

人机关系问题一直是技术哲学关注的核心问题。从“第一次机器革命”到“第二次机器革命”，实现了由“金属力量”向“智慧力量”的转变，人机关系发生了质的飞跃，即从人机对立到人机紧密结合。在以计算技术为支撑的智能机器时代，人和机器之间呈现出“依赖”“渗透”和“嵌入”三个递进的层次关系。“依赖”是现代人机关系的第一个阶段，指的是人和机器作为相对独立的领域彼此依赖，既包括物质层面的依赖，也包括精神层面的依赖。机器对人的依赖体现为机器需要人的操作、控制和设计。而人对机器的依赖从物质层面看来，指的是人们越来越多地依赖现代智能机器解决生产和生活问题。人们对智能机器的高度依赖引发了对于“人

的技术化生存”问题的反思。“渗透”是现代人机关系的第二个阶段，指的是人和机器作为独立的个体在彼此运行过程中相互渗透，甚至在某些方面产生了交融，模糊了人和机器的传统界限。现代信息技术和生物技术的发展，使得人与机器的相互渗透变得更复杂、更深入，智能机器广泛地渗透人类生活各个层面，并力图用智能机器的优势来取代人的部分智能活动，特别是人类的复杂沟通能力也在逐渐被智能机器模拟，使得人机关系呈现出一种普遍而持久的、共时性与历时性相统一的生活性渗透。“嵌入”是现代人机关系的第三个阶段，指的是人和机器不再是独立的个体，而是彼此嵌入，成为一种既不是人也不是机器的新的存在物，即哈拉维所说的“赛博格”。智能机器在人体某些部位的“嵌入”不仅改良和优化了人体的生物功能，而且增强和延展了人类的思维认知功能。

机器实际上是一种“人工机体”，它们是人类将自身的机体特征赋予人工物的产物。笛卡尔、拉美特利等一度想用机器的特性说明生命有机体的本质特征。而现代人机关系的发展预示着可能存在一种相反的思路，即把“机器”理解为“特定类型的机体”。这种思路的基础源自基于中国文化的机体哲学。在中国传统文化中，“机器”和“机体”的共同特征在于都与“机”相关，而中国文化对“机”的含义有着独特的理解。汉字中“机”的繁体字是“機”，源自“幾”，其本意是预示危险的征兆，引申为各种事物变化的萌芽。而“機”意味着对器械运动过程和结果的控制，而且是以很微小的代价取得很显著的后果，这里体现了“幾”的价值，即抓住事物的苗头就能控制事物的发展。从机体哲学角度看，人的有机性中的“机”和机器的“机”本质上是相通的。人们通常从生物学意义上理解机体，强调其新陈代谢、自主调适、遗传变异、目的性等特征，而这些特征其实在机器上也有类似的体现。需要指出，从机体哲学角度理解“人”与“机器”共同的本质特征，似乎与西方技术哲学对人的器官与工具关系的理解颇为相似，其实二者有很大区别。

从基于中国文化的机体哲学角度看，正是由于“人”与“机器”在机体特征上具有“同构性”，人类才可能将“属人”的部分功能、意向和责任赋予机器来体现，并且这种趋势还会进一步发展。自工业革命以来，各种机器先是在代替人的体力和操作技能方面发挥了巨大作用，继而在代替人的信息感知、逻辑认知和数学计算能力方面发挥了巨大作用，目前又在代替人的智能控制能力方面显露广阔应用前景。人类的许多有机特性已经融入机器的“机理”之中，能够通过改善机器的结构和功能实现人类社会的“机”的良性发展。首先，人类将自身的各种功能赋予机器，以实现自身能力的拓展。其次，人类将自身所独有的意向性赋予机器，使其能体现人类自身的主体性、认知意图和价值取向。最后，高度智能化的机器人的出现，还提出了人类能否将自身的责任赋予机器的问题。如果人类试图将自身的责任赋予机器，使机器成为责任伦理中的一个环节，使其能受道德准则的约束，并且有意识地作出选择和判断，这当然有助于更好地发挥机器的功能，但同时也会带来一旦滥用责任就难以控制的风险。

由此，值得进一步追问的是，人类不断将功能、意向和责任赋予各种机器的趋势，是否可以无限制地发展？如果说机器取代人的机能不是无限制的，其合理边界在哪里？机器取代人的机能的技术发展，还需要哪些约束条件？仅仅局限于“人”与“机器”的“二分法”模式，难以回答上述问题。从机体哲学视角解读当前人机关系中的这些棘手问题，可以展现出一种新的思路。根据基于中国文化的机体哲学，除了生物机体和机器之外，人类还将自身的生物学意义上的机体特征赋予各种社会组织和观念体系，使之成为社会机体和精神机体。基于中国文化的机体哲学，还能够提供一些处理人机关系的方法论启示。

——《科学技术哲学研究》2017 年第 1 期，作者单位：大连理工大学哲学系

人工智能与人文主义危机：一种现象学的反思

张昌盛

在人工智能领域，强人工智能预设了物理主义的功能主义立场，认为智能可以多重实现，智能的实现和数据的算法有关，而与大脑结构没有必然联系。一旦人们揭示了智能和认知的本质机制和普遍算法原理，人工智能就能够获得类似于人的智能。超级人工智能认为，一旦人们发明更好的算法和硬件，由于芯片等硬件计算能力的强大，人工智能超越人类的智能水平是必然趋势。

强人工智能面临的根本哲学问题是意识问题。按照物理主义的主流观点，虽然在认识论层面可以承认物理和心理现象双元并存，但在本体论层面只有物理存在一元，人的智能依据于大脑尤其是神经系统的机能，意识并非智能的必要条件，甚至意识并不在智能的实现方面发挥实质的功能。根据物理主义，所谓意识充其量是大脑的物理神经层面活动的随附性现象。按照这种思路，所谓智能只是基于生物的大脑功能。

强人工智能以及其预设的功能主义属于科技自然主义或数据主义，它们实质上是设想把人的智能还原为数据流加算法，因此一切生物（尤其是包括人在内的动物）都被看作是基于特殊生物硬件基础的算法系统。按照这种思路，意识被看作可有可无的物理活动的附属现象或者意识根本就是幻觉，那么传统的立足于意识及其理性的主体性哲学、人文主义将失去其本体论和认识论基础而土崩瓦解，所谓自我或者主体其实是一种谬误的幻觉。

基于数据主义的逻辑，如果强人工智能可以实现，那么超人工智能也将随之而来；人无法设想无意识的计算机的运算永远无法超过人。一旦类人的强人工智能或超人工智能实现，近代以来人类基于自己的心智能力或者说理性所获得的超然于万物（包括动物）的优越性、唯一的主体性的崇高地位将不保。一旦人类智能方面的优势全面丧失，或者当人类独有的意识在与人工智能的角逐中成为无足轻重的砝码，人类中心主义将彻底失败，而且人文主义也不再能够成立。

人本主义的弱人工智能认为，人类的认知和智能基于人的意识和主体性特征，而这些智能是动物所达不到的，也是机器无法模仿的，因此无论是非生命算法还是非人类的生命算法都无法实现类似于人的智能。弱人工智能并不会颠覆人类在认知和智能方面的优越地位和独特价值，机器更不能替代意识的独特作用。

因此，在这种意义上，人类的确可以利用人工智能外部辅助设备甚至内部芯片植入来实现对人类智能的升级，而人类的主体地位和尊严不会受到人工智能的挑战。

根据先验现象学，主体性及自我意识、他者经验和世界经验，都最终奠基于原初给予的意识之流这个元意识层面。无生命、非主体的智能乃至物理身体都属于客体化的乃至高级层面的经验的范围，它们并不能提供先验自我意识，反而要以先验自我

意识为先验前提和功能基础，才能逐层意向构成。主体性及自我也并非是自然主义、进化论所假设的那样，是自然要素的综合功能或者复杂系统的突现属性。

对于生活世界中的具体化的主体而言，具身主体的身体是塑造自我经验和全部世界经验的先验要素，也是构成主体的具体经验和意义的先决条件。因此，缺乏具身心智的生物机体或非生命的物理机器不可能产生类似于人的心智，也不可能出现哲学僵尸，因为主体是具身性的，所有的面部表情、手势、身体动作都是具身心智的表达形式，非意识的事物不可能具有高度类似具身性主体的经验构成形式和表达形式。

对于具身主体而言，现象学意义上的身体是经验、意志等构成的隐秘的基础。因此，从身体以及身心之间的相关关联的角度，认知神经科学和人工智能基于对大脑和神经系统的研究而揭示人的智能的部分机制是可行的。但主体的精神维度的意向构成方式，并非基于身体的物理、生理的因果机制，也无法通过科学仪器设备的观测而把握。据此可知，主体意识并非可以还原为大脑神经系统的机能或者数据的算法；基于对大脑神经结构的研究，人工智能和基因科技对于意识的智能的部分模仿或者基因改造可能实现，但无法以基于物理、生理的硬件而实现等同于意识的功能。

从现象学视角重新审视人性观念，其中，虽然有一部分是随着经验主体的历史构成和变化而变化的，但人性中仍有一部分本质因素和结构并不是自然进化的产物，也不能完全追溯到主体的历史发生构成维度，因而是具有本质不变性的。

现象学意义上的主体主义不能简化为近代以来的人文主义、理性主义，因为近代理性主义带有心理学、人类学色彩，主张人类中心论。近代人类中心论建立在形而上学假设基础上，在历史上受基督教文化的强烈影响，与现代科学发现相冲突，缺乏现象学的明见性根据。因此，应悬置对人类中心论的传统自然态度，为人性观念“祛魅”，并从先验主体性视角重新阐释人性，寻求人文主义的理论根据。

现象学所要反思和描述的，是一切具有意识、理性的生命所具有的理性和认知的普遍性结构和先验机制，而并非限于人类。人工智能的多重实现观念预设了智能并不限于生命，从现象学的角度看，非生命也许会有智能，但并不能具备意识和体验；对于主体性、意识的观念，也不能囿于人类学的观念去理解，在科学已经揭示某些动物具有智能及自我意识的前提下，现象学需要基于这些科学成就，重新思考对于人性、人文主义的捍卫策略，并在生命的视域中考察主体性、意识的普遍本质特征，同时更好地阐释人的主体性和意识具有的特性。另外，对近代以来人文主义理想的重新辩护而言，人类中心论并非必要的假设，反而会有误导性。

现象学提供了一种基于传统理性主义但又更为彻底的主体主义视角：依然强调保持理性主义的生活理想，寻求生活的意义，但放弃了狭隘的人类中心论，不再局限于传统人类学意义上的主体性和人文主义。应该说，在自然主义占据当代哲学主流地位的时代，胡塞尔的主体性视角、现象学方法打开了一种全新的哲学视域，让人们可以继续捍卫近代以来的哲学理想，并为人文主义辩护。

——《重庆理工大学学报（社会科学）》2017年第12期，原题为《从人工智能、基因技术到人性危机：对科技宗教的先验现象学反思》，作者单位：中国社会科学院哲学研究所

（段伟文选编）

责任编辑　冯瑞梅

多重维度下的“共享”理念

【导语】 近年来，“共享”理念备受学界关注，学者们围绕共享如何成为社会的道德规范理念、共享伦理在经济领域的地位与作用以及共享理念自身应当被赋予何种伦理价值等论题展开了深入研究。本组选编的论文分别从经济伦理、政治伦理等角度对共享理念展开探讨，反映了当前研究的进展和未来可能的方向。

共享是社会道德规范新理念

袁　超

共享发展理念的提出集中反映了社会主义的本质，突出了社会主义的价值归旨。社会主义的价值归旨就是共同富裕，这也是社会主义优越性的机制体现。共同富裕一方面要保障社会总体利益的增加，不断提高生产力水平，实现“富裕”；同时也要合理分配发展利益，消除贫困，由社会所有成员“共同”享有发展成果。

共享并非民粹主义的回归，而是尊重人民主体的应得利益，认同其中差异性的存在，将个体利益与集体利益结合起来，形成一种新的利益共享机制。利益多元化时代，共享发展肯定了多元主体的多元需求。

共享发展过程中每一个劳动主体都能够通过自己的努力实现总体利益的增长，同时从中获得自己应得的利益。共享是一个结果，更是一个过程，而且是一个需要经过长时间沉淀的过程，是一个由非均衡到均衡转变的过程。这也就意味着共同富裕是一个具有差异性的、处于不断变化中的过程，但这个差异是限定在一定范围内的。

共享是科学发展观的题中之意。发展是科学发展观的第一要义，科学的发展离不开共享理念的支撑和保障。共享是人的共享，是全体社会成员对发展利益的共享。全面协调可持续是科学发展的基本要求，共享是实现全面协调可持续发展的重要条件。共享是全面共享，是全领域、全方位的共享，只有实现全面共享才能更好地落实“五位一体”的总体布局，实现全面协调可持续发展。

共享发展理念是一种分享意识、一种公共精神，更是人类道德的价值追求。实现共享要以如下三个价值规定为内生动力，为中国转型发展提供新的思路。

首先，共享以共同善的价值追求为道德共识。共享是共建共享，中国现代化建设过程中的共享问题最终都是以共同善的价值追求为道德共识。共同善的存在表明了社会个体生活在群体当中，并在与其他个体以及群体的互动过程中形成自身的“存在感”。社会个体并非是完全孤立的存在，社会个体的利益也就自然需要同社会其他个体以及社会整体利益实现协调发展。

其次，共享以社会公平正义为基本价值导向。公平正义是现代社会最基本的价值诉求，是人类活动的重要价值导向，更是共享发展理念的本质所在。共享是全民共享，要将不断做大的“蛋糕”分配好，使全民都享有发展带来的利益，享有更多的获得感。在多元发展时代，群体与群体、个体与个体之间势必存在一定程度上的利益竞争和利益冲突，这也就使得仅仅依靠市场的力量很难达到“帕累托最优”，只有在社会公平正义的导向之下才能够实现资源的合理配置。共享发展理念的提出是社会公平正义的要求，共享程度和共享水平是衡量社会公平正义现实状况的重要指标。

最后，共享以人的尊严发展为最终价值归属。公平正义是共享发展的价值导向，而符合社会公平正义原则的共享则以人的尊严发展为最终价值归属，是有尊严的共享。共享以共建为基础，从社会层面来看，社会的建设和发展并非仅仅是政府或者执政党的任务，而是需要社会大众的广泛参与以形成强大的合力。以共建为基础的共享明确了人民群众在社会发展建设中的主体性地位，是对人民主体的尊重，同时也明确了社会以及他人对自己价值的肯定和尊重。从社会个体层面来看，尊严是个体对自我的一种尊重，以共建为基础的共享也体现了个人对自身的尊重。

——《道德与文明》2017 年第 2 期，作者单位：湖南师范大学博士后流动站

作为经济伦理的经济共享理念

龚天平　周　丹

根据历史唯物主义基本原理，共享是一个与生产密切相联的分配意义上的范畴。按照恩格斯在《共产主义原理》中的阐述，共享是指“由社会全体成员组成的共同联合体来共同地和有计划地利用生产力；把生产发展到能够满足所有人的需要的规模；结束牺牲一些人的利益来满足另一些人的需要的状况……所有人共同享受大家创造出来的福利……使社会全体成员的才能得到全面发展”。在《共产党宣言》中，马克思恩格斯又进一步把共享凝练地表述为“每个人的自由发展是一切人的自由发展的条件”这样一个基本命题。即是说，共享是指社会的每一个成员都成为社会共同体的主人，不受其他任何人的奴役，每一个成员都能够分享、利用社会财富，全面地、自由地发展和表现自己的本质力量。根据这一思想，我们可以对经济共享做如下定义：所谓经济共享，是指社会共同体的每一个成员在经济领域按照一定规则公平地共同享有道德和法律认可的财富、权利、机会等，是社会共同体成员之间建立在利益基础上的一种社会经济交往关系，是成员之间的一种经济伦理关系。

经济共享首先是指财富共享。财富首先是以物的形式体现出来的。财富当然并不仅仅体现为物，它还以主体的形式体现出来，表现为创造财富的人的活动及其能力，包括人类天性，即人的来自于自然界和社会历史进程中的各种天赋、潜能、素质，丰富的、多样化的个性，需要和享受的本性以及创造满足需要的新方式的能力。另外，财富还以精神的形式体现出来，表现为文化、价值观、伦理道德观念等精神

产品。但实物毕竟是财富的基础性的、重要的载体，主体的天赋、潜能、素质、个性、能力等必须物化在主体活动的最终结果即产品上，而文化、价值观、伦理观念等也不过是物化财富的精神化表现。因此，所谓财富共享就是社会每一个成员都能共同分享生产力发展所带来的社会物质财富、主体创造出来的福利及精神财富等。

经济共享包括经济权利共享。经济权利共享是指人们共同拥有投身于经济交往活动、谋求财富业绩的权利，或者说社会成员都共同享有寻求自己珍视的幸福生活所需要的物质财富条件的权利，这包括维持自己生存和生命健康之物质生活资料、接受知识和技术教育、充裕的娱乐、文化艺术创造时间即自由时间等。当然，根据社会公平正义原则的要求，道德和法律在认可经济权利共享的同时，也会要求经济义务共享或共担。

经济共享还包括经济机会共享。所谓经济机会共享，就是指人们在经济活动中共同拥有一致而非同一或同等而非同质的机会和条件。它主要体现在两个方面：一是经济参与机会共享，即经济机会要向所有人开放，或者说，要让所有人共同拥有谋取收入和财富、获得经济活动成果的机会。二是经济发展机会共享，即市场中所有人都共同拥有发展机会，不受其他任何因素影响而被差异化对待，比如共享接受教育和技能培训的机会、医疗卫生健康及保健设施的机会、信息的机会等。

经济共享能够促进经济繁荣，为增进社会道德水平创造条件。对社会来说，经济繁荣的伦理意义就在于："繁荣不仅确保着纯物质性满足，而且也确保着文化和精神充实、保健、养老和其他保证舒适生活的事物。"所谓经济繁荣也意味着"常常形成更多的机会、对多样性的容忍、社会流动性、坚持公平以及对民主的尊崇"。从经济运行环节来看，经济共享显然属于经济分配领域，对经济的生产、交换环节具有重要影响。经济分配如果能够公平共享，那么它就能刺激生产，促进经济繁荣；否则，它就会使生产停滞或倒退，经济系统瘫痪。因此，一个社会或经济体要想实现经济繁荣，就必须采取措施实现各阶层和社会成员收入均衡化，惠顾最不利者的最大利益，谋求公平的分配结果，促进经济共享；而经济共享又能创造经济繁荣，增进社会整体福利，从而使其道德水平的提升即文化繁荣、道德昌明、公序良俗之形成变成可能。

经济共享能够增进人民团结，把社会凝聚为一个紧密的道德共同体。经济共享不仅深刻地影响经济活动本身，也深刻地影响社会成员的心理、情感及其相互之间的关系，进而影响整个社会系统；它能增进人民团结，把社会凝聚为一个紧密的道德共同体。但这种团结和共同体的形成需要相应的基本条件，包括精神条件即共享的价值、情感条件即共通的情感，而这些条件一般又都建立在经济条件的基础上。所以，经济共享是稳定社会成员心理、增强社会成员情感联系、维系社会成员团结的基本纽带。如果人们经济上不能实现共享，那么共享的道德价值和共通的道德情感就不可能形成；相反，如果人们经济上实现了共享，那么共享的道德价值和共通的道德情感就具有了可能性空间。

经济共享能够调动社会成员参与社会交往的积极性、主动性，拓展人们的道德交往。交往是人的本性，任何社会成员都需要参与社会交往包括经济交往，展示自己作为人的本质力量。社会成员交往包括道德交往的积极性、主动性建立在成员之间能否经济共享的基础上，只有当社会成员能够共享并且能够自己支配交往成果特别是经济成果时，他们才会有兴趣交往，乐意交往，也才会有激情和道德情感去开展道德交往，从而丰富和拓展道德交往空间；否则，人们就会丧失交往兴趣和激情，相互产生怨恨、仇视和伤害，从而限制道德交往的空间。

经济共享能够确保人的获得感，彰显人的尊严。从个人的全面发展的角度来看，人与人之间之所以要经济共享，是因为每个人都具有作为种或类属的共同性、相似性，都具有维持自己生命存在的利益需求，也具有自己作为人而存在的独立人格和尊严，而经济上人人享有就能使人人具有获得感，彰显尊严。人的尊严一定是建立在获得特别是物质利益获得的基础之上的，而实实在在的获得感则来自于人人是否实实在在地共享财富、权利和机会。因此，经济共享是获得感和尊严的伦理约束条件。

——《华中科技大学学报（社会科学版)》2017 年第 1 期，作者单位：中南财经政法大学哲学院

政治社会的共享目的

余　露

自由主义者大都提倡特定类型的国家中立。这一原则强调“公共政策、制度等应该平等地包容所有值得的善观念”，它并不要求政治制度和政策的现实影响是中立的，而是认为国家 / 政治社会在对待不同的善观念时要恪守中立的立场，不能偏袒任何一方。作为自由主义阵营的巨擘，罗尔斯典范地诠释了中立原则，并试图借此探讨理性多元社会的长治久安之道。然而，罗尔斯又旗帜鲜明地指出，良序政治社会建立并践行正义的制度是一种伟大的内在善，是公民所应共享的终极目的。

在《正义论》中，罗尔斯为稳定性提供的证明被称为“一致性论证”。它分为两个阶段：第一阶段从道德心理学角度描绘良序社会的成员如何经由权威道德、社团道德和原则道德获得正义感；第二阶段关注正义感与善观念怎样共同发挥作用、维护正义结构。第二阶段最基本、最核心的论证是由康德式的解释给出的，它将一种特殊的人性和道德能力指派给人们——自由平等的理性存在物，并认为实现这一人性唯一可能的途径就是将正义感作为调节性的欲望。罗尔斯试图借助这一论证表明，人们在原初状态下选择的两个正义原则具有稳定性：即当无知之幕揭开，人们进入由正义原则支配的政治社会中时，他们会形成正义感并依据正义原则行动；当正义原则与他们的利益发生冲突时，他们也会自觉地让利益受正义原则的规导。

然而，一致性论证并没有足够认真地对待各宗教、哲学和道德学说及所属文化形态间的差异，因为康德式的论证将一种特殊的道德人格赋予人们，这种道德人格确保人们“接受相同的正义观，并似乎还接受相同的完备性学说，那个正义观正是此学说的一部分，以及是从此学说中推导出来的”。在罗尔斯看来，虽然道德人格确保了正义感具有压倒性的动机地位，但仍有一些人不依正义原则行事。在《政治自由主义》中，罗尔斯试图利用重叠共识来为正义原则的稳定性作论证，指出民主社会的公民能就政治的正义观念经由临时协定、宪法共识形成重叠共识，并以此调节因所持有的多元化完备性学说而导致的在政治领域的矛盾。更进一步，由于政治价值的重要性无与伦比，它们又兼容于公民的完备性学说，所以它们具有压倒其他一切价值的优先性。随着政治合作因重叠共识不断取得成功，政治正义观念的稳定性便得到了保证。受正义观念规定的宪法根本就构成了公民共享的根本目的，这样

的政治社会便是公平正义的良序社会。

罗尔斯认为，他所提倡的政治社会具有两个典型的特征：一方面，公民有各自不同甚至相互冲突的完备性善观念，他们仅仅就“宪法根本”所依据的政治正义原则形成一致的意见，这也是政治社会所共享的目的；另一方面，人们在这一联合体中被平等地对待，社会的基本制度给予了每个个体公平的基本善，以确保他们两种最高阶的利益，并在此基础上追求、实现自己特殊的善观念。也就是说，在罗尔斯看来，即便政治社会将正义原则视为共享的终极目的，但这一目的并不偏袒或鼓励任一特定的完备性学说，它赋予了一切合乎理性的善观念以平等的地位，因而它仍是价值中立的。

但罗尔斯的重叠共识所彰显的“价值中立”是有限度的：“价值中立”只是针对诸多“正义概念的观念”的中立，其背后有着更为底层的、共享的“正义概念”。这一推测的证据的在于：第一，罗尔斯一再强调重叠共识要从隐含于公共政治文化中的根本性直觉出发，而且，在重叠共识的形成过程中，罗尔斯纳入了很多实质性的自由主义价值取向，比如赋予了公民以平等的基本权利和自由，甚至将这些价值诉求视作讨论的起点。第二，罗尔斯对多元性的考虑也是有所限制的：并非所有的善观念都可以被纳入政治考量中去，只有那些合乎理性的善观念才被允许。

罗尔斯思想中有两个层次的“共享目的”：一个层次是“显性的”，即持有多元完备性学说的公民以政治的正义观念及相应的政治制度、活动为共享目的；另一层次是“隐性的”，即在民主宪政国家或良序的政治社会里，公民共享着自由主义的价值——自由及其他相关价值。在隐性的自由主义的价值基础之上，显性的共享目的确实可以与中立原则相容，因为它并不偏袒也不给任何特殊的完备性学说以优先性。完备性的学说只要接受自由主义原则，就可以在政治领域中获得平等的考量。与之相应，中立性是一个“范围概念”。在罗尔斯那里，中立性的范围“通过只纳入普遍原则所允许的生活方式而排除另一些生活方式来彰显”。正是借助这两个层次的共享目的，罗尔斯完成了稳定性论证，也达致了公民对于良序社会的政治认同。

一般而言，政治认同即个体对政治组织的认可、归属和效忠，它表现在个体对政治组织的根本原则的接受并自觉地依其来规范自己的政治行为。契约论者在应然的意义上追问政治认同何以达成，即政治组织满足何种条件才会被其治下的成员所认可和接受。这并非“实际的被接受”，而是一种“合理的可接受性”。在这个意义上，罗尔斯对于稳定性的探讨实际上就是在处理政治认同问题。一致性论证和重叠共识论证表明，“有理由期望全体公民都能够赞成的方式”，便是宪法根本和基本正义问题符合正义原则的要求。在罗尔斯的文本中，正义的稳定性与政治认同是紧密关联的。共享着自由价值的公民们对民主宪政国家达致政治认同是借助稳定性论证呈现的。而一旦政治认同达成，正义的稳定性也得以确保。“‘政治认同’就是指一个人对这些政治价值的接受与肯定。如果一个社会中绝大部分成员愿意实践上述民主社会的政治德性，以之作为彼此解决社会争议的凭借，则政治共同体就获得公民们的认可，也获得了稳定。”

——《伦理学研究》2017 年第 5 期，原题为《论政治社会的共享目的——以罗尔斯为视角》，作者单位：湖南师范大学道德文化研究中心暨哲学系

（邬舒娴选编）

责任编辑　冯瑞梅

当代西方美学政治学转向的多维视角

【导语】 走出美学的形而上学思考，当代西方美学呈现出多重转向。其中，由朗西埃、巴迪欧、齐泽克等人引领的当代美学的政治转向，既是当代美学研究问题域的拓展，在不同层面丰富了美学研究的内涵，也是对美学研究中一直引人注目的审美和政治实践关系问题的深化，提供了理解二者之间关系的新视角。因而近年来，对于美学的政治转向，研究者给予了不断关注与思考。本文选取的几篇文章就是从不同角度对当代美学政治转向作出的解说。有研究者从历史发展的纵向角度，通过梳理美学的三次“终结”，分析了哲学的再次复兴与政治转向之间的关联，并将这一政治转向的实质归结为“现代条件下人的自由如何可能”的问题；也有研究者从政治美学的双重内涵，即从“美学的政治”与“政治的美学”的对峙到美学与政治的关系作出深层剖析，并指出，美学的政治转向体现的并非政治对美学的制约，而是美学对政治的奠基以及美学与政治之间的多重关系；还有研究者将关注点指向具体文本，通过将不同思想家的思想进行对照表明，在以政治视角解读艺术问题时，平等概念如何渗透在艺术的审美机制之中。

美学的三种终结方式及其当代复兴

宋 伟

美学，从其诞生之日起就始终面临合法化的危机。1750 年，鲍姆加通初创美学时煞费苦心地与逻辑学攀亲，试图将研究感性的美学作为研究理性的逻辑学的妹妹，以期在逻辑学大姐姐的拉扯下跻身于哲学的殿堂。经鲍姆加通的努力，美学逐渐被人们认可和接受，感性研究也开始得到哲学的注目，像康德、黑格尔这样的哲学大家，都十分重视美学并为美学的哲学建构作出了奠基性的贡献。即便如此，康德和黑格尔在使用美学这个概念时依然充满疑虑，显得小心翼翼。其根本缘由来自“美学”的“感性”。也就是说，在坚固的西方理性主义传统知识谱系中，作为感性研究之学问的美学却试图跻身于理性形而上学的殿堂，并建立一套能够言说自身的话语体系，这不能不让理性主义哲学家们感到不舒服。然而，伴随人的觉醒，在高扬理性精神的时代，人的感性诉求日益凸显，哲学家们已经无法忽视人的感性存在，面对欲望、情感、趣味、审美等诸多问题，不得不以理性的目光加以审视。他们以理性的目光审视感性，以理性的态度对待经验，将感性纳入理性所规定的框架内加以界定研究，这本身就是一个充满悖论的疑难问题。站在今天的立场看，或许可以说，美学的哲学化或美学的形而上学化可以被理解为美学自律性理论体系建构过程中一个必然的选择。换言之，美学自律性理论体系建构只能依附于哲学化的过程，但美学的哲学化同时也必然意味着一种他律化的过程。这样，作为他律化的美学哲学化与作为自律化的美学理论化过程便充满矛盾和悖论地结合为同一个问题的两个方面。如此这般的矛盾悖论为下一轮美学的终结和艺术学的转向预留了足够的空间。

如果说美学曾经被哲学所终结或改造，那么，到20世纪，美学则可以说是被艺术学所终结或改造。具体来说，是“一般艺术学运动”——广义的艺术学运动再度宣告了美学的终结。

作为艺术学的创立者，康拉德·费德勒被后人誉为“艺术学之父”。费德勒最大的贡献是敢于向处于居高临下地位的美学传统发起挑战，并以其令人信服的推论，为艺术学的建立提供了理论上的合法性支撑。德索继承并发扬了费德勒的艺术学思想，提出建立一门与传统美学并立的艺术学科，并将其命名为“一般艺术学”。德索强调，“一般艺术学”依然属于理论知识，而非实践能力，它的任务是对艺术的普遍性或一般性问题进行理论化的反思，它既不同于美学而始终以艺术为直接的关注对象，又不同于艺术实践，而是追求理论知识的科学概括性。

“艺术自律”是确保现代艺术学成为一门独立学科所必须坚守的基本理念，去历史化、去政治化、去现实化等艺术自律主张为艺术家们所尊崇。因而本着“艺术自律”的精英主义原则，“一般艺术学运动”始终致力于划清自身的研究边界。并且，为了标举艺术的独特性，艺术理论家往往希望将艺术置于“遗世独立”的至高地位，以凸显艺术高居于其他文化之上的卓尔不群。但是，“全面的美学自治意味着美学主体——艺术完全地独立在了它的宗教、科学和社会政治经济功用——例如艺术市场之外。自治思想给予美学自治一个范围，它当然是自治的，但也是局限于自我的、封闭的、与其他人类活动隔离的、与日常生活隔绝的”。在这种“为艺术而艺术”的精英主义原则指导下，艺术学为自己划定了严格的研究边界，日益陷入“画地为牢”的局限。逃离了传统美学的束缚，艺术史、艺术家和艺术品研究也日益增多，从宏观向微观转型；对艺术文本的阐释、艺术形式的关照、艺术符号的专注、艺术史料的实证，逐渐成为一般艺术学理论或艺术史论所热衷研究的议题；而艺术的人文精神内涵、艺术的社会历史意义、艺术的文化价值取向等重要问题则逐渐被忽视。

如果说艺术学是以一种向内转的方式拒斥美学的形而上学哲学化，以解决美学脱离具体艺术经验的弊端，那么艺术理论则是以一种向外转的方式凸显鲜明的“反美学”姿态，改变了艺术自律设定的自我封闭局面，使美学消融在无限扩大的批评理论边界之中。20世纪六七十年代以后的文学理论、美学理论都经历了一场理论话语建构或扩张的过程，以至于形成了一种独特的理论话语——“理论”或“批评理论”，形成了所谓的“理论的帝国”时代。这一理论帝国的建构以结构主义、解构主义、后现代主义、文化研究、语言学、符号学、后殖民主义、女性主义、话语叙事、身体理论、新马克思主义、新历史主义等理论话语建构为特征，突破了传统文学和美学的研究边界，无限扩张、延异、播撒。

理论话语的建构导致了传统学科边界的消失。宏阔的理论话语消除了不同学科之间的话语障碍，同时也消除了不同学科所具有的各自特色，原来意义上不同学科的中心研究议题被“理论”的无限扩张所挤压以至驱逐。或许是对这种现象的反拨，在“理论之后”的“后理论时代”，人们开始提出“美学的回归”，甚至有些学者提出了“美学的复仇”。正是这种美学回归或美学复仇的情势，构成了当代美学复兴的基本学术语境。

值得注意的是，当代美学的回归并不是向内转向的回归，并不是向美学自身的回归，而是以美学为原点向外转的回归，这一点是理解“后理论时代”或“理论之后”的美学回归的关键。这种新的美学回归表现为美学的伦理学转向、美学的政治学转向、美学的政治经济学转向等。以阿伦特的政治美学为例，在其晚年著作《康德政治哲学讲稿》中，她试图重新阐释康德审美共同感的政治学意义，建立一种感性的政治共同体，赋予审美以政治立法根基的地位。阿伦特彻底颠覆了以往对康德美学的无功利性解读，在康德美学中发现政治哲学的感性奠基。在阿伦特看来，与政治判断一样，审美判断也在作出决断，而且，审美判断的决断比政治判断的决断更具有优先性。因为，这种“艺术和政治的共同要素在于，二者都是公共世界的现象”。“正是共同感觉/常识让人能够把自己定位在公共领域之中，也就是定位在一个共有的世界之中。”应该说，阿伦特开辟了一种当代意义上的全新的政治美学，这种政治美学不是靠审美自律后远离政治来实现的，不是靠审美与政治的分离或对立来实现的，它试图重新找寻政治的原初点，而这一原初点不在理性的强制性规范之中，而在感性的审美共通感之内。阿伦特大胆地设想：一个通过感性来立法的现代政治是否可能？从此意义上看，福柯晚年所倡导的“自我关怀的伦理学”、朗西埃所关注的“感性的分配”的政治学等当代美学的政治伦理议题，都在新的意义上重申了美学与政治、美学与伦理、美学与社会的关系。诚然，无论是政治的美学意义，还是重申美学的政治意涵，所有的一切都在探寻一个重要议题：现代条件下人的自由如何可能？

——《上海文化》2016 年第 10 期，作者单位：东北大学艺术学院

“政治的美学”还是“美学的政治”

段吉方

当代美学的政治转向究竟表达了一种什么样的美学主张，是倡导一种“政治美学”还是美学研究转向政治思想？在当代美学研究中，从政治的角度思考美学还是从美学的角度思考政治，是完全不同的理论路径，同时也是当代美学政治转向研究需要进一步挖掘的内容。总体来看，当代美学的政治转向问题并没有完全明确地倡导一种“政治美学”，而是从美学的角度思考政治叙事与政治隐喻，提出将美学的感性内涵研究应用于当代文化的政治阐释，特别是从政治、文化与意识形态的某些“审美间隙”中展现审美的象征性的政治来源及其机制。

“政治美学”一词有多种内涵，一种是通常理解的“政治的美学”，倾向于从美学的角度对政治体制、政治方案和政治秩序等问题作出阐释，其理论的起点是审美感性的经验分析，最终的理论出口是政治性的价值分析或意识形态研究；另一种

则是“美学的政治”研究，提倡从不同的价值层面看待审美与政治问题，它在话语方式和表现形式上规避了政治的批判、认同与同情的经验分析，在权力结构、情感结构与价值结构上以隐喻和转喻的方式将审美感性与政治话语置换成想象和体验的关系，甚至是超越价值论的思辨关系。在这种关联模式中，审美感性与政治实践保持了理性研究与感性分析的自洽性。

由于当代美学研究独特的思想语境，审美与政治的关联问题向来是一个理论焦点，特别是在西方马克思主义美学传统中体现得尤为明显。西方马克思主义美学的理论奠基人卢卡契、葛兰西直至当代的理论代表詹姆逊、哈贝马斯、伊格尔顿，他们的理论在一定程度上都包含着从文化和美学研究体现政治与文化内涵之间的思想转换的方法论特征。在他们的理论中，政治的研究已由制度实体层面拓展至文化、美学与精神领域，从改造社会为己任的经典马克思主义的实践观转向以文化审美变革为实践方式的文化理念。伊格尔顿就曾提出，美学具有意识形态属性，美学的意识形态毫无疑问具有政治性，美学理论研究的目的在于破解这种政治性，阐释审美话语在当代权利话语中的复杂的隐蔽机制。他所批判的“幻觉性的审美主义”，既是为了回到马克思所说的较少异化的感性领域，同时也是为了超越作为审美意识形态的资产阶级美学理论，恰恰也是一种美学的政治回归。在西方马克思主义美学中，“政治”与“美学”的概念呈现复杂的意义迁移状态，它们作为有特指内涵的理论符码，贯通西方马克思主义在哲学、社会学、政治学、美学研究的思想交叉路径，体现为一种跨越学科疆界的美学研究的理论逻辑。

当代美学的政治转向问题，对包括西方马克思主义美学研究在内的美学与政治研究既有推动又有超越。朗西埃等在一种隐喻的层面上强调审美与政治的关系。朗西埃提出了一种“文本化成肉身”的美学思想，让文本赋予自身以躯体，以此来躲避被抛入世界的文字的命运。在这个层面上，朗西埃认为，文学、美学、哲学与政治的关系并不像传统美学理论那样是并行不悖的，其美学的政治研究并非采取了直接的和正面的形式，而是强调文学、哲学、美学与政治的关联“运行在正好相反的方向上”；他强调的所谓的“诗的政治”就是理性被赋予“感性的材料”，“而这材料既是对理性的体验，也是对理性的证实”。朗西埃在对华兹华斯《抒情歌谣集》的分析中指出，“理性的这一感性生产过程所激发的热情是一种美学－政治原则”。这种“美学－政治原则”不是一种简单的“政治美学”，而是一种“反政治”，审美与政治的关联体现在诗歌创作的转喻和隐喻中，特别是在“文本道成肉身”的转换中，诗歌的理性因素转化成了政治的感性书写。这与那种“政治美学”特别是“政治的美学”是不同的。无论我们对“政治美学”作出何种意义上的阐释，在“政治美学”的概念及其美学原则分析中，“政治的”因素总是不可或缺。这种“政治”可以采用传统的政治概念，如权力话语、意识形态、政治制度及情感认同、政治秩序、政治价值等，无论是批判、认同、同情，其着眼点都难以脱离政治情感以及政治秩序的建构。这种“政治美学”在方法上是从美学的方法研究政治，或者说是从审美感性的方式入手把握政治观念与实践，但最终难免为政治作注脚与宣传。这和伊格尔顿所说的审美意识形态即所有的权力话语均有感性色彩是有区别的，因为“政治美学”的情感结构与价值研究最终难以衡量，其一元论与独断论的结构范式难以规避，最终难免让“政治美学”落入“政治的美学”的思想窠臼。而这恰恰是当代美学的政治转向研究所警惕的。当代美学的政治转向强调一种“为政治”的美学，它具有不同的话语结构与美学逻辑，是一种美学政治学的研究理路。这种美学政治学的研究思路强调对以往的审美与政治的关联采取辩证阐释的方法，它提出的“美学的政治”，其目的不是“以这个术语去理解艺术和政治之间的关系，而是去理解在感知的政治分配中一个特定领域——美学领域——得以构形的意义和重要性”。“尽力去展示政治的存在与美学的存在是如何强有力地交叉关联的”，这恰恰是美学政治学研究的价值所在。

——《云南大学学报（哲学社会科学版）》2017 年第 3 期，原题为《当代美学的政治转向：理论、问题与实践》，作者单位：华南师范大学审美文化与批判理论研究中心

场域的自主与艺术美学体制的他律

郭 维

在分析文学场域的诞生和场域自主性的构成及其条件时，布尔迪厄指出文学场域的诞生有三个维度，即自主的获得、一种双重结构的出现、象征财产的市场。对自主性的追求是对构成文学家主体哲学的历史过程的社会学考察。后两者与文学场外部的社会环境以及现实的经济条件密切相关。通过对波德莱尔、左拉、福楼拜等作家的作品分析，布尔迪厄发现了一个处于社会中的真正社会群体——放荡不羁的文人。这些接受了古典课程和修辞学教育的文人们因为缺少必要的社会资本和经济资本而被推向了文学职业。这种社会条件的变化成了文学场自主变化过程的主要因素。他们将自己创造的生活艺术作为文学场域的行动者而与其他社会等级（如官方艺术家和资产阶级）区分开来。布尔迪厄认为，选择将生活的艺术变成艺术的一种，就意味着这些文人们不能为政治或者经济利益而创作，而是为文学本身生活。这就必须以“将生活当作艺术的一部分”为前提来进行社会实践。这些放荡不羁的文人们通常是“无产阶级知识分子”或者是“小资产阶级分子”，他们的生活方式和作家或者艺术家别无二致，甚至可以这样说，他们的生活本身就是艺术品。

作家和艺术家们将“为艺术而艺术”作为场的规范和位置来确定自身。自认为占据了场域位置的那些人“只有建立一个在其中能找到位置的场，也就是说，只有实际地并合法地变革一个排斥他们的艺术世界，才能令这个位置得以存在。因此他们应该反对法定位置及其占据者，并创造确定这个独特位置的东西”。在行为上就体现在对道德和政治禁令的漠不关心，并且不承认对艺术规范之外的其他任何形式的裁判。因此，文学场和艺术场是在与“资产阶级”的不断对抗中逐渐自主形成的。对于那些认为自己是文学场域中合法趣味持有者的作家而言，关于艺术的斗争是以推行一种生活艺术，也就是将一种随意的生活方式转化为合法的生存方式为赌注，这种转化认为其他一切生活方式都是可以被忽略的。

在朗西埃的理论中，文学与政治并非像布尔迪厄所说的相互独立的场域，而本就是一种体制，而文学的政治是一种艺术体制中被忽略的那一部分感知与既存的美学之间的政治斗争。

朗西埃将艺术体制划分为三种：表象的伦理体制、艺术的诗学/再现体制以及艺术的美学体制。表象的伦理体制就是以柏

拉图的城邦政治为例，艺术家和工匠们构成了城邦共同体的一部分，艺术品的创作和工匠们的生产构成了城邦共同体生活的“表象”。表象的分配根据城邦共同体的道德思想水平来进行分配。在这种伦理体制下，表象的作用变成了对民众的教化。虽然在这个时期有各种形式的艺术作品出现，但是可感性分配的艺术并不存在，有的只是各种技艺的可见性形式和表象。

艺术的诗学/再现体制源于亚里士多德对柏拉图的批判。在诗学/再现体制存在的古典时期中，艺术从伦理体制时期的技艺和生产方式中抽离出来，是对本质的模仿和一种再现的诗学。模仿的做法使得艺术具有不同的可见性，再现体制与不同族群在社会生活中所作所为的代表性也具有密切的联系，所以再现的艺术体制就如同政治上的代表制，相应于政治或社会地位的等级秩序。

最受朗西埃推崇的是艺术的美学体制，它从艺术的伦理和再现法则的角度与前面两种艺术体制进行了比较彻底的决裂。艺术的美学体制是对诗学/再现美学体制的革命。朗西埃认为，艺术的政治意义在于对现有的可感性分配格局的颠覆，并通过制造对艺术可感性的不同理解来进行可感性的再分配。对艺术本体来说，艺术创新不是表象上的艺术革命，而是对可感性分配的冲击与重构。艺术与政治不是主体和客体间的反映与被反映关系，而是两种相关联的可感性分配形式。政治通过可感性重新分配的艺术来获得革命。同时，艺术的可感性分配也因为政治革命改变了特权阶级主导的治安秩序而得到再分配。

朗西埃的上述定义对于艺术体制而言，构成了如下几个问题：第一，在艺术体制中，哪些因素使不同的艺术呈现不同的可见性与可知性？第二，艺术体制中的行动者拥有哪些资本牵涉到感性经验的分配中？第三，到底是哪些体制屏蔽了我们的感性差异，使得我们看到差异却无法表达？朗西埃想要表达的是，感性的判断力并不因人而异，人的感性经验并不完全是被艺术与真实关联的程度或者艺术家的社会分层所决定，而是由审美的普遍性所决定的。它说明了艺术事物的可见或者是不可见、可说或者是不可说、可被听到或者是不可被听到、被辨识为相同或者是不同、美或者是丑、和谐或者是噪音，都已经相互依存、相互牵动而定位，并且自发地运作。

朗西埃认为艺术的美学体制使得艺术品不再受到伦理与再现体制的影响。审美经验就是艺术品在展览的地方能够让人们对其进行“为艺术而艺术”的鉴赏活动。这时，审美经验就从再现真实与政治伦理的统治之下脱离出来，成为一个单独的感知类型。艺术的美学体制脱离单纯的模仿与伦理的约束，感性的分配与审美判断的自律才是美学诞生的条件。

朗西埃的艺术美学体制是对再现体制等级秩序的革命，体现了一种美学体制的平等观。作为法国激进左派知识分子，朗西埃比布尔迪厄更尖锐地揭示了哲学家和社会学家们带着阶级眼光进行文学与艺术分析的局限性，尤其揭露了左派知识分子的那种企图将权力、阶级与政治用社会等级划分的方式掩盖起来的自私心理。在美学上，以朗西埃为代表的激进知识分子就是要通过平等和解放的概念，来建立起新的美学体制。

——《文艺争鸣》2016 年第 8 期，原题为《趣味的斗争与艺术的美学体制——朗西埃对布尔迪厄的批判与超越》，作者单位：东北师范大学外国语学院

（卢春红选编）

责任编辑　孙婧一

年度优秀成果

论 文

【21 世纪世界马克思主义基本格局】

王凤才，《学习与探索》2017 年第 10 期

马克思主义自诞生以来，经历了一个曲折发展过程。苏东剧变后，马克思主义在西方世界被边缘化，在原苏东国家失去了在意识形态与学术领域原有的主导地位。然而，经过短暂沉寂之后，马克思主义迅速复兴；21 世纪以来，在世界范围内甚至出现了“马克思热”。“21 世纪国外马克思主义”与“21 世纪中国化马克思主义”一起，构成了“21 世纪世界马克思主义”理论版图。“21 世纪世界马克思主义”与 21 世纪社会主义思潮、共产主义思潮、激进左翼思潮、新社会运动交织在一起，构成了当代世界社会、经济、政治、思想文化领域的一道亮丽风景线。不同阐释路径的研究对象各有侧重，但如何理解马克思主义理论的实质及其当代价值，如何理解国外马克思主义研究对中国化马克思主义的意义，如何理解中国化马克思主义对国外马克思主义发展的意义，构成了 21 世纪世界马克思主义研究的目的。通过对上述问题的解答，可以确立 21 世纪世界马克思主义研究新框架，推动中国马克思主义研究的第三次拓展和深化，并进一步确立对待马克思主义的正确态度，在国际视野中构建中国学术话语体系。

（推荐人：蜇　泰）

【思想对客观性的三种态度：康德、黑格尔与马克思——关于哲学如何切中现实的一个考察】

王南湜，《哲学研究》2017 年第 7 期

思想与存在的关系问题是哲学的根本问题之一，也是马克思哲学与德国古典哲学的根本分歧之一，它更涉及哲学如何切中现实这一哲学的根本任务。本文从“现代”的现实生活出发，基于深入的文本研究和宽广的思想场域，对以康德、黑格尔、马克思为代表的三种思想切入现实的方式进行了深入考察，有力地论证了马克思的“有限个人主体”思想是对德国古典哲学的真正超越之所在。而对“有限性”的强调也使得作者提倡的对马克思的“近康德解释”具有特别的现实意义：只有立足于现实地行动着的有限个人，才能理解以往的人类社会 - 历史生活，也才能切实地指引人类面向未来的行动，不致落入思想的狂妄。

（推荐人：丁三东）

【中国哲学与当代世界】

张汝伦，《哲学研究》2017 年第 1 期

哲学可以超越产生它的时代，而成为其他时代的同时代者。在这一点上，中国古代哲学与西方古代哲学并无区别。如果亚里士多德或康德、黑格尔可以是我们的同时代人，那么孔孟老庄也同样可以。只要我们对现代性的思维偏见有足够警惕就会发现，哲学与其时代的关系并非简单的单线因果论所能解释。中国虽然没有产生“哲学”这个名称，但中国古代哲学具有西方人公认的几乎所有的哲学基本特征。中国传统哲学的整体性取向和将哲学作为一种生活方式的态度，足以证明它对于我们的时代具有十分现实的意义。

（推荐人：叶晓璐）

【让哲学成为安身立命之学】

侯才，《光明日报》2017年1月2日

哲学的功能关涉主观世界和客观世界的认识和改造，而在一定意义上认识和改造主观世界是认识和改造客观世界的前提。因此，就哲学所承担的认识和改造主观世界的使命而言，哲学首先应是安身立命之学。在古代，人与自然尚未完全分化，哲学的对象和研究重心是整体世界及其统一性，因此哲学堪称安身立命之学。近代以降，人与自然愈益分化，在哲学上主体性取代了“道”或“存在”的统摄地位，甚至被绝对化，同时哲学自身愈益科学化、知识化、技术化，蜕变为单纯的工具理性，以及附庸于资本和权力，甚至沦为物欲主义和各种功利主义、实用主义的工具，哲学也因此丧失了将人与世界、与“道”或“存在”相统一的能力。为此，需要重建主体性，使人成为自身需要和欲望的主体，重建本体论及其与人的相互关系，以及传承和发扬中国传统哲学的心性论传统。

（推荐人：古　荒）

【马克思对政治经济学的前提批判】

庄忠正，《山东社会科学》2017年第7期

“政治经济学批判”一直是马克思著作的核心议题。如何理解“政治经济学批判”，不仅涉及《资本论》的理论性质，而且关涉马克思主义的整体性。本文认为“政治经济学批判”即是对“政治经济学的前提”的批判，并从马克思对政治经济学的理论前提、劳动价值论、理论总问题等三方面的批判阐释了“政治经济学批判”的科学内涵。作为“政治经济学批判”的《资本论》不仅是一种“纯粹的科学认识”，更是一种“缩短和减轻分娩的痛苦”的武器，是一部关于人类解放的著作，实现了马克思的“毕生的真正使命”；在理论和实践层面超越了古典政治经济学。

（推荐人：刘雄伟）

【从市民社会到人类社会：马克思共产主义思想的理论起点探析】

侯小丰，《浙江学刊》2017年第6期

西方近代思想家通过对市民社会理论的演绎，完成了资产阶级及其所属社会形态的自我指认。但是当马克思把共产主义社会作为人类解放的终极指向时，一度作为批判现实社会武器的市民社会理论就逐渐淡化并退出他的理论视野。马克思以实证和科学的旨趣摆脱了乌托邦理论的空泛、古典经济学的促狭以及思辩哲学的理性束缚，并在实践原则的引领下，以“世界观”的形式创造了全新的哲学话语体系。在马克思的新哲学中，“人类社会”最终取代“市民社会”，成为其共产主义思想的理论起点。

（推荐人：周　丹）

【自由无须理由：再论马克思对黑格尔哲学的“颠倒”】

王时中，《天津社会科学》2017年第6期

马克思对黑格尔哲学的“颠倒”问题是马克思哲学研究中的一个理论疑难。该文认为，作为马克思和黑格尔的“中间环节”的费尔巴哈，既错失了中世纪以来的意志主义神学传统对人类自由的论证成果，也忽略了黑格尔以辩证法的张力对理智主义元素与意志主义元素的保持，因此他以人本学颠倒黑格尔哲学的理论努力并不成功。马克思真正实现的“颠倒”乃是基于现实的人类活动，援引黑格尔辩证法来表征对现实社会的“肯定的理解”与“否定的理解”，这不仅使得意志主义神学传统中的自由观真正现实化了，而且将对现实社会的批判与对理想社会的追求有机关联起来，从而较为成功地实现了对黑格尔哲学的创造性转换。

（推荐人：庄忠正）

【马克思的两种商品概念及其哲学启示】

唐正东，《哲学研究》2017 年第 4 期

近年来，对马克思政治经济学批判的哲学研究成为学界热点。本文通过对马克思文本的深入解读提出，马克思有两种不同的商品概念，一是作为资本关系的前提的商品，二是作为资本主义生产过程的结果的商品。在从《1857—1858 年经济学手稿》到《1863—1865 年经济学手稿》的写作过程中，马克思以对第一种商品概念的解读为开始，逐步推进到对第二种商品概念的全面把握，并在此基础上展开了对资本主义生产过程的深刻剖析。文章站在唯物主义历史辩证法的层面，对马克思的这两种商品概念作出准确的解读，深化了我们对马克思的资本批判理论及整个历史唯物主义的研究。（推荐人：张一兵）

【《资本论》与资本主义社会的哲学批判】

仰海峰，《哲学动态》2017 年第 8 期

《资本论》从总体上讨论了资本主义社会的构型。在日常生活层面，商品交换使人进入一个形式化、结构化的物与物之间的关系结构中；在社会结构层面，资本逻辑的展开使资本主义社会存在呈现出形式化、结构化特征；日常生活与社会结构的结构化运转，使得社会意识主要体现为拜物教意识。马克思对资本主义社会构型的批判分析，为我们理解资本逻辑的运行与人的社会存在状态，提供了有力的指导。从资本逻辑入手重新讨论马克思的哲学，既是深化中国的《资本论》研究的现实切入点，也是推进马克思主义哲学研究的重要方向。（推荐人：毕芙蓉）

【超越“机器论片段”：《资本论》哲学意义的再审视】

孙乐强，《学术月刊》2017 年第 5 期

“机器论片段”是马克思思想发展中的一个过渡环节，其中存在明显的历史局限性：此时他还没有建立科学的劳动二重性理论和相对剩余价值学说，也没有准确揭示一般智力与剩余价值生产之间的内在关系，致使他把“魁奈之谜”当作资本主义崩溃的根本依据，未能实现对资本主义内在矛盾的科学解剖。而《资本论》则全面克服了这些局限性，实现了对这一片段的内在超越和发展。当意大利自治主义者从纯粹主体逻辑出发，将这一片段视为马克思思想发展的顶峰，进而将《资本论》视为它的历史倒退时，不仅夸大了这一片段的历史地位，抹杀了《资本论》的哲学意义和政治意蕴，而且也从根本上曲解了马克思的革命理论和历史辩证法的实质。（推荐人：毕芙蓉）

【论国家的“相对自主性”：马克思国家理论中的上层建筑难题】

祁涛，《复旦学报（社会科学版）》2017 年第 2 期

马克思的国家理论是马克思政治哲学研究中的核心问题，20 世纪 70 年代英国马克思主义者引发了有关“国家相对自主性”的讨论，认为国家并不完全受经济基础的决定，其自身具有相对独立的能动能力。与之类似，阿尔都塞以“多元决定论”强调了上层建筑与经济基础之间具有的复杂结构关系，社会机体的冲突与发展不可能简化为某个单一的中心矛盾，相反，社会机体的矛盾以多元决定的方式出现。这些国家自主性理论意在挣脱经济决定论的机械主义倾向，从上层建筑的视角来解释社会矛盾与社会结构的运动。从历史上看，马克思先后面对弱的政治国家与强的政治国家两种国家类型。前者以抽象的形式主义与市民社会保持着距离；后者则自上而下地要求干预经济政策，体现为过分强烈的国家主张。因此，马克思本人关于政治国家的理解存在着视角上的变化。青年马克思的国家批判理论认为市民社会与

政治国家的分离造成政治国家并未真正吸纳社会因素，凌驾于市民社会的国家具有虚假的自主性。而成熟时期的马克思更加关注资本与现代国家的关系，由此直面现代民族国家的崛起问题。

（推荐人：毕芙蓉）

【马克思哲学中的斯宾诺莎因素】

邹诗鹏，《哲学研究》2017 年第 1 期

马克思哲学中所包含的斯宾诺莎因素，决定并制约着由马克思向斯宾诺莎的回溯空间。从青年黑格尔派到马克思的理论史的梳理表明，与同样被归之于黑格尔哲学因素、但被马克思确定性地反叛并超越的费希特－鲍威尔因素以及费尔巴哈因素相比，斯宾诺莎及施特劳斯离马克思哲学更近。承袭费希特主义的鲍威尔、赫斯、切什考夫斯基等的自我意识及行动哲学，提出的是离弃启蒙精神的民粹主义及无政府主义；费尔巴哈缺乏社会政治批判意识的人本学唯物主义则是启蒙精神的倒退；而施特劳斯所承继的斯宾诺莎的实体论及唯物主义则保留了唯物主义及其基本的启蒙立场，包括斯宾诺莎的生命政治意识，而这些均为马克思一般性地继承。但一旦超出启蒙论域，斯宾诺莎作为马克思哲学的因素就显得勉强了；马克思哲学中的斯宾诺莎因素止步于唯物史观。

（推荐人：毕芙蓉）

【马克思哲学与德国理念论】

丁三东，《哲学动态》2017 年第 10 期

对于马克思哲学和德国理念论之间的关系，研究者们多从思想发生学的角度加以探讨，并对马克思思想与康德、费希特、黑格尔哲学等特定思想的关系加以阐述。因此，对理念论本身的思想予以明确，应该成为思想发生学探讨的一个前提。本文通过对德国理念论奠基者康德思想的具体阐释，把作为整体的德国理念论的基本问题解释为理念如何现实化这一问题。在这一思想脉络中，马克思哲学呈现为德国理念论的内在批评者和创造超越者。

（推荐人：毕芙蓉）

【马克思对黑格尔偶然性论题的继承与超越】

颜岩，《哲学研究》2017 年第 11 期

本文比较了黑格尔和马克思的偶然性论题，而从这一视角出发有助于深刻理解两位哲学家的理论关联和差异，凸显马克思哲学对黑格尔哲学的批判性继承和超越。马克思对黑格尔思想的批判继承表现为四重“超越”：认识论转向存在论；理论思辨转向现实关注；绝对必然论转向历史可能论；逻辑预设论转向经验实证分析。全文的落脚点是“偶然的人”的概念，正是通过分析和批判这一概念，马克思将矛头指向了资本主义制度，并走向了革命实践。本文不仅横向比较了马克思和黑格尔的偶然性概念，还纵向分析了马克思偶然性论题的历史变迁，对我们理解马克思哲学革命的意义具有重要的启发。

（推荐人：朱松峰）

【论马克思对黑格尔劳动概念之重构】

王金林，《哲学研究》2017 年第 4 期

《巴黎手稿》对《精神现象学》的独特诠释，标志着马克思对黑格尔劳动概念的创造性重构。随着黑格尔的精神形态变迁史被阐释为人的劳动的生成史，其劳动概念则被把握为抽象的精神的劳动或人的自我确证的本质。然而，考诸文献，这一重构显然有意无意地“误解”了黑格尔。当涉及马克思与黑格尔的劳动概念时，科耶夫、马尔库塞与泰勒虽然解读路径各异，却都或多或少承继了这一重构及其“误解”。因此，有必要重思这一重构，并揭示其间的哲学意蕴。 （推荐人：毕芙蓉）

【论信用与人的存在方式：从马克思到希法亭】

黄志军，《哲学动态》2017年第4期

信用是以市场为核心进行资源配置的当代社会运行机制的基本特征，它直接表征着当代人的存在方式。该文从政治经济学视域研究马克思与希法亭对信用与人的存在方式的理解，并发现马克思的思想经历了两种逻辑。一是在《1844年经济学哲学手稿》的异化逻辑中，马克思对资本主义信用采取了否定性的态度，即认为信用蕴含了人格的货币化。二是在《1857—1858年经济学手稿》和《资本论》的资本逻辑中，马克思将资本信用视为货币的人格化：一方面他借助对各职能资本家之间的借贷关系的分析，说明了信用在资本主义社会建构中的积极意义；另一方面他更深刻地指出货币的人格化使得人陷入了更深层次和更系统性的非人化。

（推荐人：庄忠正）

【论“道德政治”谱系中的卢梭和马克思】

李晓兵、欧阳文川，《科学社会主义》2017年第4期

“道德政治”是发端于现代政治哲学中卢梭对霍布斯与洛克的道德批判而建构的概念。卢梭首先注意到自由主义政治哲学发展中可能造成的人与政治社会的非道德倾向，从而在对人性的重新阐释中构建其“道德政治”理论；马克思的历史唯物主义则从根本上取消了“道德政治”的可能性。卢梭与马克思刚好构成了“道德政治”谱系的开端与结束，与此同时，马克思的解决方案也应被视为对“道德政治”问题的进一步升华。马克思的唯物主义历史观从根本上是一种决定论式的历史观，然而仅仅认定道德的相对独立性是远远不够的。在坚持唯物主义历史观的前提下还必须在理论层面突破旧有的思维范式，细致入微地探讨自由与道德在何种意义上能够存在，从而深化对辩证唯物主义和历史唯物主义的哲学认知。

（推荐人：古　荒）

【《马克思恩格斯全集》历史考证版研究的历史和方法】

周嘉昕，《哲学研究》2017年第9期

《马克思恩格斯全集》历史考证版（MEGA）已经成为中国马克思主义哲学研究的重要学术资源。本文系统回顾了包括MEGA不同版本在内的马恩著作全集的编辑和研究史，总结概括了马克思主义经典著作研究的具体理论方法，并从文本结构变化、写作过程说明、概念术语辨析、思想语境重构四个方面，对更好地利用MEGA、推进21世纪中国的马克思主义研究发展提出了建议，体现了文本、思想史和意识形态的内在统一。

（推荐人：张一兵）

【“偶然相遇的唯物主义”与唯物史观的文化哲学解读】

刘振怡，《天津社会科学》2017年第6期

长期以来，人们对于唯物史观的解读往往侧重于强调人类社会发展规律的客观必然性，淡化甚至忽视了人类社会历史发展的偶然性和多样性。阿尔都塞的“偶然相遇的唯物主义”理论，深刻揭示了偶然性因素在人类社会发展进程中的重要作用，重现了马克思唯物史观中内在的历史偶然性逻辑，为我们重新理解唯物史观提供了一种文化哲学意义上的解读范式。在阿尔都塞看来，人类社会发展的历史不是单纯受普遍性和必然性约束的“自然历史过程”，而是一个充斥着诸多偶然性和可能性、多种因素交互作用的过程。真正的历史是属人的历史，是人与人、人与世界之间交互作用、共同创造的历史，是各种偶

然性因素相互作用的历史。对于人类社会发展历史规律的解读，不仅要关注历史规律的普遍性和必然性，更应重视历史规律的偶然性，重现人类历史发展的多样化、丰富性和差异性的特征。

（推荐人：罗跃军）

【资本空间化与空间资本化】

张梧，《中国人民大学学报》2017 年第 1 期

全球化时代使得空间问题得以凸显。资本空间化与空间资本化成为全球化的显著表征之一。只有从马克思的资本逻辑出发，才能准确把握当前空间现象的内在本质。资本与空间之间存在着内在关联：资本的本性决定了资本内在地具有空间性；社会关系的生产与再生产是资本与空间相互转化的内在机制；空间的物质存在形态使得空间具有向资本转化的潜在可能性。由于空间的资本化和资本的空间化同时并存，可以认为空间即资本，资本即空间。

（推荐人：毕芙蓉）

【历史唯物主义的政治哲学理由】

田冠浩，《江苏社会科学》2017 年第 2 期

通过解读马克思的“博士论文”等作品，本文重新梳理了历史唯物主义与伊壁鸠鲁哲学乃至伊奥尼亚自然哲学的思想联系，证明马克思选择唯物主义立场的初衷之一正是对个体自主性的关注。而共产主义本身是植根于深层人性（自由）的社会基本构造，它反映了个人与社会的共契关系；就其原则而言，共产主义是绝对客观的，只有坚持对共产主义原则作唯物主义的理解，才能真正认识这一原则对于文明的存续与完善的永恒影响力。历史唯物主义自身包含的个人与社会内在统一的原则，对于理解当代中国社会的变迁构成了最重要的理论参照。因为当代中国的经济改革（市场化）在根本上讲就是发挥个人的创造性，释放社会的活力；而中国不断进行的政治体制改革则一方面反映了维护社会统一的要求，另一方面又越来越多地体现了适应个人与社会快速发展的开放性。就此而言，从政治哲学观点解释马克思创立历史唯物主义的理由，正是揭示马克思主义哲学的当代效应与中国价值的一种积极尝试。

（推荐人：荆　雨）

【唯物史观视野下的苏联模式】

安启念，《哲学研究》2017 年第 7 期

1917 年，资本主义在俄国尚未得到充分发展，俄国不具备社会主义革命所需条件，但是阶级斗争十分激烈。布尔什维克从俄国实际出发，发动十月革命，建立了俄国特色的社会主义。社会主义的斯大林模式曾经对苏联的社会发展作出积极贡献。第二次世界大战前后科学技术有了革命性发展，成为第一生产力。作为最重要生产力的科学技术要求经济基础和上层建筑作出相应改变，斯大林模式由此丧失了历史合理性。所以进行政治改革以告别斯大林模式是必然的，以什么方式告别则具有偶然性，在不同国家表现不同。因此，新科技革命没有终结社会主义，相反，它为社会主义开辟了广阔前景。

（推荐人：毕芙蓉）

【马克思与政治美学】

张盾，《中国社会科学》2017 年第 2 期

近代美学把艺术之美作为美的唯一范本和美学的唯一立足点，从而成为文艺美学。文艺美学以艺术的自主性和审美经验作为基本信条，失落了艺术作为“可见之美对不可见之美的象征”这一原初的反思性本质，这成为当代艺术危机与衰落的理论根源。未来美学的新转向是从文艺美学转向政治美学，对美的本质的理解从“感

觉的完美性”转向“存在的完美性”，恢复美学的理论思维和超验维度。当美学的立足点从艺术转移到政治，以“制度之美”和“人性之美”作为美学的立足点去反思存在的完美性，美学就成为政治美学。政治美学是美学的原初形式。柏拉图作为政治美学的开创者，发现了政治作为对制度之美与人性之美的创造和理解乃是一种知识，真正的政治即“最好政制”乃是一个哲学的界面。马克思对资本主义现实性的批判性考察，不仅把“自由联合体中每个人的全面发展”当作改变现实世界的目标，同时更是作为对制度与人性的彻底理解和更高真理，以此将现代政治哲学重新带回到对最好制度与最美人性的创造与认知界面，从而恢复并光大了古典政治美学的原初问题和理论传统。

（推荐人：毕芙蓉）

【驳西方马克思主义对“自然辩证法”的曲解】

竭长光，《马克思主义研究》2017年第4期

以施密特等为代表的西方马克思主义者曲解了恩格斯的自然辩证法，并影响了国内学术界对于自然辩证法的理解和对恩格斯的评价。鉴于此，本文否定了那种从“人化自然辩证法”出发理解恩格斯的“自然辩证法”的主张，指出自然辩证法的研究对象是区别于人类社会的“自然界”，它的理论旨趣在于指导自然科学研究，进而驳斥了那种认为恩格斯创作“自然辩证法”是一个错误的论调，指出“自然辩证法”确立辩证自然观、强调复归辩证思维顺应了当时自然科学发展的趋势和要求。本文还以矛盾规律为例，澄清了那种认为辩证法的规律不是自然界的客观规律的错误认识。（推荐人：毕芙蓉）

【反思阿尔都塞问题：历史唯物主义重建形而上学何以可能?】

田明，《广东社会科学》2017年第6期

谈到马克思与形而上学的关系，意识形态一维不可或缺。马克思批判形而上学，不只针对本体论与认识论，更涉及社会交往。一般认为，我们应该从形而上学的内在规定去解读马克思的批判思想，对此，本文作者并不认同。他指出，所谓历史现实实质上是社会交往关系，投射到主体认知层面，表现为不同历史时期的意识形态。马克思批判形而上学，与其说针对的是其内容，毋宁说是为了还原其历史基础。该文结合认识论断裂的论断，揭示了形而上学的意识形态本性，呈现了意识形态作为历史运动媒介的功能，从意识形态角度还原了历史运动的辩证性。

（推荐人：杨丽婷）

【意识形态场、否定构形与突现逻辑：重析阿尔都塞的意识形态理论】

杨乔喻，《哲学研究》2017年第5期

阿尔都塞的意识形态理论，尤其是“意识形态国家机器”和“质询”概念，成为当代以齐泽克为代表的意识形态批判理论的主要参照与来源。过去有关阿尔都塞意识形态理论的讨论往往局限于《意识形态与意识形态国家机器》一文，而忽视了他早在《论青年马克思》中就对意识形态问题进行的系统论述。早期阿尔都塞的较系统的意识形态理论更接近马克思历史唯物主义的论域与论题，它围绕着两个重要概念“历史”和“物”展开，对当今的意识形态批判提供了有益的理论借鉴。

（推荐人：张一兵）

【当代欧洲共产主义的三种实现形式】

蓝江，《黑龙江社会科学》2017年第5期

在当代欧洲，共产主义再一次成为反抗资本主义盘剥和压迫的观念。不过当代

欧洲关于共产主义的理解和如何实现共产主义，有着巨大的分歧。在主流马克思主义的方案和囿于资本主义代议制民主框架下的方案之外，欧洲的新共产主义道路主要有三种实现形式。第一种是以奈格里、哈特、韦尔诺为代表的自治主义，他们寄望于从非物质劳动生产出来的一般智力，在实际的生产运动中完成共产主义对资本主义的取代；第二种是以布朗肖、南希为代表的情感共产主义，他们以内在体验为基础，提出了通过在场的情感来表达共通体的方式，最终实现共产主义；第三种是以本雅明、巴迪欧、阿甘本为代表的事件或弥赛亚共产主义，他们肯定共产主义一定会降临，尽管目前我们无法了解最终降临的共产主义的具体内容和形式。

（推荐人：毕芙蓉）

【从社会现实的观点把握中国社会的性质与变迁】

吴晓明，《哲学研究》2017 年第 10 期

为了正确理解当代中国诸上层建筑领域——法、政治、道德等建设的任务和目标，必须首先从社会现实的观点去把握中国社会的特定性质和时代变迁。主观意识的观点仅仅局限于单纯的“应当”和“外部反思”，而社会现实的观点则要求把诸上层领域的本质性归结为特定的社会现实，归结为具有独特社会–历史规定的“实在主体”。社会现实的观点首先与黑格尔和马克思的学说相联系。从真正现实的观点来看，“市民社会”以原子个人（由一千多年的基督教统治所造成）为前提；与此不同，迄今为止的中国社会乃是区别于“市民社会”的“伦理社会”，而且其现代变迁并不趋向于造就原子个人一途，因而并不归结为与政治国家相分离的市民社会。在此意义上可以说，不存在原子个人乃是理解中国社会的钥匙，而中国社会转型的可能性正在于它成为市民社会的不可能性。唯有立足于社会现实的观点，才能真正把握中国社会的实体性内容及其现代变迁，正确揭示其诸上层领域建设的现实基础和客观定向。

（推荐人：叶晓璐）

【价值独断主义的终结：从“电车难题”看桑德尔的公正论】

李德顺，《哲学研究》2017 年第 2 期

本文从桑德尔提到的“电车难题”入手，从马克思主义价值论的视角考察西方学者在解答“道德难题”和“公正悖论”上的得失。作者指出，“难题”的困境表明，由于概念与历史实践的脱节，特别是存在于功利主义、自由主义、德性主义等理论中的价值独断主义传统，束缚了理论批判的视野，使思考陷入了规范冲突的“死结”。随着全球化和构建人类命运共同体的趋势，我们需要超越价值独断主义，认真面对价值规范的主体性性质，深入把握多元主体间的层次结构，并以主体权责统一的精准化判断，去突破传统思维的局限，以形成适应时代的道德和法律等价值思维和理念。

（推荐人：毕芙蓉）

【唯物史观与中国特色社会主义理论的确立】

李景源，《哲学动态》2017 年第 9 期

深入探讨改革开放和唯物史观的本质联系，对于自觉坚持和发展中国特色社会主义具有重要意义。从历史维度来看，不论政治家和思想家，还是理论工作者，都最终通过唯物史观辨明了探索和研究中国特色社会主义中的各种迷茫和困惑。我们不仅以“历史之问”开启了改革开放的伟大征程，而且还辨明了社会主义历史发展中的阶段性和长期性。在全面深化改革的时代背景下，我们应以史为鉴，坚持中国特色社会主义的道路自信、理论自信、制度自信、文化自信；并善于从哲学理论层面面向世界说明中国，建立起对中国特色社会主义发展道路的自主解释话语体系，

进一步推动马克思主义中国化、时代化、大众化。（推荐人：毕芙蓉）

【论社会主要矛盾转化的逻辑必然性】

董振华、张恺，《中共杭州市委党校学报》2017 年第 6 期

社会主要矛盾转化的理论逻辑在于，社会主要矛盾转化是根据辩证法批判性和革命性的实质、根据辩证法矛盾观主次矛盾关系原理、根据辩证法三大基本规律作出的科学判断。社会主要矛盾转化的实践逻辑在于，社会主要矛盾的转化没有改变中国仍处于并将长期处于社会主义初级阶段的基本国情，必须坚持党的基本路线不动摇；与旧的社会主要矛盾相比，社会主要矛盾转化只是部分质变，并没有发生根本性的质变，即面临任务从解决“发展起来的问题”转化为解决“发展起来以后的问题”。新时代必须基于社会主要矛盾的历史性变化，坚持科学发展理念，协调推进“四个全面”战略布局，在“四个伟大”的实践中坚持和发展中国特色社会主义。（推荐人：古　荒）

【对历史与现实的双重误读：丛书《给理想一点时间》的若干错误观点评析】

姜迎春，《马克思主义研究》2017 年第 10 期

自由主义思潮始终将反对马克思主义和社会主义视为自己的核心任务，因此从理论层面揭露和批驳自由主义是马克思主义哲学研究的题中之义。本文以丛书《给理想一点时间》为典型代表，有力批判了其中的主要观点：在当代中国，作者指出，自由主义思潮提出了“给理想一点时间”的历史愿景，认为自由主义必将取代社会主义，自由主义的“自由”理想必然成为现实。本文作者认为，自由主义思潮的一个显著特征是它既误读历史又误读现实，无视马克思主义和社会主义在中国发展壮大的历史必然性、现实合理性及其远大的发展前途。（推荐人：张一兵）

【论共享经济的“资本主义”属性及其内在矛盾】

夏莹，《山东社会科学》2017 年第 8 期

该文认为，共享经济只是依赖于互联网平台所构筑的一种新的资本运行模式，它的存在是对过剩资本的消化，这恰恰符合经典资本主义批判之一般利润率下降的论断。共享经济在强大的金融资本推动下往往快速形成一片“红海”，不仅没有带来对沉淀资源的循环利用，反而产生更多资源的浪费性生产。同时劳动者在共享平台上所实现的灵活性、自由劳动模式从未改变劳动者在资本逻辑当中的结构性压迫与剥削的本质。

（推荐人：刘雄伟）

【商品的界限】

王庆丰，《山东社会科学》2017 年第 7 期

在自由市场经济的框架下，一切东西都可以成为商品。劳动产品成为了商品，劳动力成为了商品，甚至仅仅具有象征性意义的符号在今天也成为了商品。现代社会一切东西商品化的趋势，致使市场与道德节节脱离。其结果是，不但个人的权利和社会的基本价值受到挑战，而且整个社会的生产也由于商品的虚拟化而不断萎缩。这不禁让人追问，商品的界限何在？到底应该如何限制商品的道德边界？本文作者从《资本论》语境中的“商品”概念出发，深度剖析了现实社会的这一深层症结，为我们探索现代性的未来提供了颇具启发性的理论借鉴。（推荐人：刘雄伟）

【鲍德里亚符号消费理论的形而上学维度之思】

王国富，《社会科学战线》2017 年第 11 期

古希腊哲学把形而上学定位于对最高

存在的知识论诉求，近代康德哲学将形而上学转向社会道德实践领域，探讨人对至善的价值论追求，开启了形而上学视角从实体性向功能性的转换。鲍德里亚符号消费理论继承现代哲学拒斥形而上学追求超验存在的哲学传统，把哲学关注视角指向人的现实生活世界，揭示出社会环境与主体实践及其心理体验等多因素的统一，表明人以归属于特定消费群体的方式表达人的个性存在，依托群体标签建构具有文化符号内涵的精神境界，彰显形而上的价值追求的符号属性，从而拓展了体现人的自由本性的价值理想的发展空间，在社会文化层面建构起自由自觉的类本质。

（推荐人：廖　哲）

【关系的类型和事态：对偶性、相互关联和交往世界】

王中江，《社会科学战线》2017 年第 6 期

个体的实质不是性质而是关系和关联，事物的种类不是共相而是关系的相似或不相似，洞察个体和事物的这种方式——从性质本位到关系本位的转变，需要不断地展开和扩大。以关系的相似或不相似来区分事物和个体，则有多少种个体和事物，就有多少各种各样的关系（反之亦然）。个体和事物的无穷性，就是关系的无限多样性。这是个体自身的关系形态，也是最广最强意义上的关系形态。本文探讨的主要是个体之间的关系类型、形态和事态。事物和个体关系的内与外，整体上是一个复杂的关系世界，是一个相互关联和关涉的世界，是一个彼此对待、有待和相与的世界。个体之间关系的类型和形态非常之多，其中不少类型是对偶性的（即二分或二元）。个体和事物之间的相互关系表现为各种不同的动态和事态，它们是个体之间的相互依存、相互作用、相互影响和相互渗透的过程，也是个体之间不断交流、交换和彼此取予的过程。个体正是在这个过程中展开和变化的。离开了这个过程，个体就失去了它得以存在的根据。

（推荐人：任蜜林）

【从道德的“抽象的继承”转向“创造的继承”：兼论诠释学视野中的文化传承问题】

陈来，《文史哲》2017 年第 1 期

回顾以冯友兰为中心的关于传统文化继承问题的思想讨论，结合哲学诠释学的视野，可以发现当代中国文化传承发展的关键是从“批判的继承”转变为“创造的继承”：文化传承是继承和发展的统一，只有通过创造性地继承和有继承地创造，才能在文化的发展中使文化的连续性和创新性得到统一。历史传承的文本在每一时代都面临新的问题、新的理解，需要不断更新其意义。当代的文化继承，不能仅仅停留在文本的训诂层次，而应使文本积极地向新时代开放，把文本的思想与我们自己的思想融合在一起，成为过去与现在的视界融合。当代的文化传承，不是把古典文本的意义固定化、单一化，而是让今人与历史文本进行创造性对话，对典籍文本作创造性诠释，对传统文本的普遍性内涵进行新的诠释和改造，以适应当代社会文化的需求。（推荐人：任蜜林）

【中国经典诠释学建构的三个维度】

景海峰，《天津社会科学》2017 年第 1 期

经典的理解与解释是延续传统的重要方式，只有在不断的创造性诠释的过程中，一个文化系统的经典才能够保持鲜活的状态和长久的生命力。而在现代性的社会语境中，如何传承与发扬中国文化的基本价值和理念，显然离不开对核心典籍的重新释读、系统再构与现代转化，这就需要尝试建立一套基本的理论体系和方法。中国

经典诠释学的提出，正是因应了这一时代的需求，而它的理论建构至少应该从以下三个维度来考虑：一是能够回应西方现代文化的挑战，在问题域和表达方式上能与西方的解释学形成一种对话的关系。二是能够呈现出中国文化的深厚底蕴，在资源方面能调动一切传统经典解释的记忆与形式，特别是儒家的经学。三是能立定宗旨、明确目的性，其学术形态应重在阐发义理和凝练思想，为当代的中国文化转型寻求意义，在理论的体系化和方法论方面有所突破。（推荐人：任蜜林）

【中韩儒学的“性情之辨”与“人物性同异之辩”】

李存山，《道德与文明》2017 年第 5 期

中国的先秦儒学与宋代理学在“性”与“情”以及“人物性同异”等问题上的差异，是韩国儒学史上“四七之辩”与“湖洛论争”的根源。从“四七之辩”和“湖洛论争”来看，有些重要的问题在中国儒学中没有展开讨论，而在韩国儒学中却得以深入展开。这其中除了韩国儒学受到中国儒学的思想影响外，又凸显了韩国儒学之思维缜密、追求哲理之贯通的特点。而在韩国儒学的特点中，我们反过来又可见中韩儒学在义理结构、思想发展上的逻辑相通处。（推荐人：任蜜林）

【敬、慕之间：儒家论“孝”的心性基础】

杨立华，《江苏社会科学》2017 年第 5 期

孔子说“孝”以“敬”为根本，孟子论“孝”的重心则在于“慕”，这构成孔孟理解孝的心性基础的不同之处。孔子更多地着眼于行孝者自身的德业成就，而孟子则更强调为人子者内心对父母的思慕和依恋。通过对“敬”和“慕”两种情感的哲学分析可知，“敬”指向个体边界的明确，它为主观性引入客观尺度并确立人的行为可以持循的标准；“慕”作为一种向外的关切和欲求，更多地指向了对个体界限的超逾和忽视，这种倾向容易使人忘掉自己的本分。此外，“敬”在礼俗社会中起到了维持和促进个体精神自立的作用，而“慕”作为某种延续年少时对父母的依恋倾向，会有削弱人的精神自立的危险，从而延阻人的成长和成熟。

（推荐人：任蜜林）

【“义”与早期中国的“邦邑”共同体】

吴忠伟，《哲学与文化》2017 年号

“义”概念在早期中国思想中有一演化过程，且相应于早期中国“邦邑”共同体的维系状况。前诸子时代，“义”乃指相对于私情好恶之偏向的城邦共同体“成员”的公道正直之“德能”，其特别关涉“城邦”之“公事”之域，所谓义“益”邦政。在开启诸子时代的孔子那里，面对“邦邑”共同体的危机，其将“义”由限定于“公事”之域的“职责”要求转为个体自我（“己”）修身的内在要求，所谓“唯义是从”，故通过义利之辨而将“邦邑”的维持建立在君子结盟的基础上。及至孟子，通过“义”的内在化，将孔子作为行为原则的“义”转为作为“德性”的“义”，以“士”这一知识主体的道德心性挺立来应对德政分离之现状，此一做法也指示了早期中国“邦邑”共同体瓦解之命运。（推荐人：张　亮）

【道家形而上学的理论特质：以“道德之意”为中心的讨论】

郑开，《中国社会科学》2017 年第 11 期

道家形而上学的核心在于“道德之意”，其理论则建基于“无”“玄”“反”尤其是“无”的概念之上。“无”的概念及其理论包括从“无形”到“无名”、“无

知”再到“无为”等不同层面的理论内容：“无形”涉及物理学（自然哲学）方面的讨论，从有无之间的张力中思考和把握“道”的特质是道家哲学的重要方法；“无知”“无名”都涉及知识问题的讨论，而对“道的真理”的追寻还需要更具建设性的灵明与智慧；“无名”和“无为”既是玄德的本质，亦奠定了伦理学和政治哲学的基础；“无为”和“无心”等概念还逸出了思想世界之外，建构起以心性论和实践智慧为出发点的精神境界理论，而从思想世界到精神境界的进路恰恰显示了道家哲学的理论进深。道家形而上学更清楚地辨明了物理学（“论自然”）和形而上学（“论道”）的区别；既近乎古希腊哲人追究“是者”的形而上学，又具有自身超绝名相、不落言诠的特点，且摆脱了物理学（自然哲学）思维的局限性。

（推荐人：任蜜林）

【《庄子》“坐忘”非“端坐而忘”】

吴根友、黄燕强，《哲学研究》2017年第6期

“坐忘”一词只在《庄子·大宗师》中出现过，却成为后世修行论的重要观念。历代注庄者大多接受崔撰、成玄英的训释，将“坐忘”训为“端坐而忘”。该文作者认为这是受了早期小乘佛教的“坐禅”与道教的静坐等修行功夫论的影响所致，与庄子本义不甚相合。实际上，“坐忘”与人的坐姿无关，它是庄子用来描述人在“忘”的精神现象上所达至的一种状态，其意思应是“无故而忘”“不待而忘”，亦即“自然而然的忘”，描绘的是一种与道相通、自由自在的心灵境界。（推荐人：吴昕炜）

【从黄老学到黄老道、太平道：以汤用彤、蒙文通为中心的道教发生学考察】

赵建永，《道家文化研究》第30辑

黄老学是中华民族文化的根，由黄老学到黄老道再至太平道的演进历程正是道教形成的关键环节。该文在汤用彤、蒙文通等前贤基础上考察这段历史，以期为道家道教乃至中华文化的“返本开新”提供镜鉴。文章指出，经过漫长的酝酿，黄老学在东汉时成功融合了神仙方术而成为黄老道，并逐渐过渡为太平道和天师道，成为道教产生的关键一环。因此，不了解从黄老学到黄老道的演进历程，就不能完整地认识道教的历史。而道教的产生是中国固有的黄老道家自然演进的结果，并且融会了百家之长而发展壮大。

（推荐人：耿静波）

【朱子《仁说》中的义理与工夫】

唐文明，《北京大学学报（哲学社会科学版）》2017年第3期

朱子之前的仁论有三种进路，分别是从情上说仁、从心上说仁和从性上说仁。在《仁说》中，朱子从德上说仁，综合了历代的仁论。在其中，朱子特别针对二程门人离爱言仁的两种倾向——知觉言仁和一体言仁——进行了深刻批评，矛头直指当时湖湘学派所主张的先察识后涵养的工夫论。这种批评的背后是他对性与情的双重重视，与他在己丑之悟中确立起来的心统性情的义理－工夫架构有密切关系。朱子对湖湘学派工夫论的一个最重要的批评是认为他们没有安放好情，从而也显示出他们对于性的理解也存在根本的缺失。值得注意的是，在工夫论层面，朱子分别指出了知觉言仁和一体言仁各自都存在两个方面的流弊，而这两个方面又处在不同的方向上，这一点特别显示出朱子思想的深邃和缜密。（推荐人：任蜜林）

【朱熹与“四端亦有不中节”问题：兼论恻隐之心、情境与两种伦理学的分野】

谢晓东，《哲学研究》2017年第4期

自孟子以来，四端纯善就是不言而

喻的。晚年朱子挑战了这种观点，从而提出了“四端亦有不中节”的问题。在孟子的著名例子的基础之上，本文构造了一个新案例。该案例的核心是把儿童替换为一个恶贯满盈的成年人，并假设目击者中有人知道这个事实，有人不知道这个事实。于是，该文就以恻隐之心为例，辅以是否具有某种知识的条件，以及是否中节的道德判断，对认知主义与非认知主义两种伦理学的分野予以了分析。作者认为朱熹的道德哲学是认知主义的，具有敏于情境的特点；而孟子的道德哲学则是非认知主义的，具有钝于情境的特点。（推荐人：唐　瑭）

【“万物一体之仁”：王阳明的仁学思想及其生态学意义】

白奚，《孔子研究》2017 年第 1 期

思孟派儒家主张将人的道德关怀扩大到天地万物，这一致思路向被宋儒发展为“万物一体之仁”的思想。王阳明整合了《大学》的“三纲领”、孟子的“仁民而爱物”“尽心”和《易传》的“天地之心”等理论资源，对“万物一体之仁”的思想进行了充分的发挥和发展。在王阳明的学说中，“以天地万物为一体”是儒家仁爱思想的最终目标，是“仁者”的最高境界，也是儒家道德关怀的最高体现。“万物一体之仁”的思想中包含着深刻的生态伦理思想，是中国儒学对人类思想的独特贡献，可以为我们超越西方传统的人类中心主义、有效解决生态危机、实现人类社会的可持续发展提供重要的思想资源。

（推荐人：任蜜林）

【“良知”的发现是具有文明史意义的事件：“晚明”时代、中国的“近代”与阳明学的文化理想】

张志强，《文化纵横》2017 年第 4 期

近代以来，传统中国遭遇西欧崛起的强烈冲击，不得不改弦更张，大事革新，开启现代转型历程，以应对时代变局。但中华文明的现代转型长期处于迂回曲折、艰难前行的状态中，一方面是中国的现代转型已呈不可逆转之势；另一方面是伴随移民、宗教、贫富差距等问题的加剧，作为现代社会“模板”的欧美文明陷入动荡不安的处境中，中华文明的现代化前景显得晦暗不明。本文藉由剖析“晚明”时代中国社会秩序的更迭，以及王阳明在变革时代为虚无个体重塑伦理生活的努力，廓清了阳明学对于中国现代转型的文明价值，指出了中国现代化的另一条可能之路。

（推荐人：任蜜林）

【“万物一体”思想的新发展：以明儒蒋信为中心】

姚才刚、张黎，《哲学研究》2017 年第 8 期

传统儒家“万物一体”说发端于先秦，但直至宋儒，才真正将“万物一体”说提炼为一种系统的哲学理论。明儒蒋信对“万物一体”说尤为看重，将此说视为儒学的“立根处”，并多有阐发。“万物一体”不仅意味着人与自然万物应相融为一体，也指人与人之间应相亲相爱、和谐共处。深入发掘蒋信等传统儒家的“万物一体”说，对于当代人重新认识天人关系以及促进自然万物与人类自身的良性发展，具有较强的启示意义。（推荐人：丁四新）

【康有为政治哲学的人性论基础：以《孟子微》为中心】

干春松，《人文杂志》2017 年第 4 期

儒家政治哲学建立在对人性的理解之上，这决定了秩序建构原理的不同方向。对德性修养与制度完善之间关系的探讨往往又是儒家政治哲学的重要议题，因为它关涉制度和心性的双重维度。自 19 世纪末起，儒家论域中的关注焦点是在经学体系

内的古今之争，对人性论则用力甚少，康有为却一直重视人性问题，通过《孟子微》，他在继承和发展前人的人性论基础之上提出自己的看法，并由此展开对政治秩序的构想。其人性论具有双重目标：一方面是为自己的“改制”和容纳西方的政治观念奠定新的逻辑起点；另一方面是为了提出适应未来政治和社会秩序的“新人标准”。尽管康有为对人性论的探讨具有一定的现实意义，但它缺乏形而上的维度，且具有某种程度的制度决定人性之倾向，从而导致了他在理论逻辑上的混乱。

（推荐人：任蜜林）

【论谭嗣同的经典解读：以《春秋》《大学》为例】

魏义霞，《文史哲》2017 年第 2 期

谭嗣同对《春秋》的解读沿着公羊学发挥微言大义的致思方向和价值旨趣展开，故而对《春秋公羊传》推崇有加。他认为，《春秋》以维新为宗旨，书中的内容围绕着维新这个主题展开；《春秋》秉持“称天而治”的原则，这证明了孔子主张平等，反对君主专制。谭嗣同对《大学》的释义则沿着唯识宗与华严宗两条线索展开，认为唯识宗所讲的业识，就是孔学所讲的人心，唯识宗所讲的智慧，就是孔学所讲的道心。通过谭嗣同的诠释和解读，《大学》在内容上与侧重变易观、历史观的《春秋》呈现出明显不同，而平等是两者共同的主题。谭嗣同将对经典的解读与近代的价值理念相对接，既流露出对平等的推崇，又是对中国经典的创新性诠释。

（推荐人：罗跃军）

【新文化运动中的唯物史观派】

李维武，《武汉大学学报（人文科学版）》2017 年第 4 期

新文化运动中的唯物史观派，是由中国早期马克思主义者集合而成的革命家兼学问家群体。在中国数千年学术史上，这是第一个以马克思主义哲学命名的学派及思潮。这个群体的代表人物在学理上对唯物史观展开了不同维度的阐释，形成了“一本而万殊”的格局：李大钊从历史学维度阐释唯物史观；陈独秀从政治哲学维度阐释唯物史观；蔡和森从人类学古史研究维度阐释唯物史观；李达以《现代社会学》建构唯物史观中国化表述体系；瞿秋白则从唯物史观走向辩证唯物主义。这些工作开启了最初的马克思主义哲学中国化运动，显示了中国马克思主义哲学的青春气息和理论活力，以一种新形态的现代中国哲学推进了中国哲学的古今之变，促成了中国哲学的现代转型和传统更新，代表了自新文化运动后期发展起来的新的中国学术方向。他们的学术思想及其贡献，不仅对于 20 世纪中国学术进程具有重要的意义，而且对于 21 世纪中国学术发展富有积极的启示。

（推荐人：吴昕炜）

【逻辑学的形而上学渊源】

张东辉、王子权，《哲学研究》2017 年第 2 期

逻辑学与形而上学在古典哲学、尤其亚里士多德哲学中有着根本的内在关联。但自现代以来，莱布尼茨开启的数理逻辑着重发挥了亚里士多德逻辑学中的形式化进路，却遗忘了其逻辑学的形而上学之维。本文基于对逻辑学发展两大脉络的区分，梳理了从亚里士多德的范畴理论到康德－费希特的先验逻辑、黑格尔的思辨逻辑这一脉络，展示了逻辑学的形而上学之维。该文还借助海德格尔的“存在－神－逻辑学（Onto－Theo－Logie）”及相关思想，论证了逻辑学的形而上学之维是不可或

缺的。（推荐人：丁三东）

【形而上学的实质】

王路，《清华大学学报（哲学社会科学版）》2017 年第 3 期

亚里士多德对形而上学有两种理解：其一，其他学科是关于经验认识的研究，形而上学研究则是关于先验认识的研究；其二，其他学科是关于某一种认识的研究，形而上学则是关于认识本身的研究。这样的认识凸显出形而上学的专业性，使它与其他学科明确区别开来。如果认为哲学就是形而上学，则应该依据形而上学的这种性质来看待哲学，即使认为哲学并不仅仅是形而上学，也不应该对形而上学的这种性质没有认识，至少应该思考，为什么它被看作哲学的核心部分，是哲学史主线上的东西，为什么它是一部好的哲学史著作不可或缺的。（推荐人：刘新文）

【古典学的新生：政治的想象，抑或历史的批判?】

聂敏里，《世界哲学》2017 年第 1 期

古典学在中国与西方都有悠久的传统。本文从古典学的历史、学科性质、意识形态斗争进行了深入的分析：第一，古典学不必是保守主义性质的，可以属于现代性的事业；第二，古典学的传统渗透了本质上是文化想象的形而上学论证，它将特定的政治生活方式自然化；第三，近代以来兴起的德国古典学是历史主义和浪漫主义的双重变奏。本文还论述了古典学作为一门历史科学所应秉持的历史批判的精神和方法。（推荐人：詹文杰）

【柏拉图《斐多》论知识的获得】

詹文杰，《世界哲学》2017 年第 5 期

按照柏拉图的《斐多》，获得知识首先意味着灵魂自身的净化，其次意味着灵魂对于纯粹实在或诸理念的回忆，最后意味着借助“假设法”或命题推演的方法而不是借助经验观察来探究实在。本文从这三个方面阐释了《斐多》中关于知识之获得的论述，从而说明柏拉图在写作这篇对话录时关于认知和知识所持有的基本思想。本文还反驳了陈康的一个主张，即《斐多》提及了比“思维”更高级的所谓“理念直观”。（推荐人：聂　泰）

【正义与真理：柏拉图《理想国》的问题、方法和思路】

谢文郁，《中山大学学报（社会科学版）》2017 年第 2 期

正义问题是人类社会生活无法回避的问题。人在社会生活中为人处事是否合适，涉及行为准则、如何理解准则、谁做判断等问题，并最后归结为真理问题。就思想史而言，正义问题在赫西俄德的《工作与时日》中就已经被广泛涉及，并让赫西俄德深深感到困惑。柏拉图的《理想国》企图在辩证法中界定正义概念，展示了正义概念中的真理问题，并追求在真理意识中理解正义，给正义困境指出一条出路。这样，正义困境就成了真理困境，而走不出真理困境就无法走出正义困境。（推荐人：詹文杰）

【柏拉图的经验论】

先刚，《哲学动态》2017 年第 9 期

文章对一种流行的传统观点提出了严厉批评，即认为柏拉图仅仅追求彼岸的理念世界，忽视甚至蔑视现实的经验世界。从柏拉图的整全性辩证法精神看，他并不主张理念与事物的分离，认为对于理念的知识必然从对于事物的经验知识出发，并把经验知识包含在自身之内。从这个意义上说，柏拉图哲学是一种经验论，其与近代经验论的根本区别在于，柏拉图始终坚持经验知识与理性知识的对立统一。文章

基于材料分析得到的这个观点完全颠覆了对柏拉图哲学的传统理解，对我们重新理解柏拉图哲学的历史地位具有重要意义。

（推荐人：詹文杰）

【Thumos：跳出理性与欲望的对峙——亚里士多德对柏拉图灵魂三分说的克服】

曾怡，《四川大学学报（哲学社会科学版）》2017 年第 3 期

柏拉图在《理想国》中将希腊词 thumos 正面建构为一个重要概念，且作为灵魂三分法的中介具有多重的功能，调节着理性与欲望的一般对立，并使城邦和个人的正义得以实施。但灵魂三分说自身的分类根据存在的问题，导致了在应用 thumos 解释灵魂美德及其实现中的缺憾。由此引发了亚里士多德的批评，并使其在辩证地吸收自然学家对灵魂的研究成果的基础上展开了新的灵魂学说，找到了理性和欲望对立的结构性解决方案，取消了灵魂三分说的必要性，瓦解了 thumos 概念的中介性地位。同时，也展现了一种不必以灵魂研究为实践哲学奠基的思路，而使得后者完全成为自足研究域。（推荐人：詹文杰）

【拯救现象：亚里士多德主义的比较哲学方法】

余纪元、N. 布宁，《世界哲学》2017 年第 6 期

亚里士多德认为，现象并不是纯粹非真理的意见，其中也包含了部分的真理。采取亚里士多德的“拯救现象法”，可以让我们辩驳“在西方之外的哲学传统并非严肃哲学”的偏见。如果把非西方传统中所说的东西考虑成现象的话，我们的方法是把这些现象放在与西方现象平等的地位上。同时，拯救现象的方法不同于零碎的哲学研究方法，它要求我们不要全盘接受西方学者通行的中西比较研究之中的标准性阐释。（推荐人：詹文杰）

【何为实践哲学?：对亚里士多德的回溯与超越】

丁立群，《马克思主义与现实》2017 年第 2 期

本文通过追溯西方实践哲学的原初形态与嬗变以及现代实践哲学的研究路向，厘清实践哲学的理论分野及其研究内涵，认为实践哲学并非一种狭义的伦理学和政治哲学，亦非一种单纯的理论应用于技术以及相关技巧性活动的哲学。实践哲学是一种伦理学，是关于社会历史之目的、意义以及人的生存及其意义的理论，是一种广泛意义的伦理学。它是人文科学这种实践科学合法性的基础，即人文科学的哲学。人文科学与自然科学在本源上是统一的，统一的基础即“此在”的展开与实现活动，即人的实践－生活世界。人文科学与自然科学是“一门科学”，它们都应以实践哲学的“善”一以贯之。所以，实践哲学把人的行为看作一个整体，在这一整体中，人与自然的关系绝非自在的关系，而只能是一种为“善”所设定的关系。因此，实践哲学又是一种立足于人的现实和未来存在而对整个世界的理解理论。在这种意义上，实践哲学不再像亚里士多德设定的那样，是一种与理论和制作对峙的认识方式和生活方式，而是关于人类完整行为的理论。（推荐人：罗跃军）

【笛卡尔的两条身心联结原则：论《灵魂的激情》之转变】

施璇，《哲学动态》2017 年第 8 期

在笛卡尔的著作之中，《灵魂的激情》显得十分独特。本文将这本书的独特性归因于笛卡尔持有的身心原则发生重要转变。作者对比《灵魂的激情》与笛卡尔的其他著作，并结合相关二手论著，对笛卡尔的身心联结原则作了分析与研究，主张在此书之前，笛卡尔始终坚持“身心的自然联结原则”，即心灵与身体

自然地相联结；在这本书中，他增加“身心的习惯联结原则”，即心灵与身体可以通过习惯相联结。后一条原则的增添是由于第一条原则无法充分揭示激情的特殊性，这既是笛卡尔将激情作为独立主题进行研究的原因，也是他从形而上学原则转向道德哲学的原因。文章指出，笛卡尔的两条身心联结原则是理解这本书的关键。（推荐人：莫伟民）

【古典语文学家如何书写历史?：从尼采案例引申出的教训】

赵敦华，《世界哲学》2017 年第 2 期

该文对尼采哲学中的两个重要主题即酒神精神和敌基督的思想来源重新给出了解释，揭示了尼采自由摘取当时德国古典学中狄奥尼索斯传统和圣经语文考证学中的历史批判的基本观点，对尼采在古典语文学考证中所持有的“非历史和超历史”的一贯态度给予了严厉批评。文章指出，尼采的历史写作不合历史科学的常规，甚至有违学术道德。而人们从他的历史写作中得到的是引以为戒的警示还是标新立异的灵感，最终不得不取决于他们的态度是历史的还是非历史的或超历史的。这个观点对于我们当今评判一切借助于历史写作表达哲学思想的成果都具有重要的警示意义。（推荐人：江　怡）

【从现象学到谱系学：尼采哲学的两重面向”】

吴增定，《哲学研究》2017 年第 9 期

本文从三个方面指出了尼采哲学与现象学的共识。首先，尼采抛弃了现象与本体或“物自身”的形而上学二元对立，肯定了现象是唯一的实在。其次，尼采认为权力意志是具有赋予和创造意义的“意向性”特征。最后，尼采还承认权力意志的意义赋予或创造具有时间性的视角特征。尼采哲学不只有现象学的一面，而且包含了谱系学的一面。也即尼采认为任何“起源”都是历史性的，都是权力意志的偶然产物。（推荐人：谢红梅）

【自然主义态度与人格主义态度：论胡塞尔《观念Ⅱ》中对自然科学与精神科学前提的考察】

钱立卿，《世界哲学》2017 年第 5 期

胡塞尔在《观念 I》中曾表述过系统地构想一门作为严格科学的哲学的计划，他重点考察了自然与精神科学的关系。胡塞尔发现，这两类科学都源于自然态度：精神科学基于它的原初层面，自然科学则是自然态度的某种极端化的结果。现象学只有阐明自然态度的内部区分，表明精神领域对自然科学的奠基性，才能为两种科学各自的基础寻求统一的解释，消除科学之争。科学的哲学基础问题，既是现象学与时代精神的交汇点，也是胡塞尔处理认识论与存在论关系的场所。

（推荐人：石永泽）

【《存在与虚无》和《道德札记》中的礼物问题及其道德内涵】

王春明，《哲学动态》2017 年第 12 期

该文以礼物问题为线索，串联起了《存在与虚无》与国内学界相对陌生的《道德札记》这两个重要文本。经由引言部分对莫斯著名的礼物论及其复兴古式礼物道德之指向的分析，文章交代了《存在与虚无》在生存论精神分析之框架内对礼物现象及馈赠行为作出的解构性阐释，以及《道德札记》在承接《存在与虚无》对于自由问题之探讨的同时，为了引向一种以本真馈赠、即非“对抗性”馈赠为原则的“存在论道德”，而付出的重构礼物论的努力。在此基础上，文章指出，礼物问题对萨特而言乃是一个关乎自由之本性的道德问题，或者说萨特的存在论道德实质上是一种礼物道德。作者还从

区分“道德的观念”和“道德的现实”入手，批判地揭示了此种礼物道德的内在限度，为进一步剖析萨特在《辩证理性批判》中的相关工作指明了方向。

（推荐人：莫伟民）

【德勒兹“康德美学文”的双重奠基及其质料效应：兼与 Daniel W. Smith 先生商榷】

曹伟嘉，《法国哲学研究》2017 年第 1 辑

该文基于扎实的一手文献研读，以德勒兹一篇专论康德美学的代表性文章为轴，将德勒兹更为广泛的康德阐释工作与德勒兹本人的形而上学立场整合、转译为“双重奠基”这一问题架构，揭示了德勒兹在其系统康德研究中的如下动机：重视对“主体诸官能间关系”的置换运动之追踪及对其中根据之追问，并最终将主体的自身奠基行动引向前主体的发生学构建。该文并不简单趋附于德勒兹的个性化论述，也不仅在德勒兹的若干文本之间参读，而是将德勒兹的重构与康德本人的论述勘验，由此切中德勒兹康德研究的“症候”以给出积极的解读。（推荐人：莫伟民）

【信息存在论与非领土化的新型权力：对斯蒂格勒《技术与时间》的解读】

张一兵，《哲学研究》2017 年第 3 期

斯蒂格勒的代表作《技术与时间》对信息技术革命后当代资本主义社会存在进行了深刻分析，这也构成其后来数字化资本主义批判的基础。斯蒂格勒认为，发展着的信息技术和编程工业正在建构出一种新的先天技术综合，它直接替代了康德已经剖析的先天观念综合。在先天综合判断中我们看到的经验世界的基础性的认知构架，在信息－影像的虚拟化建构中发生了根本性改变。由信息技术生成的全新社会存在论和先天媒介综合构架，以及信息商品价值论所带来的“非领土化”，将导致一切传统社会权力的深刻改变。

（推荐人：殷曼楟）

【诠释学与现象学的汇通之路：从“意识事实”到“此在的实际性”】

张庆熊，《复旦学报（社会科学版）》2017 年第 1 期

在 20 世纪德国的生命哲学和存在哲学中，曾开展出以生命和生存为根基综合诠释学和现象学的路向，不过它们之间的综合存在不同的方式或路向转换问题。诠释学有着源远流长的发展历程，它脱胎于古代圣经学、历史学、文学的研究，在近代才有哲学诠释学出现。不同的哲学基础塑造不同的哲学诠释学。其中，施莱尔马赫的建立在近代主体哲学基础上的诠释学和狄尔泰的以生命哲学为基础的诠释学在诠释学发展史上意义重大。胡塞尔是现象学的创始人，它把现象学方法视为一条通向严格科学的途径。狄尔泰为了寻找诠释的可靠基础尝试援用现象学的直观方法，但这导致先验的主体意识现象与历史中发生的生命－生存的现象之间的矛盾。狄尔泰可谓近现代第一个尝试把现象学与诠释学相结合而又发现其中困难的哲学家。虽说狄尔泰解决这一困难的方案还不能令人满意，但他为海德格尔的“实际性诠释学”（以此在为出发点的一种把现象学与诠释学相结合的途径）开了先河。海德格尔以此在为出发点，提出了“此在的实际性”并由此开辟了将现象学与诠释学相结合的新途径。

（推荐人：江　怡）

【洛采与现代价值哲学之发起】

郝亿春，《哲学研究》2017 年第 10 期

洛采创发价值哲学以应对思想、生活中的种种二元困境：（1）柏拉图的“理念”被改造为三重“现实性”中的“有

效”“价值”，以和解“心”–“物”二元对峙；（2）机械论与浪漫主义的僵持通过对科学之“真”的重新奠基得以化解；（3）规范主义与快乐主义、有限者与“无限”的割裂通过引入“善”“美”“圣”价值得以沟通。该文系对尚罕关注的洛采价值哲学之专论，拓展了国内同行所理解的“价值”之内涵，也解答了西方哲学史上一直未被很好回答的问题：为什么19世纪末20世纪初会突然出现“价值哲学”，并一度成为显学。本文指出，洛采哲学的思想意图是对种种“二元”争执进行和解，这就使洛采庞大的哲学体系和思想得以融贯和汇通。（推荐人：徐　榕）

【论分析哲学运动的历史特征与现实意义】

江怡，《苏州大学学报（哲学社会科学版）》2017年第1期

该文以20世纪分析哲学发展的历史为背景，论证了分析哲学走进历史的现实表现和理论根据，揭示了分析哲学运动的历史特征和现实意义，说明了分析哲学运动对中国哲学发展的历史影响和实践作用。文章指出，分析哲学运动对当代哲学的深刻影响表现为两个方面：一方面，分析哲学的基本观念已经渗入当代哲学研究的众多方面；另一方面，科学理性精神始终贯穿于分析哲学方法，这就必然把科学与哲学紧密联系起来，由此推进了当代哲学自身的发展。（推荐人：訾　泰）

【从“实效”与“实践”之辨看实用主义的内在分野】

高来源，《哲学研究》2017年第4期

皮尔斯、詹姆斯、杜威被称为古典实用主义的“三驾马车”，但是他们对于“实效”这个概念的理解以及实施路径的认识却不尽相同。通过对“实践”概念的辨析，其内在的一致性和差异性十分清晰。皮尔斯的“实效”概念虽然包含实践性的意蕴，但是更倾向于一种分析哲学的思维理路，而詹姆斯和杜威则明显地表现出一种实践哲学的思维进路。古典实用主义内部的这种差异性对后来美国哲学的发展、尤其是新实用主义的分野式发展产生了根本性的影响。而从哲学史的角度来说，这也是实践哲学理路和语言分析哲学理路之争执的缩影。（推荐人：罗跃军）

【现代性危机及其精神救赎：以俄罗斯白银时代哲学为研究视域】

周来顺，《哲学研究》2017年第11期

基于人类社会所面临的现代性困境，白银时代哲学家从俄国特有的文化传统出发给予了独特的探索与解答。他们在对现代性危机的表现形态进行理论分析的基础上，指出现代社会所面临的是一场更为深层的精神危机，这一危机将导向一个虚无主义时代的来临。基于这一危机，他们提出了多重解决方案，其核心在于强调精神价值的重建和精神救赎。总体上看，这种解决方案虽具有某种虚幻性，更多地表现为一种精神意义上的自我救赎，但他们所探索的问题，仍是今天我们正在面临的紧迫性问题，其解决方案对当今现代性问题的探索仍有一定的参考价值。

（推荐人：罗跃军）

【认知的可靠性与可能世界理论：反事实分析方法的一个案例】

李麒麟，《中国高校社会科学》2017年第4期

可能世界模型是当代知识论用于确定知识及其本质的重要方式，普理查德的关于安全信念的说明为知识论讨论提供了一种较为流行的版本。但普理查德的理论在解决彩票难题过程中存在很多问题，通过关于相关可能世界的合理布局和安排，本文构造了一种彻底基于这个理论而对彩票难题的有效的“反事实

分析-解决”方案。本文直接参与了当代知识论的讨论，对反事实分析方法的运用给予了最为形象和具体的说明。

（推荐人：江 怡）

【试析伦理型文化背景下的大众信任危机】

樊浩，《哲学研究》2017 年第 3 期

本文从社会的敏感痛点——“彭宇案”出发，指出当前中国的信任危机不可简单地理解为诚信问题，而是呈现出“道德信用危机-伦理信任危机-文化信心危机”的病理图谱。落实到大众话语体系，“道德信用危机”可表述为“不可信”，“伦理信任危机”可表述为“不愿信”，“文化信心危机”可表述为“不敢信”。面对日益严峻的社会信任危机，作者指出，走出伦理信任的破冰之旅是要做到三点“文明努力”：其一，走出“市民社会陷阱”；其二，走出“伦理半径”；其三，走出“农夫与蛇”与“宠物心态”的两极。

（推荐人：庞俊来）

【伦理治理何以可能：治理什么与如何治理】

田海平，《哲学动态》2017 年第 12 期

伦理治理是“伦理的治理”，还是“对伦理进行治理”？通常人们将它理解成以伦理治理、伦理地治理或伦理即治理，因而错失了其面向难题、求解问题之真义。伦理治理只有针对伦理难题或问题，才不会是无对象、无边界的治理，伦理治理的真义体现在其特定的问题取向中。伦理治理作为人类精神生活史中无可回避的重大课题，经历着从超验形态向经验形态的现代性转变。今天，探讨伦理治理“治理什么和如何治理”的问题，是从一种文明史或精神史的形态学勘测中寻找人类精神生活的地标。去除伦理之“伪”、化解伦理-道德悖论、克服道德虚无主义危机，是现时代最为重要且最为亟需的伦理治理行动。

（推荐人：邬舒娴）

【儒家“德行伦理”与中国伦理形态的现代建构】

陈继红，《哲学研究》2017 年第 9 期

本文跳出西方伦理的分析框架而回到儒家经典本义，用“德行伦理”概括儒家伦理。其价值在于使儒家伦理获得了独特的理论气质，即它无法纳入西方美德伦理或规则伦理的分析框架，而只能作为独立于两者之外的伦理形态而存在。就内在向度而言，儒家言“在心为德”，强调行为者的道德心理是“德”之实现的内在根据，并赋予人之为人的目的性价值；就外在向度而言，儒家言“施之为行”，同时强调行为规则在“德”之实现中的价值。此种理论进路兼具西方两大伦理形态的内涵，并直接回答了它们各自存在的问题，回答了当下“会通型”伦理形态的吁求，有利于积极参与创建新时代条件下的全球伦理，这也是当代中国伦理形态现代建构的方向。

（推荐人：任 丑）

【犬儒主义病态道德文化剖析】

孙春晨，《伦理学研究》2017 年第 1 期

古代犬儒主义不相信存在具有普遍意义的价值原则，主张随遇而安的、抛却个人各种欲望的生活方式。当代犬儒主义既表现为愤世嫉俗、玩世不恭，也表现为委曲求全、接受现实，而显现出大众化、普遍化的趋向。犬儒主义在现实道德生活中的主要表现是放弃道德价值、互不信任和精致的利己主义。当代犬儒主义的本质是道德相对主义，犬儒主义病态道德文化的盛行将导致道德相对主义和道德虚无主义思潮的泛滥。

（推荐人：邬舒娴）

【法兰克福案例与“闪烁的自由”策略】

徐向东，《世界哲学》2017 年第 2 期

道德责任的判断和归属在人类生活中占据着一个重要的地位。但是，对于承担责任而必须满足的控制条件，理论家们有着完全不同的设想，其中的一个核心争论涉及道德责任是否要求行动者具有可供取舍的行动方案。H. 法兰克福对这个问题的否定回答激起了大量热烈的争议，不相容论者试图从不同的角度来反驳其论证，本文的目的则在于表明其中的一个论证策略（所谓的“闪烁的自由”策略）并不成功。

（推荐人：邬舒娴）

【常人道德的尺度】

甘绍平，《道德与文明》2017 年第 3 期

每一个人即便是出于对自身长远和整体利益的考量，也都不应做不遵守道德规范的小人。但不做小人并不自然意味着必须去做圣人。我们的社会总体上说是由常人组成的。平常之人是享有权利和履行义务的主体，为了保护自身权益而懂得必须履行维护他人权益的义务，这说明常人知晓守法尚德对于自己的益处。平常之人并不认为道德仅仅是与善恶的选择相关，而是把社会理解为平等成员的共同体，其中人们依据契约关系在权利与义务之间相互掣肘、交互制约。这样，平常之人所理解的道德就是一种合宜恰适的尺度，其行为基准既不应低于这一尺度，也无须高于这一尺度。这便是一种平淡常态的生活，对于当事人而言，这种生活由于不必向圣人看齐而过得了，由于不会堕落成小人而值得一过。

（推荐人：邬舒娴）

【道德增强：伦理困境与自然主义思考】

叶岸滔，《学术月刊》2017 年第 3 期

对能否通过生物医学方式增强人的道德品质的问题，支持者认为，这种方式能获得功利主义上的辩护；反对者却认为，这是一种不必要的改进道德方式，且存在许多伦理困境，如人的道德到底是自然的还是人为的，人的德性获得是否有捷径，道德增强后的人是否还具有人格同一性，人的自由如何体现，等等。从目前来看，这些问题还难以获得伦理辩护，道德增强本身的合法性需要进一步反思与论证。道德增强的争论本质上是围绕着道德是否具有生物学基础以及能否被生物医学技术所干预而展开的，其重要贡献是引发了学术界对道德自然主义的思考。

（推荐人：邬舒娴）

【人类基因增强伦理价值判断的人性论困境与超越】

马明、陈凡，《自然辩证法研究》2017 年第 12 期

现代性的价值指向、人性的基因决定论、人类天性与价值之间直接的因果决定论以及人类自由对基因获得方式的依赖性，共同构成了哲学中人性论的理论困境，使人性论在人类基因增强伦理批判中陷入困境。发展伦理学的发展有限性原则提供了整体主义的视角，使我们能够从人类基因组、自然和社会三个系统对人类角色的限制来考察人类的角色，从而使基因增强对人类的生存可能具有的负面价值清晰地呈现出来。

（推荐人：段伟文）

【从规范伦理到信息形而上学：普适计算时代的德国信息哲学与伦理学研究】

王国豫、朱雯熙，《哲学动态》2017 年第 2 期

本文主要介绍了德国目前的信息哲学与伦理学研究，它们不仅是对普适计算技术伦理问题的反思，而且更深入地探讨了导致普适计算时代伦理问题的根源，指出了信任体系的重建需要加强制度伦理的建设。该文介绍了德国信息伦理学研究的兴起，重点阐释了德国信息伦理研究的形而上转向，包括技术主体的转移、“现实”

与“实在”界限的模糊、“脱域”与信任体系的重构，还介绍了德国信息伦理的机制化。信息技术的使用与传播将全世界联系在一起，由此产生的伦理问题也已成为国际社会共同的关切。（推荐人：任　丑）

【我们何以负有服从规则的道德义务】

姚大志，《哲学研究》2017 年第 10 期

每个人都有服从道德规则和法律规则的义务。但是，对于我们何以需要承担这种服从的义务，目前的道德理论还没有给出逻辑融贯的合理解释。作者从制度规则与个人行为两个层面来解释这一问题，认为无论是后果主义还是义务论，无论是密尔的分层理论还是罗尔斯的限制理论，都不能对这两个层面的问题给出合理的解释。作者主张用后果主义来解释制度规则，用公平原则来解释个人行为，通过理论的这种分层使用，可以很好地解决遵守规则的道德义务问题。（推荐人：王　立）

【传统美德伦理的当代境遇与意义】

万俊人，《南京大学学报（哲学·人文科学·社会科学）》2017 年第 3 期

该文认为，美德伦理是一种经典而完备的道德目的论，它坚持以人类个体之主体目的为中心的道德特殊主义价值目的论立场，同时又坚持基于这种道德特殊主义价值目的论立场的文化共同体（或文化社群）的伦理语境主义理路。现代社会的结构化转型所带来的日趋公共化趋势，动摇了传统美德伦理赖以生存的社会根基，但这种境遇并不意味着我们因此必定会对其失去信心，传统美德伦理在现代社会依然能重获生机，依然有其不可替代的特性和作用。（推荐人：王小锡）

【现代个体权利与儒家传统中的“个体”】

孙向晨，《文史哲》2017 年第 3 期

个体之于现代社会具有根基性意义。个体自由概念在历史上发展出了个体权利和个体自律双重意义。尊重个体权利是现代社会的基石，但个体权利的扩张亦会延伸出个体本位的消极后果，在西方社会，这需要西方文化传统的制衡，并辅以道德性的个体自律思想的建立。儒家传统缺少作为现代社会之基础的非道德性的个体权利观念，儒家传统与现代社会的结合点并不在于重视个体权利，而在于儒家心性之学传统中的个体自律思想。在近代中国社会，个体自律的思想反复使知识分子从重视个体权利滑向整体主义，从而使得个体权利的观念始终没有在现代中国真正建立起来。从本质上讲，重视个体权利的现代社会大前提一旦在现代中国确立，则儒家传统中的个体自律意识反而会在现代中国更有生命力，从而成为抵御个体主义消极后果的利器。（推荐人：叶晓璐）

【论公平正义中的三重人性设定】

葛四友，《道德与文明》2017 年第 4 期

罗尔斯的公平正义理论是 20 世纪最有影响的正义理论，其受到的许多反驳与其多重人性设定相关。罗尔斯的正义环境论说和融贯论证成方法使得他深受休谟人性观（我们有着有限的利他心）的影响；而他对无知之幕的设立与理性选择理论的强调又受到经济人设定的强烈影响；但在提出正义原则及其证成时又显示出康德的深刻影响，隐含着认可人有善良意志并要求有充分的利他心等观点。多重人性设定得以并存的缘由在于罗尔斯混淆了不偏不倚与运气平等主义，混淆了“不应得”与“非应得”，以及正义两原则在推理上的断层与实际含义的妥协。澄清各种混淆后，我们基于休谟的人性观才可获得对公平正义最融贯的解读。（推荐人：邬舒娴）

【进化理论能否证明利他主义真的存在?】

黄益民,《世界哲学》2017 年第 6 期

本文首先讨论了各种进化理论是如何解释自然界中的利他主义行为的，进而介绍了 D. S. 威尔逊的专著《利他主义是否存在——他者的文化、基因和福利》，检验了其运用多层选择理论来论证人类利他主义存在的尝试是否成功，指出其只在群内层面上定义利己主义行为并且只在群间层面上定义利他主义行为，因而没有充分的理论和实践依据支持其利他主义的论断。作者运用生物利他主义讨论的结果，对利他主义究竟以何种确切方式存在于人类社会中作了进化论方面的论断和说明，区分了关于心理和行为两个方面的强利他主义和弱利他主义。文章指出，在人类社会中，弱心理利他主义存在而强心理利他主义不存在，并且弱行为利他主义存在而强行为利他主义不存在。

（推荐人：任　丑）

【另一种视角：西方工程伦理的形态类别及成因】

陈万球、丁予聆，《伦理学研究》2017 年第 6 期

该文认为，当前呼唤这样一种学术工程：运用形态学的方法，对西方工程伦理进行研究，实现工程伦理研究方法的“哥白尼式的革命”。按照马克思形态学的方法，西方工程伦理形态可以描述和归纳为“原生形态”“次生形态”和“再生形态”。探究西方工程伦理形态类别演变规律，必须深入各个形态具体的历史背景和社会环境中去，考察各个时期的政治背景、经济背景、文化背景，把握工程伦理实践的发生规律和发展脉络，为工程发展趋势做合理预判。（推荐人：易显飞）

【语境同一论：科学表征问题的一种解答】

魏屹东，《中国社会科学》2017 年第 6 期

科学表征问题是当前科学哲学的一个核心问题，围绕它产生了多种有一定解释力的理论，但它们的解释效力都不充分。语境作为一种本体解释基底，提供了解决科学表征问题的框架。在此框架下，表征被理解为两个客体在特定语境中的指涉性关系。这种基于语境同一性的科学表征，通过概念作为指代、理论作为定律集、模型作为推理工具、思想实验作为假想这些中介客体，适应性地指涉目标客体。

（推荐人：王凯宁）

【一般科学哲学的图景及其特征：科学解释与意义建构】

郭贵春、赵晓聃，《科学技术哲学研究》2017 年第 1 期

该文呈现了当前一般科学哲学的整体研究图景，对其核心论题进行了阐释，展示了一般科学哲学与具体科学哲学之间的关联。文章认为，科学理论的解释功能是科学的基础，而科学解释的核心又集中体现为概念的语义分析与概念进步，这一语义分析过程也是概念意义的建构过程和不断语境化的进程。在超越“语言学转向”的基础上回归语义分析并实现语境的模型化、形式化和计算化，是科学解释与意义建构的必然要求与合理选择，也凸显了该趋向对当前科学哲学研究的重要方法论意义。（推荐人：王凯宁）

【自然化社会科学的形成、特征和意义】

殷杰、赵雷，《自然辩证法研究》2017 年第 1 期

以科学的观点探讨哲学问题，是当代科学哲学所倡导的基本研究策略。在此观念影响下，进化生物学、认知科学、神经科学等经验科学，普遍渗透于当代社会科学研究模式之中，成为自然化社会科学得以形成的内在动力。该文通过对连续性关

系的澄清与复合式本体论的构建，描述了自然化社会科学理论的两个显著特征。社会科学采用“自然化”的研究视角，为当代社会科学本体论的“统一”“科学性”的辩护提供了可供选择的研究路径。

（推荐人：王凯宁）

【广义相对论是一种规范理论吗?】

李继堂，《自然辩证法通讯》2017 年第 2 期

在当代物理学描述强作用、弱作用、电磁作用和引力的理论中，不仅描述强作用的量子色动力学和描述弱电作用的弱电统一理论，都是非 - 阿贝尔规范理论，而且描述电磁作用的量子电动力学也是一种阿贝尔规范理论，它们都可统称为杨 - 米尔斯规范理论。那么，描述引力的广义相对论是否也是一种规范理论呢？物理学家和物理哲学家们各持己见，本文认同广义相对论不是杨 - 米尔斯规范理论，但是广义相对论仍然可以看作一种不同于典型杨 - 米尔斯理论的规范理论。

（推荐人：张　亮）

【证据还是文化?：由韦伯探测引力波实验引发的三场争论】

张帆，《自然辩证法研究》2017 年第 8 期

韦伯探测引力波实验前后引发了三场争论：第一场是科学界对韦伯实验的批评；第二场是建构论者柯林斯与实在论者富兰克林对韦伯的失败是因为证据还是社会磋商的争论；由于两者的争论旗鼓相当，引发了第三场关于针对同一事实是否可以有两种并行且相悖的认识论立场存在的争论，争论的一方是认识的一元论者费尔德曼，另一方是多元论者罗森。三场争论实际上是事实的理性与社会性之争，对此朗基诺认为理性与社会性二分这种做法本身就是错误的。从这个意义上说，柯林斯与富兰克林的观点都是合理的。

（推荐人：石永泽）

【平行主义的复兴】

钟磊，《自然辩证法通讯》2017 年第 1 期

本文试图在物理主义的框架下复兴和发展心灵因果性的平行主义理论。平行主义理论认为，意识特性没有对于基础物理特性的下向因果性，但是有对其他意识特性以及一些高级行为特性的平行因果作用。平行主义作为对心灵因果排除难题的主要解答之一，一直以来都有哲学家为之辩护。本文为平行主义所作的辩护有两个与众不同的特点：第一，作者运用因果的干预理论证明上向因果原则和下向因果原则都不成立。第二，作者采用实现敏感和实现不敏感的概念强调解决排除问题的因果过度决定策略是行不通的。（推荐人：黄益民）

【作为虚拟自我的真实自我是否可能】

薛少华，《自然辩证法通讯》2017 年第 6 期

在心理学关于自我意识的实验中，视知觉一直是被试用来进行主观报告的核心实验指标之一。通过对检测自我意识的镜子反射实验的分析，吉布森的生态光学理论证实了这个观点：视知觉对于自我意识的形成与塑造具有非常核心的作用。随着虚拟现实技术的出现，使用者的视知觉系统所接收的信息与其身体行动信息一起产生了数种不同的混合经验。处于虚拟环境中的虚拟化身成为了一种身处真实世界使用者的自我意识在虚拟世界中的体现和延伸，虚拟化身会对真实世界中使用者的自我觉知和在场产生非常强烈的影响。当使用者使用虚拟化身在虚拟世界中进行活动时，其真实自我也会被重新塑造。

（推荐人：段伟文）

【心灵何以具有自然因果性：以戴维森为例对自然化理论的探究】

苏瑞，《自然辩证法通讯》2017 年第 1 期

本文通过具体分析戴维森解决“心理因果性问题”的方案以及金在权等人的批评，指出了后者对戴维森的一些误解。本文认为，戴维森的“无律则一元论”实际上并不会面对金在权“排除论证”的直接冲击。就此而言，把戴维森称为“非还原”的物理主义者，并不恰当。从基本的思想倾向上来看，戴维森的自然主义思想比物理主义更为宽泛，其精神更接近于麦克道威尔以及斯特劳森等人的自然观。这类自然观的核心就在于，既希望将人类理性（或“理性空间”）纳入一个统一的自然图景之中，又想要确保心灵相对于物理世界的独立性和意义。

（推荐人：段伟文）

【自主体人工智能建模及其哲学思考】

高新民、张文龙，《自然辩证法研究》2017 年第 11 期

自主体既是一个与自我、自我意识、人格同一性问题密切联系在一起的经典哲学问题，又是一个崭新的、同时具有心灵哲学和人工智能工程学意义的问题。人工智能在利用哲学自主体认识成果、对自然自主体进行活体解剖的基础上，从静态和动态角度对人类自主体作了大量的形式上的逻辑建模尝试，对实践中提出的理论和工程学问题作了基础性的理论探讨，取得了丰硕的成果。但问题是，许多建模特别是作为许多模型之基础的 BDI 结构是以民间心理学为理论基础的。这在现在也许有其必要性和合理性，但如此进行理论建模风险很大，因为民间心理学的前途、命运是什么，是否会像巫术等一样被淘汰，仍是心灵哲学中的未决问题。既然如此，在据以建模时就必须抛弃过去的民间心理学加之于它们的错误构想，即抛弃对于心理世界的拟人式、人格化构想或观念，进而在多科学的通力合作下，重构关于人及其心灵的正确的地形学、地貌学、结构论、运动论、动力学。

（推荐人：段伟文）

【随机变化中的有序回应：表观遗传的因果性反思】

费多益，《自然辩证法研究》2017 年第 8 期

生命的多样性被进化论归因为随机突变，然而引起变异的根本原因在于条件因素的改变。除了外部的环境，机体还积极创造着自己的内环境；躯体的疾患，与其说来自细胞结构的异常，不如说源于体内生境平衡或稳定性的丧失。在微观层面，那些能与其他基因所提供的遗传气候相协调的基因得到了进化的偏爱。后天外在环境造成的经验影响可以在不更改 DNA 序列的情况下，通过表观遗传对基因进行修饰使其表达发生转变，从而在代际间继承。可遗传的环境印记挑战了生物学的中心法则，无论哪些特定的基因被激活，表观遗传效应都被环境所诱发，基因的作用更多地缘于生物体对环境刺激的回应。

（推荐人：段伟文）

【塑造未来：技术预见的可能性及可靠性】

梁帅、李正风，《自然辩证法研究》2017 年第 7 期

技术预见在各国技术与产业政策中越来越受到重视，同时预见方法也逐渐多元化，但是技术预见何以可能，以及如何看待技术预见的可靠性，这些基础性的问题并没有得到深入的探讨。本文首先从语义上厘清预见和预测之间的区别和联系，探讨技术发展中的“可知性”和未来技术的“可塑性”，并在此基础上阐述了技术预见中相互建构的逻辑，回答了预见何以可能的问题；同时，针对预见逻辑的不足，本

文反思预见的可靠性及其缺点，分析主流预见方法的使用限度和情景，指出技术预见方法使用中需要综合思考“技术－社会－共识－时间”等维度的因素。

（推荐人：段伟文）

【结构实在论中的本体论】

刘华军，《自然辩证法研究》2017年第5期

本体的结构实在论以结构主义方法论僭越形而上学，表现为本体论认识不明确。结构不取决于元素，这是错误的本体论命题。为了存在而不诉诸个体，这是错误的认识论命题。建构的结构实在论提出“本体论综合”，试图解决“悲观元归纳”问题。但是，它对结构和实体谁为本体论模棱两可。为赋予数学结构以物理内容，结构变成衍生品。为应对不充分决定性命题，认识论上需令结构处于优先位置。理论术语是一个体系，并非某一术语单独构成本体论。在科学发展过程中，理论术语根据经验作适当增减。结构实在论没有处理好本体论与理论术语之间的关系。结构实在论中形而上学与本体论有重叠，因果关系是其必须回答的话题。（推荐人：段伟文）

【哲学人类学思考技术的第三条路径：奥特加·加塞特如何建构面向生活的技术哲学】

敬狄，《自然辩证法研究》2017年第5期

哲学人类学是现代西方主要哲学思潮之一，以“人是什么”问题为轴心，围绕人在本质上是“工具制作的动物”或“理性、精神的动物”展开争论，形成了“工具论”和“理性论”两大传统。奥特加·加塞特提出人并非天生的“工具动物”或“理性动物”，人的本质并非即成的、被给予的，而是需要通过专属于人的技术活动不断获取；人通过技术在建构自身存在的同时，也创造了人类生活。但技术并非人的本质属性，而是生活中“第二性”的创造活动。在人的本质问题上，奥特加追问的是“人做什么”，而不是“人是什么”，由此超越了传统哲学人类学的争论，从人的存在出发思考技术，并面向人类生活建构技术哲学。

（推荐人：段伟文）

【逻辑的计算进路：从莱布尼茨到图灵的逻辑发展】

陈鹏，《自然辩证法研究》2017年第3期

现代逻辑肇始于莱布尼茨，在布尔和弗雷格处发生了分流，形成了所谓的逻辑的代数传统和逻辑的语言传统，然而，两者都与莱布尼茨的逻辑学纲领（即“作为科学、数学和哲学”的基础）相去甚远。在图灵机理论中，图灵阐述了“自动机”和“指令表语言”两个概念，这两者很好地契合了莱布尼茨关于“理性演算”和“普遍语言”的构想。可以说，图灵机理论最为接近莱布尼茨的逻辑学纲领，也跳出代数传统和语言传统，另辟蹊径，形成了一种新的“作为计算的逻辑”传统（或称“计算传统”）。这种逻辑实质上是一种“主体转向”，“以往的逻辑”以人类为主体，研究的对象是人的思维、自然语言种种，“作为计算的逻辑”则是将计算机作为信息处理的主体，研究的是计算机的处理方式以及人与计算机的互动关系。

（推荐人：段伟文）

【帝国博物学的空间性及其自然观基础】

李猛，《自然辩证法研究》2017年第2期

“自然经济”源自欧洲自然神学传统，“经济”意指造物主创造了一个精致和谐的世界，但帝国博物学理论和实践中的“经济”，开始具有世俗经济利益或者准确说是国家财富的意思。帝国博物学进

路在认知层面的基本任务是用“科学”的命名法和分类法，把名词赋予物用普遍性、客观性实现物种的去地方性，后殖民主义史学将其称为西方话语霸权。帝国博物学进路在实作层面的基本诉求是在全球范围内重新配置生物资源，实现帝国的自给自足并增进国家财富，由此引发的生物扩张深刻改变了全球生态及新旧世界的格局。而帝国博物学路径下认知和实作两个层面的空间范式，是以人类中心主义和机械自然观为理论基础的。（推荐人：段伟文）

【经典逻辑、自由逻辑与空词项】

胡泽洪、邓雄雁，《世界哲学》2017年第3期

该文站在现代逻辑视角较为全面深入地比较和分析了经典逻辑与自由逻辑对空词项的不同处理策略：经典逻辑对空词项采取的是一种消极的态度，自由逻辑对空词项采取的是一种积极态度。由于自由逻辑对空词项问题采取的积极态度，从而使它在解决空词项问题上比经典逻辑具有更多的逻辑和哲学上的优势。

（推荐人：杜国平）

【金岳霖“范围逻辑”的扩充】

杜国平，《湖南科技大学学报（社会科学版）》2017年第5期

金岳霖先生在1933年发表了一篇题为《范围的逻辑》的文章，该文发表后，正如金岳霖先生晚年所慨叹的“如石沉大海”“没有人赞成，也没有人反对”“难免大失所望”。本文继续金岳霖先生80多前的学术探寻，对金岳霖先生的学术问题作出一个隔世回应。金岳霖构建的范围逻辑是一个关于范围的演算系统，对之进行扩充，可以形式描述“道德是红的”这样的废话语句，也可以描述诸如“道德无所谓红”等涉及范围的语句。在范围逻辑的扩充系统中，还可以给出上述语句的语义解释。扩充范围逻辑为解决罗素悖论提供了一个富有启发性的新视角。

（推荐人：罗　慧）

【正规模态集合论悖论及相关问题】

张建军，《逻辑学研究》2017年第3期

本文通过对模态集合论与模态哲学前沿问题的研究，提出了基于带等词一阶逻辑、公理集合论和正规模态逻辑“自然结合”的“正规模态集合论悖论”。文中证明，正规模态命题逻辑如同一根“魔杖”，一旦将之引入经典集合论，即把本来可以容纳偶然关系的集合论，变为断言“所有关系皆必然”的宿命论理论。这个悖论的揭示与澄清，可以清晰说明区分“实体－实体关联”与“实体－属性关联”及据此引入“广义逻辑真理”概念的必要性与重要性，本文并在此基础上对“逻辑主义”理念的重塑和“本质主义承诺”“偶然同一性”与“对象增殖”三大模态哲学疑难问题的化解，进行了新颖而富有启发意义的研讨。（推荐人：杜国平）

【亲子互动中的语用论辩】

黄华新、叶颖秀，《浙江大学学报（人文社会科学版）》2017年第5期

亲子论辩是亲子互动的表现形式之一，良好的亲子论辩往往会对亲子关系的和谐发展和儿童心智的健康成长产生重要影响。从语用论辩理论与论证图式相结合的角度来分析亲子论辩，是一项值得尝试的工作。亲子论辩涉及论辩的方法、策略、技巧和准则等多方面的复杂因素。就父母而言，应致力于提高自身和孩子的说理能力；对研究者来说，可以考虑针对不同年龄段儿童的认知能力，开发相应的语言与思维训练课程。亲子论辩研究应多角度、多层次地关注儿童说理能力的培养和家长论辩水平的提升，播撒更多理性思维的种子。

（推荐人：杜国平）

【概念结构理论】

刘壮虎，《逻辑学研究》2017 年第 3 期

本文是国内学者对概念理论研究的新贡献。作者将概念作为初始出发点，按照概念结构整体论的观点，在思想 - 概念 - 语言三者统一的基础上，建立概念结构的形式理论，讨论其基本性质及其意义，并在此基础上研究若干相关的问题。实际使用的推理，比我们通常说的逻辑推理要更广泛，本文建立了依赖于语言的相对主体的推理，并根据这种相对的推理建立相对的一致性概念，进而讨论不一致信念集的特征。在此基础上，本文讨论了本质上等价于三段论推理的标准规则，证明其是可靠和完备的。这说明了三段论推理可以在概念结构理论中有一个合理的解释。词项的同义是语言学中的重要问题，按整体论的观点，比同义更一般的不可分辨性更重要。本文给出了概念的不可分辨性定义，并讨论了其在语言中的表现；同时在概念结构的形式理论基础上，对不同语言间的翻译也进行了初步讨论。

（推荐人：刘新文）

【皮尔士存在图的线性记法】

刘新文，《贵州民族大学学报（哲学社会科学版）》2017 年第 3 期

皮尔士存在图是现代逻辑诞生时期对量化理论和模态逻辑等领域的贡献。存在图二维记法的一个变种——线性记法——是自皮尔士以来的一个研究方向。相对于二维记法的存在图系统，线性记法的存在图所受到的关注较少，其中以 E. 哈默（Eric Hammer）的工作最为系统。从 20 世纪 90 年代开始，哈默分别研究了存在图系统第一部分 Alpha 图和第二部分 Beta 图的线性记法，为 Alpha 图建立了形式系统并证明了系统的完全性定理，而对 Beta 图则只研究了句法和语义方面。针对后者存在的问题，本文对哈默的记法进行调整，以期修正其中的失误。（推荐人：罗　蜇）

【皮尔士谜题的范畴类型逻辑解析】

贾青，《哲学动态》2017 年第 10 期

皮尔士谜题关注的是自然语言及其形式化表达式真值不一致的问题。本文在概述皮尔士谜题的基本构造及其解决方案的基础上，借助范畴类型逻辑技术手段，给出这一谜题的语言学解析方案，以便进一步说明皮尔士谜题出现的语言学原因。自然语言中的表达式往往具有不止一个范畴，虽然在具体语境中，我们通过语句的句法分析，能够给出大多数表达式的确定范畴，但还是有很多特殊情况使得我们无法确定某一表达式的范畴，从而造成唐词甚至语句的歧义。通过范畴类型逻辑这一技术工具，我们能形式地刻画出唐词在不同范畴指派下所导致的语句的不同句法构造，进而展现唐词不同范畴对语句句法构成的不同影响。可以说给定自然语言中表达式的明确范畴、了解自然语言语句的句法构造，是避免皮尔士谜题的关键所在。本文使用范畴类型逻辑中的形式化手段对自然语言语句的范畴进行标记，展示出自然语言语句在句法上的毗连生成过程。这有助于更为清晰地了解和刻画自然语言表达式的构成过程以及不同范畴在这一过程中的作用。

（推荐人：刘新文）

【概称句词项逻辑系统 GAG 与 Gaa 的完全性】

陈星群、周北海，《逻辑学研究》2017 年第 2 期

GAG 与 Gaa 是基于“概称句是表示概念内涵的句子”这一观点而给出的概称句逻辑系统。这两个系统在涵义语义下是可靠的，但是完全性证明空缺。通过完全性证明，作者发现需要对原来的涵义语义加以修改，从而提出涵义语义结构的一般形式，进而给出全涵义结构和实涵义结构。实涵义结构的框架部分不能完全独立于被解释的语言，因此实涵义结构是符合认知

主义语义观下的语义构造。长期以来，受经典逻辑影响，实在论语义观在逻辑学研究中根深蒂固。实涵义结构的提出，对这类逻辑研究的哲学基础提出了反思。

（推荐人：谢红梅）

【塔斯基论自然语言的不一致性】

周志荣，《自然辩证法研究》2017 年第 4 期

论文探讨了塔斯基关于自然语言的不一致性的论证是否的确证明了自然语言的不一致性。塔斯基的不一致性论证表明，自然语言由于蕴涵说谎者悖论因而是不一致的。索姆斯认为塔斯基的论证不仅证明了自然语言的不一致性，还表明存在真的矛盾。格瑞·雷和帕特森则论证说塔斯基没有证明自然语言的不一致性。三者都误解了塔斯基的论证，即误解了它在塔斯基的真谓词的不可定义性论证中的作用、它的出发点和它能得到的推论。在塔斯基看来，自然语言的不一致性是由它具有普遍性这个经验事实所导致的。通过重构塔斯基的论证，表明该论证并不需要预设包含说谎者语句的 T－语句是真的或可断定，也不需要假定矛盾本身是真的或可断定。

（推荐人：朱松峰）

【中国上古器具观念的哲学发生】

刘成纪，《暨南学报（哲学社会科学版）》2017 年第 8 期

在现代形态的中国美学和艺术史研究中，传统工艺性器具的价值一般被分为两种：一是实用，二是审美。但就中国上古器具作为礼器的特性来看，它更重要的价值却在于象征。换言之，在中国社会早期，人类制器的目的，绝不仅仅是为了实用和好看，而是要以此为基础引申出更深广的哲学意义。像《周易》的“制器尚象”和孔子的“器以藏礼”之论，均是将器具作为天地人神之思的载体来看待。同时，由于器具价值所展现的哲学性，与此直接相关的器具制作活动也不是一般的技术或艺术劳动，而是包含着对道器和道技关系的深刻省察。这样，对于中国先秦器具及相关制作技艺的哲学研究，就成为对一般美学和艺术学研究的重要深化和拓展。

（推荐人：徐碧辉）

【人生论美学与席勒人性美学】

张玉能，《青岛科技大学学报（社会科学版）》2017 年第 4 期

席勒的美学体系是一个人性美学体系，它是以人性为中心的美学体系。这个人性美学体系的出发点是资本主义社会初期的人性分裂的事实，它的最终目的是恢复古希腊时代的人性完整。恢复人性完整的必要途径是美和艺术的审美教育，其理论根据是对人性的分析所得出的人性的三种形态：感性的人（自然的人），审美的人（自由的人），理性的人（道德的人或政治的人）。它与中国传统美学思想的人生论美学是息息相通的，从王国维到蒋孔阳，皆借鉴席勒人性美学思想体系，逐步完善了中国人生论美学，而蒋孔阳更是在马克思主义实践美学的基础上建立了中国新型的人生论美学。（推荐人：徐碧辉）

【后电影状态：一份哲学的报告】

姜宇辉，《文艺研究》2017 年第 5 期

在《电影 2：时间－影像》的最后，法国哲学家吉尔·德勒兹曾大胆预言，新时代的数码影像的兴起必将带来哲学思想的深刻变革。本文从这个启示性洞见出发，结合电影学界晚近以来围绕“后电影（post cinema）”所展开的论辩，进一步探索了艺术和哲学相互联结的可能性。作者在文中不仅大量参考了第一手的研究资料，更在跨学科的比较视野中将哲学的思辨与作品的分析有机结合在一起，并处处显露出对当下时代的困境与契机的关注。

（推荐人：莫伟民）

责任编辑　王　正

新　书

【马克思主义哲学中国化：传统与创新】

汪信砚著，北京师范大学出版社2017年1月，514千字

马克思主义哲学中国化不仅是当代中国马克思主义哲学研究的应有范式，而且构成中国哲学的现代传统和中国马克思主义哲学传统。该著对马克思主义中国化作了进一步的探索。作者认为，马克思主义哲学中国化之所以成为中国马克思主义哲学传统和中国哲学的现代传统，说明，马克思主义哲学中国化早已成为中国马克思主义哲学研究的范式，并且这种范式是中国马克思主义哲学赖以形成和不断发展的关键。　（推荐人：毕芙蓉）

【当代中国马克思主义研究】

任平著，北京师范大学出版社2017年6月，424千字

该著从宏观维度及学理层面再现了当代中国马克思主义哲学研究的前沿观点及热点问题，反映了当代中国马克思主义哲学研究的新进展和新成果，凸显了马克思主义哲学的当代境遇，为重新理解当代中国马克思主义哲学开启了新空间。主要内容包括：当代中国马克思主义的研究视阈；当代中国马克思主义的研究范式与学派谱系；马克思资本批判的历史视阈与当代意义；等等。　（推荐人：张　亮）

【马克思主义基本原理与当代中国】

张雷声著，经济科学出版社2017年9月

该著系统研究了马克思主义基本原理在当代中国的运用和发展，研究了中国共产党在当代中国对马克思主义基本原理的发展和创新。全书共分十章，内容包括：实事求是与中国共产党的思想路线；意识形态与中国共产党的指导思想；社会形态发展与社会主义初级阶段论；社会基本矛盾与社会主义改革论；群众史观与“以人民为中心”；未来社会基本特征与社会主义本质论；所有制与社会主义初级阶段基本经济制度；市场经济与社会主义市场经济体制；发展观与社会主义新发展理念；世界历史与“人类命运共同体”。

（推荐人：庄忠正）

【社会主义核心价值观与中国文化国际传播】

韩震著，中国人民大学出版社2017年9月，96千字

该著聚焦社会主义核心价值观之基本要义与当代议题，从中华民族伟大复兴与社会主义核心价值观、构建反映时代变化和融通中外的话语体系、对外文化和价值观传播中的话语创新、基于人类命运共同体新理念的中国外交价值观诸方面，精准提炼和阐释概念，回答了在价值观与文化传播中关涉的重大问题：如何创新话语体系、构建有中国特色的哲学社会科学；如何立足中国优秀传统文化推动话语方式创新；如何在新媒体、全媒体时代提升对外话语的创造力、感召力、公信力；如何在跨文化交流视阈中阐释中国道路、中国理论、中国制度、中国文化，使国际社会进

一步加深对中国价值和中国文化的认同和吸纳、对当代中国社会发展的了解和理解，从而推进实现构建人类命运共同体的愿景。

（推荐人：林建华）

【中国道路的文化基因】

夏兴有主编，广西人民出版社 2017 年

每个国家和民族的历史传统、文化积淀、基本国情不同，其发展道路必然有着自己的特色。中国道路，是中国共产党领导人民进行革命、建设和改革开放的道路，是中华民族近代以来奋斗求索的历史轨迹，它展现着无数仁人志士和中国共产党人“敢教日月换新天”的英雄壮举，也浸润着博大精深的中华优秀传统文化的智慧和追求。深入研究和揭示中国道路的文化基因，是坚定文化自信、道路自信的前提条件和底气所在。该著基于马克思主义理论、中国特色社会主义理论以及文化理论，抓住当前中国道路研究中的一个重要问题，即从文化视角研究中国道路，指明如何从更深层次、更宽视野认识和把握中国道路。全书将政治性和学术性、历史性和现实性、理论性和可读性有机统一起来，为中国道路的文化基础研究提供了具有理论深度的学术资源。（推荐人：许志功）

【大变革时代的哲学】

孙伟平著，广西人民出版社 2017 年

当前，世界和中国正处在从工业社会向后工业信息社会过渡的重大历史变革阶段，该著即是对这一变革时代所进行的系统哲学思考。作者以马克思主义哲学为指导，针对新时代和社会的急剧变迁，重点对现代哲学的价值论转向、知识经济带来的机遇与挑战、信息社会的核心价值理念、如何重建当代中国道德、如何创建当代“中国价值”等一系列重大问题进行了分析和解答，为中国今后较长时期内社会发展方向提出有益的探讨和建设性的方案，对中国当下社会改革以及建设有中国特色的哲学社会科学具有重要的现实意义。

（推荐人：陈界亭）

【滥觞与勃兴：马克思思想起源探究】

聂锦芳著，中国人民大学出版社 2017 年 7 月

该著将马克思“中学材料—大学文学作品—哲学笔记—博士论文”作为一个文本单元，从总体上进行了详尽的梳理和解读，借此勾勒出马克思思想起源期的复杂状况、演变轨迹、思维逻辑和后续效应。“特里尔传统”是一种无形的“文化场”，古罗马恢弘的建筑及其所蕴含的宗教氛围成为马克思成长的环境和背景；启蒙主义教育和大量人文经典使马克思“以情感来观照人性、理解世界”，并意识到情感的局限性以及升华和超越的必要性；“回到古希腊‘衰落’的时代”对“原子论”哲学的追寻，激发马克思对自由与必然、个体与总体、本质与现象、短暂与永恒、主体与客体等哲学原则进行了较为深入的分析，在此基础上形成了一个较为成型的思维框架和“世界的哲学化同时也就是哲学的世界化”的理念。这些哲学思考、自我意识和价值取向对马克思在“《莱茵报》—《德法年鉴》时期”面对复杂的社会现实展开的探索，以及更往后的“意识形态批判”和“政治经济学转向”，产生了持久的影响。

（推荐人：王　莅）

【何谓唯物主义：重新理解马克思】

刘志洪著，中国社会科学出版社 2017 年 1 月，273 千字

马克思新唯物主义包括基本含义和重要意蕴两个方面。物质生产力与生产关系、物质活动及其矛盾运动是思想观念以及上层建筑的现实基础——此为新唯物主义的基本含义。从方法维度看，新唯物主义是

分析人类社会历史唯一科学的方法；从认识维度看，新唯物主义科学地研究和说明现实；从价值维度看，新唯物主义追求崇高的价值和理想；从实践维度看，新唯物主义以现实的活动改变现存世界。在新唯物主义之外，马克思还论述了五种唯物主义形态：资产阶级拜物教的唯物主义、庸人的唯物主义、自然科学的唯物主义、重视物质利益与物质因素的唯物主义，以及费尔巴哈的感性唯物主义。新唯物主义的含义之所以不同于唯物主义的正统含义，原因在于马克思把唯物史观当作自己的总的思想，当作新唯物主义世界观。

（推荐人：毕芙蓉）

【历史唯物主义生成路径研究】

李成旺著，人民出版社 2017 年 11 月，363 千字

该著基于思想比较的视角、文本解读的方法以及历史生成的维度，从多重视阈诠释与再现了历史唯物主义的生成路径与逻辑。第一，在对传统西方代表性历史哲学范式予以系统探赜的基础上，从物质生产实践对人类历史展开的基础和前提意义出发，揭示了历史唯物主义的超越路径及其历史观变革的实质；第二，在深入解读作为传统西方自由观代表的基督教和康德哲学自由观及其理路的基础上，从现实社会关系合理化的角度彰显了历史唯物主义自由观变革的要义；第三，在梳理和考察传统西方哲学“逻辑在先”思维方式的生成历程及其理论困境的基础上，从现实物质生产过程运行机制的视角，呈现了历史唯物主义在深层思维方式上所实现的哲学变革。在此基础上，作者从当下价值实现路径、民众主体意识的发展、当代文化价值取向等角度，对历史唯物主义的社会实践意义进行了较为深入的分析探讨。

（推荐人：唐少杰）

【资本与历史唯物主义】

孙承叔著，上海人民出版社 2017 年 5 月，269 千字

随着现代社会的蓬勃发展和内在矛盾的充分暴露，马克思在《资本论》中所揭示的现代社会内在本质及其规律越来越为世人所认识，而这正是要重新研究马克思《资本论》及其手稿的意义之所在。该著从四个方面对《资本论》及其手稿进行了解读：（1）《资本论》创作史；（2）马克思的现代史观；（3）历史唯物主义的新发展；（4）马克思的立场和方法。历史证明，马克思在今天仍是不可跨越的，马克思所揭示的未来社会发展方向依然是当今社会的发展方向；在社会本质的深度把握上，依然没有人能超过马克思。

（推荐人：王国富）

【现实性原则基础上马克思主义哲学的视域转换】

贺长余著，东北大学出版社 2017 年 9 月，284 千字

该著从“现实性原则”出发，揭示出马克思主义哲学内蕴“革命与发展”两大视阈，认为伴随现实变迁，两大视阈自然要发生转换。革命视阈下的马克思主义哲学的思维模式和理论表征，是适应革命斗争的实际需要而形成的，反映了实际革命斗争的客观要求，在革命战争年代是合理的、必要的、正确的；但是，随着国内大规模疾风暴雨式的革命斗争基本结束，世界时代主题已由“战争与革命”转向“和平与发展”。马克思主义哲学必然要转换自己的理论视阈：从强调对抗、斗争、批判、否定的两极对立的革命视阈，转向和平与发展背景下的合理批判、兼容并蓄、互利共生、开放多样的发展视阈。马克思主义哲学视阈转换，无论就意识形态而言，还是就学术研究、实践探索而言，都具有重要时代意义。

（推荐人：郭忠义）

【思维与语言 认识与真理】

张浩著，社会科学文献出版社 2017 年 10 月，403 千字

该著是作者研究思维与语言和认识与真理关系的论文选集。作者用发生学的方法研究了动物思维、初民的原始思维及原始思维向文明思维的过度问题，同时也研究了与思维活动密切相关的语言的发生发展过程，以及思维与语言的关系问题。在认识与真理的关系问题上，作者认为，任何真理都不包含错误。如果认为真理，包含错误，那就等于否定了实践标准的正确性与科学性。那种认为真理包含错误的观点，是误把人们的认识当作了真理，把认识和真理这两个不同的概念弄混淆了。至于真理是否有阶级性问题，作者认为，真理，包括社会科学中的真理都没有阶级性。那种认为真理有阶级性的观念，是误把某些理论、学说和真理划上了等号。如果认为真理有阶级性，必然会导致“公说公有理，婆说婆有理”，导致是非难辨或是非不辨的现象。（推荐人：吴 喆）

【马克思主义哲学与当代西方哲学比较研究】

王西华等著，社会科学文献出版社 2017 年 11 月

该著从本体论、辩证法、真理观、历史观、革命主体、公平正义以及自然生态等角度，对马克思主义哲学与当代西方哲学进行了比较研究，揭示了当代本体论理论的分歧，阐明了当代西方辩证法形式的发展状况，梳理了当代西方语言哲学的真理观以及存在论真理观的逻辑发展，深入辨析了当代西方关于历史观根本重大问题的理论本质，探讨了当代西方马克思主义关于意识形态理论的发展逻辑，澄明了当代西方社会主体力量变化的观点，深化了对当代西方政治自由主义的认识，促进了对当代西方自然解放与生态理论发展链条的深入了解，具有相当的学术价值和现实意义。（推荐人：任 丑）

【马克思主义正义观研究】

屈琦、韩文娟、苟卫锋著，中国社会科学出版社 2017 年 12 月，202 千字

该著从宏观角度整体论述了马克思主义正义观的理论渊源。作者通过对《黑格尔法哲学批判》《德法年鉴》《1844 年经济学哲学手稿》《德意志意识形态》《资本论》等著作的梳理分析，概括总结出马克思主义正义观的主要内容及其特点，揭示出马克思主义正义观在中国的发展及其当代价值。全书内容还包括马克思主义正义观与儒、道、墨、法家的正义观比较研究，以及马克思主义正义观和当代西方社会以罗尔斯为代表的正义论的对比研究。

（推荐人：毕芙蓉）

【马克思主义视阈中的城市批判与当代价值】

赫曦滢著，社会科学文献出版社 2017 年 9 月，313 千字

近百年来，城市学与社会学及其相关领域的研究极为活跃，充分体现着人类社会文明的最新进展。该著即是关于马克思主义城市学的研究成果，具体内容包括：首先梳理了“一盘散沙”式的学术见解，对马克思主义城市学重点人物的主要观点进行了主动的“盘点”，使之成为更加规范的学术理念；其次使我们对马克思主义城市学的研究从盲从、前反思的阶段转向自觉的、反思的阶段，以更积极、更有效的方式与西方学术界进行对话。

（推荐人：毕芙蓉）

【市民社会批判与人的自由：从黑格尔到马克思】

于永成著，中国社会科学出版社 2017 年 6 月，294 千字

该著从社会关系视角反思马克思的自由观，以此对其自由内涵进行新探索。在近代，市民社会构成最为基本的社会关系，因此对近代自由问题的理解就不能脱离对市民社会的考察与批判。作者立足于马克思对人的现实本质的社会关系理解，指出人是在社会关系中获得现实规定性的，因此社会关系对于人的现实社会生活地位、生存状况以及未来的发展前景有着重要影响，进而制约着人的自由个性及其实现程度。正是从市民社会批判的角度来考察人的自由，马克思才能超越政治解放，提出社会解放与人的自由全面发展的理论。

（推荐人：毕芙蓉）

【《巴黎手稿》开创的人类学哲学及其后续发展】

苗启明著，中国社会科学出版社 2017 年 7 月，394 千字

一直以来，学界对马克思《巴黎手稿》的研究众说纷纭。该著是对《巴黎手稿》的再研究。作者站在世界历史发展的大视野和人类学高度研究马克思，超越了人道主义、人本主义等对马克思的曲解，发现了更为宏大的马克思；超越了“不成熟论”和“断裂论”，发现了世界历史性的马克思。这一发现和解释，有利于马克思哲学的时代化、当代化、世界化。作者还阐释了马克思以世界历史为对象的新哲学，并将之与当代世界历史问题相结合，以期推动马克思主义哲学的进一步发展和应用。（推荐人：毕芙蓉）

【《资本论》的哲学】

仰海峰著，北京师范大学出版社 2017 年 3 月，380 千字

该著从哲学、政治经济学与社会主义思想的整合中重新理解《资本论》的哲学思想，并对传统解读《资本论》的思路提出了批判。作者认为，将历史唯物主义简单地推广应用到经济学领域，并不能得出《资本论》的结论。在 1845 年之后，马克思哲学思想存在着从生产逻辑到资本逻辑的重要转变。在《资本论》中，马克思以资本逻辑统摄生产逻辑，以资本逻辑结构化为构架实现了政治经济学的哲学批判。全书关于历史唯物主义双重逻辑的讨论，关于《资本论》与《1857—1858 年经济学手稿》的逻辑对立的观点，关于资本逻辑结构化构架下的商品、货币与拜物教的分析，关于资本逻辑与时空规划的论述，关于劳动力成为商品与资本逻辑结构化情境下主体解放问题的探讨，打开了《资本论》的哲学空间，形成了具有原创性的解释构架。（推荐人：谢红梅）

【资本逻辑与虚无主义】

张有奎著，中国社会科学出版社 2017 年 12 月

近年来，国内学界关于虚无主义问题的关注持续升温。这既反映了中国当代学者对时代问题具有着敏锐的洞察力，也说明虚无主义问题已日渐成为生存隐忧。当虚无成为现代人生存状态的一种映象时，如何克服虚无主义便成为时代命题。该著正是马克思主义哲学研究者对这一问题的自觉回应。全书的最大特色在于，立足社会经济生活考察虚无主义的发生机制，从资本逻辑的角度探寻虚无主义的根源和出路。这既充分体现了历史唯物主义的立场和方法，也呈现了马克思主义思想资源在应对虚无主义问题上的独特贡献。作者还结合学理分析和现实关注，探究虚无主义在当下中国的具体表现、根源和克服方案，为化解中国现代化进程中的精神困局，构建国人的精神家园，提供了一条切实的应对路径。（推荐人：杨丽婷）

【空间生产的历史唯物主义阐释】

庄友刚著，苏州大学出版社 2017 年 4 月

该著的基本观点是，空间生产和空间批判问题的提出，既是一个实践发展的进程，也是一个理论逻辑的发展进程。西方社会理论研究的空间转向既给历史唯物主义带来了挑战，也为历史唯物主义的当代出场提供了新的契机。空间生产的历史唯物主义阐释，实质上也就是历史唯物主义空间生产理论的建构。为了深入阐释当代空间生产问题，在根本理路上要指向对资本关系的历史性批判，还要在历史的视野中辩证地审视当代中国语境中的空间问题，坚持以空间和谐与空间正义为根本价值指向的发展主体性选择。（推荐人：张　亮）

【社会发展的全球审视】

丰子义、郗戈、张梧著，北京师范大学出版社 2017 年 4 月，265 千字

全球化的深入推进使当代社会发展发生了深刻的变革，即全球化不仅是一个国家社会发展的外部背景，而且日益成为社会发展的内在要素。这一变革开启了重新审视社会发展理论的研究视阈。该著立足于全球化的实践，深入阐发了社会发展的横向规律、时空关系、社会结构与社会运行机制等重大理论问题；同时，还进一步探讨了机遇把握、风险应对、和谐发展、国家治理、文明建设等日益凸显的问题，既对全球化中的重大现实问题加以理论把握，又对历史唯物主义重要原理进行全新阐发，从而在合理应对全球化的过程中实现了历史唯物主义的理论调适。

（推荐人：谢红梅）

【现代性语境中的当代认同危机：在人学的视野中】

王成兵著，北京理工大学出版社 2017 年 6 月，150 千字

当代认同问题是一个具有浓厚现代性色彩的论题。在最一般的意义上，认同问题是“我是谁”的问题。当代认同危机既有明显的现实影响力，也有很强的学术挑战性。认同及认同危机既是社会学、心理学、教育学、文学艺术、政治学等学科关注的问题，也是近年来哲学和人学关注的重要问题。该著探讨了当代认同危机的含义，力图呈现认同危机与现代性、虚拟空间、现代消费文化的关系。全书对当代认同问题的研究方法进行了总结与反思，对建构当代合理认同观念提出了理论构想。

（推荐人：江　怡）

【现代性图景与哲学的视界】

庞立生著，人民出版社 2017 年 7 月

现代性问题是现当代哲学思考的基础问题，对现代性问题的理解和反思则构成了现当代哲学思想的主题。目前，我们所置身于其中的全球化进程正以其深刻的文化逻辑导引着一场巨大的哲学变革。在中国，哲学作为一定时代人们生存的内在渴望和生活理想的自觉领会与理论表达，需要更加自觉、更为准确、更加深刻地表达中华民族伟大复兴的内在精神要求，思辨、反思地给出民族复兴的价值前提和根本方向，从而为实现民族复兴提供必要的哲学基础。该著认为，立足于马克思主义哲学对社会历史发展趋势的基本判断以及马克思主义哲学中国化的历史经验，从中华民族文化传统的优秀基因中，创造性地发掘出具有普遍性意义和未来性价值的文明观念，当是哲学需要思考的前提性问题，也是文明准备的基础性工作。

（推荐人：荆　雨）

【政治哲学史（7 卷）】

张志伟、韩东晖、干春松主编，中国人民大学出版社 2017 年 5 月

该著立足国际政治哲学研究的前沿，在吸收借鉴国内外最新研究成果的基础上，集中整合国内马克思主义哲学、中国哲学和西方哲学等学科中相关的重要

学术力量，通过对马克思主义经典作家的政治哲学思想，以及中西政治哲学的深入研究，编写了7卷本的政治哲学史，包括《马克思主义政治哲学史》（张文喜、臧峰宇著）《西方政治哲学史》（3卷，主编分别为刘玮、韩东晖、周濂）《中国政治哲学史》（3卷，主编分别为梁涛、彭永捷、干春松），为该学科在中国的发展进行了全面、系统的奠基工作，从哲学的高度整理归纳了古今中外政治哲学对重大问题的思考，进而激发哲学对于当代社会的积极作用。

（推荐人：李义天）

【平等】

姚大志著，中国社会科学出版社2017年

虽然平等主义在当代社会已经深入人心，并成为具有支配性的正义观念，平等也被看作最流行、最重要的分配正义原则，但其中仍然充满争议。关于平等的争议，一方面是指平等主义如何得到证明，另一方面是指平等主义者所说的平等是指什么。作者通过对平等主义者对平等的证明，以及反平等主义者与消极平等主义者对平等之证明的重新思考，来考察“平等如何才能获得有效证明”的问题。同时，作者通过对“什么东西能够平等分配”，以及“一种平等主义理论如何进行有效分配”等问题的考察，提出了一种颇具说服力的分配正义理论：在优先提升弱势群体的地位的基础上进行平等分配。

（推荐人：王　立）

【追问正义：西方政治伦理思想研究】

龚群著，北京大学出版社2017年3月，400千字

该著以始自古希腊直至现当代的正义思想为研究主线，系统梳理了西方思想史中正义观念的发展脉络，并对不同思想观点的演进进行了分析研究。在古希腊部分，该著认为正义概念有从荷马的神话形象向抽象的哲学概念转化的过程。自然法在正义的演变过程中，起着承接古希腊而后启近现代正义观的作用。在近代以来的正义观念部分，该著重点讨论了洛克与卢梭的自然权利说和卢梭的平等与自由观念。作者认为，近代以来的正义观念既围绕着权利观念，同时又离不开自由与平等的观念；罗尔斯是当代正义论的代表，通过其正义论，可与阿玛蒂亚·森、米勒等人的观点展开相关讨论。另外，该著还对自由主义的对应面社群主义给予了重点关注，对近年来兴起的全球正义不同的理论进路以及其关注的焦点问题进行了分析。

（推荐人：邢雅杰）

【正义：历史的与现实的】

何怀宏著，北京出版社2017年9月，220千字

“正义”既可以理解为一种理论或者人们的思想观念，也可以理解为社会实践中的真实原则或事实倾向。该著希望始终关注理论与实践两个维度，且同时观照历史与现实两个方面。全书第一部分探讨了正义在中国的历史发展与现实状况，涉及孟子的政治思想到西汉政治的演化，还以20世纪初严复的思想为代表，探讨了《天演论》的翻译和演绎过程，指出了“双重的误读”和“伦理的阙失”情况；同时也对随后的政治文化发展，尤其是新文化运动的趋向进行了分析。进入当代后，该著集中关注的是生命原则的问题，涉及对暴力和战争的态度。第二部分探讨了正义在西方的历史与现实。作者以最近的一次美国大选作为讨论背景，分析了其背后的基本价值观念，及其在独立建国前后的形成和发展：指出了它们之间的冲突和未来可能的趋势，以及在现代世界眼光观照下的隐忧。该著还借助对西方近代出现的一些

颇有影响的新著的介绍，评析了人类价值观念在漫长时代的演变和发展；人们应当如何寻求光明并理解黑暗；在罗尔斯之后和之外试图解决正义问题的理论尝试。

（推荐人：邹舒娴）

【罗尔斯正义观念转向研究】

徐作辉著，辽宁人民出版社 2017 年 8 月，223 千字

该著系统分析了罗尔斯从《正义论》转向《政治自由主义》的原因、内容及实现路径，阐释了正义观念转向的现实逻辑与历史逻辑，并将正义观念转向纳入马克思政治解放和人类解放视阈之中，清晰呈现了正义观念转向所蕴含的逻辑力量及其根本局限。对当代政治哲学领域中的自由主义、社群主义等各个思想流派围绕正义观念转向所产生的激烈争论进行充分的文献学分析，将罗尔斯关于公平正义是“政治的而非形而上学的”之基本主张置于西方政治哲学历史嬗变中进行宏观考量，以凸显理性多元主义背景下政治哲学的合理存在样态，构成了该著的鲜明特色。

（推荐人：邵晓光）

【开创社会主义生态文明新时代】

张云飞、李娜著，中国人民大学出版社 2017 年 8 月

该著从生态文明新思想、生态建设新思路、绿色发展新方略、国土空间新布局、生态治理新设计、环境外交新天地六个方面，全面展现了以习近平同志为核心的党中央从治国理政的高度大力推进生态文明建设的思想和战略。（推荐人：庄忠正）

【生态学马克思主义与后发国家生态文明理论研究】

王雨辰著，人民出版社 2017 年 9 月，250 千字

该著通过对马克思恩格斯思想的解读，论述了马克思恩格斯如何超越近代主体形而上学，创立以人类实践为基础、自然观与历史观辩证统一的历史唯物主义的生态思维方式及其理论内容和理论特质。该著认为，生态学马克思主义在反驳西方“深绿”和“浅绿”思潮观点的基础上，强调历史唯物主义不仅不与生态思维相对立，而且在分析和解决生态危机的问题上比西方绿色思潮更具优势，论述了历史唯物主义的生态意蕴，形成了四大生态理论问题。

（推荐人：朱松峰）

【中国哲学史方法论的历史维度】

柴文华著，北京大学出版社、黑龙江大学出版社 2017 年 8 月，260 千字

该著旨在展示中国哲学史方法论的发展演化历程，同时也涉及了中国哲学史方法论的主要内容。另外，由于中国哲学史方法论是以哲学观、哲学史观和中国哲学观为基础的，由此作者也把每位中国哲学史家的哲学观、哲学史观和中国哲学观作为叙述的重要内容。全书共分“绪论”及 4 章内容，分别为“中国哲学史方法论的萌芽”“中国哲学史方法论的自觉”“中国哲学史方法论的马克思主义化”“我国港台学者的中国哲学史方法论”。

（推荐人：罗跃军）

【中国古代“名”的政治思想研究】

曹峰著，上海古籍出版社 2017 年 6 月

该著由关于先秦名学思想的若干论文集结而成，分上、下两篇：上篇为总论，下篇为个案研究。全书集中讨论了“名”思想的历史、名家的分类、名家伦理政治向度、名家的政治思想，以及近代以来中国学术界名学研究乃至诸子学研究的目标和方法等问题。作者既具有中国学术研究史的宏观视野，又进行了先秦“名”思想的文献微观考察，将“名”这一先秦思想史上的重要概念作了细致的分类解读，突

出了“名”思想的政治学内涵和意义，为我们重新审视中国古代思想史和近代以来的古代思想史研究方法，提供了具有启发性的观点。（推荐人：丁四新）

【出土简帛中的政治哲学】

欧阳祯人著，中国人民大学出版社2017年6月，162千字

作者立足于新近出土简帛文献资料，依托于传世文献，从字句的训诂考证到篇章的思想探源，从个案的阐幽表微到整体的察势观风，试图从内在的逻辑根源上探寻先秦儒家政治理想从个人到社会的发展道路。作者还从先秦儒家宗教性的天人关系、诚信社会何以建立、性情思想的独特价值、伦理思想的现代性、文本的差异与思想的差异、政治哲学的理想六个方面，讨论了在新近出土简帛文献中先秦儒家建中立极、品物流形的政治理想。

（推荐人：任蜜林）

【中国儒学史（上下册）】

程志华著，人民出版社2017年12月，640千字

以“中国儒学史”名称的著作往往将“儒学史”定位于“思想史”，而该著则将儒学史定位于“哲学史”，从而以“哲学史”为视角展开内容。作者将“国学”“儒学”与“哲学”在外延上作递减认知，进而将“哲学”视作“原型”，区分“知解的形上学”与“实践的形上学”，并以真正的“实践的形上学”为视角，确定儒学乃是以“内圣外王”为理想的“道德主义”。就此而言，该著并非通常意义上的中国儒学史，而是一部“中国儒家哲学史”。（推荐人：张燕京）

【现当代新儒学思潮研究】

郭齐勇著，人民出版社2017年11月，500千字

该著全面而系统地探讨了现当代新儒学思潮的时代背景、发展过程、内在理路、学术内涵、主要论域与问题意识，着重对梁漱溟、熊十力、马一浮、钱穆、张君劢、冯友兰、贺麟、方东美、唐君毅、牟宗三、徐复观、杜维明、成中英、刘述先等代表人物的主要学术思想作了个案与比较研究。作者讨论的主要问题包括：儒学的宗教性与超越性；本体论与道德形上学；政治哲学；与自由主义、社群主义的对话；儒家价值的现代意蕴及创造转化；儒学与各文明的对话；全球伦理、环境伦理和“文化中国”；现代新儒学的易学观；与宋明理学的关系；中国现代化过程中的终极信念、族群认同与伦理共识的重建；等等。

（推荐人：任蜜林）

【东亚儒学问题新探】

吴震著，北京大学出版社2017年12月，360千字

该著紧扣“儒学”“东亚”“日本化”这三个关键词，对东亚儒学、日本儒学以及儒学日本化等历史问题、理论问题进行了深入探讨。第一部分对“东亚”“东亚儒学”概念的发生历史以及演变历程，乃至晚近“东亚”论述中的复杂面向，进行了全面的介绍和探讨，反映了前沿的发展成果以及作者的独到见解。第二部分深入德川日本儒学的历史内部，对“儒学日本化”具有典型意义的徂徕学、仁斋学的思想展开了富有创见的研究，同时，对日本独特的心学思想——石门心学及其讲学运动中的“中国因素”等问题进行了仔细的考察。第三部分是对现代以来日本学界有关“日本性”问题的探讨，主要透过丸山后期的日本文化研究，在充分肯定丸山思想有关“日本性”问题的思考具有重要学术意义的同时，深度反思了丸山后期提出的“古层－原型”论的史学观点。

（推荐人：丁四新）

【金代儒学研究】

刘辉著，中国社会科学出版社2017年10月，234千字

无论是在中国儒学史研究领域，还是在中国古代思想史、文化史研究领域，金代儒学研究都属于非常薄弱的环节。金建国伊始，即确定儒学为国家意识形态，以儒术治国在金代贯彻始终。该著从发展脉络、主要代表人物、经学思想、理学思想、三教合一思潮、金代的女真人与儒家思想、金代的孔庙与庙学和金代儒学特质八个方面，对金代儒学作了较为系统的梳理和揭示，使金代儒学的整体风貌有了一个较为完整的展现，为中国儒学史的丰富和完善作出了应有的努力。该著指出，“三教合一”在金代有明显表现，对金代儒家思想的开展产生了重要影响。儒学在金女真统治的北方地区长期受到金朝政治、经济、文化政策的影响，历经百余年的发展演变，形成了金代儒学所独具的精神气质，包括尚中意识、经世致用和批判精神。

（推荐人：吉　哲）

【道家哲学引论】

陈霞著，中国社会科学出版社2017年12月，166千字

该著以现代哲学的形式、以世界上其他哲学传统作为参照背景，对道家哲学思想进行了深入研究、阐释和创造性思考，在逻辑学、认识论、自然哲学、道德哲学、宗教哲学等方面中提炼出了诸多基本范畴、概念和命题，并以哲学的形式展现其当代价值。作为探索道家哲学创造性转化与创新性发展的一种尝试，作者的哲学史研究不再限于典籍整理，而致力于为当代学者建构广义的、具有世界意义的中国哲学提供了思想资源。（推荐人：任蜜林）

【理学道统的思想世界】

陈畅著，上海书店出版社2017年12月，270千字

该著通过宋明理学的一些思想史个案研究和具体文本文献的解读，探讨其形上学建构与历史实践之间的意义关联。全书分为上、下两篇，旨在从作为实践哲学的理学道统论语境中重新解读理学思想，认为形上学与实践之关联并不仅仅是一个命题，而是展开为一个具体的思想史脉络与学理系统，其中牵涉思想、历史、社会等不同层面的解析与思想史意义上严谨而精微的考辨，亦关涉思想与历史、政治与学术之间的互相影响、制约与限定。

（推荐人：任蜜林）

【郭店竹简《老子》】

侯才著，德国利特出版社（Lit－Verlag），2017年

该著系作者德文学术专著《竹简〈老子〉文本校注》的英文版，英文的翻译工作由德国著名学者、伦理学家汉斯－马丁·萨斯（Hans－Martin Sass）教授和伊雷妮·姆·米勒（Irene M. Miller）女士担任，由德文原文译出。作为英译本底本的德文《竹简〈老子〉文本校注》2008年由德国利特出版社出版，在德国、奥地利、瑞士和英国等国家和地区发行。该著对1993年在湖北荆州郭店楚墓出土、1998年公布的竹简《老子》文本和《太一生水》篇进行了考订、研究和翻译，并附有长篇“导论”和一百余条注释。出版后受到国际哲学界和汉学界的关注和重视。与德文底本《竹简〈老子〉文本校注》相比，英文译本在采取英汉对照的同时，汉语文本的正文删除了通假字和借用字说明，矫正了德文底本的个别刊误。同时，依然保留了汉语古文文本和白话译文，使其成为英汉双语文本。（推荐人：古　荒）

【老子疏解】

黄克剑著，中华书局2017年6月

该著以马王堆汉墓出土帛书《老子》乙本为底本，以帛书甲本、郭店楚墓出土竹简本、王弼注本为主校本，参校以易州景龙碑本、遂州龙兴观本、严遵本、河上公本、傅奕本、范应元本等七十余种传世本，对《老子》一书进行了审慎校勘，并依勘定文字对之作了训释、翻译和疏解。全书的特点包括：第一，所用底本为帛书乙本，而非更为通行的王弼注本。帛书本产生于汉代，比王弼注本产生的时间要早，更接近古本原貌；第二，注文非简单的字词训释，而重在疏通文意及《老子》在传抄过程中形成的文字异同；第三，译文重视对原书韵脚的考察，在信、达、雅的基础上遵从原书韵律，呈现出其原有的诗性表述形式；第四，疏解部分重在对本章涉及的哲学命题的进一步阐释，内容深入浅出，是当代《老子》释读研究中的佳作。

（推荐人：蛰　泰）

【庄子齐物思想研究】

李凯著，中国社会科学出版社 2017 年 12 月，256 千字

对庄子“齐物”思想的理解关乎对整部《庄子》的理解。该著尝试深入探究庄子的“齐物”之义，还原庄子“齐物”的完整思路，并力求在此基础上厘清向秀、郭象、成玄英等人诠释的问题所在以及支遁、释德清、章太炎等人诠释的合理之处。对于庄子的“齐物”，前人主要有两种诠释，一种由向秀、郭象肇其端，另一种源于支遁。这两种诠释在《庄子》中都能找到依据，但前者的诠释依据在外杂篇，后者的诠释依据在内篇。一般认为，《庄子》内篇为庄子自作，外杂篇出于庄子后学之手。据此，庄子齐物思想应系内篇所体现的“齐物”思想。然而，当今学界对庄子“齐物”的主流诠释与郭象几无二致。有鉴于此，该著力图厘清《庄子》内篇和外杂篇各自的“齐物”思路，呼吁学界重视支遁式诠释。

（推荐人：任蜜林）

【周易溯源与早期易学考论】

丁四新著，中国人民大学出版社 2017 年 2 月，177 千字

该著共分九章，是作者长期研究出土易学的成果集结。该著的学术贡献主要有三点：其一，在先秦，《周易》卦爻画的来源经历了从五十五数揲蓍法到五十数揲蓍法，爻画经历了从六、一（七）到一（七）、八，而其性质则经历了从“天地”到“阴阳”观念的巨大转变。无论是今本，还是出土诸本《周易》的爻画与爻题，实际上都直接来源于五十数揲蓍法所得的四象数：七、八为阴阳爻画，而九、六为爻题。其二，对帛书《易传》的哲学思想作出了概括和总结，从解《易》原则、阴阳说、乾坤说（包括龙德说）和今帛本的思想差异四个方面作了详细的论述。其三，深入探讨了《周易》“文本”的演变及其与“思想”之相互作用，从出土易学材料讨论了《周易》经学的哲学解释及其存在的困境，为新的《周易》注疏和解释提供必要的张力。

（推荐人：蛰　泰）

【春秋公羊学史（全三册）】

曾亦、郭晓东著，华东师范大学出版社 2017 年 3 月，1020 千字

该著上自先秦，下至清末民初，对《公羊传》两千多年的学术发展作了系统的梳理。《公羊》学史上许多重要学者，如何休、徐彦、孔广森、宋翔凤、戴望、凌曙、陈立等，学界向来少有研究，作者都给予了深入的探讨。至于《公羊传》、董仲舒、刘逢禄、龚自珍、廖平、康有为等，虽然学界有不少研究，作者则立足于经学与《公羊》学的内在理路，取得了诸多突破性的进展。该著不同于一般经学史著作，亦不同于对经学人物与著作的专门研究，而是力图把微观的深入研究与宏观

学术史脉络的梳理很好地结合起来。该著不论对《公羊》学基本问题的梳理，还是对具体人物和著述的探讨，皆立足于《公羊传》自身的内在理路，抓住“三传”关系的维度，把握《公羊》学的基本脉络，对相关学术史有着更整体、更贯通的论述。

（推荐人：干春松）

【朱熹易学散论】

王风著，商务印书馆 2017 年 11 月

该著通过对朱熹个人思想史的微观考察，对朱熹一生易学思想的演变进行了详细阐述。内容主要包括：朱熹早年治《易》中举；王弼、程颐条例义理之学与朱熹易学之关系；邵雍先天之学与朱熹易学之关系；刘牧图书之学与朱熹易学之关系；太极本体论与占学方法之统一；《周易本义》成书过程考辨；朱熹晚年易学思想之特征；等等。作者在前人研究成果的基础上，运用分析、归纳、比较等研究方法，在一定程度上补充和修正了前人的研究成果。（推荐人：古　荒）

【谭嗣同哲学思想研究】

魏义霞著，中国人民大学出版社 2017 年，520 千字

该著的主要内容包括：第一，谭嗣同的思想在统一性、前后一致性上比康有为、严复和梁启超更胜一筹。第二，谭嗣同是最具革命精神的戊戌启蒙思想家，但谭嗣同的思想也由此被赋予了激进之名。第三，就身份归属和历史定位来说，谭嗣同的主张和行为已经冲破了维新派的范畴，当属言行一致、身体力行的“革命家”。第四，尽管思想激进，他的思想处于戊戌启蒙的早期阶段，远没有达到“五四”新文化运动者的高度，甚至尚未达到革命派的水平。第五，就谭嗣同在戊戌启蒙思想中的地位来说，属于早期阶段，主要表现是哲学建构以中学为主要来源，对西学的吸收侧重电、以太说、脑科学、元素说和牛顿力学等自然科学知识。第六，与思想激进密不可分，谭嗣同通常被认为大胆否定传统文化。该著的研究旨在表明，谭嗣同非但没有否认传统文化，反而对传统文化推崇有加；无论从知识上还是从价值上看，他都是一位力主“复兴古学”的国学家。

（推荐人：罗跃军）

【传统、现代与现代之后：章太炎的思想世界】

余艳红著，中国社会科学出版社 2017 年 7 月，239 千字

该著以清季民初的思想背景与基本焦虑为主线，走进章太炎的思想世界，对章太炎思想中的传统、现代以及现代之后三个维度进行了富有洞察力的阐释与分析。该著的研究一方面揭示了章太炎思想的独特性、超前性与深邃性；另一方面试图通过还原清季民初中国思想界“现代性”与“现代性批判”之间的对话与冲突，发展出研究中国近现代思想的新的范式与话语体系。（推荐人：任蜜林）

【身体、不死与神秘主义：道教信仰的观念史视角】

程乐松著，北京大学出版社 2017 年 3 月，405 千字

对道教的学术研究兴起于晚近的 150 年，在这百余年的传统中，道教的文化形象逐渐被固化为迷信、愚民实践、缺乏宗教传统的神圣性及缺乏原创性等，这些刻板的印象严重低估了道教的文化价值。该著从观念史的视角入手，聚焦于神秘主义、身体、不死这三个核心概念，从中国传统思想观念及生活世界出发，诠释了道教在中国人的日常及信仰生活中的角色及其背后的理路。这种“同情理解”的研究视野有助于弥合历史与信仰之间的巨大鸿沟。

（推荐人：任蜜林）

【宋代天台佛教思想研究】

吴忠伟著，宗教文化出版社 2017 年 7 月

天台宗是隋代智者大师居天台山时所开创，所以称为天台宗。本宗的教义，主要依《法华经》，所以也称为法华宗，唐代中期传到日本，被尊为天台学。天台学不仅仅是指“天台佛学”，而是涵括了与天台山有关的儒道各种学说。该著主要介绍了宋代知礼的性恶与行忏之学、智圆的治心与自讼之学、忏法与天台佛教礼学等内容。（推荐人：张 亮）

【大慧宗杲的生活世界】

耿静波著，宗教文化出版社 2017 年 9 月，250 千字

该著由大慧宗杲著述及蕴闻所编《大慧普觉禅师语录》、祖咏所编《大慧普觉禅师年谱》、张浚所撰《大慧普觉禅师塔铭》，以及其他佛教史料关于大慧宗杲的记载入手，对宗杲生平及求法经历，其禅法与湛堂文准、圆悟克勤禅法的关系，其“看话禅”的独特性，宗杲与儒者士大夫的交往，宗杲的法脉，宗杲的“看话禅”与“禅、净双修”修持法门的关系，以及宗杲禅法价值意义等作了具体分析与探讨。其中，重点就学界目前关注较少的湛堂文准对宗杲禅法的深刻影响，宗杲禅法与《华严经》的关系，宗杲对张浚、张九成、汪应辰等士大夫的开示，以及士大夫对宗杲禅法的护持，宗杲弟子的生平及禅法特征，宗杲的“看话禅”与净土“念佛禅”的融合等作了详细阐释。

（推荐人：赵建永）

【奥义书思想研究（五卷本）】

吴学国著，人民出版社 2017 年 1 月，2600 千字

该著在多个方面填补了学界空白。一方面，它参照梵本对数十种主要的奥义书进行了重译，还对奥义书思想与吠陀、梵书思想的源流关系，及其对印度各教、各派思想影响进行了充分、详尽的分析。另一方面，它根据思想发展的自身逻辑，对原本含混的奥义书思想进行了细致的梳理阐释，使其呈现出清晰的历史发展轮廓，避免了由于缺乏历史意识导致对奥义书思想研究的扁平化问题，也不像一些西方学者试图把全部奥义书思想描述成一个自洽的逻辑体系。另外，该著还力图阐明推动奥义书精神进展的最终动力及其体现的精神自身展开的逻辑，并从比较哲学视角出发，将奥义书思想发展的每一环节，都与西方、中国思想进行了广泛深入的比较。

（推荐人：卢 兴）

【哲学起步】

邓晓芒著，商务印书馆 2017 年 11 月

该著虽名为“起步”，但无意介绍哲学学科的基础知识，而是力图生动地展示哲学如何运思，即如何“做”哲学。书中的“高更三问”与康德概括自己哲学的四大问题遥相呼应。在对“人从哪里来”的讨论中，作者揭示了智人携带工具背后的符号意蕴及人之存在的语言之维。在对“自我意识”的讨论中，作者以中西比较哲学的视野揭示了自我意识的自欺性和表演性。在对“人的本性”的讨论中，作者基于德国古典哲学的立场把人阐释为一种自由的能在。（推荐人：丁三东）

【四种分叉】

赵汀阳著，华东师范大学出版社 2017 年 5 月

存在的唯一本真意图就是继续存在。人类文明为人类的生存发明了丰富的价值，使生存演化为生活。其中最根本性的变化是：共在先于存在，同时，共在使存在具有意义。该著以“可能性”这一概念为核心，分别从人类的时间感知、人类意识的

演化史、“电车困境”的解决和人工智能即时间、语言、道德、意识这四个维度，对“万物为什么存在而不是不存在”这个古老问题进行了新颖而富有深刻的探讨，主张哲学思考的无限潜力正是由人类生存的无限可能性所决定的，从而揭示了存在与非存在、可能性与必然性问题，认为这并不仅仅是学院派技术性的讨论，它们更关乎人类生存的独特性、历史性与伦理尊严。作者所说的四种分叉分别是时间的分叉、意识的分叉、伦理的分叉和智能的分叉。（推荐人：贾红莲）

【概念世界的思辨艺术】

张宗艳著，辽宁大学出版社 2017 年 10 月，160 千字

该著以西方传统哲学范畴理论作为思想资源，以黑格尔逻辑学文本为主要依托，站在思辨理性的平台上，对概念理论进行了专门的研究。全书从澄清知性范畴与思辨概念的关系入手，通过揭示思辨概念的来源、出发点及主要发展机制，旨在阐明思辨概念对构筑形而上学为绝对真理的科学体系的艺术本性。这种研究不仅能够成为客观地理解黑格尔哲学的一个关键性环节，而且在某种程度上对西方哲学范畴史的研究具有一定的推动作用。

（推荐人：王国富）

【西方思想的起源：古希腊哲学史论】

聂敏里著，中国人民大学出版社 2017 年 5 月，266 千字

该著立足于思想史批判的立场，以古希腊哲学家的观点为基础，重点分析这些观点的内在思想逻辑、思想立场和思想主旨。该著上溯公元前 6 世纪的米利都学派，下迄公元 6 世纪的新柏拉图主义，深入探寻其内在的本体论和认识论的思想根底与究竟，力求勾勒出西方思想最初的源流与脉络，指陈其思想深处的得失与转捩，阐明古希腊哲学对两千余年西方思想的奠基意义与形塑作用。全书分为前苏格拉底哲学、古典希腊哲学、晚期希腊哲学三个部分，包括“导论”在内共 12 章，旨在从中国学者自己的思想视野出发对古希腊哲学正本清源。（推荐人：詹文杰）

【亚里士多德的潜能与成全学说】

李涛著，中国社会科学出版社 2017 年 7 月

该著采纳“成全”而不是传统的“实现”作为“energeia”的译法，并认为潜能与成全（而不是质料与形式）才是亚里士多德最核心的哲学概念，而亚里士多德对最高存在的规定是“永恒的成全”。作者认为，亚里士多德把最严格的“成全”视为既是有目的在自身之中，又是不同于作为被动的“运动”的动态，从而超越了“存在是运动或静止”这种立场，即超越了赫拉克利特的传统和巴门尼德－柏拉图的传统。此外，作者认为潜能与成全是贯穿亚里士多德整体哲学框架的观念，涵盖了物理学、形而上学、灵魂论中的认识论、伦理学等。该著对《形而上学》Θ 卷给出了颇为细致的诠释，并且为理解亚里士多德哲学的最一般概念框架提供了新的视角。

（推荐人：詹文杰）

【回归本真的交往方式：托马斯·阿奎那论友谊】

赵琦著，台湾花木兰文化出版社 2017 年 8 月，210 千字

友谊观是打开阿奎那思想宝库的密钥，也是理解其理论革命性的最佳切入点之一。神学与哲学的冲突是阿奎那时代面临的主要问题，会通神学与哲学、神圣与自然之分是阿奎那最重大的理论创见，“友谊”是其集中表现。阿奎那借用哲学的友谊观念 philia 诠释基督教神学的核心范畴爱德 agape，不仅提出了独特的基督教神学伦理

学，也让基督教的核心道德观念在哲学领域登堂入室，成为超越信仰的全人类的共同财富。通过将爱德定义为友谊，一方面，阿奎那让人与神的关系成为一种以友谊为主导的“第二人称关系”，神学伦理学的核心转移到人与神以及他人在友谊中的交互性上。另一方面，融合哲学友谊与神学爱德的传统赋予世俗友谊以爱德的普遍性，创生出一种全新的友谊模式与交往理论。在托马斯主义友谊观的启发下，该著尝试提出一种本真的交往方式，用于对治现当代主流伦理范式无法解决的交往难题。

（推荐人：石永泽）

【德国古典哲学中的道德与法权】

张东辉著，中国人民大学出版社2017年

自康德始，自由开始明确变成内在自由与外在自由，亦即道德与法权两个向度，而且法权原则在康德哲学中是经由理性所确立的道德法则推演出来的。这种自由观给康德之后的费希特、谢林和黑格尔提供了重要的理论源泉，他们结合自己的哲学抱负和时代精神，建立起各自的蔚为壮观的实践哲学体系，给康德的道德和法权思想续添了绚丽斑斓的浓墨重彩。该著系统梳理了道德和法权的思想从康德、费希特、谢林到黑格尔的发展演变过程，同时探讨了道德与法权在他们各自哲学体系中的内在关系，并试图梳理道德和法权的观念演变与复杂交织给德国古典实践哲学所带来的范式转变。（推荐人：程　晓）

【黑格尔《精神哲学》指要】

杨祖陶著，舒远招整理，人民出版社2017年12月

黑格尔《哲学全书》中的“精神哲学”是其体系的顶峰，著者已将之首译为汉语，并于2006年由人民出版社出版。该著则是作者在对黑格尔作品长期严谨翻译和精深研究的基础上写就的著作。全书以简明的语言勾勒了黑格尔“精神哲学”在其体系中的地位、《精神哲学》与黑格尔其他重要作品之间的关系，并对《精神哲学》逐章逐节作出了条分缕析的解说，有助于研习者深入理解和把握黑格尔哲学的总体精神和具体主张。特别值得一提的是，该著是在著者年近九旬时之大作，未及定稿就溘然仙逝，后由舒远招教授整理出版。

（推荐人：丁三东）

【胡塞尔与形而上学】

王昊宁著，人民出版社2017年，270千字

该著采取史论结合的研究范式，以西方哲学历史为背景，深入阐述了胡塞尔现象学对古希腊形而上学、近代形而上学、古典形而上学以及现代形而上学的奠基意义。作者认为，这种奠基意义主要表现在：胡塞尔现象学意义上的“境域”构成形而上学的起点，而其相应的现象学方法也是研究形而上学的必要方法。同时，该著也揭示了胡塞尔现象学自身何以能够成为一种形而上学，及其对于分析哲学反形而上学思潮的纠偏作用。该著既是一本现象学方面的著作，也是一本形而上学方面的著作。从现象学的角度来说，它属于胡塞尔现象学在形而上学领域中一次批判性的实践；从形而上学的角度来说，它则属于形而上学之起点、问题、方法与任务的奠基性工作。（推荐人：罗跃军）

【许茨的生活世界现象学理论研究】

何林著，吉林人民出版社2017年4月，240千字

作为著名的现象学家和现象学社会学创始人，许茨一生致力于对社会实在本性的研究和对日常生活世界的意义结构的思考，以期为社会科学建立严格的哲学基础。该著从许茨生活世界现象学理论的提出、对生活世界含义的理解、个体意识视角、

主体间性维度和知识论向度等方面入手，对许茨的生活世界现象学理论进行了较为全面的分析，并通过将许茨与舍勒、海德格尔、梅洛－庞蒂和萨特等人相关思想的比较，展示许茨思想的特征及其在现象学运动中的位置。在指出其理论局限的同时，肯定了许茨为现象学研究所作出的贡献，进而对中国现实日常生活中的若干实践问题予以思考。（推荐人：王国富）

【诚言与关心自己：福柯对古代哲学的解释】

赵灿著，上海人民出版社2017年8月

该著从“诚言”与“关心自己”两个希腊术语出发，研究福柯晚年对古代哲学的解释，为读者呈现一种深具“古代哲学气质”的福柯形象。该著的贡献可从福柯哲学与古代哲学两面说。从福柯哲学说，“诚言”一词兼具真理、治理、伦理三方面的含义，因而福柯晚期思想并没有抛弃早期的真理问题，但他不再从知识考古学的角度，而从真理展现的角度研究真理问题；也没有抛弃中期的政治问题，但他不再从权力谱系学的角度，而从治理的角度研究政治问题。因此，该著打破了常见的福柯哲学三期论，把福柯哲学统一到了“诚言”概念中。从古代哲学说，该著从“关心自己”出发，把“认识”理解为“关心”的一种手段，深入挖掘西方古代哲学的“工夫论”传统。该传统的发现，对中西哲学比较研究有所助益。

（推荐人：莫伟民）

【客体化世界观的批判与超越：别尔嘉耶夫的末世论形而上学思想研究】

周来顺著，黑龙江人民出版社2017年，230千字

该著通过对别尔嘉耶夫末世论形而上学思想体系的研究，力图揭示此体系的建构对克服时代性危机的意义。在别尔嘉耶夫看来，时代性危机源于客体化，客体化实则即马克思所说的异化，进而就客体化的根源、实质、特征、表现形态等进行了分析。别尔嘉耶夫的末世论形而上学思想不只是抽象的理论，而且是指向意识的深层革命，指向对客体化统治的最终克服。

（推荐人：王国富）

【大卫·查尔莫斯的自然主义二元论思想研究】

刘晓青著，中国社会科学出版社2017年

意识问题神秘难解，著名心灵哲学家大卫·查尔莫斯将意识问题明确区分为“易问题”与“难问题”，并将其作为理论研究的切入点，试图将计算功能主义和属性二元论结合起来阐释意识的认知机制和不可还原的主观性，提出了自然主义二元论的解释方案，将意识视为自然随附在物理世界之上的新属性。作为一种尝试性解释方案，查尔莫斯的意识理论不可避免遭致塞尔和丹尼特的批判，他们围绕泛心论、意识“难问题”以及“无心人”等焦点问题与查尔莫斯展开了激烈的争论，引出了一系列需要深思的问题。基于此，4E认知纲领重新审视了意识主体的系统性，将大脑之外的身体结构与外部环境放入了有机体的整体范畴中，为意识问题提供了新的解释空间。（推荐人：古　荒）

【世界体系论视野下的两极分化：基于萨米尔·阿明理论的分析】

吴苑华著，社会科学文献出版社2017年3月，374千字

该著以两极分化问题为切入点，对萨米尔·阿明理论进行了深入研究，分析了阿明关于世界体系、欧美资本主义体系、全球化、自由主义和欧洲中心论的思考，揭示了欧美资本主义体系不断扩展是世界两极分化和第三世界发展中国家长期陷入

欠发达困境的总根源。作者认为，对于世界两极分化及其与资本主义、全球化、自由主义和欧洲中心论的内在关系，我们应当坚持运用历史唯物主义方法，深刻地分析和理清它们之间的这种关系及本质，深刻地揭露自由主义和欧洲中心论的危害性。

（推荐人：毕芙蓉）

【新伦理学原理】

王海明著，商务印书馆2017年

该著立足中国特色，基于功利主义，力图从新视野、新角度、新方法对伦理学的基本理论与道德难题进行新透视与新概括，得出了一些独特的、有启迪意义的结论。该著分3卷13章。作者一方面保持了“元伦理学—规范伦理学—美德伦理学”的基本写作理路；另一方面提出了一些新的学术观点。作者指出，伦理学是关于如何治国（构建好的国家制度）和做人（提高国民品德）的科学；“增进每个人利益”是国家制度好坏的终极价值标准；道德的终极标准并不是单一的，而是标准的体系，这一体系可分为总标准（增进每个人的利益总量）与分标准（分标准1：在人们的利益不冲突时，坚持无害一人地增加利益总量；分标准2：在人们的利益冲突时，坚持“最大利益净余额”和“最大多数人的最大利益标准”的统一）。

（推荐人：庞俊来）

【应用伦理探究】

任丑著，科学出版社2017年10月，250千字

从某种意义上讲，该著的思想理念可以归结如下：自由是应用伦理之本体，人权是应用伦理之价值基准。在应用伦理学的逻辑进程中，自由与人权自我发展、自我实现为一个充满生命活力的应用伦理学体系。该著主要内容包括：应用伦理基础探究、法律伦理基础探究、政治伦理基础探究、宗教伦理基础探究、教育伦理基础探究、生态伦理基础探究、工程伦理基础探究、安乐死立法基础探究、生命伦理基础探究和后应用伦理探究。该著在以上基础上开放性地讨论了应用伦理学体系和道德形而下学的话题。

（推荐人：邬舒娴）

【道德心理学】

曾钊新、李建华著，商务印书馆2017年8月

该著由28章组成，总体上分为三大块。“总论部分”主要界定了道德心理学的研究价值、研究对象和研究方法，简略梳理了西方道德心理学的思想发展过程和主要内容，分析了中国道德心理思想的基本理论问题。“个体道德心理部分”以铺陈为架构，主要从个体心理视角，论述了道德认知、道德知觉、道德模仿、道德图式、道德情感、道德意志、道德思维、道德判断、道德推理、道德信念、道德范例、道德追求、道德反省、道德习惯、道德人格等范畴的内涵、价值和具体实施。“社会道德心理部分”则对道德矫治、道德培养、道德效力、道德服从、道德宽容、道德控制、道德移情、道德迁移、时尚道德等范畴的界定、功能、实施过程进行了深入分析，逐一展开其全部道德心理学的理论体系，并在逐一解析各种道德心理现象时进行了道德心理诊断，开出了医治策略。

（推荐人：李义天）

【人伦的解体】

吴飞著，生活·读书·新知三联书店2017年4月，310千字

该著聚焦西方形质论（形式/质料）思想传统影响下的人伦问题及其现代处境，尤其是现代人伦思考中的几个比较极端且充满论争的理论与命题，如母权社会、乱伦禁忌和弑父弑君三个“学术神话”。作

者细密梳理和分析了从达尔文、巴霍芬、摩尔根、涂尔干到弗洛伊德等人的相关理论与思考，并追问了人伦问题背后的“形质论”哲学根源（亚里士多德），尤其是西方人性自然与文明生活之间的张力关系。作者认为，无论中国还是西方，其现代文明语境中的人伦都面临着全面解体的危险，与之伴随的便是对家国的虚无与焦虑，而中国源远流长的“文质论”传统或许为我们重建人伦与道德提供了重要的研究路径。

（推荐人：任　丑）

【乌托邦精神的伦理价值】

陈庆超著，社会科学文献出版社2017年7月，326千字

该著通过对“乌托邦”概念的考察，探究乌托邦精神的伦理意义。该著第一部分是对乌托邦的概念史和思想史的相关考察，主要通过对“乌托邦”一词的语义分析与思想考辨，考察了乌托邦所具有的内在伦理特质及其他在思想史中的普遍性存在；第二部分是从多维度对乌托邦的考察，从乌托邦的具体对象本身、外延理解、功能特征和实现途径等多个维度进一步探讨乌托邦的本质特征；第三部分是乌托邦精神与社会发展困境的积极应对，主要是从“为什么研究乌托邦”这一问题出发，考察当代发展所面临的各种困境，即自然之死、社会的异化与虚无主义的来临等现象；第四部分是乌托邦精神培育的路径研究，根据人类活动的多样性特点，认为存在多种乌托邦精神的培育方式，其中以宗教、艺术和政治生活三种方式最为有效。

（推荐人：邬舒娴）

【伦理责任与公共精神】

谢治菊著，人民出版社2017年6月，220千字

公共行政经历了从理性建构到社会建构的行动逻辑演进，这种演进为理解公共行政伦理责任提供了有力的分析框架。在理性建构情境下，公共行政伦理更强调对官僚组织忠诚、对制度负责、对上级负责的客观伦理责任，忽视人们的人性需求与价值选择，忽视对良心和道德负责的主观伦理责任。公共行政要信奉与致力于实现社会公平的价值，强调公民对社会公共事物的参与，就应该与爱国主义、乐善好施的精神紧密联系在一起。正是基于上述考虑，该著试图从后现代主义“解构”的视角构建公共行政伦理责任与公民精神的实质要义；并试图通过实证调查，对服务型政府下基层公务员行政伦理责任及其冲突、公共服务及其责任意识进行建构；最后通过各类平等观的阐释来佐证公共行政所要达成的公平与正义精神。

（推荐人：邬舒娴）

【现代世界中的伦理规范：语言、事实、理由与行动】

李晔著，广西师范大学出版社2017年5月

该著在现代世界的时代特征和思想观念之背景下，以伦理规范的“规范性”特征和要求为主线，以作为伦理规范的话语形式和制度性事实分析为基础，围绕伦理规范的合法性、合理性、有效性、证成性等问题，对伦理规范及其“基础”进行深入研究，分析了伦理规范的“应该性”特征和要求，探讨了伦理规范何以成立及其规范作用如何发挥等，同时对伦理规范作为道德理由与道德行动之间的因果关联性进行了探索。（推荐人：李义天）

【中国现当代伦理思潮】

唐凯麟、王泽应著，安徽文艺出版社2017年3月，540千字

该著立意于建设新世纪先进中国伦理文化的时代使命以及总结百年来伦理文化建设正反两方面的经验教训的特定要求，

试图从宏观总体与微观具体相结合的角度反思三大伦理思潮（自由主义西化派、现代新儒家、中国马克思主义），坚持从历史的动态把握中去寻求理论的答案，在理论的分析阐发中展现出历史的轨迹与内容。考虑到三大伦理思潮内在的历史发展及其传播的特殊情势，该著采用了一种开放式的写作方式，即将中国港台地区、海外一些有代表性的人物的伦理思想置于特定伦理思潮的框架中予以述评，从而使其完整地展现出20世纪中国伦理思潮的整体风貌。（推荐人：邬舒娴）

【中国传统道德哲学6辨】

朱贻庭著，文汇出版社2017年10月，210千字

该著以“源原之辨”“天人之辨”“义利之辨”“和同之辨”“本末之辨”和“形神之辨”聚焦于中国传统道德哲学，并试图对贯通中国历史的一些基本问题作出理论性的概括。作者结合当今的现实，对道德哲学中所关注的“什么是应当”问题作了新的反思。该著对“源原之辨”的阐述是从哲学方法论的角度探讨与研究中国传统伦理思想，进而对哲学中的“是什么”“为什么”以及“什么是应当”作出回应，由“源原之辨”所展开的关于哲学方法论的论述也是其他五个专题展开的方法依据。全书阐释了“天人之辨”这一中国道德哲学的核心范畴，并在当代语境下对义利观、“和生”与“和同”之道、本末之辨与道德治理、形神统一等论题进行了独到的表述与研究。（推荐人：邬舒娴）

【重思道德哲学：基于当代中国道德问题的分析】

周斌著，中国社会科学出版社2017年9月，254千字

该著试图通过分析当代中国社会道德问题的症结，探寻社会道德治理和个体道德培养的有效策略。全书主要包括六个方面的内容：（1）感性领域中的道德问题；（2）对国家道德的分析；（3）社会伦理关系与道德的确定性；（4）陌生人伦理关系和社会道德问题；（5）社会道德治理的策略；（6）以法治建设推进个体德性养成。作者指出，社会道德治理的目标并非是形成一个完美的道德社会，而是以法治观念促进道德心理的逐渐成熟，应当以成熟的法治意识带动道德意识的突破。

（推荐人：邬舒娴）

【意大利文艺复兴伦理学】

徐艳东著，中国社会科学出版社2017年4月，254千字

该著以精神分析学、符号学、人类学、社会学、诠释学以及跨学科的结构主义的方法，从意大利黑死病对时代产生的影响入手，对意大利文艺复兴时期的伦理学进行了深入的考察。其中涉及自由、人权、尊严、正义、平等等伦理学话题，主要内容包括：黑死病症候下的身体、时空幕景；文艺复兴时期的道德精神分析；自由及其自否定；文艺复兴与尊严发轫的渐变谱系；文艺复兴与过度人权时代；从积极正义到消极正义等。该著大量借用了拉康、齐泽克、弗洛伊德、荣格、克莱因、克里斯蒂娃、伊利格瑞等精神分析学家的相关成果，来解析文艺复兴时期的道德现象和伦理原则。（推荐人：邬舒娴）

【实践与诠释：费希特、黑格尔与诠释学论康德伦理学】

赖贤宗著，人民出版社2017年5月，300千字

在哲学史上回到康德哲学来进一步反思具有“现代性”属性的问题，有其必要性，对于伦理学的课题而言更是如此。作者运用近年来德语学界在古典德国哲学领域的研究成果，探讨了在1781年至1806

年期间康德所发展的伦理学、伦理神学，以及费希特、青年黑格尔等人对它的反省和批判。该著第一部分是费希特、黑格尔对康德哲学的发展与批判，第二部分是诠释学对康德伦理神学的批判，第三部分则是对康德伦理学的自律问题进行诠释。此外，该著也借着吕格尔、海德格尔和柯瑞特对先验和先验方法的反省，对于德国古典哲学之中的伦理学、伦理神学之当代回响加以反思。（推荐人：邬舒娴）

【敬畏生命：阿尔贝特·施韦泽的哲学和伦理思想研究】

陈泽环著，上海人民出版社 2017 年 2 月，390 千字

在 20 世纪的西方世界，阿尔贝特·施韦泽是一个在文化和道德意义上的伟大人物，获得了广泛的国际赞誉，他的文化哲学在 20 世纪的西方哲学史中独树一帜，其敬畏生命伦理学成为当代生态伦理运动的重要思想资源，其关于中国思想的研究对于当代中华文化复兴也有深刻的启示意义。作为中国学术界第一部系统介绍和研究施韦泽生平和思想的著作，该著从伟大人格、文化哲学、伦理思想和中国研究四个方面，对施韦泽的哲学和伦理思想进行了系统和深入的探讨。（推荐人：邬舒娴）

【交往理性与道德共识：哈贝马斯话语伦理学研究】

宫瑜著，中国社会科学出版社 2017 年 6 月，230 千字

在哈贝马斯看来，现代社会的道德危机究其根源在于近代哲学以主体自我意识为出发点的理性基础规定，因此，必须完成从“个体的独白反思”到“主体间的话语交往”的范式转换，重新界定理性的概念内涵，并据此对道德规范的普遍有效性予以合理的证明与重构。正是蕴含在交往行为中的合理性和相互理解凸显了理性的真正含义，即交往理性是交互主体进行理性论辩的根本依凭。只有在由规范有效性的逻辑秩序推演而来的普遍性原则所确立的对话程序中，话语实践的相关参与者才能得出普遍有效的客观规范。这种以普遍伦理诉求和解决多元冲突为基本旨趣的话语伦理学的理论构想，虽然遭到了各方的质疑与诘难，也可能存在一些困境和局限，但它无疑为探索并构建道德共识的合理性基础提供了一条富有启发性意义的思路。（推荐人：邬舒娴）

【承认·正义·伦理：实践哲学语境中的霍耐特政治伦理学】

王凤才著，上海人民出版社 2017 年 5 月

该著首先对所讨论的“政治伦理学”从狭义上加以界定，即它是对政治伦理理念、政治伦理准则、政治伦理规范、政治伦理目标等问题进行研究而形成的政治伦理理论，简言之，政治伦理学就是政治道德哲学。其次，划定了“霍耐特政治伦理学”的问题域，重点讨论霍耐特政治伦理学的特殊内涵，即承认、正义、伦理问题。再次，考察了霍耐特政治伦理学，尤其是承认理论的思想渊源，强调哈贝马斯、福柯、黑格尔和米德、泰勒等人的决定性影响。最后，对霍耐特政治伦理学思想演变历程进行了相应的分析。

（推荐人：邬舒娴）

【当代西方环境伦理学】

杨通进著，科学出版社 2017 年 6 月，345 千字

该著以 20 世纪 80 年代以来的西方文献为主，在追溯当代西方环境伦理学发展历程的基础上，全面而系统地梳理和探究了当代西方环境伦理学四个主要理论流派（人类中心主义、动物解放/权利论、生物中心主义与生态中心主义）的基本主张、

哲学基础、论证策略，以及各自所遭遇的批评和挑战，并试图以道德境界论为理论架构，探讨与整合西方环境伦理学四个主要流派的可能性与途径。

（推荐人：邬舒娴）

【死亡哲学】

段德智著，商务印书馆2017年9月

该著从逻辑和历史两个维度对死亡问题作了较为全面而深刻的阐释。一方面论证了死亡或死亡哲学作为哲学的一个分支，不仅具有世界观或本体论意义，而且还具有人生观或价值观意义；另一方面论证了死亡哲学是一个“在发展的系统”，揭示了死亡哲学从“死亡的诧异”到“死亡的渴望”“死亡的漠视”“死亡的直面”再到马克思主义的死亡哲学的历史发展进程。

（推荐人：任　丑）

【分殊科学哲学史】

刘大椿著，中央编译出版社2017年1月，580千字

近年来，科学哲学呈现明显的发散性发展态势，科学哲学由以物理学为典范的一般的科学哲学的“帝国”拓展至一般的科学哲学与具体的分支科学哲学相结合而发展的“共和国”，这给分支科学哲学的涌动打开了闸门，也为分支科学哲学史的研究提供了机遇。该著详细梳理了以数学哲学史、物理学哲学史、生物学哲学史、系统科学哲学史、认知科学哲学史、社会科学哲学史等为代表的科学哲学的具体分支，论述了科学哲学中的具体问题史，包括主题与研究进路的转换、科学精神与科学价值的历史辨析、从哲学化的科学到可接受的科学、建构主义的科学哲学建构方式、另类科学哲学的兴起与审度等。　（推荐人：段伟文）

【科学修辞与科学史】

谭笑著，首都师范大学出版社2017年7月，210千字

修辞学进路的科学史研究兴起于20世纪六七十年代，它从独特的修辞角度来重新解读科学文本，发掘了传统科学史中所忽略的科学话语中的修辞建构一面。自它产生、发展以来，受到越来越多来自科学史界、科学哲学界的关注，并且成为了科学史研究中一条新颖而突出的进路。该著基于科学编史学的角度对这一进路进行考察，提出其具体研究方式和对科学史观念的理论影响两方面的编史特征，为理解修辞学进路的科学史研究，以及在未来的科学史研究中如何借鉴这一新进路提供了一个研究基础，同时也将这一编史方法运用到中国古代天文学的一场争论中进行了具体的案例研究。　（推荐人：段伟文）

【科学与人文新论】

孟建伟著，科学出版社2017年3月，414千字

该著围绕科学与人文两种文化的融合问题展开讨论。首先，从历史层面揭示两种文化分离和对立的来龙去脉及其根源，从哲学层面揭示两种文化分离和对立的科学观和人文观的根源。其次，探讨两种文化融合的基础问题和桥梁问题，即从科学与人文的本性的角度，探讨两种文化究竟有何关联，何以能够实现相互融合的问题；从元科学及其使命的角度，探讨何以能够在两种文化之间架起相互沟通的桥梁的问题。最后，提出实现科学与人文两种文化融合的途径，即构建一种人文化的科学观和科学哲学，提出与此密切相关的关于创新文化的理念、教育观和教育哲学，从而在理论与实践两个层面实现科学与人文两种文化的融合。　（推荐人：段伟文）

【当代社会科学哲学：理论建构与多元维度】

殷杰著，北京师范大学出版社2017年

3 月，460 千字

该著主要围绕“社会科学哲学的元理论”“当代社会科学哲学的发展趋势”“社会科学哲学与科学实践”三个主题，从多元视角出发，探讨了社会科学哲学领域中的历史流派、学术人物、主要观点，并指出当代社会科学哲学研究内在地体现出一种走向自然主义的发展趋势。在此基础上，该著提出一种自然主义的社会科学哲学，尝试改变社会科学哲学的研究内容与方式，为理解社会科学的科学理性之本质提供一个统一框架。（推荐人：王凯宁）

【科学技术哲学国际理论前沿】

成素梅主编，上海社会科学院出版社 2017 年 5 月，389 千字

科学技术哲学作为一门跨学科的哲学学科，别无选择地承担着双重任务：一方面，从哲学视域审视与研判当代科学技术发展已经带来的和可能带来的新问题；另一方面，基于当代科学技术成果蕴含的新思维拓展传统哲学的论域，解决现存的科学技术哲学问题。该著将问题大致分为五类：一是科学哲学本身在发展过程中所遇到的问题；二是技术哲学本身在发展过程中遇到的问题；三是当代科学引发的哲学问题；四是当代技术发展所导致的哲学问题；五是在科学哲学、技术哲学和社会科学哲学交叉领域内产生的新问题。围绕以上五大类问题，该著选择了十五个相关问题展开深入研讨，涉及历史认识论、体知认识论、专长哲学、社会本体论、知识论、真理论、认知科学哲学、技术的社会塑形、技术人工物、技术现象学、信息技术伦理等问题。（推荐人：段伟文）

【科学解释与社会理解：当代西方社会科学哲学研究】

曹志平等著，厦门大学出版社 2017 年 11 月，430 千字

该著在对社会科学本质的理解中，将科学哲学与欧洲大陆哲学、科学解释的方法论与理解的方法论结合了起来。作者首先从正面阐述了什么是社会科学，社会科学与人文科学、自然科学的关系，以及社会科学哲学的研究内容和发展态势；然后讨论了关于社会科学的自然主义与反自然主义的论争，并以此梳理西方社会科学哲学的发展脉络。作者讨论了逻辑实证主义科学观中具有代表性的内容——亨普尔的科学解释模式与社会科学的关系，阐述了科学历史主义对社会科学的重大意义和温奇－维特根斯坦的社会理解理论；将利科建立的有意义的社会行为的理解与解释的辩证法和新实用主义诠释学、系谱学诠释学、激进诠释学、弱化诠释学等，看作哲学诠释学在社会科学理解中出现的两种不同的发展路径；在现象学的社会科学哲学的阐述中，强调现象学一般的理论与方法的运用。（推荐人：唐　瑭）

【确定性与不确定性】

张本祥著，中国社会科学出版社 2017 年，300 千字

复杂性最终都归结为不确定性，尤其是复杂程度的不可计算复杂性。该著从构造性潜无限观念出发探讨确定性的定义、微观及宏观的确定性（可计算复杂性），讨论不确定性的界定、基本不确定性及宏观不确定性；进而探究作为世界基本构件的存在与生成，以及由其织就的世界网络的整体复杂性，阐释其本体论基础、认识论意义和方法论价值。（推荐人：罗跃军）

【心灵的形式化及其挑战：认知科学的哲学】

李建会等著，中国社会科学出版社 2017 年 12 月，531 千字

该著是国内第一部完整梳理认知科学的哲学著作。作者通过对认知科学历史发

展的分析，把认知科学分成两个明显区分的阶段，指出不同阶段的认知科学对认知和心灵本质都有明显不同的认识：在第一代认知科学基础上产生了认知和心灵的计算主义理论范式，把认知看作符号操作、信息处理或者程序运行的过程；第二代认知科学则把认知看作包含大脑、身体和环境的动态相互作用产生的综合结果，这被称为体化认知、延展认知、嵌入认知、生成认知和情景认知，亦即所谓“超脑认知”。该著对这种“超脑认知”论提出了分析和批评，提出认知科学中的符号奠基问题和框架问题，在心灵哲学中是心灵与世界的勾连问题，并试图通过重新阐释皮尔士指号学和对指号的自然化处理，解决这些问题。　　（推荐人：江　怡）

【唯物论者何以言规范：一项从分析形而上学到信息技术哲学的多视角考察】

徐英瑾著，上海人民出版社 2017 年 12 月

该著用马克思的历史唯物论思想为基本指导，以现代西方唯物论思想的最新发展为论述线索，以信息技术哲学的经验内容为创新点，着力研究如何能够在满足唯物论基本思想框架的前提下，结合信息技术时代的特点，建立起一种具有鲜明唯物论色彩的规范性理论。该著认为，一种符合唯物论精神的规范性理论，将对客观世界本身作出最精简的本体论说明，并通过演化论的科学描述方式将“节俭性原则”带入对于“人性”自身的唯物主义说明。这种说明将在信息科学领域导致一种人类思维方式的“节俭式”刻画，并在政治哲学领域导出一种对于更符合自然主义原则的政治规范理论。　　（推荐人：段伟文）

【波函数的意义：探寻量子力学的本体论】

高山著，剑桥大学出版社 2017 年 3 月，200 千字

该著致力于为量子力学中的波函数寻求一个合理的本体论前提，以一种新的量子力学测量——保护性测量为前提，提出了关于波函数实在性的新观点，从而为量子力学提供一种新的实在解释。全书第一部分探讨了波函数的起源，对已有关于波函数的多种相互竞争的观点进行了批判性评述。第二部分解析了波函数的本体论意义，提出“粒子随机非连续运动”的观点，从粒子本体论的视角详细阐释了波函数的实在性。第三部分分析了量子本体论对于说明量子测量问题的理论意义，并探讨了它如何与相对论、量子场论等物理学理论相协调的问题。　　（推荐人：王凯宁）

【中国生态修复的进展与前景】

邬晓燕著，经济科学出版社 2017 年 9 月，240 千字

该著围绕“为什么要进行生态修复”分析了生态修复的理论与现实意义，着重阐述了中国开展生态修复的战略意义；围绕“谁来进行生态修复”剖析了生态修复的责任主体，介绍了中国环境管理机制与机构职能的历史沿革和当下状况。其后，从生态修复制度建设、产业化、地方创新、工程建设等方面论述中国改革开放 40 年的生态修复进展；并以浙江、库布其、太湖、北京门头沟、淮北等地方性生态修复实践为典型案例，论述中国在区域生态修复、沙漠生态修复、河流生态修复、矿区污染生态修复、功能区生态修复等方面展开的多样化的创新性探索。最后，该著立足于中国生态修复在顶层设计、体制机制、法律法规、地方性创新、产业化进程、参与全球环境治理等方面的典型经验，阐明中国生态修复的当代挑战和发展前景。

（推荐人：段伟文）

【生机的意蕴：中国文化背景的机体哲学】

王前著，人民出版社 2017 年 6 月，

355 千字

该著在融会中西机体哲学研究的思想成果基础上，从中国文化特有的“生机”概念入手，构建中国文化背景的机体哲学观念体系，开展相应的本体论、认识论、方法论和价值观研究，注重问题意识，面向现实生活，展现对各种类型机体及其相互关系研究的新思路和新方法：在本体论方面，系统地讨论了机体的本质特征、基本类型、结构与功能、生成与演化、遗传与变异、目的与反馈等问题；在认识论方面，在解决涉身认知、机体现象学、直觉与逻辑关系等理论难题上开启了新思路；在方法论方面，在机体的网络、情境、状态、趋势分析方面提供了新的思维工具；在价值观方面，充分发挥机体哲学在解决价值观、伦理学和管理学领域各种现实问题方面的作用。（推荐人：林　丹）

【当代逻辑的多向度研究】

林胜强著，人民出版社 2017 年 5 月，270 千字

对当代逻辑进行多视角、多维度研究，不仅是当代逻辑研究的重要趋势，也是获得当代逻辑研究成果的重要手段。该著共分五个部分，分别涉及普通逻辑教学研究、语言逻辑研究、先秦逻辑语义学研究等方面，既有逻辑形式方法的探讨，又有逻辑应用和应用逻辑研究的尝试；既有逻辑教学的经验总结，又有逻辑研究的丰硕成果，展示了作者三十余年来对逻辑教学与研究的坚守和执着，以及以“大逻辑观”精神对中国逻辑事业的奉献。

（推荐人：邹崇理）

【可能世界的名字】

刘新文等著，中国社会科学出版社 2017 年 3 月，176 千字

该著主要有以下内容：第一，较全面地研究了作为模态逻辑新分支的混合逻辑，这些研究对象以这一族逻辑中的极小系统为主；第二，在介绍可证性逻辑新阶段发展成果——核证逻辑的基础上，建立了混合的核证逻辑的极小系统，解决了国际知名逻辑学家赫布兰德奖（Herbrand Award）2012 年得主、纽约城市大学研究生院梅尔文·菲廷（Melvin Fitting）教授在 2010 年提出的未解决问题，即“混合核证逻辑的极小系统问题”。（推荐人：蜇　泰）

【不协调信息的推理机制研究】

杜国平著，中国社会科学出版社 2017 年 12 月，181 千字

不协调信息系统的推理问题是国际逻辑学研究的前沿问题之一。该著在系统考察国内外各种弗协调逻辑及其相关研究成果的基础上，提出了解决不协调理论推理问题的方案。内容包括：（1）明确揭示出至少存在三种不同的否定，即矛盾关系否定、反对关系否定和下反对关系否定；（2）建立了对当关系逻辑系统；（3）提出了一种更加符合直觉的蕴涵——知识蕴涵，基于这种蕴涵，系统构建了一系列逻辑系统；（4）尝试通过转换的方法解决不协调信息之间的推理问题。（5）讨论了相关成果在计算机科学和人工智能中的应用问题。该著所建立的逻辑系统比弗协调逻辑系统能更加准确地表达不协调信息，更适合作为不协调知识库的逻辑推理工具，在应用前景上有其独特优势。（推荐人：胡泽洪）

【临界的传递逻辑：模态逻辑的濒表格性问题探究】

杜珊珊、康宏逵著，科学出版社 2017 年 8 月，266 千字

该著解决了传递逻辑格的濒表格性的语义判据，以及传递逻辑格的子格 NExtQ4 中濒表格逻辑族的基数、分类及公理化问题，展示了如何将已有的传递濒表格逻辑的结果纳入该著提出的方法和视野。全书

包括“序篇”“主篇”和“附录”。“序篇”介绍了背景知识，回顾了传递濒表格逻辑的研究发展史；“主篇”完整叙述了传递濒表格逻辑的语义判据的证明、应用过程及其他相关的研究结果；“附录”给读者提供了备查的相关知识。

（推荐人：吴昕炜）

【算术、真与悖论】

熊明著，科学出版社 2017 年 3 月，258 千字

该著通过系统梳理形式真理论，论证了形式真理论的发展事实上是“真在形式语言中的可定义性问题”与“悖论在形式语言中的可描述性问题”之间的“拉锯战”：有时人们因过于侧重在形式语言中定义真而拒悖论于形式语言之外，有时人们又过于侧重在形式语言中描述悖论而忽略了真的可定义性问题。作者通过引入塔斯基 T—模式的一个推广形式，既可以在形式语言中对悖论作出明确的描述，又可以根据这样的描述性条件建立形式语言中的真可定义条件。（推荐人：胡泽洪）

【超越审美现代性：从文艺美学到政治美学】

张盾著，南京大学出版社 2017 年 12 月

该著依据纯粹先验的、政治的理论思维，系统地批判了传统意义上的文艺美学，重新把美学建构成一门关于“存在何以可能”和“哲学何以可能”的先验形而上学。这一“清理地基”式的哲学基础理论创作，不仅对于全面反思传统的文艺美学具有理论借鉴意义，而且为如何在美学意义上解读马克思的学说提供了新的理论平面。

（推荐人：刘雄伟）

【中国审美意识通史（八卷本）】

朱志荣主编，人民出版社 2017 年

该著共分为八卷，分别是史前卷、夏商周卷、秦汉卷、魏晋南北朝卷、隋唐五代卷、宋元卷、明卷和清卷，涵盖了从石器时期到清末中国各阶层主要审美活动所表现出来的审美意识，既在时间上进一步拓展了中国美学史的研究，又在研究对象上进一步细化了中国美学史的研究。该著以文献材料与地下材料相结合的二重证据法为依托，从绘画、音乐、文学、雕塑、器物、城池、陵寝、品藻等各方面展开，全方位地探寻了中国审美意识的时代特征与历史流变。（推荐人：徐碧辉）

【先秦两汉艺术观念史（上、下卷）】

刘成纪著，人民出版社 2017 年 8 月，900 千字

该著认为先秦两汉是中国文明的轴心期，也是中国艺术最具原创性、最能彰显本土价值的时期，期间由艺术创造衍生、由哲学反思确立的艺术观念，基本规划了后世中国艺术的走向。其中，礼乐是这一时期艺术的核心命题，作为一种观念弥散于音乐、舞蹈、绘画、建筑、工艺等艺术形式中，并决定了当时城市乃至国家的整体设计。作者不仅研究了这一时期的艺术观念，而且侧重在实用、审美之外兼及艺术的象征价值。作者认为，正是通过象征，先秦两汉时期的艺术最终走向了哲学，并与当时的政治、文化发生了深入而广泛的关联。

（推荐人：江　怡）

【从形式主义到历史主义：晚近文学理论“向外转”的深层机理探究】

姚文放著，北京大学出版社 2017 年 3 月，426 千字

就 20 世纪文学理论而言，形式主义在大半个世纪中成为主流。起初俄国形式主义将“文学性”归结为语言形式的“陌生化”问题，从而在当时历史文化学派占据王座的大背景下为文学本质的本体论研究打开了新的思路。此后英美新批评主义、结构主义文论、符号学美学、解构主义文论等基本上都

是沿着这一路径前行，由此激荡而成强大的形式主义大潮。及至1980年代“后学”理论兴起，文化研究日渐挤占了文学研究的地盘，文学理论发生了从形式主义向历史主义的转向，其表征就是新历史主义、女性主义、大众文化研究、后殖民主义、生态主义等新潮理论风靡一时。1990年代以后，这些新潮文学理论的观念、方法、路径、模式发生了重大转折，呈现出与旧时迥然不同的格局。该著对于晚近文学理论从形式主义转向历史主义的路径进行勾勒，对于这一“向外转”趋势的深层机理作出深入、全面的探究，旨在为当前及今后中国文学理论的发展提供学术参照。（推荐人：徐碧辉）

【英美分析美学史论】

刘悦笛著，台湾秀威出版社2017年

该著把20世纪后半叶在西方占据唯一主流的分析美学的历史分为五个历史阶段：第一阶段为20世纪四五十年代，这是利用语言分析来解析和厘清美学概念的阶段，属于“解构的分析美学”时段，维特根斯坦的哲学分析为此奠定了基石，而此后的三个阶段均属于“建构的分析美学”时段。第二阶段为20世纪五六十年代，是分析关于艺术作品的语言的阶段，形成了“艺术批评”的“元理论”，门罗·比尔兹利可视为此间的重要代表人物。第三阶段为20世纪70年代，是用分析语言的方式直接分析“艺术作品”的时期，这一阶段取得的最高成就非古德曼莫属。第四阶段为20世纪七八十年代，这个阶段直面“艺术概念”，试图给艺术以一个相对周延的“界定”，这也成为分析美学的焦点问题，从丹托的“艺术界”理论到乔治·迪基的“艺术惯例论”都被得到广泛关注。第五阶段为20世纪90年代至今，这是分析美学的反思期，各种“走出分析美学”的思路纷纷提出，在美国就形成了分析美学与“新实用主义”合流的新趋势。

（推荐人：李修建）

【图像与意义：英美现代艺术史论】

沈语冰著，商务印书馆2017年，400千字

该著由“导论”和6章组成。作者通过对大量文本、理论及概念的深入解析，勾勒出了罗杰·弗莱、格林伯格、施坦伯格、迈耶·夏皮罗、T. J. 克拉克、乔纳森·克拉里六位现当代艺术史论大家的学术渊源、理论主旨和问题所在，涵盖了形式主义、现代主义、现代图像学、精神分析、艺术社会史以及视觉考古学等现当代艺术理论的主要范式。

（推荐人：林　晖）

【艺术－政治的未来：雅克·朗西埃美学思想研究】

陆兴华著，商务印书馆2017年4月，220千字

该著从“审美－政治”“文学的政治”“艺术的政治”“电影的政治”“在民主里搞民主”等方面探讨朗西埃的艺术－政治思想。作者首先从审美政治与政治审美这个传统话题切入，来探讨朗西埃关于“艺术是元政治”这一立场，即艺术大于政治，政治是发生于艺术所活动的感性领域之内的；其次，作者围绕朗西埃就诗歌政治、小说现实主义和工人阶级文学意识等研究，探讨“文学”是如何与政治连成一体，并成为新政治的催化剂和母体的；再次，作者探讨了“电影如何格式化新政治”这一主题，以“如何在我们时代里去拍摄正在到来的新主体”（比如说民工形象）这一点来结束；最后作者又回到政治上来，对民主、政治、人民等概念作了概述性的阐发。（蛰　泰）

责任编辑　贾红莲

译 著

【资本的限度】

［英］大卫·哈维著，张寅译，中信出版集团2017年9月，498千字

该著在马克思的总体理论框架中，以整体主义和辩证的方法，分析新的社会历史条件下资本积累的新方式、新机制与新形态，力图整合资本积累的金融方面（时间性）与地理方面（全球性和空间性），从而揭示当代世界正在发生的结构转换，并阐明我们对此结构转换的可能回应。新政治经济学批判之新正在于此。历史已经证明哈维的理论努力是卓有成效的，他所构造的理论框架与概念工具对于把捉全球化时代的资本走向大有裨益。就此而言，《资本的限度》堪称《资本论》的当代修正版。（推荐人：王金林）

【马克思还活着】

［日］不破哲三著，有邻译，中共中央党校出版社2017年11月，146千字

该著是日本共产党中央委员会前议长（党主席）不破哲三2009年为日本读者所写作的。作者在书中从三个方面比较系统地介绍了马克思的思想和人生经历，即作为“唯物论的思想家”的马克思；作为“资本主义的病理学家”的马克思；作为“未来社会的开拓者”的马克思。他指出，展望21世纪，包括现在处在资本主义制度下的各个国家在内，在世界范围内的许多地区，必将迎来一个超越资本主义、兴起建构新社会之潮流的向前发展的世纪。马克思的理论必将在未来社会的建构中发挥出它应有的威力。（推荐人：周　丹）

【恩格斯传】

［英］戴维·麦克莱伦著，臧峰宇译，中国人民大学出版社2017年3月，65千字

该著是关于恩格斯生平与思想的简明传记。麦克莱伦在三十多年前出版的《恩格斯传》第一版中力图表明，近年来人们对马克思主义的兴趣日益增加，但恩格斯的贡献经常遭到低估。这部关于恩格斯生平与思想的简明传记表明了他的重要作用，他不仅为马克思提供物质和道义上的支持，而且传播了马克思主义的种子，使很多重要的马克思主义原则得到了发展。作者认为，恩格斯是一个重要的思想家，特别是在人类学和历史学领域，而且对以往兴起的马克思主义运动产生了重大影响。与马克思相比，恩格斯的思想具有鲜明的特征。（推荐人：毕芙蓉）

【世纪】

［法］阿兰·巴迪欧编，蓝江译，南京大学出版社2017年6月

阿兰·巴迪欧是当代后马克思思潮的代表人物。该著收录了阿兰·巴迪欧的13篇讲座，它们是巴迪欧于1998—1999学年、1999—2000学年、2000—2001学年为哲学国际学院研究班开设的课程内容。巴迪欧在其中号召用内在性方法来取代外在性方法，以评价波澜壮阔的20世纪。巴迪欧将20世纪描述为“野兽”，这个新世纪

超脱于旧的世界，它是新生的，同时也是脆弱的。在该著中，可以看到一种后马克思视域中不同寻常的百年反思。

（推荐人：张一兵）

【日常生活批判】

［法］亨利·列斐伏尔著，叶齐茂、倪晓晖译，社会科学文献出版社2017年8月

列斐伏尔是现代法国思想大师，新马克思主义的代表人物之一，也是公认的“日常生活批判理论之父”。他在该著中结合超现实主义、法国黑格尔主义、尼采和存在主义等思潮，用马克思主义异化理论推进对日常生活领域的批判。在列斐伏尔看来，资本主义时代的人们生活在一个无法逃脱的符号化、抽象化、功能化时代。他把日常生活的琐碎细节作为其分析的出发点和指引，这一日常生活经验为商品侵入，其本真性被遮蔽，但它又呈现为抵抗和更新社会生活的基础。可以说日常生活蕴含了变革的需求。他坚持认为，今天的社会解放一定是总体性的，是日常生活的节日化、艺术化与瞬间化。

（推荐人：哲　态）

【诸众的语法】

［意］维尔诺著，董必成译，商务印书馆2017年10月

“诸众”一词经西方激进左翼思想家奈格里和哈特等人的发挥，已然成为思考当今世界特别是其未来走向的一个重要概念，影响巨大。而为人所不熟悉的是，在这一方面，奈格里和哈特深受维尔诺的影响。维尔诺《诸众的语法》的翻译出版弥补了这一空白，清晰揭示了这一极具分析力的概念的思想史根源：针对霍布斯提出的“人民”概念，斯宾诺莎提出了“诸众”概念。维尔诺认为，“诸众”更适合描绘我们当今的世界，它不仅仅是一个否定性概念，而是包含了丰富多样的内涵，可以帮助我们检视全球化时代的公共政治、经济、文化场域。（推荐人：王福生）

【朱子学的新研究：近世士大夫思想的展开】

［日］吾妻重二著，傅锡洪等译，商务印书馆2017年3月，400千字

该著以时间为纵轴梳理朱子学的历史传承和演变，以朱熹的相关思想和理论为横轴进行深入剖析。具体分为“《太极图》与周敦颐的研究”“朱熹的思想”“朱熹以后——附论”三大部分，全面介绍了从周敦颐到朱熹以及朱熹之后的朱子学发展状况，特别是朱熹对圣人、理、气、鬼神的思想及其宇宙观、学问观、政治观。在地域和时间上兼及中国、日本、朝鲜、美国等不同国家、不同时期对朱子学的研究。

（推荐人：任蜜林）

【儒家角色伦理学：一套特色伦理学词汇】

［美］安乐哲著，孟巍隆、田辰山等译校，山东人民出版社2017年3月，270千字

“儒家角色伦理”的初衷就是阐明儒家角色伦理当中的“关系”这个事实。该著从西方的视野切入儒家思想，认为人并非只是在肉体意义上的生命，每个人在生理上、心理上以及社会层面上是作为关系且互相合作的存在。儒家角色伦理看重人的各种特殊角色，各种特殊角色形成了约定俗成的关系样态，呈现为家庭与社会生活中的各种生活角色。在儒家思想中，这些特殊角色不仅是对人们关系的表述，它们同时也具有指示性，表明家庭与社会角色本身含有的规范意义和人们恰当的行为方向。作者努力对儒家角色伦理学作出诠释，这个诠释接受一套对“人生圆成”具有持久愿景的语汇，让它在儒家的语言体系中阐释自我。（推荐人：郇舒娴）

【中国历史中的佛教】

［美］芮沃寿著，常蕾译，北京大学出版社2017年10月，98千字

该著是关于中国佛教史研究的一部通论性著作。作者试图展示从佛教进入中国至6世纪，佛教如何适应中国文化，减少与中国本土文化的摩擦与碰撞，为儒释道三教融合打下统一的思想基础。作者还将研究视野进一步延伸至近代中国社会，检讨佛教如何在近代社会继续发挥其影响和作用，兼顾佛教在中国文化中的思想、语言和文化等方面的影响。

（推荐人：任蜜林）

【中国法华思想的研究】

［日］菅野博史著，张文良、张宇红译，国际文化出版公司2017年5月，597千字

原书系日本著名的《法华经》研究专家菅野博史教授于1994年出版的著作。该著对鸠摩罗什以来的《法华经》注释书作了全面、细致的分析，对中国南北朝以迄隋代的《法华经》理解和法华思想的展开作了全景式描述。全书分为三篇：第1篇“吉藏之前的法华经疏研究”包括：（1）鸠摩罗什、慧观、僧叡的法华经观；道生《妙法莲花经疏》的研究；（2）刘虬撰《注法华经》的逸文；（3）法云《法花义记》的研究；（4）慧思《法华经安乐行义》的研究。第2篇“吉藏的法华经疏的研究”，包括：（1）吉藏的法华经疏的基础研究；（2）吉藏的判教思想与法华经观；（3）经题“妙法莲华经”的解释。第3篇“《法华经》信解品的譬喻解释与判教思想”包括：（1）道生《妙法莲华经疏》的相关思想；（2）法云《法华义记》中的相关思想；（3）吉藏的法华经疏中的相关思想；（4）智者大师与灌顶《法华文句》的相关思想。（推荐人：邢雅杰）

【早期道教的混沌神话及其象征意义】

［美］吉瑞德著，蔡觉敏译，齐鲁书社2017年11月，450千字

该著从比较宗教史的角度出发，研究了中国道教的一些早期经典文献，如《道德经》《庄子》《淮南子》等，并指明“混沌”作为道教的母题之一，其神话的寓意带有救赎的性质，将“道”在宇宙、社会及个人生活等方面的作用比作基督教神学中的“永续受造”，而“混沌”这种原初的形态和法则，对“道”的理念和实践具有根本意义。尽管书中有些提法还有争议性，其独特的探索和发现对中国乃至世界范围内的道教研究具有重要的学术价值。（推荐人：任蜜林）

【劳特利奇哲学史（10卷本）】

［英］帕金森、［加拿大］杉克尔主编，冯俊等编译，中国人民大学出版社2017年5月

《劳特利奇哲学史》（10卷本）是西方世界在走向21世纪时出版的一部代表当今世界西方哲学史研究领域最高学术水平的丛书。它对从公元前6世纪直到现在的西方哲学史提供了一种编年式的考察。各章都以浅近的风格写成，每一章的作者都是这一领域公认的专家，约一百三十多位，来自英国、美国、加拿大、澳大利亚、爱尔兰、法国、意大利、西班牙、以色列等国的著名大学和科研机构。汉译版《劳特利奇哲学史》的翻译历时15年。它可以被看作一套西方哲学史的百科全书，集研究性和阅读性于一身，对于汉语哲学界研究西方哲学的发展有着重要的意义。

（推荐人：孔祥润）

【城邦与灵魂：费拉里《理想国》论集】

［美］G. R. F. 费拉里著，刘玮译，译林出版社2017年10月，220千字

该著追寻柏拉图在《理想国》中留下

的明显线索，即在城邦结构和灵魂结构之间的类比，重新反思了它的核心主题，以及这个线索的本质和目的，并将此类比置于古代修辞理论和当时的思想竞争这两个大背景之中。作者挑战了利奥·施特劳斯、伯纳德·威廉斯、乔纳森·李尔的诠释，颇有说服力地向读者揭示了城邦与灵魂的关系以及僭主政治与哲学家的选择。

（推荐人：詹文杰）

【普鲁塔克的实践伦理学：哲学的社会动力】

［比利时］胡芙著，万永奇译，华夏出版社 2017 年 8 月，300 千字

普鲁塔克是罗马帝国时代的希腊语作家、哲人、史学家。他遗留下令人惊讶的大量著作，由七十多篇内容多样的著作组成的《伦语》（*Moralia*）强调了普鲁塔克非传记作品中伦理学的显著地位。《伦语》中许多篇章的主要目的在于激发读者反思美德、幸福以及如何生活。这些既是古代伦理学的中心要素，也是当代实践伦理学的中心要素。该著所关注的正是这些严格意义上的伦理作品，内容分为两大部分，第一部分题为“普鲁塔克的实践伦理学著作”，系统研究了普鲁塔克实践伦理学著作的一般特征；第二部分题为“普鲁塔克的实践伦理学”，着重研究五个具体文本，它们共同组成了普鲁塔克实践伦理学的代表文本。书中提出“哲学的社会动力”概念，突出了文本与所处社会语境之间的动态作用。（推荐人：邬舒娴）

【论第一原理】

［英］司各脱著，王路译，商务印书馆 2017 年 11 月

该著是中世纪哲学家司各脱探讨上帝与第一原理之间关系的重要著作。作者从第一原理角度解释了他对上帝的认识，其中涉及一些哲学概念和基本问题。他对于存在概念的探讨在中世纪经院哲学家中独树一帜，对上帝是否“存在”（存在这个概念是否适用于上帝）进行了缜密分析，找出了安瑟伦先天证明的不足，动摇了阿奎那的后天证明。（推荐人：任　丑）

【激情与行动：十七世纪哲学中的情感】

［英］苏珊·詹姆斯著，管可秾译，商务印书馆 2017 年 8 月

该著是研究早期现代情感理论的破冰之作，它探索了情感在 17 世纪哲学家对人类心灵与身体的认知中占据何种地位，以及 17 世纪哲学家认为情感在理解与行动中发挥着何种作用。作者纵览了古典时代和中世纪关于激情的学术遗产，阐明了它们是怎样被吸纳到 17 世纪的各种新哲学理论之中的。她考察了情感与意志、知识、理解、欲望、能力的关系，对当时哲学界的大量相关著作进行了全新的分析和解读，并确立了一个事实：若欲全面了解这些作者，就必须将他们对人类情感生活的讨论纳入考虑。此外，该著还探究了当代关于思维与肉体、情感与知识之间关系的讨论，尤其是女性主义哲学领域内的讨论。这部开拓性的研究将使我们重新理解人类关于心灵的观念是如何形成的，也为 17 世纪如火如荼的情感研究提供了完整的历史语境。

（推荐人：邬舒娴）

【康德《纯粹理性批判》哲学概念系统引校】

余治平编译，中国社会科学出版社 2017 年 10 月

该著聚焦于《纯粹理性批判》，对其中的哲学概念、术语进行辑录、比类、翻译和集校，简洁明了地呈现出先验哲学的精髓。该著注重从德文原著出发，凸显康德的写作特点，还原语境，勾沉互证，在概念使用中理解概念，挖掘同一个概念在不同章节、不同段落中的特殊规定，并力

求抓住概念的相关性，着眼于概念与命题之间、概念与问题本身之间、概念与概念之间的关联分析和脉络清晰，沉入实实在在的概念使用氛围中，通过交代概念出现的具体语境而向读者呈现概念本身的界定。作者删繁就简，去除芜杂，遴选重点。全书以词条分疏归类，所有概念按照出现顺序逐一排列，清晰有序，方便征引。读者可迅速查对先验哲学体系的诸多概念，以便阅读康德经典文本，进而在义理上消化和吸收批判哲学。（推荐人：马寅卯）

【黑格尔全集（第6卷）】

［德］黑格尔著，郭大为、梁志学译，商务印书馆2017年4月

《黑格尔全集》第6卷的副标题为“耶拿体系草稿（I）”。收入本卷的22篇手稿是黑格尔于1803—1804年冬季学期在耶拿大学为讲授“思辨哲学体系”课程而写的讲义残篇，也是已知的黑格尔系统阐发的第一部“思辨哲学体系”。与成熟时期的《哲学全书》相比，《耶拿体系草稿（I）》只包括“自然哲学与精神哲学讲稿残篇”，缺失“逻辑学与形而上学”部分，因而也被称为“实在哲学I”，历来被视为研究黑格尔思想创生与发展的重要历史文献。本卷根据北莱茵－威斯特伐伦科学院编辑的历史考订版《黑格尔全集》第6卷译出，并结合中国读者的特点编写了大量的译者注释。（推荐人：古　荒）

【精神现象学（句读本）】

［德］黑格尔著，邓晓芒译，人民出版社2017年12月

黑格尔的《精神现象学》构思深宏，是西方哲学史上最重要的作品之一，但其行文诘屈，也是西方哲学史上最难解的作品之一。相较于此前的贺麟、王玖兴译本和先刚译本，邓晓芒教授的新译本有着鲜明的特点：第一，该著的翻译基于译者对原著的精深研究，译者曾围绕该著撰写了大量的学术论文和专著，并连续数年开设课程，对原著进行了真正一字一句的解读；第二，该著的翻译秉承译者一贯的翻译理念，追求与原文在词句和语法上的严格对应，为学界提供可靠的研究版本；第三，该著力图通过翻译发展汉语的哲学表达能力，对黑格尔的诸多哲学术语作出了新的汉译尝试。（推荐人：丁三东）

【自身关系：关于德国古典哲学奠基的思考与阐释】

［德］迪特尔·亨利希著，郑辟瑞译，中国人民大学出版社2017年12月

迪特尔·亨利希是当代德国著名哲学家，师从伽达默尔。他以“自身意识”概念为核心，对德国唯心论传统进行了创造性的阐释，在当代欧陆和英美学界都产生了广泛影响。该著是亨利希在此方面研究的代表作之一，收录了七篇重要论文，围绕“自身关系”重新诠释了德国唯心论传统，并探讨了三种形式的自身关系，即道德意识的自身关系、意识中的自身关系和终极思想中的自身关系，以体系化的方式展示了“自身关系”的复杂性和历史性。该著结合了诸多当代哲学的前沿问题，为我们理解德国古典哲学提供了一个独特的视角。（推荐人：哲　泰）

【人生道路诸阶段】

［丹麦］克尔凯郭尔著，京不特译，商务印书馆2017年4月

该著是存在主义先驱克尔凯郭尔的主要著作。克尔凯郭尔借威廉·奥海姆之名，以讲述回忆录和给读者的信的形式，讨论了人生道路的诸阶段，它开始于审美阶段，经过伦理阶段，最后抵达最神圣的宗教阶段。克尔凯郭尔希冀我们剥离审美生活中不断幻灭的假象和刹那而过的愉悦，用锐利的眼光发现潜藏的不幸与苦楚，突破伦

理生活的边缘，最终将灵魂升华到静穆的宗教阶段。（推荐人：任　丑）

【从卢梭到尼采：耶鲁大学公选课】

［美］弗兰克·M. 特纳、［英］理查德·A. 洛夫特豪斯著，王玲译，北京大学出版社 2017 年 7 月

弗兰克·M. 特纳是当代最为杰出的文化史及思想史大师之一，他在耶鲁大学开设的系列讲座公选课“欧洲思想史”犹如一座丰碑，数年来一直吸引着众多学子。这门课程“透彻、易晓、措辞优美，没有晦涩的术语”，揭示社会观念与思潮的演变，勾勒诸位思想巨擘的形象与命运，从而提炼出自启蒙运动到 20 世纪初叶欧洲思想史的精华，展现了在那个急速变革时代欧洲历史的波澜起伏。《今日牛津》杂志编辑理查德·A. 洛夫特豪斯将特纳的授课录音及相关文字素材编排整理，汇集成书。该著展现了特纳这位首屈一指的历史学家对于现代欧洲思想形成过程的睿见；同时，这本书牢牢扎根于史实和传记档案，也是讲授思想史的绝佳范例。（推荐人：韩　骁）

【现代社会的形成：1500 年以来的社会变迁】

［英］玛丽·伊万丝著，向俊译，中信出版社 2017 年 4 月，116 千字

现代性标志着理性的觉醒，更是人性的一次历险。现代性问题的复杂性不在于时代的曲折，而在于碎片化的解读。该著将抽象逻辑转化为鲜活的历史画面，置琐碎问题于宏观背景当中，生动而不乏体系关怀，抽象而不失历史底蕴。围绕着欧洲文明的特殊性与全球化进程的普遍性，作者追根溯源，将问题延伸至人性的解放、女权的兴起、资本的本质、价值观的变迁以及社会主义的探索，从历史视角描绘了未来的不确定性，呈现了现代人独有的困惑，为现代性问题奠定了史学基础，又为史学研究确立了哲学内涵。作者的观点颇具启示性，现代性社会成就与挑战共存，其历史进程尚未终结，未来并不明朗，因此，人之解放情怀应常驻于心。

（推荐人：田　明）

【现象学：一部历史的和批评的导论】

［爱尔兰］德尔默·莫兰著，李幼蒸译，中国人民大学出版社 2017 年 7 月

该著为著名现象学家德尔默·莫兰（Dermot Moran）的代表作。莫兰根据几十年来的出版资料，对现象学运动中的五位代表性德语哲学家（布伦塔诺、胡塞尔、海德格尔、伽达默尔和阿伦特）和四位代表性法语哲学家（列维纳斯、萨特、梅洛－庞蒂和德里达）的丰富学术思想，作了深入浅出的论述。该著出版后次年即荣获巴拉德现象学杰出著作奖，并成为各大学有关现象学研习的教学参考书。该著的另一个特点是，除哲学家本人的思想背景和主要理论的论述之外，不仅对各相关理论提出批评性解读，而且附有关于哲学家在政治、社会、文化生活等方面的细节描述，也因此增加了本书的吸引力。（推荐人：蛰　泰）

【从经验立场出发的心理学】

［德］弗兰兹·布伦塔诺著，郝亿春译，商务印书馆 2017 年 8 月，250 千字

该著是布伦塔诺最具代表性的著作。“意向性”这个对现象学及心灵哲学都产生了重要影响的现代哲学概念正是在该著中最先被提出的。该著对明证性心理现象的分类及其关系的描述开创了一条通向“自知之明”的现代“人文心理学”道路，这与以冯特为代表的观察－实验心理学形成鲜明对照。全书分为两卷。第 1 卷题为“作为一门科学的心理学”。作者阐明了当时各种心理学方法及研究的可取之处与不足。第 2 卷题为“心理现象概论”，分别就“心理现象”与“物理现象”的区别、“内意识”或“内知觉”、意识的统一性、

心理现象的划分原则、心理现象的三种类型及其关系等问题进行了详尽讨论。正文之后附有作者第2版添加的一些补充性内容，这对理解其后续思想的发展与变化大有帮助。（推荐人：徐 榕）

【被动综合分析：1918—1926 年讲座稿和研究稿】

［德］埃德蒙德·胡塞尔著，李云飞译，商务印书馆2017年7月

该著被收入《胡塞尔全集》第11卷，是对胡塞尔著名的“发生学的逻辑”讲座的选编，其核心任务是探讨感知、再回忆和期待等直观的意识方式。通过对意识之被动性领域的分析，胡塞尔探讨了真理与感知、再回忆、期待等意识现象的关系，并尝试阐明真理如何在意识领域中起源。因此，《被动综合分析》可被归结为关于“真理的起源”问题的发生现象学研究。

（推荐人：哲 泰）

【现象学的心理学：1925 年夏季学期讲稿】

［德］埃德蒙德·胡塞尔著，游淙祺译，商务印书馆2017年7月

该著被收入《胡塞尔全集》第9卷。胡塞尔在这部讲稿里对于自己的思想发展历程作了回顾，反思了早期的心理主义立场，正式提出“现象学心理学”的名称，并发展出“现象学心理学还原”。现象学心理学旨在研究在世界中的自然人所具有的心理现象的本质，即意向性。不同于纯粹的先验现象学，现象学心理学尚未对世界进行悬搁，它所关注的是生活在世界中、与世界有所交涉、甚至相互交融的主体，而非与世界无所交涉的超然主体。该著是研究胡塞尔中后期思想的重要文献。

（推荐人：哲 泰）

【黑格尔】

［德］马丁·海德格尔著，赵卫国译，南京大学出版社2017年7月

该著被收入《海德格尔全集》第68卷，由两篇论文组成：《否定性》和《对黑格尔〈精神现象学〉之“导论”的讲解》。在《否定性》中，海德格尔围绕黑格尔的重要概念“否定性”，对黑格尔的“有”“无”“变”等概念进行阐释，概要性地列出了研究黑格尔的思路和计划，是研究海德格尔对黑格尔思想之解构的珍贵一手资料。《对黑格尔〈精神现象学〉之“导论”的讲解》不同于海德格尔的经典文章《黑格尔的经验概念》对“导论”的逐段阐释，而是将“导论”概括为五个部分进行解释。它与《黑格尔的经验概念》和《海德格尔全集》第32卷《黑格尔的精神现象学》共同构成了海德格尔对《精神现象学》的完整阐释。

（推荐人：哲 泰）

【黑格尔的精神现象学】

［德］马丁·海德格尔著，赵卫国译，南京大学出版社2017年7月

该著被收入《海德格尔全集》第32卷，主要包括海德格尔在1930—1931年冬季学期在弗莱堡大学讲授黑格尔《精神现象学》的讲座文稿。海德格尔在书中对《精神现象学》前两部分“意识”和“自我意识”进行了详细阐释，是海德格尔解释黑格尔的重要文献，可与《黑格尔的经验概念》一文对《精神现象学》“导论”的解释相互补充。（推荐人：哲 泰）

【海德格尔与荣格通信集】

［德］君特·菲加尔著，张柯译，南京大学出版社2017年5月

海德格尔极为重视恩斯特·荣格的作品和思想，他认为荣格是现当代最接近尼采之思想境界的人物，在所有观察现代处境的人当中，荣格最为冷静和犀利。荣格同样非常推崇海德格尔的思想，两人之间

持续着一种思想家之间的珍贵友谊。该著收录了他们数十年间的大量通信，还收录了《超越线》和《论存在问题》（原名《关于线》）这两篇重要论文，无论对海德格尔思想还是荣格思想的理解与研究都具有重要意义。（推荐人：张一兵）

【海德格尔与布洛赫曼通信集】

［德］约阿希姆·W. 斯托克著，李乾坤、李逸超译，南京大学出版社 2017 年 1 月

该著在 1989 年海德格尔诞辰 100 周年之际编辑出版，收录了德国哲学家马丁·海德格尔同教育学家伊丽莎白·布洛赫曼之间的 107 封信件，时间横跨半个世纪，是研究两人思想，特别是海德格尔思想发展的珍贵资料。（推荐人：张一兵）

【哲学大纲】

［英］伯特兰·罗素著，黄翔译，商务印书馆 2017 年 1 月

该著是罗素运用分析哲学的方法研究认识论和形而上学的重要著作，它探讨了人的外在环境、物理世界、内在心智、世界本体四类认识论和形而上学问题。罗素的早期研究带有现象学色彩，研究成果凝结在《哲学问题》《我们关于外在世界的知识》等著作中。中期研究反映在《心的分析》《物的分析》等著作中，将早期研究扩展到心理认知层面，构筑了罗素式的经验主义认识论框架，并为后期的《意义与真理探讨》和《人类的知识》的完成奠定了基础。《哲学大纲》是中期成果的简介和汇报。它条理清晰、例证丰富，包含了部分罗素中国之行的哲学演讲，对于中国读者有特殊的意义。（推荐人：任 丑）

【皮尔士和刘易斯的归纳理论】

［美］成中英著，杨武金译，中国人民大学出版社 2017 年 5 月，240 千字

该著于 1969 年由荷兰尼伊霍夫（Martinus Nijihoff）出版社出版，是成中英教授在其哈佛大学的博士论文的基础上撰写的论著，全书深入系统地研究了皮尔士和刘易斯关于归纳的本质的思想，比较了他们思想的异同点，客观地评价了他们对澄清归纳有效性所作的贡献，同时提出了自己的观点，即归纳既是一种推论，也是一种需要重构的方法。（推荐人：邢雅杰）

【杜威全集补遗卷：非现代哲学与现代哲学】

［美］约翰·杜威著，孙宁译，华东师范大学出版社 2017 年 12 月，364 千字

1947 年，美国最重要的哲学家、教育家和公共知识分子约翰·杜威将他的最后一部手稿遗忘在了出租车后座上。近七十年之后，这部手稿在南伊利诺大学加本戴尔分校特殊收藏馆的杜威文献中被发现，并以《非现代哲学与现代哲学》为题由南伊利诺大学出版社编辑出版。这部手稿的失而复得和最终出版具有重要的历史意义，它不仅对杜威的晚期思想进行了正面而详尽的阐述，还最终解决了美国思想史研究中的一个谜团。中译本由复旦大学哲学学院孙宁翻译，作为《杜威全集补遗卷》收入由复旦大学杜威中心组织翻译、华东师范大学出版社出版的《杜威全集》中文版，对国内的杜威和实用主义研究具有重要意义。

（推荐人：陈亚军）

【思维的本质】

［美］杜威著，孟宪承、俞庆棠译，台海出版社 2017 年 12 月

该著是美国教育家约翰·杜威的代表作。杜威认为教育必须以反省思维为目的。杜威在书中运用了大量日常生活中的案例，详细阐述了我们进行思考时的不同过程。全书共分三篇，重点关注思维训练的问题，主要说明什么是思维、反省思维的必要性、

固有的知能与思维训练、学校的情境与思维训练。（推荐人：杜国平）

【解释的冲突：解释学文集】

［法］保罗·利科著，莫伟民译，商务印书馆2017年12月

该著为法国著名哲学家保罗·利科的重要著作。作者在书中探讨了解释学、现象学、心理分析、结构主义、符号学、语义学、存在论等思想领域的问题。这些思想流派对纷繁的社会现象提出了对立的解释。作者承认了这些对立的解释的有效性，认为它们之间的冲突体现了解释具有不可化约的多元性，因此，他提出了自己的反思性解释。这种解释不是要消弭各种解释之间的冲突，而是要重建它们之间的对话，通过对既显又隐的多重语义学意义进行阐释，从而以反思为桥梁，超越横亘在现象学与心理分析、符号学和结构主义之间的沟壑。（推荐人：任　丑）

【阿伦特：关键概念】

［美］帕特里克·海登编，陈高华译，重庆大学出版社2017年4月

汉娜·阿伦特是20世纪最伟大、最具原创性的思想家、政治理论家之一，该著呈现了一份对阿伦特全部思想的概览和导引。书中收录的多篇论文关注了阿伦特思想中的几个重要范畴——人的境况、现代性的危机、政治和公共世界，并讨论了她主要著作中的关键概念，如行动、权力、公正、邪恶和社会性，为初次学习和希望更深入了解阿伦特思想的读者提供了一个易于进入且方便查阅的指引。

（推荐人：林　丹）

【当下的哲学】

［法］阿兰·巴迪欧、［斯洛文尼亚］斯拉沃热·齐泽克著，蓝江、吴冠军译，中央编译出版社2017年3月

该著是巴迪欧与齐泽克针对“哲学是否应该干预世界”所作对话的记录，包括对两人各自的观点概述，以及一次激烈的辩论，从中可以看出两人之间存在怎样的一致性与分歧。根据巴迪欧所言，哲学除了干预与担当外，什么也不是，哲学不会被学术性的学科所限制，它是陌生的、新的，它以“所有”的名义进行言说；齐泽克则与人们期待的相反，他认为哲人必须介入时代的诸种关键性问题中，但他无法为这种介入提供任何方向，这表明“问题问得不对”，他认为改变论争所使用的术语、把哲学定格为反常性与溢出会是一种有效的做法。该著既是一封哲学讨论的邀请函，也是了解两位今天最具争议的哲学巨擘的思想导引。（推荐人：哲　泰）

【认知与存在：迈克尔·波兰尼论文集】

［英］迈克尔·波兰尼著，［美］马乔里·格勒内编，李白鹤译，南京大学出版社2017年7月，225千字

该著是由马乔里·格勒内在1969年编辑的一本论文集，其中收录了迈克尔·波兰尼在20世纪60年代撰写的十余篇论文。编者将这些论文按内容分为“社会和对社会的理解”“科学的本质”“意会认知”“生命与心灵”四个部分。在这些论文中，波兰尼运用他的意会认知理论，对科学的历史和方法，对有关知觉、共相、归纳、身心关系等传统哲学问题，对自然界的生命层级体系等进行了独具特色的分析和探讨。（推荐人：朱松峰）

【心灵和宇宙：对唯物论的新达尔文主义自然观的诘问】

［美］托马斯·内格尔著，张卜天译，商务印书馆2017年9月

托马斯·内格尔是当代西方哲学界政治哲学、伦理学和心灵哲学领城内的领军人物。他在该著中用精短的篇幅讨论了一

个科学哲学中最基本而又繁复的大问题——人类的心灵或所谓的“主观世界”之“起源”究竟是什么。作者论述的目的并不是给出答案，而是将在更深入的层次上提出这些问题，并逐一揭露科学哲学主流观点的谬误与不全面。作者以新达尔文主义（依托于进化逻辑的还原论）解释世界的核心逻辑为主要标靶，旨在论证“新达尔文主义为什么是错的”，并为正确的答案提供若干开放性讨论的方向。

（推荐人：哲　态）

【论人的尊严：人格的本源与生命的文化】

［德］瓦尔特·施瓦德勒著，贺念译，人民出版社 2017 年 9 月，205 千字

该著由著名德国哲学教授瓦尔特·施瓦德勒于 2012 年所著，是一部从西方人文精神内部思考“人的尊严”的重要哲学专著。“人的尊严”是攸关全人类生存意义和生命权利的根本性思想命题。施瓦德勒教授认为人的尊严是所有人权的哲学性基础，只有真正理解了人的尊严问题，才能找到保障人权的充分理由。全书分为七章，分别对人是什么、人的本性、人的义务、自然法与人的自由、人的权利、人的人格和生命的文化等问题进行了深入的探讨，并思考了我们应该如何正确理解和面对上述问题。（推荐人：邬舒娴）

【逻辑与哲学：现代逻辑导论（第 9 版）】

［美］保罗·蒂德曼、［美］霍华德·卡哈尼著，张建军、张燕京等译，中国人民大学出版社 2017 年 9 月

该著是迄今为止国际上最畅销的现代逻辑基础教程。该教程提供了关于逻辑学的全面介绍。教程的前两部分通过伴以清晰阐释的循序渐进式训练，带领学生从语句逻辑通达一阶谓词逻辑。第三部分则覆盖逻辑学中其他比较稳固的范围，包括亚里士多德逻辑、归纳逻辑、模态逻辑、认知逻辑和道义逻辑。全书以清晰、准确的理论阐释见长，并辅以精心搜集、设计的例题、习题及部分习题解答，生动体现了逻辑学在哲学及相关学科中的应用价值，同时也通俗地阐释了当代逻辑与逻辑哲学领域的一些前沿问题。（推荐人：蛰　泰）

【一百囚徒与一个灯泡】

［荷兰］汉斯·范·狄马斯、巴塔德·寇易著，马明辉译，科学出版社 2017 年 3 月，268 千字

该著的内容是 11 个经典的逻辑谜题，这些谜题非常具有挑战性，答案往往出人意料。这些谜题表面上看起来是自相矛盾的，但是对它们的解答是围绕知识宣告来进行的，解答过程也完全能够以数学模型的方式严格化。全书每一章处理一个谜题，作者经过详细地分析，最终引导读者获得解答。对于不具备数学技术性知识的一般读者和学生来说，标题命名的谜题“一百囚徒与一个灯泡”是对认知逻辑的趣味性导论。而掌握一些数学技能的学生和教师，可以把该著当作导论性教学和进一步研究的参考书。（推荐人：刘新文）

【伦理学与哲学的限度】

［英］B. 威廉斯著，陈嘉映译，商务印书馆 2017 年 6 月

该著被广泛认作 20 世纪最重要的哲学著作之一。威廉斯在这本书里以苏格拉底之问——人应该怎样生活——为起点，力图从一些最富意义的方向来探究道德哲学所取得的发展中存在哪些问题，以此探明伦理学乃至哲学的位置。威廉斯强有力地批判了几种具有代表性的伦理学理论，如亚里士多德传统、康德传统以及近代的契约主义理论和功效主义理论，以一种崭新的方式带领我们重新感知、反思和理解人类伦理生活。（推荐人：梅剑华）

【伦理学原理】

［英］乔治·爱德华·摩尔著，陈德中译，商务印书馆 2017 年 4 月

直到 19 世纪末，伦理学与规范伦理学都是同一概念。1903 年，摩尔的《伦理学原理》出版，宣告了另一种伦理学即元伦理学的诞生。此后半个多世纪，元伦理学在西方伦理学界一直居于主导地位。20 世纪 60 年代以后，随着美德伦理学的兴起以及道德心理学研究的复兴，伦理学研究呈现出了规范伦理学、美德伦理学与元伦理学鼎足发展的局面。由于摩尔的《伦理学原理》具有开创性的意义，因此被列选为 20 世纪前半叶唯一一部伦理学经典名著。该著为陈德中研究员的全新译本。

（推荐人：蛰　泰）

【从道德到美德】

［美］迈克尔·斯洛特著，周亮译，商务印书馆 2017 年 10 月

近年来，美德伦理学的复兴成为道德哲学领域最为重大的事件之一。迈克尔·斯洛特作为美德伦理学领域的领军人物，在该著中提出，美德因其直觉和结构特性而明显优于康德主义、功利主义和常识道德。他试图提出一种独特的美德伦理学，一方面，它聚焦于品格，并以德性论概念作为理论基础；另一方面，它又不依赖于特定的道德概念，而更加青睐不具特定道德意涵的、“中性”的德性概念。这种独特的美德伦理学将有助于我们发掘美德的相对优势，克服功利主义、康德主义在自我关切和对他人的关切之间的不平衡。

（推荐人：哲　态）

【伦理学核心术语】

［芬兰］奥斯凯瑞·库塞拉著，龚群译注，外语教学与研究出版社 2017 年 5 月

该著以言简意赅的方式介绍了西方伦理思想史，全书分为三个部分：“概念”“思想家”“著作”。在第一部分，作者选取了西方伦理史上具有代表特征的 26 个核心概念进行介绍，如善、恶、权利、义务、正义、自由、情感、关爱等。在第二部分，作者选取了对西方伦理史发展具有奠基性意义的 6 位哲学家予以评论，包括苏格拉底、亚里士多德、休谟、康德、尼采以及列维纳斯。第三部分介绍从古希腊到当代的一系列西方伦理史的重要著作，分别是《国家篇》《尼各马可伦理学》《道德形而上学奠基》《功利主义》《伦理学原理》和《正义论》。全书语言精练，详略得当，可以为伦理学入门者“鸟瞰”西方伦理学全貌提供帮助。

（推荐人：庞俊来）

【道德的演化】

［新西兰］理查德·乔伊斯著，刘鹏博、黄素珍译，译林出版社 2017 年 6 月

该著是一本具有敏锐洞察力的道德哲学著作。人类道德是先天存在的吗？要理解“我们是谁”的问题，就必须对这一问题给出回答。作者理查德·乔伊斯不仅从道德哲学反思的层面，而且也从社会学与生物学等多学科的层面对这一问题进行了深入的论证。如果人类道德是先天存在的，那么它就很难有效地回应怀疑主义者的批评；如果人类道德是后天演化出来的，那么道德的权威性就会因为现实主义的解答而被削弱。作者深刻地认识到了我们智力能力的局限性，我们无法完全解决这一问题，但是可以尽力展现这一问题的困难所在。这也是本书最大的价值。

（推荐人：姚大志）

【人类道德自然史】

［美］迈克尔·托马塞洛著，王锐俊译，新华出版社 2017 年 11 月，155 千字

该著基于对类人猿和人类儿童进行比较研究的大量实验数据，重构了早期人类逐渐成为具有超强合作精神和道德观念的

物种的过程。托马塞洛讨论了两个关键的演变阶段，第一阶段发生在生态挑战迫使早期人类与伙伴一起寻找食物的时期。为了协调好这些合作活动，人类形成了共同意向性认知技能，这使得合作伙伴双方都清楚用来管理每个角色的规范性标准。演变的第二阶段发生在人类人口增长、劳动分工变得更为复杂的时期。在这一时期出现了不同的文化群体，这些群体要求群体成员对群体忠诚，要保持一致性，并具有文化认同。在发展成为新的“我们”这一文化群体成员的过程中，现代人类形成了集体意向性的认知技能，产生了因文化而形成的、客观化了的规范。经过这两个阶段的演变，现代人类不仅拥有了适用于与个体面对面交往的第二人称道德，而且还拥有了具有群体意识的“客观”道德，使得人们在道德上服从于其所属的道德共同体。（推荐人：邬舒娴）

【伦理学中的非认知主义】

［美］马克·施罗德著，张婉译，华夏出版社 2017 年 1 月，280 千字

非认知主义是当代元伦理学中非常重要的一族理论。学界对它的定义并不统一，有从“道德判断不能为真或为假”出发来定义的。也有从“道德思想不是信念”出发来定义的，不过大致可以确定的是，典型的非认知主义代表人物包括艾耶尔、布莱克本和吉伯德等，他们都认为道德语词和普通非道德语词有着不同种类的意义。这是一部对该领域研究的导引，旨在与读者一同推导和论证如何使非认知主义取得成效。（推荐人：邬舒娴）

【理性与责任：实践理性的两个基本概念】

［德］朱利安·尼达－诺姆林著，迟帅译，北京大学出版社 2017 年 8 月，121 千字

朱利安·尼达－诺姆林基于亚里士多德和斯多亚派的古典伦理学传统，结合客观主义和实用主义的实践哲学，与主观主义以及理性主义两大思潮展开辩论，对西方伦理学主流领域里的康德理论、存在主义思潮以及目前诸多派别均有梳理讨论。该著分为“结构性理性”和“责任”两个部分，前者着重阐述实践理性当中人的行为之结构面向；后者则将“责任”这一伦理观念与现实相结合，探讨人之作为社会角色的责任结构。（推荐人：邬舒娴）

【生命伦理学：方法、理论和领域】

［荷兰］马库斯·杜威尔著，李建军、袁明敏译，社会科学文献出版社 2017 年 12 月，312 千字

该著从哲学层面介绍了生命伦理学，为读者概述了器官摘除、干细胞研究、医疗保健的公平性、环境伦理学问题、食品和农业相关问题等多个领域的主要争辩。作者意在越过简单的问题描述，为读者提供更全面理解当前生命伦理学主要争辩的方法论和理论工具，试图将生命伦理学展现为一种交叉学科，探讨其与其他学科（如法学、生命科学、神学、哲学等）的密切关系。作为一部系统的方法论意义上的概览性著作，该著对法学、医学、伦理学、哲学领域的研究者和学生具有重要的价值。（推荐人：邬舒娴）

【正义、社会性别与家庭】

［美］苏珊·穆勒·奥金著，王新宇译，中国政法大学出版社 2017 年 10 月

奥金教授基于女性主义的基本立场，对现代以罗尔斯为代表的正义理论进行了独到的批判。作者指出，现今的正义理论缺乏对女性、家庭的应有关注。家庭是培养孩童正义感的第一场所，因此，正义理论有必要延展至家庭领域。该著指出，在家庭生活中，性别不正义的一个突出表现便是无酬劳动的不均衡分配，“男主外，

女主内”似乎成了人们不予置否的“金规则”，而这一规则必然导致女性谋生能力的下降与男性生活依赖性的产生。该著以详实的论据、新颖的视角弥补了现代西方正义理论的缺失——家庭正义，凸显出培养家庭的正义感对于构建正义社会的重要性。（推荐人：庞俊来）

【知觉的悬置：注意力、景观与现代文化】

［美］乔纳森·克拉里著，沈语冰、贺玉高译，江苏凤凰美术出版社2017年9月，421千字

该著由哥伦比亚大学现代艺术与理论夏皮罗讲席教授乔纳森·克拉里撰写。它是对19世纪欧洲艺术、哲学和科技版图的一个横截面的“视觉考古学”研究。正是从这一版图上诞生了各种新元素，从而革新了现代艺术的创作和鉴赏。通过对自由/个体与工业化/大众消费之间冲突中的现代注意力的分析，并且通过对马奈、修拉和塞尚画作各尽其妙的精湛剖析，克拉里展示了他们如何实现对传统主题的表象及对其实体的重构。今日中国的艺术研究和鉴赏依然由图像学之类的传统视觉方法所主导。该著可以向国内读者和观众呈现当代哲学和科学技术的缘起，它们对艺术品的创作和鉴赏作出了极其重要的贡献。

（推荐人：刘　闯）

【道德机器：如何让机器人明辨是非】

［美］温德尔·瓦拉赫、科林·艾伦著，王小红等译，北京大学出版社2017年11月，280千字

人类即将全面进入机器人时代。计算机已经可以从事金融交易、控制电力供应和驾驶火车。很快，服务类机器人将能在家照顾老人，军事机器人可以投入战斗。该著认为，当机器人要承担越来越多的责任时，为了我们的安全，它们必须通过程序学会道德判断。在快速回顾了最前沿的道德哲学与人工智能之后，作者主张，设计某种功能性的道德指令，让人工智能机器人习得某些基本的道德感是很有必要且可行的。并且，虽然让机器人承担完全的道德责任有很远的路要走，但随着人类对道德理解的深入和完善，能接收复杂道德指令的各类服务型机器人将诞生。该著基于人类道德判断和伦理的本质，第一次深入探讨了人类在设计具有道德判断能力的机器人的漫漫征途上所面临的巨大挑战。

（推荐人：段伟文）

【科学哲学的历史导论】

［美］约翰·洛西著，张卜天译，商务印书馆2017年7月

约翰·洛西是美国拉菲耶特学院哲学教授，该著为其代表作，曾被译为12种语言。作为一部科学哲学导论著作，它为科学哲学的不同观点提供了历史阐述，特别是围绕“如何正确评价科学”这一长期存在争论的问题，对不同历史时期、派别的重要哲学家和科学家的观点给出了精当的陈述和分析。此新版结合科学哲学的当代进展，包含了关于理论评价、实验活动、科学实在论争论以及生物学哲学的新近工作等内容。（推荐人：蛰　泰）

责任编辑　韩　骁

哲学界概况

荣誉学者

（按姓氏笔画排序）

2017 年度“长江学者”特聘教授

邓安庆 男，江西瑞昌人。现任复旦大学哲学学院教授、博士生导师，伦理学学科点学术带头人，2017 年度教育部“长江学者”特聘教授。主要研究方向为德国古典哲学、西方道德哲学通史、应用伦理学。主要学术兼职为《伦理学术》主编、《实践哲学问题史文丛》主编，中华全国外国哲学史学会常务理事、德国哲学专业委员会主任，中国伦理学学会常务理事、学术委员会委员，上海市伦理学会副会长，山东大学国际莱布尼茨研究中心客座教授，西北政法大学马克思主义学院名誉院长等。在《中国社会科学》《哲学研究》、*Berliner Schelling Studien*（德国）、台湾《哲学与文化月刊》（A&HCI）、香港《道风基督教文化评论》（A&HCI）等国内外一流学术杂志上发表论文 140 余篇。出版学术著作有：《谢林》（台湾三民书局，1995）；《叔本华》（台湾三民书局，1997）；《施莱尔马赫》（台湾三民书局，1999）；《美的欣赏与创造》（湖南师范大学出版社，1997，获中国教育图书奖）；《文化建设论》（合著，第一作者，湖南人民出版社，1997，获湖南省“五个一”工程一等奖）；《康德、黑格尔哲学在中国》（合著，首都师范大学出版社，2002，获第 14 届中国图书奖）；《世界思想文化名著精读丛书——哲学卷》（花城出版社，2006）；《正义伦理与价值秩序——古典实践哲学的思路》（复旦大学出版社，2013）；《当代哲学经典——伦理学卷》（主编，北京师范大学出版集团，2014）；《启蒙伦理与现代社会的公序良俗——德国古典哲学的道德事业之重审》（人民出版社，2014，获上海市第 14 届哲学社会科学优秀著作二等奖）。还出版《论人类自由的本质及其相关对象的哲学研究》《尼各马可伦理学［注释导读本］》等西方哲学经典译著 9 部。

（叶晓璐）

刘森林 男，1965 年 7 月生，山东昌乐人。哲学博士，现任山东大学哲学与社会发展学院院长，马克思主义哲学专业教授，兼任《现代哲学》杂志副主编。1985 年本科毕业于山东大学，1988 年硕士毕业于中国人民大学，2001 年 6 月于中山大学哲学系马克思主义哲学专业获得哲学博士学位。1995 年 10 月晋升为教授。1998 年 5 月至 2016 年 10 月任教于中山大学哲学系。2016 年 10 月至山东大学哲学与社会发展学院工作，并于 2017 年获聘教育部“长江学者”特聘教授。主要从事历史唯物主义、社会政治哲学和西方马克思主义的教学和研究。兼任中国马克思主义哲学史学会常务理事、中国辩证唯物主义学会常务理事、中国应用哲学学会副会长。近期主要关注历史唯物主义现实观，中国、德国、俄国的虚无主义问题，物化问题，中外启蒙问题等。先后承担国家社会科学基金项目“历史唯物主义现实观研究”“虚无主义与历史唯物主义关系研究”，教育部人文社会科学重点基地招标项目“启蒙反思：以《启蒙辩证法》为核心的分析”“虚无主义与当代中国”“马克思主义实践哲学研究”，全国百篇优秀博士论文项目“现代性的批判反思”，广东省高层次人才项目“启蒙与虚无主义：从马克思、尼采到朱谦之”等。发表论文100余篇，出版专著7部，主编“马克思与西方传统译丛”“虚无主义译丛”。（李海涛）

张文喜　男，1961年生，浙江东阳人。现为中国人民大学哲学院教授、博士生导师。2017年度教育部“长江学者”特聘教授；中国人民大学首批杰出学者特聘教授。1987年毕业于杭州大学（后并入浙江大学）哲学系，获哲学学士学位；1995年毕业于浙江大学马克思列宁主义研究所，获法学硕士学位；2002年毕业于复旦大学哲学系，获马克思主义哲学博士学位。先后在《中国社会科学》《哲学研究》《马克思主义研究》《马克思主义与现实》《学术研究》等刊物发表学术论文240余篇，其中90余篇/次被中国人民大学《复印报刊资料》《高等学校文科学术文摘》《新华文摘》转载；代表作为《重新发现唯物史观中的法与正义》《马克思所有权批判及其相关的公平正义观》《政治哲学视阈中的治国之道》《历史唯物主义的政治哲学解读》《马克思与政治哲学现代性浪潮》；先后出版《自我的建构与解构》《马克思与海德格尔之论：颠覆形而上学》《历史唯物主义的政治哲学向度》《历史唯物主义的历史总体观》《方法与反方法：哲学与人文社会科学的思想对话》等学术专著10部；先后获得教育部优秀人文社会科学成果奖、北京市哲学社会科学优秀成果奖等。研究方向为马克思主义政治哲学、历史唯物主义、哲学基础理论。（邢雅杰）

曹　峰　男，1965年生，上海人。现任中国人民大学哲学院教授。2017年度教育部“长江学者”特聘教授。日本东京大学文学博士，曾任山东大学教授、清华大学教授。主要研究方向包括：第一，依据出土文献展开的先秦秦汉哲学研究；第二，从政治思想角度展开的先秦名学研究；第三，以中国哲学为中心的日本汉学译介与研究。出版《楚地出土文献与先秦思想研究》《中国古代“名”的政治思想研究》等多部著作，以及译著《道家思想新研究》等。发表论文100余篇，译文40余篇。专著《近年出土黄老思想文献研究》入选2014年国家哲学社会科学成果文库。曾获第2届全球华人国学大典国学成果奖、北京市第14届哲学社会科学优秀成果奖。多次主持国家社会科学基金项目，现任国家社会科学基金重大项目“黄老道家思想史”首席专家。（邢雅杰）

2017年度“长江学者”青年学者

王　俊　男，1979年9月生，浙江临海人。浙江大学哲学系主任、教授，2017年度教育部“长江学者奖励计划”青年学者。本科毕业于北京大学哲学系，德国维尔茨堡大学哲学博士，出版研究专著2部，译著5部，在《中国社会科学》、*Synthesis Philosophica* 等期刊上发表论文20余篇，目前主要研究领域为当代欧陆哲学、现象

学、跨文化哲学等。（陈 玮）

白 刚 男，1972 年 12 月生，山东昌乐人。吉林大学哲学社会学院教授、博士生导师，吉林大学哲学基础理论研究中心研究员，吉林省“长白山学者”特聘教授。2009 年获全国优秀博士学位论文提名，2010 年入选教育部“新世纪优秀人才支持计划”，2016 年入选“2015 年度中国人文社科最具影响力青年学者”，2017 年入选教育部“长江学者奖励计划”青年学者。1997 年、2003 年和 2006 年先后在吉林大学哲学社会学院获得哲学学士、马克思主义哲学硕士和博士学位。主要研究领域为马克思主义辩证法理论、政治哲学和《资本论》哲学思想，专著《回到〈资本论〉：21 世纪的“政治经济学批判”》入选 2017 年度“国家哲学社会科学成果文库”，在人民出版社、中国社会科学出版社等出版著作 4 部，在《哲学研究》《马克思主义研究》《光明日报》等报刊发表论文 100 余篇。（王福生）

费多益 女，1973 年 7 月生，江苏苏州人。哲学博士，现任中国政法大学人文学院教授、博士生导师，2017 年度教育部“长江学者奖励计划”青年学者。研究方向为科学哲学、心灵哲学、知识论；在《中国社会科学》《哲学研究》《哲学动态》《世界哲学》等期刊发表论文 60 余篇，出版专著 3 部，主持国家社会科学基金重点项目“心身关系的哲学研究”、一般项目“当代生命科学哲学发展趋势研究”，主持教育部人文社会科学重点研究基地重大项目“语境论的生物学哲学问题研究”，主持国家社会科学基金重大项目的子课题 2 项；荣获北京市第 13 届哲学社会科学优秀成果二等奖、省部级科研奖励多项。（段伟文）

高 山 男，1971 年 5 月生，辽宁辽阳人。2012 年毕业于澳大利亚悉尼大学，获博士学位，现为山西大学科学技术哲学研究中心教授，教育部“长江学者奖励计划”青年学者。兼任在线国际期刊 *International Journal of Quantum Foundations* 主编，研究领域为物理学哲学，特别是量子力学基础的哲学研究，也涉及心灵哲学和一般科学哲学等方面的问题。曾在 *Synthese*，*Studies in History and Philosophy of Modern Physics* 等国际知名哲学期刊上发表多篇英文论文，在剑桥大学出版社出版英文专著 1 部：《波函数的意义——探寻量子力学的本体论》（*Meaning of the Wave Function*：*In Search of the Ontology of Quantum Mechanics*），编著英文论文集 2 部。（王凯宁）

徐英瑾 男，1978 年 4 月生，上海人。现为复旦大学哲学院教授、博士生导师。2004 年在复旦大学哲学系获得博士学位，并获教育部全国优秀博士论文奖；2013 年晋升教授，2017 年教育部“长江学者奖励计划”青年学者，国家社会科学基金重大项目“基于信息技术哲学的当代认识论研究”首席专家。主要研究领域为人工智能哲学与英美分析哲学。代表作有：《心智、语言和机器——维特根斯坦哲学与人工智能哲学的对话》（人民出版社，2013）；《演化、设计、心灵与道德——新达尔文主义哲学基础探微》（复旦大学出版社，2013）；《唯物论者何以言规范？——一项从分析形而上学到信息技术哲学的多视角考察》（上海人民出版社，2017）。（叶晓璐）

国家“万人计划”领军人才

王新生 男，1962年2月生，河南新乡人。南开大学马克思主义学院院长，教育部“长江学者”特聘教授，马克思主义哲学专业博士生导师，入选2017年国家“万人计划”哲学社会科学领军人才、文化名家暨“四个一批”人才。主要研究领域为：马克思主义哲学、政治哲学。出版学术专著1部：《市民社会论》，主编出版物2部：《哲学视野中的社会生活》（合编）和《探索之路：南开哲学院院庆论文集》（主编）。在《求是》《中国社会科学报》《哲学研究》等报刊发表学术论文40余篇，主持和参与国家及省部级各类重大课题6项。获天津市第13届社会科学优秀成果一等奖、第4届中国高校人文社会科学研究优秀成果三等奖等多种奖项。

（卢 兴）

程志华 男，1965年生，河北武强人。现任河北大学校长助理、发展规划处处长，哲学系教授、博士生导师。国家“万人计划”哲学社会科学领军人才、文化名家暨“四个一批”人才，河北省杰出专业技术人才、河北省优秀社会科学青年专家，享受国务院政府特殊津贴。兼任中国现代哲学研究会副会长、教育部哲学教学指导委员会委员、国际儒学联合会理事、中国实学研究会理事、河北省哲学教学指导委员会主任、河北省儒教研究会副会长。主要研究方向为中国近现代儒学和中西比较哲学。近年来致力于现代新儒家研究，以牟宗三为核心，兼及从熊十力到台湾“鹅湖学派”的现代新儒家思想。在《哲学研究》《哲学动态》《中国哲学史》《文史哲》等刊物发表文章60多篇，其中多篇论文被《新华文摘》、中国人民大学《复印报刊资料》和《高等学校文科学术文摘》转载。著有《中国儒学史》（上下册）《台湾“鹅湖学派”研究》《熊十力哲学研究》《中国近现代儒学史》《牟宗三哲学研究》《困境与转型》等专著6部。主持国家社会科学基金、教育部人文社会科学基金和河北省社会科学基金项目等7项。《牟宗三哲学研究》《熊十力哲学研究》分获河北省第12届、第14届社会科学优秀成果一等奖，《台湾“鹅湖学派”研究》获河北省第9届社会科学基金项目优秀成果一等奖，《困境与转型》获2009年度教育部人文社会科学优秀成果三等奖。

（张燕京）

龚 耘 男，1965年1月生，湖南益阳人。海军工程大学政治理论系教授，武汉大学哲学博士，2017年入选国家“万人计划”哲学社会科学领军人才和文化名家暨“四个一批”人才工程。中国自然辩证法研究会理事、中国自然辩证法研究会军事技术哲学专业委员会副主任委员、湖北省自然辩证法研究会秘书长。1986年起从事马克思主义哲学、自然辩证法的教学与研究，主持国家社会科学基金、全军军事科研课题等科研项目20多项，在《人民日报》《解放军报》《参考消息》《自然辩证法研究》《自然辩证法通讯》《哲学动态》等刊物发表学术论文50多篇，20多篇论文被《新华文摘》、中国人民大学《复印报刊资料》等文摘索引、收录和转载，获军队级教学成果二等奖3项，全军政治理论研究优秀成果特别奖1项、二等奖2项。获军队院校育才奖金奖，被评为全军优秀教师、海军院校优秀政治教员、海军优秀共产党员、海军工程大学教学名师，三次荣立三等功。（海俊哲）

谢永康 男，1978 年 10 月生，贵州六盘水人。现为南开大学哲学院副教授。入选国家“万人计划”青年拔尖人才。2001、2007 年毕业于南开大学哲学系，2007—2009 年担任南开大学哲学系讲师，2010 年任耶拿席勒大学哲学系访问学者，2010 年至今担任南开大学哲学院副教授，2012 年 5 月至 2012 年 8 月任复旦大学当代国外马克思主义研究中心访问学者，2013 年 6 月至 2013 年 8 月任奥地利维也纳大学哲学系访问学者。主要研究领域为：国外马克思主义（批判理论）、马克思主义哲学基础理论、德国近现代哲学、辩证法史。出版专著《形而上学的批判与拯救：阿多诺否定辩证法的逻辑和影响》，合著《后主体性哲学的视域：马克思唯物主义的当代阐释》，合编《哲学概论》，编译《霍耐特文集》（共 3 卷）。在《中国高校社会科学》《马克思主义与现实》《求是学刊》等核心期刊发表学术论文 30 余篇，主持和参与各类科研项目 10 项。获第 12 届天津社会科学优秀成果一等奖、首届萧前哲学基金优秀著作奖等多种奖项。（卢 兴）

2017 年逝世学者

王生平（1945—2017） 男，1945 年 7 月生，山东日照人。曾任中国社会科学院哲学研究所研究员、编审，《哲学研究》编辑部主任、副主编。2017 年 2 月 4 日在北京逝世。

王生平先生于 1964 年考入大连外国语学院。1968 年毕业后任职于新华社，曾在 1972 年中日建交日本首相田中角荣访华时担任翻译。1978 年考入中国社会科学院研究生院哲学系，毕业后在中国社会科学出版社、中国社会科学院哲学研究所工作。王生平先生在中国古典哲学、美学、儒学、文学等领域建树颇丰。著有学术著作 6 部、译著 1 部，学术论文 100 余篇，共计 300 余万字。在《哲学研究》《光明日报》等专业报刊上，先后发表了《跳出“国学”研究国学》《理论与价值》《走出“哲学门”与走进“哲学门”》等一批在学界有影响的论文。出版《智慧的碰撞：偶合之谜》《“天人合一”与“神人合一”：中西美学的宏观比较》《从“同构”到“人化”之旅：中国美学掠影》《活着爱才有所附丽》《李泽厚美学思想研究》《世纪存疑：哲学伦理卷》《孟轲评传》《人与自然关系的历史生成》《命运的奥秘》《空城百万兵》等专著。译著有《存在主义美学》。

（哲 态）

李先焜（1927—2017） 男，1927 年 8 月生，北京人，祖籍湖南浏阳。中国当代著名逻辑学家、符号学家，中国语言逻辑研究的先行者、符号学研究的奠基人、名辩符号学的开拓者。原湖北大学哲学学院教授。曾任中国逻辑学会副会长、中国逻辑与语言研究会会长、中国逻辑学会符号学专业委员会主任、国际符号学会理事、东亚符号学会副会长等学术机构领导职务。2017 年 11 月 14 日在湖北武汉逝世。

李先琨教授长期致力于逻辑学和符号学研究。从 1978 年开始，大力倡导研究语言逻辑，组织全国高校逻辑学教师编写了《逻辑学》教材，创建了中国逻辑与语言研究会，创办学术刊物《逻辑与语言学习》，创立了中国逻辑与语言函授大学，对语言逻辑学科在中国的诞生和发展起了重要推动作用。他先后在《哲学研究》《哲学动态》等权威刊物上发表学术论文 100 余篇，出版学术著作 10 余部。曾荣获中国社会科学院第 2 届优秀科研成果一等奖、国家社会科学基金资助项目优秀成果

二等奖、浙江省人民政府社会科学优秀成果一等奖。（倪　霞）

李金山（1926—2017）　男，1926年4月生，河北宁河人。中国著名翻译家，中国共产党党员，中国社会科学院哲学研究所特邀研究员，享受国务院政府特殊津贴。2017年4月20日在北京逝世。

李金山先生于1946年考入北京师范大学外文系。1951年，至原中共平原省委宣传部《宣传员手册》社工作，任助理编辑。1953年，调入原中共中央华北局宣传部文教处，任干事。1954年，调入中共中央宣传部理论处编译组，任翻译兼秘书。1957年，调入中国科学院哲学研究所（即今中国社会科学院哲学研究所）《哲学译丛》（现更名为《世界哲学》）编辑部，任编辑兼秘书。1958年，转调《哲学研究》编辑部。1982年，调任中国社会科学院哲学研究所科研处副处长，并兼任《中国哲学年鉴》编辑组主要负责人之一，直至离休。李金山先生精通英文、俄文、日文，累计共译100万字的专业书籍和论文。主要译作有：《廿世纪的社会变迁》《马克思主义以前哲学发展的主要阶段》（合译）、《费尔巴哈哲学著作选集》（合译）、《哲学史》（合译）、《辩证逻辑原理》（合译）、《马克思主义哲学原理》（合译）、《黑格尔哲学》（合译）、《逻辑思想发展史——从古希腊罗马到文艺复兴时期》（合译）、《英汉韦氏大辞典》（合译）。另外，李金山先生在《学习译丛》《中苏友好报》《译文》《哲学译丛》《哲学研究丛刊》《自然辩证法通讯》《自然辩证法译丛》等刊物上，发表了50余篇译文。

李金山先生从事编辑工作30多年，曾任《哲学研究》辩证唯物主义与历史唯物主义编辑组和外国哲学史编辑组组长，《中国哲学年鉴》《世界哲学年鉴》主要负责人，并主编出版了《20世纪中国学术大辞典·哲学卷》，为中国哲学学术期刊事业的发展作出了重要贡献。李金山先生还曾任中华日本哲学会负责人、顾问，从事斯多亚学派和日本哲学的研究，产生了广泛的学术影响。晚年致力于艾思奇研究，先后主编出版了《大众哲学家：纪念艾思奇诞辰百年论集》《缅怀与探索：纪念艾思奇文选（1981—2008）》《常青的〈大众哲学〉》等一系列著作。（哲　态）

李淮春（1934—2017）　男，1934年11月生，河北丰润人。中国人民大学哲学院教授，中国人民大学出版社原总编辑，2017年11月12日在北京逝世。

1956年，李淮春考入中国人民大学哲学系，毕业后在中国人民大学哲学系马克思列宁主义教研室从事哲学教学工作。1973年起，在中共北京市委党校讲授哲学，并编辑中共北京市委宣传部和党校合办的内部刊物《理论学习材料》。1978年8月调入中国人民大学哲学系工作，并于1983年晋升副教授，1987年晋升教授。1986年3月至1993年间，学校调派李淮春教授至中国人民大学出版社工作，先后任副总编辑、总编辑，并于1990年至1993年兼任常务副社长，全面主持中国人民大学出版社的工作。

李淮春教授从事哲学教学、科学研究和出版工作38年，主编或合作著书10多部，主要有《辩证唯物主义与历史唯物主义原理》《思维世界导论》《现代思维方式与领导活动》《马克思主义哲学全书》等。其中《思维世界导论》先后获北京市、国家教委优秀学术著作一等奖，《辩证唯物主义与历史唯物主义原理》获国家教委优秀教材一等奖，《现代思维方式与领导活动》获中国优秀图书奖。他先后在《中国社会科学》《哲学研究》《教学与研究》等杂志上发表哲学论文数十篇。（邢雅杰）

张腾霄（1915—2017） 男，1915年7月生，河南洛阳人。中国共产党党员，著名教育家，中国人民大学原党委书记、副校长，中国人民大学哲学院（系）原主任，北京市哲学学会第1届副会长，中国高等教育学会第1届常务理事，第6届全国人大代表。2017年2月7日在北京逝世。

张腾霄同志早年先后在孟县高级小学、孟县师范接受了新式教育。1936年，因成绩优异留校工作。1937年入安吴堡战时青年训练班学习。自1938年先后在陕北公学、华北联合大学、华北大学与中国人民大学学习、工作。中国人民大学成立后，张腾霄两度担任中国人民大学哲学系主任。在张腾霄同志和其他优秀学者的领导下，中国人民大学哲学系成为全国哲学教学与研究的重镇。1979年，张腾霄任中国人民大学副校长，1983年担任中国人民大学党委书记兼第一副校长，全面主持学校工作。1985年，他主动要求退居二线，担任中国人民大学顾问和校务委员会委员。1987年，张腾霄开始协助主持《中国革命根据地教育史》编写工作，此书已由教育科学出版社陆续出版，全书共计100余万字，对开拓和发展党和人民教育事业作了重要贡献。 （邢雅杰）

杨祖陶（1927—2017） 男，1927年生，四川达州人。中国著名哲学家、西方哲学史家、康德与黑格尔研究专家、翻译家、教育家，武汉大学哲学学院教授与博士生导师。2017年1月22日在湖北武汉逝世。

杨祖陶先生1945年考入西南联合大学哲学系，师从金岳霖、汤用彤、贺麟、郑昕、洪谦诸教授，1950年于北京大学哲学系毕业留校任教。1959年调至武汉大学哲学系，从事西方哲学史教学与研究。曾任武汉大学哲学学院教授、博士生导师，中华全国外国哲学史学会顾问，湖北省哲学史学会名誉会长等职。

杨祖陶先生长期从事西方哲学史的研究，在德国古典哲学，尤其是康德哲学和黑格尔哲学研究方面成就卓著。他开创了德国古典哲学逻辑进程的研究，在国内外德国古典哲学研究领域首次揭示和阐述了德国古典哲学从康德到费尔巴哈及其向马克思实践唯物论发展的辩证逻辑进程，该研究被誉为哲学史方法论的典范。他创造性地研究康德哲学，在康德哲学的发展过程、体系结构和重点疑难方面提出和论证了自己独到的观点，深化和推进了国内的康德哲学研究。他创造性地研究黑格尔哲学，另辟新路研究黑格尔哲学体系，尤其是黑格尔逻辑学体系，深受国内学者好评，并得到国外同行专家高度评价。其主要著作有：《德国古典哲学逻辑进程》（国家教委高校出版社优秀学术著作奖）；《康德黑格尔哲学研究》《欧洲哲学史稿》（合著，国家教委优秀教材一等奖）；《康德〈纯粹理性批判〉指要》（合著，教育部第2届优秀社会科学成果二等奖）；《中国大百科全书》（部分条目）；《黑格尔辞典》（部分条目，第6届中国图书奖二等奖）；《回眸——从西南联大走来的六十年》等。

杨祖陶先生的哲学翻译同样成就斐然、享誉学界。他不仅以七个寒暑主导康德“三大批判”（《纯粹理性批判》《实践理性批判》和《判断力批判》）合作新译（教育部第4届优秀社会科学成果一等奖），而且还首译了黑格尔的重要著作《精神哲学》和《耶拿体系1804—1805：逻辑学和形而上学》，为德国古典哲学走进中国作出了无可替代的贡献。

杨祖陶先生一生埋头学术、心无旁骛、潜心治学，直至生命最后一刻还在思考和写作《黑格尔〈精神哲学〉导读》。他的学术研究领域虽然主要限于德国古典哲学，但他这样一种学术人格和治学精神将永世长存、泽被后学。 （吴昕炜）

金顺福（1933—2017） 男，1933年

生，浙江岱山人。中国著名逻辑学家、中国社会科学院哲学研究所研究员，享受国务院政府特殊津贴。曾任中国逻辑学会辩证逻辑专业委员会副主任、科学逻辑专业委员会副主任。2017 年 7 月 27 日在北京逝世。

金顺福先生于 1959 年毕业于莫斯科大学哲学系。历任中国社会科学院哲学研究所助理研究员、副研究员、研究员。他的主要研究方向为辩证逻辑和科学逻辑、马克思主义哲学史。出版的专著主要有《概念逻辑》《科学思维的辩证模式》，主编的著作主要有《辩证思维论》《辩证逻辑》。译著主要有《马克思主义哲学的形成》《哲学史》第 5—6 卷、《十九世纪的马克思主义哲学》等 20 多部。主要论文有《略论辩证思维》《论辩证逻辑的基本思维形式》《试析科学发展观的概念逻辑》《60 年来中国辩证逻辑研究情况回顾》等数十篇，翻译发表了《谈谈唯物辩证法与现代形式逻辑的关系问题》《论科学认识的逻辑》等论文 30 多篇。同时，金顺福先生也热心帮助支持年轻学者，影响了几代年轻学者的成长，为中国哲学、逻辑学事业的发展作出了重要贡献。

（哲　态）

臧乐源（1929—2017）　男，1929 年生，山东诸城人。中国共产党党员，中国著名马克思主义哲学家、伦理学家，山东大学哲学系教授。曾任山东大学哲学系首任系主任，山东大学校务委员会、学术委员会、学位委员会委员，全国伦理学学会理事，山东省哲学学会副会长，山东省伦理学研究会会长，《文史哲》杂志编委，于 2017 年 6 月 21 日逝世。

臧乐源先生从事马克思主义哲学和伦理学教学研究工作 50 余载，著书立说、成果丰硕，在《人民日报》《文史哲》《道德与文明》等报刊发表论文 100 余篇，撰写、主编和参加编写著作 20 余部，为山东大学和山东省哲学学科的发展壮大打下了坚实的基础。曾被山东省人民政府授予“专业技术拔尖人才”称号，被中央宣传部和共青团中央评为“全国优秀青年思想教育工作者”，享受国务院政府特殊津贴。他热心公众教育事业和社会公益活动，先后被评为“全国教育系统关心下一代工作先进个人”“全国关心下一代优秀工作者”。2014 年 11 月被评为“全国离退休干部先进个人”，赴京参加全国离退休干部“双先”表彰会，并受到习近平总书记亲切接见。

（哲　态）

潘家森（1928—2017）　男，1928 年 6 月生，广东信宜人。中国著名编辑、学者，中国社会科学院哲学研究所资深编审。2017 年 9 月在北京逝世。

潘家森先生先后就学于中山大学外语系、北京大学西语系、北京大学中文系。1978—1979 年进入中国社会科学院哲学研究所资料室从事基础资料工作，1980 年起进入《哲学动态》编辑部，先后任副编审、编审。潘家森先生在编辑岗位上兢兢业业近 10 年，为《哲学动态》的发展尽心尽责，为中国的哲学事业作出了突出贡献。他先后主持的栏目和选题有“哲学与自然”“哲学与人”“当代外国哲学流派”“西方马克思主义理论家研究”“新学科”“哲学与文化”等。潘家森先生还主编、合编论文集《哲学争论》《人性和人道主义论文集》《马克思恩格斯论人性和人道主义》《三十年来阶级和阶级斗争论文选集》《文艺辞典》等；撰写了大量学术论文，代表性成果有《马克思的〈1844 年经济学哲学手稿〉对美学的启示》《美学方法论问题》《谁是美之裁判》《主体问题的纲领性文件》《马克思的对象化理论与主客体问题》等；还出版有《潘家森诗集》，得到广泛好评。

（哲　态）

新成立的哲学教学与研究机构

（按机构成立时间排序）

中国逻辑学会非经典逻辑与计算专业委员会

2017年3月26日成立。中国逻辑学会“非经典逻辑与计算专业委员会”首届专业委员会主任为西南交通大学数学学院徐扬教授，挂靠单位为南京航空航天大学计算机科学与技术学院。委员会旨在打破学科界限，促进文、理、工等多学科融合，构建中华自主逻辑学术交流平台。

（蛰　泰）

中华孔子学会·蜀学研究会

2017年4月28日成立。四川大学舒大刚教授任会长，中国社会科学院哲学研究所陈静研究员等任副会长。学会旨在“绍先哲，起蜀学；明体用，启新知”，将联合国内外有志于继承和弘扬巴蜀文化、巴蜀学术的有识之士，整理蜀学文献，研究巴蜀学术，进而发扬以儒学为主干的中华优秀传统文化。（蛰　泰）

东北师范大学西方马克思主义现代性理论研究中心

2017年5月成立。其前身为东北师范大学“西方马克思主义研究中心”，近10年来围绕西方马克思主义研究取得一批富有创造性的成果，尤其在西方马克思主义现代性理论研究方面成果丰硕、特色鲜明，故于2017年正式更名为“西方马克思主义现代性理论研究中心”。研究中心致力于通过关注国内外现代性问题研究的前沿动态，在西方传统哲学、现代西方哲学、马克思主义哲学多重维度比照中，挖掘西方马克思主义现代性理论的合理内核、辩证性与现实性特征，为中国道路增补可能的合法性、合理性理论依据。同时，力求充分发挥现代性理论分析的现实有效性，为中国现代化建设寻取更为广博多元的理论借鉴、问题导源和现实依托。研究中心在2017年围绕该论题发表学术论文10余篇，并围绕西方马克思主义现代性理论研究问题，与人民出版社签订系列研究丛书出版计划（共15部），其中3部已于2017年出版。（马寅卯）

清华大学科学史系

2017年5月16日成立。首任系主任为清华大学吴国盛教授。科学史系将在西方科学技术史、中国近现代科学技术史、科学哲学与技术哲学、科学传播学与科学博物馆学等四个方向推进清华大学科学技术史学科建设，在本科、硕士、博士三个层次培养科学技术史专业人才，促进高校通识教育，集中力量在西方科学技术史和中国近代科学技术史两大学科方向上开展学术研究。同时，清华大学科学史系将主持清华大学科学博物馆的建设，并以此为依托建成多层次的文理融通平台。

（哲　态）

山东师范大学“中德莱布尼茨研究中心”

2017 年 5 月 24 日成立。该研究中心将依托山东师范大学的人文传统和资源优势，着重围绕莱布尼茨哲学及其最新进展、莱布尼茨的科技思想、莱布尼茨与中国文化等重要课题进行系统研究。（蛰 泰）

山东大学“国际莱布尼茨研究中心”

2017 年 5 月 26 日成立。中心一方面将依托于山东大学哲学与社会发展学院既有的德国哲学研究传统，另一方面也将大力引进莱布尼茨研究领域的专家人才队伍，加强学术交流，使中心在充分发掘莱布尼茨学术思想的基础上，成为中西方学术交流和文化交往的重镇。中心聘请武汉大学段德智教授，复旦大学张志林教授、邓安庆教授，北京师范大学江怡教授、刘孝廷教授，同济大学孙周兴教授为首批兼职教授，中心主任由刘杰教授担任。（蛰 泰）

武汉大学比较哲学与文化战略研究中心

2017 年 5 月 27 日成立。中心是湖北省人文社会科学重点研究基地，于 2016 年 10 月获批，是 21 个省重点基地之一。其前身是2004 年成立的“武汉大学中西比较哲学研究中心”。中心旨在团结全国有志于比较哲学与比较文化研究的学术力量，通过比较哲学展开哲学的理论研究，通过比较文化的研究实现为经济社会发展服务，将比较哲学与比较文化事业推向新境界。

（蛰 泰）

上海财经大学“国际儒商高等研究院”

2017 年 7 月 12 日成立。由上海财经大学与中国孔子基金会签署战略合作协议，成立海内外首家国际儒商高等研究院。该研究院将在上海财经大学与中国孔子基金会的共同支持下，研发中国当代儒商企业评价标准体系，开展中国企业文化的国际传播与“一带一路”国家战略发展、中华优秀商业文化的价值与内涵、中国传统经济哲学与社会主义市场经济、儒商精神与上海近代金融百年的历史变迁等重大现实问题研究。（程 晓）

中华全国外国哲学史学会德国哲学专业委员会

2017 年 11 月 18 日成立。学会由来自全国 40 所高校和科研机构从事德国哲学研究与教学的 100 余名学者共同发起和成立。“德国哲学专业委员会”下设会员大会、学术委员会、专业委员会理事会、理事会秘书处四个机构。“学术委员会”是学会的最高学术咨询机构，对本学会的工作进行指导；“专业委员会理事会”是学会自治的主体，统筹学会的运作；“理事会秘书处”是学会的日常运作和协调机构。

（马寅卯）

新创办的学术期刊

（按创刊时间排序）

《法国哲学研究》辑刊

由复旦大学哲学学院莫伟民教授主编，每年由上海人民出版社出版一辑。辑刊以整个法国哲学及其与德国哲学和英美哲学的互动关系为研究主题，主要从中法两个视角来审视西方哲学史发展背景中的法国哲学及其与文学艺术、语言学、史学、政治学、法学、社会学乃至自然科学等的复杂关系。论文作者主要是国内外从事法国哲学研究的知名学者、中青年学术骨干，而多位在海外留学攻读博士的青年学子更是作者队伍的新生力量。辑刊不仅发表聚焦基础理论问题和前沿学术问题研究的原创论文，还组织译者翻译著名哲学家的一些重要论文、访谈等文献。辑刊旨在为国内外从事法国哲学研究的学者们提供学术交流和思想沟通的平台，推进法国哲学研究乃至西方哲学研究。（叶晓璐）

《实用主义研究》辑刊

由复旦大学哲学学院刘放桐教授和陈亚军教授主编，每年出版一辑。作为供国内外学者开展学术交流的平台，辑刊将及时反映国内外学术界关于实用主义和美国思想文化的研究成果，并有意识地引导学界对一些相关重要问题展开深度的探讨和建设性的合作。辑刊主要有以下四个方面内容：及时反映国际学术界的最新实用主义研究成果；及时反映国内学术界的最新实用主义研究成果；介绍国内外学术界的最新实用主义研究动态；译介实用主义研究的经典文章。另外，每期中插入的美国思想文化研究专题，内容广泛整合美国哲学、思想、政治、文化研究。辑刊的目标是真正具有让国内外学界认可的学术价值，在国内外学界产生一定的影响，并成为中国实用主义和美国思想文化研究的前沿阵地。（叶晓璐）

2017年哲学学会换届情况

中国马克思主义哲学史学会第9届理事会名单

（2017年7月24日选举通过）

名誉会长： 梁树发

会　　长： 郝立新

副 会 长： 丁立群　张异宾　吴晓明　吴向东　徐素华　聂锦芳　韩庆祥　魏小萍

秘 书 长： 聂锦芳（兼）

副秘书长： 张　琳　杨　奎　李俊文　郗　戈

常务理事（按姓氏笔画排序）：

丁立群　卜祥记　丰子义　王　东　王桂泉　王晓升　王峰明　艾四林
叶险明　吕　静　吕世荣　乔瑞金　任　平　仰海峰　刘卓红　刘森林
安启念　许俊达　孙　麾　李佃来　李凯林　李俊文　李淑梅　李楠明
杨　奎　杨　耕　杨生平　杨金海　杨明伟　连　珩　吴向东　吴学琴
吴晓明　吴家华　邱守娟　邱耕田　何　萍　何怀远　张　亮　张　峰
张　琳（北京）　张　琳（宁夏）　张　雄　张　新　张双利　张异宾
张秀琴　陈　波　陈学明　陈新夏　周世兴　周向军　郇中建　单继刚
赵东海　郝立新　胡　刘　邹诗鹏　钟明华　段忠桥　侯　才　侯惠勤
宫敬才　聂锦芳　倪志安　徐志宏　徐俊忠　徐素华　郭建宁　唐正东
唐洲雁　黄金辉　康渝生　阎孟伟　梁周敏　梁树发　董振华　董德刚
韩立新　韩庆祥　靳　诺　谭培文　薛广洲　魏小萍

理　　事（按姓氏笔画排序）：

丁立群　卜祥记　于　冰　万资姿　卫　庶　马天俊　马凤强　马拥军
马俊峰　丰子义　王　东　王　巍　王凤才　王庆丰　王时中　王纵横
王雨辰　王虎学　王桂泉　王晓广　王晓升　王晓林　王峰明　王善超
王福民　车玉玲　车美萍　戈士国　毛勒堂　乌　峰　文　兵　文国伟
孔　伟　邓伯军　艾四林　左亚文　叶险明　田启波　田冠浩　代建鹏
白　刚　冯　雷　冯颜利　边立新　毕于慧　毕芙蓉　吕　静　吕世荣
吕翠微　朱辉宇　乔瑞金　任　平　任　暟　任映红　仰海峰　刘　宇
刘　军　刘　林　刘小干　刘长军　刘文旋　刘东丽　刘召峰　刘向军

刘秀萍　刘怀玉　刘卓红　刘明合　刘珍英　刘荣军　刘振江　刘森林
刘毅强　齐艳红　闫方洁　安启念　许俊达　阮　青　孙　民　孙　麾
孙乐强　孙兰英　孙伟平　孙承叔　孙要良　孙熙国　李　涛　李　锐
李　毅　李长成　李文阁　李北东　李永杰　李亚彬　李百玲　李佃来
李怀涛　李宏伟　李昕桐　李凯林　李知恕　李佩环　李金辉　李俊文
李晓光　李晓红　李晓敏　李海青　李海星　李淑梅　李楠明　李德栓
杨　松　杨　奎　杨　耕　杨　谦　杨生平　杨金海　杨学功　杨建毅
杨春长　杨振闻　连　珩　吴　波　吴向东　吴苑华　吴昕炜　吴学琴
吴晓明　吴家华　员俊雅　邱守娟　邱耕田　何　畏　何　萍　何中华
何丽野　何怀远　何建华　何建津　邹广文　邹诗鹏　汪行福　沈亚生
沈江平　宋清华　张　军　张　盾　张　亮　张　峰　张　琳（北京）
张　琳（宁夏）　张　雄　张　新　张文喜　张双利　张东辉　张立波
张有奎　张异宾　张秀琴　张定鑫　张建云　张亲霞　张艳涛　张晓萌
张维真　陈　波　陈　智　陈　媛　陈世珍　陈冬生　陈向义　陈志刚
陈学明　陈胜云　陈新夏　苗贵山　范宝舟　林　青　林　密　欧阳英
罗　骞　罗文东　罗松涛　金忠严　金瑶梅　周　凡　周　宏　周　峰
周世兴　周向军　周庆行　周志山　周嘉昕　郇中建　庞立生　郑　伟
郑　端　郑一明　郑小霞　郑忆石　郑冬芳　郑祥福　单继刚　赵　丰
赵　成　赵玉兰　赵东海　赵凯荣　郝　云　郝立新　荣　鑫　胡　刘
胡　建　胡大平　胡长栓　胡为雄　钟明华　段　虹　段忠桥　侯　才
侯衍社　侯惠勤　俞良早　郗　戈　姜延军　姜华有　姜迎春　姜海波
宫敬才　姚纪纲　姚黎君　贺翠香　秦正为　袁　方　聂锦芳　莫　雷
贾红莲　贾英健　夏　莹　夏　巍　夏国军　顾伟伟　倪志安　隽鸿飞
徐　军　徐　春　徐　洋　徐　震　徐志坚　徐志宏　徐俊忠　徐素华
高广旭　高云涌　高惠芳　高慧珠　郭丽兰　郭忠义　郭建宁　郭洪水
郭艳君　席大民　唐正东　唐昆雄　唐洲雁　唐爱军　黄　刚　黄　辉
黄　斌　黄力之　黄小寒　黄其洪　黄金辉　黄继锋　曹　飞　曹玉涛
曹泳鑫　盛立民　崔继新　崔唯航　康渝生　阎孟伟　梁周敏　梁树发
隋秀英　彭冰冰　彭宏伟　彭洲飞　董振华　董德刚　蒋　红　韩　强
韩立新　韩庆祥　韩振峰　覃正爱　覃志红　粟迎春　傅如良　焦佩锋
鲁克俭　鲁品越　曾令辉　谢永康　强乃社　靳　诺　靳书君　鉴传今
鲍刚毅　蔡永生　臧峰宇　廖和平　谭培文　谭群玉　樊　勇　黎玉琴
颜　岩　潘　宁　潘惠香　薛广洲　戴　劲　戴圣鹏　魏小萍

（王　莅）

中华全国外国哲学史学会第8届理事会名单

（2017年10月21日选举通过）

理 事 长： 张志伟

副理事长： 韩水法　丁立群　孙向晨　王　齐

秘 书 长： 詹文杰

常务理事（按姓氏笔画排序）：

丁立群　王　齐　王成兵　王建军　邓安庆　邓晓芒　刘素民　孙向晨
杨玉成　宋继杰　张　伟　张志伟　陈小文　陈建洪　陆杰荣　苏德超
尚新建　赵卫国　谢地坤　黄裕生　韩水法　韩东晖　韩林合　韩　震
傅永军　詹文杰　熊　林　潘德荣

理　　事（按姓氏笔画排序）：

丁立群　丁　耘　于奇智　王天成　王　齐　王成兵　王建军　王振林
王　路　方向红　邓安庆　邓晓芒　田　薇　包利民　朱清华　刘玉鹏
刘　杰　刘　哲　刘素民　许为勤　安　靖　孙向晨　李忠伟　李蜀人
杨玉成　吴天岳　何卫平　宋继杰　宋宽锋　张百春　张　伟　张　旭
张志伟　张　荣　张励耕　张艳芬　陈小文　陈建洪　陈艳波　陆杰荣
苏德超　佘碧平　林　晖　郁振华　罗跃军　尚新建　肖德生　单　斌
赵卫国　宫　睿　贾江鸿　聂敏里　顾　肃　钱　捷　徐龙飞　徐卫翔
姬志闯　郭大为　黄裕生　黄　超　曹剑波　崔永杰　崔延强　章雪富
梁议众　董尚文　蒋运鹏　韩水法　韩东晖　韩林合　韩秋红　韩　震
舒远招　傅永军　曾　怡　曾晓平　谢地坤　游　斌　詹文杰　熊　林
潘德荣　燕连福　戴兆国

（詹文杰）

中国伦理学会第9届理事会名单

（2017年7月15日选举通过）

会　　长： 万俊人

副 会 长（按姓氏笔画排序）：

于　丹　卫建国　王泽应　王淑芹　甘绍平　卢德之　江　畅
孙春晨（常务）　李　伟　李建华（常务）　陆晓禾　林　滨
柴艳萍　郭广银　葛晨虹　曾建平

秘 书 长： 戴木才

副秘书长： 王海滨（常务）　龚　颖

常务理事（按姓氏笔画排序）：

于　丹　万俊人　卫建国　马永庆　王泽应　王淑芹　王露璐　王　珏
王　健　邓安庆　左高山　付长珍　龙静云　卢德之　甘绍平　关健英
刘可风　刘淑萍　江　畅　江雪莲　任　丑　朱金瑞　曲红梅　孙春晨
李　伟　李建华　李培超　杜振吉　汪荣有　肖　平　陆晓禾　陈寿灿

陈进华 杨义芹 杨　明 杨通进 杨国才 林　滨 尚　伟 庞永红
袁祖社 徐雅芬 柴艳萍 郭广银 晏　辉 黄云明 曹　刚 斯　仁
葛晨虹 曾建平 靳凤林 詹世友 廖小平 鄯爱红 戴木才

理　　事（按姓氏笔画排序）：

于　丹 万俊人 卫建国 卫荣凡 马永庆 王习明 王云萍 王文东
王正平 王秀华 王青原 王国聘 王明初 王泽应 王　珏 王首民
王　健 王淑芹 王露璐 卞绍斌 邓安庆 甘绍平 左高山 龙静云
卢德之 田　丽 田海舰 冉光芬 付长珍 白玛伟色 曲红梅 朱巧香
朱　刚 朱金瑞 乔法容 任万明 任　丑 任　军 任建东 向玉乔
刘可风 刘华政 刘余莉 刘经纬 刘　科 刘美玲 刘淑萍 刘琼豪
关健英 江　畅 江雪莲 孙兰英 孙春晨 苏宝梅 杜振吉 李光辉
李　伟 李金和 李建华 李建森 李培超 李　猛 杨义芹 杨伟涛
杨秀香 杨怀中 杨国才 杨　明 杨茜茜 杨晓梅 杨通进 肖　平
肖群忠 吴玉敏 吴瑾菁 何建华 余玉花 余达淮 闵永新 汪荣有
沈　璇 宋文新 宋志臣 张　彦 陆晓禾 陈万球 陈延斌 陈庆超
陈江进 陈寿灿 陈进华 陈泽环 陈科华 陈桂蓉 陈　娱 陈继红
邵龙宝 林　滨 尚　伟 易小明 罗成翼 罗明星 岳　跃 周谨平
庞永红 单和盛 赵　平 赵　华 赵忠祥 赵美艳 赵爱玲 赵　群
钟汉川 宫晓冬 祖国华 费尚军 秦在东 秦碧霞 袁祖社 耿亚军
贾英健 柴艳萍 晏　辉 倪素香 徐大建 徐雅芬 徐　嘉 高国希
高春花 郭广银 郭卫华 郭宏伟 郭金鸿 唐文明 唐永进 唐贤秋
陶艳华 黄云明 黄东桂 黄富峰 曹　刚 曹望华 龚天平 龚正伟
龚　颖 彭怀祖 彭柏林 斯　仁 葛振国 葛晨虹 董玉整 董　辉
蒋颖荣 韩跃红 童建军 曾建平 曾盛聪 靳凤林 雷瑞鹏 詹世友
褚凤英 蔡志良 廖小平 鄯爱红 潘忠宇 薛勇民 薛晓源 戴木才
戴茂堂 戴艳军 魏长领 魏书胜 魏则胜

（中国伦理学会网站）

责任编辑　韩　骁

哲学教育

2017 年教育部世界一流大学和一流学科建设高校及建设学科名单（哲学）

（5 项）

序号	学校名称
1	北京大学
2	中国人民大学
3	复旦大学
4	中山大学
5	南京大学

2017 年哲学学科毕业博士研究生情况

（按单位名称拼音排序）

单位名称	专业	姓名	博士生导师	论文题目
北京大学哲学系宗教学系	马克思主义哲学	董　彪	丰子义	微观视域中的资本权力研究
		王　嘉	聂锦芳	“资本一般”与政治经济学批判
		任劭婷	仰海峰	自由主义的批判与超越：从黑格尔到马克思
		袁　蓓	仰海峰	阿兰·巴迪欧主体理论研究
	中国哲学	陈前军	张学智	明代荒政思想研究
		朴成浩	张学智	论郑霞谷对阳明学的思想发展
		王建宝	杜维明	富与道——以孟子为视角
		王小超	杜维明	先秦儒家的宗教性
		张　奕	郑　开	变易、对待与天理——程颐哲学研究
		吕东超	孙钦善	《春秋左传诂》研究
		吕明烜	干春松	晚清民初的《王制》学研究
		王　皓	魏常海	二程弟子与佛教的关系研究
		张　阳	张广保	《道枢》研究
		朱　雷	陈　来	明代心学气论研究
		张　朋	王　博	先秦儒家易学研究
		皮迷迷	王中江	重建儒家的普遍主义：康有为的经学革新
		朴慧承	楼宇烈	发挥祖道，建立宗风——五祖法演之顿悟宗旨与看话禅风

续表

单位名称	专业	姓名	博士生导师	论文题目
北京大学哲学系宗教学系	中国哲学	熊怡雯	楼宇烈	从“允执厥中”探析王阳明之致良知教
		许　彤	王　博	“虚无”与“形名”——先秦道家政治哲学研究
		郜建华	楼宇烈	《吕氏春秋·十二纪》中的天道观
		谢謦后	楼宇烈	法宝流通——《径山藏》的文献价值与文化传播影响
		肖力千	张广保	以数入理——邵雍《皇极经世书》研究
		刘鹤亭	陈鼓应	成玄英《庄子疏》新探
		莫悦宁	王　博	魏晋玄学的现代解读——以冯友兰、汤用彤、牟宗三的玄学理解为中心
		王　涵	李中华	刘智“会通伊儒”思想研究
		金正觉	张学智	朱熹易学中的理本论研究
		王　硕	彭国翔	管东溟三教思想辨析
		张培豫	楼宇烈	庄子的艺术精神与实践意义——一位交响乐指挥家的心得
	外国哲学	韩　骁	吴增定	胡塞尔后期现象学中的生命与世界
		姜　帆	赵敦华	雅斯贝尔斯大全学研究
		周红宇	韩林合	意义的规范性与社会实践
		董　心	叶　闯	干涉主义对心灵因果性的讨论
		汪志坚	韩水法	罗尔斯平等主义思想研究
	逻辑学	张文彦	周北海	事件－状态框架与英语时体时态的形式语义
		彭杉杉	陈　波	虚构、假装与抽象对象
		刘美平	陈　波	基于语用句法研究的现代汉语动结式逻辑语义分析
	伦理学	潘　斌	何怀宏	一种各得其所的古典政治理想——解读柏拉图的乌托邦
	美学	吴　湘	朱良志	宋代《潇湘八景图》研究
	宗教学	米　媛	姚卫群	《明句论》中的中观论辩方法研究
		彭　睿	孙尚扬	“封神演义”与社会合作：以关帝和妈祖敕封为中心的中国宗教社会学研究
		刘博玲	徐凤林	俄国东正教旧礼仪派研究
		田　禾	王宗昱	张万福与唐初道教仪式的形成
		杨维宇	张志刚	洛克宗教宽容观念中的“无关紧要之事”
		邹小娟	徐凤林	论东正教在现代社会中的坚守与适应——以俄罗斯正教会在美国的发展和普世教会运动为例
	科学技术史	蒋　澈	吴国盛	从“方法”到“系统”——近代早期欧洲自然志对自然的重构
		张晓芳	何祚庥	科学技术与社会生产力发展案例研究——“大跃进”期间的“冒进”思想批判

续表

单位名称	专业	姓名	博士生导师	论文题目
北京大学哲学系宗教学系	科学技术哲学	刘　星	刘华杰	奥杜邦的多重形象与博物学文化
		邢　鑫	刘华杰	多识草木：日本近世博物学传统及其转化
		刘崇俊	周　程	互构论视野下技性科学的协同治理——基于厦门PX项目选址的文本分析
大连理工大学人文与社会科学学部哲学系	马克思主义哲学	蔡后奇	洪晓楠	哲学视域下的“文化自觉”思想研究
	科学技术哲学	晏　萍	王　前	米切姆工程伦理思想研究
		朱晓林	王国豫	STS 视域下的纳米技术的善治
		于　雪	王　前	人机关系的机体哲学探析
		李良玉	郑保章	多元主义视角下的当代信息伦理研究
		王　爽	王　前	亚里士多德 techne 概念及其现代技术伦理意义研究
东北师范大学马克思主义学部	马克思主义哲学	刘　阳	尹奎杰	协商民主观的哲学意蕴与实践意义
		吕其镁	胡海波	生活实践视域中的信仰问题研究
		杨宏祥	庞立生	现代虚无主义的生存论批判
复旦大学哲学学院	马克思主义哲学	王　丹	郑召利	西方激进思想中的生命政治学
		李先悦	陈学明	雷蒙德·威廉斯社会主义思想研究
		王滑冰	吴晓明	论马克思历史唯物主义现实观的奠基
		杨晓晶	吴晓明	马克思的存在论变革与历史唯物主义的奠基
		何　莹	吴晓明	政治经济学批判的历史唯物主义基础——以《哲学的贫困》为中心
		马丽娟	王德峰	论《资本论》的对象和方法——从哲学革命到政治经济学批判
	中国哲学	王志刚	吴　震	悟道与证道——王阳明良知思想研究
		刘兆玉	吴　震	冯从吾哲学思想研究
		陈　岘	陈居渊	清初图书易学研究
		易　飞	吴　震	朱子仁学思想研究
		李　元	谢遐龄	熊十力哲学中的真幻问题研究
		施阳九	刘康德	论道、立德与成物——先秦思想发展中的《老子》
		傅齐纨	刘康德	玄学贵无思想流变
	外国哲学	李彦岑	莫伟民	利科的行动理论研究
		武潇洁	张汝伦	黑格尔的“自我意识”概念
		张云凯	汪行福	黑格尔柏林时期的宗教哲学
		卢　毅	孙向晨	从心所欲——拉康的欲望伦理学
		毛家骥	张庆熊	胡塞尔形式本体论及其部分论逻辑的研究
		吴晓平	刘放桐	叔本华的生命意志
		陈志伟	张庆熊	胡塞尔的判断起源理论
		钱疏影	汪行福	权力与主体——朱迪斯·巴特勒的伦理政治学

续表

单位名称	专业	姓名	博士生导师	论文题目
复旦大学哲学学院	外国哲学	王胜男	张志林	符号、构造与认识——纳尔逊·古德曼艺术符号学研究
	国外马克思主义哲学	袁　芃	王凤才	N. 莱文视域中的马克思恩格斯关系
		孙秀丽	汪行福	差异、包容与责任——艾利斯·扬的正义理论研究
		彭玉峰	汪行福	反思历史与想象替代性制度——西方激进左翼对福山历史终结论的批判
		李　健	陈学明	巴迪欧的激进政治哲学研究
	宗教学	朱剑虹	王新生	"哈尼夫"研究
		程　瑜	郑伟宏	法称现量论研究及《释量论·现量品》现代汉语释译
	科学技术哲学	李友钟	胡守钧	共生关系实在论
河北大学政法学院	中国哲学	史育华	程志华	张君劢哲学研究
		芦莎莎	李振纲	荀子哲学思想研究
		孙　宁	程志华	以美育代宗教——蔡元培教育哲学研究
	逻辑学	梁宗宪	张燕京	普特南语言哲学研究
	美学	王欣欣	刘桂荣	安迪·沃霍尔艺术的美学阐释
黑龙江大学哲学学院	马克思主义哲学	李　鹏	郭艳君	马克思的劳动理论与共产主义理论
		王海萍	丁立群	赫勒需要理论研究
		李　涵	衣俊卿	中国传统日常交往礼俗的文化批判
		王　鹏	张奎良	世界的符号化与人的异化——鲍德里亚消费社会理论研究
		孙　晶	张奎良	马克思人的本质思想的实践生成论研究
		齐　勇	丁立群	哈贝马斯的实践哲学研究
		刘志刚	郭艳君	海登·怀特对历史唯物主义的叙事性重构
	中国哲学	黄　亮	张锡勤 魏义霞	曾国藩思想研究
		刘　晶	樊志辉	时代变迁与道术变幻——中国当代哲学家共同体的形成、分化与重组
		韩秋宇	柴文华	白璧德新人文主义在中国的译介与传播
		罗来玮	柴文华	谭嗣同思想研究
		刘桃秀	柴文华	冯友兰《中国哲学史新编》（七册本）研究
		于　跃	柴文华	方东美《华严宗哲学》研究
		谷真研	柴文华	缪凤林思想研究——以《学衡》为中心
	外国哲学	苗春荣	丁立群	席勒实用的人本主义哲学思想研究
		路　平	王晓东	科胡特自身理论的哲学阐释
	伦理学	李艳玲	关健英	荀子伦理思想研究
	美学	张知博	于文秀	神性与审美——马丁·布伯关系思想研究

续表

单位名称	专业	姓名	博士生导师	论文题目
黑龙江大学哲学学院	宗教学	曹　颖	樊志辉	从世俗化到宗教市场——论宗教社会学理论范式的转换
	文化哲学	郭石磊	丁立群	斯宾诺莎实践哲学研究
		武立波	陈树林	制度：文化研究的重要维度——马林诺夫斯基文化理论的哲学研究
		杜宇鹏	丁立群 陈树林	俄罗斯文化身份的迷失与重建——欧亚主义文化哲学思想研究
		刘立华	王国有	隐喻：从语言学到文化哲学
		于　涛	丁立群	斯图亚特·霍尔的亚文化思想研究
湖北大学哲学学院	伦理学	张媛媛	江　畅	西方近代社会理想研究
		高涌翰	陈道德	“中庸”的价值意蕴研究
		魏忠明	强以华	人的有限性及其根据——康德有限理性存在者思想研究
		张　卿	江　畅	托马斯·阿奎那的上帝观
南京大学哲学系宗教学系	马克思主义哲学	李乾坤	张异宾	价值形式、国家衍生与批判理论：德国新马克思阅读运动研究
		秦　刚	姚润皋	刘少奇党建思想及其当代价值研究
		张潇文	姚润皋	新形势下我国主流意识形态建设问题研究
		梅学兵	姚润皋	马克思主义中国化视域下的中国现代性建构
		齐效玫	唐正东	马克思主体观的发展历程
		陈　旭	唐正东	青年马克思与赫斯哲学思想的比较研究
		张　杰	唐正东	马克思权力批判思想研究
		章慕荣	刘怀玉	中国封建主义话语创新史（1929—1939）研究：从史学革命到新民主主义道路的确立
		郭　滢	刘怀玉	越界：克里斯蒂娃哲学研究
		魏宁海	张　亮	拉斯基与马克思主义（1917—1950）
		徐　源	张　亮	20世纪30年代英共知识分子马克思主义理论探索——以贝尔纳、考德威尔、多布、莫尔顿为例
		陈昭启	尚庆飞	毛泽东精神及其当代价值研究
		王晓峰	尚庆飞	毛泽东研究中的历史虚无主义评析
		罗建华	尚庆飞	毛泽东的少数民族干部教育思想研究
	中国哲学	吕　昂	赖永海	佛教戒律中国化研究
		刘玉增	赖永海	近现代台湾佛教史论
		高志强	李承贵	先秦儒家情论研究
		严震泽（韩国）	李承贵	《周易》与《圣经》：“生生”思想比较——以儒家和基督教为主
		张　浩	王月清	儒家伦理在新马的传播研究

续表

单位名称	专业	姓名	博士生导师	论文题目
南京大学哲学系宗教学系	外国哲学	俞丽霞	顾　肃	全球正义：国家主义与全球平等主义
		彭孝光	顾　肃	自我意识与权利的根基——论黑格尔的人格性思想
		吕楼平	顾　肃	多元化、民族性与全球正义——戴维·米勒正义理论研究
		周　靖	陈亚军	世界的重返：概念空间和自然空间的关联和互动
		唐树生	张　荣	直观、知觉和判断——康德知觉的客观性问题研究
		王务梅	王　恒	论马丁·布伯的上帝观
	逻辑学	施展旦	张建军	杰瑞·福多意义整体论批判之研究
		王荣虎	潘天群	跨可能世界个体关系研究
		罗龙祥	王克喜	基于情境语义学的摹状词理论研究
	伦理学	薛丁辉	郭广银	伦理视域下的水生态文明研究
		郝立杰	杨　明	环境正义的伦理之维
		宋文慧	张晓东	明代后期儒家伦理的世俗化研究——以泰州学派为中心
	宗教学	王　婧	徐小跃	老子哲学中的关系型范畴研究
		李政阳	孙亦平	宋本《度人经》信仰与思想研究
		曹义昆	孙亦平	彼得·贝格尔宗教社会学思想研究
		杨剑霄	杨维中	慧沼与初唐佛性论争
		常红星	程恭让	人间佛教女性思想研究
		晋　甜	吴为山	“四僧”绘画中的禅宗思想研究
	科学技术哲学	汪　阳	蔡　仲	空间中技科学知识的生产：基于对小麦绿色革命的重审
		戴　玉	蔡　仲	科学场域视角下的转基因作物“信任问题”研究
吉林大学哲学社会学院	马克思主义哲学	邵　然	孙正聿	《资本论》与人类解放的现实道路
		孙　祺	孙利天	好生活的理解与建构——对共产主义作为一种生活理想的理解
		魏　月	程　彪	理性自由：论黑格尔历史哲学的解释原则
		张　严	张　盾	高清海“类哲学”语境下的中国哲学“民族自我”思想探究
		孔　妍	漆　思	现代性的生活观批判
		曲　达	孙正聿	政治经济学批判——从黑格尔到马克思
		王　丹	孙利天	社会解放的新革命主体——奈格里政治哲学思想探析
		张科晓	张　盾	艺术真理问题视域中的海德格尔与阿多诺
		代砚春	孙正聿	马克思与海德格尔现代性批判的对比研究
		宋晓丹	孙利天	哈贝马斯的社会共同体思想研究——从哈贝马斯哲学转向的视角看

续表

单位名称	专业	姓名	博士生导师	论文题目
吉林大学哲学社会学院	马克思主义哲学	王　荣	孙正聿	从拜物教批判看“资本论”的存在论
		徐力冲	韩志伟	大卫·哈维空间理论研究——基于当代资本主义经济危机批判
		杨　荣	贺　来	马克思哲学的道德维度——马克思“解放道德”的研究
		林命彬	孙利天	智能机器的哲学思考
		由　阳	孙正聿	柄谷行人的社会思想研究——以“无支配”概念为中心
	外国哲学	邵斯宇	王天成	阿恩海姆审美直觉心理学理论研究
		王　典	王振林	黑格尔《逻辑学》存在概念研究
		夏天成	王振林	福柯的身体思想研究
		赵丹丹	王天成	斯宾诺莎的自由思想研究
	科学技术哲学	季岐卫	高申春	威廉·詹姆斯宗教心理学思想研究
		李莉莉	高申春	当代认知科学中具身性主题的历史动因研究
		姚新华	葛鲁嘉	幸福心理结构模型建构及其跨群体研究
		程丽云	李海峰	赫哲族传统自然观的生态意蕴及现代审视
		刘召顺	赵　玲	科学道德范式的当代审视
		刘志军	伍　麟	群际认知的面孔补偿效应——基于反向相关图像分类任务的研究
		邱赤宏	高申春	欧文·亚隆的存在心理治疗研究
		张馨元	王丽娟	动作记忆SPT优势效应的加工机制——信息表征的视角
		刘志斌	高申春	具身性思想的反思、重构及其心理学意蕴
		于战宇	王丽娟	动作记忆操作效应的语义加工机制
		袁　茵	赵　玲	卡普拉生态哲学思想研究
		李　飞	葛鲁嘉	边远山区农村初中生心理健康问题：现状调查与应对机制研究
南开大学哲学院	马克思主义哲学	陶红茹	李淑梅	施特劳斯回归自然法思想研究
		朱蔷薇	王南湜	意志、自由与道德关切——阿伦特意志理论研究
		陈　坎	杨桂华	教育的政治性与超越性——西方政治哲学视域下的教育问题研究
		武威利	阎孟伟	国家合法性论证的逻辑变迁
		袁　鑫	阎孟伟	马克思实践哲学视域中的文化哲学
		马　姗	李淑梅	吉登斯的权力支配批判理论研究
		周海军	邢元敏 王新生	自由主义所有权权限理论批判性研究

续表

单位名称	专业	姓名	博士生导师	论文题目
南开大学哲学院	中国哲学	张圆圆	乔清举	中唐儒家天人观的生态维度：以韩愈、柳宗元、刘禹锡为中心
		曹立明	乔清举	《管子》治国理政思想研究
	外国哲学	吴三喜	李国山	海德格尔前期思想中的实在论问题研究
		赵　柯	陈建洪	列奥·施特劳斯的现代性情结——对施特劳斯解读霍布斯政治哲学的详细研究
	逻辑学	孙新会	李　娜	基于保守性对紧缩论和公理化真理论的研究
		谷成城	张晓芒	沈有鼎逻辑思想研究
		符喜迎	李　娜	弗协调集合论研究
	美学	马　草	薛富兴	魏晋南北朝形式问题研究
		鲁　卡	杨　岚	“审美无利害” 观念研究——由萌芽到确立
		安　博	尹沧海	人文思潮语境下的晚明文人书画审美风格研究
	科学技术哲学	刘　川	任晓明	涉身认知科学视域下的计算问题研究
清华大学科学技术与社会研究所	科学技术哲学	刘　烨	肖广岭	中国跨省科技平台共享模式研究
		林　菲	杨　舰	环境科学在中国的兴起——建制化过程的历史研究
		李　响	刘　兵	科技馆功能问题研究——以英国案例为线索
		徐　源	吴　彤	科学实践哲学视域下的生物个体性问题研究
		黄晓伟	张成岗	风险沟通情境中的信任机制研究
		刘　可	刘　兵	“上火” 的医学文化研究
		刘翘楚	李正风	政府资助卓越中心的案例分析与理论探究
		安文轩	李正风	中国空气质量治理进程中的专家与公众
清华大学哲学系	马克思主义哲学	蔺庆春	韩立新	马克思早期哲学中的个人概念
		田　园	韩立新	马克思早期 “社会” 概念的形成
		宋姗姗	邹广文	马克思分配正义理论及其当代回应
	中国哲学	张新国	陈　来	陈埴哲学研究
		马维欣	陈　来	儒家德性伦理与现代企业管理
	外国哲学	余天放	黄裕生	康德的自我理论
		李　超	黄裕生	论康德的 “根本恶” 概念
	逻辑学	戴益斌	王　路	戴维森的真之理论
	伦理学	孔德猛	肖　巍	代孕问题的伦理争论及其正当性研究
	美学	原百玲	刘　东	“时代之眼”，或走出 “美学之眼”：巴克森德尔视觉文化研究
山东大学哲学与社会发展学院	马克思主义哲学	王玉香	刘陆鹏	思想及其基础
	中国哲学	宗　超	苗润田	先秦儒家知识论研究：以性道之学为中心
		李永富	王新春	易学视野下的二程理学建构
		董　春	刘大钧	易学视域下的儒道会通：以王弼易学为中心

续表

单位名称	专业	姓名	博士生导师	论文题目
山东大学哲学与社会发展学院	中国哲学	张丽丽	刘大钧	卫德明易学哲学思想研究：本体宇宙论视角下的天、地、人
	外国哲学	王珊珊	傅永军	翻译与游戏：基于伽达默尔“游戏”理论的翻译过程研究
		陈　磊	傅永军	公共理性、证明及应用：从罗尔斯理论出发的新思考
	宗教哲学	王强伟	傅有德	“先知”与“圣人”：古代犹太教与儒学比较研究
		Wickrama Kankana Mge Don Keerthi Rathne	陈　坚	A Comparative Study of Constructivism in Buddhist and Western Educational Psychology
		武志伟	马广海	乡土生活中的基督信仰：基于一个山东沿海村庄的田野调查
山西大学科学技术哲学研究中心	科学技术哲学	胡　敏	殷　杰	知识权力与社会规范的交融——公共政策制定中社会科学的效用研究
		赵　雷	殷　杰	重建社会科学的哲学基础——当代自然主义的解决方案研究
		张海燕	殷　杰	理性重建与社会实践——逻辑经验主义的社会科学哲学思想研究
		张　旭	郭贵春	语境融合视野下的科学修辞解释研究
		牛　杰	张汉静	20 世纪中国的航空建制与文化研究
		樊汉鹏	王姝彦	心理学解释问题研究
		乔笑斐	张培富	量子力学相对态解释研究
山西大学哲学社会学学院	马克思主义哲学	李文艳	乔瑞金	霍尔文化政治批判思想研究
		李　隽	乔瑞金	英国新马克思主义文化批判思想转向研究
		刘　烨	乔瑞金	汤姆·奈恩唯物史观的民族主义思想研究
		骆　婷	侯怀银	A. 麦金太尔的现代性批判思想研究
		周　旻	侯怀银	作为精神生产的教育——B. 伯恩斯坦教育哲学思想研究
	外国哲学	刘　伟	郭贵春	认知、语言实践语境视域下的交往行为理论研究
	伦理学	张建辉	薛勇民	价值哲学视域中生态正义实践研究
上海财经大学人文学院	马克思主义哲学	宁殿霞	张　雄	生存世界金融化的哲学批判
		张以哲	张　雄	走向政治经济学批判：马克思早期哲学思想转变探析
		罗山鸿	范宝舟	大数据时代人的主体性的悖论研究
	经济哲学	王卫华	范宝舟	马克思资本批判理论的人学价值研究
		申唯正	张　雄	21 世纪：金融理性与政治理性的冲突

续表

单位名称	专业	姓名	博士生导师	论文题目
苏州大学政治与公共管理学院哲学系	马克思主义哲学	顾　芸	朱永新	教育知识的反思与构建——以“新教育实验”为例
		吕鸣章	任　平	他者的觉醒：霍耐特承认理论的反思与批判
		宗海勇	陈　忠	空间生产的价值逻辑与新型城镇化
	中国哲学	姚建萍	周可真	博弈论视阈下的韩非子思想
	伦理学	欧文辉	李兰芬	协同治理论
		张寿强	李兰芬 陈进华	网络话语伦理研究
	科学技术哲学	孙凤兰	邢冬梅	基于现代性脱域机制的中国转型期信任问题研究
		高　盼	邢冬梅	现代性视域下的现代技术风险问题研究
武汉大学哲学学院	马克思主义哲学	朱晓璇	汪信砚	李达法哲学思想研究
		吕宏山	汪信砚	论马克思、恩格斯的国家起源学说
		毛　艳	赵凯荣	重新理解马克思对形而上学的批判
		邹芳莲	陈立新	中国道路的文化自觉
		田仁湛	陈立新	马尔库塞个体解放思想研究
		陈素文	赵凯荣	马克思《波恩笔记》研究
		唐启良	何　萍	罗莎·卢森堡民主思想研究
		蒋贤明	萧诗美	毛泽东群众路线的政治哲学研究
	中国哲学	彭　婷	郭齐勇	儒家“亲亲相隐”伦理观念辨正
		任　立	徐水生	《庄子鬳斋口义》及其在日本的影响
		岳　涛	徐水生	老庄养生观研究
		王　博	吴根友	王夫之知行思想研究
		罗贵绒	吴根友	朱谦之哲学思想研究——以1919—1949年的著作为中心
		吴晓欣	丁四新	20世纪初期的儒墨比较思想之研究——以梁启超、新文化阵营、学衡派为中心
		邹俊娟	李维武	《民报》中的哲学世界
		鄭希通	胡治洪	唐君毅道德主体观念研究
	国学	徐　倩	徐水生	日本明治时期的阳明学研究——以三宅雪岭、高濑武次郎、井上哲次郎为核心
		孙良陶	谢贵安	《周易》之王朝政治运用史研究
		马志亮	杨　华	秦礼俗初探
		卢　冰	于　亭	魏晋至清代的书仪研究
		刘莉莎	郭齐勇	梁漱溟、马一浮、熊十力教育思想与实践研究
		姜含琪	吴根友	王船山易学思想研究——以王夫之专门著作为中心
		宗　亮	谢贵安	国学的域外拓展：《大南实录》研究
		朱燕玲	陈文新	小说与大道——《女仙外史》《野叟曝言》研究
		许　颖	杨　华	“兄终弟及”：王位继承与礼学论争

续表

单位名称	专业	姓名	博士生导师	论文题目
武汉大学哲学学院	外国哲学	田艳红	朱志方	隐喻理解的指称问题研究
		汤　牧	朱志方	能力路径的正义理论研究
		徐　强	朱志方	魏斯曼对“中期”维特根斯坦哲学的阐释与发展
		钟焕林	朱志方	论不可分辨事物的同一性原则
		魏　琴	何卫平	论理解的事件性——对伽达默尔解释学的现象学解读
	伦理学	汤波兰	储昭华	羞中窥人——舍勒羞感思想论析
		谢胜旺	储昭华	身心关系视域下荀子人生哲学研究
	美学	徐　璐	彭富春	论严羽禅学化的诗歌美学
		朱松苗	彭富春	论庄子之“无”的美学
		赵　蝶	邹元江	“曲人”合肥四姐妹与昆曲美学研究
		刘乐乐	邹元江	“观”“看”视域下的汉墓壁画“象”问题研究
		史建成	刘纲纪	北美环境美学基本问题研究——从传统对当代的影响视野出发
		魏　华	范明华	远：中国山水绘画空间的美学研究
		耿　余	邹元江	论“梅兰芳”作为戏曲审美符号的舞台建构
	宗教学	陈　丽	翟志宏	证据主义与信念的伦理学——洛克宗教认识论思想研究
		师俊华	徐　弢	波纳文图拉灵魂学说探究
	科学技术哲学	陈桂香	李　光	大数据对我国高校教育管理的影响及对策研究
		王　东	钟　年	积极心理学视野下的跨文化适应机制的研究与应用
		颜雅琴	钟　年	农村留守儿童孝道态度及其相关因素研究
	哲学心理学	商士杰	钟　年	中国文化背景下生命意义的影响因素、机制及其对心理健康的作用研究
		吕　行	钟　年	不同威胁情景下极端亲群体行为的差异——认同融合和情绪的影响
西南大学哲学系	马克思主义哲学	李　真	时显群	承继与超越——马克思与黑格尔法哲学思想比较研究
		邹彭莹	杨玉辉	道教宫观养生文化事业研究
		夏　璐	时显群	G. A. 柯亨对资本主义自由思想的批判
		杨兴英	孙道进	“真正的社会主义”批判——《德意志意识形态》第二卷的人与自然关系维度
	逻辑学	房香荣	孙道进	唯物史观视域下的行政法学基础理念研究
	宗教学	王善侠	邓辉文	极小非正规时态逻辑研究
		鞠昕彤	杨玉辉	宗教慈善公益事业研究——以佛光山与救世军为考察重点

续表

单位	专业	姓名	博士生导师	论文题目
厦门大学哲学系	逻辑学	高金胜	周昌乐	禅宗机锋博弈的认识逻辑基础研究
	科学技术哲学	朱本用	陈喜乐	我国科技治理体系研究
		王一雪	欧阳锋	科学知识经济学：一种基于经济学的自然化科学认识论
浙江大学哲学系	中国哲学	盛　宁	董　平	中国佛教的寻根与自立——以竺道生涅槃思想研究为中心
		冯宁宁	董　平	张岱哲学思想研究——以《四书遇》为中心
		金紫薇	何　俊	方孝孺儒学研究
	外国哲学	徐　琪	章雪富	论奥古斯丁的友爱共同体
		张波波	包利民	柏拉图论正义与幸福——《理想国》第一卷研究
		扈志东	包利民	两种哲学生活方式之争——试论普鲁塔克的伊壁鸠鲁批判
		李　华	冯　钢	极权主义与公共领域的变质、瓦解和崩溃
		吴珊珊	王礼平	如何通达人的幸福——从人性维度再论卢梭思想的整体性
	逻辑学	徐　康	廖备水	抽象论辩系统修正规则研究
		汪　曼	金　立	论证图解及其在新闻评论中的应用研究
	宗教学	Watawala Gamage	王志成	佛教视域下的内观疗法研究
		郭成业	王志成	《多马福音》神学思想探微——基于文本的研究和解读
		岚　吉	王志成	帕坦加利《瑜伽经》核心概念研究
	科学技术哲学	邬　桑	丛杭青	社会集体的自主性建构——集体责任的基础研究
		郭　喨	盛晓明	责任归因的实验哲学研究
中共中央党校哲学教研部	马克思主义哲学	梁　惟	何建华	共产主义“宗教论”：重估与批判
		赵纪河	贾高建	社会危机论
		叶胜红	阮　青	马克思的个人理论研究
		王　昶	徐伟新	当代中国外交价值观简论
		慕振东	徐伟新	国家治理现代化进程中的人的现代化问题研究
		杨　博	赵建军	绿色技术范式研究
		罗　兵	赵理文	权利与人的发展——基于历史唯物主义的视角
		曹凤珍	赵理文	马克思主义哲学视野中的幸福研究
		常　青	边立新	财产哲学研究
		王常青	郝永平	心理世界：由失衡走向平衡的路径选择
		詹晓非	辛　鸣	马克思人的解放思想的哲学研究

续表

单位名称	专业	姓名	博士生导师	论文题目
中共中央党校哲学教研部	马克思主义哲学	高华梓	何建华	建国前《国家与革命》汉译传播的研究——基于中国马克思主义发展史的视角
		谢连生	杨信礼	马克思主义哲学中国化研究
		王春丽	贾高建	社会发展中的正义追寻
	中国哲学	杨　冬	王　杰	先秦儒家义利观研究
		张利国	陈中浙	“书如其人”思想研究
	外国哲学	郭东辉	郭大为	通往自由的阶梯——黑格尔承认理论研究
		欧阳文川	李晓兵	自然天性、教育与“人道道德”——《爱弥儿》视野下的卢梭政治哲学研究
		付　义	杨玉成	“休谟问题”的析构知识论探究
		姬　宁	郭大为	康德对最高道德原则的寻求
	伦理学	秦　芳	刘余莉	《周易治要》修身思想研究
		王治军	靳凤林	孟子与保罗生死伦理比较研究
	科学技术哲学	张国航	冯鹏志	航天体制建构的中国路径研究
		郑珏垚	王克迪	互联网与新社会形态
	战略哲学	吕志青	段培君	双向开放的战略哲学研究
中国人民大学哲学院	马克思主义哲学	吉昌华	郝立新	全球化时代中国文化发展战略的问题视域与实践路径
		姜晓磊	马俊峰	杜威价值哲学研究
		张　蝶	安启念	当代激进哲学的可能性空间——齐泽克《意识形态的崇高客体》研究
		陈　雷	张文喜	马克思正义论
		黄光秋	郝立新	马克思经济基础与上层建筑思想研究
		付高生	马俊峰	社会空间问题研究
		吴照玉	张立波	当代分配正义研究中的所有权问题
		郑正真	安启念	赫勒正义理论研究
		包大为	张文喜	关于所有权现象及其观念史的唯物主义分析
		张梅艳	李　燕	形而上学思维方式的批判与拯救——马克思主义哲学实践思维方式研究
		杨　哲	陈先达	中国虚无主义问题研究
		蔡少佳	马俊峰	网络时代国家文化安全的哲学思考
		毕文锐	马俊峰	马克思主义社会有机体理论研究
	中国哲学	盖立涛	彭永捷	墨家仁义政治哲学研究
		秦晓慧	彭永捷	自然与太平——《太平经》自然政治哲学发微
		梁从峨	向世陵	李光易学思想研究
		赵　淼	张立文	“场所”逻辑下的“自觉”与“睿智”——中期西田哲学研究

续表

单位名称	专业	姓名	博士生导师	论文题目
中国人民大学哲学院	中国哲学	彭焱姝	罗安宪	三教合流视域下的宋代庄学研究
		崔基勋	罗安宪	先秦道家知论研究
		朗　宁	罗安宪	憨山德清《庄子内篇注》研究
	外国哲学	李　鑫	冯　俊	被给予性与礼物：马里翁被给予性现象学及其边界研究
		梅迎秋	张志伟	共属与裂隙——海德格尔的场所现象学
		刘松青	韩东晖	规范性的本质：规范性的形而上学与规范必然性
		成　彬	韩东晖	意识自然化的新进路
		吕妍凝	张志伟	康德的先验观念论——论阿利森对康德的辩护
	逻辑学	玄计华	陈慕泽	普兰丁格模态本体论证明的本质主义辩护
		李　波	杨武金	因果概率理论“NPRC”问题研究
	伦理学	李怡静	夏卫东	我国私营企业家道德责任研究
		臧　政	姚新中	基督教与伊斯兰教的儒家伦理共识——明末清初“耶儒”与“回儒”之比较
		吴益芳	曹　刚	波斯纳的正义观研究
		吕　浩	肖群忠	娱乐伦理问题研究
		龙　倩	焦国成	《周易》德福观研究
	美学	王增怡	张　法	论“意”作为艺术审美范畴的演进、功能、特性——以魏晋六朝到唐宋画论为例
		吴　宁	牛宏宝	康德美学中的目的论研究
		王　欣	张　法	中国现当代女艺术家的自我图像：艺术史书写与文化批评
	宗教学	寇振成	何光沪	奥古斯丁的人论研究——从本体形象到历史形象
		郝光明	何建明	东晋南北朝灵宝经典普度思想研究
		阮海云	李秋零	论西方音乐与基督教的关系——到古典主义为限
		贺志韧	温金玉	蕅益智旭的戒律思想研究
		项秉光	何光沪	《创世记》1—3 章中的人学研究
	科学技术哲学	敬　狄	王伯鲁	追求美好生活的技术——奥特加·加塞技术哲学思想解析
		崔树芝	王鸿生	牟宗三科学观研究
	管理哲学	王芳芳	李　萍	论新药受试者的组织保护——从现代道德共识的生成出发
	政治哲学	胡业成	段忠桥	自由主义平等主义者对诺齐克持有正义论的反驳
		何小嫄	龚　群	休谟正义思想研究
		王奕琳	龚　群	马尔库塞政治哲学研究
		秦子忠	段忠桥	以能力看待不平等——阿马蒂亚·森的平等主义研究

续表

单位名称	专业	姓名	博士生导师	论文题目
中国社会科学院研究生院哲学系	马克思主义哲学	潘　峰	王伟光	利益论视角下网络安全问题研究
		王在传	王伟光	“茉莉花革命”的意识形态研究
	中国哲学	董　慧	陈　静	王船山的浑天思想体系——《庄子解》研究
	外国哲学	彭　锋	李　河	简论西方哲学“爱”观的结构与历史
		王鑫鑫	李　河	若隐若现的赫尔墨斯——卡普托“激进解释学”探究
	逻辑学	赵　靓	邹崇理	进化博弈和进化重言式——策略动态和种群动态的关系
中南财经政法大学哲学院	马克思主义哲学	方　政	龚天平	论早期西方马克思主义对历史唯物主义的阐释
		张　军	龚天平	城市发展批判
		王　进	朱松峰	哈贝马斯后形而上学视域下的民族理论研究
		陈　松	王雨辰	张岱年与马克思主义哲学中国化
		高晓溪	王雨辰	国外马克思主义空间批判理论研究

2017 年哲学学科博士后流动站出站工作人员情况

（按单位名称拼音排序）

单位名称	姓名	专业	指导教师	研究项目	出站时间
北京大学哲学系宗教学系	刘九勇	中国哲学	杜维明	明清之际两种“公”的观念及其思想史影响	2017－1
	王　堃	中国哲学	杜维明	朱熹女性伦理研究	2017－1
	骆　夷	外国哲学	赵敦华	朱熹女性伦理研究	2017－1
	薛丹妮	外国哲学	韩水法	私人权利与平等正义之间——财产所有权问题研究	2017－7
	李哲罕	外国哲学	韩水法	历史与理论二维之下的德国法治国观念	2017－7
	陈永盛	马克思主义哲学	丰子义	政治经济学批判与历史唯物主义关系研究	2017－12
	何益鑫	中国哲学	干春松	孔门成德之学的演进研究	2017－12
复旦大学哲学学院	田冠浩	马克思主义哲学	邹诗鹏	卢梭与马克思政治哲学的根本问题	2017－3
	吴华眉	西方马克思主义	汪行福	朱迪斯·巴特勒的身体哲学研究	2017－3
	崔发展	中国哲学	徐洪兴	清代汉宋关系的解释学研究	2017－6
	张洪彬	宗教学	李天纲	民初思想史上的复魅冲动	2017－6
	韩　玮	伦理学	邓安庆	尼采自然伦理思想研究	2017－6
	任瑞敏	经济哲学	邹诗鹏	金融化现象及其批判	2017－6
	高山奎	外国哲学	孙向晨	列奥·施特劳斯犹太思想研究	2017－6
	韩建夫	西方马克思主义	陈学明	哈贝马斯民族理论研究	2017－9
	胡　莹	西方马克思主义	陈学明	生态学马克思主义对生态社会主义的建构研究	2017－9

续表

单位名称	姓名	专业	指导教师	研究项目	出站时间
复旦大学哲学学院	张璐倩	美学	王德峰	音乐哲学视域中的主体性问题研究——古典盛期至二十世纪	2017 - 9
湖北大学哲学学院	韩雪吟	伦理学	高乐田	信念合理性问题的现代之争	2017 - 4
黑龙江大学哲学学院	文记东	哲学	陈树林	当代俄罗斯文化转型问题研究	2017 - 4
吉林大学哲学社会学院	彭　斌	马克思主义哲学	贺　来	权力类型的规范分析	2017 - 6
	张妮妮	马克思主义哲学	贺　来	绘本与儿童认识——从儿童哲学的视角看	2017 - 6
	尹　峻	马克思主义哲学	韩志伟	经验、语言与世界：分析哲学的黑格尔式转向及其批判	2017 - 7
南京大学哲学系宗教学系	胡晓明	宗教学	洪修平	中古时期佛教中国化进程中的瑞应及其宗教意义	2017 - 1
	张金鹏	马克思主义哲学	胡大平	后马克思主义是对马克思主义的超越还是背离	2017 - 3
	夏庆波	外国哲学	顾　肃	罗尔斯宗教思想研究	2017 - 3
	武庆荣	逻辑学	张建军	布兰顿推理论与分析实用主义研究	2017 - 3
	赖尚清	中国哲学	赖永海	宋代理学与佛教	2017 - 5
	袁永锋	逻辑学	张建军	信念修正中的代谢修正理论	2017 - 6
	郝旭东	逻辑学	张建军	弗协调、弗完全多主体认知逻辑研究；弗协调、弗完全逻辑及其解悖思想研究	2017 - 6
	胡星铭	外国哲学	陈亚军	当代英美知识论中的价值问题研究	2017 - 9
	宋　荣	逻辑学	张建军	当代西方心灵哲学中的指称研究；当代西方哲学中命题角色研究的最新进展	2017 - 9
	刘希刚	马克思主义哲学	刘怀玉	马克思主义生态理论与中国特色社会主义生态文明建设；马克思自然观及其当代价值研究	2017 - 12
	支运波	马克思主义哲学	蓝　江	生命政治理论视阈中的生存美学研究	2017 - 12
清华大学科学技术与社会研究所	叶　冉	科学技术哲学	吴金希	管理辅导与创新生态系统问题的研究	2017 - 1
	鄢可书	科学技术哲学	张成岗	建立医疗器械第三方技术评审体系的研究	2017 - 3
	彭茂祥	科学技术哲学	李正风	基于大数据及 TRIZ 理论的专利技术智能化开发运营模式研究	2017 - 3
	任安波	科学技术哲学	刘　立	科学家群体研究的七个层面	2017 - 7
	陈　祥	科学技术哲学	杨　舰	池田大作环境思想研究	2017 - 8
	胡晓丽	科学技术哲学	杨　舰	日本介护保险制度及养老政策演进研究	2017 - 9
	丁　玲	科学技术哲学	吴金希	核心企业与创新生态系统的战略管理案例研究	2017 - 10
	张　涵	科学技术哲学	李正风	大学和企业协同创新的理论与案例研究	2017 - 11
	焦万慧	科学技术哲学	杨　舰	新兴产业协同创新发展研究	2017 - 12

续表

单位名称	姓名	专业	指导教师	研究项目	出站时间
清华大学人文学院	程李华	政治哲学	贝淡宁	精英政治可否实现善治	2017－1
	何　跞	伦理学	万俊人	民族与理学视域下的元代文学性情论	2017－1
	张　静	伦理学	万俊人	道德权利与中国农村养老保障问题研究	2017－2
	张　卫	伦理学	卢　风	跨学科视域下人工物的能动性及道德位阶	2017－6
	刘　伟	宗教学	王晓朝	马克思人学理论研究	2017－7
	雷爱民	伦理学	卢　风	死亡哲学的论域与构成——死亡恐惧及其克服	2017－9
	薛　刚	宗教学	田　薇	两条“爱的秩序”的演进之路：斯宾诺莎、舍勒基于爱的情感有序性研究	2017－11
	方　遥	宗教学	陈　来	国学院院史工程——马衡、何士骥文存	2017－11
山东大学哲学与社会发展学院	庾　虎	马克思主义哲学	何中华	马克思历史方法理论研究	2017－8
上海财经大学人文学院	康　翟	马克思主义哲学	张　雄	马克思生息资本理论与当代资本主义金融化	2017－6
西南大学政治与公共管理学院	刘　瑾	哲学	文　旭	英语时空主语构式的主观视角研究	2017－4
	郁　乐	哲学	孙道进	环境伦理学中价值问题的方法论研究	2017－5
	蔡乐钊	哲学	崔延强	自然权利的古典形态——古希腊罗马的 nomos 与 physis 之争	2017－6
	李章吕	哲学	何向东	贝叶斯决策理论的逻辑哲学研究	2017－6
	李　芳	哲学	罗益民	当代美国女性话语中的母性伦理思想	2017－12
浙江大学哲学系	周晓君	逻辑学	廖备水	汉语相互结构研究	2017－1
	彭传华	中国哲学	董　平	王船山政治思想的历史地位及历史贡献	2017－5
	徐　波	中国哲学	董　平	具善恶而至善	2017－6
	李艳芝	语言学及应用语言学	廖备水	汉语论元结构的复杂性研究	2017－6
	张　亮	逻辑学	黄华新	当代形式真理论方法的比较研究	2017－7
	丘　萍	休闲美学	庞学铨	京杭大运河杭州段保护性旅游发展研究	2017－9
	朱　平	艺术学	庞学铨	南宋皇城大遗址的展示利用研究——艺术的视角	2017－9
	高准微	教育学	庞学铨	“互联网＋教育”：城市学校变革路径研究——“名校集团化 2.0”	2017－9
	贾改琴	逻辑学	金　立	“语用论辩术”理论的多维度研究	2017－9
	张耀天	中国哲学	潘立勇	中国古代堪舆思想研究	2017－12

续表

单位名称	姓名	专业	指导教师	研究项目	出站时间
中国社会科学院哲学研究所	陈　鹏	逻辑学	邹崇理	自然语言信息处理的逻辑语义学研究	2017－5
	陈舜婷	逻辑学	邹崇理	汉语复句句内回指的形式语义学解决方案	2017－5
	张晓翔	逻辑学	邹崇理 刘培育	汉传因明的逻辑价值及其应用研究	2017－6
	孙　雯	逻辑学	杜国平	防策略投票理论的逻辑研究	2017－6
	郭　炜	马克思主义哲学	张晓明	IP 视野下我国动漫产业发展研究	2017－9
	樊沁永	东方哲学	孙　晶	商羯罗梵我思想研究——以《示教千则》为中心	2017－9
	郝玉明	中国哲学	陈　霞	天人合德：道发生的立与破——基于儒道比较的视角	2017－9
	刘建华	文化产业	张晓明	对外文化贸易研究	2017－10
	李　凯	中国哲学	陈　静	庄子“齐物论”研究	2017－10
	李艳艳	马克思主义哲学	王伟光	历史唯物主义文明理论的生成发展、思想体系与当代启示	2017－11

（以上内容由各单位特约编辑提供）

重大项目

2017 年国家社会科学基金资助项目（哲学）

（224 项）

序号	课题名称	负责人	工作单位	项目类别	预期成果	计划完成时间
1	马克思主义人的发展理论体系研究	陈新夏	首都师范大学	重点项目	专著	2021－12－31
2	心理学哲学的当代解释与重建研究	王姝彦	山西大学	重点项目	专著	2020－12－30
3	大数据相关关系和因果关系研究	王天恩	上海大学	重点项目	专著	2021－12－31
4	基于负责任创新的大数据技术伦理规约研究	王　健	东北大学	重点项目	专著 论文集	2020－12－31
5	阳明大传：“心”的救赎之路	束景南	浙江大学	重点项目	专著	2021－12－31
6	阳明学诠释史研究	陆永胜	贵阳学院	重点项目	专著	2021－12－31
7	湘学在中华民族核心价值观凝聚过程中的作用研究	陈代湘	湘潭大学	重点项目	专著	2020－12－30
8	古印度吠檀多思想对中国文化影响研究	吴学国	南开大学	重点项目	专著	2021－12－30
9	新柏拉图主义哲学基本经典集成及研究	石敏敏	浙江工商大学	重点项目	专著 译著	2021－12－31
10	古希腊修辞哲学研究	张守夫	山西大学	重点项目	专著 论文集	2020－6－30
11	分析的实用主义研究	李　红	北京师范大学	重点项目	专著 论文集	2020－12－30
12	西方元伦理学中的道德客观性问题研究	陈　真	南京师范大学	重点项目	专著	2021－12－31
13	敦煌藏文文献《礼仪问答写卷》伦理思想研究	才项多杰	青海民族大学	重点项目	专著	2021－7－1

续表

序号	课题名称	负责人	工作单位	项目类别	预期成果	计划完成时间
14	伦理学视域下共享理念的价值意蕴及实践路径研究	廖加林	湖南科技大学	重点项目	专著	2021－12－31
15	国家治理现代化框架下协同推进德治与法治研究	戴茂堂	湖北大学	重点项目	专著	2020－9－30
16	中国共产党执政伦理建设研究	戴木才	清华大学	重点项目	专著	2020－12－31
17	魏晋南北朝道教美学研究	刘　敏	四川师范大学	重点项目	专著 其他	2021－12－30
18	基于最新文献的阿尔都塞哲学前沿研究	杨乔喻	南京大学	重点项目	专著	2020－6－30
19	马克思哲学思想研究	彭劲松	中共中央党校	一般项目	专著	2022－2－27
20	中国绿色发展的系统哲学理论与实践研究	范冬萍	华南师范大学	一般项目	专著 论文集	2020－12－31
21	ME 道德增强技术的伦理问题及其治理研究	陈万球	长沙理工大学	一般项目	论文集 研究报告	2020－12－31
22	科学哲学视域中的问题域研究	马　雷	华侨大学	一般项目	专著 论文集	2021－6－30
23	科技创新的社会条件与中国的相关问题研究	肖广岭	清华大学	一般项目	专著 其他	2020－12－31
24	春秋时期的文化转型研究	黄开国	四川师范大学	一般项目	专著	2020－6－30
25	孔子之前儒者的身份、职事与行状研究	余治平	上海社会科学院	一般项目	专著	2020－12－30
26	周秦两汉数哲学研究	王传林	曲阜师范大学	一般项目	专著	2020－12－31
27	唐君毅生死哲学思想及其当代价值研究	何仁富	温州医科大学	一般项目	论文集 研究报告	2019－12－30
28	中医哲学体用论研究	郭　刚	南京信息工程大学	一般项目	专著	2020－12－31
29	托马斯·阿奎那《问题辩论集》的翻译与研究	董尚文	华中科技大学	一般项目	译著	2021－12－31
30	休谟哲学著作翻译与研究	曾晓平	武汉大学	一般项目	译著 论文集	2022－6－30
31	《正义论》诠释与批评	张国清	浙江大学	一般项目	专著	2020－6－30
32	霍布斯的《利维坦》重译与研究	陈建洪	中山大学	一般项目	译著 论文集	2021－6－30

续表

序号	课题名称	负责人	工作单位	项目类别	预期成果	计划完成时间
33	当代法国哲学的审美维度研究	姜宇辉	华东师范大学	一般项目	专著 译著	2020-12-30
34	当代西方心灵哲学中的意识理论及其最新发展研究	殷　筱	华中师范大学	一般项目	专著	2021-12-31
35	论证型式的类型化研究	杨宁芳	中国计量大学	一般项目	专著	2022-3-1
36	当代政治哲学中的公共理性与至善论之争研究	应　奇	浙江大学	一般项目	专著	2020-12-31
37	同意观念从政治学向伦理学的迁移及其正当性研究	吕耀怀	苏州科技大学	一般项目	专著 译著	2022-7-30
38	公共健康伦理的基本理论研究	朱海林	昆明理工大学	一般项目	专著 论文集	2021-6-30
39	"智能机器人"伦理问题研究	高兆明	南京师范大学	一般项目	专著	2020-12-31
40	开源运动的开放共享伦理研究	李　伦	湖南师范大学	一般项目	专著	2022-10-30
41	当代中国政治忠诚及其实现机制研究	左高山	中南大学	一般项目	专著	2020-7-1
42	历史唯物主义视域下当代生态正义问题研究	孙晓艳	上海工程技术大学	一般项目	专著 论文集	2020-12-31
43	历史唯物主义中的语言学问题研究	杨　晓	吉林大学	一般项目	专著	2021-12-30
44	全球化背景下的马克思主义社会形态理论发展史研究	陈向义	浙江师范大学	一般项目	专著	2020-6-30
45	陈德草《现象学与辩证唯物论》翻译与研究	潘建屯	西南石油大学	一般项目	专著 译著	2020-6-30
46	马克思的现实观及其对国家治理的启示研究	李昕桐	黑龙江大学	一般项目	专著	2021-6-30
47	马克思早期文本中的自由思想研究	侯小丰	辽宁社会科学院	一般项目	专著	2019-12-31
48	马克思中期政治哲学的文本学研究	罗伯中	湘潭大学	一般项目	专著	2019-12-31
49	当代西方左派对马克思"机器论片断"的理论重构与社会批判范式的当代转型研究	孙乐强	南京大学	一般项目	专著	2021-12-31

续表

序号	课题名称	负责人	工作单位	项目类别	预期成果	计划完成时间
50	约翰·霍洛威的“开放马克思主义”文献翻译与研究	孙　亮	华东师范大学	一般项目	专著 译著	2020－6－30
51	精神分析、症候式阅读和权力解释学视角下的阿尔都塞研究	李金辉	黑龙江大学	一般项目	专著	2021－6－30
52	“后常规科学”的社会争议及其终结机制研究	胡　娟	贵州大学	一般项目	专著	2021－12－31
53	河流工程责任伦理问题研究	李映红	河海大学	一般项目	专著 论文集	2020－6－30
54	深层生态学视域中的西南少数民族生态哲学研究	夏文利	西南民族大学	一般项目	专著	2020－12－31
55	技术发明的责任伦理研究	吴　红	中国矿业大学	一般项目	专著	2020－12－31
56	实验与科学的合理性研究	王延锋	上海交通大学	一般项目	专著	2020－12－31
57	网络化科学的认识论研究	黄时进	华东理工大学	一般项目	专著	2020－12－31
58	20世纪以来欧美知识论的客观主义与相对主义之争	王彦君	浙江大学	一般项目	专著	2021－6－30
59	当代科学事实的争论研究	张　帆	上海社会科学院	一般项目	研究报告	2020－12－30
60	“后学院科学”伦理规范研究	薛桂波	南京林业大学	一般项目	专著	2020－12－31
61	德语国家面向科研诚信的科研环境治理研究	王　飞	大连理工大学	一般项目	专著 论文集	2019－12－31
62	法拉第的科技创新之路及其形成机制研究	王洛印	哈尔滨工业大学	一般项目	专著	2019－12－31
63	中国茶道科技文化研究	吴鸿雅	华侨大学	一般项目	专著	2022－6－30
64	佛教视域中的庄子学研究	师　瑞	延安大学	一般项目	专著	2019－12－31
65	汉初七十年的子学研究	曾海军	四川大学	一般项目	专著	2022－7－1
66	先秦儒学宗教性内涵演进之脉络研究	张晚林	湖南科技大学	一般项目	专著	2021－12－31
67	船山学的跨文化发展与当代建构研究	韩振华	北京外国语大学	一般项目	论文集	2020－12－31

续表

序号	课题名称	负责人	工作单位	项目类别	预期成果	计划完成时间
68	韩愈儒学思想与中晚唐儒学复兴运动研究	张　明	山东社会科学院	一般项目	专著	2019－12－31
69	南宋礼学思想研究	唐纪宇	国际关系学院	一般项目	专著	2021－9－10
70	出土文献视野下战国儒学的传播与流变研究	谢耀亭	山西师范大学	一般项目	专著	2020－12－30
71	古今中西参照下的《韩非子》政治哲学研究	白彤东	复旦大学	一般项目	专著	2020－12－31
72	清代《汉书·律历志》哲学思想研究	夏国强	新疆师范大学	一般项目	专著 其他	2021－6－30
73	清代广东书院与学术流派研究	潘志锋	广东警官学院	一般项目	专著	2020－12－31
74	清代三礼诠释研究	潘　斌	西南财经大学	一般项目	专著	2020－5－1
75	以出土文献为中心之先秦易学的发生、发展及其流变研究	王化平	西南大学	一般项目	专著	2020－6－30
76	哲学"原创性"与冯契思想研究	李伏清	湘潭大学	一般项目	专著	2022－12－30
77	"汉语言哲学"视域下中国哲学话语创建的理论与实践	刘梁剑	华东师范大学	一般项目	专著	2021－12－31
78	20世纪《论语》诠释研究	刘　伟	聊城大学	一般项目	专著	2021－12－31
79	大同思想与近现代儒学的转化创新研究	翟奎凤	山东大学	一般项目	论文集	2021－12－30
80	儒家"成人"思想与现代社会个体意识的相互性研究	吴立群	上海大学	一般项目	专著	2020－12－31
81	儒家德性幸福的现代转型研究	张方玉	曲阜师范大学	一般项目	专著	2020－12－31
82	现代性视域下当代中国的文化认同研究	刘振怡	黑龙江大学	一般项目	专著	2021－6－30
83	关学哲学建构的经学基础与创新价值研究	陈战峰	西北大学	一般项目	专著	2020－12－30
84	儒家生命哲学思想研究	刘云超	山东社会科学院	一般项目	专著	2020－12－3
85	说一切有部基于诸法实有的解脱论建构研究	单正齐	西南政法大学	一般项目	专著	2021－6－30

续表

序号	课题名称	负责人	工作单位	项目类别	预期成果	计划完成时间
86	“《春秋》三传”政治哲学思想比较研究	秦　平	武汉大学	一般项目	专著	2021－12－31
87	“陇学”研究	连振波	甘肃中医药大学	一般项目	专著 研究报告	2020－12－30
88	东亚濂溪学文献整理与研究	王晚霞	湖南科技学院	一般项目	专著	2021－12－31
89	东亚儒学视域下的人心道心问题研究	谢晓东	厦门大学	一般项目	专著 论文集	2019－12－30
90	中西诠释学史比较研究	康　宇	黑龙江大学	一般项目	专著	2021－6－30
91	古希腊哲学中的净化观念研究	李革新	同济大学	一般项目	专著	2019－6－30
92	康德心灵哲学研究	梁议众	中国社会科学院	一般项目	专著	2021－3－5
93	德勒兹的欲望范型研究	程党根	南昌大学	一般项目	专著	2021－6－30
94	德勒兹哲学思想研究	李科林	中国人民大学	一般项目	论文集	2022－7－1
95	费耶阿本德哲学研究	郭元林	天津大学	一般项目	专著 译著	2021－12－31
96	海德格尔“转向”后的解释学研究	何卫平	华中科技大学	一般项目	专著	2020－12－31
97	康德与福柯哲学的“生成与结构”研究	王　辉	陕西师范大学	一般项目	专著	2021－12－31
98	从圣路易斯学派到匹兹堡学派黑格尔主义的实用主义化研究	杨兴凤	广西大学	一般项目	专著	2020－12－30
99	当代英美左翼分配理论研究	唐英英	中山大学	一般项目	专著	2021－12－31
100	当代政治哲学平等正义理论研究	顾　肃	复旦大学	一般项目	专著	2020－12－30
101	基于现象学的当代德国生活艺术哲学研究	王　俊	浙江大学	一般项目	专著	2021－10－1
102	现象学与精神病理学的相互澄明关系研究	徐献军	杭州电子科技大学	一般项目	专著	2020－12－30
103	现象学与分析哲学比较研究	张浩军	中国政法大学	一般项目	论文集	2020－6－30
104	STIT 逻辑研究	贾　青	中国社会科学院	一般项目	专著 论文集	2021－12－31

续表

序号	课题名称	负责人	工作单位	项目类别	预期成果	计划完成时间
105	范畴逻辑理论研究	王湘云	华北水利水电大学	一般项目	专著	2020－6－30
106	纽科姆难题与决策行为逻辑研究	李　莉	湖北大学	一般项目	专著	2019－9－30
107	新弗雷格主义的实在论及其逻辑主义的认识论研究	许涤非	中国人民大学	一般项目	专著 论文集	2021－12－31
108	玄奘译著《因明正理门论》藏译及研究	项智多杰	西藏自治区社会科学院	一般项目	译著	2019－6－1
109	从反启蒙回到启蒙的德国现当代伦理演进逻辑研究	范志军	东南大学	一般项目	专著	2021－6－30
110	当代西方平等主义三大核心争论及其逻辑进程研究	陶文佳	湖北大学	一般项目	专著 研究报告	2019－12－31
111	法伦理的精神哲学形态研究	赵一强	河北经贸大学	一般项目	专著	2021－12－31
112	康德道德情感理论研究	董滨宇	中共北京市委党校	一般项目	专著	2021－6－1
113	伦理共识研究	王　艳	安徽师范大学	一般项目	专著	2020－12－31
114	希腊伦理学“自我”理论研究	余友辉	南昌大学	一般项目	专著	2021－6－30
115	现代西方性别正义理论研究	张　秀	华东政法大学	一般项目	专著	2020－6－30
116	亚里士多德《欧德谟伦理学》与《尼各马可伦理学》比较研究	刘　玮	中国人民大学	一般项目	专著	2020－1－1
117	宋代儒家生命伦理思想研究	张舜清	中南财经政法大学	一般项目	专著 研究报告	2020－12－31
118	文明互鉴下的原始儒家与早期基督教生命伦理比较研究	朱清华	江西财经大学	一般项目	专著	2020－6－30
119	中医药产业中动物利用的伦理困境与对策研究	张　燕	南京师范大学	一般项目	专著	2020－12－31
120	当代中国社会风尚的伦理实验研究	季玉群	东南大学	一般项目	论文集 研究报告	2019－12－31

续表

序号	课题名称	负责人	工作单位	项目类别	预期成果	计划完成时间
121	伦理学视角下的法律和道德关系问题研究	弭　维	山东大学	一般项目	专著	2020－12－31
122	中国传统伦理思想中的经权观研究	赵清文	河南大学	一般项目	专著	2021－6－30
123	中国道德榜样叙事研究	李培超	湖南师范大学	一般项目	专著	2021－10－30
124	当代中国社会转型期乡村伦理秩序重建研究	王美玲	上海工程技术大学	一般项目	论文集 研究报告	2022－6－20
125	技术时代的道德责任问题研究	田广兰	苏州大学	一般项目	专著	2020－12－30
126	晋商伦理研究	白明东	太原师范学院	一般项目	专著	2020－12－31
127	马克思增进人民幸福的财富伦理思想研究	贺汉魂	湖南第一师范学院	一般项目	专著	2020－12－31
128	儒家伦理领导力的本土化构建研究	原　理	中国人民大学	一般项目	专著	2020－9－30
129	俄国新宗教意识文化思潮及其当代影响研究	丁海丽	哈尔滨金融学院	一般项目	专著	2020－6－30
130	社群主义正义观的批判性研究	姜　丽	上饶师范学院	一般项目	专著	2020－12－30
131	作为正义问题的承认理论研究	汤　云	四川大学	一般项目	专著	2021－12－30
132	音乐哲学主体性问题研究	张璐倩	华东理工大学	一般项目	专著 论文集	2020－12－20
133	“塑绘一体”与中国雕塑本体美学研究	曾齐宝	浙江工业大学	一般项目	专著 论文集	2020－6－30
134	北宋士人美学研究	李昌舒	南京大学	一般项目	专著	2020－6－30
135	中国古代都市与中华美学精神研究	张　雨	西南大学	一般项目	专著 论文集	2021－12－30
136	中国青瓷器物文化的美学研究	袁义宏	华南理工大学	一般项目	论文集 其他	2020－12－20
137	西方马克思主义宗教思想研究	朱彦明	华侨大学	一般项目	专著	2020－12－31
138	《资本论》与近代西方政治哲学的关系研究	李慧娟	吉林大学	一般项目	专著	2021－12－30
139	德国古典历史哲学与历史唯物主义基础问题研究	韩志伟	吉林大学	一般项目	论文集	2021－6－30

续表

序号	课题名称	负责人	工作单位	项目类别	预期成果	计划完成时间
140	恩格斯历史合力论思想及当代价值研究	叶泽雄	华中师范大学	一般项目	专著 论文集	2020-3-1
141	近代科学与基督教关系的文献研究	张志伟	菏泽学院	一般项目	专著	2020-12-31
142	以“名”为考察背景的儒家知识论研究	苟东锋	华东师范大学	一般项目	专著	2020-12-30
143	胡塞尔身体现象学及其效应研究	单　斌	安徽大学	一般项目	专著 研究报告	2022-1-10
144	从新柏拉图主义到近当代的伊斯兰哲学研究	吴　雁	上海师范大学	一般项目	专著	2021-12-30
145	现代汉语替代语的类型逻辑范畴语法研究	王　欣	北京语言大学	一般项目	研究报告	2021-12-31
146	环境伦理视域中的生态公民研究	周国文	北京林业大学	一般项目	专著 研究报告	2020-9-1
147	罗国杰伦理思想研究	赵　冰	安徽师范大学	一般项目	专著	2020-12-31
148	瓦尔堡学派的图像学研究	牟　春	上海师范大学	一般项目	译著 论文集	2021-6-30
149	清代十三行外销包装的设计美学研究	王　娟	广东工业大学	一般项目	专著	2021-12-31
150	中国当代视觉文化的审美经验研究	李春媚	扬州大学	一般项目	专著	2020-12-31
151	马克思历史认识论研究	马建青	哈尔滨理工大学	青年项目	专著	2022-6-30
152	政治经济学批判与历史唯物主义研究	陈永盛	北京大学	青年项目	专著	2019-12-30
153	政治经济学批判与马克思主义哲学方法论研究	周嘉昕	南京大学	青年项目	论文集 研究报告	2021-8-31
154	资本逻辑基础理论问题的哲学研究	刘志洪	北方工业大学	青年项目	专著	2020-12-31
155	恩格斯文献思想及当代价值研究（1842—1845）	黄建都	江西理工大学	青年项目	专著	2020-1-1
156	批判理论语境中马克思与黑格尔关系再研究	孙海洋	中共中央党校	青年项目	专著 译著	2020-12-31
157	社会悖境的逻辑机制与出路研究	赵楠楠	中共江苏省委党校	青年项目	专著	2020-6-30

续表

序号	课题名称	负责人	工作单位	项目类别	预期成果	计划完成时间
158	新 MEGA 视域下的东亚《德意志意识形态》编辑传播史研究	盛福刚	武汉大学	青年项目	专著 论文集	2020－12－31
159	当代西方激进左翼的元政治学研究	莫　雷	南开大学	青年项目	论文集	2022－7－1
160	当代西方学界关于马克思、恩格斯基础伦理思想的系列研究	杨　松	厦门大学	青年项目	专著	2021－7－1
161	当代英美马克思主义历史观研究	邵永选	兰州大学	青年项目	专著	2020－12－31
162	建构论的康德主义转向及其方法论意蕴研究	张祖辽	江南大学	青年项目	专著 论文集	2020－6－30
163	马克思与施泰因社会哲学比较研究	王淑娟	中共中央党校	青年项目	专著	2020－12－30
164	金融化生存世界的哲学批判及其中国论域研究	严静峰	上海财经大学	青年项目	专著	2020－6－30
165	基于自然资本的生态现代化系统研究	郝　栋	中共中央党校	青年项目	专著	2019－9－1
166	生态问题的制度根源与生态文明建设的中国方案研究	何　畏	南京航空航天大学	青年项目	专著	2020－6－30
167	生物多样性保护的伦理困境与对策研究	杜　红	重庆师范大学	青年项目	研究报告	2020－12－31
168	中西本草学比较研究	杨　莎	西北大学	青年项目	专著	2020－12－31
169	人工智能的道德决策研究	孙保学	湖南师范大学	青年项目	专著	2022－10－30
170	通用人工智能的哲学基础研究	李　熙	中南大学	青年项目	论文集	2020－12－1
171	新兴技术负责任创新的理论、实践与机制研究	龚　超	湖南科技大学	青年项目	专著	2020－12－31
172	科学知识的分配正义问题研究	白惠仁	西安交通大学	青年项目	专著 译著	2020－12－30
173	东汉礼经学学术编年	林晓希	华南农业大学	青年项目	专著	2021－2－27
174	早期儒家天命人性论探微	张二远	安庆师范大学	青年项目	专著	2020－6－30
175	先秦诸子道德哲学论辩研究	王　正	中国社会科学院	青年项目	专著 论文集	2020－6－30

续表

序号	课题名称	负责人	工作单位	项目类别	预期成果	计划完成时间
176	明代士大夫话语体系转型研究	蓝法典	山东师范大学	青年项目	专著 研究报告	2020-12-31
177	宋代经学撰著体式与义理诠释的关系研究	郭亚雄	上海师范大学	青年项目	专著 研究报告	2020-12-31
178	《公孙龙子》文献与思想综合研究	孙晓磊	浙江师范大学	青年项目	专著	2020-6-1
179	元代《礼记》学研究	曾令巍	湖南大学	青年项目	专著	2020-12-31
180	现代中国哲学的诠释困境与经学转向研究	秦际明	四川大学	青年项目	专著	2020-6-30
181	乾嘉象数易学及其义理意涵研究	张　沛	山东大学	青年项目	研究报告	2021-10-31
182	泰州学派儒学民间化及其现代价值研究	谢群洋	贵州师范大学	青年项目	专著	2021-12-31
183	孔门成德之学的演进研究	何益鑫	北京大学	青年项目	专著	2020-12-31
184	近代诸子学与经学关系研究	黄燕强	中南财经政法大学	青年项目	专著	2020-12-30
185	日本德川时代儒学宗教性问题研究	傅锡洪	中山大学	青年项目	专著	2020-9-30
186	心学与关学交叉视域下的李二曲哲学思想研究	王文琦	复旦大学	青年项目	专著 其他	2020-6-30
187	英语世界的中国书院学研究	陈　仙	中南林业科技大学	青年项目	专著	2019-12-31
188	德国早期浪漫派政治哲学研究（1797—1802）	罗　久	南昌大学	青年项目	专著	2021-6-30
189	霍布斯政治哲学研究	刘海川	中山大学	青年项目	专著	2020-7-30
190	莱布尼茨“精神学”文献编译及研究	李天慧	北京师范大学	青年项目	译著 其他	2020-6-30
191	马堡学派的哲学思想及其现当代哲学意义研究	刘　漫	郑州大学	青年项目	专著	2020-12-31
192	亚里士多德心灵哲学研究	曹青云	云南大学	青年项目	专著	2020-6-30
193	巴塔耶生存论思想研究	王春明	复旦大学	青年项目	研究报告	2020-6-30
194	胡塞尔的语言符号理论研究	赵　猛	中国青年政治学院	青年项目	专著	2020-12-31
195	当代西方语言哲学中的“约定主义”研究	王　振	湖北大学	青年项目	专著	2022-6-1

续表

序号	课题名称	负责人	工作单位	项目类别	预期成果	计划完成时间
196	前后期维特根斯坦哲学的连续性研究	代海强	北京师范大学	青年项目	论文集 研究报告	2019－12－31
197	西方心灵哲学中自然主义的弱化走向研究	陈　丽	海军工程大学	青年项目	专著 译著	2020－2－1
198	非经典模态逻辑的证明论与语义学研究	林　哲	中山大学	青年项目	论文集	2019－12－31
199	非形式逻辑的形式化问题研究	魏　斌	西南政法大学	青年项目	专著	2020－6－30
200	古印度因明学思维逻辑“论式”之研究	夏吾太	青海民族大学	青年项目	专著	2020－3－20
201	模态的谓词方法研究	李　晟	四川师范大学	青年项目	研究报告	2020－12－31
202	内模型计划与当代集合论哲学研究	杨睿之	复旦大学	青年项目	论文集	2020－12－31
203	偶然逻辑的扩展研究	范　杰	北京师范大学	青年项目	专著	2022－6－1
204	当代西方德性伦理学与规范伦理学论争及其意义研究	方　熹	云南师范大学	青年项目	专著	2021－10－30
205	康德前批判期和沉默期的道德哲学研究	马新宇	西北大学	青年项目	专著	2020－12－30
206	汉传佛教生命伦理思想研究	王富宜	东南大学	青年项目	专著	2020－12－31
207	《白虎通》对传统道德的体系建构及其论证	冷兰兰	湖南工业大学	青年项目	专著	2021－12－30
208	道德承续视域下先秦儒家友善美德的创造性转化研究	冯丕红	广西科技大学	青年项目	专著 论文集	2020－12－30
209	儒家信任模式在现代组织中的生成与运用研究	王润稼	北方工业大学	青年项目	论文集 研究报告	2020－6－30
210	中国传统“勇”德思想及其当代价值研究	唐　俊	长沙理工大学	青年项目	专著	2020－12－30
211	香港慈善伦理的建构范式研究	刘海娟	深圳大学	青年项目	专著	2020－2－14
212	马克思社会理想中的美德伦理思想研究	符海平	广州大学	青年项目	专著	2020－12－31
213	政治认同及其社会伦理基础研究	余　露	湖南师范大学	青年项目	专著	2022－10－30

续表

序号	课题名称	负责人	工作单位	项目类别	预期成果	计划完成时间
214	德国浪漫派美学在中国的接受与重构研究	胡　镓	扬州大学	青年项目	专著	2020－6－30
215	前卫美学的范式转向研究（1938—2012）	王志亮	河北大学	青年项目	专著	2021－12－31
216	《山海经》图像类别与当代动画角色模型构建美学理论体系研究	唐晓梅	攀枝花学院	青年项目	研究报告	2019－12－31
217	新中国话剧“胭脂美学”风尚研究（1949—1979）	邓　良	扬州大学	青年项目	专著	2019－12－31
218	阿多诺否定的道德哲学及其影响研究	周爱民	同济大学	青年项目	专著 其他	2019－2－10
219	科学传播视野中的科技馆研究	焦郑珊	中国科学院自然科学史研究所	青年项目	研究报告	2020－6－30
220	晚清来华传教士的博物学研究（1860—1912）	朱昱海	浙江工业大学	青年项目	专著	2021－9－1
221	明代日用类书与儒家伦理民间化研究	魏志远	延安大学	青年项目	专著	2021－12－31
222	德勒兹伦理思想研究	张　能	重庆邮电大学	青年项目	专著	2020－12－30
223	面向不确定性的动态博弈模型及其逻辑研究	刘海林	中山大学	青年项目	论文集	2021－6－30
224	伦理视角下的“新生活运动”研究	李明建	宿迁学院	青年项目	专著	2020－12－31

2017 年国家社会科学基金后期资助项目（哲学）

（51 项）

序号	项目名称	申请人	工作单位
1	《资本论》校注——以“工厂视察员报告”为中心	相秀丽	广州大学
2	中国“类”范畴思想的演变与新发展	王加良	云南师范大学
3	当代中国孟学研究	王其俊	山东社会科学院
4	王阳明传习录校笺	黎业明	深圳大学
5	王夫之人性生成哲学研究	陈　屹	西南医科大学
6	庄子“虚己”之道的政治哲学解析	储昭华	武汉大学
7	宋代艺术哲学思想研究	刘桂荣	河北大学
8	张九成思想研究	李春颖	中国政法大学
9	文人之物的意义世界	李　溪	北京大学

续表

序号	项目名称	申请人	工作单位
10	阳明学派与中晚明的知识学	刘荣茂	贵州大学
11	道家生命伦理的传统视域与现代转型	李红文	湖南中医药大学
12	“章门弟子”缪篆哲学思想研究	姚彬彬	武汉大学
13	《宋元学案》综合研究	连　凡	武汉大学
14	祭如在：西学观照下儒家丧祭礼研究	王定安	浙江工业大学
15	中国儒学缄默维度	张昭炜	武汉大学
16	朱熹、陆九渊与王守仁理学思想比较研究——以理、性、心、知四个范畴为中心	毕　游	中国国家博物馆
17	陈建《学蔀通辨》及其经世思想研究	柳向忠	河海大学
18	先秦因循哲学论	许建良	东南大学
19	从“责任”到“信任”：宋明理学道德—政治哲学的新探索	雷　静	华南农业大学
20	原儒——体用视域下先秦儒家展开的“一贯之道”研究	崔海东	江苏科技大学
21	现代性与新儒家	徐建勇	湘潭大学
22	沈志远学术思想研究	王延华	四川师范大学
23	敦于实行：邹东廓的良知学思想与乡族教化	张卫红	中山大学
24	朱熹易学哲学研究	吴　宁	中山大学
25	宋明理学与中医理论嬗变	姚春鹏	曲阜师范大学
26	比较视域的老子引义	田义勇	浙江外国语学院
27	韩非刑名逻辑思想的渊源及演进历程研究	吴保平	河南大学
28	怀特海有机哲学的美学底蕴	曾永成	成都学院
29	大卫·刘易斯模态实在论研究	刘张华	盐城师范学院
30	美国生态学马克思主义研究	吴　宁	上海师范大学
31	亚里士多德政体理论中的政治哲学	董　波	中山大学
32	金在权因果排斥论证研究	李　龚	深圳大学
33	可知性悖论研究	王　晶	陕西师范大学
34	本体理念实在性问题如何解决——康德实践哲学基础新释	朱会晖	北京师范大学
35	《精神现象学》义解	庄振华	陕西师范大学
36	大卫·哈维马克思主义空间政治哲学思想研究	温　权	南京大学
37	现象学意向性归属变换与逆射之路——从胡塞尔经海德格尔至列维纳斯	杨晓斌	中国海洋大学
38	康德与罗尔斯理论传承关系研究	王　华	燕山大学
39	苏联的技术哲学与工业化：历史·经验·启示	万长松	燕山大学
40	马尔科维奇社会批判理论研究	关斯玥	河南师范大学
41	海德格尔科学哲学思想研究	史现明	洛阳师范学院
42	量子纠缠的哲学革命	成素梅	上海社会科学院
43	多元文化背景下的价值冲突与价值认同	陶蕾韬	北京交通大学
44	涵义的形而上学研究	何朝安	东华大学

续表

序号	项目名称	申请人	工作单位
45	描述心理学	王申连	南京晓庄学院
46	平等的学理基础	王元亮	山东大学
47	行政正义研究	叶 勤	南京师范大学
48	中国司法伦理基础论纲	陈文曲	中南大学
49	生态哲学基础理论研究	李世雁	沈阳工业大学
50	信息时代的现实与虚拟	王 伟	西安交通大学
51	城市社会的伦理自觉——哲学视野中的城市社会	陈 忠	上海财经大学

2017 年国家社会科学基金西部项目（哲学）

（15 项）

序号	项目名称	申请人	工作单位	预期成果	计划完成时间
1	社会化知识论研究	袁海军	内蒙古大学	专著	2020－12－31
2	多族士人群体与元代治道研究	闫 恒	中共内蒙古自治区委党校	专著	2020－9－1
3	马克思主义哲学的人民性及其创新问题研究	李晓元	闽南师范大学	专著	2020－12－31
4	朱熹自然观与当代生态道德建设研究	陈 文	武夷学院	研究报告	2021－7－31
5	亨利与柏格森的生命现象学思想比较研究	江海全	海南师范大学	专著	2020－6－30
6	马克思历史理论新释：历史方法与历史规律关系研究	庾 虎	桂林航天工业学院	专著	2020－12－30
7	博丹文集的翻译注疏与研究	朱 琦	四川外国语大学	专著、译著	2020－6－30
8	开创科技决策的专家时代：科学论第三波的理论与实证研究	邱德胜	西南大学	研究报告	2021－6－30
9	心学社会治理思想研究	任 健	贵阳学院	专著	2019－12－31
10	中国传统“节”德的现代转化与建设研究	邓 立	贵州财经大学	专著	2021－12－31
11	习近平政治伦理思想研究	郗芙蓉	陕西科技大学	专著、其他	2021－6－30
12	宋代理学的佛教批判及其现代意义研究	江求流	陕西师范大学	专著	2020－9－30
13	《齐美尔美学著作集》编译与研究	张 丹	延安大学	译著、研究报告	2021－12－31
14	青藏地区高校青年教师德性养成的伦理文化环境研究	张 磊	青海大学	研究报告	2020－6－30
15	卢梭“道德人”理论研究	尹 强	宁夏大学	专著	2022－5－31

2017 年国家社会科学基金中华学术外译项目（哲学）

（16 项）

序号	项目名称（中文）	项目负责人	资助文版	原著作者或主编
1	儒释道耶与中国文化	外语教学与研究出版社	俄文	汤一介
2	从庄子到郭象——《庄子》与《庄子注》比较研究	人民出版社	韩文	康中乾
3	简帛文明与古代思想世界	中国人民大学出版社有限公司	日文	王中江
4	道家形而上学研究	中国人民大学出版社有限公司	英文	郑　开
5	庄子今注今译	中华书局有限公司	土耳其文	陈鼓应
6	儒家中道哲学的历史渊源与当代价值	高等教育出版社有限公司	英文	徐克谦
7	当代中国学者视野中的西方哲学	高等教育出版社有限公司	英文	韩　震
8	从庄子到郭象——《庄子》与《庄子注》比较研究	庞秀成（东北师范大学）	英文	康中乾
9	中国文化精神	潘畅和（延边大学）	韩文	张岱年 程宜山
10	吾道一以贯之：重读孔子	北京大学出版社	韩文	伍晓明
11	中国国学传统	北京大学出版社	俄文	张岱年
12	中国文化精神	北京大学出版社	俄文	张岱年 程宜山
13	回到列宁	南京大学出版社有限公司	俄文	张一兵
14	中国哲学思想史	南京大学出版社有限公司	英文	张祥浩
15	春秋公羊学史	华东师范大学出版社有限公司	韩文	曾　亦 郭晓东
16	中国哲学思潮发展史	任增强（中国石油大学（华东））	英文	张立文

（以上内容来自全国哲学社会科学规划办公室网站）

2017年教育部人文社会科学研究一般项目（哲学）

（51项）

序号	项目名称	申请人	学校名称	项目类别
1	古典美国哲学的方法论旨趣研究	张留华	华东师范大学	规划项目
2	当前我国社会的伪善问题及其治理对策研究	周　斌	山西大学	规划项目
3	哲学实验的哲学基础	何孟杰	厦门大学嘉庚学院	规划项目
4	网络环境下我国数字知识资源的共享问题研究	丁大尉	烟台大学	规划项目
5	京都学派与海德格尔哲学在日本的接受与转化	廖钦彬	中山大学	规划项目
6	共同体德性在全球正义中的地位和作用研究	Jun – Hyeok Kwak	中山大学	规划项目
7	当代中国司法公信力的道德建构研究	宣　璐	安徽建筑大学	青年项目
8	亚里士多德《诗学》的哲学研究	赵振羽	东北师范大学	青年项目
9	自然与德性：尼采晚期思想研究	韩　玮	复旦大学	青年项目
10	情感政治视域下的纳斯鲍姆正义理论研究	叶晓璐	复旦大学	青年项目
11	斯多亚政治哲学残篇的编译、集注和义疏	徐　健	贵州大学	青年项目
12	中晚明心学发展视野下的阳明学“四句教”哲学思想研究	邓国元	贵州大学	青年项目
13	乾嘉时期的荀子学研究	邓国宏	贵州大学	青年项目
14	20世纪中国孟学史研究	张少恩	河北工程大学	青年项目
15	基于知识条件的道德责任可能性研究	韩辰锴	河南大学	青年项目
16	复合性认知增强技术伦理问题研究	高　佳	湖南理工学院	青年项目
17	康德永久和平论研究	吴　彦	华东师范大学	青年项目
18	21世纪以来西方德性伦理学的多样性研究	叶方兴	华东师范大学	青年项目
19	当代物理学中的超验认识研究	罗　栋	华南理工大学	青年项目
20	当代西方概念研究的心灵——认知哲学维度	张　钰	华中师范大学	青年项目
21	当代科学哲学的康德主义转向研究	代利刚	江南大学	青年项目
22	甲骨文表意结构的美学研究	方　明	辽宁大学	青年项目
23	康有为《四书》新解与儒学的现代转向	刘　星	聊城大学	青年项目
24	王肃经学文献整理与研究	马金亮	鲁东大学	青年项目
25	罗尔斯的国际正义理论研究	张铁瑶	南京航空航天大学	青年项目
26	科学视觉表征的哲学研究	石　诚	南京理工大学	青年项目
27	马克思“个人与共同体的关系”思想研究	葛水林	南通大学	青年项目
28	当代科学技术论视角下公众对转基因食品认知问题的研究	赵喜凤	宁波大学	青年项目

续表

序号	项目名称	申请人	学校名称	项目类别
29	马克思共同体思想与构建人类命运共同体问题研究	王　燕	三峡大学	青年项目
30	莱纳·弗斯特正义理论研究	蒋　颖	山东大学	青年项目
31	自由意志的文化解释研究	宋尚玮	山西大学	青年项目
32	基于量子信息的量子实在论研究	王凯宁	山西大学	青年项目
33	维特根斯坦哲学的宗教维度研究	韩　宁	山西大学	青年项目
34	梅洛－庞蒂艺术哲学中的视觉问题研究	王建华	陕西科技大学	青年项目
35	清代《大学》诠释史研究	李敬峰	陕西师范大学	青年项目
36	张载易学文献整理与经学思想研究	刘　泉	陕西师范大学	青年项目
37	知识论中的“直觉价值”问题研究	宋　群	上海交通大学	青年项目
38	汉代老学研究	袁　青	上海师范大学	青年项目
39	现象学与辩证法的关系问题研究	祝利民	潍坊学院	青年项目
40	现代性的欲望拓扑学：拉康伦理思想研究	胡成恩	温州医科大学	青年项目
41	康德道德哲学的宗教维度研究	杨云飞	武汉大学	青年项目
42	法国当代哲学家弗朗索瓦·朱利安对中国传统文化的阐释研究	赵　鸣	武汉大学	青年项目
43	利科的精神分析论与象征解释学研究	付志勇	武汉科技大学	青年项目
44	知觉内容概念论研究	张志伟	西安交通大学	青年项目
45	海德格尔逻辑哲学思想研究	朱海斌	西北师范大学	青年项目
46	政治哲学视野下的《资本论》及其手稿研究	唐　瑭	厦门大学	青年项目
47	班克斯帝国博物学的空间逻辑与实践特性	李　猛	厦门大学	青年项目
48	基于事件和指称的形而上学意义理论研究	王　师	厦门大学	青年项目
49	杜威的政治哲学研究	马　荣	盐城工学院	青年项目
50	基于模态和意向性分析的指称问题研究	刘叶涛	燕山大学	青年项目
51	《庄子》之“无”的美学精神研究	朱松苗	运城学院	青年项目

2017 年教育部人文社会科学研究西部和边疆地区项目（哲学）

（4 项）

序号	项目名称	申请人	学校名称	项目类别
1	西方马克思主义实践观及其效应研究	潘宇鹏	西南政法大学	规划项目
2	儒家“权”思想研究	刘小红	宝鸡文理学院	青年项目
3	西方左翼科学哲学研究	王凤祥	贵州财经大学	青年项目
4	朱子“心学”研究	赵　玫	西北民族大学	青年项目

（以上内容来自中华人民共和国教育部网站）

获奖信息

2017 年哲学学科研究成果获奖情况

（按单位名称拼音排序）

单位名称	成果名称	成果形式	作者	发表/出版情况		奖项名称
				单位	时间	
北京大学	柏拉图的本原学说：基于未成文学说和对话录的研究	著作	先　刚	生活·读书·新知三联书店	2014－3	北京市第14届哲学社会科学优秀成果二等奖
	悖论研究	著作	陈　波	北京大学出版社	2014－7	北京市第14届哲学社会科学优秀成果二等奖
北京师范大学	伦理学概论	著作	廖申白	北京师范大学出版社	2009－8	首届罗国杰伦理学教育基金优秀著作二等奖
北京市社会科学院	“道”与“幸福”：荀子与亚里士多德伦理学比较研究	著作	孙　伟	北京大学出版社	2015－1	北京市第14届哲学社会科学优秀成果二等奖
长沙理工大学哲学系	技术与性别：女性主义技术哲学研究	论文	易显飞	《哲学动态》	2013年第7期	湖南省第13届社会科学优秀成果三等奖
成都理工大学	西美尔审美现代性思想研究	著作	赵　岚	社会科学文献出版社	2015－5	四川省第17次社会科学优秀成果三等奖
东北师范大学	精神生活的现代处境及其文化自觉	论文	庞立生	《光明日报》	2015年10月12日	吉林省第11届社会科学优秀成果三等奖
	西方哲学形而上轨迹与西方哲学中国化历程	论文	韩秋红	《华中师范大学学报》	2014年第9期	吉林省第11届社会科学优秀成果二等奖
	中华民族精神家园的生命精神研究	著作	胡海波	人民出版社	2015－6	吉林省第11届社会科学优秀成果一等奖
	马克思权利观研究	著作	尹奎杰	东北师范大学出版社	2015－3	吉林省第10届教育科学优秀成果二等奖

续表

单位名称	成果名称	成果形式	作者	发表/出版情况		奖项名称
				单位	时间	
东南大学	江苏社科名家文库（樊浩卷）	著作	樊和平	江苏人民出版社	2017－3	首届罗国杰伦理学教育基金优秀著作一等奖
复旦大学	春秋左传补疏	著作	郭晓东	上海古籍出版社	2016－3	第20届华东地区古籍优秀图书二等奖
广州大学	资本介入文化生产的耦合效应	论文	胡　潇	《中国社会科学》	2015年第9期	广东省第7届哲学社会科学优秀成果一等奖
杭州电子科技大学	现象学对于认知科学的意义	著作	徐献军	浙江大学出版社	2016－9	浙江省第19届哲学社会科学优秀成果三等奖
河南大学	中国哲学的现代化与马克思主义哲学中国化	著作	朱荣英	中国社会科学出版社	2016－6	2016年度河南省社会科学优秀成果二等奖
	生活中的逻辑学	译著	杨红玉	中国轻工业出版社	2016－9	2016年度河南省社会科学优秀成果二等奖
	意志现象学——胡塞尔的实践行为理论研究	著作	曾　云	人民出版社	2016－8	2016年度河南省社会科学优秀成果三等奖
湖北大学	西方德性思想史	著作	江　畅	人民出版社	2016－7	首届罗国杰伦理学教育基金优秀著作二等奖
	德性论	著作	江　畅	人民出版社	2011－9	第7届吴玉章人文社会科学优秀成果奖
湖南师范大学	分配正义研究	系列论文	向玉乔	《中国社会科学》等	2013年第3期等	湖南省第13届社会科学优秀成果二等奖
华东师范大学	人类知识的默会维度	著作	郁振华	北京大学出版社	2012－9	第7届吴玉章人文社会科学奖
华南师范大学	传统真理及其嬗变：从逻辑与语言的观点来看	论文	胡泽洪 彭媚娟	《哲学研究》	2014年第12期	广东省第7届哲学社会科学优秀成果二等奖

续表

单位名称	成果名称	成果形式	作者	发表/出版情况		奖项名称
				单位	时间	
吉林大学	黑格尔与马克思政治哲学六论	著作	张　盾	学习出版社	2014－4	吉林省第11届社会科学优秀成果一等奖
	关系理性与真实的“共同体”	论文	贺　来	《中国社会科学》	2015年第6期	吉林省第11届社会科学优秀成果一等奖
	《资本论》与马克思主义哲学	论文	孙正聿	《学习与探索》	2014年第1期	吉林省第11届社会科学优秀成果一等奖
	哲学理论如何落到实处	论文	孙利天	《社会科学战线》	2016年第2期	吉林省第11届社会科学优秀成果一等奖
	先验思辨逻辑	著作	吴宏政	人民出版社	2015－8	吉林省第11届社会科学优秀成果二等奖
	马克思实现的哲学观革命	论文	刘福森	《江海学刊》	2014年第2期	吉林省第11届社会科学优秀成果二等奖
	弱势群体为什么那么重要？——兼论充足主义正义观	论文	晋运锋	《中国人民大学学报》	2015年第2期	吉林省第11届社会科学优秀成果三等奖
	也论分配正义——兼评姚大志教授和段忠桥教授关于正义之争	论文	王　立	《哲学研究》	2014年第10期	吉林省第11届社会科学优秀成果三等奖
	自由观念的四个区分	论文	王福生	《哲学研究》	2015年第4期	吉林省第11届社会科学优秀成果三等奖
	古代世界公民主义与现代世界公民主义	论文	曲红梅	《哲学研究》	2014年第1期	吉林省第11届社会科学优秀成果三等奖
吉林警察学院	当代中国法哲学研究范式的新发展	论文	贺　电	《社会科学战线》	2014年第1期	吉林省第11届社会科学优秀成果二等奖
吉林师范大学	历史辩证法——青年卢卡奇历史唯物主义思想研究	著作	邹之坤	中国社会科学出版社	2015－6	吉林省第11届社会科学优秀成果二等奖
	仁爱与正义：当代中国社会伦理的“中和之道”	论文	常　江	《哲学研究》	2014年第2期	吉林省第11届社会科学优秀成果二等奖
聊城大学	解构与诠释：思想政治教育的基本问题研究	著作	李合亮	人民出版社	2015－8	山东省第31次社会科学优秀成果一等奖
洛阳师范学院	先秦哲学视域中的个体性问题引论	论文	王敏光	《哲学研究》	2016年第7期	2016年度河南省社会科学优秀成果二等奖
南昌大学	程门学派对朱子学的挑战及与王学之遥契：以黎立武的《大学》诠释为中心	论文	许家星	《哲学研究》	2015年第8期	江西省第17次社会科学优秀成果二等奖

续表

单位名称	成果名称	成果形式	作者	发表/出版情况		奖项名称
				单位	时间	
清华大学	兴国之魂——积极培育和践行社会主义核心价值观十讲	著作	戴木才	湖南教育出版社	2013-10	首届罗国杰伦理学教育基金优秀著作二等奖
	改变世界的哲学现实观	论文	夏莹 崔唯航	《中国社会科学》	2014年第8期	北京市第14届哲学社会科学优秀成果二等奖
	《巴黎手稿》研究——马克思思想的转折点	著作	韩立新	北京师范大学出版社	2014-4	北京市第14届哲学社会科学优秀成果一等奖
山东大学	切入现实：马克思对德国早期浪漫派的批判与超越	论文	刘森林	《中国社会科学》	2015年第8期	山东省第31次社会科学优秀成果一等奖
	试论中国早期儒家的人性内涵——兼评“性朴论”	论文	沈顺福	《社会科学》	2015年第8期	山东省第31次社会科学优秀成果二等奖
	“学之德”与“性之德”之辩：王夫之对道和德的再阐释	论文	谭明冉	《哲学研究》	2014年第7期	山东省第31次社会科学优秀成果二等奖
	知觉辩护的直接性与不可错性	论文	王华平	《学术月刊》	2015年第12期	山东省第31次社会科学优秀成果三等奖
	哲学的友爱：亚里士多德、海德格尔与伽达默尔	论文	陈治国	《复旦学报》	2015年第2期	山东省第31次社会科学优秀成果三等奖
山东师范大学	马克思自由思想的唯物主义转向	论文	王清涛	《哲学研究》	2015年第7期	山东省第31次社会科学优秀成果二等奖
山西大学	语境论的数学哲学：一种对数学本质和实在性研究的新范式	著作	康仕慧	科学出版社	2016-6	山西省社会科学界联合会2017年度“百部（篇）工程”一等奖
	通向善念的权利——论斯皮内洛的规范伦理思想	论文	吴文清	《哲学动态》	2016年第3期	山西省社会科学界联合会2017年度“百部（篇）工程”二等奖
	最佳说明的推理模式研究	著作	王航赞	科学出版社	2016-8	山西省社会科学界联合会2017年度“百部（篇）工程”二等奖
	逻辑与哲学：真与意义融合与分离之争的探究	著作	郭建萍	科学出版社	2016-9	山西省社会科学界联合会2017年度“百部（篇）工程”三等奖

续表

单位名称	成果名称	成果形式	作者	发表/出版情况		奖项名称
				单位	时间	
山西省社会科学院	思想实验的认知机制	著作	薛　平	科学出版社	2016－4	山西省社会科学界联合会2017年度“百部（篇）工程”三等奖
山西师范大学	法行与类举：荀子礼学中的经权之道	论文	冯　俊	《邯郸学院学报》	2016年第3期	山西省社会科学界联合会2017年度“百部（篇）工程”二等奖
绍兴文理学院	神经现象学：整合脑与意识经验的认知科学哲学进路	著作	陈　巍	中国社会科学出版社	2016－6	浙江省第19届哲学社会科学优秀成果一等奖
首都师范大学	何为良好生活	著作	陈嘉映	上海文艺出版社	2015－5	北京市第14届哲学社会科学优秀成果二等奖
四川大学	《范畴篇》笺释	著作	溥　林	华东师范大学出版社	2014－1	四川省第17次社会科学优秀成果二等奖
	亚里士多德的《形而上学》	译著	曾　怡	华东师范大学出版社	2015－1	四川省第17次社会科学优秀成果三等奖
四川省社会科学院	以道相通的美学	著作	苏　宁	光明日报出版社	2014－3	四川省第17次社会科学优秀成果二等奖
	身体、空间与科学：梅洛－庞蒂空间现象学研究	著作	刘胜利	江苏人民出版社	2015－1	四川省第17次社会科学优秀成果三等奖
四川师范大学	生境伦理学	著作	唐代兴	生活·读书·新知三联书店	2015－5	四川省第17次社会科学优秀成果二等奖
	北朝经学史	著作	潘忠伟	商务印书馆	2014－8	四川省第17次社会科学优秀成果三等奖
温州医科大学	医学伦理审查中道德冲突与程序性共识的构建	论文	刘婵娟	《浙江社会科学》	2016年第2期	浙江省第19届哲学社会科学优秀成果三等奖
西南民族大学	中西形而上学之比较研究	著作	李蜀人	中国社会科学出版社	2014－11	四川省第17次社会科学优秀成果三等奖
湘潭大学	中国美学通史·隋唐五代卷	著作	杨凌云	江苏人民出版社	2014－1	湖南省第13届社会科学优秀成果二等奖
浙江大学	杨简全集	古籍整理	董　平	浙江大学出版社	2016－10	浙江省第19届哲学社会科学优秀成果二等奖

续表

单位名称	成果名称	成果形式	作者	发表/出版情况		奖项名称
				单位	时间	
浙江大学	启蒙理性及现代性：马克思的批判性重构	论文	刘同舫	《中国社会科学》	2015 年第 2 期	浙江省第 19 届哲学社会科学优秀成果一等奖
浙江工商大学	从实践哲学到历史哲学：希腊化和中世纪早期哲学研究	著作	石敏敏 章雪富	中国社会科学出版社	2016 - 11	浙江省第 19 届哲学社会科学优秀成果二等奖
浙江理工大学	马克思主义生态哲学综论	著作	周光迅等	浙江大学出版社	2015 - 12	浙江省第 19 届哲学社会科学优秀成果三等奖
浙江师范大学	马克思历史认识模式的复杂性及实践解读	论文	叶险明	《中国社会科学》	2016 年第 4 期	浙江省第 19 届哲学社会科学优秀成果一等奖
	新自由论	著作	成　林	复旦大学出版社	2016 - 7	浙江省第 19 届哲学社会科学优秀成果三等奖
中共浙江省委党校	马克思的公平正义理论与实践	著作	何建华	中共中央党校出版社	2016 - 2	浙江省第 19 届哲学社会科学优秀成果三等奖
中共中央党校	追求阶层正义——权力、资本、劳动的制度伦理考量	著作	靳凤林	人民出版社	2016 - 9	首届罗国杰伦理学教育基金优秀著作二等奖
中国人民大学	马克思恩格斯伦理思想研究	著作	安启念	武汉大学出版社	2009 - 9	首届罗国杰伦理学教育基金优秀著作二等奖
	马克思主义价值理论研究	著作	马俊峰	北京师范大学出版社	2012 - 12	第 7 届吴玉章人文社会科学奖
	晚年恩格斯哲学经典文本的内在逻辑研究	著作	臧峰宇	中国人民大学出版社	2015 - 6	第 7 届吴玉章人文社会科学奖
	技术困境及其超越	著作	王伯鲁	中国社会科学出版社	2011 - 12	第 7 届吴玉章人文社会科学奖
	唯物史观视野中的生态文明	著作	张云飞	中国人民大学出版社	2014 - 5	第 7 届吴玉章人文社会科学奖
	存在与实体——亚里士多德《形而上学》Z 卷研究（Z1 - 9）	著作	聂敏里	华东师范大学出版社	2011 - 12	第 7 届吴玉章人文社会科学奖

续表

单位名称	成果名称	成果形式	作者	发表/出版情况		奖项名称
				单位	时间	
中国社会科学院	中国古代道德生活史	著作	陈　瑛	中国社会科学出版社	2012－12	首届罗国杰伦理学教育基金优秀著作一等奖
	伦理学的当代建构	著作	甘绍平	中国发展出版社	2015－1	首届罗国杰伦理学教育基金优秀著作二等奖
中南林业科技大学	价值观变迁与核心价值体系的解构和建构	著作	廖小平	中国社会科学出版社	2013－9	湖南省第13届社会科学优秀成果二等奖
中山大学	质料先天与人格生成——对舍勒现象学的质料价值伦理学的重构	著作	张　伟	商务印书馆	2014－10	广东省第7届哲学社会科学优秀成果一等奖
	德性认知的心理机制与启示	论文	景怀斌	《中国社会科学》	2015年第6期	广东省第7届哲学社会科学优秀成果一等奖
	黑格尔Subjekt概念的两个维度与三层含义：基于《〈精神现象学〉序言》的一个理解	论文	徐长福	《哲学研究》	2015年第11期	广东省第7届哲学社会科学优秀成果二等奖

（孙婧一）

责任编辑　孙婧一

哲学界动态

国内活动

【高清海学术基金启动暨高清海哲学思想研究中心成立大会】

2017 年 1 月 4 日在吉林大学召开，由吉林大学哲学社会学院、吉林大学哲学基础理论研究中心共同举办，旨在纪念中国著名哲学家高清海先生诞辰 86 周年，传承高清海哲学思想，弘扬高清海哲学创新精神，推进哲学基础理论研究。来自吉林大学、辽宁大学、山东大学、东北师范大学等高校和社会各界的 40 余人参加了此次会议。（王福生）

【首届激进哲学工作坊】

2017 年 1 月 5 日在复旦大学举行，由复旦大学当代国外马克思主义中心、复旦大学哲学学院主办，来自复旦大学、清华大学、南京大学、华东师范大学等校的 10 位学者参加，议题涉及精神分裂分析、从阴性政治到类的共产主义、历史形而上学、现代性与生命政治、意识形态的两种基本形式以及斗争的两个根据等内容。

（叶晓璐）

【第 13 届全国马克思主义哲学创新论坛】

2017 年 1 月 7—8 日在南开大学召开，由青年哲学论坛与南开大学哲学院共同主办。来自全国 40 余所高校、研究机构的 140 余名专家学者及媒体人士与会，围绕“马克思主义政治哲学与现代性”这一主题，就唯物史观与政治哲学、现代性与政治哲学、马克思主义政治哲学的当代建构、社会正义等议题进行讨论。（卢　兴）

【伦理学与当代中国文化自信理论研讨会】

2017 年 1 月 14 日在中国人民大学举行，由教育部重点研究基地中国人民大学伦理学与道德建设研究中心、北京市伦理学会主办，主题为“伦理学与当代中国文化自信”。来自北京部分高校、科研院所的 20 余名学者参加会议。学者们认为，文化自信是更基础、更广泛、更深厚的自信。伦理学作为哲学的重要组成部分，作为承载中国优秀传统文化的重要分支学科，在文化自信中担当了重要的历史使命和神圣责任。（蛰　泰）

【首届全国生态学哲学研讨会】

2017 年 2 月 24 日在中国社会科学院哲学研究所召开，由中国自然辩证法研究会生态学哲学专业委员会（筹）、中国社会科学院科学技术与社会研究中心、中国社会科学院哲学研究所科学技术哲学研究室主办。来自国内部分高校的专家学者以及硕士、博士研究生近 30 人参加会议，围绕生态学哲学的主题展开讨论，主要议题有：对生态哲学、环境科学、环境整体主义的哲学探讨；从自然科学视角进行的生态学研究；从哲学角度分析生态学研究中的争论；认识论层面上的生态学研究；等等。会上，筹备成立了中国自然辩证法研究会生态学哲学专业委员会，选举产生了第一届理事会，理事长由中国社会科学院哲学研究所肖显静研究员担任。

（蛰　泰）

【"黑格尔与马克思"国际研讨会】

2017年3月13—14日在清华大学举行，由清华大学马克思恩格斯文献研究中心与清华大学人文学院哲学系联合主办。来自中、日、德三国20余所高校的近50名专家学者参加会议，主要议题有：黑格尔与自然法传统；黑格尔与马克思的关系；马克思思想的本质；等等。（蛰 泰）

【黑龙江省国学学会成立大会暨"国学的研究现状与未来发展"学术研讨会】

2017年3月18—19日在黑龙江大学召开，由黑龙江大学、黑龙江省国学学会主办，黑龙江大学哲学学院、黑龙江大学中国近现代思想文化研究中心承办，主题为"国学的研究现状与未来发展"。来自黑龙江省近百名国学研究专家学者与会，围绕国学与中华优秀传统文化关系，国学理论问题、传播路径与宣传推广，中华优秀传统文化与社会主义核心价值观教育，中华优秀传统文化创造性转化与创新性发展等议题进行研讨。（罗跃军）

【首届网络伦理论坛】

2017年3月26日在北京师范大学召开，由中国伦理学会网络伦理专业委员会主办，北京师范大学文化创新与文化传播研究院、北京师范大学新闻传播学院、社会主义核心价值观协同创新中心联合承办，主题为"网络时代伦理价值体系重建"。论坛立足于网络时代的现实问题，对当下互联网时代中呈现的网络伦理问题及其对传统伦理价值观的冲击进行思考和研讨。网络伦理专业委员会主任于丹在论坛上首次发布了《中国社会伦理舆情年度报告(2015—2016)》。（蛰 泰）

【中国逻辑学会非经典逻辑与计算专委会成立大会】

2017年3月26日在南京航空航天大学举行，由南京航空航天大学计算机科学与技术学院承办。来自国内外高校及科研院所的50余名专家学者参加会议。大会审议、表决通过了《中国逻辑学会非经典逻辑与计算专委会章程》，介绍了"非经典逻辑与计算专委会"首届专委会常委基本情况，西南交通大学数学学院徐扬教授当选为主任。与会专家学者围绕非经典逻辑与计算的相关议题进行了讨论。（蛰 泰）

【首届老子与道教文化国际学术研讨会】

2017年3月27日在安徽涡阳举行，由中国人民大学宗教高等研究院及道教研究中心、安徽省道教协会联合主办。来自日本、德国、美国、中国及台湾地区的近60位学者，以及应邀参加涡阳天静宫老子祭祀大典的海峡两岸四地的道教界代表100余人与会，围绕老子的思想文化传统和道教文化的历史传承及其现代价值展开讨论。（蛰 泰）

【"二程与宋明理学"学术研讨会】

2017年4月2日在河南伊川召开，由中国社会科学院哲学研究所、中国哲学史学会主办，伊川县人民政府承办。来自国内部分高校及学术期刊的近70位专家学者参加会议，围绕二程思想研究、理学与易学、中国经典的哲学诠释、理学与新儒学、朱子学与阳明学、中国哲学的诠释与中国文化的展开等议题进行研讨。（蛰 泰）

【《资本论》与21世纪马克思主义的发展研讨会】

2017年4月8日在中国人民大学召开，由中国人民大学马克思主义学院、21世纪中国马克思主义研究协同创新中心、中国特色社会主义理论体系研究中心、马克思主义研究院主办。来自马克思主义理论、哲学、经济学等学科的专家学者120余人与会，基于马克思主义理论的总体性视野，聚焦于经济学问题和哲学问题，展开跨学科对话。主要议题有：《资本论》的文本解读与思想阐释；《资本论》与当代经济社会发展重大问题；《资本论》与马克思主义哲学当代创新；唯物史观与政治经济学批判；等等。（冯瑞梅）

【“心理概念：维特根斯坦论心理现象”国际研讨会】

2017 年 4 月 8—9 日在北京师范大学召开，由北京师范大学分析哲学国际研究中心、国际维特根斯坦学会和中国维特根斯坦学会主办。来自德国、奥地利及国内部分高校、科研院所的专家学者约 30 人参加会议，重新考察维特根斯坦对心理现象的理解，从当代哲学的视角分析维特根斯坦的心理学哲学思想。（蛰 泰）

【“当代中国马克思主义政治哲学理论建构”学术研讨会】

2017 年 4 月 15 日在湖北武汉举行，由马克思主义与现实杂志社、武汉大学人文社会科学学报编辑部与武汉大学哲学学院联合主办。来自国内部分高校的专家学者以及期刊编辑 20 余人与会，围绕当代中国马克思主义政治哲学的理论形态与学科规定、建构当代中国马克思主义政治哲学的思想资源和理论基础、当代中国马克思主义政治哲学理论建构的实现路径等议题展开研讨。（蛰 泰）

【第 4 届中国社会科学院毛泽东思想论坛】

2017 年 4 月 15 日在北京召开，由中国社会科学院马克思主义理论学科建设和理论研究工程领导小组领导创办、马克思主义研究院承办，主题为“毛泽东与中国共产党的理论创新”，旨在深入研讨党的理论创新经验，学习宣传党的十八大以来党的理论创新成果，用实际行动迎接党的十九大胜利召开。来自全国各地部分研究机构、高等院校从事毛泽东思想研究的知名专家、青年学者、教研人员以及媒体人员 130 余人出席本次论坛。（蛰 泰）

【2017 年全国数学哲学学术研讨会】

2017 年 4 月 15—16 日在山西太原召开，由山西大学科学技术哲学研究中心、中国自然辩证法研究会数学哲学专业委员会和山西省自然辩证法研究会共同主办，山西大学科学技术哲学研究中心承办。来自新加坡国立大学、中国科学院、北京大学、复旦大学等高校及科研机构的 70 余名专家学者参加会议，围绕数学基础、自然主义与实在论、弗雷格与哥德尔、数学史、数理逻辑五个主题展开讨论。会议期间，数学哲学专业委员会还召开了工作会议，推荐中国人民大学许涤非为数学哲学专业委员会副主任，增补山西大学康仕慧等 4 名理事，同时对未来学术活动事宜作出规划。（王凯宁）

【“道德资本与企业经营”学术研讨会】

2017 年 4 月 15—16 日在江苏淮安召开，由中国伦理学会、南京师范大学、江苏今世缘酒业股份有限公司举办。来自国内相关高校、科研院所和企业以及西班牙、印度、日本、菲律宾等国的专家学者 40 余人参加大会，围绕道德资本的内涵与实践、道德与企业经营、企业社会责任、道德文化与企业发展、道德与企业家精神等专题展开讨论，并联系当前中国企业管理和经营的实际，提出了许多促进企业道德精神培育和企业伦理实践的观点和建议。

（蛰 泰）

【“人、象征、叙事——内在性的建构与呈现”利徐学社国际研讨会】

2017 年 4 月 20—21 日在复旦大学召开，由复旦大学哲学学院与利徐学社主办，主题为“人、象征、叙事——内在性的建构与呈现”。会议旨在以跨学科的角度重新诠释哲学意义上的“人（person）”这一概念，试图在中西思想之间就社会行动主体的建构与呈现问题开展对话。来自复旦大学、华东师范大学、巴黎高等社会科学研究学校、多伦多大学、法国远东学院北京中心等高校的10余位专家学者参加会议。（叶晓璐）

【“问题与方法：英美政治哲学与大陆政治哲学研究对话会”暨第6届政治哲学论坛】

2017年4月22—23日在中国人民大学召开，由中国人民大学政治哲学研究中心和《中国人民大学学报》编辑部联合主办。来自国内部分高校与科研机构的20余位专家学者与会，围绕英美政治哲学范式与大陆政治哲学范式在方法论、问题意识和思想传统上的区别及其趋同的可能性展开研讨。（蛰　泰）

【第2届中国生物样本库伦理论坛暨第4届组学与生命伦理学研讨会】

2017年4月22—23日在湖北武汉举行，由华中科技大学、深圳国家基因库和华大基因共同主办，主题为“中国生物样本及数据共享与应用的伦理共识”。来自国内外多家单位百余人参加会议，集中审议《中国生物样本库样本数据共享伦理指南》，为中国生物样本库建设凝聚伦理共识。（蛰　泰）

【第15届《哲学分析》论坛】

2017年4月24—25日在上海召开，由上海社会科学院哲学研究所主办，主题为“当代哲学视野中的信息文明”。来自国内相关院校和科研机构的专家学者20余人参加论坛，围绕信息文明时代人类的生存方式与相互性、量子信息技术的发展及其哲学意义、算法权力的边界校勘与伦理审度、物联网和大数据技术与技术治理、大数据时代的道德责任等议题展开讨论。（石永泽）

【葛兰西工作坊】

2017年4月28日在复旦大学举行，由复旦大学哲学学院、复旦大学当代国外马克思主义研究中心主办，10余名国内外知名葛兰西研究者参加了工作坊，对葛兰西思想在世界范围内的当代意义进行探讨，共同纪念这位伟大而不屈的无产阶级革命者，并在他留下的宝贵思想遗产中寻求介入现实问题的独特资源。（叶晓璐）

【“蜀学·湘学与儒学”学术研讨会】

2017年4月28日在四川成都举行，由中华孔子学会、湖南大学、四川大学、《巴蜀全书》编纂组主办，四川大学社会科学研究处、四川大学国际儒学研究院、四川大学古籍整理研究所承办，四川省中国哲学史研究会、四川省哲学社会科学重点研究基地——儒学研究中心协办。来自中外的100余位专家学者与会，以“蜀学·湘学与儒学”为主题展开研讨。会议期间，中华孔子学会·蜀学研究会在蓉揭牌成立。（蛰　泰）

【“中国话语的马克思主义哲学：基本思路与建构原则”学术研讨会】

2017年4月28—30日在苏州大学召开，由苏州大学政治与公共管理学院、《江海学刊》编辑部主办，主题为“中国话语的马克思主义哲学：基本思路与建构原则”。来自全国部分高校的40多位专家学者参加会议，就构建“中国话语的马克思主义哲学”的必要性和可能性、构建途径与方法、构建的难点等内容进行讨论。（张　亮）

【孔孟儒学历史传承与转化创新学术研讨会】

2017 年4 月30 日至5 月1 日在山东青州举行，由儒家文明协同创新中心、山东大学儒学高等研究院、清华大学国学研究院、中国哲学史学会、中国实学研究会主办，青州市文化广电新闻出版局、青州市豹斑玉文化传播有限公司协办。来自全国部分高校与科研院所的80 余位学者参加大会，就孔孟儒学的历史传承与当代创新、儒学与社会主义核心价值观建设、山东儒学与全球化视野下的儒家文明等议题展开讨论。（蛰　泰）

【2017 年全国自然辩证法教育与学科建设研讨会】

2017 年5 月12—14 日在山西太原召开，由山西大学科学技术哲学研究中心、中国自然辩证法研究会教育与普及工作委员会、山西省自然辩证法研究会和《科学技术哲学研究》编辑部共同主办，山西大学科学技术哲学研究中心承办。来自国内部分高校及科研机构的40 余名专家学者参加会议，围绕自然辩证法基本理论问题、中国马克思主义与当代相关课程教育教学改革问题、自然辩证法与科学技术哲学学科建设问题、自然辩证法教育与普及等议题，深入探讨了当前国内自然辩证法教育与课程设置中存在的问题，及未来发展方向。（王凯宁）

【“易学与中国哲学”学术研讨会暨朱伯崑先生逝世10 周年纪念会】

2017 年 5 月 13 日在北京召开，由北京大学哲学系主办。与会人员亲切回忆、缅怀朱伯崑先生勤奋治学、教书育人、不慕名利的光辉一生，对朱先生在中国哲学、易学等方面作出的突出贡献予以高度评价。会议商讨决定编选、推出朱伯崑先生学术纪念文集、《朱伯崑全集》等重要事项。（蛰　泰）

【第1 届现象学与马克思专题研讨会】

2017 年 5 月 13—14 日在南京大学召开，由南京大学哲学系、南京大学现象学研究所主办。来自国内部分高校和科研院所的20 余位青年学者参加会议，主要议题有：现象学与马克思主义对话的当代性、海德格尔与马克思的比较研究、胡塞尔与马克思的内在关联及其“联姻”的可能性、法兰克福学派与现象学、马克思主义与现象学研究的最新动态。（蛰　泰）

【第2 届中国社会科学青年哲学论坛】

2017 年 5 月 13—14 日在中山大学举行，由中国社会科学杂志社与中山大学哲学系主办，主题为“如何在古典学中‘做哲学’”。来自中国社会科学院、北京大学、中山大学等10 余所高校、研究机构的20 多位青年学者参加论坛，就马克思主义传统中的经典与解释、现代哲学视域下的经学研究、经典现象学的当代转型、希腊化时期哲学与中世纪哲学的现代影响等议题展开讨论。（蛰　泰）

【“马克思主义哲学意识理论与心灵哲学”学术研讨会】

2017 年5 月 19 日在洛阳师范学院召开，由《哲学动态》编辑部、华中师范大学心灵哲学研究中心、洛阳师范学院马克思主义学院和河南省哲学学会共同举办。来自国内部分高校和科研机构的20 余位学者参加了研讨。主要议题有：语言学转向后的心灵哲学问题、马克思主义哲学意识论的当代重建与心灵哲学研究、马克思主义哲学与心灵哲学、实践他心与天赋论、马克思主义哲学意识理论与心灵哲学研究的方法和路径。（蛰　泰）

【首届洙泗论坛暨泰山学者论坛】

2017 年 5 月 20 日在洙泗书院举行，由曲阜师范大学、孔子研究院和洙泗书院联合主办。来自国内部分高校、科研机构、相关书院的一百余位专家学者以及各界人士参加了洙泗书院重启仪式，以及以“追随梁漱溟——梁漱溟先生与孔学重光”为主题的首届洙泗论坛暨泰山学者论坛。学者们围绕梁漱溟与孔学重光、梁漱溟文化思想、梁漱溟唯识思想、梁漱溟与乡村建设运动、梁漱溟与新文化运动等论题展开讨论。（蛰　泰）

【中德莱布尼茨研究中心成立仪式暨“莱布尼茨与中国文化”国际学术研讨会】

2017 年 5 月 24 日在山东师范大学举行，由国际莱布尼茨学会主办，山东师范大学马克思主义学院、国际交流与合作处和社科处承办。来自中国、德国、西班牙、美国等国的学者围绕莱布尼茨与中国文化这一议题，从科学技术哲学、政治哲学与伦理学、中西文化比较等视角探讨莱布尼茨思想。会上，中德莱布尼茨研究中心正式成立并落户山东师范大学。（蛰　泰）

【山东大学国际莱布尼茨研究中心成立大会】

2017 年 5 月 26 日在山东大学举行，由国际莱布尼茨学会和山东大学哲学与社会发展学院主办。来自国内外莱布尼茨研究领域的 30 余位专家学者参加成立大会，对近年来莱布尼茨研究中涌现的新的学术增长点进行广泛交流，并对中国学界未来的莱布尼茨研究提出建议。中心聘请武汉大学段德智，复旦大学张志林、邓安庆，北京师范大学江怡、刘孝廷，同济大学孙周兴为首批兼职教授，中心主任由刘杰教授担任。（蛰　泰）

【第 4 届全国国外马克思主义研究论坛（2017）】

2017 年 5 月 27 日在江苏苏州召开，由中国社会科学院马克思主义研究院和苏州科技大学主办，中国社会科学院马克思主义研究院国外马克思主义研究部、《国外社会科学》编辑部以及苏州科技大学马克思主义学院联合承办。来自多所高校、科研机构的专家学者围绕“国外马克思主义研究与当代发展”这一主题，并就当今人类发展面临的时代机遇与挑战、全球化、人类命运共同体、生态问题、城市问题等进行研讨。（蛰　泰）

【武汉大学比较哲学与文化战略研究中心揭牌仪式暨“比较哲学的理论、方法与实践问题”学术研讨会】

2017 年 5 月 27 日在湖北武汉举行，由武汉大学哲学学院主办。来自中国、美国、日本等地的近 60 位专家学者与会，就比较哲学的研究方法、研究视域以及具体个案等问题展开讨论，内容涉及西方世界中国哲学研究者之“三重约束”、比较哲学研究的第三条路线、“一带一路”沿线国家的宗教问题等。（蛰　泰）

【全国首届印度哲学与比较哲学学术研讨会暨吴学国教授《奥义书思想研究》（五卷本）新书发布会】

2017 年 6 月 1 日在南开大学召开，由南开大学哲学院主办。来自中国社会科学院、南开大学、浙江大学、深圳大学、黑龙江大学、河北工业大学、中国高校社会科学杂志社等机构的近 30 位学者参加会议，就印度哲学和比较哲学，特别是吴学国教授的新书《奥义书思想研究》展开讨论。（卢　兴）

【纪念《资本论》第 1 卷出版 150 周年研讨暨全国经济哲学研究会 2017 年年会】

2017 年 6 月 3—4 日在东北财经大学召开，由全国经济哲学研究会主办，东北财经大学马克思主义学院承办，东北财经大学经济学院协办，主题为“纪念《资本论》第1卷出版150周年”。来自全国部分高校与科研机构的专家学者共计80余人参加会议，围绕《资本论》与中国特色社会主义道路、《资本论》与当代资本主义批判、《资本论》的方法论与中国特色社会主义政治经济学方法论、中国特色社会主义政治经济学的理论体系构建等议题展开讨论。（程　晓）

【“第4届当代资本主义研究暨纪念《资本论》第1卷出版150周年”国际学术研讨会】

2017年6月3—4日在南京大学召开，由南京大学马克思主义社会理论研究中心和南京大学哲学系联合主办。中外专家学者60余人与会，围绕当代资本主义中的非物质劳动与革命主体问题、数字化资本主义与剩余价值、《资本论》与当代政治经济学批判、世界社会主义运动与中国道路等议题展开讨论。6月5日上午，中外学者还围绕《政治经济学批判大纲》举行了专题对话会。（蛰　泰）

【“资本论与人类文明新形态”学术研讨会】

2017年6月3—4日在吉林长春召开，由吉林大学哲学基础理论研究中心、吉林大学哲学社会学院主办，主题为“《资本论》与人类文明新形态”。适逢《资本论》第一卷出版150周年，来自国内部分高校和科研机构的40余位专家学者与会，围绕《资本论》哲学思想的当代阐释、当代西方学者关于《资本论》的研究、《资本论》与当代资本主义、《资本论》与未来社会发展道路、人类文明新形态的哲学理念等议题进行研讨。（王福生）

【黑格尔法哲学研究工作坊暨《法哲学原理》新译出版首发式】

2017年6月9日在复旦大学举行，由复旦大学哲学学院主办。来自北京大学、中共中央党校、四川大学、厦门大学、中共上海市委党校、华东师范大学等多所高校院所的20多位学者与会，就黑格尔法哲学的诸多问题展开研讨。（叶晓璐）

【全球语境下的中国哲学范式与价值国际学术研讨会】

2017年6月9—11日在北京举行，由亚洲哲学与比较哲学学会（SACP）和北京大学哲学系主办，北京大学道家研究中心和北京大学阳明学中心承办。来自中国（含港澳台）、美国、日本、韩国、希腊、以色列等12个国家的100余位专家学者参加会议，围绕“全球语境下的中国哲学范式与价值”这个主题展开讨论，议题包括：中国哲学的理论特征和研究方法、中国哲学中的政治与人性、中国哲学的历史与理论、儒家哲学研究的新视界、道家哲学的多样进路、道家政治哲学和境界理论、中西哲学之间理解之路：翻译、研究和讨论、印度哲学和佛教哲学、自由与个人主义、中国哲学的成己之学、面向未来的中国哲学和亚洲哲学等。（蛰　泰）

【自我问题：昆玉河畔哲学创作论坛暨第2届心灵哲学南北论坛】

2017年6月10—11日在北京举行，由首都师范大学政法学院哲学系主办。如何认识“自我”，这是哲学史上的一个古老而绵延的话题。21世纪的今天，神经科学、脑科学、心灵哲学以及认知科学和认知心理学等跨学科的思考正在深化人类对“自我问题”的认识。来自国内外20多所高校和科研机构的不同学科领域的学者与会对“自我问题”进行探讨。（蛰　泰）

【当代中国马克思主义研究创新论坛（第3届）——中国道路：政党、人民与法治】

2017年6月10—11日在上海社会科

学院召开，由中国社会科学院哲学研究所、复旦大学马克思主义研究院与上海社会科学院中国马克思主义研究所联合主办，上海社会科学院中国马克思主义研究所“文明比较与中国道路研究”课题组承办，主题为“中国道路：政党、人民与法治”。来自24所高校与科研院所的近百名专家学者参加论坛，主要议题有：中国共产党、人民当家作主与中国政治道路，以及现代政治中的核心概念辨析与重大问题探讨。

（蛰　泰）

【上海大学哲学系（专业）成立15周年暨当代哲学发展论坛】

2017年6月10—11日在上海召开，由上海大学哲学系主办。来自全国部分高校的哲学院系领导、学界名师参会，祝贺上海大学哲学专业成立15周年。与会专家学者围绕“当代哲学发展”和“当代哲学教育及创新发展”进行研讨。（蛰　泰）

【“认知科学与人文和社会”高峰论坛】

2017年6月16日在浙江杭州举行，由浙江大学人文学部主办，浙江大学人文学院、语言与认知研究中心联合承办。来自阿姆斯特丹大学、南京师范大学、浙江大学等高校以及相关杂志社的专家学者参加会议。主要议题有：智能社会中的认知科学和技术、认知科学中新兴交叉学科的建设、关于认知科学和技术的社会文化评价等。（蛰　泰）

【道德认同与伦理规范建构：第2届中国社会科学伦理学专家高端论坛】

2017年6月17日在湖北恩施举行，由中国社会科学杂志社和湖北大学高等人文研究院、湖北大学哲学学院主办，湖北民族学院马克思主义学院协办，主题为“道德认同与伦理规范建构”。来自全国近20所高校和科研院所的40余位专家学者与会，围绕价值多元化背景下道德认同的内涵和基础、实现途径、基本道德原则选择等问题进行研讨。（倪　霞）

【“综合创新与马克思主义中国化”学术研讨会】

2017年6月24日在河北石家庄举行，由河北师范大学主办，河北师范大学马克思主义学院承办，中国哲学史学会张岱年学术思想研究专业委员会、河北师范大学张申府张岱年研究中心、河北省马克思主义学会、河北省哲学学会协办。来自全国几十家高校、科研机构的上百名专家学者与会，围绕“综合创新与马克思主义中国化”展开研讨。（蛰　泰）

【第11届“建构中国生命伦理学”研讨会】

2017年6月24—25日在北京召开，由北京师范大学哲学学院和香港浸会大学应用伦理学研究中心主办，医学与哲学杂志社和中国医学伦理学杂志社协办。来自香港和内地高校的生命伦理学领域的专家学者共50余人参加会议，主要议题有：中国传统文化视野下的医疗公正与健康观念、大数据与医疗公正、全球健康治理及理论建构、西方正义理论视野下的医疗公正和健康观念及实践、老年健康与养老政策及医疗公正、当代生物科技伦理学前沿等。

（蛰　泰）

【“牟宗三对中国哲学的贡献和启示”学术研讨会】

2017年6月26—27日在中国人民大学召开，由中国孟子研究院、中国人民大学国学院、中共邹城市委市政府、首都师范大学哲学系联合主办。来自中国内地及港台地区70余名专家学者与会，围绕内圣外王——政治学视野下的牟宗三学术、牟宗三道德形上学论衡、牟宗三中国哲学的

贡献与启示、回到牟宗三——大陆新儒学的发展方向等议题展开探讨。（蛰　泰）

【清华大学科学史系成立大会暨第3届全国科技编史学论坛】

2017年6月30日在清华大学举行，由清华大学人文学院主办。来自海内外的58家学术机构的280位同行嘉宾出席了成立大会，包括科技史界9个博士点、17个硕士点的代表，科学技术哲学界20个博士点的代表。科学史系首任系主任吴国盛教授介绍了科学史系成立的背景与发展规划。（蛰　泰）

【“再学以成人：新时代的生命自觉”国际研讨会】

2017年7月9—10日在上海召开，由上海社会科学院哲学研究所和美国价值与哲学研究会联合主办，主题为“再学以成人：新时代的生命自觉”。来自中国、美国、加拿大、荷兰、土耳其、印度、罗马尼亚、南非、印度尼西亚、以色列等10个国家和地区的40余名学者与会，主要议题有：学以成人与跨文化对话、关于人性的历史与现实解读、中国传统中所体现的哲学反思、佛教与伊斯兰教中的自我意识、西方哲学传统视角等。（石永泽）

【“东方哲学学科史回顾与展望”座谈会】

2017年7月10日在中国社会科学院哲学研究所举行，由中国社会科学院东方文化研究中心主办。时值中国社会科学院荣誉学部委员、东方哲学学科创建者、中国社会科学院东方文化研究中心名誉主任、著名的印度学家、佛学家黄心川先生90华诞，中国社会科学院哲学研究所东方哲学研究室建室32周年，来自中国社会科学院、中国人民大学、北京大学、南开大学、中央民族大学、中国藏学研究中心的20余位学者与会，对黄心川先生90华诞致以衷心祝贺，并对中国东方哲学学科的未来发展建言献策。（蛰　泰）

【中国逻辑学会逻辑教育专业委员会成立大会暨逻辑思维与素质教育常州论坛】

2017年7月10—11日在江苏常州召开，由中国逻辑学会逻辑教育专业委员会和江苏省逻辑学会共同主办，江苏省常州高级中学承办，主题为“逻辑思维与素质教育”。来自江苏省逻辑学会和全国各地的90余位代表参加会议，围绕逻辑思维与课程改革、逻辑思维与学生核心素养、中小学学科教学培养逻辑思维的策略与方法、高校逻辑通识教育等议题进行讨论，还特地安排了中学教学实践观摩研讨内容。江南大学吴格明教授当选中国逻辑学会逻辑教育专业委员会主任。（杜国平）

【“道济论坛”2017年海峡两岸中西实践哲学研究交流会】

2017年7月11—12日在贺麟故居举行，由成都贺麟教育基金会承办。来自台湾东海大学与南华大学哲学领域的专家学者与成都的哲学界学者，就实践哲学的基本形态、特点和中西实践哲学比较，以及如何打造“中国哲学小镇”等内容进行学术交流。（蛰　泰）

【“德里达与中国：走向全球人文的建构”国际研讨会】

2017年7月14—17日在上海举行，由上海交通大学人文艺术研究院与国际权威刊物《今日德里达》(*Derrida Today*)合作主办。来自中国、美国、法国、澳大利亚、韩国、意大利、英国等国家的著名学者30余人与会，分别从文学、哲学、宗教神学以及文化和翻译研究等多个学科领域对德里达的学术思想进行交流和探讨。（蛰　泰）

【"文化发展、正义与责任"国际学术研讨会】

2017年7月14—17日在湖南长沙举行，由美国价值与哲学研究会、湖南师范大学道德文化研究中心、湖南师范大学社会主义核心价值观研究院、湖南师范大学共享思想研究中心、湖南师范大学道德文化研究院联合主办。来自中国、美国、澳大利亚、加拿大、荷兰、罗马尼亚、泰国、印度尼西亚等国高校、科研机构的70余位专家学者与会，围绕"文化发展、正义与责任"展开交流。（蛰 泰）

【"交往哲学与生活世界"研讨会】

2017年7月15日在吉林大学召开，由吉林大学哲学基础理论研究中心与吉林大学哲学社会学院联合主办。来自全国部分高校的青年学者以及有关杂志的编辑人员共40余人出席会议，对马克思、哈贝马斯、胡塞尔、罗蒂等哲学家的交往哲学或生活世界理论进行讨论。（王福生）

【中国伦理学会第9次全国代表大会】

2017年7月15日在北京举行，由中国伦理学会主办。来自全国31个省市自治区的200余名会员代表出席大会。大会审议并通过了中国伦理学会第八届理事会工作报告和财务报告、第九届理事会理事选举规则及第九届理事候选人名单、设立"名誉副会长"提案和"会员日"提案，选举产生了由173名理事组成的第九届理事会。第九届理事会第一次会议选举产生了55名学会常务理事，推举学会第九届理事会会长、副会长、秘书长人选建议名单。（蛰 泰）

【全国第1届体育伦理研讨会】

2017年7月19—21日在上海举行，由中国伦理学会、上海体育学院主办，上海市伦理学会和湖南省体育伦理学会协办，上海体育学院体育休闲与艺术学院和体育与健康伦理E-研究院承办。来自全国各地的150余名专家学者围绕"人民体育与国家责任"主题，从体育伦理的元理论构建、学校体育改革中的人文关怀、高科技风险及科技异化、竞技场域中的道德秩序、性别视角下的女运动员公平问题、传统体育中的伦理意蕴与价值、国际体育中的道德问题及全球共治、社会转型时期体育治理中的伦理问题等方面展开探讨。（蛰 泰）

【"哲学教学方式的创新与改革"全国研讨会暨2017年全国哲学院（系）院长（主任）联席会议】

2017年7月19—22日在内蒙古呼和浩特召开，由教育部哲学类专业教学指导委员会、教育部社会科学委员会哲学学部主办，内蒙古大学、内蒙古师范大学承办，主题为"哲学教学方式的创新与改革"。来自全国60余所高校的近百位专家学者出席了本次会议。（蛰 泰）

【伦理学与当代中国文化建设研究学术研讨会】

2017年7月22日在浙江杭州召开，由中国人民大学伦理学与道德建设研究中心、浙江工商大学、浙江省伦理学会共同主办，浙江工商大学马克思主义学院承办。来自国内部分高校和研究机构的80余位专家学者参加会议，围绕传统文化与文化自信、当代中国的社会治理、传统文化与当代中国文化建设、伦理学研究的历史使命、社会与经济发展的文化力，特别是浙江经济与社会发展的文化力等问题展开交流。（蛰 泰）

【"发展21世纪马克思主义哲学"理论研讨会暨中国马克思主义哲学史学会2017年年会】

2017年7月23—24日在宁夏银川举

行，由中国马克思主义哲学史学会、中国社会科学院哲学研究所主办，《教学与研究》编辑部协办，北方民族大学马克思主义学院承办。来自全国各高等院校、科研机构和党校系统的260名学者参加会议，围绕“发展21世纪马克思主义哲学”的主题，就20世纪马克思主义发展经验、21世纪马克思主义与经典马克思主义的关系、中国特色社会主义理论体系的哲学意义、世界马克思主义哲学发展视域中的当代中国马克思主义哲学、发展21世纪马克思主义哲学发展路径等内容展开讨论。期间，选举产生了中国马克思主义哲学史学会第九届理事会，郝立新当选为会长。（王　莅）

【中英美暑期哲学学院第21期高级研讨班（哲学人类学）】

2017年7月24日至8月11日在中国人民大学举行，由中国社会科学院哲学研究所、英国皇家哲学研究所和牛津大学中国研究中心主办，中国人民大学哲学院承办。第21期高级研讨班全体学员以及来自主办方和承办方的部分师生等近百人参加了开幕式。本期研讨班主题为“哲学人类学”，最终招收正式学员和旁听生共64名。6名授课教师及授课内容分别为：德国柏林洪堡大学和伦敦大学国王学院哲学系B. 比尼（Michael Beaney）教授的“维特根斯坦的哲学人类学”；德国柏林洪堡大学S. 麦克唐纳德（Sharon Macdonald）教授的“埃文斯·普里查德的人类学”；爱丁堡大学哲学系A. 科恩（Alix Cohen）博士的“康德的哲学人类学”；波恩大学、芝加哥大学M. 福斯特（Michael Forster）教授的“哲学和人类学”；英国开放大学M. 德赖斯（Manuel Dries）教授的“尼采的哲学人类学”；丹麦奥尔胡斯大学G. 克雷斯（Guido Kreis）教授的“卡西尔的哲学人类学”。（高　颖）

【全国应用哲学研究会2017年年会暨第20次理论研讨会】

2017年8月1日在中共东莞市委党校举行，由全国应用哲学研究会、中共中央党校哲学教研部、中共东莞市委党校主办，主题为“价值哲学与中国问题”。与会专家围绕价值哲学基本问题、价值哲学与中国智慧、中国道路与中国话语权、文化与价值观、马克思主义哲学中国化等议题进行了深入研讨。（古　荒）

【中国知识论第4届学术研讨会】

2017年8月1—3日在澳门举行，由澳门中国哲学会主办，中国知识论学会、厦门大学哲学系、上海交通大学哲学系、港专社会科学研究中心协办。来自海内外的50多位学者参会，就知识论基本理论、知识论分支、认知科学的知识论基础和实验哲学的认知问题进行研讨。（蛰　泰）

【“习近平治国理政新理念新思想新战略与马克思主义哲学创新”理论研讨会】

2017年8月4—6日在甘肃张掖举行，由中国辩证唯物主义研究会、中共中央党校哲学教研部、中国社会科学院哲学研究所、中共甘肃省委党校、中共张掖市委联合主办。中共中央委员，中国社会科学院院长、党组书记，中国辩证唯物主义研究会会长王伟光出席开幕式并作了题为“开辟21世纪当代中国马克思主义哲学发展新境界”的主题报告。来自中国社会科学院、中共中央党校、国防大学、中央社会主义学院、北京大学、山东大学等科研单位的100多名专家学者与会，围绕习近平总书记治国理政新理念新思想新战略、哲学创新问题研究、理论前沿问题研究等议题展开研讨。

（王　莅）

【“公共阐释：中国阐释学的理论建构”学术研讨会】

2017年8月4—6日在广东广州召开，由中国社会科学杂志社、学术研究杂志社主办。来自中国社会科学院、中国人民大学、复旦大学、中山大学等科研机构和高校的30余位学者参加研讨会，围绕公共阐释的理论建设问题展开研讨。（王福生）

【第16届《哲学分析》论坛：“人类命运共同体”的哲学反思学术研讨会】

2017年8月5日在宁夏银川召开，由宁夏大学政法学院和《哲学分析》编辑部联合主办。来自国内部分高校、科研院所的20余名专家学者参加论坛，围绕“人类命运共同体”这一时代主题展开讨论。（蛰　泰）

【中国现代外国哲学学会2017年理事会暨比较文明视野中的西方哲学学术研讨会】

2017年8月7—9日在宁夏银川召开，由中国现代外国哲学学会和宁夏大学政法学院共同举，主题为“比较文明视野中的西方哲学”。来自中国现代外国哲学学会各理事单位及《中国高校社会科学》编辑部的30余位专家学者参加了此次会议。（王福生）

【2017年全国党校系统哲学年会】

2017年8月6—7日在甘肃张掖举行，由中共中央党校哲学教研部、中共甘肃省委党校和中共张掖市委联合主办。来自全国党校系统和部分高校的80多名专家学者与会，围绕“学习贯彻习近平总书记在哲学社会科学工作座谈会上重要讲话精神，加快构建中国特色哲学学科体系、学术体系、话语体系和课程体系”进行了深入研讨。（古　荒）

【中国少数民族哲学及社会思想史学会2017年年会暨“五大发展理念”与少数民族哲学学术研讨会】

2017年8月11—12日在宁夏银川举行，由中国少数民族哲学及社会思想史学会与宁夏大学联合主办，宁夏大学政法学院承办。来自国内部分高校、科研院所的百余名学者与会，围绕“五大发展理念”与中国少数民族哲学这一主题，就新发展理念与民族地区精准扶贫、民族地区跨越式发展、民族地区如何更好融入“一带一路”建设，以及儒学影响与少数民族哲学形态生成演变、民族关系变迁与国家认同等议题展开研讨。（蛰　泰）

【第24届世界哲学大会启动仪式暨“学以成人”国际学术研讨会】

2017年8月13—14日在北京大学举行，由北京大学、世界哲学大会秘书处及北京大学哲学系共同主办。来自海内外知名大学哲学系及相关学术机构的百余位学者共襄盛举，全面启动第24届世界哲学大会的组织和筹备工作，并就第24届世界哲学大会主题“学以成人”展开讨论。（谢红梅）

【中国·贵阳2017’第5届知行论坛暨“文化复兴与阳明学的当代传承发展”国际学术大会】

2017年8月15—17日在贵阳孔学堂召开，由贵阳孔学堂文化传播中心、贵阳学院阳明学与黔学研究院、贵州省儒学研究会、江苏省儒学学会、韩国阳明学会、韩国忠南大学儒学研究所和韩国始兴文化院共同主办。来自中国（含台湾、香港）、韩国、日本、越南、美国、德国等国家和地区的80多所高校、研究机构和出版单位的150余位阳明学专家学者与会，围绕“文化复兴与阳明学的当代传承发展”这一主题，对阳明学展开了全面研究讨论。

（蛰　泰）

【2017 年中国·亳州老庄思想与协调发展学术论坛】

2017 年 8 月 19—20 日在安徽亳州召开，由光明日报社、中国社会科学院哲学研究所、中共安徽省委宣传部主办，安徽省社会科学院、安徽省社会科学界联合会、中共亳州市委宣传部承办。来自全国高校、研究机构和媒体等单位的近 100 位专家学者参加论坛，以“老庄思想与协调发展”为主题，围绕老庄思想的当代价值、道家学说与文明互鉴、道学文化的历史传承进行研讨。（蛰　泰）

【“国家治理现代化与人的发展”研讨会暨中国人学学会第 19 届年会】

2017 年 8 月 19—20 日在安徽芜湖举行，由中国人学学会和安徽师范大学马克思主义学院主办，主题为“国家治理现代化与人的发展”。来自全国近 60 所高校和科研机构的 150 多位专家学者与会，探讨国家治理体系和治理能力现代化的科学内涵及其实现方式，凸显人学研究的当代价值。（蛰　泰）

【第 10 届全国古希腊哲学论坛】

2017 年 8 月 21—22 日在云南大学召开，由中华全国外国哲学史学会古希腊罗马哲学专业委员会主办，云南大学公共管理学院哲学系承办，《思想战线》《云南大学学报（社会科学版）》编辑部协办。来自国内部分高校、科研院所的 20 位专家学者参加论坛，以“古希腊哲学中的实在、心灵与知识”为主题，围绕公元前 5 世纪到公元 3 世纪时期古希腊哲学中关于实体、心灵与知识的重要本体论、认识论和伦理学问题进行研讨。（蛰　泰）

【马克思哲学与人类解放问题——全国马克思主义哲学青年对话会】

2017 年 8 月 26—27 日在吉林长春举行，由中国社会科学院哲学研究所与东北师范大学马克思主义学部哲学院联合主办。来自全国部分高校和研究机构的青年学者近 30 人参加论坛，就马克思人类解放思想的发展逻辑、人类解放与马克思对西方自由主义的反思与超越、人类解放的当代问题与新文明的形态展开对话。

（荆　雨）

【第 5 届中国社会科学院马克思主义哲学论坛】

2017 年 8 月 26—27 日在东北大学举行，由中国社会科学院马克思主义理论学科建设和理论研究工程领导小组、中国社会科学院国家文化安全与意识形态建设研究中心、中国历史唯物主义学会、东北大学主办，东北大学马克思主义学院、辽宁省马克思主义学会联合承办，《马克思主义研究》《中国社会科学报》《中国特色社会主义研究》《毛泽东研究》《党政研究》协办。来自全国部分高校、科研院所的 150 余名专家学者参加会议，围绕“马克思主义哲学在当代中国的创新之路”的论坛主题展开讨论和交流。

（蛰　泰）

【2017 年阳明学文献与思想研讨会】

2017 年 8 月 26—27 日在清华大学举行，由清华大学国学院主办，武汉大学中国传统文化研究中心协办。来自 20 多所高校、研究机构和出版单位的 30 余位专家学者参加会议，就阳明学文献资料整理研究、阳明学文献与思想的关联阐释，以及阳明学思想研究等议题进行研讨和交流。

（蛰　泰）

【中华孔子学会2017年年会暨学术研讨会】

2017年8月26—27日在河北大学举行，由中华孔子学会主办，河北大学政法学院哲学系承办，主题为“生态·生活·生命——儒家经典与生命哲学”。来自国内部分高校、科研院所的近70位专家学者参加会议，围绕先秦儒家经典中的生命哲学与自然观、宋明理学中对生命及生态问题的阐释、近现代以来儒家对生命意涵的探索以及生活之中的儒学精神等内容进行讨论。（蛰　泰）

【第18届全国科学哲学学术会议】

2017年8月26—27日在南京大学举行，由中国自然辩证法研究会科学哲学专业委员会、南京大学哲学系、华侨大学哲学与社会发展学院联合主办。来自中国社会科学院、清华大学、悉尼大学、海德堡大学等国内外高校和研究机构的近200位学者与会，围绕一般科学哲学、认知科学哲学、生命科学哲学等议题展开研讨。（蛰　泰）

【“哲学与时代”第2届黑龙江大学哲学研究生论坛】

2017年8月26—27日在黑龙江大学举行，由黑龙江大学、黑龙江省哲学学会、黑龙江省自然辩证法研究会主办，黑龙江大学哲学学院、研究生院承办。来自国内部分高校的100余名博士研究生、硕士研究生参加了本次论坛，就中国特色哲学体系的建构、哲学基本理论问题研究、哲学各二级学科专门问题研究等议题进行探讨。（罗跃军）

【第17届全国马克思哲学论坛】

2017年9月2—3日在上海举行，由中国社会科学杂志社主办，上海财经大学人文学院承办。来自全国部分高校、科研院所的专家学者和新闻媒体、学术期刊的记者、编辑约150人与会，围绕“经济变革中的哲学问题”主题，就改革开放进程中马克思主义哲学的出场与在场、全面深化改革时期的当代中国哲学、中国化马克思主义哲学——中国道路的哲学表达、哲学的困境与当代中国哲学的前景、金融化时代的哲学话语、政治经济学批判与马克思哲学思想的变革等议题展开研讨。

（程　晓）

【“中国哲学的原创、诠释与转型”学术研讨会暨中国哲学史学会2017年年会】

2017年9月9—10日在北京召开，由中国哲学史学会和首都师范大学联合主办，首都师范大学政法学院哲学系及首都师范大学当代儒学研究中心承办。来自国内部分高校、科研院所的百余名学者与会，就中国哲学如何实现创造性转化和创新性发展、阳明学及其后学、现代新儒学的反思等议题进行研讨。（蛰　泰）

【第2届全国青年美学论坛：“审美与自然”学术研讨会】

2017年9月9—10日在长安大学召开，由长安大学文学艺术与传播学院承办。来自国内外10余所高校和研究机构的20多名青年学者、特约专家与会，围绕中西哲学、美学中审美与自然的关系及其问题进行研讨，既包括恩培多克勒、柏拉图、夏尔·巴托、康德、黑格尔与叔本华等西方先哲的美学思想，又涵盖了老子的“一”、荀子的性情自然思想到两汉的自然观、宋代的山水画、当代媒介的发展等中国美学发展中的关键问题。（蛰　泰）

【“列宁、毛泽东与马克思主义中国化”学术研讨会暨全国毛泽东哲学思想研究会第24次年会】

2017年9月15—17日在武汉大学召开，由全国毛泽东哲学思想研究会、中国列宁思想研究会主办，武汉大学哲学学院与武汉大学马克思主义哲学研究所、毛泽东思想研究所、西方马克思主义研究所共同承办。会议旨在纪念“十月革命”胜利100周年，毛泽东《矛盾论》与《实践论》发表80周年，推进国内关于“十月革命”与毛泽东、列宁思想研究，深入探讨“十月革命”对中国现代化与马克思主义中国化的时代意义。来自全国近30所高校和科研机构以及出版单位的近百名专家学者与编辑记者参加会议。

（吴昕炜）

【“西方马克思主义哲学研究在中国——回顾、反思、展望”学术研讨会】

2017年9月16—17日在中南财经政法大学召开，由全国当代国外马克思主义研究会主办、《武汉大学学报》编辑部协办，中南财经政法大学哲学院承办。来自全国部分高校和科研院所的40多位专家学者莅临会议，回顾、反思并展望西方马克思主义哲学在中国的研究，就西方马克思主义哲学与中国马克思主义哲学研究的关系、西方马克思主义哲学与国外马克思主义新思潮和新流派的关系、西方马克思主义城市空间理论、生态学马克思主义与中国发展道路、马克思主义意识形态理论等议题进行交流。 （吴昕炜）

【《资本论》与辩证法学术研讨会】

2017年9月16—17日在复旦大学召开，由复旦大学当代国外马克思主义研究中心、复旦大学哲学学院主办。来自国内部分高校和科研院所的20名专家学者莅临会议，围绕“《资本论》与辩证法”的会议主题进行研讨。 （叶晓璐）

【第8届世界儒学大会】

2017年9月20—21日在孔子故里山东曲阜召开，由文化部、山东省人民政府主办，中国艺术研究院、山东省文化厅、山东大学、中国哲学史学会、国际儒学联合会、中国孔子基金会、济宁市人民政府、孔子研究院承办，山东大学儒学高等研究院承办。来自世界34个国家和地区的600余位嘉宾与会，围绕“儒家思想与人类命运共同体”的大会主题，从中国优秀传统文化中寻找全球治理方案，具体议题有：儒家话语下的宗教与信仰、儒家伦理与人类的共同价值、儒家思想与个体价值、礼乐文明与当代社会的价值重构、传统文化传承发展的现代路径。 （蛰　泰）

【多维文化视野中的身体美学研究学术研讨会】

2017年9月22—24日在广东深圳召开，由中华美学学会和深圳大学人文学院主办。来自国内部分高校和科研院所的30余位专家学者参会，围绕身体美学的基本问题、身体美学的古典学基础及相关问题、身体美学与其他学科的关系等议题展开研讨。（蛰　泰）

【中华家文化高层论坛暨中华家文化研究院揭牌仪式】

2017年9月22—24日在江苏徐州举行，由江苏师范大学、中国孔子基金会、中国人民大学伦理学与道德建设研究中心、徐州市妇女联合会等主办，江苏师范大学中华家文化研究院、马克思主义学院承办，江苏师范大学社科处、哲学范式创新研究中心协办。来自全国各地的80余名家文化研究的理论和实际工作者，围绕习近平总书记家庭家教家风系列讲话精神研究，中华传统家训、家风、家礼、家德文化研究，当前中国家庭、家教问题与对策研究，中华家文化的创造性转化与创新性发展问题，中国特色社会主义家文化建设研究等议题展开研讨。会议期间，还举行了江苏省社会科学重点研究基地“江苏师范大学中华家文化研究院”揭牌仪式。 （蛰　泰）

【中国城市社会的文化自信与道路自信学术研讨会】

2017年9月23日在上海财经大学举行，由上海市社会科学界联合会主办，上海财经大学人文学院、上海社会科学院哲学研究所、探索与争鸣杂志社承办。议题包括哲学基础理论的当代创新与中国城市社会的方法反省；中国城市社会的内在构成、发展线索与主要特征；中国城市社会的文化基因、文化特质与当代形态；中国城市社会的道路选择、道路建构与融合创新；文化自信、道路自信与中国城市社会的未来走向等。（石永泽）

【人工智能的哲学问题研讨会暨2017年上海市自然辩证法研究会年会】

2017年9月23日在上海召开，由上海市自然辩证法研究会主办，上海社会科学院哲学研究所承办，主题是“智能化社会的哲学问题”。来自全国各地的60余位专家学者出席会议，围绕人工智能的哲学问题、大数据的哲学问题、智能化社会的哲学问题等议题展开讨论。（石永泽）

【儒学与时代——复旦大学上海儒学院首届年会暨中日韩博士生儒学国际论坛】

2017年9月23—24日在复旦大学举行，由复旦大学上海儒学院、复旦大学哲学学院共同主办。来自境内外高校的60余位学者参加会议，围绕“儒学与时代”的会议主题，从儒学与现代性、公共理性，儒家政治哲学及其国际化，儒学新知等方面展开讨论。期间，中日韩博士生儒学国际论坛同期举行。来自东京大学、京都大学、成均馆大学、台湾大学、清华大学、中山大学和复旦大学的18名博士生出席论坛。经过专家组评审，韩国成均馆大学博士生李元准与清华大学博士生刘昊获得本次论坛一等奖，另有7名同学分获二、三等奖。（叶晓璐）

【“明清西方逻辑学等理论科学的东渐”国际学术会议】

2017年9月23—24日在中山大学举行，由中山大学广州与中外文化交流研究中心、西学东渐文献馆联合主办。来自德国、葡萄牙、意大利等国（境）内外的20多位学者与会，针对明清时期西方理论科学在中国的传播与发展进行讨论，议题有：亚里士多德主义逻辑学及其在明清时期的传播和影响、明清之际西方理论科学（“格物穷理之学”）的传入与对话、西学东渐过程中日本学者翻译西方著作所创造出的汉语词（和制汉词）在中国的使用与影响。（蛰　泰）

【政治哲学的前沿问题：“政治哲学史”新书发布暨学术研讨会】

2017年9月24日在北京召开，由中国人民大学出版社、中国人民大学哲学院和北京大学儒学研究院联合举办。来自北京部分高校的学者以及国内主流媒体的记者与会，围绕“政治哲学史丛书”的出版，就中国政治哲学学科建设、政治哲学的基本理论和政治哲学的当代社会价值等前沿问题展开讨论。“政治哲学史丛书”由张志伟、韩东晖、干春松三位学者任总主编，共七个分卷。2016年，“政治哲学史丛书”立项为“国家出版基金资助项目”，2017年正式出版。（邢雅杰）

【“罗国杰伦理思想研讨暨罗国杰伦理学教育基金”颁奖大会】

2017年9月28日在中国人民大学举行，由中国人民大学罗国杰伦理学教育基金、中国伦理学会、中国人民大学伦理学与道德建设研究中心共同举办。80余位高校师生、伦理学领域专家学者共聚一堂，学习探讨罗国杰教授伦理思想，一同见证首届“罗国杰伦理学教育基金”各项优秀奖的颁发。（蛰　泰）

【“当代中国哲学的文化自觉与思想自我”学术对话会】

2017 年 10 月 11 日在吉林长春举行，由东北师范大学马克思主义学部哲学院、东北师范大学传统文化与当代中国哲学研究中心主办。来自全国部分高校的 20 余位专家学者与会，以“当代中国哲学的文化自觉与思想自我”为主题，围绕文化观念的反思与哲学观念的变革、中华文化基因及其现代意义、走向未来的当代中国哲学等议题进行学术交流。（荆　雨）

【第 2 届两岸中国逻辑史研讨会】

2017 年 10 月 11—12 日在南开大学举行，由南开大学哲学院、中山大学逻辑与认知研究所、台湾大学哲学系主办。来自两岸相关科研院所、高校的 50 余名专家学者参加会议，围绕中国逻辑史的研究方法、中国逻辑史经典文献的新诠释、中国逻辑史史料的发掘与解读、中国哲学史与中国逻辑史研究、中西印逻辑史比较研究、中国科技史与中国逻辑史研究等议题展开讨论。（卢　兴）

【高清海哲学思想与我们的时代座谈会】

2017 年 10 月 14 日在吉林大学召开，由吉林大学哲学社会学院、吉林大学哲学基础理论研究中心、高清海哲学思想研究中心主办，旨在纪念高清海先生逝世 13 周年和传承先生所开创的吉林大学哲学学科传统。来自国内部分高校的 20 名专家学者与会，就如何对待高清海先生留下的哲学遗产、如何把握变化了的中国、如何在历史发展和社会变迁的脉络中理解和推进高清海哲学思想研究进行讨论和交流。（王福生）

【“中西哲学会通：经典与诠释”学术研讨会】

2017 年 10 月 14 日在中国人民大学召开，由中国人民大学国学院与台湾大学哲学系联合主办。来自中国人民大学国学院、哲学院以及台湾大学哲学系的 20 余位专家学者与会，围绕东西哲学会通的实践基础、先秦哲学、中国哲学研究方法探究等议题展开讨论。（蛰　泰）

【第 19 届中国价值哲学大会：“人类命运共同体”与人类共同价值学术研讨会】

2017 年 10 月 14—15 日在浙江大学召开，由中国价值哲学研究会主办，浙江大学马克思主义学院承办。来自全国部分高校、科研机构和学术期刊的百余名学者出席大会，主要议题有：关于共同价值问题的理论共识、“人类共同价值”与价值认同、“人类命运共同体”思想的中国价值哲学导向。（蛰　泰）

【第 8 届两岸逻辑教学与学术会议】

2017 年 10 月 14—15 日在西南交通大学召开，由中国逻辑学会主办，四川师范大学马克思主义学院承办，《四川师范大学学报（社会科学版）》编辑部、四川省逻辑学会及西南交通大学峨眉校区协办。来自两岸 30 余所高校及科研机构的专家学者、中学教师和研究生参加了本次会议，围绕逻辑教学与逻辑理论、现代逻辑与逻辑哲学、逻辑史等议题展开讨论。

（林胜强）

【首届儒学在海外之儒学在美国学术研讨会】

2017 年 10 月 14—15 日在西北大学举行，由国际儒学联合会国际联络委员会和西北大学现代学院联合主办，西北大学现代学院国学院承办，北京外国语大学国际中国文化研究院和陕西昆仑传统文化研究院协办。来自国内外的 10 多位专家学者与会，从比较哲学、跨文化理论、传播学等角度对儒学在美国的渊源与现状、儒学对

美国开国元勋的影响以及儒学在海外的传播与影响等议题展开讨论。（埶　泰）

【"回顾与展望：东亚儒学视域中的朱子学与阳明学"国际学术研讨会】

2017 年 10 月 14—15 日在复旦大学举行，由复旦大学上海儒学院、哲学学院主办。来自中、日、韩等国家及台湾地区的 27 位专家学者与会，从东亚阳明学的总结与深化、阳明学著作的书评式研讨、朱子学的综述与检讨、东亚儒学的多元发展等多个角度展开讨论。（叶晓璐）

【"否定与承认——批判理论及其最新发展"国际学术研讨会】

2017 年 10 月 14—15 日在复旦大学召开，由复旦大学当代国外马克思主义研究中心与复旦大学哲学学院主办。来自德国、中国大陆和台湾地区的部分高校、科研院所以及期刊编辑部的 50 多位专家学者莅临会议，围绕"否定辩证法"与批判理论、从承认理论到民主伦理学、批判理论在世界各地的传播与发展等议题进行讨论。

（叶晓璐）

【"当代新儒家与心学传统"第 12 届当代新儒学国际学术会议】

2017 年 10 月 14—17 日在贵阳孔学堂召开，由贵阳孔学堂文化传播中心、武汉大学国学院与哲学学院、贵州大学哲学与社会发展学院、贵州阳明文化研究院、台湾东方人文学术研究基金会·鹅湖月刊社、台湾"中央大学"儒学研究中心联合主办，是"当代新儒家贵州行"系列活动之一。来自美国、澳大利亚、日本、中国（含香港和台湾）多所高校的百余位专家学者云集一堂，研讨当代新儒学与心学传统的内涵与精神。期间，贵阳孔学堂举行了阳明馆开馆仪式。（埶　泰）

【"生活美学"学术研讨会】

2017 年 10 月 15 日在复旦大学举行，由复旦大学中文系主办。来自北京、上海、浙江、四川、山东、江西等地的 40 余位专家学者参加会议，围绕"生活美学"的主题进行发言与讨论，既涉及对"生活美学"这一概念本身的理解，也涉及生活中众多具体审美现象的分析；既详细讨论了生活美学需要批判继承古今中西的哪些思想资源，也对其该如何走向生活实践提出了许多倡议。（刘悦笛）

【全国社科系统第 28 届哲学大会暨"构建中国特色哲学社会科学"理论研讨会】

2017 年 10 月 15—18 日在广西南宁召开，由中国社会科学院哲学研究所、广西社会科学院联合主办，广西社会科学院哲学研究所、广西社会科学院马克思主义工程基地、广西社会科学院院刊编辑部、广西钦州市社会科学界联合会协办。来自全国社科院系统哲学研究所和部分地方高校、党校的 110 名专家学者参加会议，从构建中国特色哲学社会科学的路径、中国特色哲学社会科学研究的创新、中国特色哲学社会科学的范式、中国特色哲学社会科学与传统和时代融合、中国特色哲学社会科学的话语体系等方面进行探讨。（埶　泰）

【2017 年全国现代逻辑学术讨论会】

2017 年 10 月 20—22 日在浙江大学举行，由中国逻辑学会现代逻辑专业委员会、浙江大学哲学系和浙江大学语言与认知研究中心共同主办。来自全国各地高等院校和科研院所的 100 多位专家学者和研究生出席会议，议题包括逻辑哲学、哲学逻辑、数理逻辑、逻辑与计算机科学、逻辑与语言学等内容，旨在增进国内各领域逻辑学研究人员的学术交流。（刘新文）

【“作为政治哲学与政治美学的历史唯物主义”学术研讨会】

2017 年 10 月 21 日在吉林大学召开，由吉林大学基础理论研究中心、吉林大学哲学社会学院主办，《吉林大学社会科学学报》协办。来自国内部分高校和科研机构的 20 余位专家学者与会，围绕历史唯物主义与政治哲学、历史唯物主义与政治美学、历史唯物主义视野中的艺术与宗教等议题展开研讨。（王福生）

【全国第 5 届教育伦理学学术研讨会】

2017 年 10 月 21 日在湖北大学举行，由中国伦理学会教育伦理学专业委员会主办，湖北大学教育学院、上海师德研究与评价中心、湖北中小学素质教育研究中心承办。来自全国部分高校与研究机构的 230 余名专家学者与会，围绕教育伦理学理论及体系建构、教学伦理、大中小学师德评价、教师道德与立德树人、学校师德建设实践经验交流等议题展开研讨，会议讨论并通过了《新师德宣言》。（蛰 泰）

【中华全国外国哲学史学会和中国现代外国哲学学会 2017 年年会】

2017 年 10 月 21—22 日在山东青岛召开，由中华全国外国哲学史学会、中国现代外国哲学学会主办，山东大学哲学与社会发展学院承办，主题为“西方哲学：对话、批判与展望”。来自国内各大高校、科研机构和出版界的 200 多位正式代表以及 40 多位旁听代表参会，围绕古希腊哲学的当代意义、近代西方哲学形上学与知识论的批判与反思、德国古典哲学再评价、中西哲学的比较与会通、哲学与宗教之关系、欧陆哲学与分析哲学之分殊和对话、当代法国哲学的创新与价值、现象学与诠释学之内部争论与反思、分析哲学革命抑或消解等论题展开交流。（李海涛）

【“中华美学的传承与创新”国际学术研讨会】

2017 年 10 月 21—22 日在湖北武汉召开，由中华美学学会与中南民族大学联合主办。来自国内外相关高校和研究机构的 300 余名代表参加会议，围绕中华美学与中华传统文化、中国各民族审美文化传统及其现代发展、当代世界美学的最近发展及其对中华美学的意义、美育对提高全民族素质的意义、城市与乡村建设中的美学、美学与艺术学研究的对话与融合等议题，从古今之意、内外之流、上下之变三个维度，即从当代的角度对中西方传统美学问题进行再反思，从民族性与世界性双重角度探寻中华美学未来发展的路径，从形而上的美学理论和形而下的美学实践两个方面展开讨论。（徐碧辉）

【第 6 届全国人权与伦理学论坛】

2017 年 10 月 21—22 日在广东深圳召开，由中国社会科学院应用伦理研究中心主办。来自国内相关高校与科研机构的 40 余位专家学者与会，围绕人权的道德证成、权利观念反思等议题展开探讨。（邬舒娴）

【“经史传统与中国哲学”学术研讨会】

2017 年 10 月 27—29 日在北京召开，由中国社会科学院哲学研究所、中国哲学史学会主办，中国社会科学院哲学研究所中国哲学研究室和《中国哲学史》编辑部承办。来自全国部分高校、科研院所的 150 余名专家学者参加会议，围绕经学专题、宋明理学、儒家伦理与政治、三教与中国文化以及附设的“杂志的发展对学术的引领”五个专题进行研讨。（蛰 泰）

【“多维视角下的西方哲学”学术研讨会】

2017 年 10 月 27—29 日在上海召开，由复旦大学哲学学院主办。来自全国近 30

所高校和科研机构的专家学者70余人与会，就西方哲学基本概念和问题在新时代的新诠释、中西实践哲学比较、西方哲学的宗教维度等议题，以及西方哲学教学特点、教材出版和人才建设等内容进行探讨和反思。（叶晓璐）

【第2届中国诠释学青年论坛】

2017年10月27—29日在山东青岛举行，由中国诠释学专业委员会主办，中国石油大学（华东）马克思主义学院承办，山东大学中国诠释学研究中心和中国人民大学孔子研究院协办，主题为“诠释学与为己之学”。来自全国相关高校和科研机构的30余位中青年学者与会，内容涉及诠释学与西方哲学传统中的自我、教化与实践；中国哲学领域中的为己之学；马克思主义哲学领域的个体、他人和共同体；诠释学视域下中国哲学、西方哲学、马克思主义哲学之间的对话与融通等问题。

（蛰 泰）

【全国动物伦理与动物认知学术研讨会】

2017年10月27—29日在苏州科技大学举行，由苏州科技大学教育与公共管理学院、山东大学动物伦理与动物认知研究中心主办。来自中国大陆和台湾地区部分高校和研究机构的近30位专家学者以及10多位博士和硕士研究生，围绕动物权利与人类的义务、动物认知、动物利用的伦理问题、中国文化视野下的人与动物关系等议题展开探讨。（蛰 泰）

【第6届城市哲学论坛】

2017年10月28日在江苏苏州举行，由苏州大学政治与公共管理学院、《江海学刊》编辑部主办，主题是城市哲学。主要议题有：马克思主义城市观、中国城市发展进程中的问题及其治理、对现代性文明形态及其未来可能形态的反思、空间哲学，等等。（张 亮）

【首届德国观念论论坛】

2017年10月28—29日在复旦大学召开，由复旦大学哲学学院主办。来自东海大学、北京大学、清华大学、复旦大学、武汉大学、四川大学、中国人民大学等21所高校及科研院所的30余位代表参加会议，就“德国观念论的贡献与遗产”相关议题展开讨论。（叶晓璐）

【“《资本论》与‘当代资本主义的危机与批判’”学术研讨会】

2017年10月28—29日在复旦大学召开，由复旦大学当代国外马克思主义研究中心、复旦大学哲学学院以及上海市社会科学界联合会主办。来自全国部分高校和科研院所的30多位专家学者与会，围绕《资本论》的当下再诠释、当代资本主义危机及其策略、当代资本主义困境与批判性建构、《资本论》中“劳动者与生产资料分离”与自由的实现、《资本论》的方法与当下中国现实等议题展开讨论。

（叶晓璐）

【统合孟荀与道统重估学术研讨会】

2017年10月28—29日在北京举行，由中国人民大学国学院、荀子研究中心主办。来自北京大学、复旦大学、韩国首尔大学、中国人民大学等高校的20余位专家学者与会，围绕儒学分期与道统重估、连续存有与内在超越、天道性命与人性善恶、仁礼关系与内圣外王等议题展开讨论。

（蛰 泰）

【中国自然辩证法研究会第8次会员代表大会】

2017年10月28—29日在北京召开，由中国自然辩证法研究会主办，主题为“创新与发展：当代马克思主义视域下的中国自然辩证法”。出席本次理事会及参加学术年会的专家学者和研究生代表共计300余人。会议表决通过了“中国自然辩证法研究会2017年工作报告”“关于纪念邓小平同志批准中国自然辩证法研究会成立40周年的倡议”等事项，同时表决通过了5位理事的辞职事宜。按照章程增选13名理事、5名常务理事。会议还对“第一届中国自然辩证法研究会学术奖”学术成果奖、青年成果奖、优秀博士论文奖的获奖成果进行了表彰。在学术年会阶段，与会代表围绕自然哲学与科学哲学、技术与工程哲学、科学技术与社会和科技思想史四个分论题展开研讨。（蛰　泰）

【“社会公正与人类道德发展”秉文论坛】

2017年10月29日在东南大学召开，由东南大学人文学院、东南大学“秉文大讲堂”、江苏省道德发展智库、江苏省公民道德与社会风尚协同创新中心共同主办。与会者围绕人工智能发展、道德相对主义、全球正义理论与“人类命运共同体”的关系等议题进行了对话与交流。（庞俊来）

【纪念王阳明诞辰545周年国际学术研讨会】

2017年10月30日在浙江绍兴举行，由王阳明研究院（绍兴）、中共绍兴市委宣传部、绍兴市社会科学界联合会（社会科学院）、浙江省越文化研究中心、绍兴文理学院主办，中华孔子学会阳明学研究会、绍兴文理学院越文化研究院、绍兴市社会科学界联合会（社会科学院）、稽山书院承办。来自海内外300余名专家学者及全国各地阳明研究机构负责人会聚一堂，就儒家心性之学与工夫本体论、“天人合一”与“知行合一”、王学对明清之际西学接应及其意义、如何开拓阳明学新境等问题进行研讨。（蛰　泰）

【“历史唯物主义与当代资本主义批判”学术研讨会】

2017年11月4日在上海召开，由上海交通大学马克思主义学院和华东师范大学哲学系共同主办，上海交通大学马克思主义学院“马克思主义基本原理”团队和华东师范大学哲学系“马克思主义哲学”团队共同承办。来自全国各地的30多位专家学者和青年学人与会，围绕“历史唯物主义与当代资本主义批判”的会议主题进行研讨，具体议题有：《资本论》的哲学理解、马克思的道德观和国家观、历史唯物主义与中国问题、政治经济学批判、意识形态的现代理解。（蛰　泰）

【“会通朱王”宋明理学会讲】

2017年11月4日在福建武夷山举行，由中国社会科学院哲学研究所・福建社会科学院宋明理学研究中心、中华孔子学会阳明学研究会、朱子学会、江西省王阳明研究会共同主办，武夷学院朱子学研究中心承办。来自福建、浙江、江西、上海、云南、山东等地的专家学者30余人与会，就朱王之间以及理学心学之间能否会通、如何会通问题进行交流。（蛰　泰）

【第2届复旦生命伦理论坛：大数据与精准医学的伦理问题】

2017年11月4日在复旦大学召开，由复旦大学生命医学伦理研究中心、应用伦理学研究中心、哲学学院、大数据学院，以及上海市伦理学学会共同主办。相关领域的30多位专家与会，就大数据与精准医学的伦理问题展开跨学科交流。（叶晓璐）

【哲学在当代中国的创新性发展：第5届中哲、西哲、马哲专家论坛】

2017年11月4—5日在武汉大学举行，由中国社会科学杂志社、武汉大学哲学学院联合主办，主题是“哲学在当代中国的创新性发展”。来自全国多所高校的专家学者从多个维度探讨了中、西、马会通的可能性和研究路径，并就科技革命时代哲学与科学的关系、多元现代性如何可能，以及当代中国的中哲、西哲与马哲学者的身份认同与焦虑等问题展开了深入讨论。（吴昕炜）

【中国历史唯物主义学会2017年年会】

2017年11月4—5日在福建师范大学召开，由中国历史唯物主义学会、中国社会科学院国家文化安全与意识形态建设研究中心、福建师范大学联合主办，福建师范大学马克思主义学院承办，《马克思主义研究》《世界社会主义研究》《毛泽东思想研究》《中国社会科学报》《理论与评论》编辑部以及福建省历史唯物主义学会协办。来自全国部分高校、科研院所、出版机构的近200位专家学者参加会议，以“历史唯物主义与天下大势”为主题，围绕党的十九大报告与马克思主义理论创新、历史唯物主义与马克思主义理论创新发展研究等议题进行交流。（蛰　泰）

【2017年中国现代哲学研究会年会】

2017年11月4—5日在浙江杭州举行，由中国现代哲学研究会、中共中央党校哲学教研部、中共浙江省杭州市委党校主办，杭州行政学院承办。来自全国部分高校和研究机构的70余位专家学者参加研讨，主要议题有：中国传统哲学原创时期思潮、人物、专题等研究；中国传统哲学的发展与诠释；中国传统哲学在20世纪的发展及评价；中国哲学史研究方法的反省与探索；21世纪儒学的发展前景。

（蛰　泰）

【“荀子思想与治国理政”学术研讨会】

2017年11月4—5日在山东济南举行，由山东省政协文史资料委员会、山东大学、中国孔子基金会、临沂市政协、联合日报社主办，山东大学儒学高等研究院、中共兰陵县委、兰陵县人民政府承办。来自海内外100余位专家学者与会，深入研讨荀子思想与治国理政理念。（蛰　泰）

【第2届“两岸儒学工作坊”：儒学理论性之探索】

2017年11月4—5日在复旦大学举行，由复旦大学哲学学院、复旦大学儒学研究院主办。来自大陆和台湾的10余位专家学者参与了本次工作坊，对儒学思想的理论性进行检视，并探索推进其理论性的可能发展向度。（叶晓璐）

【首届“时代·美学·新实践”国际艺术暨学术论坛】

2017年11月7—8日在上海举行，由蓬皮杜艺术中心、毛继鸿艺术基金会、复旦大学哲学学院等联合主办。围绕“重置时间”的核心议题，论坛邀请了在欧洲当代哲学、美学及艺术实践领域专注于时间与技术课题的知名哲学家、策展人，与中国在相关领域富有影响力的学者、研究者及艺术家一起，展开多场关于“艺术、技术与当代的未来”的学术讲座和讨论会。

（叶晓璐）

【“西方马克思主义与当代中国”学术研讨会暨第12届全国“国外马克思主义论坛”】

2017年11月11—12日在北京举行，由全国当代国外马克思主义研究会主办，中国人民大学马克思主义学院承办。来自全国部分高校和科研机构的专家学者和出版界的编辑共160余人出席会议，围绕西方马克思主义思想史（人物、流派和问题）研究、历史唯物主义与西方马克思主义关系研究、西方马克思主义在中国的传播及其发展、作为学科的国外马克思主义

研究、21世纪马克思主义前沿问题研究等议题展开研讨。 （蛰　泰）

【“朱子经学与四书学”学术研讨会】

2017年11月11—12日在清华大学召开，由清华大学哲学系、国学研究院主办。来自全国部分高校、科研院所的19位学者作了学术报告，内容集中在四个方面：朱子经学与四书学研究、传统朱子学、朱子学与北宋道学、朱子学及其影响。

（蛰　泰）

【“儒法治道思想及其当代价值”国际学术研讨会】

2017年11月11—12日在中国人民大学举行，由中国人民大学国学院主办。来自中国大陆、中国台湾、美国等国家和地区的40多位学者与会，从源流梳理、文献解读、义理探究、中西对比等多个视角对儒法思想作了剖析和解读，以期为当今国家治理体系和治理能力现代化提供思想资源。 （蛰　泰）

【当代学术视域下的中国经学研究学术研讨会】

2017年11月11—12日在重庆大学举行，由重庆大学人文社会科学高等研究院古典学研究中心主办。来自全国各地的55名专家学者与会，就《诗》《礼》《易》《春秋》等经典的文本分析、研究方法、研究趋势等问题进行研讨。 （蛰　泰）

【“马相伯与比较经学”学术研讨会】

2017年11月16—17日在上海召开，由复旦大学哲学学院徐光启－利玛窦文明对话中心主办，天主教上海教区光启社合办。来自中国、美国、英国、瑞士、加拿大等地高校以及徐汇区文化局、上海天主教爱国会等单位的相关专家学者莅临会议，围绕跨文化研究与神学诠释学的方法论、《马相伯全集》与比较经学等议题展开讨论。 （叶晓璐）

【2017第3届全国哲学伦理学博士生学术论坛】

2017年11月17—19日在西南大学举行，由中国伦理学会、中国社会科学院应用伦理研究中心、西南大学研究生院、西南大学应用伦理研究所、《应用伦理研究》编委会共同举办，主题为“伦理学理论与现实问题”。论坛收到全国部分高校和科研院所的博士研究生、优秀硕士生和青年学者提交的论文共78篇，经论坛组委会遴选出54位优秀论文作者参加论坛。

（周碧雯）

【首届京师中哲名家论坛暨“道家与中国思想文化国际研究中心”筹备启动仪式】

2017年11月18日在北京举行，由北京师范大学哲学学院主办，北京师范大学哲学学院中国哲学与文化研究所、研究生会承办，主题是“中国哲学研究的方法与趋向：内地与海外视角的对照与呼应”。来自北京大学、北京师范大学、中国人民大学、中国社会科学院、曲阜师范大学的专家学者，高校学生及媒体人士约300人参加论坛，探讨中国的传统思想文化及中国哲学的发展和未来。 （蛰　泰）

【第3届京津冀逻辑论坛】

2017年11月18日在河北大学举行，由中国社会科学院哲学研究所逻辑研究室、南开大学哲学院、河北大学政法学院共同发起，河北大学政法学院主办，主题为“新时代背景下京津冀逻辑学的教学与研究”。来自全国10多家高等院校及研究机构的60余位专家学者和在读硕士、博士研究生参加论坛，围绕逻辑学研究前沿以及逻辑教学研究与改革等议题展开讨论。

（张燕京）

【中国青年哲学论坛（2017）暨首届贺麟青年哲学奖评审会议】

2017年11月18—19日在四川成都金堂县举行，由中国社会科学院哲学研究所主办，金堂县人民政府和成都贺麟教育基金会承办。中国社会科学院院长、党组书记王伟光出席大会并讲话。开幕式上，中国社会科学院哲学研究所与金堂县人民政府签订了《中国社会科学院哲学研究所与金堂县人民政府合作框架协议》，决定在金堂县建立“贺麟哲学研究基地”，王伟光和张正红为“贺麟哲学研究基地”揭牌。开幕式后，来自全国范围内的21名具有代表性的优秀青年学者围绕“变革时代的哲学探索”的会议主题展开讨论和交流，由28名中国哲学界知名学者组成的评审委员会现场投票评选出“贺麟青年哲学奖”，其中一等奖2名，分别是华东师范大学政治学系教授吴冠军，清华大学马克思主义学院教授李义天；二等奖7名，分别是中国社会科学院哲学研究所助理研究员赵金刚，中国人民大学哲学院副院长、教授臧峰宇，南开大学哲学院副院长、教授谢永康，中国社会科学院哲学研究所助理研究员杨洪源，北京师范大学哲学学院副教授周黄正蜜，复旦大学哲学学院讲师祁涛，上海社会科学院中国马克思主义研究所副所长、副研究员姜佑福。

（蛰　泰）

【第14届东亚实学国际高峰论坛】

2017年11月18—19日在北京举行，由中国实学研究会主办。来自中、日、韩等国以及中国港、澳、台地区的知名学者、政企人士约400人参加论坛。论坛分为中日韩实学与心学思想、中国传统实学与心学思想、实学与现代社会三个论坛展开，议题有当代实学思想与历史上的实心实政、东亚新实学文化的建构与东亚社会的发展等。

（蛰　泰）

【第7届中国法国哲学年会】

2017年11月18—19日在复旦大学召开，由复旦大学哲学学院与中国法国哲学专业委员会联合主办，主题为“自然与自由——法国哲学的进路”。近百位来自海峡两岸多所院校的学者，围绕历史哲学、现象学、精神分析、存在主义、激进哲学、科学哲学、美学等法国哲学中的思潮与传统，以及福柯、德勒兹、萨特、德里达、梅洛-庞蒂等法国哲学中的大家与大师，面向文本、针对问题进行探讨。

（叶晓璐）

【“黑格尔/费希特哲学翻译与研究”研讨会暨德国哲学专业委员会成立会议】

2017年11月18—19日在北京召开，由清华大学哲学系与中国社会科学院哲学研究所联合主办。来自全国部分高校和科研机构的100余名专家学者，以及商务印书馆等出版机构与学术期刊的编辑出席会议，围绕黑格尔/费希特翻译与研究、康德研究、古典与现代交融等议题展开讨论。大会期间，成立了“德国哲学专业委员会”，选举产生了学术委员会、专业委员会理事会、理事会秘书处等组织机构。

（马寅卯）

【人类智慧与共同命运：第2届中国阳明心学高峰论坛】

2017年11月18—19日在北京召开，由中国文化院与北京三智文化书院主办，主题为“唤醒良知，真学实修”。来自日本、韩国、中国的阳明心学领域的专家学者、政府领导、企业家代表、社会各界精英以及阳明心学爱好者参加论坛，共同探讨阳明心学的当代价值和现实意义。

（蛰　泰）

【2017·全国哲学研究生学术创新论坛】

2017年11月22日在中国人民大学举行，由中国人民大学哲学院主办，中国人民大学哲学院研究生会承办。本次论坛以“新时代的哲学精神”为主题，下设“21世纪的中国马克思主义研究”“欧陆哲学、分析哲学与比较哲学研究”“当代中国哲学的返本开新”3个分论坛。共收到来自中国人民大学、北京大学、清华大学、香港中文大学、国立首尔大学等海内外81所高校和科研院所的投稿290余篇，经评审委员会匿名评审，最终评选出68篇获奖论文。（邢雅杰）

【心性与神性、天命与天道：中法现象学的新世代对话】

2017年11月22日在中山大学举行，来自巴黎索邦大学的法兰西学院院士马里翁教授与中山大学哲学系的倪梁康教授、哲学系（珠海）的张祥龙教授作为法中新世代哲学家的代表，就现象学在欧洲与中国的发展展开了一场跨文化的哲学对话。对话会围绕“心性”与“神性”、“天命”与“天道”这些关键词与现象学传统，特别是经典现象学的关系、其间的学理过渡如何可能等内容展开。（蛰　泰）

【“现象学与伦理学”学术研讨会】

2017年11月25日在上海召开，由中国现象学学会和复旦大学哲学学院主办，复旦大学哲学学院（伦理学科）承办。来自全国各地的30余名学者参加会议，围绕与伦理关联的现象学方法、现象学的伦理学、以现象学方法重新解读传统伦理理论等议题展开探讨。（蛰　泰）

【第5届“儒商论域”论坛】

2017年11月25日在北京大学举行，由长江商学院与北京大学世界伦理中心联合主办，主题是“学以成人与儒商精神”。论坛邀请到近150位全球知名人文学者和企业家共同探讨“如何以成人之德塑造儒商精神”，为全球化时代的商业伦理提供新的精神资源。（蛰　泰）

【市民社会的自觉与批判：马克思与黑格尔的《法哲学原理》研讨会】

2017年11月25—26日在复旦大学召开，由复旦大学哲学学院主办。来自全国部分高校和科研院所的21位专家学者莅临会议，围绕马克思与黑格尔的《法哲学原理》展开研讨。（叶晓璐）

【均衡时代中的舍勒与亚洲思想：第14届国际舍勒思想研讨会】

2017年11月25—28日在中山大学举行，由中山大学哲学系、中山大学现象学文献与研究中心主办，国际舍勒协会、中国现象学专业委员会协办，集中讨论了舍勒的价值伦理学、哲学人类学和东方儒家、心性哲学有关和谐平衡理念的论述及其相互之间的关联等议题。（蛰　泰）

【第4届中韩儒学交流大会】

2017年11月26日在山东济南召开，由山东社会科学院、韩国国立安东大学共同主办，中国孔子基金会、中国孔子研究院、韩国成均馆大学、韩国岭南大学协办，山东省人民政府外事办公室、韩国驻青岛总领事馆支援，山东社会科学院国际儒学研究与交流中心和韩国国立安东大学孔子学院承办。来自中韩两国的80多位儒学研究专家学者齐聚泉城，围绕会议主题“儒

家文化与东亚文明”进行研讨。（蛰　泰）

【中日实践伦理交流30周年学术研讨会】

2017年11月29日在中国社会科学院哲学研究所举行，由中国社会科学院应用伦理研究中心与日本伦理研究所联合主办，旨在庆祝中日实践伦理学术交流30周年。

（邹舒娴）

【“马克思与近现代哲学”研讨会】

2017年11月30日在南开大学召开，系国家社会科学基金重大项目“马克思主义哲学与中国古典哲学的比较与汇通研究”计划的一部分，由南开大学哲学院承办。来自全国部分高校的10余位专家学者与会，从《资本论》的哲学解读、马克思与启蒙、马克思与黑格尔法哲学、马克思的新阅读等角度展开研讨。（蛰　泰）

【第2届“中国话语的马克思主义哲学：原创贡献和基本框架”学术研讨会】

2017年12月1—3日在江苏苏州召开，由苏州大学、江海学刊杂志社共同主办。来自全国部分高校、科研机构的50余名专家学者与会，围绕构建中国话语的马克思主义哲学的内容、意义、思想资源和基本范式等问题展开讨论。（蛰　泰）

【华南理工大学哲学与科技高等研究所成立大会暨首届哲学与科技高层学术论坛】

2017年12月1—3日在广东广州召开，由华南理工大学哲学与科技高等研究所、马克思主义学院及社会科学处主办，中国自然辩证法研究会物理学哲学专业委员会协办。来自全国部分高校、研究机构的80余名专家学者与会，围绕“科学、人文与诠释”进行交流，主要议题有：科学、人文与确定性；科学诠释与人文诠释的关系；诠释的本质、标准和目标；等等。

（吴国林）

【“马克思主义解释与社会变迁”第1届（全国）学术研讨会】

2017年12月2日在广东广州召开，由中山大学马克思主义哲学与中国现代化研究所和中山大学中国马克思主义解释史研究中心联合主办。来自全国各地的60余名学者，围绕马克思主义解释史发展新趋势、如何更好认知和解释马克思主义等议题进行研讨。（蛰　泰）

【“人类文明新转型与发展价值观的变革”学术研讨会】

2017年12月2日在陕西西安召开，由陕西师范大学哲学与政府管理学院主办。来自国内部分高校、科研机构、杂志社的40多位专家学者以及陕西师范大学哲学与政府管理学院200多名师生参加会议，就如何理解人类文明范式深刻转型和发展价值观的深刻的根本性变革，如何有效拓展人类文化价值的新话语，构建一个公正、和平的社会经济、政治发展秩序等问题展开探讨。（蛰　泰）

【“实用主义与儒家思想”国际学术研讨会】

2017年12月2—4日在复旦大学举行，由复旦大学哲学学院、杜威中心、博古睿研究院联合主办，孔子研究院承办。来自中国、美国、加拿大、新加坡部分大学和研究机构的26名专家学者参加会议，从形而上学、认识论到政治、经济、文化、教育、美学以及数字化时代等方面展开研讨。

（叶晓璐）

【第9届逻辑与认知国际会议】

2017年12月4—7日在中山大学举行，由中山大学逻辑与认知研究所主办，主题是“非经典模态与谓词逻辑”。来自中国、美国、瑞士、荷兰、法国、捷克、新西兰、奥地利等国家和地区的逻辑学专家学者80余人参加会议。经过程序委员会评审，共有27篇论文被接受并作会议报告。（蛰　泰）

【2017 · 勉仁论坛：“教化 · 礼俗 · 自力”暨《乡村建设理论》出版80周年学术研讨会】

2017年12月8日在西南大学举行，由重庆市梁漱溟研究会主办，西南大学政治与公共管理学院哲学系承办，西南师范大学出版社、西南大学中国乡村建设学院和北京乐和社会工作服务中心协办。来自全国各地的30多名专家学者参加论坛，对梁漱溟先生的人生哲学、政治哲学、文化哲学，以及乡村建设的历史、现状和未来发展进行研讨。（任　丑）

【“四书系统下的儒家经学与政教秩序”学术研讨会】

2017年12月9—10日在中山大学召开，由国家社会科学基金重大项目“四书学与中国思想传统研究”课题组、中山大学跨文化哲学研究平台、中山大学禅宗与中国文化研究院主办。来自全国10余所院校和机构的50余名学者与会议，探讨四书学与经学相结合的重要意义，以及在当下重新审视政教秩序的现实关切。（蛰　泰）

【“亲亲、友爱与正义”学术研讨会暨首届“心性 · 秩序 · 生活”论坛】

2017年12月9—10日在广东广州举行，由中山大学哲学系伦理学学科主办。来自中国内地和香港院相关校学者与会，围绕在亲亲、友爱、正义等论题上的古今之争与中西之别，探讨会通中西、融贯古今从而有助于实现当下美好生活的可能性。（蛰　泰）

【第22届中国现象学年会】

2017年12月9—10日在西南政法大学召开，由中国现象学专业委员会主办，西南政法大学马克思主义学院、科研处、哲学系、历史现象学研究中心承办，主题是“现象学与历史理论”。来自全国各地的100多名专家学者出席会议，围绕马克思主义历史理论、现象学与历史性、中西哲学比较、现象学时间观等议题展开交流。（蛰　泰）

【第6届全国科学技术与公共政策论坛】

2017年12月9—10日在西南大学举行，由中国自然辩证法研究会科学技术与公共政策专业委员会、中国社会科学院科学技术与社会研究中心主办，西南大学政治与公共管理学院承办。来自全国部分高校和科研机构的近60名专家学者出席论坛，围绕“哲学视域中的公共政策研究”主题，从科技公共政策、知识产权与科技创新、量子力学哲学、人工智能哲学与决策、生物技术与风险决策等方面展开研讨。（蛰　泰）

【第2届清华科史哲论坛】

2017年12月10日在清华大学举行，由清华大学人文学院科学史系主办。150多位科技史与科技哲学界同行会聚一堂，以“西方科技史”为主题展开讨论，涉及希腊天文学的独特性、化学史上的两种思维模式——元素论与原子论、时间维度的出现对现代各种科学与现代性构建的作用、贡布里希的科学史与科学哲学的贡献等。（蛰　泰）

【《资本论》哲学对话会】

2017 年 12 月 15 日在北京举行，由首都师范大学马克思主义学院、《马克思主义哲学评论》编辑部主办。来自全国部分高校和科研机构的专家学者与学生近 50 人参加对话会，就如何续写《资本论》、《资本论》与马克思哲学的创新、《资本论》与政治哲学的内在关联、《资本论》与时代问题、辩证法之于政治经济学批判的作用等议题展开对话。（蛰　泰）

【“朱子学的新发展”国际学术会议】

2017 年 12 月 15—18 日在福建厦门召开，由华侨大学与中国孔子基金会主办，华侨大学国际儒学研究院、哲学与社会发展学院以及福建省闽学会、厦门筼筜书院承办。来自德国、中国大陆和台湾地区的部分高校及科研院所的朱子学专家 30 余人与会，就朱子学与经学、朱子学与四书学、朱子学的义理新探索、朱子学的海外传承与研究等议题展开讨论。（蛰　泰）

【习近平新时代中国特色社会主义思想与马克思主义哲学创新理论研讨会】

2017 年 12 月 16 日在广东深圳召开，由中国辩证唯物主义研究会、中共中央党校哲学教研部、中国社会科学院哲学研究所、中共深圳市委党校联合主办。来自全国高校、党校、军队院校、科研院所等 50 多家单位的 107 名专家学者与会，主要议题有：习近平新时代中国特色社会主义思想的核心要义、方法论、生成逻辑、哲学基础和世界历史意义；新时代中国社会主要矛盾转化需要研究的若干问题；马克思主义哲学创新发展问题；中国特色社会主义新时代的历史方位问题；构建人类命运共同体的哲学思考问题。

（蛰　泰）

【“唯物史观与新时代中国特色社会主义”学术研讨会】

2017 年 12 月 16 日在河北石家庄举行，由中国历史唯物主义学会人的发展研究会与河北省哲学学会共同主办，河北师范大学马克思主义学院承办。来自全国部分高校、科研机构的代表共 90 余人出席会议，议题包括：如何深入理解中国社会主要矛盾的转化和“四个伟大”；新时代坚持和发展什么样的中国特色社会主义、怎样坚持和发展中国特色社会主义；如何从唯物史观高度深刻理解中国特色社会主义最本质的特征是中国共产党领导；如何从唯物史观高度深刻理解构建人类命运共同体；等等。（蛰　泰）

【湖北省自然辩证法研究会 2017 年年会暨“现代科技与人类生活”学术研讨会】

2017 年 12 月 16 日在湖北武汉召开，由湖北省自然辩证法研究会主办，湖北大学哲学学院承办。来自湖北省内各高校和科研院所的 130 余名专家学者和研究生代表参加会议，从量子力学、医学、人工智能、“双一流”大学建设等多个领域进行交流。会上，还审议通过了湖北省自然辩证法研究会 2017 年工作报告和财务报告，并增选部分理事、常务理事。（倪　霞）

【“当代视野中的《资本论》哲学”研讨会暨第 14 届马克思主义哲学创新论坛】

2017 年 12 月 16—17 日在北京大学召开，由青年哲学论坛和《哲学动态》编辑部主办，北京大学哲学系、马克思主义哲学研究中心承办。来自国内部分高校、科研机构和学术期刊的 120 余位专家学者参加论坛，围绕《资本论》及其手稿的文本学研究、《资本论》与马克思主义哲学基础理论研究、《资本论》哲学与当代社会现实问题、《资本论》哲学研究的国际视野与前沿问题进行讨论。（蛰　泰）

【问题与出路：当代易学研究国际论坛】

2017年12月16—17日在山东济南举行，由山东大学易学与中国古代哲学研究中心、《周易研究》编辑部等单位共同主办。来自法国、德国、美国、新加坡、韩国、中国大陆和香港、台湾地区的40余名专家学者参会，对如何在新的时代语境下接续易道传承之慧命，实现易学的创造性转化和创新性发展，开显大易哲学的新生面等问题进行探讨，反思了当前易学思想认识和研究方法上存在的问题和不足，并从翻译、诠释等角度对未来的《周易》研究趋势作出前瞻。（蛰　泰）

【“通过解释重建传统：中国与犹太经典解释学”国际学术研讨会】

2017年12月17—20日在山东青岛召开，由山东大学犹太教与跨宗教研究中心、美国芝加哥大学北京中心、芝加哥大学犹太研究中心联合主办。来自美国、以色列、新加坡、中国内地与香港地区等高校从事中国思想和犹太研究的20余名专家学者以及部分博士研究生参加会议，围绕“通过解释重建传统”这一主题，探讨了中国和犹太传统中的经典解释策略及其对于各自文化传统重建的意义。（李海涛）

【高清海哲学思想论坛：“哲学创新的生命本性”学术研讨会】

2017年12月22日在吉林长春召开，由东北师范大学马克思主义学部哲学院、吉林大学哲学基础理论研究中心、吉林大学高清海哲学思想研究中心、“弘扬中华优秀传统文化与实现中国梦研究”重大项目课题组联合主办。来自全国部分高校、科研机构的20名专家学者与会，围绕“哲学创新的生命本性”的会议主题进行研讨。（王福生）

【第10届全国“毛泽东论坛”：毛泽东思想与习近平新时代中国特色社会主义思想】

2017年12月23日在湖南韶山召开，由全国毛泽东哲学思想研究会、湘潭大学毛泽东思想研究中心、湖南省韶山管理局韶山毛泽东同志纪念馆、中国深圳民族精神与中国发展研究中心主办。来自国内相关研究机构和高校的近100位专家学者与会，从多个视角、多个维度对毛泽东思想与习近平新时代中国特色社会主义思想进行分析与阐释。（蛰　泰）

【2017中国伦理学大会】

2017年12月23—24日在北京召开，由中国伦理学会主办。来自全国的近千名伦理学专家学者、教研工作者以及道德文化实践人士出席会议。本届大会以“新时代与道德建设”为主题，开设大会主旨报告、分论坛、“中外伦理热点”对话会、“年度十本好书”评选、“十大杰出青年”评选等多个活动板块，围绕当下新时代道德建设、人类命运共同体、伦理思想与文化自信、共享经济等焦点话题展开学术讨论。（蛰　泰）

【第4届全国赛博伦理学暨人工智能伦理学研讨会】

2017年12月24日在湖南长沙召开，由中国自然辩证法研究会科学技术与工程伦理专业委员会、湖南师范大学公共管理学院哲学系、湖南师范大学人工智能道德决策研究所、“大数据环境下信息价值开发的伦理约束机制研究”课题组、湖南师范大学道德文化研究中心和伦理学研究杂志社联合举办。来自国内高校、企业和媒体的50多名代表参加研讨会，围绕大数据时代的信息伦理与人工智能伦理进行探讨。（蛰　泰）

海外论坛

【纪念马克思200周年马克思分配公正及其当代意义国际研讨会】

2017年5月15—21日在越南召开，由越南社会科学院哲学系、弗里德里希·埃尔伯特基金会越南办公室、罗莎·卢森堡基金会越南办公室合作举办。中国社会科学院哲学研究所魏小萍研究员应邀参加会议，并作了题为“论分配正义的两个抽象原则”的发言。（高　颖）

【“150年后的马克思《资本论》：对资本主义的批判与替代”国际学术会议】

2017年5月24—26日在多伦多约克大学召开，由加拿大约克大学社会学系马塞罗·默斯托（Marcello Musto）副教授领导的马克思学院（Marx Collegium）组织，来自全球10个国家的20多位学者与会，从不同的学术视角探索当代资本主义的主要矛盾，关注替代性的经济与社会模式。主要议题有：关于《资本论》的全球传播史；关于《资本论》的多元解读和当代意义；关于《资本论》的开放性与当代书写。（蛰　泰）

【第6届中德科学技术哲学论坛】

2017年6月11—14日在德国达姆施坦特工业大学举行，由德国达姆施坦特工业大学哲学系承办，主题是“科学哲学和技术哲学的艰难整合”。来自德国的汉诺威大学、比勒菲尔德大学、达姆施坦特大学、勃兰登堡大学和中国的上海社会科学院、上海大学、中国科学院、首都师范大学、华东师范大学的专家学者出席论坛。上海社会科学院成素梅教授报告了“‘熟练应对’的哲学意义”，华东师范大学王不凡博士作了有关“技能型知识（skillful knowledge）”的报告，上海社会科学院张帆博士分析了当前基于对专家的知识和技能的研究所形成的“专长哲学（philosophy of expertise）”研究的两条进路，上海大学王天恩教授报告的题目是“科学和技术：人与世界相互作用中的模型和因素”，中国科学院方在庆教授对“技性科学（Technoscience）”的理念进行阐释，并对李约瑟难题的理解给出了一种关于技性科学的中国式解读。（蛰　泰）

【第2届国际信息研究峰会及第3届国际信息哲学会议】

2017年6月12—16日在瑞典哥德堡市查尔莫斯理工大学召开，由国际信息研究学会和查尔莫斯理工大学、哥德堡大学联合举办，西安交通大学国际信息哲学研究中心是承办单位之一。本届峰会的主题是“数字化的可持续发展社会”，有200多名专家学者参加会议，西安交通大学国际信息哲学研究中心主任、国际信息研究学会副主席邬焜教授担任高级峰会8位联合主席之一，并兼任“第3届国际信息哲学会议”中方主席。会议议题涉及信息哲学和哲学的革命、信息哲学与信息科学的关系、信息哲学与信息文明、信息生态转型等方面。在国际信息哲学会议特设的“信息哲学博士生论坛”上，西安交通大学9位博士生作论坛报告，具体探讨了信息哲学的存在论、真理观，以及用信息哲学的基本方法对中西方古代哲学思想、社会管理和社会发展的新方式。（蛰　泰）

【第20届国际技术哲学学会（SPT）会议】

2017年6月14—17日在德国达姆施坦特理工大学召开。来自欧洲、美洲、亚洲、非洲等约40个国家和地区的近200位学者参加会议。本次会议主题为“事物的语法（grammar of things）”，即从工艺、技术、人工物以及技术-社会系统的角度探讨物-物、物-人、物-人-社会之间现有的、应有的组合构成规则及其蕴含的伦理价值问题。本次会议除了5个大会主题报告以外，共设立了15个分议题，13个特殊议题以及近30个论文议题，涉及“事物的语法”之多维度解析、人工智能及信息技术相关论题、人类世相关论题、“技术与城市”相关论题、后现象学研究相关论题、技术伦理相关论题等。除了技术哲学的核心问题之外，本次会议还设立了工程认识论、工程技术教育等方面的议题。（冯瑞梅）

【第2届世界逻辑与宗教大会】

2017年6月18—22日在华沙大学举行，由华沙大学哲学学院举办，旨在汇集哲学、数学、东方学、宗教学等领域的学者，从不同维度讨论逻辑与宗教之间的关系。会议共有100多场报告，除大会报告外，分组报告依据主题分为基督教与逻辑、数学与宗教、塔木德逻辑、伊斯兰逻辑、印度逻辑、东方逻辑等小组展开。中山大学逻辑与认知研究所何杨讲师参加会议，并参与了相关讨论。（蛰　泰）

【“吉林大学-牛津大学”哲学社会科学跨学科青年学者论坛】

2017年6月18—24日在牛津大学举行，由吉林大学与牛津大学联合主办，主题为“全球化与逆全球化：中英人文社会科学比较研究与跨学科合作”。吉林大学哲学社会学院王庆丰教授参加了此次学术交流活动，与世界著名政治哲学家、牛津大学布拉瓦尼克政府学院首席教授乔纳森·沃尔夫就相关问题进行交流。（王福生）

【第2届欧洲论证大会】

2017年6月18—27日在瑞士弗莱堡大学召开，由欧洲论证协会和弗莱堡大学联合主办。欧洲论证会议是当代国际论证领域三大顶级会议之一，本次会议聚焦国际论证研究领域的众多领军人物，同时商谈创建中国的“孟墨国际论证大会”事宜。中山大学逻辑与认知研究所熊明辉教授应邀出席会议，并作“孟子的政治论证策略”报告。（蛰　泰）

【逻辑中的拓扑代数与范畴2017（TACL 2017）国际会议】

2017年6月26—30日在捷克布拉格召开，由捷克科学院计算研究所与查理大学共同举办。中山大学逻辑与认知研究所林哲研究员应邀参加会议，并作了题为“关于剩余格的等式理论的计算复杂性”的报告。（蛰　泰）

【第20届国际中国哲学大会】

2017年7月4—7日在新加坡南洋理工大学召开，由新加坡南洋理工大学主办，新加坡南洋理工大学人文学院哲学系承办，新加坡南洋孔教会、培华基金、现代孔子思想基金会和南洋理工大学孔子学院、人文与社会科学研究中心支持、赞助，主题是“中国哲学与多元文化世界”。来自20多个国家和地区的125个学术单位的300多名学者参会。中国人民大学李记芬教授、姚新中教授，武汉大学哲学学院吴根友教授、何萍教授、李维武教授，山东大学哲学与社会发展学院傅有德教授、傅永军教授、陈治国教授，中国社会科学院哲学研究所任蜜林副研究员等参加会议并作报告。

（蛰　泰）

【第 2 届“国际青年哲学家圆桌会议”】

2017 年 7 月 11—12 日在澳大利亚悉尼的新南威尔士大学召开，由新南威尔士大学承办，澳大利亚人文科学院院士、新南威尔士大学哲学讲席教授保罗·帕顿（Paul Patton）作为澳方组织者，召集了包括杰诺米·莫斯（Jeremy Moss）、凯里·赖（Karyn Lai）等澳大利亚著名哲学学者在会上发表论文并作点评。武汉大学哲学学院李志、陈江进、沈庭、廖灿灿、李建军、郑泽绵、李勇等青年学者与会并发表论文。“国际青年哲学家圆桌会议”是由武汉大学哲学学院发起的年度学术活动，与国际上著名的哲学院系和学术组织合作，旨在促进青年哲学家的交流，搭建世界一流的学术平台，提升哲学学科的国际影响力。

（吴昕炜）

【国际价值哲学论坛（2017）】

2017 年 7 月 13—14 日在意大利马切拉塔召开，由国际价值哲学学会、马切拉塔大学人文学院、北京师范大学哲学学院和湖北大学高等人文研究院联合举办。来自意大利、俄罗斯、西班牙、美国、德国、墨西哥、克罗地亚、加拿大、荷兰、中国等 10 个国家的 50 余名学者围绕“变化世界中的价值观”这一当今全球重大理论和现实问题，就建构人类命运共同体展开交流。

（倪　霞）

【2017 中德哲学国际会议】

2017 年 8 月在德国耶拿大学召开，由上海社会科学院哲学研究所与耶拿大学哲学系联合主办。上海社会科学院哲学研究所高桦博士与张志宏副研究员受邀参加会议，并作“比较哲学的合法性及其可能性问题”“从儒家人权思想看当代西方人权理论”的会议报告。

（石永泽）

【欧洲中国哲学学会第 2 届双年会】

2017 年 9 月 7—9 日在瑞士巴塞尔大学召开，由欧洲中国哲学学会主办。来自欧洲各国、中国大陆和台湾地区的近百名学者参加会议。中国人民大学曹峰教授、北京航空航天大学人文与社会科学高等研究院自然国学中心张耀南教授等在会上发表论文。

（邢雅杰）

【第 5 届中日哲学论坛】

2017 年 9 月 9—10 日在日本立命馆大学举行，由中国社会科学院哲学研究所、日本哲学会和立命馆大学人文科学研究所主办，中华日本哲学会协办，主题是“通过思考和对话深化日中交流：哲学作为桥梁的作用”，下设“日中思想传统的重新解释与对现代问题的应用”和“哲学如何引领封闭的世界：身份认同的危机和宽容与整合的可能性”两个分科会，另设“青年学者分科会”。中国社会科学院哲学研究所副所长崔唯航研究员带领 9 人团组参加论坛并发言，与日本哲学会进行了多层次的讨论和交流。

（高　颖）

【“《资本论》150 年：马克思的《资本论》在今天”国际学术研讨会】

2017 年 9 月 19—20 日在英国伦敦召开，由伦敦国王学院主办。与会学者围绕全球经济和金融危机、当代帝国主义和全球资本主义的未来等问题展开了激烈讨论。

（蛰　泰）

【“东西文明的交错与中国哲学：围绕 *The Path* 与普鸣教授对话”国际学术工作坊】

2017 年 10 月 15—18 日在日本东京大

学举行，由日本学术振兴会科研费基盘（B）“关于全球化中国的现代思想与传统之研究”、中山大学哲学系、延世大学国学研究院 HK 研究所主办，日本学术振兴会科研费基盘（B）“关于 1980 年代中国的思想与文化之研究”、东京大学国际哲学研究中心（UTCP）协办。中国社会科学院哲学研究所张志强研究员应邀参加会议，并作了题为“如何从中国哲学中探寻人类的生活之道——普鸣《道路》的启示”的发言。中山大学陈少明、吴重庆，北京大学杨立华也应邀参加会议。

（高 颖）

【第 1 届白俄罗斯哲学大会】

2017 年 10 月 16—23 日在白俄罗斯首都明斯特举行，由白俄罗斯科学院主办。中国社会科学院哲学研究所崔唯航、毕芙蓉、周丹、杨洪源、祖春明一行 5 人应邀参加了“现代化理论与实践背景下的马克思主义”分论坛的讨论。崔唯航作了题为“当代中国哲学研究现状”的大会发言。毕芙蓉、周丹、杨洪源在分论坛发言。

（毕芙蓉）

【EmQM（Emergent Quantum Mechanics）2017 国际研讨会】

2017 年 10 月 26—28 日在英国伦敦大学召开。该会议是关于量子力学基础的国际研讨会，其前身为“International Heinz von Foerster－Congress”，自 2003 年起，每两年举办一届，第 5 届（2011）会议时更名为 EmQM。2017 年适逢玻姆（David Bohm）诞辰 100 周年，本届会议的主题即为玻姆百年纪念。会议主要围绕量子力学的本体论问题，探讨实在论方法在量子力学基础研究方面的现状与趋势，重点讨论了以下问题：量子本体论是否可能？如何避免因果或信息悖论的可能性？科学解释的未来是什么？科学的形而上学，如因果关系、实在论和物理影响等概念，在关于量子世界的数学或信息表述中是否适用？玻姆为量子物理学留下了哪些遗产？山西大学科学技术哲学研究中心高山教授应邀参加会议，并作了题为“波函数的粒子本体论解释”的大会主题报告。

（王凯宁）

【第 2 届“复旦－汉堡”哲学工作坊】

2017 年 10 月 27—28 日在德国汉堡大学举办，主题为“语言、逻辑与形而上学”。来自汉堡大学的施涅德（Benjamin Schnieder）、S. 施密德（Stephan Schmid）、A. L. 埃德霍夫（Ana Laura Edelhoff）、S. 施里堡姆（Sonja Schierbaum）教授，以及来自复旦大学的古赫（Eberhard Guhe）、福斯特（Malcom Forster）教授和王聚博士参加。古赫在印度哲学中讨论了一种类似弗雷格式关于数的理论。王聚借助当今知识论中关于怀疑论悖论的讨论，指出怀疑论追问不应该被看作日常追问的升华，而是一种哲学的误解。施密德结合文本，分析了早期怀疑论的几种类型，包括皮浪主义、笛卡尔主义与休谟主义，并概述了它们的区别。施涅德讨论了充足理由律在当代形而上学面临的困难。埃德霍夫详细介绍了亚里士多德的本体论优先性概念。福斯特呈现了一种统一的理解因果概念的形而上学理论。施里堡姆谈论了理由的分类，并尝试帮助哲学家在形而上学与认识论领域对理由这个概念获得更好的理解。

（叶晓璐）

【国际儒学论坛：中国文明与伊朗文明对话】

2017 年 10 月 30—31 日在伊朗首都德黑兰举行，由国际儒学联合会、伊朗阿拉梅·塔巴塔巴伊大学和北京外国语大学共同主办。来自中国、伊朗、日本、法国等国家的 100 多名专家学者，围绕儒家思想与伊朗古代伦理学的比较研究、古代丝绸之路与中伊文明交流的历史及启示、今日“一带一路”倡议的背景和意义、波斯语与伊朗文学在中国的现状、中伊文化科技交往机制等议题展开交流。（冯瑞梅）

【“东亚脉络下儒学现代性的日本经验”国际学术研讨会】

2017年11月2—5日在日本京都大学召开，由日本京都大学主办。中国、日本、美国、韩国等国家和中国香港、台湾地区的30余位学者参加会议，围绕儒学在东亚国家与地区的发展、内涵、作用与价值，及儒学在当代世界的状况、前景等问题展开讨论。中华孔子学会副会长、中国社会科学院哲学研究所李存山研究员，北京交通大学文化教育中心主任孔德立教授，中国社会科学院哲学研究所任蜜林副研究员应邀参加会议，分别作了题为“忠恕之道、和而不同与人类和平发展”“儒学的命运共同体思想的内涵及其世界意义”“东亚儒学视野下的神秘主义——以朱子为中心”的学术报告。（高　颖）

【第6届广松涉哲学国际学术研讨会】

2017年11月12日在日本东京中央大学召开，由南京大学马克思主义社会理论研究中心和日本社会思想史研究会联合举办。来自中国社会科学院、吉林大学、复旦大学、山东大学、清华大学、东南大学、南京大学等科研机构和高校的专家学者与包括广松邦子在内的20余位日方学者参加会议，围绕以“事的世界观”和“四肢结构论”为核心的广松涉哲学体系、《〈资本论〉的哲学》的理论价值与《资本论》研究、广松涉哲学研究与当代资本主义批判三个议题展开探讨。（曹立群）

【2017未来社会更替研究国际论坛】

2017年11月23—25日在韩国釜山召开，由韩国釜山市釜庆国立大学举办。吉林大学邴正教授受首尔大学亚洲研究中心邀请作为主讲嘉宾致辞并作报告。

（王福生）

【第3届中韩人文学论坛】

2017年11月24—25日在韩国首尔延世大学举办，由中国社会科学院与韩国教育部、韩国研究财团共同主办，包括文学、历史、哲学和语言教育文化四个单元。本届论坛的主题为“温故知新：中韩人文学的历史与未来”，哲学单元下设四个子议题，分别为：21世纪儒学所面临的现状与课题、东方美学与艺术哲学、现代社会与自我修养、东方生态哲学的发展与展望。中国社会科学院哲学研究所刘丰研究员、徐碧辉研究员、孙春晨研究员、洪军副研究员、任蜜林副研究员、赵金刚助理研究员，以及南开大学薛富兴教授、中山大学吴重庆教授参加了哲学论坛。（高　颖）

【国际儒学论坛：科伦坡国际学术研讨会】

2017年11月30日至12月2日在斯里兰卡首都科伦坡举行，由国际儒学联合会、斯里兰卡凯拉尼亚大学联合主办，北京外国语大学比较文明与人文交流高等研究院协办。来自中国、斯里兰卡、新加坡、马来西亚、印度尼西亚、越南、印度、孟加拉、伊朗、埃及、埃塞俄比亚、摩洛哥、葡萄牙、秘鲁等15个国家的40多位学者，围绕“海上丝绸之路的历史交往与亚非欧文明互学互鉴”这一主题进行深入研讨。斯里兰卡社会各界人士150多人与会。中国社会科学院哲学研究所成建华研究员参加会议，并作了“‘一带一路’的先行者——法显在中斯两国人民友好交往中所扮演的角色”的发言。（高　颖）

责任编辑　冯瑞梅